全美经典学习指导系列

生 物 学

（第二版）

〔美〕G. H. 弗里德 G. J. 黑德莫诺斯 著
田清涞 殷 莹 马 洌等 译
李云兰 田清涞 校

科 学 出 版 社
北 京

内 容 简 介

本书共分7部分33章，通过疑难问题解析和实例分析对生物学的基本内容及新
行了简明扼要的介绍。本书表述风格独特，基本内容以客观描述为主，选择性内容
例分析进行探讨。它以简明而有趣的问题和丰富的背景知识来反映概念的发展与演
此促进并引导读者对疑难问题的思考，激发研究探索的欲望。

本书由具有丰富教学经验的教师撰写而成，在第一版基础上经过内容的调整和
保证所有章节在深度上更适合读者。由北京大学田清涞教授主持翻译，译文较好地
原书风格，力求叙述规范贴切、语言自然流畅。

本书适合生物学专业本科师生及自学者参考。

George H. Fried, Georgy J. Hademenos. Shaum's Outlines of Theory and Problems of B
Second Edition
ISBN 0-07-022405-6

图字：0－2001－2116
图书在版编目(CIP)数据

生物学/〔美〕弗里德(Fried, G. H.)，黑德莫诺斯(Hademenos, G. J.)著；田清涞等译. －2版. 北京：科学出版社，2002.1
(全美经典学习指导系列)
ISBN 978-7-03-009797-2

Ⅰ. 生… Ⅱ. ①弗…②黑…③田… Ⅲ. 生物学 Ⅳ. Q

中国版本图书馆CIP数据核字（2001）第073333号

责任编辑：谢灵玲 余和芬
责任印制：张 伟/封面设计：陈 敬

科学出版社 出版
北京东黄城根北街16号
邮政编码：100717
http://www.sciencep.com
北京凌奇印刷有限责任公司 印刷
科学出版社发行 各地新华书店经销
*
2002年1月第 一 版 开本：A4 (890×1240)
2023年4月第八次印刷 印张：25 1/2
字数：827 000
定价：118.00元
（如有印装质量问题，我社负责调换）

译者的话

在国内外高等院校中，生物学是一门重要的基础课，因而在美国、欧洲国家、日本和中国，生物学教材版本甚多，且每年都有新教材问世。科学出版社选择 G. H. 弗里德等编写的《生物学》(Biology，2ed）翻译出版是有道理的。该书除具有生物学教材共同特点外，它的特色在于作者将抽象的基本概念、复杂的基本理论以疑难问题解析的方式来解释，使读者易于掌握本章节的重点和难点，并使学生从中学习到分析问题和解答问题的思维方法，提高解决问题和分析问题的能力；作者为了使学生弄清易混淆的基本概念，在每章后附有附加题。通过对附加题的回答，可使学生准确地掌握基本概念。因此，这是一本值得向国内大专院校推荐的一本较好教材。

译者从拿到原书到交出译稿仅仅四个多月的时间。在如此短的时间内，翻译工作得以顺利完成，全赖于参加翻译工作的全体同仁的努力。他们牺牲了大量的休息时间，以极高的热情和责任心进行工作。我作为这本书的组织者和审校者，对所有译者表示深深的谢意。

在翻译过程中，我们严格地遵循原文的思想进行翻译，对原文中的学术观点或政治观点一般照译。原文中明显的错误予以纠正并标有译者注；至于一般性的小错，有的予以纠正，有的没有，请读者使用本书时注意，同时原作者使用了一些非英语专业词汇，给翻译工作带来一定的困难，部分译文可能不够准确，请读者谅解。

全书共 33 章，北京大学生命科学学院殷莹女士翻译了第 1 章到第 10 章；北京大学医学部田枫女士翻译了第 11 章、目录、词汇；赴荷兰留学生宁叶先生翻译了第 12 章到第 21 章的正文；赴美国留学生闫英女士翻译了第 12 章到第 21 章的疑难问题解析和第 22 章、第 23 章；中国科学院动物研究所马洌和贾志云先生翻译了第 24 章到第 29 章，马洌翻译了第 30 章到第 33 章；北京大学生命科学学院李云兰女士对第 1 章到第 33 章译文、插图进行了认真仔细的校对，并翻译了索引；田清涞审定和译校了全文；北京海波尔生物医药研究所金洪亮、周希贵先生录入部分译稿。

虽然参加翻译工作的同仁均是多年从事生物学教学或研究工作者，但在翻译工作中难免有疏忽或错漏之处，请读者指正，不胜感激！

田清涞

于北京大学燕北园

2001 年 5 月

作者简介

G．H．弗里德是布鲁克林学院生物学系教授，他在布鲁克林学院获得学士学位；在诺克斯维尔田纳西大学获硕士和博士学位。他研究的课题以比较生理的代谢和酶促因子对遗传和实验性肥胖的影响为中心。自 1983 年到 1987 年任布鲁克林学院生物系系主任。他教过普通生物学、动物生理学。在 30 年的教学经历中他发展了生物学和社会学的课程。

G．J．黑德莫诺斯是达拉斯大学的访问副教授，他在安吉略大学获学士学位；在达拉斯得克萨斯大学获硕士和博士学位；在马萨诸塞大学医学中心和 UCLA 医学中心完成了博士后学业。他的研究兴趣包括物理学对生物学、医学尤其是对心脑血管疾病的影响，他发表多篇文章并出版两本专著。他给生物系的学生和医科预备生讲过普通物理学。

前　言

由于 Watson 和 Crick 在开创分子生物学新纪元中的巨大贡献，生物学自身发生了惊人的变化，自然史中许多描述性的生物学旧观念已被科学实验的新观念所取代，并得到了深入的、探索性的研究，这使得我们可以从研究 DNA、RNA 和蛋白质等生物大分子的精确性质的角度去认识生命。具有标志意义的是，我们对于生命的遗传、发育、细胞功能的控制，甚至于进化，在经历了分子生物学的发展并应用了分子生物学的研究手段之后，有了更深入的认识。

然而，要真正欣赏和体味戏剧般的生命现象、进化过程，以及它所涉及的诸多范畴，还须经过长时间洞察及对细节的理解。要尽可能地覆盖这些描述性的和历史性的方方面面又要同时从生物化学及分子生物学的角度来探讨这些问题，这对于任何一个想要言简意赅地阐述清楚现代生物学的人来说，都是一场严峻的挑战。在此，我们一直试图在这两个方面之间保持着平衡。

在版面的安排上，每章独立地概括了该章的主要内容，在每章后附有一系列疑难问题解析和附加题，通过对这些问题的分析和解答，不仅使知识面加深，而且还使那些学生不容易理解的内容得到阐明。全书的主要内容包括在 33 章中。书的全部内容是为初级水平的一年级学生学习生物学而设计的。

尽管本书是作为大学初等生物学的主要教材，但其主要目的则是作为在课堂上提高学生的理解能力和成绩的补充教材。每章后所附的问题是强调让学生们掌握本章的基本概念和基本内容的，因而它是重要的。本书所使用的问题都是从课堂上实际练习中得来的。

生物学不必要求有实用意义，我们的生存非常强调生物学规律和我们日常生活之间的密切关系。我深信本书所收集到的资料将会提高读者的理解力，并像维护公民的职责和权利那样促进对生命的尊重。

非常感谢 Elizabeth Zayatz，她起了非常重要的作用，她激励着我们．并通过她的聪明和细心的编辑，删去了我们原稿中的部分内容；还要感谢 Meg Tobin，一直在他的指导下完成书稿；同时更应感谢一届一届的学生，他们与我分担着追求知识的冒险性。

G．H．弗里德

G．J．黑德莫诺斯

目　　录

第 I 部分

生物学基础

第1章 科学的基本组成

1.1 研究科学的方法

科学（science）是系统地研究自然世界某特定方面而形成的有组织的系统。科学的研究范围限定在可被感觉器官（如看、触摸、听等）所理解的事物。一般说来，科学着重用客观方法（objective approach）研究发生的现象。出于本能，科学家强调问题是怎样发生的要多于它们为什么发生。它包括利用科学的方法解决问题，而提出问题一般是特定领域内受过专业训练的科学家。

从广义角度来说，科学的方法主要是指科学家在好奇心引导下认识被研究对象间的规律和联系时的工作习惯。对所研究和分析的材料进行严格的判断也被称为科学的方法。严格地说来，科学的方法是指由 Francis Bacon（1561～1626）提出的关于科学研究的模型。此模型包括以下内容：

1．发现问题；
2．收集与此问题相关的资料（通过观察、测量等）；
3．筛选相关资料，寻找理想的联系和规律；
4．提出假设（一个总结），此假设应能够解释已有的资料，并对进一步需要研究的问题提出建议；
5．通过收集新的资料严格验证假设；
6．根据新发现对假设进行证实、修订或否定。

科学家也许对自然界的不同方面感兴趣，但是他们所采用的研究方法基本相同。

首先，科学家必须提出问题，同时要找到这个问题的答案。这个答案一般说来是对自然界的过程或顺序进行解释。科学家主要对自然界运行的机制感兴趣。

一旦问题形成，科学家为寻求答案要收集相关的资料。资料主要由观察、测量、计算和过去记录的总结组成，通过对资料的审阅找到其中的规律和联系。

接下来就是假设（hypothesis）的形成，通过假设使资料形成一个概念框架。

假设建立于科学的理解之上，是对所观察事件的状态的描述进行概括。对假设进行阐述是富有创造性的科学想象的主要特点。逻辑归纳（inductive logic）常常被用来阐述假设。

从逻辑上说，归纳（induction）通常是指由个别到一般的转变过程。如此看来，由特例（个别）中归纳出假设（一般）组成了科学方法（的）推理飞跃。由于科学方法的核心部分含有推理的成分，科学方法也被认为是归纳方法（inductive method）。

Bacon 首先创立了科学方法（scientific method），他对用推理的方法推动假说的发展持怀疑态度，这是具有重要的历史意义的。他认为只有通过收集大量资料才会发现自然界的真理，而不是推理。

例 1

一个人从事鸟类观察活动，会有机会观察到许多不同种类鸟的配对情况。他发现配对的鸟中，颜色暗淡的鸟孵卵。由此得出结论：所有雄鸟的羽毛色泽艳丽，雌鸟毛色暗淡。

一个假设必须同时具有逻辑性和可验证性。例 1 的结论虽然具有逻辑性，但是不具有可验证性，所以说其是无价值的科学假设。逻辑推理（deductive logic）尽管是从一般到特殊，但提出的假设是可验证的。常用的形式是“如果……，那么……”。

☞例 2

上述例子的结论可以用如下的方式表述：如果某种（species）鸟（例如通过异种交配繁殖的鸟类）的毛色不同，那么毛色鲜艳的是雄性。

当假设形成后，接下来就要通过实验、收集材料对其证实或否定。值得注意的是：应用科学的方法可以对假设进行否定，不一定总是证明假设是正确的。所以说来，今天证实为正确的假设，明天很可能会被推翻。

在收集大量客观材料的基础上，必须构建实验来验证假设。因此实验的准确性很大程度上依赖于对对照组和实验群体的选择，而年龄、遗传因素、预实验等不会影响实验结果。每个群体中必须要保证有足够的个体，如果群体过小，个体差异将被夸大。此外，实验必须具有可重复性，其他科学家可以重复实验并得到相同的结果。

☞例 3

一位科学家想知道向牛的饲料中添加骨粉是否可以促进牛的生长。根据以前向其他动物饲料中添加骨粉的实验结果，这位科学家提出向牛的饲料中添加骨粉可以促进牛的生长。(注意：由于不可能对所有的牛进行验证，所以此假说不可能被完全验证。)

为了验证此假说，这位学者建立了两组可比较的群体。一组作为实验组（experimental group)，在满足生长所必需的其他条件的基础上向饲料中添加骨粉；另一组，作为对照组 (control group)，除饲料中不添加骨粉外，其余条件与第一组相同。在一设计合理的实验中，对照组与实验组之间的差异必须是由所要验证的单一因子所引起的。在此实验中，两组之间的差别仅仅是食物中添加骨粉与否，所以两组在生长上表现出的差异应该归结于骨粉。如果实验组生长状况好于对照组，结果将会支持假设。实验组的生长状况如果没有对照组好，此假设将会被推翻。如果实验组的生长情况比对照组差，这个假设不仅被否定，而且说明骨粉可能会抑制牛的生长，此结果又会引出新的假设。

从例 3 可以看出，实验完成后，必须认真分析结果，证实、修改或否定假说。

需要提出的是，科学家们很少墨守成规。假设的产生很可能先于材料的收集，或者收集材料、分析材料和假说的发展同时进行，而不是按照一个固定的过程。此外，尽管科学家具有极强的求知欲和创造性，但是他们的思想可能会受到传统理论的限制，根本否定传统观点是很少的。

1.2 生物学是一门科学

生物学家利用科学的方法去理解活的生物体（living organism)。在生物学领域内，把生命看作是一个可用物理和化学方法进行分析的复杂体系是很有帮助的。尽管在生物体系内有许多现象不能用此机械方法进行分析，但是生物学家已经通过这些方法包括物质和能量的转换对生命进行了成功的解释。活的生物体可被定义为物理化学物质的复杂单位，它能够自我调控、代谢和繁殖。此外，活的生物体具有与周围的环境相互作用、生长、移动和适应的能力。

生物学家在自己有限的生命中不可能对所有的生命进行研究。所以，他们把巨大的生物界划分成许多不同的生物体，并研究某一特定的生物体，换而言之，他们研究不同生物体的某一方面和它们与其他种类生物体的相互作用。

☞例 4

昆虫学家（entomologists）研究昆虫，致力于理解昆虫的不同方面，但是他们不涉及其他种类的生物体。另外，发育生物学家（developmental biologists）主要研究许多不同种类生物体胚胎发育的情况而很少从事其他领域。

经过对区分这些不同研究领域界限的调查为生物学提供了它自身特有的规律，但是这些界限处于动态平衡。

1.3　进化的重要性

在探求生物界的过程中，生物学家要遵循各种使多样的生物界有序化的理论。从科学的角度来说，理论（theory）实际上是一个经受长时间不断测试的假说（相对于未经证明的猜测和空想而言）。使生物学不同分支联系起来的惟一的重要主题便是进化（evolution），此理论的主要内容是生物体是由古代祖先经过长期的不断的进化而来的。进化传达了变化与发展的概念。变化的方式反映在生物学各个领域的研究趋势上。

用进化理论来解释现在生物的多样性是最近才被接受的。许多令人尊敬的 19 世纪和 20 世纪初的生物学家坚信物种是固定不变的。即便是达尔文也不愿接受进化理论来解释生物多样性。现在的创造性（creationist）的运动便是过去这种长期固定的物种形成理论物种形成（分化成新种）长期固定不变的解释的历史便是现代的特创论（creationist）运动。

尽管进化理论直到现在才被广泛接受，但是进化的概念并不是新的；然而理解进化中的变化不过是近一个多世纪的事情。1801 年，拉马克（Lamarck）首次对进化的机制（mechanism）进行了完整的解释。拉马克认为一个成熟的生物体为了生存的需要必须具备一些新的特征，然后再把这些新的性状遗传给后代。现在我们已经知道生物的遗传性是由基因控制的，这些后天获得的性状是不可能遗传给后代的。现在，进化的主要理论是自然选择（natural selection），自然选择是达尔文在 1859 年出版的《物种起源》（*On the Origin of Species by Means of Natural Selection*）中提出的。在此书中，达尔文用一系列令人信服的论据证明进化在生物的形成中起着主导作用。

达尔文不仅受到他作为博物学家（生物学家）曾乘船航行 5 年经历的影响，而且受到当时社会的地理学家、经济学家甚至是农民的研究成果的影响。科学的普遍性在达尔文思想的形成过程中得到了适宜的体现。

自然选择有利于对周围环境具有良好适应能力个体的生存。所有物种的后代会发生小的变异，使它们与父母不同。如果变异不利于生存，那么具有这些性状的个体要么死亡，不能产生后代，要么能够成活但仅产生很少的后代。结果，不利性状最终会从种群中消失。相反，如果变异能够利于个体在特定环境下的生存，具有此性状的个体成功繁殖后代的可能性更大，所以它们把这种变异遗传给后代。随着时间的推移，有利于生存的变异会成为群体的一部分。

☞**例 5**

长臂猿是长期生活在树最高处的猿类的一种。它们几乎不到地面活动。它们主要分布于亚洲东南部和印度东部，以树顶部的树叶和果实为食。长臂猿的手长而细，拇指非常细、短，这种解剖学结构使其非常容易抓树枝和在树枝之间来回摇荡，也使它们采集果实和芽更为方便。然而，它们不能轻易地从平面（例如：地面）上捡起物体，手相对于大猩猩和黑猩猩而言很笨拙。长臂猿的生活环境不需要它们为了生存具有后述特性。

所有的猿类来源于同一祖先，长臂猿的手的解剖学特征随机产生，然后经其生活的环境——树进行自然选择，在树上它们会有相对少的觅食压力和相对少的食肉动物。

1.4　生命的组成

研究进化对于生物体的分类非常有用，它可以解释生物体在染色体和形态（组成和结构）上的相互联系。生物的分类被定义为分类学（taxonomy）。分类学家利用生物进化的关系对生物进行归类。分类尽管是必要的，但在某种程度上又过于专断，它们与今天的"进化树"很接近。

所有的生物属于五个界。界（kingdom）是分类学中的最大范畴。五个界分别是原核生物界（Monera）、原生生物界（Protista）、真菌界（Fungi）、植物界（Plantae）、动物界（Animalia）。原核生物界由单细胞生物组成，这些生物没有细胞核膜，没有细胞器。这些生物也被叫做原核生物界，主要由细菌组成[1]。其他四个界主要由真核生物（eukaryotic，eu＝真）组成，特征是具有完整的细胞核和细胞器。单细胞的真核生物归于原生生物界，包括原生动物、植物、类真菌的原生生物。能够自主营养的多细胞生物归于植物界，如有花植物、苔藓和树。能够从周围环境中吸收养分的类植物单细胞或多细胞生物归于真菌界，包括酵母和霉菌。捕获食物，在内部进行消化的多细胞生物归于动物界，如蛇和人。

疑难问题解析

1.1 所有的假说总是对事物客观状态的真实猜测吗？

假说并不总是正确的。在形成一个假说时，科学家的目标是运作的事实，事实起到解释资料的作用，也可能被新发现的资料所替代。一个假说必须与所有收集的资料相一致，同时对这些资料提供合理的解释。然而，许多假说确实与普遍认同的事实矛盾。例如：光呈现出波的性质。以后，发现光也呈现出离散的粒子特性。哪个是正确的？量子理论（quantum theory）主张光既是波又是粒子。尽管这与我们平常的感觉违背，甚至对我们构建模型解释这种相矛盾现象的能力提出挑战，量子理论与这些资料一致，对现象解释合理，易被物理学家接受。

1.2 一个好的假说的特征是什么？

1. 一个好的假说必须与已经获得的资料相一致，能够对其进行合理解释。
2. 一个好的假说必须能够通过其预测结果证明假说的真伪，也就是说，获得的结果能够清楚地证实假说是否错误。

1.3 假说被提出之后会面临什么命运？

假说在被提出后将经过严格的检验，也可被它假设的实验条件证实。重复的证实将其由假说提升至理论高度。通常，假说的大部分原则被证明，但在一些新的事实出现之后将做一些修改。当假说经长时间被多次验证之后，它们将被命名为法则，虽然有一些科学哲学家并不同意"科学法则"这一术语。当假说与新的发现相矛盾时，它们将被新的假说所取代。

1.4 什么因素导致了提出的假说不能支持进一步发现的事实？

假说被提出是用于解释已发现的事实。新的发现使得人们可以从更宽的视野审视现实，从而暴露了早期提出的假设的不足。更经常地，观察者发现的一组事实并不能真正地代表全部，而假说却是以这小部分或不具代表性的样品为基础提出的。这种取样的误差（sampling error）可通过统计技术减小到最低。然而，当科学理所当然地称赞自己的客观性和没有预先判断时，在收集数据或形成假说时可能会引入主观误差（subjective bias），从而导致观察者忽视那些不能支持预先设想的事实。人们倾向于接受权威人士的已广为接受的想法也会引入误差。

1.5 什么是生物体？

生物体是由物理化物质组成并表现出高度复杂性，可以自我调控，具有代谢并随时间可延续自己。对生物学家来说，对正在生长的复杂的有机体，生命是一种模棱两可的状态，在生命世界和非生命世界之间无明显差别。

活的生物体是由大分子物质，如蛋白质、脂类、核酸、多糖和更小的有机分子及无机分子，经高度精

1）应由细菌和蓝细菌组成。——译者注

细的结构排列而组成。活的生物体建立起调节机制，与外界环境相互作用以维持其结构和功能的完整性。发生在生命单元内的反应均称为代谢（metabolism）。结构内含有信息的特殊分子调控生物体的内部反应并形成新的生命单元。

1.6　生物体有哪些特点？

生物体通常都有以下特征[1)]：

1．运动（movement）：生物体内的运动或生物体从一处移至别处（移动）。

2．应激性（irritability）：生物体有对刺激物——内部或外部环境的改变作出应答的能力。

3．生长（growth）：生物体具有通过同化环境中的物质来增加自身物质的重量的能力。

4．适应性（adaptation）：生物体可以通过其结构、功能或行为的变化来适应特定环境以生存下去。

5．繁殖（reproduction）：生物体有繁殖类似自身的个体的能力。

1.7　生物学家是如何研究生物体的？

生命的问题是如此的复杂，任何观察者都不可能全面地进行研究。生命的世界一般从以下几个方面进行研究：(1) 将生物进行分类并对某一种进行深入研究；(2) 将观察方法进行分类，侧重于一种。

生物的系统分类使得人们可以分辨近似的类型，从而用生物学中已建立起来的组织观察进行研究。过去，所有的有机物都被划分为最基本的两群或两界：植物（botany）和动物（zoology）。现在，生命被划分为五界，这五界又被细分为更小的单位。因此，研究有毛发的、有四肢的哺乳动物的生物学家称为哺乳动物学家（mammologists）；研究软体有壳动物的称为软体动物学家（malacologists）；研究简单植物如苔藓的称为苔藓学家（bryologists）。

生物学科也可根据生物体如何被研究而进行分类。例如，形态学家（morphologists）着重于结构，而生理学家（physiologists）则主要考虑功能。分类学家（taxonomists）致力于分类的科学，而细胞学家（cytologists）则研究生命的基本组成单元——细胞。生态学家（ecologists）研究生物体之间的相互关系及其与外界环境的相互作用。生物学的一个相对较新的极其令人振奋的分支是分子生物学（molecular biology），通过研究生物体内的大分子如蛋白质和核酸来研究生命。生物学的这一分支使我们得以在分子水平上来理解生命，甚至可以改变特定生物的遗传性状来适应社会的需要。

1.8　为什么进化论在生物学中占主导地位？

生命的多样性和复杂性要求用一个理论来解释生物界为什么如此多样。进化论这一理论在理解生命的整体性上具有很好的一致性。进化论从生物界的整个历史角度来考虑问题，并对现存生物界的多样性进行解释。进化论同时解释有机体相互作用及其与环境作用的本质。现今的分类几乎完全建立在进化关系的基础上。即使是分子生物学的研究也集中在进化的本质上。总之，进化是理解开放的生物界呈现动态本质的关键。

1.9　什么是进化？

进化理论不断地被证实，它的主要观点是所有的生物体都由祖先经过长时间的适应环境并做相应的变化而来。这些变化既会使一些有机体灭亡也同时造成现今生物界的多样性。虽然从长期来看，生物群体在结构、功能和行为的进化上变化速度是恒定的，但从短期来看，在关于变化的速度上存在着激烈的争论。生物变化的速度可能并非总是恒定的，也可能有快速的突破，而且在一些生物内也观察到了这种快速的变化。

1.10　进化论之外还有何理论？

虽然几乎所有的实验生物学家都支持进化论，但许多非生物学家认为，所有的生物形式都是由神分别创造的，并且不随时间而变化。这一观点被称为特创论（special creation），与圣经上关于生命的起源和发展的描述是相同的。最近，一些科学事实被引入到一个更为综合的理论——科学创造论（scientific creationism），这一理论试图将科学与圣经的解释合并起来，认为生命的历史实际上比圣经上所描述的长得多，但生物体从它们最初被创造起只有很少的变化。虽然科学创造论者试图忽视他们理论中的宗教意识并要求他

1) 生物体最主要的特征应包括遗传和变异。——译者注

们的理论在生物学教科书上有一席之地，但大部分生物学家认为他们的理论并不科学公正。迄今，美国法庭已判定科学创造论是宗教长期侵入教育领域的结果。

1.11 进化论与自然选择学说之间有何区别?

进化论是关于现在生物起源广为接受的科学理论，认为现在的生物是由其远古祖先经一系列逐渐的变化而形成的。自然选择学说解释这些变化是如何发生的，如进化的机制。

进化的概念最初起源于希腊的雅典。在18世纪，法国自然学家布丰（Comte Georges de Buffon）认为物种会发生变化，而这些变化造成动物和植物的多样性。E. 达尔文（Erasmus Darwin），查尔斯·达尔文的祖父，也赞同大多数的物种都经历了变化，但他的观点似乎并未对他的孙子查尔斯·达尔文（Charles Darwin）的进化论的形成产生作用。

第一个广为接受的关于进化机制的理论是由拉马克在1801年提出的。与查尔斯·达尔文一样，拉马克也受地理新发现的深刻影响。这些地理新发现认为地球非常久远，今日的地理过程在上千万年中形成。

1.12 拉马克的进化机制理论的基本概念是什么?

拉马克认为生物体在其生命过程中所发生的变化是其适应特定环境的结果。那些常被用到的部位会越来越发达，而不被用到的则趋于退化（用进废退学说）(use-disuse concept)。然后，生物体在生命过程中发生的变化会传递给后代：即后代遗传了那些获得的性状（获得性遗传）。拉马克理论的完整性在于生物体内存在着根深蒂固的推动力，使得生物向更高水平的复杂性发展，似乎每种生物都被赋予意愿向生命的更高层次发展。

拉马克理论的主要缺陷在于所有获得的性状均被遗传。就我们现在对于遗传物质所控制的遗传的了解，我们知道只有基因的改变才会造成子代的永久改变。然而，在拉马克理论的形成阶段，对于遗传的机制知之甚少。甚至达尔文也将拉马克的获得性状遗传引入他自己的观点。

拉马克进化原理不应该被认为仅仅是一个概念上的错误。它应被认为是在描述一个自然进程并逐渐趋于真实的持续过程中必不可少的一步。科学在缓慢地发展，试探性的脚步以更高的确定性到达。今天的科学真理依赖于早期观察者的聪明的探索。他们为后人提供帮助以便得到更为可靠的解释。

1.13 自然选择学说是如何解释进化过程的?

达尔文进化机制的理论解释了下列在生物体内发生的变化：

1. 在仅有很少资源、有食肉动物存在、自然灾难存在等生活环境中，每代能产生更多的后代的物种存活可能性更大（即繁殖量很大）。
2. 因此，在存活的物种中存在着竞争。
3. 在竞争中最初的竞争个体并不完全相同，但是趋近于差异增强或减弱。
4. 在竞争中，那些能很好地适应环境者生存的机会更大（适者生存），而不适应的则会灭绝。在这一过程中，自然环境是推动竞争的动力。
5. 存活下来的变异体繁殖并把它们的性状传递给下一代。
6. 经过多代的竞争之后，存活下来的物种具有适应环境的各种优良性状，而那些不适应的物种则逐渐灭绝。

达尔文对后代中变异的来源并不确定，但他清楚在同一物种中确实存在着遗传的差异。我们现在已经知道这些变异是由于有性繁殖造成基因的交换（第8章）和基因结构的变化〔被称为突变（mutations)〕的结果。

1.14 “适者生存”意味着什么?

自然选择就是那些能更好地适应环境的生物体存活下来，似乎自然挑选一些幸运的少数使它们存活。在适者生存理论中，适者并非是活得最长的或最强壮的个体，而是那些能将基因性状传递给子代的个体。实际上，那些活得更久的个体可能有更多的时间来产生更多的后代，而那些更强壮的个体有更多的机会进行交配。在这两种情况下，更多的繁殖（reproductive）是关键。现存的生物体体内都具有在长期生存斗争中繁殖优胜者的血统。

必须指出的是，繁殖优胜不仅仅指在争夺资源和配偶的战斗中有利，而且可能涉及到个体的合作互助的优势得以更好地发挥。生存竞争也不是完全无意义的事情，只产生一个优胜者和众多的失败者。我们可以把生存竞争和适者生存看成是微分（differential）繁殖的机制——那些更适应环境的个体在生产上超过了那些不适应环境的个体。经过长时间的进化，物种都趋向于拥有由适应环境的个体遗传下来的基因。

1.15　如果进化导致每种物种内的适应性的增加，那我们是否可以认为最终可形成完全适应者，而停止继续进化？

不可能出现这种情况。因为环境是不断变化的，今天的适应群体可能适应不了明天的环境。因此，进化的历程永不停息。由于地球环境的不断变化，迄今，在所生存过的物种中有95%已遭到灭绝。化石（fossils），以前生物所保留下来的遗迹，证明大量的物种在不断寻求适应环境的过程中灭绝了，那些适者也只是暂时地适应了当时的环境。所有生物不断变化的生活方式是与地球表面环境的不断变化息息相关的。

需要指出的是，在地球上繁衍生息的人类所以能够如此，并非是我们能更好地适应不断变化的环境，而是我们可以改变环境来适应我们的需要。

1.16　自然选择这一关于变化的简单机制是如何产生现在生命形式如此多样性的？

即使是在同一物种的不同个体之间，由突变、有性繁殖而导致的基因交换和染色体的重组导致了巨大的差异。这种差异使得在选择压力下可能会有许多适应环境的反应。在地球的每一处所发生的选择都是类似的，要么适应环境，要么死去，但地球上的各种不同的环境压力与能适应各种压力的各种基因变异型的相互影响导致了生命形式的庞大的多样性，每一物种都以独有的方式来适应环境。

生物在进化发育的过程中并不需要按特定的路径来获得它们的遗传特性。进化的结果也并非理想的生命形式，但有更多特征适应当时的环境（类似于假说）。在这个行星上有时也会发现一些分类奇怪的生物，但它们有明显的进化发育过程，这与特创论所认为的生物本身就具有很高的完美性是对立的。

1.17　次序能影响生命的多样性吗？

为了研究时的方便和清楚，对所有的生物都进行了分类。这些分类（categories 也称 taxa），从最宽的界限开始进行分类：界（kingdom）。界被划分为门（phyla），门再划分为纲，纲被分为目，目被分为科，科被分为属，属再被分为种。种是最小的也是描述最详细的分类单位。种是由一群具有共同基因的相近的生物体组成。通过交配，产生可繁殖的后代。将某一生物划分到一个特定的分类单位主要是依靠这一生物与这个分类群的其他成员的进化关系。因此，猴子、猿和人由于共有许多特征将它们划分到同一界、门、纲、目，但它们由于彼此之间的差异而属于不同的科。

1.18　五界由哪些组成，它们的主要特征有何不同？

界	不同特征	特征生物
1. 原核生物界	单细胞，原核生物：细胞无核膜和其他特化区域	细菌
2. 原生生物界	单细胞，真核生物：细胞有核膜和许多特化的内部结构	原生动物
3. 植物界	多细胞，真核生物，自己制造食物	蕨类、树
4. 真菌界	真核的，类似植物的生物，多细胞或单细胞，从环境中摄取食物	酵母、霉菌
5. 动物界	真核，多细胞生物，必须捕获现成食物进行内部消化	鱼、鸟、牛

附　加　题

1.19　科学要解决的最根本的问题是

（A）为什么　（B）怎样　（C）伦理　（D）逻辑

1.20　什么涉及到归纳

（A）验证假说　（B）发现事实间的相关性　（C）发展假说　（D）以上均不是

1.21　科学方法最初起源于

（A）达尔文　（B）Buffon　（C）Bacon　（D）拉马克

1.22　一个好的假说必须是

（A）可证伪的　（B）与数据相一致　（C）最简单的解释　（D）上述所有的

1.23　已被多次证明的假说称为

(A) 定理　(B) 教义　(C) 伪科学　(D) 以上均不是

1.24　对生物学家来说，生命最本质的是

(A) 精神上的　(B) 物化的　(C) 机制的　(D) 以上均不是

1.25　对动物的研究称为

(A) 植物学　(B) 动物学　(C) 细胞学　(D) 进化

1.26　谁认为物种是不变的

(A) 拉马克　(B) 特创论学家　(C) 进化学家　(D) 生态学家

1.27　进化和自然选择是同一概念。

(A) 对　(B) 错

1.28　拉马克认为获得性状是可以遗传的。

(A) 对　(B) 错

1.29　进化是发生在不再改变的地球上的过程。

(A) 对　(B) 错

1.30　人和猿属于同一物种。

(A) 对　(B) 错

1.31　细菌的细胞有很大的细胞核。

(A) 对　(B) 错

答　案

1.19 (B)　1.20 (C)　1.21 (C)　1.22 (D)　1.23 (A)　1.24 (B)　1.25 (B)
1.26 (B)　1.27 (B)　1.28 (A)　1.29 (B)　1.30 (B)　1.31 (B)

第2章 生命的化学：无机的观点

2.1 原子、分子和化学键

所有物质都是由原子（atom）这一基本单位组成。尽管“原子”这个词表示不能被切割的意思（a=“没有”，tom=“切”），这些基本微粒实际上是由许多更小的组分组成，这些组分本身可以再分。元素（element）是指由相同种类原子组成的物质。化合物（compound）是由叫做分子（molecule）的单位组成，而分子（对化合物来说是不同的原子）是原子以准确的排列形式结合而形成的。

物质以三种不同的状态存在。其存在状态依赖于温度、压力和物质本身的性质等。固体（solid）有一定的体积和形状，液态（liquid）有一定的体积但没有固定的形状，气体的（gaseous）状态既没有固定的体积也没有固定的形状。分子、原子在气态下运动速度最快，在固态下运动速度相对较慢。

每个原子都由一个带正电的原子核和一系列带负电、围绕在原子核周围高速运转的电子组成。一个简单的原子，如 H，只有 1 个电子围绕原子核运转。而一个较为复杂的原子则由多达 100 多个电子围绕在原子核周围的电子层（shell）中。每个电子层包含 1 个或多个容纳电子的轨道（orbital）。元素的每个原子沿轨道运转的电子数相同，电子数与原子核中带正电的质子（proton）数相同。平衡的电荷数目是该元素的原子数（atomic number）。元素的原子量（atomic weight）或原子质量是原子核中质子和中子的总和。但是，因为原子核中不带电的中子（neutron）数不同，一个给定的元素原子量大小可能不同，元素的这些变量称为同位素（isotope）。

☞**例 1**

氧是一种原子序数为 8，原子量为 16 的元素。其原子核中含有 8 个质子和 8 个中子。原子核外部有 8 个绕原子核运转的电子。这些电子中有 2 个位于第一（K）电子层（或能级）的球形轨道中，最多能容纳 8 个电子的第二（L）电子层包含了剩余的 6 个电子。这 6 个电子分布在几个轨道中，每个轨道包含 2 个电子。以氧为例，第二电子层中的 4 个轨道中有一个并没有被 1 对电子占据（见图 2.1）。

占据在离原子核较近的轨道中的电子能量较低，这与它们的高速运转有关。而那些位于离原子核较远的轨道中的电子能量则较高。当原子吸收能量时，电子从离原子核较近的低能态轨道转移到离原子核较远的高能轨道中。根据现代理论（见本套书化学分册），由于电子不能在 2 个不连续的轨道间出现，故原子中的能量交换只能在一种叫做量子（quanta）的特定单位中发生。它等于任何 2 个轨道间的平均能量差。当激活态的电子返回到它原来的轨道中时，能量差以光的形式从原子中释放。此外，电子还具有别的性质如自旋（spin）。

原子间的相互作用形成化学键。通过化学键使紧密结合的原子构成分子，这些化学键归因于原子试图尽可能填充外层电子轨道才形成的。只有惰性气体——稀有气体如氖和氦完全填满了其电子层。其他元素的电子排列会发生变化，这种变化导致电子填充外层轨道以形成更稳定的状态。

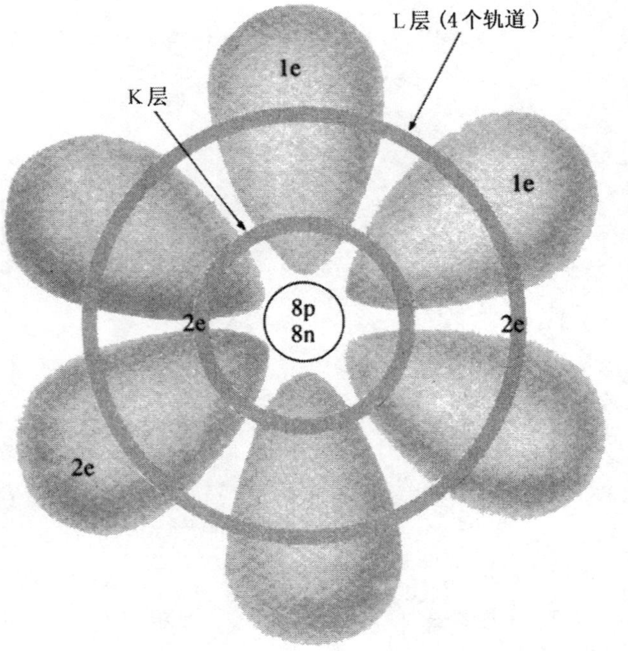

图 2.1

获得这种更稳定状态的一种方法是把一个原子外层中所含的少量的电子贡献给外层中电子即将饱和的原子。贡献出电子的原子含有的质子比电子多，带正电，叫做阳离子 (cation)；得到电子的原子带负电，叫做阴离子（anion)。这种电性相反的离子相互吸引，导致了离子键（ionic）或极性键（polar）的产生。

☞例 2

腐蚀性元素钠（Na)，原子序数为 11，其第三（M）电子层只有 1 个电子（K 层有 2 个电子，L 层有 8 个电子，M 层只剩下 1 个电子）。有毒气体氯（Cl)，原子序数为 17，最外层有 7 个电子。在这 2 种元素的相互作用中，钠提供给氯一个电子，现在钠第二电子层饱和，变成了最外层。而氯的最外层含有 8 个电子。钠失去了一个电子，带一个正电。氯接收了一个电子带一个负电，通过电性吸引而结合在一起形成了 NaCl——食盐。

另一种方法是，原子可以通过共用（sharing）电子对实现外层电子的饱和。参与键合的原子各提供 1 个电子，这对电子形成共价键（covalent)，把两个原子结合在一起，这可以从化合物形式的立体构型表现出来。

☞例 3

氢原子（H）电子层（K）中只有 1 个电子，而它需要 2 个电子来填充；氧原子（O）外层电子层中有 6 个电子，它需要 8 个电子填充。氢原子的电子可以在氧原子外层的球形区域中运动，和氧原子共用该电子，同时氧原子中的一个电子与氢原子共用使氢原子外层电子达到 2 个。另外一个氢原子也这样，氧原子就有 8 个电子，氢原子有 2 个电子。该过程中，两个氢原子通过共价键与一个氧原子结合形成一个水分子（H_2O）(见图 2.2)。

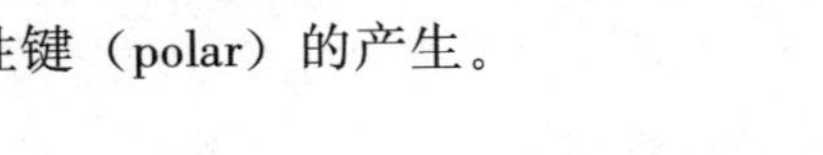

图 2.2

在许多分子中，并不是只有一个共价键起作用（只共用一对电子)，而可能包括共用 2 对、3 对电子的双键、三键。双键、三键使参与反应的原子处于稳定状态。这与单键情况不同，单键中原子可以自由沿单键形成的轴旋转或自转。

例 4

二氧化碳（CO_2）是一种化合物，每个氧原子都与碳原子形成双键。碳原子在不稳定状态时，外层中含有 4 个电子。在该反应中，来自碳原子的 2 个电子与来自氧原子的 2 个电子形成双键。碳原子外层中剩余的 2 个电子与另一个氧原子的 2 个电子形成另一个双键。该分子中，碳原子外层中含有 8 个电子达到稳定状态，每个氧原子外层中也包含 8 个电子，如图 2.3 所示。

图 2.3

在许多共价键中，一个原子比另一个原子离共用电子对更近，于是产生了分子的极性（polarity）。由于氧原子的原子核对电子有较强的吸引力，水就像一个带电分子或叫做偶极子（dipole），含有负氧端和正氢端。这种分子具有极性，这种键属于极性共价键（polar covalent）。水的许多性质，包括使别的物质离子化的性质，都是基于分子的极性基础之上的。

每种类型的分子都有结合的性质，其变化大小范围从两个原子之间形成完全极性键到多数有机化合物中共价原子之间形成的共用电子对的非极性状态。

有时，一个原子可以将自己的两个电子与另一个原子共享，而这个原子却不共享自己电子。在氨离子（NH_4^+）形成时，氨气（NH_3）吸引 H^+ 到氮原子（N）的一对电子，这对电子没有与其他氢原子形成共价键，这种由相互作用的一方提供一对电子所形成的共价键叫做配位键（coordinate covalent），这种键从化学意义上与一般的共价键没有不同。

分子之间的吸引力为范德华力（van der Waals forces）。这种吸引力不影响物质的化学性质，但对气体、液体的物理性质有重要的影响作用。

在生物学中，氢键（hydrogen bond）具有更重要的作用。氢键中的质子（H^+）被认为是在两个分子或同一个大分子内部不同部分之间起连接作用。尽管氢键比共价键弱得多，不能导致化学结合，但是它在大分子如蛋白质、核酸等的三维结构中起着很重要的作用。在 DNA 双螺旋结构中，正是氢键使两条多核苷酸链之间连接起来。对维持生命起很重要的作用的水来说，相邻水分子之间的氢键可以解释水的许多性质。

原子的化学性质主要由外层电子数决定。那些最外层中有 1 个电子的原子化学性质相似，而那些外层中有 2 个电子的原子的化学性质也相似。随着原子序数的不断增加，所有原子可排列在一个表中。每一横排以外层中包含 1 个电子的原子开始，到外层中电子完全充满的原子结束，原子的这种排列在图 2.4 中表示出来，称为元素周期表（periodic table of the elements）。竖排元素的原子外层中包含的电子数相同，于是表中元素在从简单到复杂的变化过程中，化学性质的周期性就表现出来。氦、氖、氩等都属于惰性气体（noble gases）。元素周期表中每次遇见外层充满电子的原子时，它们独特的惰性就表现出来。金属元素锂、钠、钾等具有相似的性质，它们原子核外层中有 1 个电子，这个电子有转移的趋向而与别的电子结合。原子在周期表中的这种排列说明了 100 多种元素的一种规律，我们从这种简单的到复杂的原子变化过程中，很容易说明原子结构与化学功能之间的关系。

2.2 化学反应和平衡的概念

化学反应用方程式表示。在方程式中，反应物（reactant）在左边，生成物（product）在右边，箭头表示反应的方向。参与反应的物质用经验公式（empirical formula）表示，是一种缩写形式，它表示参与反应的物质组成。分子中的每一元素用特征符号表示（如：H 代表氢，O 代表氧）。原子数目用下标在符号右边写出（如：H_2O）。参与反应的分子数在参与

元素周期表

1 — 原子序数；H — 符号；氢 — 名称；1.0079 — 原子量

族 周期	轻金属元素		脆性重金属元素					展性重金属元素				低熔点重金属元素	非金属元素					稀有气体
	I_A	II_A	III_B	IV_B	V_B	VI_B	VIIB	VIII			I_B	II_B	III_A	IV_A	V_A	VI_A	VII_A	0
1	1 H 氢 1.0079																	2 He 氦 4.00260
2	3 Li 锂 6.941	4 Be 铍 9.01218											5 B 硼 10.81	6 C 碳 12.011	7 N 氮 14.0067	8 O 氧 15.9994	9 F 氟 18.99840	10 Ne 氖 20.179
3	11 Na 钠 22.98977	12 Mg 镁 24.305											13 Al 铝 26.98154	14 Si 硅 28.086	15 P 磷 30.97376	16 S 硫 32.06	17 Cl 氯 35.453	18 Ar 氩 39.948
4	19 K 钾 39.098	20 Ca 钙 40.08	21 Sc 钪 44.9559	22 Ti 钛 47.90	23 V 钒 50.9414	24 Cr 铬 51.996	25 Mn 锰 54.9380	26 Fe 铁 55.847	27 Co 钴 58.9332	28 Ni 镍 58.70	29 Cu 铜 63.546	30 Zn 锌 65.38	31 Ga 镓 69.72	32 Ge 锗 72.59	33 As 砷 74.9216	34 Se 硒 78.96	35 Br 溴 79.904	36 Kr 氪 83.80
5	37 Rb 铷 85.4678	38 Sr 锶 87.62	39 Y 钇 88.9059	40 Zr 锆 91.22	41 Nb 铌 92.9064	42 Mo 钼 95.94	43 Tc 锝 (97)	44 Ru 钌 101.07	45 Rh 铑 102.9055	46 Pd 钯 106.4	47 Ag 银 107.868	48 Cd 镉 112.40	49 In 铟 114.82	50 Sn 锡 118.69	51 Sb 锑 121.75	52 Te 碲 127.60	53 I 碘 126.9045	54 Xe 氙 131.30
6	55 Cs 铯 132.9054	56 Ba 钡 137.34	57~71 镧系 元素	72 Hf 铪 178.49	73 Ta 钽 180.9479	74 W 钨 183.85	75 Re 铼 186.207	76 Os 锇 190.2	77 Ir 铱 192.22	78 Pt 铂 195.09	79 Au 金 196.9665	80 Hg 汞 200.59	81 Tl 铊 204.37	82 Pb 铅 207.2	83 Bi 铋 208.9804	84 Po 钋 (209)	85 At 砹 (210)	86 Rn 氡 (222)
7	87 Fr 钫 (223)	88 Ra 镭 226.0254	89~103 锕系 元素	104 Rf-Ku (261)	105 Ha (262)	106 (263)												

镧系元素	57 La 镧 138.9055	58 Ce 铈 140.12	59 Pr 镨 140.9077	60 Nd 钕 144.24	61 Pm 钷 (145)	62 Sm 钐 150.4	63 Eu 铕 151.96	64 Gd 钆 157.25	65 Tb 铽 158.9254	66 Dy 镝 162.50	67 Ho 钬 164.9304	68 Er 铒 167.26	69 Tm 铥 168.9342	70 Yb 镱 173.04	71 Lu 镥 174.97
锕系元素	89 Ac 锕 (227)	90 Th 钍 232.0381	91 Pa 镤 231.0359	92 U 铀 238.029	93 Np 镎 237.0482	94 Pu 钚 (244)	95 Am 镅 (243)	96 Cm 锔 (247)	97 Bk 锫 (247)	98 Cf 锎 (251)	99 Es 锿 (254)	100 Fm 镄 (257)	101 Md 钔 (258)	102 No 锘 (255)	103 Lr 铹 (260)

图 2.4

反应的分子左边用数字系数表示（如：$2H_2O$）。

某些简单的分解反应表示为 AB→A－B。其他的反应包括简单的化合：A＋B→AB。由 2 个或多个分子相互作用更复杂的反应产生不同于反应物分子物质的反应：A＋B→C＋D。在这些反应中，方程式左边出现的原子种类和数量必须与右边相同。

多数反应并不能反应完全，相反，它们总是达到一种平衡状态（equilibrium）。此时，反应物产生生成物的反应与生成物产生反应物的反应完全平衡。质量作用定律（the law of mass action）表明，在平衡状态下，方程式右边分子的摩尔浓度之积与反应物分子的摩尔浓度之积的比值为一常数（摩尔浓度将在下文中详细介绍）。如果反应趋向于平衡时，产物的量多，则平衡系数（equilibrium constant）就较大；如果反应物占优势（如反应不持续向右边进行），平衡系数就较小。向体系中增加反应物或生成物，反应平衡就被破坏而再达到一种状态，此时，浓度变化又达到一个与平衡系数相同的比率。在反应 A＋B→C＋D 中，质量作用定律可表示为：

$$\frac{[C]\cdot[D]}{[A]\cdot[B]} = K_{eq}$$

其中［ ］表示为摩尔浓度，K_{eq}为平衡常数。

浓度（concentration）是指在一定的体积中某种特定物质的含量。大多数反应发生的方向部分地取决于反应中分子的多少，故浓度在决定化学反应的方向中起重要作用。表示溶液浓度的一般方法是每升溶液中溶质的摩尔数。1 摩尔（mol）就等于特定的分子用克表示的分子质量，也可以被认为是特定数量的原子或分子。1 mol 任何化合物包含 6.02×10^{23}分子，称为阿伏加德罗常数。1 mol 水分子和 1 mol CO_2 含有的分子数相同，同样，对 2 mol 或 1/3 mol 也是如此。1 mol/L 溶液中含有的溶质分子为 0.5 mol/L 溶液中的 2 倍。由于分子是参与化学反应的单位，摩尔浓度是相互作用单位的衡量标准。在评价化学反应中它比绝对重量更有意义。

在某些情况下，当量浓度（normality，N）作为一种表示浓度的方法要比摩尔更能被人接受。当量浓度是摩尔与分子的原子价（valence）、化学价（chemical power）之比，它更能准确地衡量溶液中物质的化学反应[1)]。原子价为 2 的物质只需要一半的量就能与原子价为 1 的物质产生特定的相同效果。

例 5

碱（NaOH）与酸（H_2SO_4）反应形成水（H_2O）和盐（Na_2SO_4）。该反应的平衡式为 $2NaOH+H_2SO_4 \rightarrow Na_2SO_4+H_2O$。如果用 1L 1 mol/L 的 NaOH 溶液，我们只需要 1L 0.5 mol/L 的 H_2SO_4 就能提供足够的酸使反应发生。反应式表明只需要一半的 H_2SO_4 分子，但是如果用正常标准衡量浓度，1 L 1N NaOH 需要 1L 1N H_2SO_4，这是由于 1N H_2SO_4 溶液含有 0.5 mol/L H_2SO_4。同样道理，1N H_3PO_4 溶液是 0.33 mol/L。对离子来说，1N Na^+ 是 1.0 mol/L，1N Ca^{2+} 是 0.5mol/L。

2.3　溶液的依数性

在溶液中，溶剂中溶质的存在使蒸汽压（vapor pressure）或液体分子的挥发趋势变低，凝固点也降低，沸点升高，渗透压（osmotic pressure）增加。所有这些性质被称为溶液的依数性（colligative properties）。这些性质中只受粒子数量的影响，而不受种类或粒子的化学性质的影响。如果一个特定分子分离成好几个离子，那将影响其性质。如，一个化合物分解为 2 个离子，则 1 mol/L 溶液在渗透压、凝固点上相当于 2 mol/L 溶液所产生的影响。

如果我们用只允许溶剂分子通过而溶质分子不能通过的半渗透膜（semipermeable mem-

1）现当量浓度为非法定单位。——译者注

brane）将容器分成两部分，并在膜的两侧放上不同浓度的溶液，溶质分子不能通过半渗透膜而溶剂分子可以通过。由于浓度较低的一侧含溶剂分子比浓度较高的一侧多，水或者相似的溶剂从低浓度向溶质含量多的高浓度区流动，这种现象称为渗透（osmosis）。溶剂分子跨膜运动存在的压力称为渗透压。当容器一侧体积比另一侧增加时，溶液液面将升高，直到浓度较高一侧伴随高度升高产生的作用力与伴随着溶液浓度差异形成的渗透压相等时才停止。假如溶液浓度继续改变，可测量容器中液体柱上升的高度来测定溶液的实际渗透压。

2.4 热力学定律

热力学（thermodynamic）定律适用于所有形式的能量转化。尽管单词字面意思是“运动”或“热变化”，但是所有形式的能量都可以变成热。因此适用于热转化的规律可以描述一般的能量变化。

能（energy）是指做功的能力。功传统的定义是移动物体一定距离的力，力指改变物体运动的推或拉。生物学中的能被用作计算自然生理条件下的趋向，如糖分子逆它们的浓度梯度移动的能力。

能有多种存在形式。热（heat）是与液体或气体内部分子剧烈运动有关的能。机械能（mechanical energy）存在于运动的物体中。化学能（chemical energy）是包含在化学键中的能量，它使分子中的原子紧密地结合在一起。辐射能（radiant energy）来源于太阳或别的以波的形式传播的资源。所有形式的能要么以动能（kinetic energy）形式存在，如下落的石头具有动能，要么以势能（potential energy）存在，如山顶上的石头或某些有机分子中的高能键，键断裂时，能量就释放出来。

热力学三大定律制约着自然界能量的转化。第一定律，能量守恒定律（the law of conservation of energy），是指能量既不能凭空产生也不会凭空消失。现在，物理学家把物质看作是能量的一种特殊形式，以使与原子裂变或聚变有关的反应能用第一定律解释。在原子弹、氢弹爆炸过程中，一小部分质量能转化为大量的能量，这与阿尔伯特·爱因斯坦（Albert Einstein）的方程式 $E = mc^2$ 一致，能量等于损失的质量乘以光速度的平方。

热力学第二定律有时根据热的转化来解释：热从温度高的物体转移向温度低的物体，但是对第二定律这种解释并不明确，一种较好的解释是：在任何转化过程中，用来做有用功的能量越来越少。我们也可以把第二定律解释为：自然界中体系有转向不稳定、混乱状态的趋势。混乱的专用术语是熵（entropy），这个术语被定义为做有用功时不能利用的能量（混乱结果）。第二定律也可以从势能的角度来理解：在任何的自发反应中，其外部能量不起作用，势能趋于消失。所有这些解释可以总结为有点悲观的理论，那就是宇宙将耗完能量，最终所有能量将在环境中统一分配，因为熵已经最大化，这种环境中更进一步的能量交换是不可能的。

第三定律说的是只有完美的晶体，最有序系统，在－273℃（绝对零度）时没有熵。由于理想状态永远不可能实现，所有的自然体系都处于不同程度的混乱状态中。

导致自由能（free energy）（与有用功有联系）释放的所有反应称为放能反应（exergonic reactions），这些是趋于自发发生的反应。在活的体系中，放能反应总是与化学键中贮存了特定形态的能量的复杂分子裂解为键能较低的简单分子有关。说明这种反应本质的一种类比是：石头从山顶上滚下来，山顶的石头包含能量，由于其位置以势能形式存在，没有另外的能量输入，石头就能滚下山。在这个过程中，石头把它贮存的能量以机械能的形式释放。运动的能量称为动能（kinetic energy），它来自古希腊词，意思是“运动”。尽管石头有滚下山的趋势，但它必须在一个外力的作用下才能从山的边缘滚下。并不是所有贮存的能量都以机械能的形式释放，在石头运动的过程中，由于它与山表面的摩擦作用，开始释放的能量中有部分以热的形式释放出来。

那些从低能态转移到高能态的反应，叫做吸能反应（endergonic reaction）。在这种情况下，自由能必须从外界输入到系统中，就像通过耗能把石头移到山顶一样。生物系统中，只有和放能反应一起，通过放能反应提供需要的能量，吸能反应才可能发生。在活的生物体系中，许多放能反应释放出贮存在于高能键如 ATP 中的自由能。ATP 断裂提供能量使各种吸能反应发生以完成生物体的合成作用。

2.5 水的特殊性质

水是所有生命形式中最简单又最重要的无机分子。由于它能溶解许多无机和有机分子，所以它提高了物质的复杂性。由于水是极性分子，它能促进许多分子分离为离子。这些性质在调控生物特性如肌肉收缩、渗透性和神经刺激传导中起很重要的作用。

水有助于阻止温度的剧烈变化，温度的急剧变化对细胞中的许多大分子具有破坏作用。水是自然界中比热（specific heat）最高的一种物质，即水能吸收大量热量而温度变化相对较小。水的熔解潜热（latent heat of fusion）也较高，意思是说当水从液态变为固态时，能释放出大量的热量，相反，当冰溶化为水时，则需要吸收大量热量。水的这种特性可以减小凝固点的温度变化。水的蒸发潜热（latent heat of vaporization）（水变成蒸汽时所吸收的热）用于水从液态转化为气态时摆脱表面张力所需要的能量。

例 6

蒸汽形成过程中，1g 水吸收 540 cal 的热。计算一下 10g 水从 $5cm^2$ 的表面上蒸发所耗掉的热量。

由于 1g 水吸收热量 540 cal。10g 水在 $5cm^2$ 面积上吸收 5400 cal 或者 $1080cal/cm^2$。如果空气中水分含量很高，这种热散失的方法就不能实现，即不能蒸发。这说明了为什么在炎热、闷热的天气感到不舒服。

上述提到的水的性质以及表面张力和凝固时体积变大这一反常特性，很大程度上是由于相邻水分子间的氢键的稳定作用使水分子紧密地结合在一起造成的。

最后，水是无色透明的，所以它不影响光合作用（在浅处）和视觉，因为这两个反应都需要光的参与。

2.6 维持生命系统中 pH 值的稳定性

酸碱性有个衡量标准，这个标准基于水的电离。酸由 H^+ 浓度决定，碱由 OH^- 浓度决定。于是，水的电离 $H_2O \rightarrow H^+ + OH^-$ 理论上产生的是中性系统。纯水中，电离变化很小，在平衡状态下，1 mol 水产生 10^{-7} mol H^+ 和 10^{-7} mol OH^-。我们把水没有电离时的浓度定为 1 mol/L，由于电离太小，于是

$$\frac{[H^+][OH^-]}{[H_2O]} = \frac{[10^{-7}]\cdot[10^{-7}]}{1} = K_{eq} = 10^{-14}$$

该公式表明 H^+ 的摩尔浓度与 OH^- 摩尔浓度的乘积为一常数：即 10^{-14}。当 H^+ 浓度增加时，OH^- 浓度下降。为了避免使用烦琐的分数或负指数，人们设计了一个体系，允许用正整数表示溶液的酸性。pH 表示酸度，指 H^+ 浓度的负对数。pH 越低，H^+ 浓度越大（如 pH 为 3 表示 H^+ 浓度为 10^{-3} mol，但 pH 为 2 表示 H^+ 浓度为 10^{-2} mol）。中性溶液 pH 为 7，水溶液中最大酸性为 1。pH 大于 7 表示溶液为碱性，最大碱性 pH 为 14。

在大多数有机体中 pH 一般接近中性。如果人体血液 pH（7.35）变化 0.1 个单位，将会对人体产生严重伤害（尽管容易消化流体食物的胃内能适应强酸的变化，但胃的内部实际上并不是在体内，它是人体的内表面，事实上，身体发育过程中身体沿外部延伸，形成一个内管）。代谢反应过程中产生的过量的 H^+ 和 OH^- 被一种称为缓冲液（buffer）的化学系统中

和或吸收。这些缓冲体系常常由一种弱酸和弱酸盐组成。多余的 H^+ 被盐中的阴离子吸收产生更多的弱酸，产生的弱酸相对来说不易分解。多余的 OH^- 与弱酸结合，导致酸中的 H^+ 释放到溶液中，阻止了 H^+ 浓度的下降，相应 pH 升高。血液中的碳酸根离子系统和某些细胞中的醋酸根离子系统就是能维持 pH 相对平衡的缓冲系统。缓冲系统处理适度的 pH 变化很有效，但如果溶液中加入大量的酸或碱，它就无能为力了。

疑难问题解析

2.1 什么是原子？

原子是所有物质（元素）的基本组成单位。它由带正电的质子和周围带负电、高速运转的电子组成。在非电离状态下，围绕原子核运转的电子数等于原子核中带正电的质子数。

2.2 对一种元素，原子数和原子量有什么不同？

原子数等于原子核中的质子数目或轨道中的电子数。原子量（atomic weight）等于质子数加上原子核中的中子数。中子是原子核中的一种微粒，质量与质子大约相等，但不带电。原子核中的不同粒子称为核子（nucleon），但是生物学家所关心的是质子和中子。物理学家认为一度被作为基本粒子的许多核子是由更小的被称为夸克（quark）的单位组成。

2.3 元素中所有原子结构完全相同吗？

相同元素的原子，原子数相同但原子量大小不同。这种差别是由原子核中中子数目不同引起的，这些变量称同位素（isotopes）。化学周期表中给定的标准原子量是根据特定同位素的相对频率通过平均来确定的。由于原子核中的中子引起变化使许多同位素不稳定，导致了放射性和射线的释放。由于放射性同位素可以为特定原子运动提供标记，它们在研究中具有重要作用。

原子的化学（chemical）性质由轨道中电子的排列决定，各种同位素化学性质相似。

2.4 电子怎样绕原子核排列？

旧的理论认为，就像太阳系中的行星一样，电子在规定的路径中沿原子核运转。现在人们认为电子可能在它们特定的位置运动，但是它们最可能处于围绕原子核的特定路径或轨道中。有些公式表明轨道呈云状，云最密的地方对应的是电子最集中的地方。电子在围绕原子核的巨大空间内的位置最终可以通过可能的数学方程推理出来。

2.5 你认为什么使电子在其轨道中沿原子核运转？

电子在指定轨道中稳定存在是由于带正电的原子核与带负电的电子以及旋转电子的离心力（脱离中心）之间的引力达到平衡的结果。

2.6 轨道和电子层有什么区别？

电子层是指围绕在原子核周围，包含 1 个或多个轨道的能级。第一层，名为 K 层，包含 1 个球形轨道，它最多可容纳 2 个电子；离原子核稍远的第二层，包含 4 个轨道，由于每个轨道可容纳 2 个电子，故第二层最多可容纳 8 个电子，第二层名为 L 层；第三层为 M 层，包含 4～9 个电子轨道。在更复杂的原子中，原子核周围电子层可达到 7 个（从 K 到 Q 层）之多。第一层包含一个球形轨道，第二层包含一个球形轨道和 3 个哑铃形轨道，其中轴相互垂直。

原子结构的完美性基于围绕原子核的电子的逐渐增加。最简单的原子氢有 1 个电子绕原子核运转，氦在 K 层中含有 2 个电子，原子数为 3 的锂 K 层中有 2 个电子，L 层中有 1 个电子。通过外层中电子的增加，直到电子层中充满电子，原子的复杂性也增加。一般来说（但不是一成不变），由于原子的稳定性与空间中的电子排列的最低能级有关，故离原子核最近的电子层首先充满电子，然后电子向外面的电子层填充。

2.7 原子之间相互作用的基础是什么？

自然界的所有化学反应是由于原子需要电子填充外层引起的。那些外层中电子已经达到饱和的原子化学性质不活泼，它们构成一系列相对惰性的元素，称为稀有气体。以氦为例，原子数为 2，K 层中电子达到饱和，氖的原子数为 10，L 层中电子达到饱和。

几乎所有的原子与另一个原子相互作用导致产生外层中充满电子的结构。原子的这种结合称为分子。一些分子非常复杂，由成百上千个原子组成，而有些分子只有两三个原子组成。正如原子是元素的基本单位一样，不同种类原子的结合形成化合物。

2.8 写出四种原子或分子之间的作用力类型。

离子键，共价键，氢键和范德华力。

2.9 钙（Ca）的原子数为 20，假定它容易形成离子键，你认为钙的离子形式带什么电荷？它与氯（Cl）结合后形成何种化合物？

钙外层中含有 2 个多余的电子（20＝2＋8＋8＋2），失去 2 个电子后外层中为 8 个电子，达到稳定结构。故在离子形式中，钙带 2 个正电，名为 Ca^{2+}。氯需要另外 1 个电子来填充外层。两个氯接受钙提供的 2 个电子形成离子化合物氯化钙（$CaCl_2$）。

2.10 氮（N）原子数为 7，本身形成共价键产生氮气（N_2）。从电子角度解释 N_2 的共价键。

氮一共有 7 个电子，第二外层中含有 5 个电子，需要另外 3 个电子才能形成 8 个电子的稳定结构。通过形成三键，每个氮提供 3 个电子与另一个原子共用，两个氮就形成了外层中含有 8 个电子的稳定结构。

2.11 元素发生的化学反应与它们在周期表中的位置有什么关系？

1869 年首先由门捷列夫（Dmitri Mendeleev）创立的周期表表明了所有元素随着原子量增加排列的情况。现在一共发现 106 种不同的元素，但是在 19 世纪只知道 89 种。人们发现排列元素的化学性质有一定的周期性或有规律重复发生。如果根据原子数的增加排列元素，那么出现一种模式。横排原子外层中的电子数从 1 到 8 变化，第一排以氢开始，其次是氦，也是最后一种，因为它外层 K 中含有 2 个电子，达到饱和。但是，原子数为 3 的锂，其外层中也只有一个电子，其后是外层中 6 个电子数目逐渐增加的元素。元素中最后一个为氖，原子数为 10，外层含有 8 个电子。第三排以原子数为 11 的钠开始，以原子数为 18 的稀有气体氩结束。

逐渐增加原子数的每一横排称为一个周期（period）。外层电子数目相同的每一竖排称为一族（group）。每个周期中的最后一个惰性气体元素为一个族；而最外层中只有一个电子的所有元素构成一族。由于元素的化学性质与最外层的电子组成直接相关，一般来说，每一族中的所有元素的化学性质相似。这是所有化学元素周期性的基础。

2.12 化学反应是如何进行的？

所有化学反应都会有离子的重新组合，这种反应常常以化学方程式表示。方程式中反应物（经历变化的分子）在左边，形成的产物在右边，箭头表示从反应物到生成物的方向。一个典型的反应可以表示为：$A+B \rightarrow C+D$。参与反应的每个分子（原子）将以一种缩写形式写出，代表参与反应的原子的种类和数目。如果 A 是水，由于 H 表示氢，O 表示氧，水就写成 H_2O。两个 H 通过共价键与 O 结合形成 H_2O。

2.13 为什么化学方程式两边必须平衡？配平 H_2 和 O_2 生成 H_2O 这一方程式。

按照质量守衡定律，物质既不能凭空产生又不能凭空消失，所以方程式两边的原子种类和数量必须相同。表示简单的 H、O 结合生成 H_2O 这一反应式时，我们可以选择方程式 $H_2+O_2 \rightarrow H_2O$。但是方程式不平衡，因为两边原子数目不同。通过乘以系数方程式平衡：$2H_2+O_2=2H_2O$，系数表明有几个分子参加了反应。此时方程式平衡。

2.14 所有的化学反应都反应完全吗？

事实上，多数化学反应并不是完全反应。当反应物浓度和生成物浓度达到一个固定的比例时，就达到了平衡状态。此时的比例叫做平衡常数（equilibrium constant），不同的化学反应平衡常数不同。

一个反应方程式可以看作是两个反应之间达到平衡——反应物变为生成物的正向反应和生成物相互作用形成反应物的逆向反应。多数反应可逆，用双箭头表示化学方程式可能更合适：

$$A + B \rightleftharpoons C + D$$

当反应物首先混合在一起时，正向反应占优势。随着生成物的形成，生成物相互作用产生反应物，逆向的反应速度增加。

应该说明，在平衡状态下，正向的反应和逆向的反应都继续进行，但是没有净变化，也就是说，正向的反应与逆向的反应达到完全平衡状态。只有在特定的温度、压力等条件下反应才能达到平衡状态。如果环境变量改变，平衡也随着改变。物质生成，同样导致平衡的改变。在有气体或沉淀形成的反应中，反应朝正向进行，因为生成物没有同样多的机会共同作用促使逆向反应发生。尽管一些化学家认为所有反应理论上可逆，但是有许多反应其正向或逆向的反应占优势，因此为了实际的目的，认为这些反应不可逆。

2.15 原子或分子如何进行相互作用而发生化学变化？

所有化学物质的“社会交际”这一基础是原子有形成使外层电子饱和键的趋势。正如友谊和婚姻要经历变化和重新组合一样，这些键可以断裂，形成新键。但是，除非参与反应的分子与另一个分子紧密相连，多数化学物质是不会发生变化的。除了在临界点之外，物质坚固的隔断不会轻易相互作用。根据气体运动分子假说（the kinetic molecular hypothesis of gases），气体分子经常处于高速运动状态，不断碰撞。正是这些碰撞为化学变化提供了基础。同样道理，溶液中的溶质分散在溶剂中，分散良好处于快速随机运动状态，为化学变化提供了可能。

提高温度可以加速粒子的运动和碰撞次数以及反应的速度，溶液中分子的扩散速度也增加（完全溶解的物质比部分沉淀的物质的相互作用强）。增加反应物分子的浓度也可以使反应的速率提高，因为这样可以提高碰撞的机会。

2.16 溶液中浓度如何计算？

任何物质的浓度是指在特定环境中一定体积内该物质的量。血液中各成分的浓度经常表示为 100 ml 血液中某一物质的 mg 数这一百分比。95%的血糖浓度表示每 100 ml 血液中含有 95 mg 糖（一般为葡萄糖）。

重量百分比不是表示浓度的最好方法。因为同样的百分比浓度，含大分子的溶液没有含小分子的溶液分子多。道理很明显，当一间屋子中有 1000 英磅重的胖人时，它就没有 1000 英镑的同重量的瘦人多，化学反应速度依赖于参与反应的分子数目，使用一个只考虑分子数目的浓度标准会更好。

摩尔定义为以 g 表示的物质的摩尔质量。1mol 水由 18g 水组成，而 1 mol NH_3 则含有 17 g NH_3。由于 1 摩尔任何分子（原子）含有相同数目的分子（原子）。在化学反应中用摩尔浓度来比较反应物和生成物更有用。摩尔浓度是指 1L 溶液中溶解的物质的摩尔数。相同摩尔浓度的物质有相同数目的分子。任何物质 1 mol溶液存在的分子数为 6.02×10^{23}，也叫阿伏加德罗（Avogadro's number）常数。这也是标准温度和压力下，22.4 L 任何气体的分子数。

一些分子由原子或离子组成，这些原子或离子具有结合多个单原子如 H 的能力，这样，O 能与 2 个 H 结合形成 2 个共价键。同样，SO_4^{2-} 能与 2 个 Na^+ 通过离子键结合，原子或离子的这种结合能力称为原子价（valence）。很显然，在化学反应中原子价为 3 的原子作用相当于 3 个原子价为 1 的原子。为了解释结合能力的不同，有时候浓度用当量（N）表示，该单位是指每升溶液中等克当量的分子数目。克当量是摩尔质量除以原子价。参与反应的溶液体积相同时，各溶液的当量大小相同。

2.17 扩散（diffusion）是指分子于存在的介质或容器中四处分散的趋势，扩散与渗透有什么不同？有何相似之处？

扩散是指没有半透膜时溶质（solute）颗粒的运动；渗透是扩散的一种特殊形式，指溶剂（solvent）分子通过半透膜的运动。两个过程的相似之处在于，分子运动受碰撞驱使，分子之间相互作用，向碰撞发生较少的区域运动，即同种类分子较少的地方（从分子密度高向分子密度低的方向）运动。

2.18　为什么放在淡水中的叶子会膨胀？

把活细胞置于某一介质中，它们与周围环境达到渗透平衡。此种情况下，水的净流为零，既不进入细胞也不从细胞中出来，这种介质叫做等渗溶液（isotonic，或 isosmotic）。如果介质中分子浓度大于细胞中分子浓度，环境处于高渗态（hypertonic），由于高的渗透压，浓度大的介质将从细胞中吸水。如果把细胞放在比其浓度低的介质中，细胞将从低渗（hypotonic）环境中吸水，变膨胀。色拉搅拌器中莴苣叶的变大是由于把莴苣叶放在纯水中导致细胞吸水膨胀，压迫细胞壁，使细胞膨胀变大。另外一种渗透现象就是镁盐从大肠中吸收水分用做泻药。

2.19　描述支配能量交换的定律。

热力学三大定律是支配能量转移的定律。第一定律（能量守衡）是指能量既不会凭空产生也不会凭空消失。因此在能量转化过程中能量输入与能量输出相等。

第二定律是指随着能量变化，能量趋于降低或呈分散状态。此时做有用功的能量降低。熵（entropy）是衡量能量混乱、随机性的标准。第二定律也可以理解为转化过程中熵增加这一趋势。于是，当输入的总能量等于获得的总能量时，用于做有用功的能量持续减少。在包含很复杂的、有秩序的活体系中，与之对抗的是熵或使之混乱的趋势增大。

第三定律说的是在绝对零度时完美晶体的熵为 0，它是在一种绝对有序的状态下。对生物学家而言，该定律不如前两个定律有用，但它确实强调了几乎所有自然状态下混乱的存在，这些状态明显不包括理想的晶体状态或分子运动不可能达到的绝对零度。

2.20　为什么核反应中能量输入和输出之间的明显矛盾与热力学第一定律不抵触？

在如裂变或聚变（在原子弹、氢弹中爆炸）之类的原子核转化过程中，巨大能量的释放可由反应过程中质量的损失来解释。质量转化为能量符合爱因斯坦的方程式 $E=mc^2$。质量被认为是能量的一种特殊形式。核反应中损失的质量乘以光速度的平方（c^2），产生原子核中的巨大能量的释放。

2.21　什么是放能反应？

放能反应是指反应过程中能量释放出来，初始态的能量比最终状态的潜能大。因此，就像一块石头可能滚下山一样，这类反应趋于自发发生。尽管放能反应趋于自发发生，但是它需要一个激活过程来实现。正如一块石头只有被推下山的边缘它才能滚动。酶在原初反应中和改变反应速度的作用将在第 3 章中讨论。

数学分析有助于我们完全理解放能反应的概念。系统的总能量定为 H（热量），在任何反应中，有一个与初始系统相关的总能量的变化。希腊字母 Δ 表示变化量。符号 ΔH 表示总能量的变化〔也叫焓（enthalpy）变〕。总能量的变化有两种情况。一种是系统自由能的变化，用 ΔG 表示。自由能是指做有用功的成分或可以贮存用于以后做功的成分。

总能量的另一种形式是熵变 ΔS。因为系统“向下”运动，如果熵变增加，那么可以利用的总能量也增加。由于熵变与温度有关，熵要素用 $T\Delta S$ 表示。于是，我们有了转变中总能量变化的方程式：

$$(1)\quad \Delta H=\Delta G+T\Delta S$$

如果 ΔH 是负值，热量就释放到环境中，反应为放能反应。但是并不是所有的放能反应都释放能量（能做功）。要想认为一个反应是放能的，该反应必须释放出自由能（ΔG 必须为负）。从方程式（1）中可以明显看出，尽管 ΔG 为正（放能），只有熵变 ΔS 为负且足够大，ΔH 才为负（放热）。表示方程式（1）的更好方法可用这种形式：

$$(2)\quad \Delta G=\Delta H-T\Delta S$$

我们可以看到，尽管 ΔH 为正（吸热），如果熵增加足够大，ΔG 也可为负（释放自由能）。如果把乙醚涂到皮肤上，乙醚就会蒸发，蒸发伴随着从周围环境中吸热（ΔH 为正）。尽管吸收了能量，这种放能反应是向下的或自发的。气体形成过程中熵增加很大，所以 G 值为负。

2.22　什么是吸能反应？与吸热反应有什么区别？

吸能（endergonic）反应是指“上坡”的反应，以正 G 值为特征。吸能反应中，反应过程吸收自由能，在化学反应中，自由能贮存在产物的高能键中。由于自由能不能创造，它必须来自与之相伴的放能反应，释放自由能完成吸能过程。在生物体中各种各样的吸能过程总与放能反应有关，在放能过程中高能分子分解。在机车中，通过高能燃料变为低能产物如水和 CO_2 等产生了机械运动。

尽管多数吸能过程也吸热，热量被系统吸收，但并不绝对如此，熵变必须考虑在内。在生物学中，我们感兴趣的总是反应是否放热，是否为自发过程，或者是否是吸能的，需要从外界输入自由能，而认为热能转化不太重要。

2.23　水分子的什么性质使水对生命很重要？

水能促进生命作用的那些性质大部分归因于分子内 O 和 H 之间键的排列和电子分布。尽管水中 H 和 O 形成了共价键，但是共用电子对离 O 更近，形成偶极。水分子中 H 为偶极的正端，O 端为负极。水分子中的 2 个 H 端被另外两个水分子的 O 端吸引，带 2 个负电的 O 再从另外两个水分子中吸引 H 端。连接另外 4 个水分子的氢键形成了使水系统趋于稳定的性质。氢键不断地形成和断裂，该过程使水流动，同时使水在大幅度温度和压力变化下仍能成为液体。

2.24　在什么方式下水的极性能促进生命的维持？

有生命的物质是非常复杂的，任何支持这种复杂性的介质应能容纳许多不同的物质。因为水是一种普遍存在的溶剂，与别的液体相比能溶解更多的物质，因此它是支持这种复杂性的理想介质。水也是存在状态最稳定的一种物质，保证了以水为基础的物质的长期可保持性。水能保持液态这一性质，保证了干旱或冰冻不易发生。溶解在水中的溶质使水的这些性质增强，增加了水的沸点，降低了凝固点。水有粘附在容器壁上的趋势。在毛细管中，由于氢键作用，水分子相互拖引使水向上，水能上升到相当的高度。这种特性对于根系从土壤中吸收水分很重要。相邻水分子之间存在的凝聚力说明了水的表面张力，使一些昆虫在紧凑的分子表面行走。大的表面张力可以被一种叫做表面活性剂（surfactants）的物质降低，表面张力的降低有利于生物体内一些必要的活动。水最奇特的性质要数在冻结时膨胀。跟许多别的物质一样，随着温度的降低，水开始收缩，水的密度（单位体积重）增加，但 4℃时随着温度进一步降低，水开始膨胀。在结冰点水膨胀更大。因此，在同样温度下，冰没有液态水的密度大。低温时水膨胀这一反常现象有很多实际价值。冰形成时，它漂浮在池塘或溪流表面，这些水体从上部开始冻结，在表面形成绝缘帽，允许水生生物在冰冻季节生存，维持生命活力。同样，湖泊或水池中水的表面和底部每年垂直对流 2 次，把有营养的物质传递到表面，把氧带到下层。这是由于随着温度的下降水的密度增加，当温度下降到 4℃以下时，水就开始膨胀，水的表面温度到 0℃时便开始结冰。最终使冰下水中的生物体能够抵御温度的变化，保持内外环境的稳定性（见问题 2.25）。

2.25　水如何为生物体提供内外部的稳定温度？

在维持生物体的体温和支持生物体的外部环境的温度中，水起着很重要的作用。由于温度的剧烈变化可能威胁细胞的结构组分，也可以改变化学反应速度，在活的生物体内外，水作为温度缓冲器对生命很重要。水比任何普通物质的比热都高，这一性质指随着温度升高，伴随着吸热，1g 水吸收 1 cal 热量能使温度升高 1℃，而铝每升高 1℃只需要 1 cal 热量的一小部分。在这方面，水就像个热量池，吸收大量的热而温度上升缓慢。由于这种缓冲作用，离水体较近的陆地比那些大陆内部的地区温度变化更缓慢。

当水从液态形成固体冰时，水也有很高的熔解潜热。水结冰使温度进一步降低，冰水混合物构成了温度稳定系统。温度降低，放热结冰；温度升高，冰溶化，大约吸收 80 cal 热量。在环境中，这些转变抵制了温度的剧烈变化，在温度多变的季节里使生物体更易适应温度的波动。

在自然界的所有普通物质中，水具有最高的蒸发潜热。这种性质与水分子之间作用力很强有关。它是指在沸点温度（100℃）时，1g 液态水转化为 1g 气态水蒸气所需要的热量。但是，水在温度较低时也能蒸发。此时，水吸收大量的热使水由液态变为气态。这种理论解释了在热天为什么出汗和汗水蒸发能降低机体表面的温度，防止热量过度增加。在潮湿的天气，蒸发受到阻止。

2.26　为什么 pH 值变化范围在 0 和 14 之间？

0～14 的变化范围与水相体系有关。pH 为 0 表示 H^+ 浓度为［10^0］或 1 mol/L，这是最强的酸溶液在水中所能达到的最大值。尽管理论上更浓的酸可以得到，但是它们电离不超过 1 mol/L H^+ 的水平。pH 水平高时的强碱也是同样情况。

2.27　如果每升水溶液中含有 6.02×10^{-15} 个 OH^-，则溶液 pH 为多大？

pH 以摩尔浓度为基础，首先确定每升溶液中 OH^- 的摩尔数很重要：

$$6.02\times10^{-15}\text{ 分子}\times\frac{1\text{ mol}}{6.02\times10^{23}\text{ 分子}}=10^{-8}\text{ mol}$$

于是，溶液中 OH^- 离子浓度为 10^{-8} mol/L。但是，pH 是以 H^+ 浓度为基础，从水的平衡常数方程式中可以得到 H^+ 浓度。

$$[H^+][OH^-]=10^{-14}\text{ mol/L}$$

因此

$$[H^+][10^{-8}]=10^{-14}\text{ mol/L}$$
$$[H^+]=10^{-6}\text{ mol/L}$$

所以

$$pH=-\lg[H^+]=-\lg10^{-6}=-(-6)=6$$

2.28　当 CO_2 作为代谢副产物释放到胞间液中时，多数与水结合生成碳酸：$CO_2+H_2O\rightarrow H_2CO_3$。假定细胞 pH 作用的范围很窄，为什么体系中酸的增加不会损害生物体？

在高等动物中，胞间液被一种重碳酸盐离子体系缓冲，HCO_3^- 的盐如 Na_2CO_3、K_2CO_3、$MgCO_3$、$CaCO_3$ 缓冲了胞间液中由于 H_2CO_3 电离产生的 H^+，从而阻止了 pH 的明显降低。

附　加　题

2.29　原子的化学性质与它的________联系最紧。

(a) 原子数　(b) 原子量　(c) 原子核中中子数　(d) 都是　(e) 都不是

2.30　有相同原子数不同原子量的原子称为________。

2.31　第二电子层最多可容纳________。

(a) 共 2 个电子　(b) 共 8 个电子　(c) 2 个轨道　(d) 四个轨道　(e) (b) 和 (d)

2.32　稀有气体容易与别的元素结合。

(a) 对　(b) 错

2.33　极性键产生于两原子之间的共用电子对。

(a) 对　(b) 错

2.34　氢键相对较弱但是它在蛋白质和核酸的三维结构中起着很重要的作用。

(a) 对　(b) 错

2.35　在元素周期表中形成一个族的原子化学性质相似。

(a) 对　(b) 错

2.36　因为生成物浓度比反应物浓度高，所以平衡常数值大表示在平衡时反应向右发生。

(a) 对　(b) 错

2.37　浓度为 3 mol/L 的物质的 1/3 效果与浓度为 1 mol/L 的物质一样。

(a) 对　(b) 错

2.38　溶液浓度依数性是由溶液中的颗粒数目决定的。

(a) 对　(b) 错

2.39　把莴苣放在高渗溶液中它的叶子膨大。

(a) 对　(b) 错

2.40　1N H_2SO_4 溶液每升溶液中大约包含 0.5mol 化合物。

(a) 对　(b) 错

2.41　水的什么性质使像光合作用一类的光反应能在海洋中发生？

2.42　如果一种溶液对变形虫来说是等渗溶液，而对螃蟹来说为高渗溶液，把变形虫和螃蟹都放在这种溶液中，水将流入哪种动物体中？

(a) 变形虫　(b) 螃蟹　(c) 二者都不　(d) 二者都

2.43 为什么水中加入溶质水可以做抗冻剂?

2.44 如果 3g H_2O 从物体表面蒸发，需要吸收热量为多少 cal?

2.45 0.001 mol/L 的酸溶液的 pH 值为多大?

2.46 鱼是从水分子介质中获得它们所需的氧气吗?

答 案

2.29 (a)	2.30 同位素	2.31 (e)
2.32 (b)	2.33 (b)	2.34 (a)
2.35 (a)	2.36 (a)	2.37 (b)
2.38 (a)	2.39 (b)	2.40 (a)
2.41 透明	2.42 (c)	2.43 加入溶质降低了凝固点
2.44 1620 cal	2.45 $pH=-\lg10^{-3}=-(-3)=3$	2.46 不是,鱼是吸收溶解在水中的空气中的氧

第3章

生命的化学：有机水平

3.1 引　言

有机化合物（organic compound）是相当复杂的含碳化合物。由于碳原子之间很容易相互连接，大多数的有机化合物是由不同长度和形态的碳链构成骨架，而氢、氧和氮原子结合于其上。碳原子为4价，这大大增加了碳原子所组成的化合物的复杂性。而碳原子与相邻原子可形成双键甚至三键，更进一步增加了有机化合物分子结构的差异。

☞例1

碳氢化合物（hydrocarbon）是天然有机化合物的一类，由碳和氢两种原子组成，不溶于水，广泛分布于自然界中。醛类（aldehyde）是一类具有双键氧连接于末端碳的有机分子，碳氧结合被称为羰基（carbonyl group）。酮类（ketones）是双键氧连接于中间位置的碳原子上。有机醇（organic alcohol）含有一个或多个羟基（—OH），而有机酸（organic acid）含有一个羧基（carboxyl group，羟基和双键氧连接于末端碳原子上）。以前曾认为许多有机化合物只产生于有机体，但1828年（Wohler）的尿素合成实验证明有机化合物可由简单的无机化合物合成。

在有机化合物中，与生命密切有关的有碳水化合物、蛋白质、脂类和核酸（多聚核苷酸）。核酸将在第7章基因的本质中讨论，因为它涉及到细胞内信息的加工。

3.2 碳水化合物

碳水化合物（carbohydrate）是碳的水化物，一般用通式$C_x(H_2O)_y$表示。碳水化合物包括糖。最基本的糖单位为单糖（monosaccharide），它包含3～7个或更多的碳原子，但大多数的单糖含有六个碳原子，称为已糖（hexose）。

☞例2

典型的已单糖，如葡萄糖（glucose）（亦称右旋糖，dextrose）是由连有羟基的碳链组成。图3.1是葡萄糖和果糖（fructose）的结构式。羟基基团（—OH）与糖的甜度和在水中的溶解度有关，在葡萄糖的末端碳上有一个 C═O ，因此它为醛糖（aldo sugar）。如果 C═O 存在于分子内部（如在果糖中），则为酮糖（keto sugar）。

单糖可通过缩合反应（condensation）或脱水反应（dehydration）聚合起来。在这类反应中，两个单糖聚合在一起形成二糖而失去一分子水（一个单糖的—OH和另一个单糖的—H结合失去水形成两个单体（monomer）间的C—O—C连接）。通常所用的方糖（蔗糖）就是一种二糖——由葡萄糖和果糖缩合而成。缩合反应可不断进行以至形成三糖乃至多糖。

糖原是存在于高等动物体内的多糖，而存在于植物中的多糖为淀粉和纤维素。所有这些多糖均以葡萄糖为单体。

糖原由葡萄糖组成，高度分支，是动物体内贮存能量的主要分子，主要分布于肝脏和肌肉中。在直链部分，葡萄糖以α（1→4）糖苷键相连（第一个葡萄糖的C－1与另一个葡萄

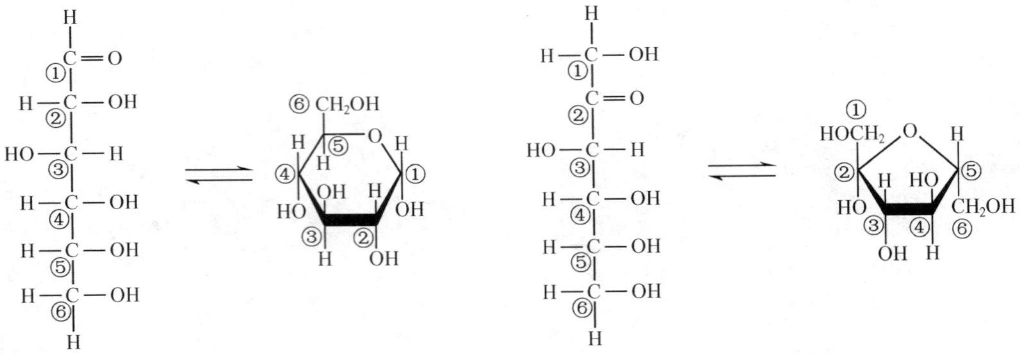

葡萄糖　　果糖

图 3.1　葡萄糖和果糖的结构式

糖的C—4相连)，而在分支点则以β (1→6) 糖苷键相连，导致了分支。糖原合成酶 (glycogen synthase) 促进糖原直链部分的形成，而淀粉一 (1，4→1，6) 一转糖基酶 (transglycosglase) 催化支链的形成。糖原的降解受两个酶的影响，糖原磷酸化酶 (glycogen phosphorylase) 切割α (1→4) 键，而α (1→6) 葡糖苷酶 (glucosidase) 切割 (1→6) 键。相连键的切割是缩合反应的逆反应，水分子加合到分子中。因此，单体分子的—OH 和—H 可恢复，键断裂，这一过程称为水解 (hydrolysis)。

当血糖水平升高时，人体向血糖中释放一种激素——胰岛素，它可促进从葡萄糖向糖原的合成。而肾上腺素和胰高血糖素可激活磷酸化酶，促进糖原降解成葡萄糖。

在植物中，淀粉是葡萄糖最基本的贮存形式。它有两种：α一直链淀粉，由长的无分支的糖链组成；支链淀粉，有分支，由α (1→6) 糖苷键形成分支。纤维素 (cellulose) 是长的、无分支的、由β (1→4) 糖苷键相连的多糖，不溶于水，构成植物的结构组分。多条纤维素黏合在一起构成植物的细胞壁。纤维素分子无分支，平行地拧在一起，非常坚硬且抗水解。由于纤维素由β (1→4) 糖苷键相连，一般不能被动物体内消化多糖的酶所降解。反刍动物和其他能消化纤维素的动物的消化道内存在一些共生细菌，可分泌纤维素酶 (cellulase)，因此这些动物能消化纤维素。

在真菌及一些昆虫和节肢动物的外骨骼中有一种类似于纤维素的分子——几丁质 (chitin)，由氨基取代羟基的葡萄糖组成。

3.3　蛋白质

蛋白质是由碳、氢、氧、氮组成的有机化合物，是由许多被称为氨基酸 (amino acids) 的单体组成的多聚体。蛋白质中常见的氨基酸都具有以下结构：

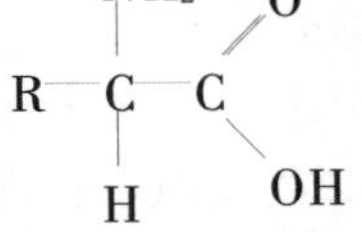

所有的有机酸都具有—COOH (羧基)，羧基与—NH_2 (氨基) 连在同一个碳原子上，这个碳原子被称为α-碳原子 (α-carbon)；这种氨基酸称为α-氨基酸 (α-amino acid)。R 基团表示在自然界中存在的 20 种氨基酸的不同侧链，这 20 种氨基酸结构见图 3.2。蛋白质的水溶性和所带电荷都由组成它的氨基酸的 R 基团决定。

与单糖缩合成多糖一样，氨基酸连接也失去一分子水。一个氨基酸的羧基去掉—OH，而另一个分子的氨基去掉一个—H，形成的羧基与氨基的连接称为肽键 (peptide bond)，形成的化合物称为二肽 (dipeptide)。二肽可与另一个氨基酸形成第二个肽键，成为三肽

(tripeptide)。许多氨基酸进行缩合，则形成多肽（polypeptide），肽链上的氨基酸数目可少于 100 也可能多达上千。

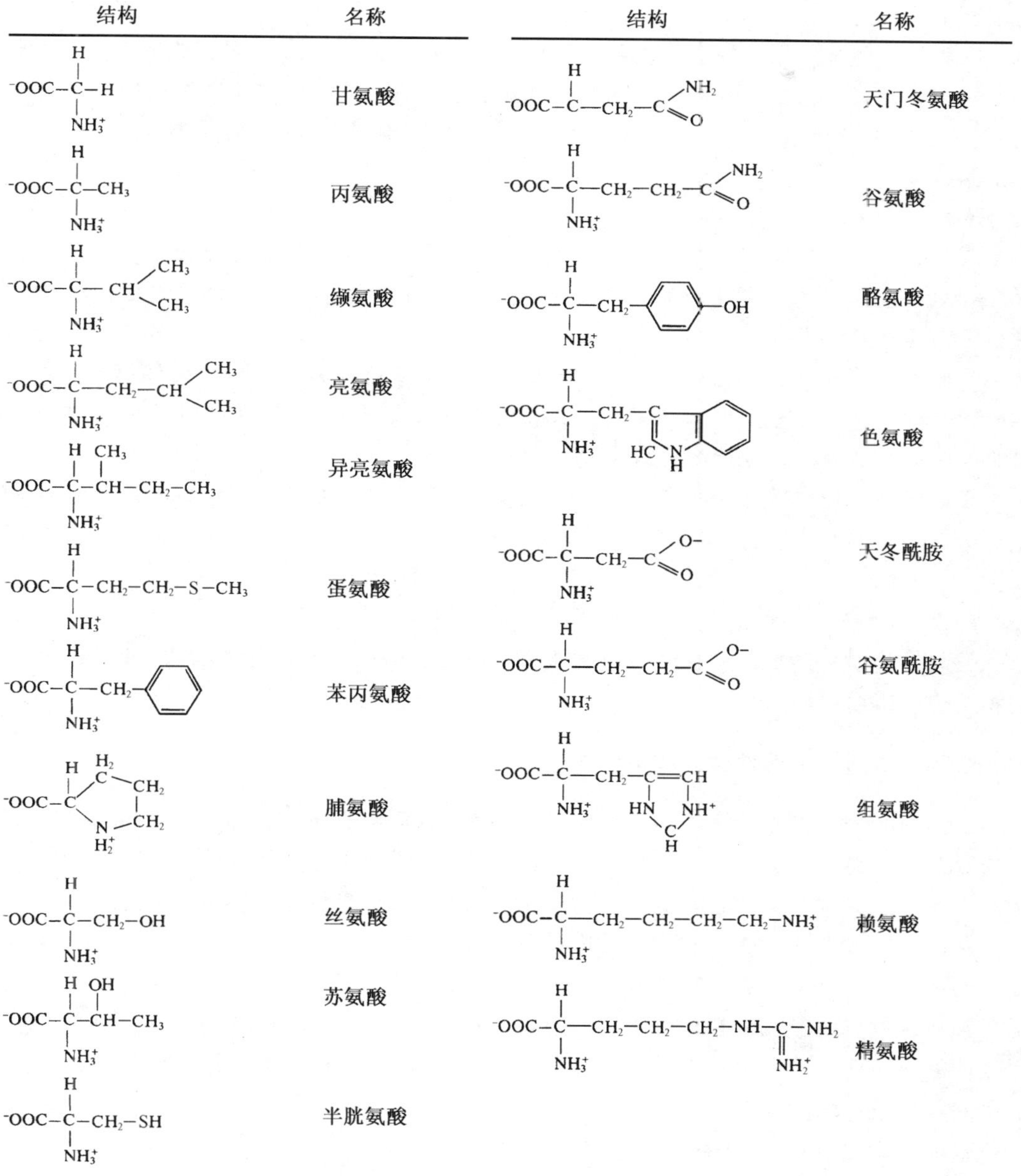

图 3.2

一级、二级、三级和四级结构

蛋白质中氨基酸的连接顺序构成了蛋白质的一级结构（primary structure）。蛋白质的一级结构是由染色体上 DNA 编码的，这种遗传蓝图在体内可保存并由亲代传递给子代。

一级结构中氨基酸之间可相互作用，从而导致蛋白质链的折叠、缠绕甚至打褶。引起蛋白质构型变化的主要是氢键，构成了蛋白质的二级结构（secondary structure）。二级结构有 α-螺旋（α-helix），类似于螺旋楼梯或拉长的弹簧；另一类二级结构是 β-折叠（pleated sheet），相邻的多肽链互相交联形成了强但可变的分子以抗拉伸；第三类二级结构是胶原蛋白的三螺旋（triple helix）结构。

二级结构可进一步发生显著的改变，如形成超折叠或复杂的缠绕，从而使蛋白质分子成为高度复杂的球形三维结构，这构成了蛋白质的三级结构（tertiery structure）。这种折叠在一些作为催化剂和转运分子的蛋白中特别常见——如肌红蛋白和酶。这些蛋白的三级结构除受氢键的影响外，二硫键和电荷的相互作用也和构型有关。蛋白质的这种三维构型也称之为构象（conformation）。

最后，一些蛋白质实际上是由两个或更多的多肽链组成。多个多肽链聚集在一起形成一个单一功能蛋白成为蛋白质的四级结构（quaternary structure）。与代谢途径有关的许多酶由四个到六个多肽亚基组成。亚基的种类不同或重排导致酶的另一形式，成为异构酶（isozymes）。

☞例 3

氨基酸的多样性和它们之间的相互作用导致了许多不同类型的蛋白质。纤维蛋白（fibrous proteins）（头发、丝、腱）由长链组成，常有许多特定氨基酸的重复区，一级结构的特性可由具有α—螺旋和β—折叠的二级结构反映出来。它们在生物体内常充当结构蛋白的角色。球蛋白（globular proteins）缺乏纤维蛋白的一级结构和二级结构的规律性，但具有复杂的折叠方式，产生球状的三级结构。虽然它们有时也行使结构功能，如微管，但它们大多以酶、激素或其他活性分子的形式出现。

环境损害，如热或 pH 值的改变，常会造成蛋白质二级结构、三级结构和四级结构的变化，引起变性（denaturation），物理性质也会有显著的变化。这表明构象赋予了蛋白质生理活性。

许多蛋白质与一些非蛋白的有机或无机基团紧密相连构成了结合蛋白（conjugated protein），如糖蛋白、脂蛋白和一些特定的化合物如血红蛋白中的血红素，这些辅基可改变与它们相结合的蛋白的性质。

作为酶的蛋白质——活性位点和构象

蛋白质既是生物体的基本结构单位又是酶[1)]，因而对生物体来说是非常重要的。在接下来的章节中将讨论它的结构和功能。酶可控制各种酶促反应的速率，控制对细胞生长必需分子的运输速度。酶，英文名称的后缀为-ase，通过降低反应所需的活化能促进细胞代谢的许多生化反应，如图 3.3 所示。催化反应的速度是未催化反应速度的 10^6～10^8 倍。酶通常是复杂的球蛋白，分子中有一特殊区域，称为活性位点（active site）。酶作用的物质——底物，插入到活性位点所形成的裂或沟中，并通过与活性位点内的电荷互补相连。这种连接造成了底物伸展或扭曲，从而更易发生化学变化。实际上底物和酶的结合降低了底物变化的抗性，促进底物形成产物的反应。

以前，活性位点被认为是蛋白质分子内几个相邻氨基酸组成的一个刚性区域，而底物与活性位点像一把钥匙插在锁中。最近 Berkeley 的 Daniel Koshland 及其研究组发现，活性位点的三维结构是可变的，底物与蛋白结合时形成它最后的构象，就象手插进手套中决定了手套的最后形态。活性位点并不一定由一级结构的相邻区域组成，因为蛋白质最后折叠可能导致原先距离很远的区域变得很近以形成最后的酶-底物复合物。

必需氨基酸

蛋白质是由 20 种天然氨基酸组成。每种蛋白质中氨基酸的种类和数目都不同。通常，生物可将一种氨基酸转化为另一种氨基酸，因此，生物所消化的食物并不需要具有 20 种氨基酸中的每一种。然而，8 或 9 种氨基酸，如色氨酸和苯丙氨酸，并不能由其他氨基酸转化，尤其在动物体内，这些氨基酸称为必需氨基酸（essential amino acid），必须在摄食中添加。许多必需氨基酸在肉类和乳品中含量甚丰，但在蔬菜中含量却很少。

膳食中含有大量不同类的蛋白质才能保证提供制造蛋白质所需的 20 种氨基酸。饮食中

1）此话不确切。酶可能是蛋白质，而蛋白质不一定是酶。——译者注

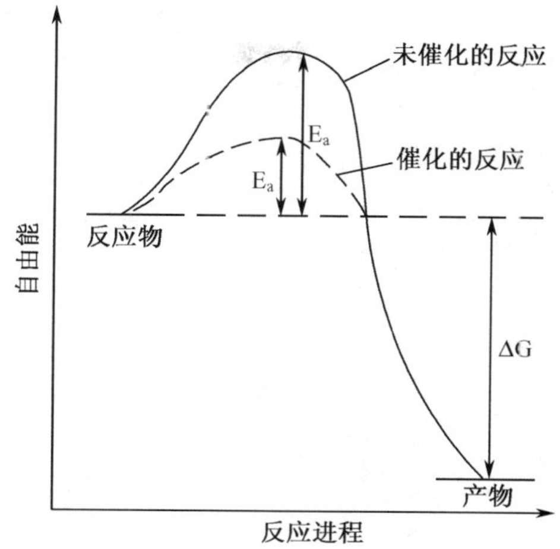

图 3.3　未催化反应比催化反应需要更高的活化能（E_a）
ΔG 表示化学反应释放的能量，在催化反应和非催化反应中相同

缺乏必需氨基酸会导致合成错误的蛋白质，甚至不能合成某些蛋白质，这意味着关键酶和结构蛋白无功能或根本不存在。

生物体常将自身蛋白质降解成组成氨基酸（通过脱氨基或氧化作用）。如果这部分蛋白的损失不能通过摄入蛋白进行补充，氮的摄入量低于降解量，将导致负氮平衡（negative nitrogen balance），逐渐地造成肌肉和其他重要器官的萎缩，最终导致死亡。

3.4　脂类的结构和功能

脂（lipid）是一类有机化合物，不溶于水和其他极性溶剂，但易溶于有机溶剂，如甲苯和醚。它们大都由碳、氢和氧组成，但也可能含有其他元素。

甘油三酯和其他脂所具有的键能比碳水化合物和蛋白质都高得多。1g 碳水化合物氧化可大约产生 4.3 kcal 的能量，1g 蛋白质产生 4.6 kcal，而 1g 甘油三酯氧化产生的能量超过 9 kcal。脂肪作为能量的贮存物质，将比碳水化合物占用更少的空间，具有更轻的重量，因为碳水化合物的贮存过程需要水的渗入，而脂肪无论在最后的贮存过程还是在中间转化以形成贮存分子的过程都不需要水。

除了作为能量贮存物质，脂肪形成垫可保护身体的内部器官，而在许多哺乳动物中，在皮下形成一层脂肪可作为抗拒低温环境的绝缘层。

脂类较碳水化合物和蛋白质更难分类，因为脂基团更具多样性。在生物体内有功能的脂主要有以下几大类：中性脂（甘油三酯），磷脂，类固醇。蜡存在于许多植物和动物表面作为保护层。

甘油三酯和磷脂

中性脂或甘油三酯是最常见的脂，由三个脂肪酸分别连接于甘油的三个羟基上（如图 3.4）。由于酸和醇相连产生酯，因此甘油酯也称为三酯（triester）。

脂肪酸可根据它们的饱和程度分类。“饱和（saturation）”指的是中性脂中脂肪酸的长碳链上的氢原子的数目。如果脂肪酸的碳链的氢原子数目最大，则是饱和的，牛肉和猪肉中的脂肪都是饱和的。然而，如果碳原子之间有双键或三键，碳原子上的氢原子数目低于最高值，则是不饱和（unsaturated）脂。不饱和脂通常是弯曲的，而不是像饱和脂呈直链，这是由于不饱和脂中双键或三键的缘故。如果脂肪酸碳链上有许多双键或三键，则为多聚不饱和（polyunsaturated）脂，鱼和蔬菜中有很多这种脂。通常，呈固态的甘油三酯被称为脂肪

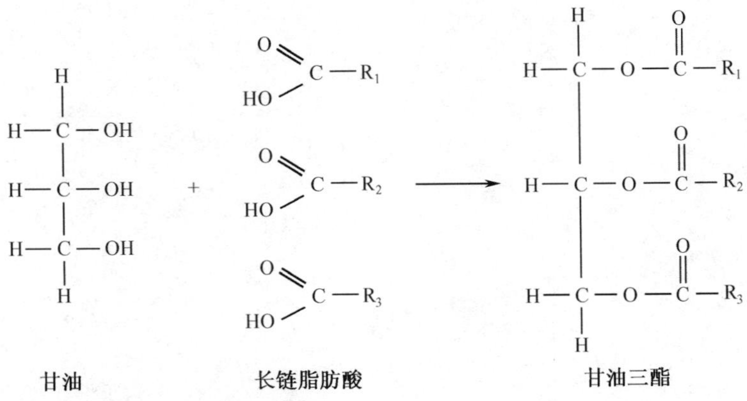

图 3.4

(fat)。呈液态，则称为油脂（oil）。脂肪和油脂都是极其丰富的能量来源。

磷脂（phospholipids）与甘油三酯在化学结构上相似。甘油的前两个羟基都分别与两个脂肪酸形成酯键，第三个羟基与磷酸相连。大多数的磷脂在磷酸部分还含有另一个带电基团。图 3.5 是一个典型的磷脂结构，注意磷酸部分所带的电荷，这使得磷脂具有一个共同的特征：一端是极性的，可溶于水，分子的大部分是非极性，不溶于水。由于这种结构特点，磷脂在细胞膜中对保持极性-非极性结构起重要功能。磷脂对脂类在水相中（如血）的运输也起重要作用。

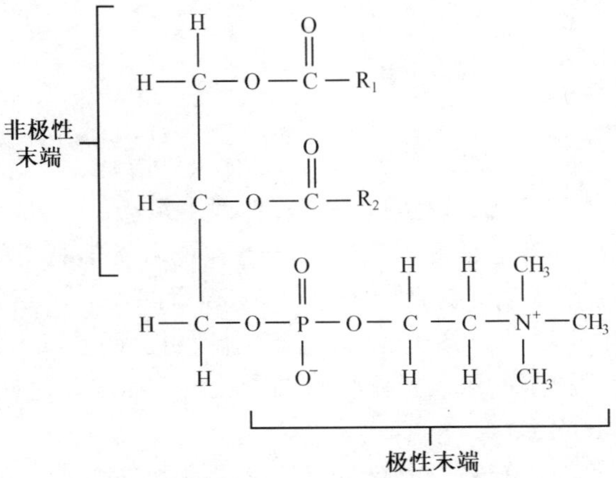

图 3.5

类固醇

类固醇（steroid）在结构上与中性脂和磷脂有很大不同。它们因为水不溶性而被划分为脂类。它们是由四个相互连接的碳环组成，三个为六元环，一个为五元环。

☞例 4

胆固醇（cholesterol）具有类固醇的典型结构（如图 3.6）。虽然胆固醇的发现与人的动脉硬化的进展有关，实际上胆固醇是细胞膜结构的重要成分，而且与许多不同的器官如神经和血液的正常功能有关。在植物中没有发现胆固醇。

除胆固醇之外，类固醇还包括脂溶性维生素，如维生素 D、性激素和肾上腺皮质激素也是类固醇，它们可能是在体内由胆固醇转变而来的。

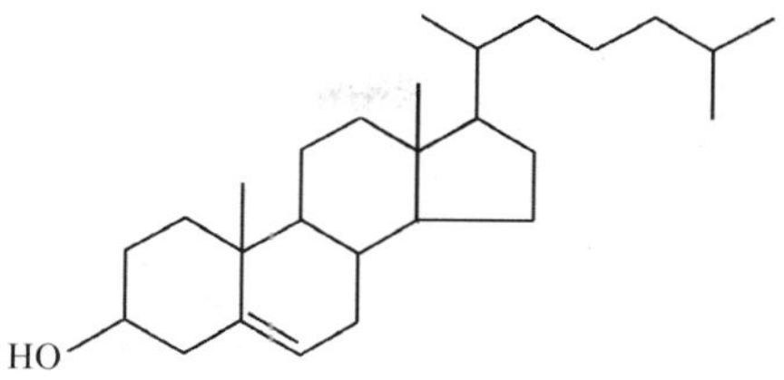

图 3.6

蜡

蜡（wax）被划分为脂类是因为它不溶于极性溶剂，即疏水性（憎水性）。蜡是由高级醇与长链脂肪酸形成的醇酯。蜡是叶子、茎、毛发、皮的表面的重要的结构脂类，用做保护层，它提供有效的屏障，防止水分的蒸发，有时也能构成坚硬的结构，如蜂巢。蜡有经济价值，如家具的上光，汽车漆和地板漆。

3.5　生物系统的化学基础

所有的生物体都是由有机化合物和无机化合物组成的复杂体系。而高度复杂的非生物体与简单的自发生命形式之间的界限则是有些人为的，比较武断的。

☞**例 5**

根据侧重点的不同，病毒可被划分为“生物”或“非生物”。生命体系的复杂性是一个必要的前提，但是复杂体系具有生长、自我繁殖、维持自身的内部顺序和保存遗传信息的能力才是生命的本质（对这一问题的更深入的讨论见问题 1.5～1.7）。

疑难问题解析

3.1　单糖的经验式和结构式之间有何区别？

经验式只是将组成单糖分子的元素的种类和数目显示出来，却不能提供这些原子如何排列的信息。如经验式 $C_6H_{12}O_6$ 代表许多单糖，如葡萄糖、果糖、甘露糖和半乳糖。结构式则提供了组成分子的原子的种类，数目和排列（arrangements）。因此，化学结构式就可将葡萄糖与它的异构体果糖区分开。结构式可以是线状的或环状的（如图 3.1），单糖以这两种形式存在。

3.2　三种最常见的多糖：糖原、淀粉和纤维素之间有何主要区别？

这三种多糖都是由长的、多分支的葡萄糖链组成。糖原和淀粉都是能量的贮存形式，易被酶降解，形成葡萄糖后进行下一步的代谢、降解。纤维素是大多数植物细胞壁中的重要结构大分子，不易被酶降解成单糖。那些以木材或草等纤维素为食的生物是因为消化道中具有可以降解纤维素的微生物存在。如果人能与这些纤维素降解微生物建立共生关系，世界的食物危机将很容易解决，人们可以以放牧为生。

纤维素与淀粉和糖原两者的区别在于纤维素形成长而不分支、既强又硬的多聚长链结构，而且纤维素的化学组成及键的性质有助于在特定位点上形成强有力的长丝结构，正像被用于桥上提供连接的强张力钢索。淀粉具有直链和支链结构，而糖原具有相当多的分支。淀粉和糖原内的分支使得它们具有轻微的水溶性，也易于被酶解。

3.3　几丁质的组成是什么？

几丁质是昆虫和其他节肢动物的外骨骼的主要成分，在真菌中也有几丁质。它是由加有氨基的葡萄糖衍生物形成的坚硬的、抗水性强的多聚体。从严格意义上说，几丁质并不是一种多糖，但它可被认为是一种经过修饰了的多糖，修饰发生在每个葡萄糖第二个碳原子上，羟基为 $—NH—C(=O)—CH_3$ 取代。

3.4 描述激素和酶在控制糖原水平上是如何相互作用的？

糖原是 18 世纪法国的生理学家 Claude Bernard 所发现的，这一发现导致了对维持生物体内部环境稳定的拮抗过程的作用的认识。这一观点后来被称为体内平衡（内环境稳定）（homeostasis），对于认识拮抗过程的作用非常重要。不管是健康还是在疾病状态，都涉及到增加血流中某种特殊组分和降低这一组分机制之间的平衡。糖原的水平是由激素和酶的相互作用控制的。高水平的 6-磷酸-葡萄糖（糖原的前体）促进糖原的合成，却抑制糖原磷酸化酶。胰岛素（insulin）促进糖原合成酶的激活，进而促进糖原的合成。与胰岛素起相反作用的是胰高血糖素（glucagon），它与肾上腺素（epinephrine）一起促进糖原降解成葡萄糖。因此，血糖平衡的保持是各种激素精密协调的结果：一些激素在单糖水平高时促进葡萄糖形成糖原；另一些激素在血液中葡萄糖水平下降时诱导糖原的降解。

3.5 DNA 中包含的遗传信息编码了蛋白质的一级结构，什么决定了蛋白质的二级、三级和四级结构？

一旦蛋白质的一级结构，即构成蛋白质的线状排列的氨基酸被决定了，则蛋白质的高级结构也会自动形成。包括蛋白质三维结构在内的变化是由分子内键的相互作用或亲水区或疏水区的相互靠近而形成的。另外，由相邻或原来相隔很远区域之间形成的氢键可造成蛋白质的折叠、缠绕甚至打褶等，涉及其他更高级的结构。在不同的多肽链结合在一起形成四级结构时特别重要的是多肽链分子的巯基之间形成的二硫键，例如，这些二硫键存在于胰岛素两个多肽链分子之间。

3.6 蛋白质是如何相似又相互不同的？

所有的蛋白质都有共同的性质。它们是由氨基酸通过肽键组装成的长的多肽链。它们的多肽链都发生变化，形成二极结构，进而在构象上发生变化，形成超折叠和复杂的弯曲，即三级结构，一些多肽链可结合在一起形成四级结构。然而，除了这些共同具有的性质之外，蛋白质可显示出极大的差异，尤其是在复杂的程度上。

纤维蛋白（fibrous protein）是不溶性的，在结构成分中是特别重要的一种蛋白质，一般是具有特殊氨基酸序列的长链。氨基酸组成的规律性导致了丝状蛋白的构象上的规律性。许多丝状蛋白具有 α-螺旋的二极结构（α-角蛋白如头发），而另一些为 β-折叠（β-角蛋白如丝）。三级结构与其他蛋白质相比则更为简单和有规律性。胶原蛋白（collagen）是第三种类型的纤维蛋白，由三个多肽链相互紧密缠绕形成复杂的螺旋。这些链内部富含氢键，非常有力，这也是为什么腱和韧带如此坚硬的根蒂所在。

球蛋白（globular proteins）比纤维蛋白更为复杂，虽然它们相对地易溶于水。它们缺乏纤维蛋白一级结构的规律性，而在二级结构上有高度的不规则性。它们的三级结构却特别惊人地以复杂形式形成球状构象。四级结构由已经高度折叠的多肽链之间复杂的相互交叉形成。

一些球蛋白具有结构功能，如 α 和 β-微管蛋白，聚集形成细胞的微管；然而，大多数与动态生理过程有关，例如，血液中的蛋白、酶和蛋白激素都是球蛋白。许多球蛋白是结合型的，例如，它们由非蛋白部分结合在蛋白基团上组成。血红蛋白是由 4 个血红素辅基与 4 个独立却相互缠绕的球状多肽链相连形成的结合型蛋白。

3.7 许多酶和血液蛋白都是结合型蛋白，这一事实说明蛋白质的辅基在细胞的生命过程可能充当何种角色？

结合型蛋白质中的辅基常是一有机分子，与蛋白质紧密或松散地结合，但它也可能是一个更简单的分子甚至是一个原子或离子。辅基的存在可使蛋白质的性质发生深刻的变化。一些代谢途径中的酶，辅基可能提供反应过程中一些成分的结合位点。例如，脱氢反应中的一些酶具有辅基，在反应过程中，氢原子可结合于其上。这些辅基由于在整个催化反应中起辅助作用而称为辅酶（coenzymes）。

在最初为酶反应发展的术语中，蛋白质部分被称为酶蛋白（apoenzyme），辅基与酶蛋白结合称为全酶（the holoenzyme）。酶蛋白作为一个复杂蛋白，对热敏感，在膜上不易扩散；而辅基则耐热，也易于扩散。

3.8 膳食中缺乏一种或多种必需氨基酸可能导致何种后果？

必需氨基酸的定义是不能由身体所合成的氨基酸。因此，如果不能通过饮食补给，在蛋白质合成时则会缺乏这些氨基酸，在大多数情况下，不是终止需要缺失氨基酸的蛋白质的合成就是形成缺失或改变了功能的蛋白质——这都会对生物体形成可怕的后果。由于缺乏特殊的氨基酸，其他的氨基酸可能会被分泌出去。

3.9　饮食中缺乏足够的蛋白质的结果是什么？

饮食中缺乏适量的蛋白质或可吸收的蛋白质可能导致负氮平衡，流失的氮（以蛋白质计量）超过摄入的氮。在这种严重的情况下，肌肉会逐渐无力，其他重要器官逐渐萎缩最终导致死亡。这些疾病如加西亚病（蛋白质缺乏）和消瘦病（缺乏蛋白质和其他营养）在一些地区很常见，是典型的食物中缺乏蛋白质的症状。不幸的是，饮食中恢复足够的蛋白质比用碳水化合物或脂类提供热量更为困难和昂贵。

健康的成人通常是处于氮平衡状态。蛋白质降解造成的氮流失通过饮食中含氮的蛋白质给予补充。在生长或疾病的恢复期，人可能显示正的氮平衡，摄入的氮多于流失的氮。

3.10　为什么类固醇的结构与中性脂（油脂）和磷脂的差异如此之大却被划分为脂类？

将类固醇划分为脂类完全是根据它的溶解性。类固醇与其他的脂类一样易溶于脂溶性溶剂如氯仿和甲苯，却不溶于水。涉及到脂类的降解的代谢途径也与类固醇的途径相互作用。而且中性脂代谢失调的疾病也伴随着类固醇代谢的异常。

由于类固醇易溶于脂，类固醇类激素容易在脂肪多的组织如脂肪组织中累积。这会对那些吃用类固醇处理过的动物的肉的人造成严重的健康问题。农民通过用类固醇处理以增加家畜肌肉组织是一种很常见的做法。

3.11　饱和甘油三酯形成固体脂肪，而多聚不饱和甘油三酯常形成油，这种现象原因何在？对于健康有何启示？

因为多聚不饱和链是弯曲的，因此它们不能像直链饱和脂那样相邻排列，亦即它们不能像饱和脂那样形成氢键，因此它们的黏着力和热稳定性都差，这就是它们为什么是油脂而非固态的脂肪。因为它们是液态的，在动脉中不易凝固。饮食中含有太多的饱和脂常会导致动脉粥样硬化和心血管疾病，这一现象也促使一些营养学家呼吁用鱼或蔬菜来源的蛋白质代替富裕社会中的主要食物——红肉。

3.12　固态植物短脂油是用氢气流处理过的植物油，是在催化剂如铂的存在下形成的，这一工作的过程是如何发生的？

在这些情况下，非饱和油的双键打开，氢原子共价地结合到碳原子上，从而形成固态的饱和（加氢）脂肪。

3.13　植物中的脂肪远比动物中的少，这是为什么？

植物由于其静止的生活形式，一般处于较有利的生活环境中，使用淀粉充当基本的能量贮存分子。热量有效贮存的条件（重量轻）对植物是有益的，植物中也会发现甘油三酯的存在。在有限空间必须贮存大量热量的种子常富含脂和油。富含油脂的种子，如棉花的种子，有商业油源的价值。

由于动物比植物运动能力增加，故重量轻的能源物质是有益的，因此，与植物相比进化并产生出贮存高脂肪的机制。一个脂肪重要贮存功能的例子，是在高等脊椎动物中逐渐形成一个重要的器官——脂肪组织群（adipose tissue mass）。在鱼中，脂肪以一种不规则的方式被贮存在肌肉中。两栖动物具有肥胖的身体，而爬行动物具有一个退化的脂肪器官，在鸟类和哺乳动物中，代谢活跃的脂肪组织不仅与脂类的贮存有关，也与从碳水化合物合成脂类有很大关系。在哺乳动物中，脂肪组织对许多激素很敏感，甚至可用来诊断这些激素的活性。胰岛素，影响碳水化合物向脂肪转化的主要激素，常通过葡萄糖被脂肪组织的吸收率而进行检测。

3.14　肥皂是甘油三酯或脂肪酸与强碱（经常是 KOH 或 NaOH）作用而形成的，它们都具有长链脂肪酸盐结构，如 $R-C(=O)-O^{-}$ $+Na^{+}$，根据肥皂分子两端完全不同的性质，说明肥

皂的去污机制是什么？

肥皂的去污原理是肥皂的长极性部分（长链脂肪酸）具有结合油、脂肪和其他脂类（油垢）的主要成分，然后整个分子可被水洗去，因为肥皂分子的极性端可溶于水。肥皂既有亲水基又有疏水基（溶于油）使得它具有去污的功能。

3.15　列举一些涉及细胞代谢酶及其作用的反应物。

淀粉酶→淀粉；脂酶→脂肪；核糖核酸酶→RNA；脱氧核糖核酸酶→DNA；磷酸酶→核苷酸；乳糖酶→乳糖；蔗糖酶→蔗糖；羧肽酶→多肽；纤维素酶→纤维素。

3.16　影响酶的活性的因素有哪些？

酶活性，反映在催化的生化反应速度上，受到一些因素的影响：包括 pH 值、温度和底物浓度。

附　加　题

3.17　命名下列有机化合物。

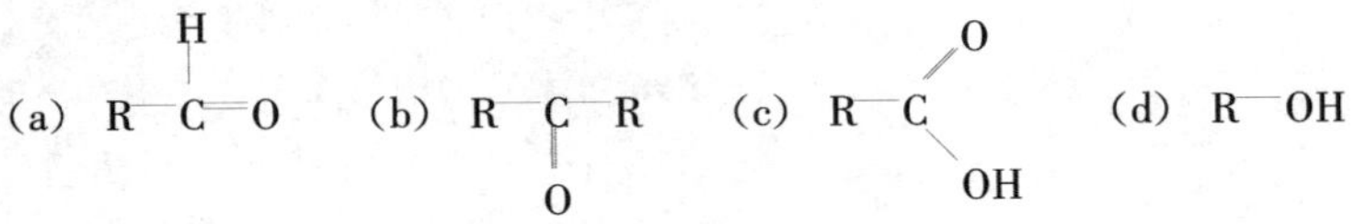

3.18　戊糖有多少个碳原子？

3.19　三个单糖分子聚合成三糖产生多少个水分子？

3.20　葡萄糖和右旋糖有何差别？

3.21　通常的食糖是一种二糖，由哪两种己糖组成？

3.22　哪种多糖与动物体有关？

3.23　纤维素的坚硬和抗水解能力是由它的哪个结构特性造成的？

3.24　自然界中存在多少种氨基酸？

3.25　肽键是由哪二个原子相连而形成的？

3.26　构成蛋白质一级结构的氨基酸的线状排列是由哪种键维持的？

3.27　由几个多肽链形成完整的蛋白质被称为蛋白质的几级结构？

3.28　健康的婴儿应处于哪种状态的氮平衡？

3.29　卵磷脂是＿＿＿＿＿＿中的一例。

3.30　卵巢内产生的激素属于哪一种脂？

3.31　叶子的保护功能的表皮特别富含哪种物质？

3.32　心血管疾病患者饮食中应减少哪两种脂类？

3.33　在真菌的细胞壁和昆虫的外骨骼中存在哪些多糖衍生物？

3.34　说出两种起结构功能的球蛋白？

3.35　酶的哪一部分耐高温？

答　案

3.17　(a) 醛　(b) 酮　(c) 有机酸　(d) 醇

3.18　5 个

3.19　两分子水

3.20　没有，它们为同一物质

3.21　葡萄糖和果糖

3.22　糖原

3.23　丝状的平行排列和缺乏分支
3.24　20 种
3.25　碳原子和氮原子
3.26　共价
3.27　四级结构
3.28　正的氮平衡
3.29　磷脂
3.30　类固醇
3.31　蜡
3.32　饱和脂肪和胆固醇
3.33　几丁质
3.34　α-和 β-微管蛋白
3.35　辅基

第 II 部分

细胞生物学

第4章 生命的细胞组成

4.1 细胞学说

所有的生物体均由细胞（cell）组成，细胞是生命的单位。原核生物和原生生物界所有的生物均为单细胞；大多数的真菌以及动物界和植物界的生物则更为复杂，具有数以万亿计的细胞。人类仅脑部就含有数十亿个细胞[1)]。细胞及其运动对于了解生命现象非常重要，因此细胞学说成为了解生物学领域的一个中心组成部分。今天，细胞的概念已被广泛接受，但在最初发展时期并非如此。

虽然通常记载的是 Matthias Schleiden（1838）和 Theodor Schwann（1839）创立的细胞学说（cell doctrine），但实际上细胞学说是许多生物学家共同努力的结果，以下列举最重要的几例：

- van Leeuwenhoek 精制了镜头和显微镜（17 世纪到 18 世纪早期）。
- Hooke 发布有关软木塞的细胞的论文（1665）。
- 拉马克指出所有生物体均具有细胞组织（1809）。
- Dutrochet 断言所有生命物质均由小的球状细胞组成，这些小球状细胞的大小和数目都增加（1824）。
- Brown 描述细胞核结构（1831）。
- Schleiden 发表对于植物细胞的研究（1838）。
- Schwann 发表对于动物细胞的研究（1839）。
- Virchow 提出所有细胞均从先前存在的细胞得来（1858）。

截止到 19 世纪，所有生物体是由细胞组成的已是显然的事实，细胞学说可表述如下：

1. 所有生物体均由细胞组成，是细胞的产物。
2. 细胞是结构和功能的单位。

1858 年 Virchow 又添加了第三条：

3. 所有的细胞都来源于先前存在的细胞。

到 19 世纪末，细胞被认为是了解疾病的基础，也就是说当人们生病了，会被认为这是由于他们的细胞生病了。到 20 世纪中叶，病理学（pathology）研究疾病仍从细胞学角度去探讨。

4.2 细胞组成

19 世纪对于细胞的描述仅限于其外有膜包被，内部有细胞核，核周围是细胞质，除此之外人们知之甚少。而后运用更为先进的技术逐渐揭示了细胞的内部结构。较早期的显微镜用于观察制成薄片的样品，使光线能够透过而显示出一些细胞的结构特征。染色技术的改进

1）据测算，人脑中至少含有 140 亿个细胞。——译者注

使研究者们可以选择性地提高细胞结构的可见度，然而经染色后细胞即被杀死。而后的技术中利用由于细胞结构的密度和均一性不同而影响了光的某种特性（如偏光性），使得不同的细胞结构间形成较大的对比，这样可使样本保持存活。重要的染色技术也可应用于研究活细胞。应用这种方法研究了许多亚细胞结构特征，包括核内的染色体和核仁。20 世纪 30 年代电子显微镜发展起来，以电子流为光源，更进一步探明了细胞质中的各种精细的膜结构。

随着多种亚细胞结构被阐明，可清楚认识到细胞整体的功能是由各种特殊的结构共同实现的，如同人的各种器官共同实现整个人体的机能。因此，细胞内的各种特殊结构被称作细胞器（organelle）。细胞器犹如一套房子内的各个房间，形成了区域分离和功能特化。

细胞器在细胞中的分布是与其功能分化相一致的。一般说来，细胞器是细胞内膜结构形成的有机体系，具有不同的形状，细胞器的形状与其功能相关。这种结构和功能的密切相关在整个生物界普遍适用，可见于各个水平，如单细胞、多细胞有机体，乃至生态系统中。

☞ **例 1**

神经细胞特别适于用来说明结构和功能的关系。神经细胞相互交联成网状遍布于全身，向肌肉和腺体传递电脉冲，以及将电信号传达到大脑和脊髓。电信号在体内的传输最好是由长而细的载体完成，而神经细胞恰恰就具有这种长形的结构，这点与电话和电力系统中的电线网络相似。

4.3 细胞器

许多细胞器是由膜结构衍生而来的，在无定型的介质中形成薄片状的活性结构。然而，有些细胞器不具有膜结构，包括核糖体、微管、微丝、鞭毛、纤毛和中心粒。原核生物细胞质中仅含有少数几种细胞器，且多为非膜结构，如核糖体。原核生物不具有纤毛、微管、微丝和中心粒。真核生物富含多种细胞器，有膜结构、也有非膜结构的类型（见图 4.1）。原核和真核生物通常均具有细胞膜。

细胞膜（cell membrane）包被于活体细胞的外层，控制物质进出细胞。有关细胞膜较早期的观点——单位膜假说（unit membrane hypothesis），将细胞膜描述为内外两侧较致密的蛋白质层，包被着中间一层较厚但密度较小的磷脂层。经电镜研究，多种膜均可见这种三明治结构。膜上有跨膜通道与外界相连。

后来 S. J. Singer 和 G. L. Nicholson 提出了流动镶嵌模型（fluid mosaic model，见图 4.2）。与早期模型相似，流动镶嵌模型中也提出磷脂双分子层，并指出磷脂以其极性头部形成内外表面，疏水的非极性端排列于双层内部。流动镶嵌模型较好地解释了膜蛋白的动力学特性。根据此模型，蛋白可定位于脂双层的内或外表面（外周蛋白，extrinsic proteins），或位于磷脂的基质中（固有蛋白，intrinsic proteins）。有些蛋白还可能包埋于脂双层中，并穿透到膜的内或外表面，或者跨越整个膜。固有蛋白主要含有的是疏水氨基酸，推测它们所形成的构象使得亲水氨基酸同脂双层的疏水结构可分隔开。而外周蛋白则正相反，含有较多的亲水氨基酸，使得它们可以同磷脂的极性端相连，并可与周围的水溶液相互作用。这一模型为磷脂和蛋白的侧绕运动给出了合理的解释。

许多细胞的外膜被一坚硬的壁或表膜（pellicle）包被，这些外部的结构是细胞膜上无活性的附属物，大体上不影响膜的渗透性。植物、真菌和细菌的这层外膜被称为细胞壁（cell wall），其各自组成成分分别为纤维素、几丁质、复杂的碳水化合物与氨基酸形成的复合物。细胞壁给细胞提供支持，防止细胞在高渗环境中破裂。大多数动物细胞的外部有碳水化合物短链连接于膜并盘绕其上，称为蛋白-多糖复合物（glycocalyx）。这样的包被上具有受体（receptor），可与外部的底物结合调控细胞内部的运动。这种蛋白-多糖复合物还具有糖蛋白抗体，赋予细胞免疫学特性。其他一些外部结构有的可使细胞间紧密相连，或者在进行细胞间运输时使细胞间空间相连。多种脊椎或无脊椎动物卵外部的壳是另一种细胞膜外的保护层。

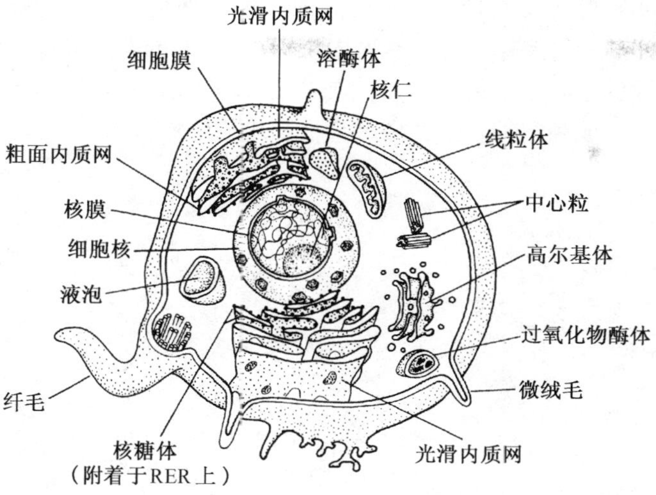

(a) 动物细胞

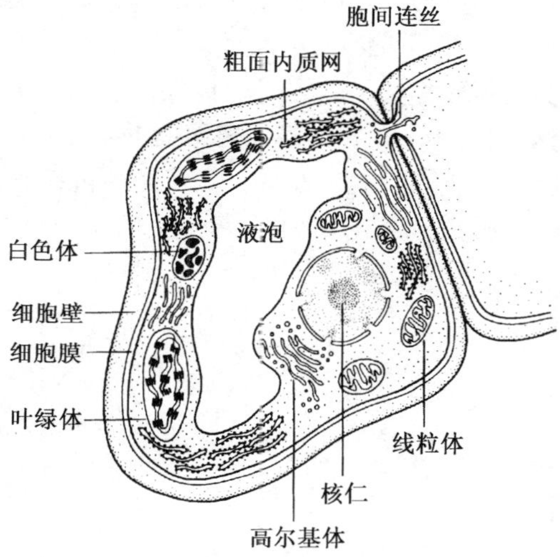

(b) 植物细胞

图 4.1

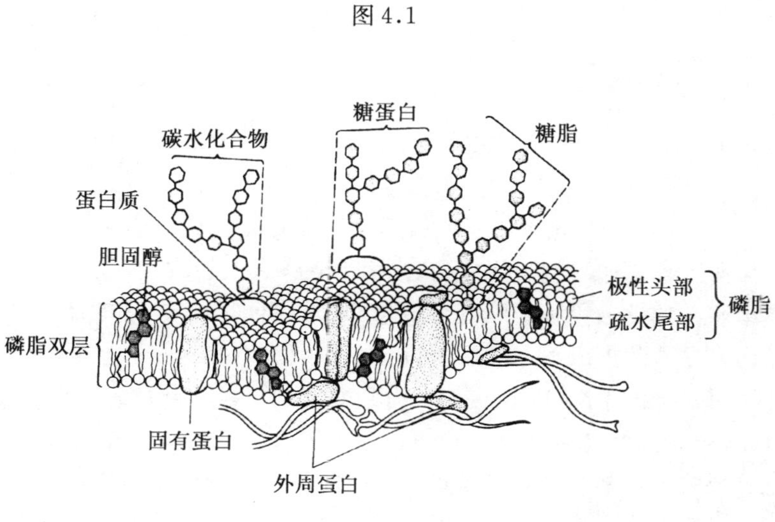

图 4.2

真核生物普遍具有内质网（endoplasmic reticulum，ER），是横跨在细胞质内的一系列膜结构通道（见图 4.3），在细胞膜和核膜间形成连续的网状结构。在细胞的某些区域内质网呈现为一系列扁平的盘状或囊状。有时内质网膜的外部会附着有细小的核糖体（ribosome）颗粒，使内质网外部显得粗糙，称为粗面内质网（rough endoplasmic reticulum，RER），在粗面内质网区域通常蛋白质合成活跃。光滑内质网（smooth endoplasmic reticulum，SER）上无核糖体，与脂类的合成和运输，以及多种毒性物质的脱毒有关。

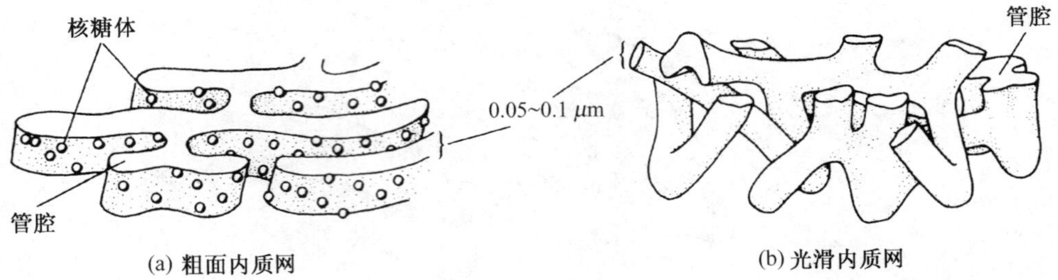

图 4.3

高尔基体（golgi apparatus）是一种与ER有相似膜结构的细胞器（见图 4.4a），呈泡状或扁平囊状堆叠，与SER相通。其主要功能是贮藏、修饰，其内充满了需向外分泌的产物。一些与分泌作用有关的细胞中尤其富含高尔基体，如胰腺细胞。分泌物包被于分泌囊泡中从高尔基体的外表面释放，并移出细胞外。高尔基体还可提供构建细胞膜结构的物质。实际上，高尔基体是细胞中膜通道动力学体系的一部分，该体系中包括有核膜、内质网和高尔基体，它们的膜互相连通，彼此无明显分界。

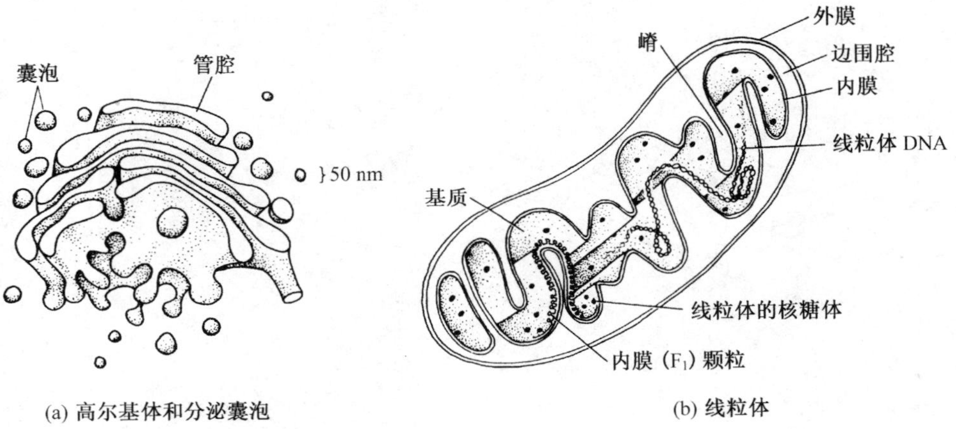

图 4.4

线粒体（mitochondrion）是圆球状或雪茄状的细胞器（见图 4.4b），在代谢旺盛的细胞中尤其丰富（见第五章）。其得名是由于在光镜下观察它们呈线状外形。线粒体具有双层膜，外膜光滑形成细胞器的外边界，内膜有许多褶皱，折向细胞器内部的部分称嵴（crista），有许多酶嵌于嵴内，这些酶形成参与分解有机分子向细胞供能的酶系。与植物中含有的叶绿体类似，线粒体也有自身的DNA和核糖体，可独立复制并控制自身细胞器膜的合成。

溶酶体（lysosome）形状与线粒体相似，但个体较小，具非渗透性的单层膜，其内包含有可降解细胞物质的酶，溶酶体膜破裂可使酶释放出来。溶酶体参与细胞内消化，对于发育过程中消除特定结构有重要作用。蛙在变态发育时，溶酶体协助去除蝌蚪身上对后期发育无用的一些结构，尾部区域降解的原材料将被用于形成更成熟的成分。溶酶体还与一些自体免疫疾病，如类风湿关节炎有关。

过氧化物酶体（peroxisome）形态与溶酶体相似，但其内酶的功能为氧化作用。过氧化物酶体与氨基酸的氧化脱氨有关，该反应是蛋白向其他化合物转化的重要反应。

鞭毛（flagella）和纤毛（cilia），（见图 4.5a）为发丝状结构，其一端固定，另一端可进行不同形式的运动，其外有包膜同细胞膜相连。由于它们可协同进行抽打运动，因此对于细胞的能动性有重要作用。

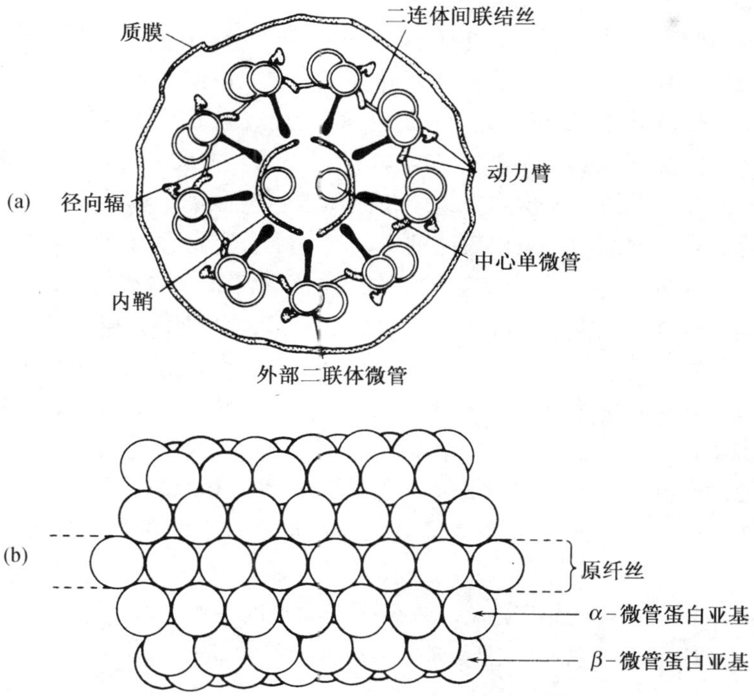

图 4.5

☞例 2

人类精子细胞的尾部有一可活跃抽打运动的鞭毛，鞭毛运动的能量来自于富含线粒体的中段，鞭毛即连接于该处。细胞头部的核承载精子细胞的重量，被鞭毛驱动最终到达雌性的输卵管使卵细胞受精。如果精子细胞没有足够的能动性，则导致卵细胞不能被受精。

鞭毛和纤毛可归为一种细胞器：如果较长而数量较少称鞭毛，短而数量众多称纤毛。

鞭毛和纤毛的能动性均来自于其内部的微管（microtubule）结构。顾名思义，微管是长形、中空的柱状结构。由 α、β 两种微管蛋白亚基（tubulin）组成，一个微管蛋白 α 与一个微管蛋白 β 相结合构成了组建微管的一个亚单位。这些双亚基的亚单位相连形成的细长带状称为原纤丝（protofilament），十三根原纤丝平行排列成一圈，形成类似于圆形的栅栏柱，即为微管（见图 4.5b）。

真核生物的鞭毛和纤毛外圈有九对微管，中心有两根微管。每根鞭毛和纤毛均起源于基体（basal body），基体位于细胞表面以下。鞭毛和纤毛基体部分结构与上述不同，为九根三联体（triplet）微管，但无中心的两根微管（见图 4.6）。

图 4.6

真核细胞的中心粒（centriole）是一对柱状的杆，它们位于核膜之外，两根杆的长轴相互垂直形成一个交叉。中心粒的微管结构与鞭毛基体相似，可能是来自于细胞进化过程中的原初基体。中心粒可能与有丝分裂及减数分裂中纺锤体的形成有关（见第 8 章）。

细胞骨架（cytoskeleton）负责支撑细胞及细胞运动等功能，由三种不同类型的蛋白组成——微管、微丝和中间纤维，并结合一些辅助蛋白。微管除了构成纤毛、基体和纺锤体，还可在许多原生动物周身形成网织结构。微丝（microfilament）由肌动蛋白（actin）构成。肌动蛋白亚基聚合成长链状，两条长链结合成双螺旋便成微丝。微丝在胞质内呈放射状，以维持细胞的形状。微丝同肌浆球蛋白（myosin）结合形成光滑丝状，参与肌肉收缩及细胞形状的改变。所谓中间纤维（intermediate filament）是由于它的直径介于上述两种丝状结构之间，具有更长的寿命，形成致密网状，使上皮组织层具有张力。

液泡（vacuole）是细胞中分隔出较亮的区域，其中含有水和可溶性物质。在叶片中可用于贮藏液体和盐类，否则它们会干扰胞质内的代谢活动。液泡的被膜称液泡膜（tonoplast）。许多原生动物具有可伸缩的液泡，液泡定时收缩可将液体和盐类排出胞外，这一结构防止了在淡水中生活的生物体内积累过多的水分。液泡中具有消化酶，在许多细胞内摄取的食物颗粒周围可见液泡。许多植物细胞中最显著特征就是其细胞中有一大液泡，该液泡可膨胀到紧压着坚硬的细胞壁，给细胞造成大的膨压（turgor）。

绝大多数植物细胞内含有各种小的有膜包被的囊泡，其内含有某些色素或贮藏有淀粉，这些细胞器称为质体（plastid），叶绿体即属于这一类。在健康的细胞中质体随胞质的流动做被动运动。

细胞核（nucleu）为圆形或椭圆形，几乎位于细胞的中心，具有双层膜，两层膜在特定的部位相融合，形成了可将物质从核内释放出的孔道。由于核的外膜可与内质网相连，实际上通过核孔可将核内的物质输出到内质网。

核内可见一到多个核仁（nucleoli），核仁较致密，包含有核糖体亚基，核糖体是胞质中合成蛋白的细胞器。核仁参与有关核糖体的合成和组装，通常附着在核内染色体的特定区域。染色体（chromosome）在整个细胞的生命活动中呈短杆状或线状，但在不分裂的细胞中染色体为网状细丝。染色体上含有细胞的基因物质。

4.4　植物和动物细胞：组织构成

动物和植物细胞均为真核细胞，但两者间有几点显著的不同（见图 4.1a 和图 4.1b）。绝大多数植物细胞均具有由纤维素组成的细胞壁，动物细胞通常不具有细胞壁。真菌和细菌也具有细胞壁，但非纤维素组成。质体是植物细胞的一个普遍特征，动物细胞无质体。液泡对于植物细胞有重要的作用，但对动物细胞作用就不那么显著，有些动物细胞无液泡。动物细胞的核外均有中心粒，但植物细胞中很少见到中心粒。动物和植物的繁殖特征虽然大体上是相似的，但在有丝分裂的细节上有一些明显的区别，我们将在第 8 章中讨论。

动、植物细胞中，一组相似的细胞组成片状或束状称为组织（tissue），各组织行使不同的功能。具有不同功能的组织依次组成独立的且具有一定形状的结构称为器官（organ）。器官行使生物体的特殊功能，如肾脏可清除血液中的废物并将其以尿排出。几种相关的器官形成器官系统（organ system），执行一项整体的功能，如口、胃、肠等形成了动物体的消化系统。从细胞→组织→器官→器官系统→生物体的顺序说明了由低级到高级进化的等级结构。

植物组织

有一种分类方法将所有高等植物的组织分成两类：分生组织（meristematic）和永久组织（permanent）。分生组织位于根和茎部的生长尖端，以及茎向外加粗生长的部位。分生组织的细胞较均一，小而排列紧密，细胞内充满有代谢活性的胞质。

永久组织还可再分为保护组织（lining tissue）、基本组织（fundamental tissue）和维管组织（vascular tissue）。保护组织通常指表皮（epidermis）一层有明显液泡的薄壁细胞。在一些表皮层上具有蜡质的角质层以保护植物，避免水分散失。在老的多年生植物根茎的表面生有周皮（periderm），为几层类似软木细胞形成的可防水的组织。

基本组织见于植物的内层。分布最广泛的是薄壁组织（parenchyma），是一些排列高度分散、具有光合活性的薄壁细胞。一些不规则增厚的细胞构成厚角组织。厚壁的、对植物起到支持作用的细胞形成厚壁组织（sclerenchyma），见于许多植物种皮及疤痕处的坚硬部位。

植物的维管组织主要是指木质部（xylem）和韧皮部（phloem）（见图 4.7）。木质部的主要功能是向上运输水分和可溶性物质，有两类细胞，即导管（vessel）和管胞（tracheid）。这些细胞排列成束状，成熟后就丧失了其生物活性，细胞壁形成液体运输的管道，并可支持植物体的结构。木材中含有大量木质部的导管和管胞，其中大多数被物质填塞，因此不再具有运输液体的功能。

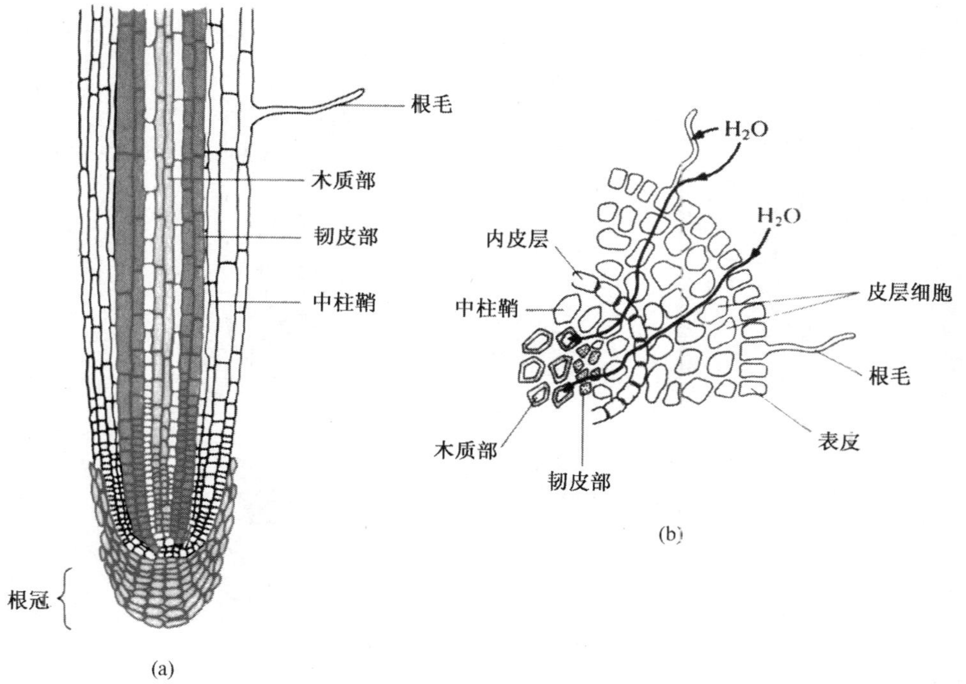

图 4.7

韧皮部（phloem）的功能是运输碳水化合物、氨基酸、寡肽（指少于 10 个氨基酸的短肽）及一些脂类。与木质部不同，韧皮部在执行运输功能时仍保持生物活性，虽然其中一些类型的细胞失去了细胞核。

这三大类组织主要是针对高等陆生植物而言，至于其等级体系中器官及器官系统的划分则不甚明显。

动物组织

动物组织分为四大类（见图 4.8）：

1．上皮——一种包被组织

2．结缔——连接和支持的组织

3．神经——传导组织

4．肌肉——伸缩组织

上皮组织（epithelial tissue）是紧密排列于机体表面的细胞，可起到防御、控制物质进入、防止脱水、御寒、防止微生物入侵等功能。例如，皮肤是由大量上皮组织构成的，消化

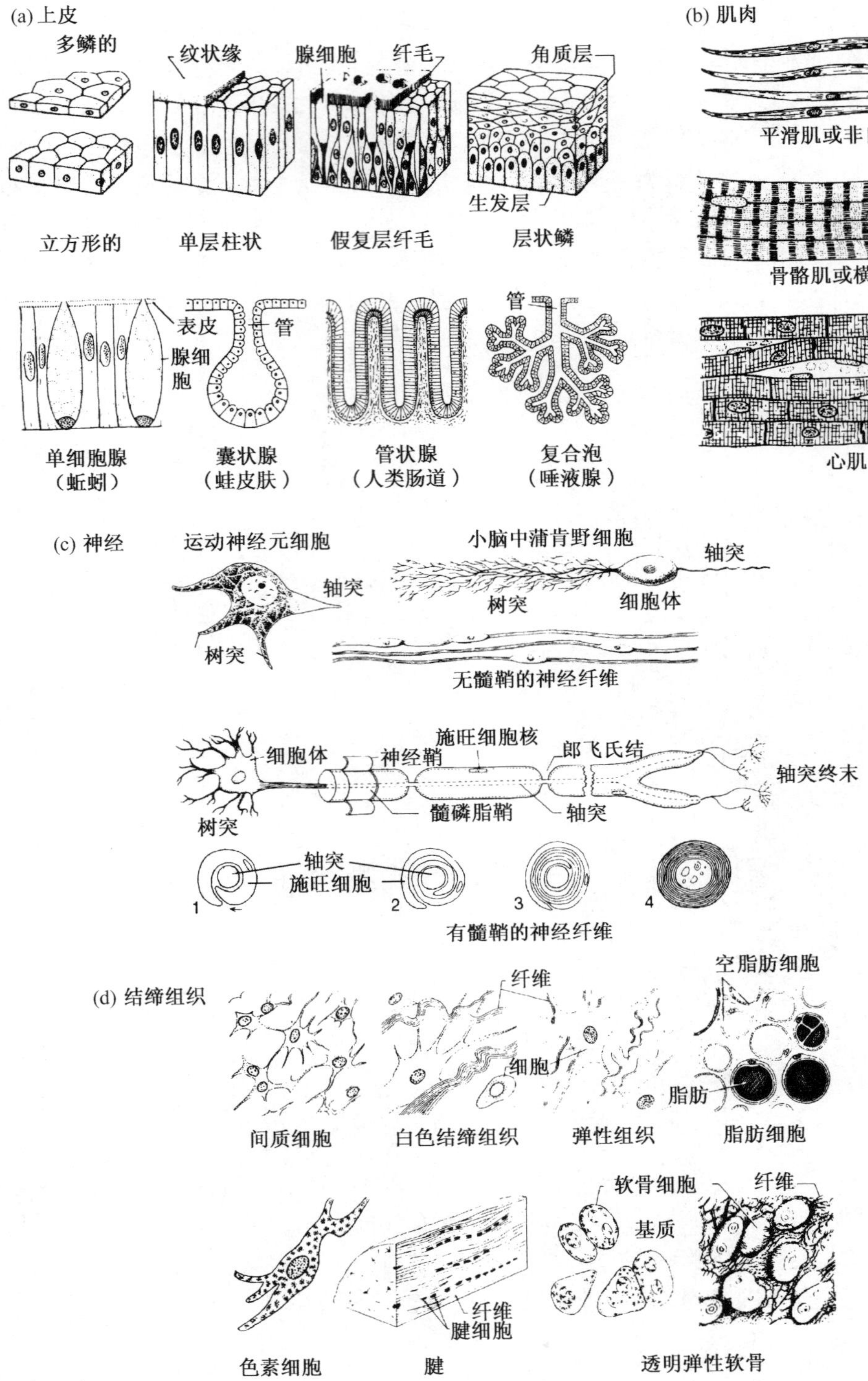

图 4.8

道、血管及体内其他的导管及腔囊的内表面也由上皮组织构成。构成上皮组织的细胞有三种：扁平上皮细胞（squamous cell）、立方上皮细胞（cuboidal cell）和柱状上皮细胞（columnar cell），它们通常是一端固定于纤维状的基底膜（basement membrane）上，而另一端具有不同的功能。

结缔组织（connective tissue）形式多样，其共同特征是细胞处于间质中。例如，骨骼主要由胞外的间质构成，相对少量的骨骼细胞存在于固体间质中的腔隙（lacunae）内。其他类型的结缔组织还有血液（blood）、软骨（cartilage）、各种起到支持作用或使机体富于弹性的组织，以及常见的连接组织（如连接肌肉和骨骼的肌腱）。

神经组织（nervous tissue）由神经元（神经细胞）构成，有些神经元（neuron）的长度可超过 1 米。神经脉冲可沿神经元的轴突（axon）和树突（toward）传递。感觉神经元（sensory neuron）通常是特异性地对刺激（触摸、声音、味道等）作出反应。运动神经元（motor neuron）负责驱动肌肉反应，且常通过联合神经元（association neuron）与感觉神经元协调作用。神经组织遍布整个机体，在脑部和脊髓尤其发达。

肌肉组织（muscle tissue）具有伸缩性，有三种组织类型：骨骼肌（skeletal muscle）或称横纹肌（striated muscle）产生自主运动；平滑肌（smooth muscle）产生非自主运动，如消化道的蠕动；心肌（cardiac muscle）是构成心脏的肌肉组织。

几乎所有的动物类群均具有由组织形成的器官和器官系统。

4.5　细胞的大小及限制因素

除少数特殊细胞一般都很小，不超过显微镜的尺度范围，对于代谢旺盛的细胞尤其如此。细胞通过细胞膜向内输送物质以满足自身对于氧气和营养的需求。对于细胞这样近似球状的物体而言，随着半径的增加其体积以半径的立方（cube）增长，而细胞的表面积以半径的平方（square）增长，就是说细胞通过其表面输送物质的能力以细胞半径的平方增长，而细胞对于生长的需求则是以半径的立方增加的。因此，当细胞个体达到一定大小后，其表面不能满足细胞继续增长的需求，则细胞就不再无限生长扩大。

对于细胞个体大小的另一限制因素是细胞核对于细胞活动的必要控制。随着细胞个体的增长，细胞边缘部分逐渐远离中间的细胞核，使得核协调控制细胞的整体功能越发困难。在大的细胞中，物质从胞质的一部分输送到另一部分要耗费更长的时间，细胞的各种反应能力也会较慢。

4.6　细胞的输入和输出

膜具有允许物质通过其表面的性质称渗透性（permeability）。细胞内环境稳定的维持是通过细胞膜的选择透性来实现的。许多物质由于浓度梯度的驱动可进行跨膜运输。从前曾认为细胞膜只是被动地参与水或其他溶液的扩散及渗透作用，如今我们已知在细胞膜上存在多种机制可起始或加速运输的进行。如果分子的跨膜运输是由其浓度梯度驱动的，不需消耗能量，则称被动运输（passive transport）。如果物流的方向与其浓度梯度相反，则需消耗能量，被称为主动运输（active transport）。

许多非脂类物质，如 Na^+、K^+，是通过特殊通道（channel）或孔跨膜的。这些通道由于具有一定的直径、电荷或可与被运输的物质形成弱键，以及具有一定的通道成分，使得它们能够形成暂时的、相对的通透性，以协助特定分子或离子的运输。通道根据通道蛋白的状态存在开启和关闭两种情况，通道蛋白可依据环境的变化改变膜的通透性。

胞膜上有多种组分可行使载体（carrier）功能。易化运输（facilitated transport）体系中，细胞膜的一侧富含某些小分子和离子，细胞膜上的载体与这些分子或离子结合成复合物，沿浓度梯度被输送到细胞膜的另一侧，并释放出被运输的物质。主动运输（active transport）系统中的载体可能是酶，与被运输的物质结合后可引起构象改变，物质释放后可回复为原来的构象。然而与协助运输不同的是，主动运输中复合物转运的方向与其浓度梯度的方向相反（against）。ATP 酶可作为一种 Na^+、K^+ 跨膜运输的载体。

可特异性地运输离子的载体称离子载体（ionophore）。

例 3

抗生素缬氨霉素是一个可说明离子载体作用的很好例证。该有机分子可在内部极性区成环结合 K^+ 或 Na^+，且在分子的外部形成疏水环。这样的分子排列使得离子被结合于内部，而跨膜时其整体又可顺利通过细胞膜上的疏水结构域。

大分子物质通常是不能跨过膜的，但大的颗粒状物可通过内吞作用（endocytosis）进入胞内。颗粒物与膜上的特异受体结合，颗粒-膜复合物伸长并向膜内缩入，形成膜包被的囊泡。原生动物或白血球细胞经细胞表面吞入如细菌这样的大颗粒物质是一种类型的内吞作用，称吞噬作用（phagocytosis，见图 4.9a）。内吞作用的另一种类型称为胞饮作用（pinocytosis）[1]，其摄入的颗粒相对较小。胞饮时在细胞的表面形成小的交错状的边缘，小颗粒进到这些交错的缺口处，且在其封闭的一端形成小的囊泡（见图 4.9b）。胞饮作用产生的许多囊泡在其形成的早期有一层绒毛状的包被，由高度有序排列的蛋白构成，可能与囊泡同细胞其他组分的相互作用有关。

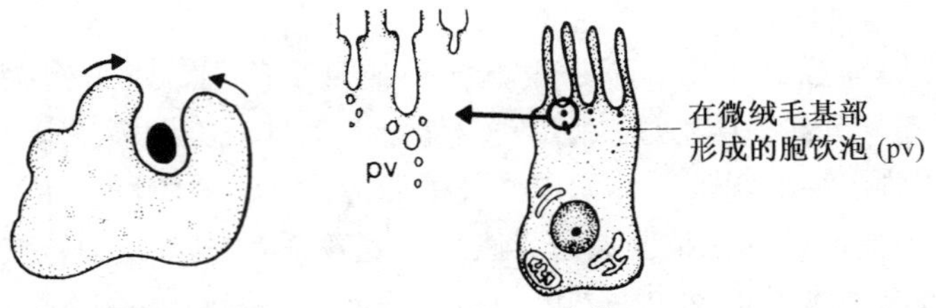

内吞作用
(a)

胞饮
(b)

图 4.9

外排作用（exocytosis）是将物质包在膜囊泡内运输到细胞膜表面，膜囊泡与细胞膜相融合，并裂开使包含的物质排出到外界。细胞不需要的大分子物质或细胞产生的供生物体其他部位所需要的物质均可通过外排作用排出细胞外。

疑难问题解析

4.1　叙述细胞学说的发展。

Robert Hooke 是首位描述细胞结构的科学家，他研究了软木上的小室状结构，于 1665 年发表文章。这些蜂窝状排列的小单元使他想到修道院里的小房间，因此以拉丁文 cellulae 命名。

Hooke 所观察到的细胞特征不借助显微镜而仅用肉眼是观察不到的，实际上他所看到的是软木的无生命的细胞壁。早在公元前 300 年，希腊人用曲面的容器装满了水可使附近的物体放大，但直到 17 世纪 Anton van Leeuwenhoek 才较精确地磨制了镜片，用于制造了较简易的显微镜。

1809 年，拉马克认识到所有的生物体均有细胞结构。1824 年，Dutrochet 断言生物体的组织是由小球状的细胞构成的，他又进一步认识到生长应包括细胞个体的增长和数量的增加。1831 年，Robert Brown 描述了细胞核的结构，这是所有真核细胞的共有特征。1838 年，Schleiden 发表了有关植物细胞结构的研究。第二年，Schwann 发表了相应的有关动物细胞的研究。由于这二人的清晰描述以及他们的观点所具有的影响力，便将细胞学说的创立归功于他们。细胞也因此成为探索生命本质的中心内容。1858 年，Rudoph Virchow 提出细胞来源于先前存在的细胞，生命可以被理解为细胞连续的生命链。

4.2　叙述在研究细胞结构过程中显微镜的发展。

细胞的结构组成最好是利用显微镜观察。早期的显微镜是使光线穿透非常薄的细胞材料，该材料应预

1）胞饮作用习惯上指细胞吞入液体的作用而不指吞入小颗粒。——译者注

先使用甲醛等物质固定细胞组分，而后用适当的染色方法便可显现出特定的细胞器，但细胞染色后即被杀死。随着干涉（interference）和相差（phase-contrast）显微镜的发展，在对活体进行研究时可以免除因固定和染色所造成的干扰。此种显微镜的工作原理是根据光线透过不同密度的物质会发生变化，借助于特殊的装置加强了两相邻结构间的反差。偏光（polarizing）显微镜就是利用偏振光来分辨细胞中各组分规则排列的区域。

或许在研究细胞组成结构上最有成就的应是电子显微镜（electron microscope）。它利用的是电子束而不是光作为光源。由于电子会被空气散射，电镜需要一个真空通道，电子束将放大的像呈现在荧光屏上，成像在金属板上还可长期保留。电镜样品的制备较光镜繁杂，需要更为小心的处理。

对于显微镜这样的光学仪器是以分辨率表示其特征的。分辨率是指能将两相邻物体区分开的最小距离的量度。光镜的分辨率为 0.25μm，人的肉眼为 0.2mm，而电镜的分辨率可达到光镜的 1000 倍，也就是说电镜可清晰分辨相距仅 0.2nm 的两点。

4.3　离心（centrifugation）时异质的溶液在离心力的带动下旋转，使其各组分因相对密度不同而得以分开，这一技术是如何以及为何被应用于细胞研究中的？

首先将细胞破碎并在液体中打散形成组织匀浆，其中包含了完整细胞所具有的全部物质，只是以分散状态存在。组织匀浆经离心使特殊的细胞器片段（fraction）分开，用于研究和检测。离心力相对较低时，可使大部分的核、未破碎的细胞及其他较大且致密的残片沉淀下来。更高一些的离心速度可分离出线粒体和溶酶体，在非常高的速度下形成的沉淀中富含核糖体和内质网。在组织匀浆的溶液中还保留有各种可溶性分子及混杂的其他低密度物质。分离出的不同部分可进行生化分析、酶活性染色或在光镜、电镜下观察。放射性标记的分子在确认这些分离组分方面具有重要作用。

4.4　叙述单位膜假说。

J. D. Robertson 的单位膜假说是以血红细胞和脊椎动物神经纤维外被的髓鞘显微电镜照片为基础建立起来的。髓鞘源于施旺细胞的胞膜围绕着轴突而成。这些显微照片表明了膜具有三层结构，两层电子致密，中间一层较厚但电子密度较低，很像三明治中的两片面包夹着中间的奶酪。据推测，内外两层“面包”为蛋白质，中间层为脂双层，脂层中包含了较大的磷脂和一些固醇。

Robertson 的细胞膜模型倾向于支持了伦敦的 J. F. Danielli 早在 1940 年提出的膜结构模型。Danielli 推测血红细胞及其他细胞的渗透性是由于它们的膜是内外两层蛋白包被的脂双层。他又进一步指出脂双层是由磷脂极性的一端向外，而非极性的一端在内形成的。膜结构上随机分布着一些非脂类结构的通道。从某种程度来看，Robertson 对于显微电镜照片的解释同 Danielli 提出的理论模型是一致的，这就使得单位膜的假说普遍适用于细胞中的所有膜结构。

4.5　叙述流动镶嵌模型。

虽然截止到 20 世纪 60 年代末期，有关单位膜假说积累的一些证据同已知的膜脂分布是明显一致的，但该假说并不足以说明膜蛋白的动力学特性。1972 年，Singer 和 Nicholson 提出了一个新的膜结构假说，即流动镶嵌模型，认为膜是一个具有流动性的磷脂双层，蛋白以不同的方式插入其中，而非形成连续的层面。同磷脂的内外表面相连的蛋白称外周（extrinsic）蛋白，在不同的膜上外周蛋白差异很大，甚至根本没有。脂双层内部的蛋白称固有（intrinsic）蛋白，固有蛋白可能包含于脂双层内部，或可能露出于脂双层的内或外表面，大的固有蛋白还可能跨越脂双层。蛋白在脂类介质中的部分倾向于富含疏水氨基酸，这就使得蛋白质与其周围的介质可最大程度地相互作用；相反，外周蛋白倾向于富含亲水基团，这样可促进其与周围水环境及离子的相互作用。在许多情况下，与膜相连的各蛋白单体可缠绕、折叠使其疏水的部分被包含在脂类的介质中，而其亲水部分倾向于穿透膜表面接触周围的水环境。

分散在膜上的蛋白可相互作用形成复合的单元，如通道或孔洞。蛋白与膜的连接同时也稳定了蛋白质的排列，确保了膜功能的连续性。由于脂分子通常是以比共价键弱的力相结合的，使得磷脂层可在平行于膜滑动的方向相对自由运动。然而膜内部的固醇和固有蛋白可抑制这种运动，从而增强了膜的刚性。

虽然近来借助于电镜的研究倾向于肯定流动镶嵌模型，但单位膜假说对于指导膜的研究具有重要的价值，在逐步深入了解膜结构的过程中，不应被视为错误的一步，而今后流动镶嵌模型自身仍需要更有利的概念加以补充。

4.6 所有细胞的外界边缘均为细胞质膜吗?

不是的。许多细胞的质膜外具有由非生命物质形成的包被，可增加细胞的硬度。虽然这样的包被不会影响细胞的通透性，但这一坚硬的外被可向细胞提供保护，尤其是细胞处于高渗环境中时，细胞易于吸水而膨胀。在植物、真菌和细菌中这层包被称细胞壁。植物细胞的细胞壁由纤维素构成（第 3 章），纤维素是木材及其他有商业价值的植物产品的重要组分。真菌的细胞壁是由几丁质（chitin）构成的，为富含氨基的碳水化合物的复合体。细菌细胞壁是糖类与肽相连的复合物，不同种细菌其多糖及氨基酸链的化学组成差异很大。

大多数动物细胞质膜外有一层碳水化合物，但并不形成独立的包被，称为蛋白-多糖复合物（glycocalyx)，与膜紧密相连。碳水化合物本身为短链，但通常与膜上的脂类或蛋白共价相连，形成细小的毛状物包于细胞外。蛋白-多糖复合物上含有多种可与细胞相互作用的物质的受体，人类的血型就是基于血红细胞蛋白-多糖复合体的抗原特征。许多细胞信号位点也位于蛋白-多糖复合物上，这些位点向寄主生物的免疫系统提供信号，标明“自身”或“外源”物质。因此，为研究移植组织或器官是否会产生排斥，蛋白-多糖复合物上糖蛋白成了一个焦点问题。这种糖蛋白称为主要组织相容性抗原（major histocompatibility antigen)，是由主要组织相容性复合基因（major histocompatibility complex，MHC）编码的。

在许多细胞中，可形成特殊结构使细胞间紧密相连，这样的结构尤其存在于上皮组织中，包括没有细胞间隙的紧密连接（tight junction）和可见高度分层的狭窄空间的桥粒（desmosome)，这些结构可能在细胞间进行物质传递时发挥作用。具有吸收功能的动物细胞，如肠道细胞，通常有伸出到细胞膜外的丝状物，这些丝状物称微绒毛（microvilli)，富含碳水化合物，它们可增加细胞的吸收表面，还可能具有有消化功能的酶。

另一种类型的细胞外被是许多脊椎动物和无脊椎动物卵外的多层多糖。这种外被是卵在生殖道中运动时被加上的，受精时精子必须穿透这层外被，由精子头部顶体（acrosome）中的酶协助完成这一任务。许多原生动物在细胞质膜外具有富有弹性的皮膜（pellicle)，但该结构的功能尚不明确。眼虫（Euglena）的皮膜是由有伸缩性的细长蛋白构成的。

4.7 细胞核与细胞膜是由连续的膜通道系统相连的，叙述这一系统中主要的细胞器。

1954 年，Keith Porter 首先描述了在细胞质中存在延伸的膜形成的网状结构，称为内质网（ER)。目前已知这些膜结构是真核生物的一普遍特征，在电镜下观察呈小管状、扁平囊状，或是胞质中相互平行的管道。内质网的管道中充满了液体，同胞质液（cytosol）及内质网的其他液体物质是分开的。

与内质网外表面相连的一些小颗粒为核糖体（ribosome)，负责蛋白的合成。具有核糖体的内质网表面粗糙，称粗面内质网（rough endoplasmic reticulum，RER)。无核糖体的内质网表面光滑，称光滑内质网（smooth endoplasmic reticulum，SER)。

与光滑内质网紧密相连的是平行排列的膜囊状的高尔基体，高尔基体同 SER 结构相似，但只存在于细胞内特定的区域。虽然在 1898 年 Camillo Golgi 就指出了这一结构，但长时间以来有关这一细胞器是否真实存在一直有分歧，电镜的应用使高尔基体被定位，证实了其真实存在及其扁平的囊状结构，还知道在许多细胞中高尔基体同分泌作用有关。

4.8 叙述网状膜结构细胞器间功能的相互关系。

这些彼此相连的细胞器间功能的相互关系已相当清楚。在细胞质中游离的核糖体负责合成胞质液中的蛋白，尤其是合成那些不与膜相连的酶，而另一方面，被运输到细胞外的蛋白或掺入到膜细胞器中的蛋白来源于 RER。信号引导核糖体（附着于 RER 上）合成的蛋白通过小的通道进入到 RER 的囊状结构中，此后蛋白又从 RER 被运输到光滑内质网，再到高尔基体。被输送的蛋白在 RER 和 SER 中可能经过一些加工，但主要的修饰作用是在高尔基体中进行的，例如，蛋白可能被连上其他的分子，或者被包被进分泌囊泡中，预备输出膜外。这些分泌囊泡在外排过程中与细胞膜相融合，使分泌物排出，同时补充了细胞膜结构。

这些细胞器的构成使物质运输和交换成为连续的系统。细胞核双层膜的外膜同内质网膜相连，形成了从核内向胞质及胞外输送物质的通道。膜通道不仅仅构成了胞内的运输系统，还扩展了细胞表面，在这些表面上具有可改变被输送分子化学组成的关键酶。

4.9　比较溶酶体和过氧化物酶体。

溶酶体自 20 世纪 50 年代早期经 Christian de Duve 描述后，已被研究得较清楚，它们通常为小的椭圆状，其内包含在酸性条件下有强消化功能的酶，具单层膜以维持其内部高度酸性。溶酶体含有具有潜在破坏性的酶，这些酶可能是由核糖体合成的，而后经内质网到达高尔基体。有些细胞的溶酶体是从高尔基体出芽得来的。溶酶体参与细胞内的消化作用，它们可以与细胞内的其他物质相融合，对于多种不同的物质有消化作用。吞噬细胞如哺乳动物的中性白细胞中，溶酶体可降解细胞吞入的细菌等其他外源物质。溶酶体还参与清除受损伤的或死的细胞。在蛙的发育过程中，蝌蚪特征性的长尾可被溶酶体降解，并将部分分子再吸收用以合成新产生的结构。甲状腺中的溶酶体作用于甲状腺球蛋白，产生了真正具有活性的甲状腺激素。与预期相一致，溶酶体中的降解酶在低 pH 值条件下起作用。

过氧化物酶体，原称微体（microbody），是具有单层膜的小细胞器，其内含有颗粒状的基质。在植物的光呼吸作用中具有重要意义（见第 6 章）。参与形成乙醛酸代谢循环的过氧化物酶体称乙醛酸小体（glyoxysome）。与溶酶体中的消化酶相反，已经研究的所有过氧化物酶体中的酶具有氧化作用，在氧化过程中通常会形成 H_2O_2（过氧化氢），但很快被过氧化物酶（catalase）分解，以避免过氧化物积累造成毒害。过氧化物酶体中的精确反应步骤尚不清楚，但似乎与内质网有密切的关系。

4.10　纤毛（或鞭毛）中的微管束称轴纤丝（axoneme），比较基体轴纤丝和中心粒中微管的组成方式。

纤毛外有膜包被，基质内九对微管在外周围成一圈，两根分离的微管位于中心，这种“9＋2”的结构是鞭毛和纤毛的普遍特征。纤毛的抽打运动可能来源于微管间的滑动。

纤毛固定在基体上，在基体部分的结构与上述有所不同，九个三联体微管在外围排布，但无中心微管。每个三联体微管其中间的一个是完整的，但有一部分是与相邻的微管共用的。纤毛（或鞭毛）在基体的部分保持这样的结构，但纤毛伸出基体的部分形成二联体的微管，基体似乎控制着纤毛微管结构的形成，但中心的两根微管可能起源于纤毛尖端，因为基体部分不存在中央微管。

大多数动物细胞的中心粒正好位于核膜的上方，具有与基体相同的结构（9＋0），已有证据表明这两种结构可相互转化。在一些精子细胞中，原来的中心粒结构向边缘迁移参与形成了基体。通常中心粒微管束成对存在，相互成直角，形成于胞质中心体（centrosome）区域，该区域富含辐射状散布的微管。

4.11　肌动蛋白单体在一端加入到单体束的速度快于另一端，在加入较慢的一端肌动蛋白更容易解离，这对于细胞的运动有何作用？

在适当的生理条件下，新的单体在一端加入的速度可与单体在另一端解离的速度相等，这种加入-解离的现象称踏车作用（treadmilling），使得在有新单体加入的方向上产生侧向运动，就像坦克的运动。影响这一作用的因素包括 Ca^{2+} 的水平、cAMP 和其他环化核苷酸的活性、蛋白的磷酸化以及肌动蛋白单体的浓度。

4.12　Boston 大学的 Lynn Margulis 发展了一种令人心服的内共生假说，认为真核生物的某些细胞器是源于原核细胞侵入真核的祖先，这一假说中包括了哪些细胞器？

线粒体、叶绿体甚至基体具有与这一观点相一致的特征。例如，线粒体和叶绿体都具有自身的 DNA 以及核糖体，可独立复制并控制其自身膜的合成，而且它们具有的 DNA 和核糖体与目前存在的原核生物的相似。现存的许多单细胞生物胞质内含有更小的光合原核生物，这一点也支持了这一假说。然而许多线粒体的酶是由核染色体编码的，尽管如此，舆论在有关这些细胞器的起源方面仍倾向于支持内共生假说。

4.13　为什么在真核细胞中细胞核位于中心位置？

细胞核是参与细胞繁殖的重要细胞器。在细胞的生活史中，细胞核指导细胞的代谢活动，且决定细胞最终的形态。指导重要蛋白质合成的信息不断地由核输送到细胞质中去，组成核糖体的基础物质也是在核的核仁中合成、贮藏并被输送到核糖体的。

细胞核的这些重要功能使得它应最大程度地受保护，而处于细胞内的中心位置恰恰可提供这样的保护，这样的排列也使细胞更适应环境，并更好地存活。

4.14 为何植物组织较动物组织更难分类?

组织是可进行特定活动的一组细胞。每一动物组织均有明显的区分,而植物组织的界限是模糊的,在发育过程中一种组织可向另一组织转变,而且动物细胞的结构特征很明显,植物细胞就较难分别。

4.15 动物的结缔组织如何与其他三种类型的组织相区别?

肌肉、神经和上皮组织的特征就是构成它们的细胞具有的特征。不同类型的肌肉组织均具有伸缩性,是因为骨骼肌、平滑肌、心肌的肌肉细胞具有伸缩性。各种类型上皮组织的平铺同样是由于上皮细胞紧密排列成致密的层状。神经细胞具有长的轴突和分支的树突,赋予了神经组织传导的特性。

在结缔组织中情况完全不同。组织的特征取决于细胞产生的胞外物质的功能,而非细胞本身。不同类型的结缔组织间的差异远远大于其他组织中各类型的差异。

若我们考察结缔组织的各种类型时,细胞外物质的重要性是非常清楚的。血管组织(vascular tissue)是来源于细胞且由细胞组成的,但其内部含有胞外的液体物质如血浆和淋巴液。黄色弹性结缔组织(yellow elastic tissue)中使组织具有弹性的弹性纤维位于细胞的外侧。最明显的是软骨(cartilage)和骨骼(bone)的特征,对于骨骼来讲,骨细胞产生硬的、石灰质的物质作为间质,所形成的网状的骨细胞存在于该间质中。脂肪细胞形成大的油珠,细胞质内含有薄的边缘,可被认为是外部非生命物质存在于有生命部分的细胞内物质。

4.16 植物和动物器官水平的组成有何不同?

植物器官组成水平与动物相比差异较大。通常我们可分辨出根、茎、叶以及生殖结构,这些结构具有明确的功能和可辨别的组织特征,根用来固定植物和获取水分、矿物质;枝(shoot)或茎(stem)支持整个植物体;叶(leaves)是获取食物的主要器官;花(flower)及其他生殖结构参与下一代的形态产生。

在动物体中器官发育相当(远比植物)复杂并被定义。器官是可执行整体功能的器官系统的一部分。排泄功能是由肾、输尿管、膀胱和尿道共同完成的;神经系统包括脑、脊髓和外围的神经网。把动物器官系统的复杂性和独立性联系起来看,比植物体中的器官具有更广泛的功能和能动性。

4.17 细胞体积的增大会使其面临什么挑战?

细胞必须通过细胞膜表面与环境进行物质交换,细胞的增大使其体积相对于表面积而言增长得更多,细胞物质交换的效率降低,这样可经膜运输的食物和氧气量受到了限制,难于满足细胞内代谢活动的要求。形成的废物便大量积累而难于排出胞外。

细胞体积增大后通过扩散进行的物质分配需耗费更长的时间。细胞中的许多组分缺少用于生长所需的重要的能源物质或其他重要的分子。

细胞核对于胞质结构活性的控制取决于核与胞质间的化学交流。在增大的细胞中,距离的增加使这种交流的效率受到抑制。

4.18 脂类、小分子以及非极性颗粒进出细胞相对容易,由此我们认识到细胞膜有什么特征?

所有膜均具有渗透性,渗透性也是膜结构的一种功能。脂溶性的物质易跨膜是由于膜上有大量脂类存在。小分子较之同种类型的大分子更易于跨膜是由于膜上具有小的通道形成类似筛滤状。膜的外表面通常是极性的,这就解释了为什么非极性物质更易于跨膜,因为极性物质易与膜的极性区相互作用。

4.19 列举出六种细胞运输物质的方式。

(1)渗透 (2)通过孔道扩散 (3)易化运输 (4)主动运输 (5)内吞 (6)胞饮

附 加 题

4.20 根据细胞学说,所有的细胞来源于

(a) 无机物 (b) 有机物 (c) 先前存在的细胞 (d) 培养皿培养

4.21 细胞由谁命名的?

(a) Dutrochet　(b) Schleiden　(c) Schwann　(d) Hooke

4.22　哪一界的细胞不具有真正的细胞核？

4.23　粗面内质网（RER）不同于光滑内质网（SER）是由于它与________相连。

4.24　哪两种细胞器具有双层膜？

4.25　液体和电解质的贮存以及可能的调控中心是________。

4.26　________是含有叶绿素的质体。

4.27　哪种细胞器参与细胞消化？

4.28　线粒体和过氧化物酶体中均发生氧化作用。

(a) 对　(b) 错

4.29　分生组织是非特化的。

(a) 对　(b) 错

4.30　滑动丝假说解释了神经脉冲的传导。

(a) 对　(b) 错

4.31　球的表面积与 r^2 成比例，而球体积与 r^3 成比例。

(a) 对　(b) 错

4.32　半透膜参与渗透作用。

(a) 对　(b) 错

4.33　膜的外表面通常是非极性的。

(a) 对　(b) 错

4.34　Robertson 因膜结构的流动镶嵌模型而著名。

(a) 对　(b) 错

答　案

4.20　(a)　4.21　(d)　4.22　原核生物

4.23　核糖体　4.24　细胞核和线粒体　4.25　液泡或伸缩泡

4.26　叶绿体　4.27　溶酶体　4.28　(a)

4.29　(a)　4.30　(b)　4.31　(a)

4.32　(a)　4.33　(b)　4.34　(b)

第5章 能量转化

5.1 能量和生命

生命系统中高度复杂的有机体需要不断摄入能量以维持生长和生存。太阳（巨大的氢弹）是能量的来源。绿色植物最先捕获了太阳的能量，并将太阳辐射的能量转化成化学能，以葡萄糖这类有机物的化学键形式贮存起来。依照食物链（food chain）或食物网（food web）的捕食关系，食草动物吃掉绿色植物，食肉动物又吃掉食草动物，这样使能量在生物界中进行了传递。食物链中每一生物都从其食物中获取能量并以化学能贮藏，继续在细胞和亚细胞水平进行能量转化。由于转化作用增加了能量的混乱度，部分能量为完成某些有用的任务而消耗，每次转化都需要生物系统中有新的、有序的能量补充。因此食物链上每一个体向下传递的能量都少于其从前一生物体中获得的能量。

代谢（metabolism）过程包括了生物体既从食物的化学键中获取能量又合成重要的化合物。18 世纪 Antoine Lavoisier 认识到代谢与非生命物质的燃烧以及动物的呼吸作用有着基本相似的特征，然而代谢化学只有在非热力学背景下才可被理解。

5.2 热力学

我们在第 2 章中曾经提到，热力学第一定律指出反应物产生的能量应等于反应物的总能量。而热力学第二定律提出产物的有效能量少于反应物的有效能量，也就是说反应趋向于能量减少，系统混乱度增加。因此，自然发生的反应类似于下坡，混乱度增加且释放能量，称放能（exergonic）反应。相反，吸能（endergonic）反应是指类似于爬坡的混乱度减少的反应，吸能反应只有在外界有能量输入时才可发生，同时增加了外界体系的混乱度。生物体中进行的许多吸能反应形成了高度有序的体系，需要有放能反应提供能量，如葡萄糖分子的分解代谢（catabdism）（降解反应）。

自由能与熵值的关系可表示为：$\Delta G=\Delta H-\mathrm{T}\Delta S$。Δ 表示改变的量，$G$ 是自由能，H 是热，T 是绝对温度，S 是熵。

有些放能反应与放热反应容易混淆，放能反应是指有自由能的释放（ΔG 为负），而放热反应指有热能释放（ΔH 为负）。放热反应通常但又不一定是放能反应，有一些吸热反应（endothermic）如水的蒸发是放能反应，尽管反应的 ΔH 为正值，由于反应中水由液体转变成气体形式，熵值增大，抵消了热吸收的部分，得到的 ΔG 为负值。

例 1

为何葡萄糖燃烧使体系中自由能变化大于热能变化？

做功产生的自由能变化由下面的等式计算，$\Delta G=\Delta H-\mathrm{T}\Delta S$，$\Delta H$ 为 -673 kcal/mol 葡萄糖，标准状况下 $\mathrm{T}\Delta S$ 为 13 kcal，（$\Delta G=\Delta H-\mathrm{T}\Delta S=-673\ \mathrm{kcal}-13\ \mathrm{kcal}$）则 ΔG 为 -686 kcal。自由能改变由热能和熵值变化共同决定，是从热能变化中减去熵变，在此反应中熵变为正，相减后使自由能变化大于热能的变化。

5.3　细胞代谢

生命的本质包括有序性和组织性，但普遍存在着向无序性发展的趋势。代谢反应的特点是以耗能维持有序性和合成物质对抗无序性。

碳水化合物、脂肪甚至蛋白质等细胞能源物质燃烧引起化学键的断裂，释放出分子中贮藏的能量，释放出的能量以 ATP 分子形式贮存，用于细胞完成如运动、生殖、合成等生命活动。由于在特定时间内释放出大量的能量对细胞是有害的，细胞中能源物质的分解要受到调控，经一系列的协调阶段，这称为代谢途径（metabolic pathway）。

厌氧途径

葡萄糖作为典型细胞能源物质分解的第一步包含的代谢途径称为糖酵解（又称Embden-Meyerhof 途径，为纪念其发现者）。有趣的是，糖酵解（glycolysis）不需要分子氧的参与，因此是一个厌氧（anaerobic）过程，可能早在含氧的地球大气形成前就已经有了该途径。

糖酵解和发酵（fermentation）的主要过程是相同的，虽然它们的终产物不同。糖酵解主要发生于动物细胞中，而发酵主要指细菌和酵母的反应。虽然糖酵解主要是指葡萄糖及相关的碳水化合物分解形成丙酮酸的过程，但可能有其他物质从反应的不同位点“插入”进

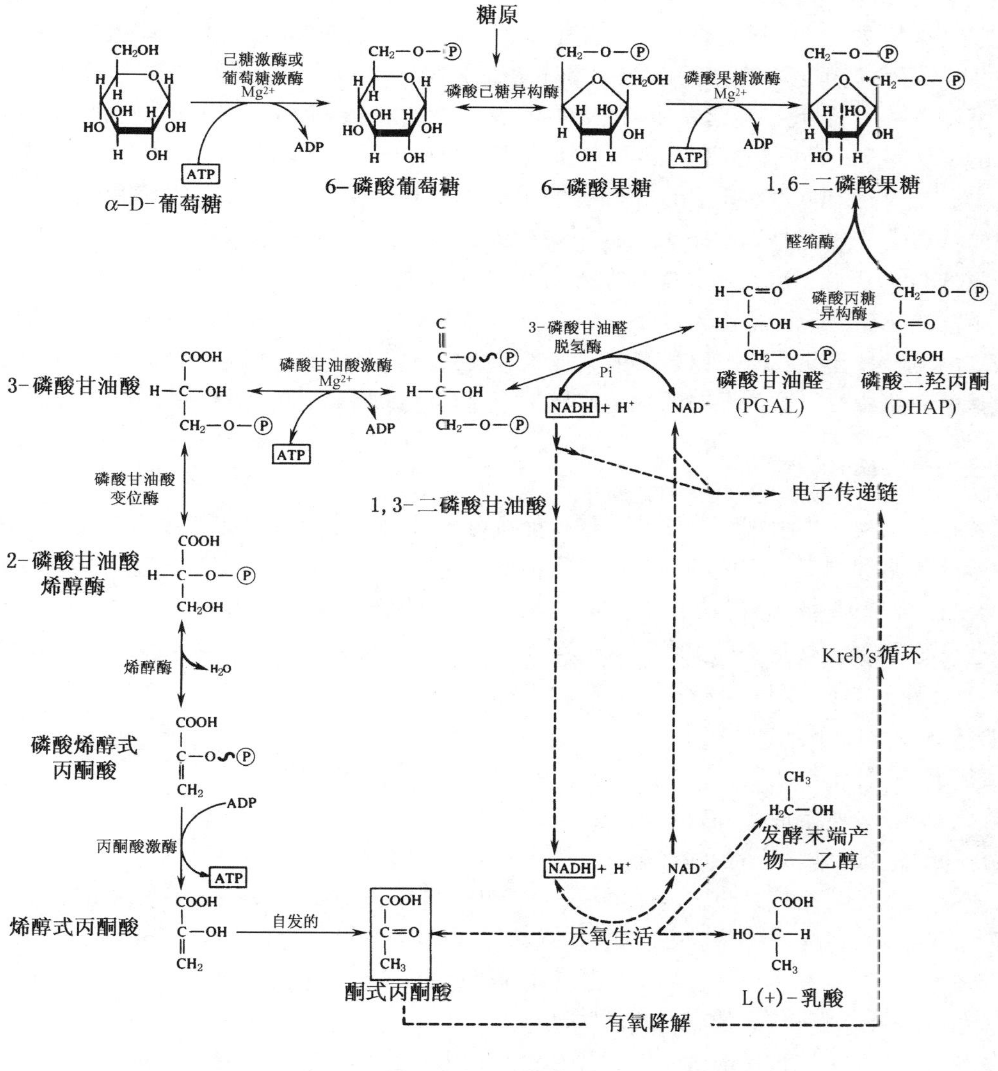

图 5.1　糖酵解

来。糖酵解的具体反应步骤见图 5.1。

糖酵解的四个主要特征：

- 起始的磷酸化——消耗 2 分子 ATP。
- 分子裂解。
- 氧化成高能磷酸键——生成 NADH 和 ATP。
- 分子重排形成高能磷酸键——生成另一分子 ATP。

1. 起始时的磷酸化（preliminary phosphorylation）：糖酵解第一步是形成 6-磷酸葡萄糖，同时 ATP 分解形成能量较低的 ADP，细胞消耗 ATP 是为了在后来的反应中形成更多的 ATP。形成 1，6-二磷酸果糖需消耗另一分子的 ATP。
2. 分子裂解（splitting of the molecule）：二磷酸己糖（1，6-二磷酸果糖）裂解形成两个丙糖——磷酸甘油醛（PGAL）和磷酸二羟丙酮（DHAP）。DHAP 可转化成 PGAL，则后来的反应物是双倍的。
3. 氧化形成高能键（oxidation and formation of a high-energy phosphate bond）：PGAL 被氧化（无分子氧参与）成 1，3-二磷酸甘油酸，伴随着两个重要的变化：(1) 一对电子和氢离子传递给辅酶 NAD^+ 生成能量较高的 NADH；(2)从胞质中获取无机磷酸（Pi），形成第二个磷酸键，并在后来的反应中合成 ATP。
4. 分子重排形成高能磷酸键（molecular rearrangement to form a high-energy phosphate bond）：由于分子重排形成了另一分子的 ATP，终产物是丙酮酸。

在厌氧条件下，丙酮酸通常生成乙醇（大多数植物和细菌）或乳酸（动物和一些细菌）。（丙酮酸的还原很重要，生成的 NAD^+ 可使 PGAL 继续被转化为 1，3-二磷酸甘油酸，否则糖酵解将中断。）但我们通常是将丙酮酸的生成作为糖酵解的终止。

由于从一分子葡萄糖开始，经糖酵解中醛缩酶作用可产生两分子的丙糖，最终经转化可净得 2 分子的丙酮酸和 4 分子的 ATP，该过程中消耗 2 分子的 ATP，实际糖酵解可净得 2 分子的 ATP。但在某些情况下，己糖裂解生成的 DHAP 被用于合成脂肪而不转化成 PGAL 去合成 ATP，因此糖酵解途径能够净得的 ATP 并不是一个定值。

虽然在此途径中许多酶促步骤是可逆的，但有些关键步骤则是不可逆的，如从烯醇式丙酮酸到丙酮酸，因此细胞中以乳糖或其他氨基酸为原料合成葡萄糖时，这些不可逆的步骤需经其他的旁路绕过，这些反向的途径称异生糖途径（见题 5.28）。

需氧途径——Krebs 循环

数亿年前大气中出现了分子氧，使得能源分子进一步分解释放能量成为可能。在这些反应中，氧气是细胞氧化反应的最终电子受体。

Krebs 循环是一个重要的需氧途径，用于氧化分解糖酵解的产物。由于在此途径中的有机酸包含有三个羧基基团，又称三羧酸循环（TCA）。Krebs 循环发生于线粒体中，可概括如下（见图 5.2）：

1. 4-C 和 2-C 分子结合形成 6-C 分子。
2. 氧化 6-C 分子形成 5-C 分子。
3. 氧化 5-C 分子生成 4-C 分子。
4. 分子重排又形成起始的 4-C 分子。

在进入 Krebs 循环之前，丙酮酸脱去二氧化碳生成乙醛，乙醛又氧化成乙酸，经 NAD^+ 作用与辅酶 A（CoA）结合生成乙酰-CoA 和 NADH。乙酰-CoA 进入 Krebs 循环。

1. 生成 6-C 分子：乙酰-CoA 具有高反应活性，其中 2-C 的乙酰基团与一个 4-C 分子草酰乙酸结合生成 6-C 的化合物柠檬酸。
2. 氧化 6-C 分子：柠檬酸氧化脱二氧化碳生成 5-C 的 α-酮戊二酸。
3. 氧化 5-C 分子：α-酮戊二酸脱二氧化碳形成 4-C 的琥珀酸。

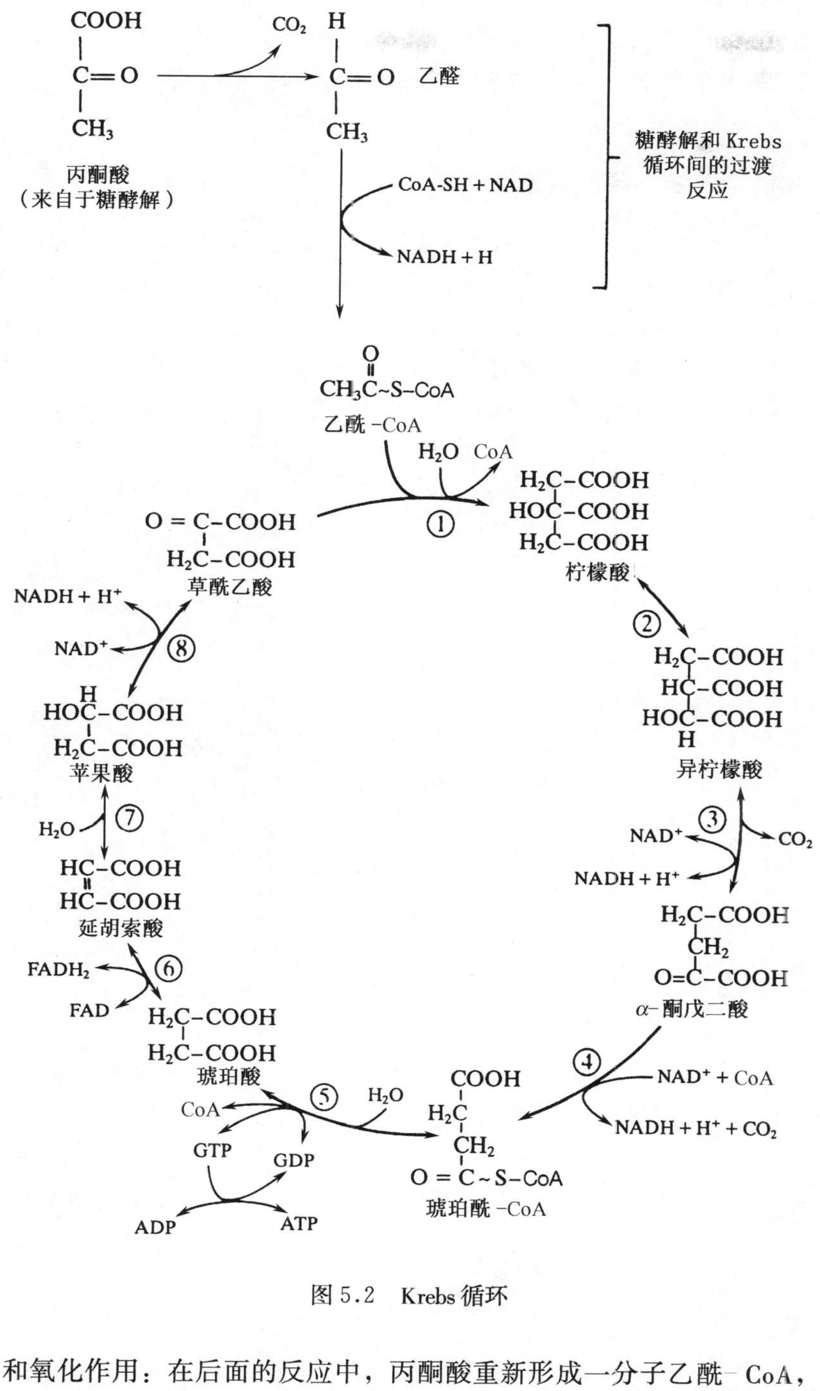

图 5.2　Krebs 循环

4．分子重排和氧化作用：在后面的反应中，丙酮酸重新形成一分子乙酰- CoA，与草酰乙酸作用使分子重新排列，开始另一次的循环。

每一分子丙酮酸掺入到循环中就会产生三个分子的二氧化碳，循环中还可产生还原态的辅酶，琥珀酰-CoA 转化生成 GTP，最终可形成 ATP。因此每分子的葡萄糖[1]经过糖酵解、三羧酸循环和电子传递链合计可净得 36 分子 ATP。在有些参考书中给出总共产生了 38 分子 ATP，是由于没有计算糖酵解中产生 NADH 消耗的 ATP，该反应发生在线粒体膜上（见题5.26）。

☞例 2

从图 5.1 和图 5.2 我们可以看到，Pi 参与了某些反应。Pi 在这些代谢途径中的重要性是什么？

1）此概念欠妥，应为 1 mol 葡萄糖为佳。——译者注

Pi在细胞中以离子的形式存在，表示无机磷酸盐。在反应中Pi的掺入构成了底物的磷酸化作用（substrate-level phosphorylation）。这个过程涉及到从无机磷酸盐直接生成ATP，而无机磷酸盐与糖酵解或krebs循环等几种反应相关，在磷酸烯醇式丙酮酸转化为丙酮酸过程中ATP的形成是一个例子。

有氧途径——电子传递链和氧化磷酸化作用

电子传递链（ETC）代表了线粒体上一系列的呼吸色素，其功能是作为电子从还原型的辅酶（NADH，$FADH_2$）到氧气的电子通道（“电子运输队”）（见图5.3）。与还原型的辅酶有联系的电子处于相对高能水平，然而它们与氧气结合后能量水平便显著降低，沿着ETC途径通过时导致了能量的释放。释放的能量被用于形成ATP：当$FADH_2$作为电子的供体时产生2个ATP分子，而具有更高能量的NADH作为电子供体时，将产生3个ATP。

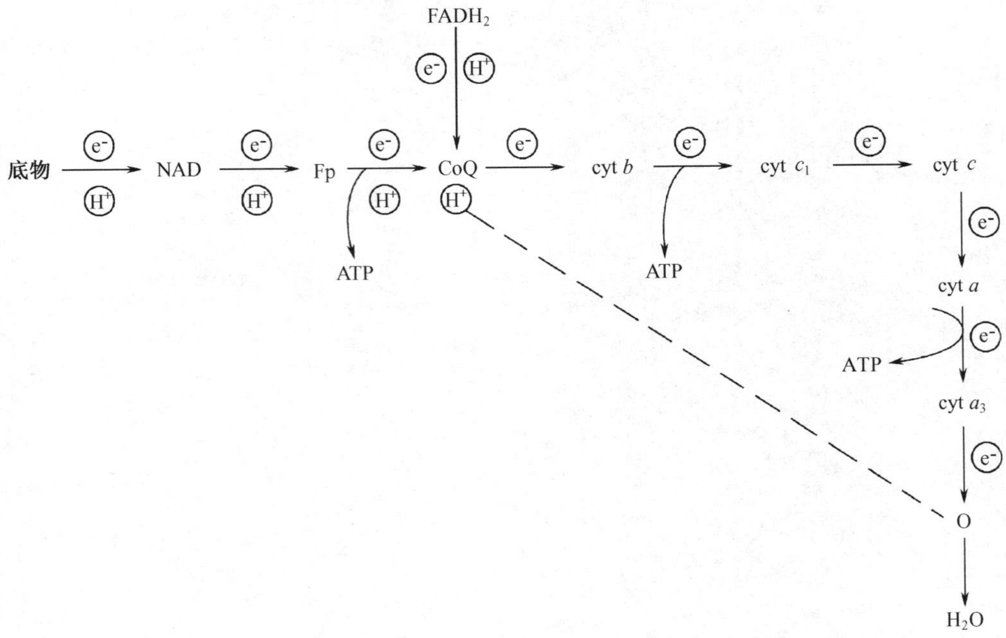

图5.3　电子传递链

电子传递可被视为Krebs循环中氧化反应向外的延伸，电子以及相伴随的质子在传递过程中逐级释放能量用于合成ATP。ETC上的细胞色素位于线粒体嵴上，这就确保了Krebs循环产生的还原型辅酶易于进入到ETC。

电子传递过程中发生的氧化-还原反应将氧化作用与磷酸化作用结合起来，称为氧化磷酸化（oxidative phosphorylation）。由于氧化磷酸化作用发生在线粒体，因此线粒体被称为“细胞的动力工厂”。ETC的色素在线粒体内膜上精确地以迂回的方式排列，使得这一动力工厂的效率非常高，每一个电子传递单元均可被视为一个独立的呼吸装置。参与Krebs循环的酶大部分是自由散布于线粒体的基质中。ETC的固定空间排列可形成一个氧化磷酸化的化学渗透假说中所讲的跨越线粒体内膜的“质子潜势”。

关于电子传递的能量如何形成ATP，目前主要有三种理论解释：

1. 化学模型（chemical model）：ADP磷酸化生成ATP是与酶促作用和电子载体的氧化作用相伴随的。
2. 化学渗透模型（chemiosmotic model）：电子在线粒体膜上经ETC传递时，会将质子泵出，形成质子梯度，当质子向原位置返回时释放出能量，被膜上结合的蛋白用于使ADP磷酸化生成ATP（见图5.4a）。

3. 构象模型（conformational model）：电子传递释放出的能量改变了定位于膜上的大分子的构象，大分子在回复其原有构象时释放出能量用于磷酸化作用（见图 5.4b）。

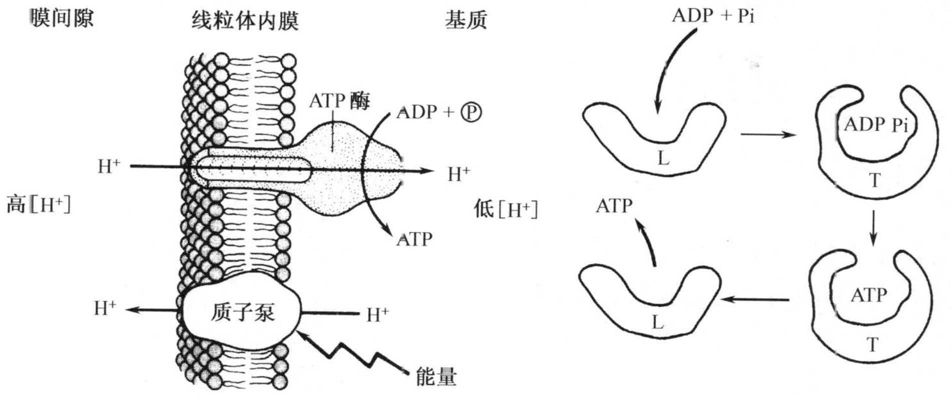

(a) 化学渗透模型　　(b) 构象模型

图 5.4

生物合成

上述降解途径也可参与细胞分子的合成作用，例如，糖酵解过程逆向反应可以由小分子生成葡萄糖，但在其中的不可逆步骤需其他的酶参与，以代谢物 6-磷酸葡萄糖为原料在糖原合成酶的作用下合成多糖。

中性脂肪的合成需要 α—磷酸甘油，可由糖酵解途径或甘油磷酸化提供。这样脂类中的脂肪酸可被酶解成 2-C 的片段（乙酰-CoA）进入 Krebs 循环中进一步降解，乙酰-CoA 还可在一组酶以及线粒体外其他辅助因子的作用下合成长链的脂肪酸，这种合成作用还需要大量的 NADPH。还原型的 NADPH 可由多种氧化反应提供，但主要是来自一种戊糖支路途径，该途径中直接氧化 6-磷酸葡萄糖，得到还原型的 NADPH[1)]，用于多种还原合成反应，如类固醇的合成、乳腺中乳汁的形成以及光合作用。由此可见，细胞中合成代谢和分解代谢有着密切的关系。

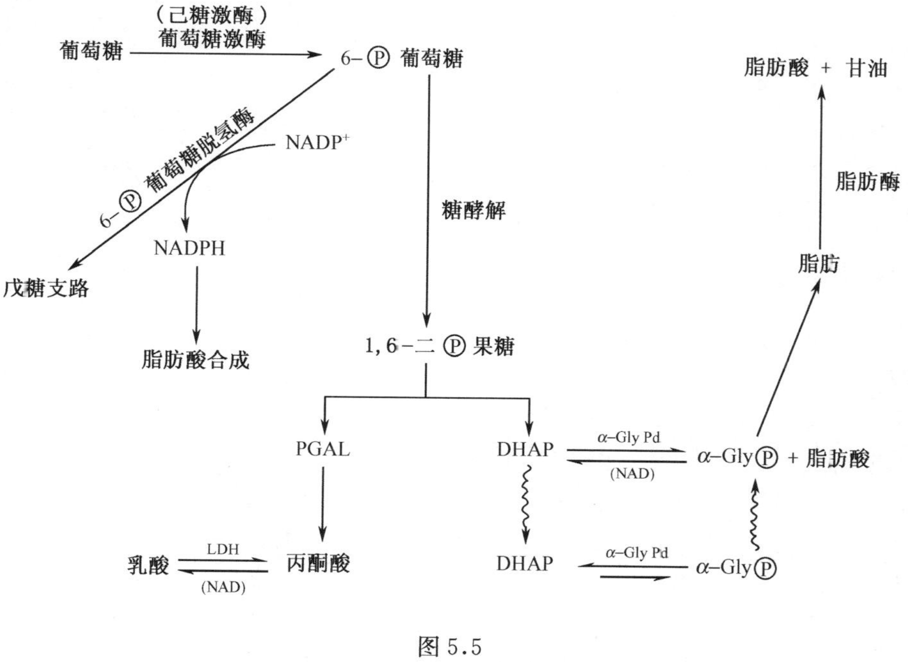

图 5.5

1）原文为 $NADP^+$，实际应为 NADPH。——译者注

氨基酸和蛋白质也参与到代谢产物中去。氨基可从碳骨架上脱去，再连上别的基团，通过这种代谢方式可以由丙氨酸或谷氨酸合成丙酮酸或酮戊二酸。

总体来说，重要的能源分子之间可相互转化，因此分子的去向并不只局限于同种类型分子的转化中，但要受到其他诸多因素的调控，如酶的激活、ATP 与 ADP 的比率、辅酶的供应以及该分子氧化型与还原型的比例等，见图 5.5。

5.4 生物能学

生物整个机体与环境相互作用的能量利用构成了生物能学的课题。生物能学是理解生物体存活并保持其动力学稳定状态，即称作内环境稳定（见第 15 章）的内部平衡的基础。然而生物能学还包含了一些更为实际的内容，如根据饲料支出和出售家畜所得利益的平衡来估算成本效益。用临床术语来讲，肥胖被视为是生物能源的浪费——摄入了大量的卡路里，但只消耗了少量用于做功。

生物体能源利用是通过我们曾讲到的细胞代谢途径来实现的。一般来说，代谢物的能量仅有 40%被贮存于 ATP 或其他类似的能源物质的高能键中，其余部分以热能释放。在标准饮食条件下，氧气摄入与热能释放保持恒定的关系。

恒温和变温

大多数动物是冷血的，被称为变温动物（poikilotherm），也就是说它们的体温是随周围环境温度变化而变化的。由于它们是外温动物[1]（ectotherm），就必须依赖于外部的热源来调节体内的温度。热主要来自太阳。虽然它们可以迁移到更适宜的环境中，但这并不能改变它们的依赖性。由于温度对代谢活动有重要的影响（环境温度每上升 10℃反应速率增加一倍），变温动物栖息地的环境严格限制了其觅食、求偶和各种活动：低温使它们反应迟钝，高温可加速反应，但这对生物体未必有利。

像鸟类和哺乳动物这样的生物是温血的，称恒温动物。它们不依赖于外界温度就可调节自身体温，维持全部的代谢活动。由于它们利用内部产生的体温维持全部代谢过程，因此这些生物被称为内温动物。内温性，包括利用代谢产生的热量、上皮组织修饰物毛发、羽毛的绝缘，而这些修饰物对于爬虫类是不利的。恒温动物可保持稳定的代谢活动，因此它们可以根据需要选择更广阔的生活环境。海洋和淡水中有更为恒定的温度环境，使人联想到直到鸟类和哺乳动物的祖先登上干燥的陆地之后，才适应了这样的恒温环境。恒温动物热量的主要来源是覆盖于整个机体上的大块肌肉，生物体总热量的 80%均是肌肉伸缩产生的，变温动物也能从肌肉伸缩中获取急需的热能。

体形大小和代谢速率

热能的产生和氧气的消耗量取决于动物个体的大小。以动物的每克体重来计算，较小的动物比较大的动物每克体重消耗更多的氧气，产生更多的热能（见图 5.6）。这种代谢速率和动物个体的反比关系不仅是对于动物而言，对于植物也普遍适用。

早期的研究者曾假设生物体代谢速率与其体表面积是成比例的，热能是通过表皮向环境散发的。由于生物随体形的增大其相对表面积减少，因此体形较小的动物必须以高的代谢率来补偿较大的热能损失。后来研究者们又提出了其他的影响因素，如体形较大的低代谢率生物将更大比例的能量用于维持生命活动。

☞例 3

将生物体的各组织取出，把其呼吸作用相累加与完整生物体总的呼吸作用是不相等的，

1）该概念在中文教科书中几乎见不到，一般称变温动物。——译者注

因为分离出的组织不能反映出它们在体内的代谢速率。然而有趣的是，体形较大动物的组织比较小动物的相应组织呼吸作用活性低。还有证据表明大动物组织中呼吸作用的酶活性较低。

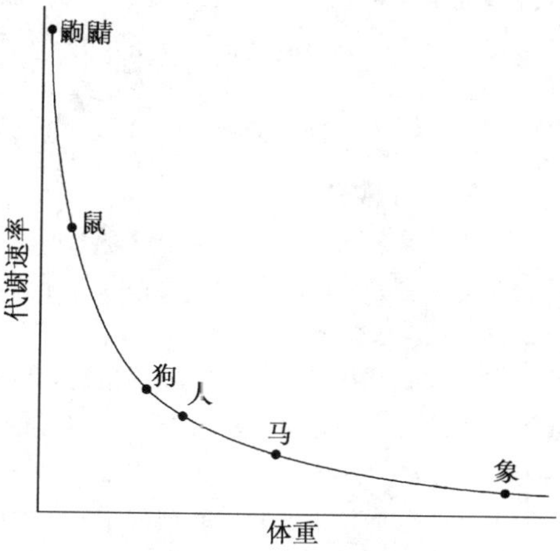

图 5.6

鼩鼱可能是最小的哺乳动物，它们的体形小但代谢强度很高。由于它们每天必须摄入几乎与其自身等重的食物，它们需要不停地觅食、进食。还有一些小的哺乳动物可通过冬眠（hibernation）来改变其代谢活动，冬眠时它们的代谢迟缓到接近死亡状态，这使得它们能够在一段时间内得以“喘息”，而不必总是维持高的代谢活动。

疑难问题解析

5.1 热力学定律同生命系统的性质有何关系？

在第3章中我们讲过，能量可被看作是做功的能力。生命系统是高度有组织的，这和高度的组织性趋向于分解到随机性，这与宇宙中的普遍趋于无序性是相一致的。生命系统只有通过不断捕获新的、有序状态的能量，并将这些能量用于构建自身高度的组织性，才能使趋向随机性的趋势得到抑制。心脏消耗的动力学能量必须由摄入有序的分子，如碳水化合物、蛋白和脂类来补充以维持生命。生命系统必须做功（消耗能量）以维持生命。

5.2 如果能量既不生成，也不会消散，为何我们还需要不断提供新的能量来维持生存？为什么我们不能简单地循环利用自身现有的能量？

热力学定律主要是应用于独立的系统，例如密闭的、不与外界相接触的体系。而如人类一样的生物体是开放的体系，与外界环境交换物质和能量，这样便不断造成消耗。事实上，即便我们从环境中孤立出来，我们依然会受限于热力学第二定律，也就是说，任何的能量转化均趋于产生更加无序的能量。这些无序的能量可被生物体以热能释放，在通常情况下不做有用功。

5.3 如果普遍存在的趋势是趋于无序性和随机性，该怎样解释生物体的生长、发育和复杂性的增加？

随机性的趋势是普遍存在的。对生物体来说，其某一部分有序性的增加伴随着另一部分有序性的减少。整个机体系统的随机性是增大的，但单独的某一部分有序性可能是增加的。用动力学观点来讲，吸热反应（新的有序产生）伴随放热反应（有序性降低）以完成合成作用。

5.4　生物体能量转化过程中 ATP 有何作用？

ATP 是生物界普遍存在的一种通用的能量，是能量交换的媒介，简化了细胞中复杂的能量循环。这样，各种能源物质通过不同机制所释放的能量均可由 ADP 前体合成 ATP。同样的，各种耗能的过程，如肌肉伸缩、主动运输等均可利用 ATP 为能量来源，将其又降解为 ADP。特殊情况下，一些相关的核苷酸（见第 7 章）可替代 ATP，如 CTP、GTP。这些核苷酸的能量贮存于其分子后面两个磷酸键中，高能磷酸键通常以（～）表示，如腺嘌呤-P～P～P。

5.5　什么是糖酵解，其对于细胞有何意义？

糖酵解从字面上来看是指葡萄糖的分裂、降解。它包含了一系列的九个相关反应，在这些反应中葡萄糖被逐步降解为两分子较简单的化合物丙酮酸。丙酮酸可继续在厌氧条件下转化成几种还原的形式，如乳酸或乙醇。丙酮酸的另一个去向是进入 Krebs 循环。

糖酵解途径的每一步反应均由特定的酶催化，这些酶彼此很接近，使得糖酵解成为一个整体的代谢流程，称为途径。糖酵解的所有酶均为可溶性蛋白，可分离并结晶，因此科学家们已获取了许多有关其结构和功能的知识。糖酵解发生于细胞质而非特殊的细胞器中，该途径可净得 2 分子 ATP，2 分子还原的 NADH，其最终也可形成 ATP。因此糖酵解途径可使起始的葡萄糖分子释放一部分能量。

5.6　既然糖酵解是葡萄糖部分降解的一种产能机制，为何在其开始阶段会有 2 分子 ATP 的消耗？

在第一步由葡萄糖生成 6-磷酸葡萄糖时要消耗 1 分子的 ATP，而后再由 6-磷酸果糖生成 1，6-二磷酸果糖时又消耗 1 分子 ATP。由于 ATP 是经转磷酸基团形成的，则这些磷酸化的步骤是很重要的。开始阶段消耗的 ATP 可看作是一种“投资”，在后来的反应中将得到更多的回报。1，6-二磷酸果糖裂解产生的三碳糖被氧化最终转化为丙酮酸，每一个三碳糖分子在后续的反应中均产生 2 分子的 ATP，补偿了开始的消耗。每分子葡萄糖可形成 2 分子三碳糖，相应的总共产生 4 分子 ATP，减去开始时消耗的 2 分子则整个途径净得 2 分子 ATP。

5.7　叙述糖酵解中葡萄糖的磷酸化。

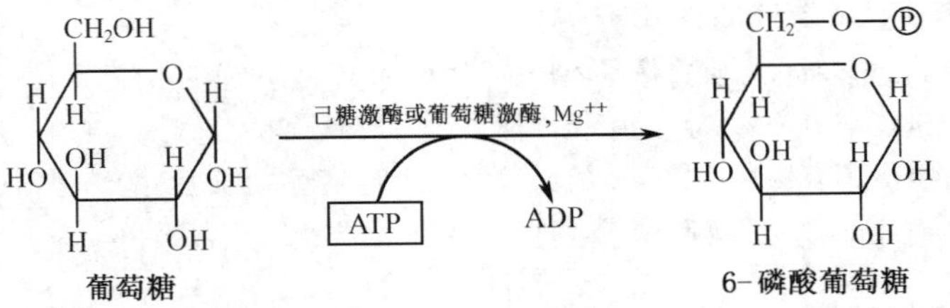

ATP 末端的磷酸基团转移到葡萄糖第六位的碳上，这是一个放能反应，释放出的能量用于形成连接磷酸基团和葡萄糖分子的化学键。连有磷酸基团的葡萄糖最终将磷酸基团转移到 ADP 上形成 ATP。磷酸化反应激活了葡萄糖分子，同时使细胞膜对磷酸化糖分子较游离糖分子的通透性下降，这样防止了磷酸化糖分子在被加工处理前移出细胞。

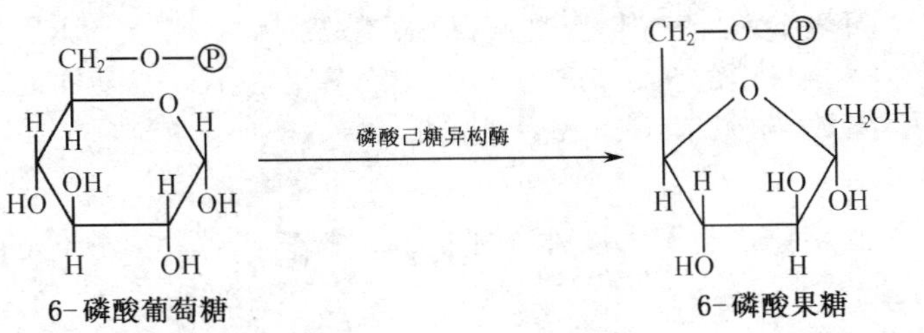

磷酸化反应使六元环的葡萄糖变构成五元环的果糖。需要指出的是，果糖是葡萄糖的一种异构体，两者的碳原子数目相同。异构体是指与原分子具有相同种类和数量的原子，但其排列不同。

葡萄糖磷酸化受己糖激酶或葡萄糖激酶的调控，二者的功能相似但底物的特异性不同。糖酵解的每步反应均受到特定酶的调控。

5.8　为何 6-磷酸果糖在接下来的步骤中被磷酸化？

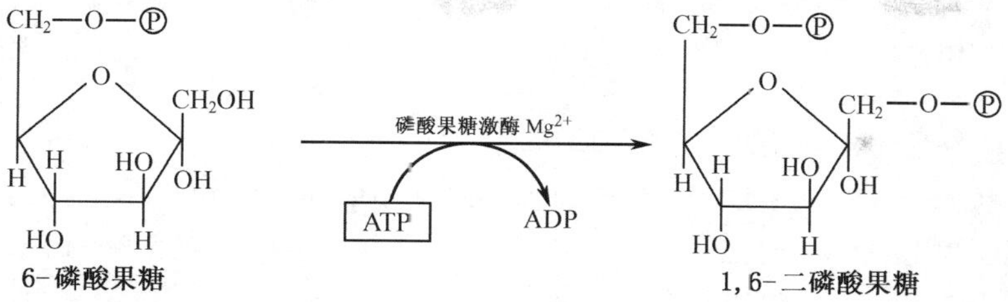

果糖经再次磷酸化获得了第二个磷酸基团，这使得其在分子裂解时可产生两分子磷酸化的丙糖。每分子丙糖均可在后面的步骤中产生 ATP。

5.9　6-磷酸果糖的磷酸化受何调控？

磷酸果糖激酶（phosphofructokinase）催化 6-磷酸果糖的磷酸化反应。该酶可与 ATP 变构互作，即在其非活性部位的另一个位点结合 ATP 而导致构象变化，也就改变了催化磷酸化反应的能力。ATP 通过与该酶结合诱导其发生构象变化而不能与 6-磷酸果糖结合，以此来抑制和影响磷酸化的作用。

5.10　ATP 与磷酸果糖激酶的变构互作是否很重要？

是的。这一互作可根据细胞对 ATP 的需求控制糖酵解中 ATP 的合成。如果细胞的 ATP 水平足以与该酶充分结合（这就阻碍了磷酸果糖激酶同 6-磷酸果糖的互作），糖酵解中止。细胞耗尽了 ATP 贮备后，ATP 从磷酸果糖激酶上释放下来，则酶回复到其活性构象，糖酵解可进行。

5.11　醛缩酶有何意义？

醛缩酶催化二磷酸果糖裂解为两分子三碳糖。

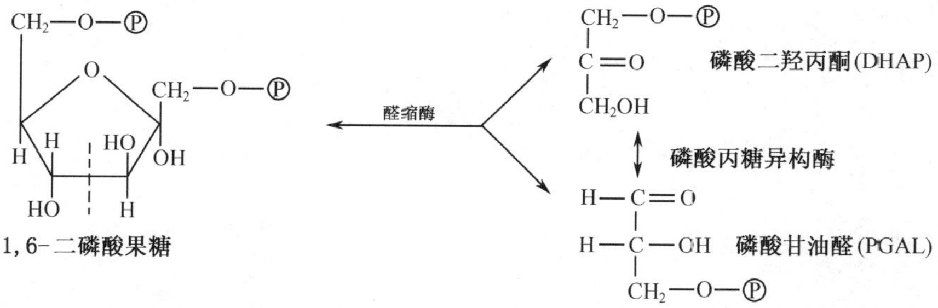

在后续的反应中，PGAL 可产生 2 分子的 ATP，而由于 DHAP 最终也转化成 PGAL，则所有后续反应中产物都是双倍的。

5.12　为何下一步 PGAL 的氧化具有重要意义？

这一氧化-还原是第一步使细胞净得能量的反应，形成了一个高能磷酸键，并伴随氧化反应生成了 1 分子的 NADH。

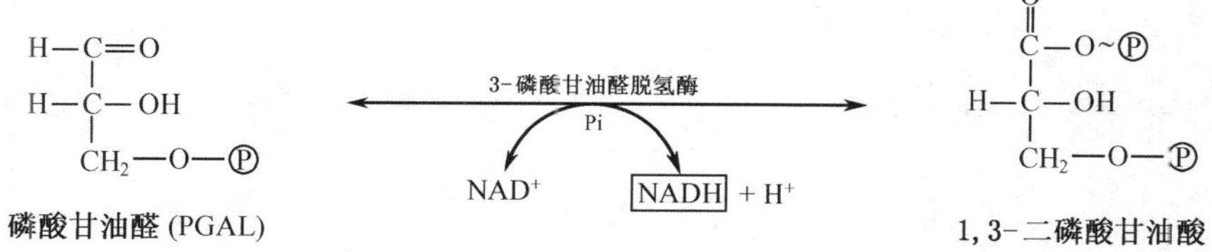

5.13　在糖酵解途径这种厌氧的条件下，其中关键的一步磷酸甘油醛（PGAL）的氧化是怎样进行的？

氧化作用可定义为失去电子或氢。虽然氧气是一种最为普遍的氧化剂，但决不是惟一的一种，氧化作用的发生也可以不必有氧气参与。在糖酵解的关键一步反应中，磷酸甘油醛被氧化成 1，3-二磷酸甘油酸，辅酶 NAD^+ 接受了电子和氢离子还原为 NADH，使得醛分子被氧化。由于这一反应中释放了大量的自由能，使得从周围胞质中捕获的高能磷酸（～P）可与甘油酸末端相连，形成一个高能磷酸键。此高能磷酸键在后续反应中将被用于产生 ATP。

5.14 NADH 有何用途？

NADH 经电子传递链可进一步用于产生 ATP，每个 NADH 可产生约 3 分子的 ATP。在无氧情况下，NADH 用于形成乙醇（细菌）或乳酸（动物），而形成的 NAD^+ 可在糖酵解中循环利用。

5.15 1，3-二磷酸甘油酸的反应？

1，3-二磷酸甘油酸将其高能磷酸键转移给 ADP 形成 ATP。

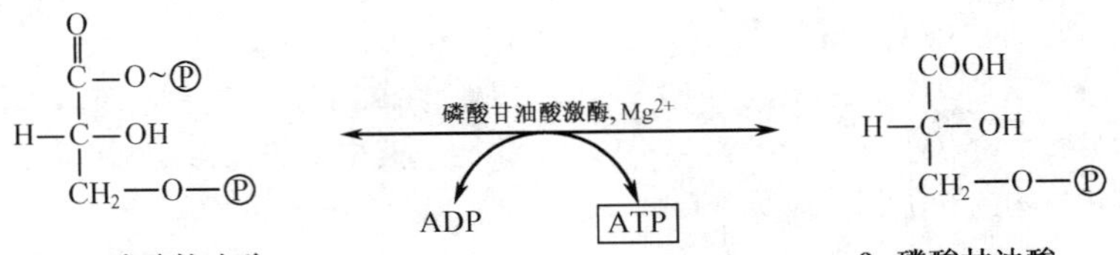

1,3-二磷酸甘油酸　　　　3-磷酸甘油酸

5.16 上述反应是吸能反应还是放能反应？

高能键从 1，3-二磷酸甘油酸转到 ADP 的过程中释放出大部分的能量，ΔG 为负，因此是放能反应。释放出的一部分能量贮存在 ATP 的化学键中。

5.17 下一步反应分子重排生成 3-磷酸甘油酸有何作用？

这样的分子重排形成了另一个高能磷酸键，又可产生一分子的 ATP。分子重排的第二步是将磷酸基团转到二位的碳上。

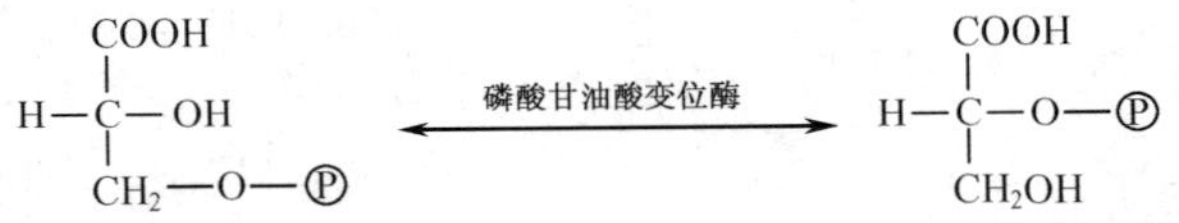

3-磷酸甘油酸　　　　2-磷酸甘油酸

在移去水分子的过程中能量集中于磷酸键上：

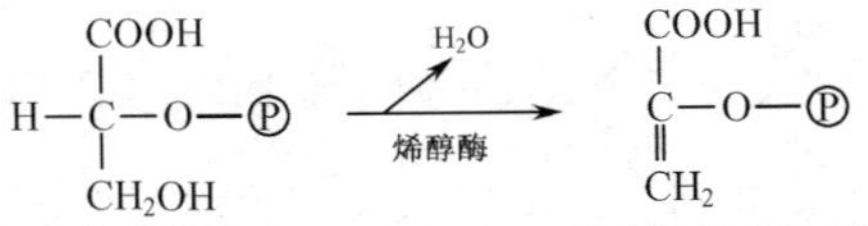

2-磷酸甘油酸　　　　磷酸烯醇式丙酮酸

而后高能的磷酸基团转移到 ADP 形成另一分子 ATP。

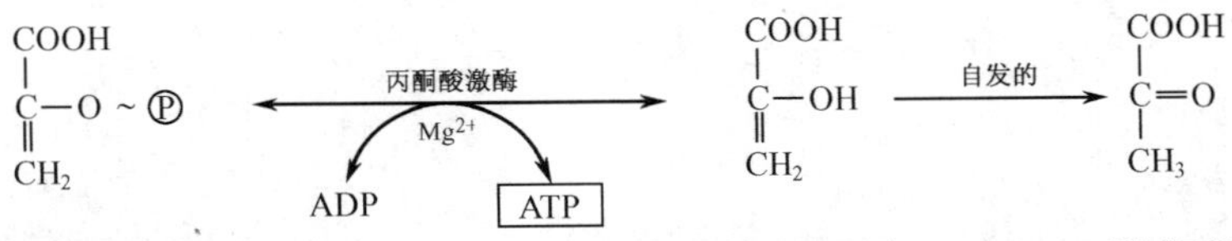

磷酸烯醇式丙酮酸　　　　烯醇式丙酮酸　　　　酮式丙酮酸

5.18 用图来简示糖酵解反应。

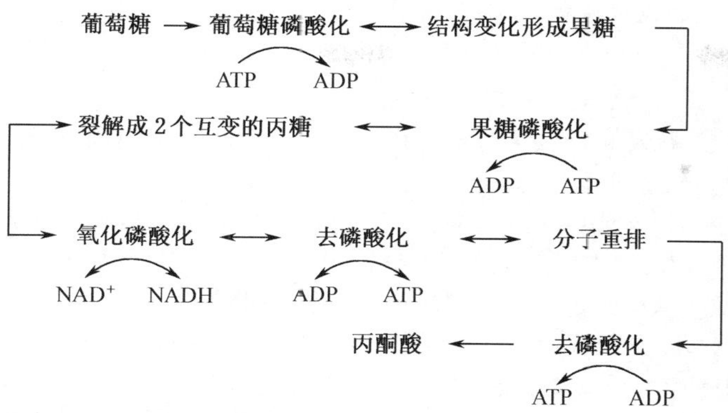

5.19 细胞中控制糖酵解速率的可能机制是什么?

有多个因素控制着糖酵解的速率和该途径中的多步可逆反应。就像在第2章中讲到的，底物浓度的增加、反应物浓度的减少均可促进酶促反应，如反应 A→B，A 的增加或 B 的减少都可推进反应，A 的减少或 B 的增加会对反应有抑制作用。

由于糖酵解中氧化 PGAL 成1，3-二磷酸甘油酸的一步需要 NAD^+，那么该氧化状态辅酶的可利用率也是一种调控因子。相似的，细胞质内无机磷酸的含量也是一种限制因子，虽然其限制作用很小。糖酵解以及许多其他代谢途径中最重要的调控机制可能就是该体系中各种可变构的酶类。这类酶的三维结构既有与底物结合的活性位点，还有一个变构区域可与反应效应物结合。效应物可改变整个酶分子的构象，并以此来改变其催化活性。如在5.9题中提到糖酵解中一种可变构的酶是磷酸果糖激酶（PFK），该酶催化6-磷酸果糖生成1，6-二磷酸果糖，ATP 趋向于结合到该酶的变构部位而抑制其活性。因此，在细胞中有足够的 ATP 时，就会使磷酸果糖激酶受抑制而关闭糖酵解途径，直到有新的能量需要才可解除抑制作用。

5.20 在无氧条件下，糖酵解作用的终产物（丙酮酸）可形成乳酸或乙醇，这一步有何必要性?

糖酵解往往以形成丙酮酸作为终产物。在该途径中有一步氧化作用使 PGAL 转化为1，3-二磷酸甘油酸，同时 NAD^+ 还原为 NADH。如果糖酵解继续的话，NAD^+ 将通过氧化 NADH 而得以恢复。无氧条件下，动物体内将 NADH 的电子和氢离子卸到丙酮酸上形成乳酸，这样使 NAD^+ 得以再生（见图5.1)。许多生物体内负责这一反应的是乳酸脱氢酶。对于细菌而言，首先是丙酮酸以放出二氧化碳的形式脱去一个碳原子，而余下的二碳化合物被还原为乙醇，同时伴随着 NAD^+ 的再生。有些昆虫可通过裂解1，6-二磷酸果糖生成磷酸二羟丙酮，磷酸二羟丙酮接受 NADH 的电子和氢离子生成一种还原产物 α-磷酸甘油，可作为合成中性脂肪的底物。有多种机制可使 NADH 再被氧化，并伴随着形成特征性的还原产物。

5.21 三羧酸循环有何意义?

三羧酸循环是一个代谢工厂，使糖酵解得到的丙酮酸被有氧氧化降解成二氧化碳和水，并伴随生成大量 ATP。与糖酵解一样，三羧酸循环也是一种代谢途径，是多种酶促步骤综合成的一个整体。参与三羧酸循环的酶存在于线粒体中，多数散布于基质中，有一些则附着于线粒体内膜上。糖酵解在无氧时进行，可被视为厌氧的、碳水化合物降解的初级阶段；三羧酸循环可作为有氧的、降解的最终完成。

5.22 丙酮酸直接进入三羧酸循环吗?

不是的。丙酮酸首先经线粒体中的一个多酶复合体作用，氧化脱羧生成乙酸，乙酸再与一分子辅酶 A 结合生成高反应活性的乙酰-CoA，而进入三羧酸循环。乙酰-CoA 的形成同时产生1分子 NADH。乙酰-CoA 随后与草酰乙酸结合生成柠檬酸。Hans Krebs 先生在早期试验中认识到柠檬酸是最初的产物，因此该途径也通常被称为柠檬酸循环。

5.23 为何 Krebs 途径被称为一个循环?

由于在线粒体“工厂”中首先是乙酰-CoA 与草酰乙酸结合生成柠檬酸，而在该途径的最后又形成了另一分子的草酰乙酸，这可被看作返回到起始点，成为一个典型的循环形式。随后一分子新的乙酰-CoA 与草酰乙酸结合起始另一次的循环。三羧酸循环的特征就是糖酵解的产物首先通过与其主途径紧密相关的辅助途径被改变，随后经主途径降解为低能产物。

5.24 三羧酸循环与电子传递链的相互关系？

三羧酸循环中氧化作用发生于特定的反应步骤，每一步氧化反应中起催化作用的酶均伴随着一个辅酶，通常是 NAD^+ 或 FAD^+。辅酶实质上是作为代谢中特异性底物脱下的电子和氢离子的受体，连接三羧酸循环和电子传递链。三羧酸循环的作用是使不断生成的丙酮酸不断氧化，将其每一个碳原子氧化至低能水平，而结合电子和氢离子的辅酶（NADH 和 $FADH_2$）仍处于高能状态，这部分能量经由电子传递链释放。电子传递链就是可负载电子和氢离子使其降至低能水平的一系列色素分子。完整的链是从 NADH 开始的，结果可生成 3 分子 ATP。如果是从 $FADH_2$ 进入链中，并非从头开始，释放的能量仅产生 2 分子的 ATP。由于 ATP 是通过电子传递链上的色素不断脱去电子产生的，整个过程称为氧化磷酸化。电子传递链的各组分位于线粒体内膜的嵴上，与三羧酸循环的酶相接近，这样的排列可使电子传递链具有最大的效率。

5.25 电子传递链氧化作用伴随着 ATP 的形成，其实质机制是什么？

这一问题是一个经过相当多研究和被广泛思考的课题。较早的观点认为电子传递链上有特殊的磷酸化酶，该酶集中存在于线粒体内膜上小颗粒的顶端。目前更为普遍接受的观点是，电子经电子传递链传递过程中（见图 5.4），氢离子被泵出线粒体内膜，这种氢离子或质子的不平衡就形成了能化的状态，电子运动以达到平衡状态释放出贮存的能量，膜上的酶利用该能量合成 ATP。这种观点称为化学渗透模型。还有一种观点认为电子沿链运动过程中引起膜蛋白的三维结构的改变，蛋白回复其原初的构象，就如同一个被挤压的橡皮球要回复其原本的球形，释放出能量合成 ATP。

5.26 完全氧化一分子葡萄糖总共产生多少 ATP？

虽然对于 ATP 的总量有不同的观点，但生化学家们一致认为总共产生了 36 分子的 ATP。糖酵解可形成 4 个 ATP，但在早期磷酸化步骤中消耗了 2 个 ATP，所以净得 2 个 ATP。形成 1，3－二磷酸甘油酸时形成的还原的 NADH 可产生 3 个 ATP，一分子葡萄糖可形成 2 分子 1，3－二磷酸甘油酸，则总共是 6 个 ATP。然而使 NADH 进入线粒体以掺入电子传递链时，运输每分子 NADH 均需消耗 1 分子 ATP，因此糖酵解在有氧条件下净得 6 分子 ATP［（4－2）＋（6－2）］。丙酮酸在线粒体中氧化脱羧生成 1 分子 NADH，这样又形成 6 分子 ATP（每分子葡萄糖可生成 2 分子的丙酮酸）。由于每次三羧酸循环可产生 12 分子 ATP，那么从葡萄糖开始则产生 24 个 ATP，最终总共的 ATP 为 36（6＋6＋24）分子。因此通过有氧的机制降解碳水化合物，如葡萄糖，使能量产生提高到原来无氧时的 18 倍。而有些细菌虽然一直局限于那种效率较低的无氧机制，它们至今依然存活着。人体肌肉运动需要大量的能量，有时血液不能带有足够的氧气以满足糖酵解后有氧途径的需要，在这种情况下，由于氧气缺乏而积累了乳酸。

5.27 碳水化合物如葡萄糖是细胞内惟一的能量来源吗？

不是的。除糖类外，细胞还可利用脂肪和蛋白质。蛋白质作为能源物质被降解为氨基酸，氨基酸经脱氨基作用脱去氨基。脱氨基作用可通过氧化的方式，也可将氨基转到酮酸上。脱氨基后的产物可进入碳水化合物的代谢循环。丙氨酸氧化脱氨生成丙酮酸可成为三羧酸循环的代谢物：

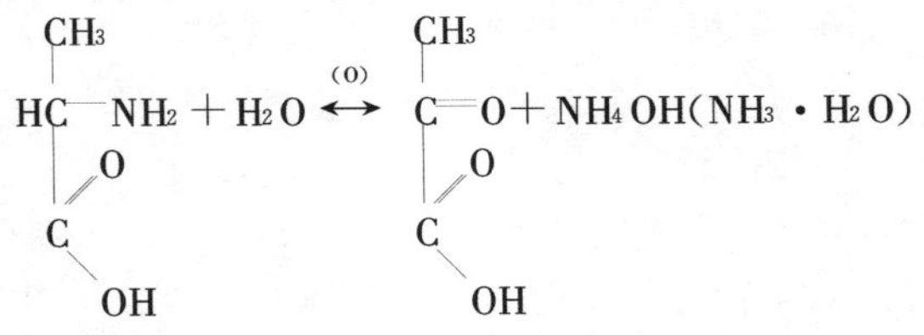

丙氨酸　　　　丙酮酸

脱下的氨可释放出去，也可同二氧化碳结合生成脲。

与丙氨酸类似，五碳的谷氨酸可转化为 α-酮戊二酸——三羧酸循环的中间物。多糖可水解为单糖。脂肪也一样，脂肪酸可从甘油骨架的醇羟基上脱离下来。脂肪酸经过 β-氧化过程，从脂肪酸链上不断脱下二碳单位并与辅酶 A 相连生成乙酰-CoA，可进行三羧酸循环。脂肪分解较糖酵解可产生更大量的乙酰-CoA，因此脂肪是比碳水化合物更为丰富的能量来源。

5.28 糖酵解或三羧酸循环可逆向以其代谢物合成葡萄糖吗？

一般从理论上讲是可以的，但实际上糖酵解和三羧酸循环中都有多步反应几乎是不可逆的，因此跨过这些步骤对于合成（anabolism）葡萄糖是十分必要的。例如合成代谢将 6-磷酸葡萄糖转化为游离的葡萄糖就是不可逆的。我们都还记得糖酵解的第一步就是消耗 1 分子 ATP 使葡萄糖磷酸化生成 6-磷酸葡萄糖，催化反应的酶是己糖激酶或葡萄糖激酶。这一步很难被逆转，需要 6-磷酸葡萄糖磷酸酶将磷酸基团脱掉以产生游离的葡萄糖。这个酶和逆向反应是后续步骤中酶形成生糖途径的一部分。生糖途径的酶可被可的松或其他肾上腺皮质激素刺激，从某种程度来说情感状态可激活肾上腺，因此在生气或害怕的时候血液中的糖浓度会升高。生糖途径通常发生于肝脏和肾脏。

5.29 细胞中蛋白质和脂肪是如何合成的？

合成蛋白所需的氨基酸可通过糖酵解途径、三羧酸循环或其他途径中的代谢物加氨基产生，氨基酸在酶的作用下合成肽链，再形成蛋白质。

脂肪的合成经过两步。关键性的第一步为成脂反应，即合成长链脂肪酸。这一步反应发生在线粒体外，需要一个多酶复合体的参与。在多种合成中具有活性的还原型辅酶 NADPH 对于产生高度还原性的脂肪酸具有重要意义。第二步反应是使脂肪酸与被激活的甘油相连形成甘油三脂，称酯化作用。碳水化合物的代谢产物对于促进合成的两步反应均具有重要意义，因此一些生化学家称脂肪是从碳水化合物的框架中制造出来的。糖尿病的成因是由于胰岛素供应不足，而胰岛素是碳水化合物代谢的重要调节物。深度糖尿病人不能将糖类转化成脂肪，也不能有效地降解和氧化脂肪。糖尿病致死的原因往往是由于酮体的积累，即那些未被完全氧化的脂肪代谢物，它们显著地提高了血液和体液的酸度。虽然众多代谢途径均是彼此相互联系的，但碳水化合物和脂肪间的相互转化是很重要的。

5.30 温血对于鸟类和哺乳动物有何益处？

代谢活动和其他一般性的运动均是生物体的温度功能。冷血动物的生命状态受环境温度的限制，在天气很冷时它们的生命活动明显迟钝，而温度升高时它们的活性增大了。相反的，温血的鸟类和哺乳动物可保持其自身的体温，保热和散热都相对更依赖于其自身进化来的机制。细胞的呼吸作用（包括糖酵解、三羧酸循环和电子传递链）40%是有效的，那些不能有效的以 ATP 形式贮存的能量（60%）作为热能释放，使温血动物保持其体温。因此鸟类和哺乳动物的代谢活动不会因温度变化而剧烈起伏。由于温血动物的体温保持在较高的温度（37～40℃），它们的代谢活性很高，可进行强度更高的活动，还可自由地选择栖息地。温血状态为它们同其他动物的争斗提供了一个有竞争性的优势。

5.31 为何小的哺乳动物较大型哺乳动物具有更高的活性？

几乎所有的生物体其比代谢率（specific metabolic rate）与体形大小都有成反比的趋势。比代谢率是指单位生命物质的代谢活性。对于小的哺乳动物尤其如此，它们的心率、耗氧量、呼吸率等均是很高的。实际上由于如果生物体的体形太小，它们难以为高强度的代谢活动提供足够的食物和氧气，而这一点对于哺乳动物的制约是较少的。鼩鼱（3.5～5 厘米）为了生存在 24 h 内需要吃下与其身体等重的食物。

体形和代谢率的反比关系是基于物体体积或重量的增加大于其表面积的增加。例如用我们学过的几何学来讲，球的体积与其半径的立方成正比，而其表面积与半径的平方成正比。因此体形小的动物具有相对大的表面积，这样由于生物体要通过体表散热和与环境进行重要的交换，很明显较小的动物比较大的动物需要做更多的功来保持体温和其他身体机能的平衡。多年以前，Rubner 提出表面定律解释这一因体形而造成的差异。目前我们已认识到情况还并非那么简单，比代谢率并不仅基于表面积-体积的比例关系，事实上较大的生物代谢强度较低还由于其自身的组织活性较低。

5.32 不同体形的哺乳动物代谢活性的差异是由于细胞水平的调控还是生物体水平的总体调控？

有证据表明，较小动物活性组织的细胞中其三羧酸循环的酶和电子传递链的色素活性水平较高。研究者指出，小动物肝细胞中线粒体的数目很多，肝脏的耗氧量很大。然而完整生物体的总耗氧量并不等于摘除下来的各个结构耗氧量的简单加和，因此对于组织的研究意义尚不明确。由于具有特征性代谢装置的组织对于特定激素的刺激，可产生差异很大的反应，诸如激素和神经刺激的因子对于调节具有重要意义。细胞代谢的特征局限于代谢反应中，而中心的调控加强了特定的活性水平。

附 加 题

5.33 在生物界流通的能量来源是什么？

(a) 光合作用 (b) 化学键 (c) 绿色植物 (d) 太阳

5.34 18 世纪哪位科学家推翻了燃素理论，并认识到化学氧化即燃烧与动物的呼吸作用有相似的本质？

(a) Joseph Priestley (b) Antoine Lavoisier (c) Jean Baptiste (d) Gregor Mendel

5.35 放能反应是

(a) 自然发生的有能量释放的反应 (b) 需要能量输入的爬坡反应 (c) 氧化反应 (d) 厌氧反应

5.36 葡萄糖燃烧时体系中是什么发生了改变？

(a) 热量 (b) 自由能

5.37 为何葡萄糖燃烧自由能变化大于热能变化？

(a) 总自由能变化中减去了散失的热能。

(b) 绝大多数葡萄糖燃烧反应是可逆的，因此是自然发生的放能反应。

(c) 熵值的增加大于体系的热能散失。

(d) 葡萄糖酶解过程中体系的自由能增大。

5.38 绿色植物怎样贮存捕获的太阳辐射的能量？

5.39 细胞完全降解葡萄糖的平衡等式是什么？

5.40 葡萄糖经己糖激酶或葡萄糖激酶的作用进入糖酵解产生什么化合物？

5.41 在糖酵解的氧化步骤中什么物质接受了电子和氢离子？

5.42 糖酵解中 1，6-二磷酸果糖分解产生哪两种丙糖？

5.43 糖原可不需消耗 ATP 成为葡萄糖磷酸酯而进入糖酵解，那么以糖原为糖酵解的底物可净得多少 ATP？

5.44 糖酵解只能由葡萄糖分子产生一小部分的能量，那么其作用是什么？

(a) 无氧气利用时可进行

(b) 由于是循环作用需要少量的底物

(c) 不需消耗 ATP

(d) 完全由自然发生的反应组成

5.45 戊糖支路或葡萄糖直接氧化降解途径为其代谢提供另外的选择途径，在脂肪大量合成的组织中其有何作用？

(a) 无氧时进行 (b) 提供合成必需的 NADPH (c) 快速 (d) 使糖酵解的 NAD^+ 再循环

5.46 哪种代谢途径中含有含铁离子的细胞色素？

(a) 糖酵解 (b) 三羧酸循环 (c) 生糖途径 (d) 电子传递链

5.47 电子传递链的哪种组分是脂溶的？

(a) 辅酶 Q (b) 黄素蛋白 (c) 细胞色素 a (d) $FADH_2$

5.48 细胞可以利用相对少量的 ATP、NAD^+、辅酶 A 不断进行高强度的代谢活动是由于

(a) 进行需要这些化合物的支路反应 (b) 快速循环这些化合物

(c) 无这些化合物导致氧亏缺 (d) 利用底物分子替代这些化合物

5.49 小的恒温动物进行冬眠有何益处？

(a) 减少因季节改变的需要 (b) 通过细胞再生提高生存能力

(c) 降低食肉动物形成的危险 (d) 减少食物需要

5.50 Q_{10}是特定温度及低于该温度 10℃时生物活性的比值。如果一种哺乳动物的代谢率 0℃为 X，当 Q_{10}为 2 时其 20℃时的代谢率为多少？

答 案

5.33 (d)

5.34 (b)

5.35 (a)

5.36 (a) $\Delta H = -673$ cal/mol

(b) $\Delta G = -686$ cal/mol

5.37 (c)

5.38 化学键

5.39 $C_6H_{12}O_6 + 6O_2 \rightarrow 6CO_2 + 6H_2O$＋能量

5.40 6-磷酸葡萄糖

5.41 NAD^+

5.42 磷酸甘油醛和磷酸二羟丙酮

5.43 3个ATP

5.44 (a)

5.45 (b)

5.46 (d)

5.47 (a)

5.48 (b)

5.49 (d)

5.50 Q_{10}为2说明温度提高10℃代谢率提高一倍。因此10℃时代谢率为2X，20℃时为2（2X），即4X。

第6章 光合作用

6.1 总　论

光合作用（photosynthesis）是绿色植物和其他自养型生物利用光能由简单化合物合成高能复杂分子的过程。在这一过程中，特殊的色素分子捕获光子，从而使自身的电子被所吸收的光子激活。最终，被激活的电子向细胞中释放出能量，并返回到未受激发的状态。细胞利用这部分能量将二氧化碳还原为碳水化合物。

光合作用是生物界一个重要的吸能反应，由低能分子二氧化碳和水相互作用生成高能碳水化合物，并最终可形成脂类和蛋白质。光合作用进行的反应实质上可作为细胞呼吸这一放能过程的逆反应。

例 1

在呼吸作用中，葡萄糖（$C_6H_{12}O_6$）被氧化成 CO_2 和水，释放出的能量以 ATP 贮存。绝大部分 ATP 通过线粒体中进行的呼吸作用产生。在光合作用中，叶绿体中的特殊色素吸收太阳光能，能量首先被用于合成 ATP，后生成糖分子。在此过程中有氧气释放。

用于光合作用的光的波长仅为电磁辐射全光谱中的一小部分。在高等植物中，紫光、蓝光和红光对于激发光合作用最为有效。这些颜色的可见光谱波长范围在 380 nm～750 nm。光能够发射出电子的能力并非取决于光束的亮度（强度），而是与其波长有关。照射到植物上的光实际上只有一小部分被植物吸收，大部分的光透过植物，或是被植物表面反射。

光合作用的过程包括了一系列复杂的代谢途径，可概括如下：光反应产生 NADPH 和 ATP；在暗反应中 NADPH 和 ATP 被用于还原二氧化碳生成碳水化合物。光反应中只有一步或两步依赖于光。表 6.1 列出了在探索光合作用的过程中的若干重大发现。

表 6.1　光合作用的理论进展

事　件	日期
Joseph Priestley 证明了绿色植物释放氧气	1771 年
Jan Ingenhousz 证实光合作用产生氧气需要阳光，且仅发生在植物的绿色部分	1779 年
Nicholas Theodore de Saussure 证明水是植物合成糖所必需的	1804 年
James Clerk Maxwell 发展了光的波长模型，引导人们认识到光是光合作用的能量来源	1864 年
F.F. Blackman 阐明光合作用包含一个依赖于光、不依赖温度的过程和一个不依赖于光、依赖于温度的过程	1905 年
C. B. van Niel 提出光合作用中释放的氧气来源于水，而非二氧化碳	1930s
Melvin Calvin 及其同行利用 ^{14}C 追踪从二氧化碳到碳水化合物的转化	1940s

6.2 光反应

在光合作用的光反应中（见图 6.1），适当波长的一个光子被光系统（photosystem）Ⅰ的各种色素分子（叶绿素 a 和 b、类胡萝卜素）吸收，其能量在反应位点被转移到特殊的叶绿素 a 分子，使得叶绿素 a 分子的一个电子被提升到高能的状态，并与受体分子相结合，沿自由能梯度传递，最后回到起始点。在这一过程中，产生少量 ATP。如同在线粒体中，化学渗透假说认为 ATP 的产生是通过形成一个氢离子梯度。由于 ATP 的产生同光吸收相关，这个反应叫做光合磷酸化（photophosphorylation）。叶绿素中被激发的电子传递的途径形成环状，因此这一特殊的反应途径被称为环式光合磷酸化（cyclic photophosphorylation）。

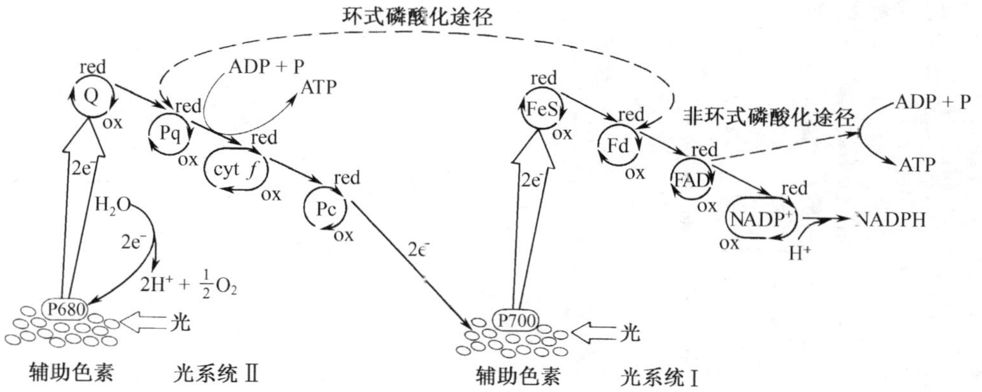

图 6.1 光反应概况

在对光合作用的研究中又发现，光系统Ⅰ吸收光能所产生的被激发的电子可以走第二条途径。这些电子同受体结合，但并不被传递返回起始点，它们沿一条链传递到辅酶 $NADP^+$，形成 NADPH。与第一条途径相同，在电子传递到 $NADP^+$ 的过程中也是沿着能量梯度进行的，并产生 ATP。ATP 和 NADPH 均被用于在暗反应中还原 CO_2 生成碳水化合物。

由叶绿素释放并为 $NADP^+$ 所吸收的电子，最终可经由第二个光反应的介入得以返还，在该反应中包含了同第一个光反应中不同的色素系统。在第二个光反应中，光系统Ⅱ的叶绿素分子吸收光能并将被激发的电子传递到一受体。该受体可使得电子沿能量梯度传递到光系统Ⅰ，这样便补偿了光系统Ⅰ中的电子消耗，但在光系统Ⅱ中造成了电子消耗。这一消耗可通过水吸收光子的能量裂解产生电子得到补偿，水裂解同时还生成 H^+ 和氧气。光系统Ⅱ的叶绿素接受了电子并将其以初始的能量状态贮存。H^+ 同电子一起传递到 $NADP^+$，后在暗反应中作用于还原 CO_2。在整个途径中，电子从水传递到光系统Ⅱ，再到光系统Ⅰ，后又到 $NADP^+$，被称为非环式光合磷酸化（noncyclic photophosphorylation）。

光合作用还存在许多变化的形式。最早的自养型生物很可能并不具有合成暗反应，它们仅能够通过色素分子吸收光能，并使色素分子的电子成激发态，然后间接地将能量传递到胞内其他途径中。同样的，某些细菌可用 H_2S 替代 H_2O 作为电子和 H^+ 的来源，释放 S_2 而非 O_2。

6.3 暗反应（Calvin-Benson 循环）

暗反应是二氧化碳还原成糖的途径，参与反应的组分位于叶绿体的基质中。反应并非需要暗环境，只是不需要依赖于光。由于二氧化碳是低能化合物，将其转化为高能的碳水化合物就需要跨越很大的能量阶梯，这其中包括了一系列复杂的步骤和几次能量供应（见图 6.2）。

反应的起始是 CO_2 与五碳化合物二磷酸核酮糖（ribulose biphosphate，RuBP）结合，生成的六碳化合物被分解成两个分子的三碳的磷酸甘油酸（PGA），有关磷酸甘油酸我们在第 5 章糖酵解中曾提及。PGA 被还原为高能的磷酸甘油醛（PGAL），其实质是糖分子，这是光合作用所得到的第一个稳定的产物。

☞例 2

在糖酵解中，一个关键的步骤就是以 NAD^+ 为电子受体氧化 PGAL 为 PGA。在光合作用中，以 NADPH 为电子供体将 PGA 还原为 PGAL，实质上是糖酵解中碳水化合物降解反应的逆反应。在许多还原的合成作用中，NADPH 均被用做辅酶，但在放能的降解反应中，通常以 NAD^+ 为有活性的辅酶。PGAL 和 PGA 的比率可用做检测细胞中合成和分解反应平衡情况的重要方法。

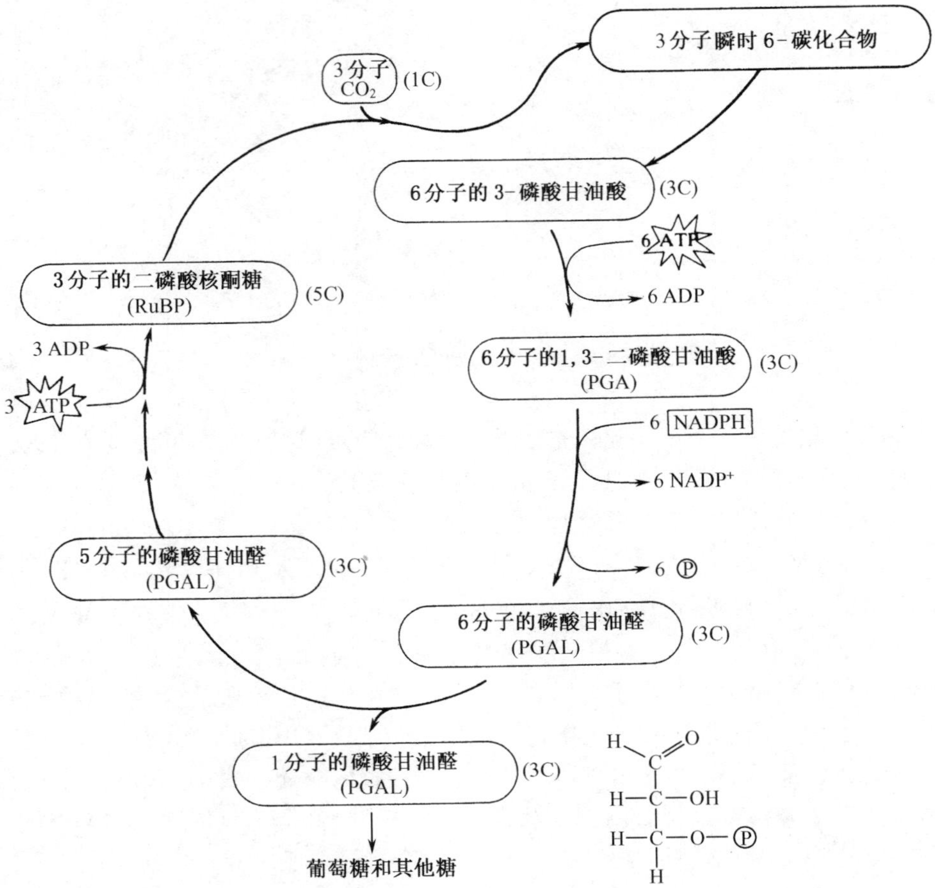

图 6.2 光合作用暗反应

每形成 6 分子的 PGAL，其中 5 分子被用来形成新的 RuPB，从而使 CO_2 可继续被固定，并间接转化成 PGAL。剩余的一分子 PGAL 虽然可通过糖酵解途径转变为葡萄糖，但细胞并不这样贮存葡萄糖，而可能形成二糖，如蔗糖。更普遍的情况是，在光合活性部位积累淀粉，植物细胞也可将 PGAL 转化成所需的脂类和蛋白质。

6.4 光呼吸

在暗反应的第一步中，使 CO_2 与 RuBP 结合的酶称二磷酸核酮糖羧化酶（ribulose biphosphate carboxylase）。在低 CO_2、高 O_2 浓度情况下，该酶与 O_2 结合，从而催化 RuBP 在过氧化物酶体氧化为乙醇酸，而后生成 CO_2。这种暗反应中间产物的降解称光呼吸（photorespiration）。虽然经过一系列复杂的反应，大部分的 CO_2 可保存在胞内而不至丢失，但光呼吸依然是十分浪费的，它对于植物没有任何有益的用途，却可造成许多作物的减产。光呼吸发生在高温、光照强、干旱的天气，气孔为避免水分散失而关闭，使 O_2 趋于在叶片中积累，通过光呼吸可降低氧浓度，但对植物并没有好处。光呼吸可被 C_4 途径抑制。

6.5 C_4 途径

C_4 途径（C_4 pathway）首先被 MD. Hatch 和 C. R. Slack 所阐明，作为暗反应中卡尔文-本生循环的替代途径。由于该途径中二氧化碳与三碳化合物磷酸烯醇式丙酮酸（PEP）结合形成四碳的有机酸，因此被称为 C_4 途径的 Hatch-Slack 途径（见图 6.3）。如同催化 RuBP 羧化反应的 RuBP 羧化酶一样，此途径中 PEP 羧化酶将 CO_2 加到 PEP 上。

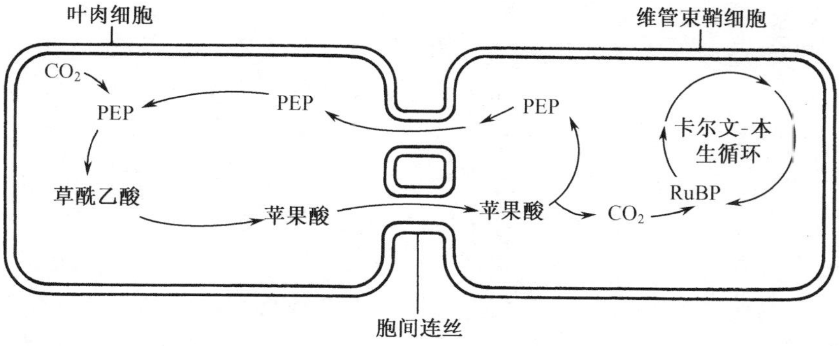

图 6.3

由 PEP 和 CO_2 合成的草酰乙酸有几条可能的去向，但通常是被 NADPH 还原为苹果酸。这种还原作用与卡尔文-本生循环中由 PGA 到 PGAL 的转化是相平行的。苹果酸被转运到维管束鞘细胞（bundle-sheath cells）中，这些细胞特别富含淀粉，但缺乏叶绿体基粒。

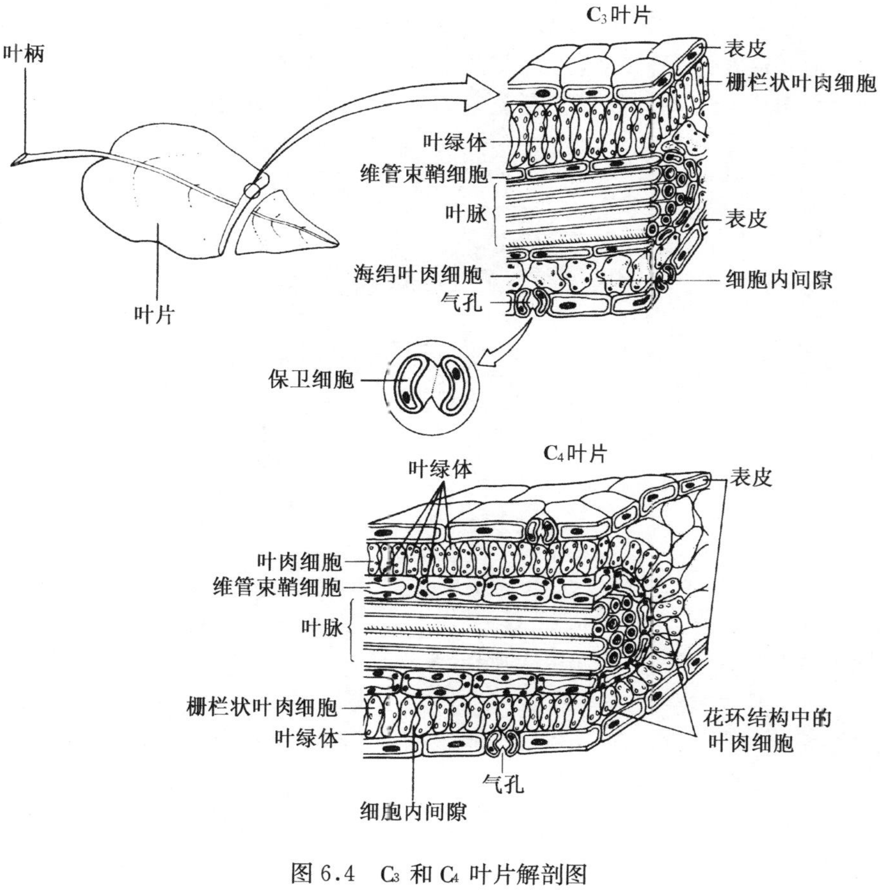

图 6.4 C_3 和 C_4 叶片解剖图

例 3

维管植物进行光合作用的主要器官是叶（见图 6.4）。许多我们所熟悉的陆地植物的叶具有一个细的叶柄（petiole）连接着一个宽而薄的叶片。叶片具有上下表皮，表皮外包被一层蜡状物，称角质层，上表皮的角质层更厚些。上下表皮之间可见许多由薄壁细胞组成的叶肉（mesophyll），叶中光合作用活跃的部分就是这些富含叶绿体的薄壁细胞。

通常叶肉可分为不同的两层，上层由柱状细胞规则排列成栅栏状的叶肉（palisade mesophyll），栅栏叶肉以下不规则散布着海绵状的叶肉（spongy mesophyll）细胞。叶片上维管组织形成分支的叶脉，叶脉由木质部和韧皮部组成，外部通常包被有致密的维管束鞘细胞。

进入到维管束鞘中的苹果酸被分解为 CO_2 和 PEP，PEP 返回到叶的栅栏状叶肉细胞中，CO_2 在维管束鞘细胞中与 RuBP 相结合进入卡尔文循环。

由于卡尔文-本生循环似乎是惟一可大量合成碳水化合物的途径，于是研究者们奇怪为何在进行正常的卡尔文-本生循环前需经过一个四碳的化合物固定 CO_2。其原因就在于当植物处于高温干旱的环境中时，趋向于将其气孔部分关闭以防止水分散失（见图 6.4）。气孔的关闭减少了 CO_2 的进入，抑制了光合作用的活性，使得 Hatch-Slack 途径异常活跃。C_4 途径作为一种结合 CO_2 的机制可将 CO_2 向叶表皮以下更深层输送，确保了有适量 CO_2 供应卡尔文-本生循环。还应说明的是，PEP 羧化酶较 RuBP 羧化酶有更强的 CO_2 结合活性，尤其是在 CO_2 浓度低而 O_2 浓度高时，这就说明了为何在叶肉细胞中游离 CO_2 的浓度通常较低。因此在气孔开启时，环境中 CO_2 易于进入叶中。Hatch-Slack 途径是植物适应高温、干旱环境的一种生存机制。

6.6 叶绿体的结构和功能

叶绿体（见图 6.5）的内外膜形状一致，相互紧密相连。由内膜包被的非结构部分的空间内充满了液体，称基质，类囊体膜系统（thylakoid membrane system）分布在基质中，为一网状结构管道，通常由扁平的囊状或盘状管道堆积成基粒。参与光反应的物质紧密结合在类囊体膜上（见图 6.6），且易于接近基质中的分子，卡尔文-本生循环发生在基质中。

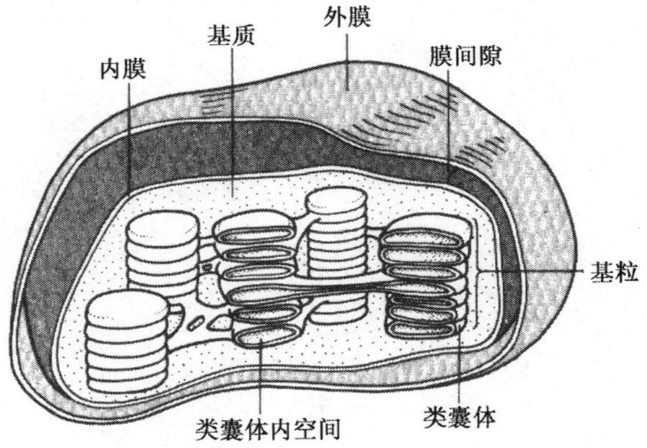

图 6.5　叶绿体的结构

光反应中 ATP 的产生可用化学渗透假说来说明。质子被泵入到类囊体内部，于是在类囊体内与外部的基质间产生了质子浓度梯度，这两部分间可相差 4 个 pH 值。通常认为 H^+ 趋向于通过附着于类囊体膜上的 ATP 合成酶系进入到基质中。在 ATP 合成酶的特殊位点即 CF_1 区，电化学梯度的能量被用于产生 ATP。

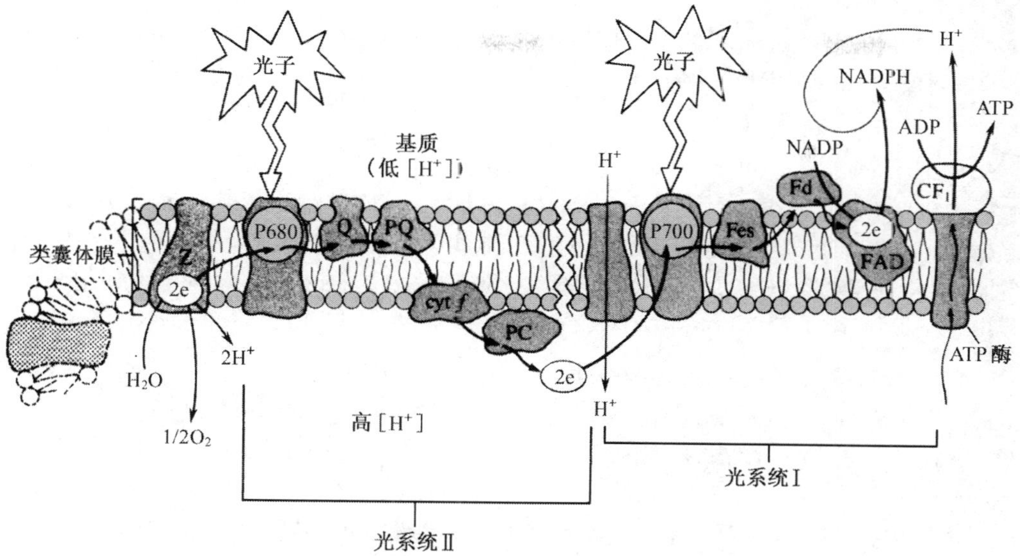

图 6.3 类囊体器结构

疑难问题解析

6.1 判断下列陈述：植物只进行光合作用，动物只进行呼吸作用。

这是一个错误的观点。植物和动物均以呼吸作用作为维持生命活动的重要能量来源，然而只有植物可进行光合作用。参与光合作用的组分位于叶绿体内，而呼吸作用主要在线粒体内进行。这样植物细胞中可同时进行光合作用和呼吸作用，因为不同功能在区域上的分离防止了两者间的相互干扰。呼吸作用的许多步骤在光合作用中也可见，这表明了两者在进化上的相关性。光合作用和呼吸作用的平衡决定了是否在植物的特定部位吸收 O_2 或 CO_2。

6.2 研究光合作用的历史。

1771 年，英国牧师 Joseph Priestley 相信并证明绿色植物经几天后释放的氧气，可恢复因蜡烛燃烧毁坏的空气。在未认识到这一事实以前，Priestley 已证明绿色植物可经光合作用产生氧气，这种氧气的放出平衡（弥补）了生物界因呼吸作用而摄入的氧。

1779 年，Jan Ingenhousz 报道了他的研究结果，证实了太阳光对于光合作用产氧的必要性，且这一过程只发生在植物的绿色部分。1804 年，瑞士科学家 Nicholas Theodore de Sanssure 证明了水对于绿色植物合成糖的必要性。

19 世纪后期，Jame Clerk Maxwell 发展了光波模型，引导人们认识到光合作用的能量来源于对可见光的吸收。

20 世纪前十年中，F. F. Blackman 阐明了光合作用是双重过程，第一步反应依赖于光，但不依赖于温度；第二个过程（暗反应）不依赖于光，但对于温度有强依赖性。

20 世纪 30 年代，C. B. van Niel 进行的实验表明光合作用中释放的氧气来源于水，而非从前所认为的来源于 CO_2。

20 世纪 40 年代后期，Melvin Calvin 和他的研究组利用放射性 ^{14}C 标记 CO_2 中的碳并追踪 CO_2 的去向，阐明了 CO_2 转化成碳水化合物的机制，该途径称为卡尔文循环。

目前的研究重点在于非环式光合磷酸化载体的性质、叶绿体各组分间质子梯度与 ATP 形成的关系、以及类囊体膜组分的精确亚显微结构。

6.3 有些细菌在光合作用过程中裂解 H_2S 而非 H_2O，释放出硫，van Niel 研究这些细菌后，首先认识到更高等的植物在光合作用中释放的氧气来源于水。你认为是什么原因使他得到这个结论？

20 世纪 30 年代，在 van Niel 提出他的理论前，植物生理学家认为氧气是二氧化碳分解后释放的，CO_2 分解产生的碳与水作用生成碳水化合物。van Niel 经过对细菌的研究对这一结论提出质疑，并提出如下反应式：

$$CO_2 + 2H_2S \xrightarrow{光} CH_2O + H_2O + S_2$$

很明显 S_2 是来自于 H_2S 分子。由于高等植物中是以 H_2O 替代了 H_2S，那么相应的 O_2 是来自于水分子，而非二氧化碳。同样的，对于细菌来讲，H_2S 不含有氧，则合成碳水化合物的氧一定是来自于 CO_2，因此在更高等的植物中也是如此。van Niel 提出理论认为，大量与 H_2O 和 H_2S 相似的化合物为 CO_2 还原提供氢，光合作用的共同反应式为：

$$CO_2 + 2H_2A \xrightarrow{光} (CH_2O) + H_2O + A_2$$

在所有的高等植物中，水向 CO_2 提供还原力（电子和 H^+），释放氧气。广泛分布的光合生物已有二亿多年的历史，它们向大气中释放出大量的游离氧气。

6.4 叙述光系统的基本特征，并比较光系统Ⅰ与光系统Ⅱ的不同。

两个光系统均具有一系列与类囊体膜紧密相连的色素，都有由 400 多个大分子组成的叶绿素 a、叶绿素 b 和类胡萝卜素。在一些藻类中还含有其他类型的叶绿素。实质上，光系统的反应中心是叶绿素 a 分子，在吸收适当的光子后可被激活。在反应位点周围有许多的色素分子作为吸光的敏感部位，并将光子的能量传递给反应中心的叶绿素 a 分子。叶绿素 a 的电子被激活到高能状态，后与受体分子结合。电子的移出使叶绿素 a 产生了电子空缺，在下一个问题中将对此作出解释。

光系统Ⅰ的叶绿素 a 分子在 700nm 处有最大吸收，称色素 700（P700）。光系统Ⅱ中叶绿素 a 的最大吸收为 680nm，称 P680。非环式光合磷酸化包含光系统Ⅱ，它由光系统Ⅰ衍生而来，环式和非环式的光合磷酸化均包含光系统Ⅰ。

6.5 环式和非环式的光合磷酸化有何区别？

环式光合磷酸化包含光系统Ⅰ，P700 的电子被激发到高能状态，与特殊的酶分子受体（FeS）相结合（见图 6.1），然后沿能量梯度传递，其中包括了一系列的氧化-还原载体，最终回到起始点。虽然每一步的传递都有自由能的释放，但仅有一步［从质体醌（PQ）到细胞色素］可合成 ATP。由于电子传递过程形成了一个完整的环，被称为环式光合磷酸化，可能是一种较古老的将光能转化成 ATP 的形式。

在非环式光合磷酸化中，依然由 P700 发射高能电子，并被 FeS 所捕获，但随后传递给铁氧还蛋白（Fd），电子保留有其绝大部分能量，传递到 $NADP^+$，产生还原的 NADPH。P700 的电子最终可被第二次光反应所补偿。第二次光反应中，P680 的高能电子首先传递到受体 Q，然后沿能量梯度到 P700，但 P680 的电子空缺该如何解决呢？P680 的光吸收与 H_2O 的裂解相关联，在酶复合物 Z 的作用下 H_2O 裂解为 $1/2O_2$、$2e^-$ 和 $2H^+$。释放出的电子保留在 P680，H^+ 在还原的 NADPH 中用于暗反应还原二氧化碳，氧气释放出去。由于非环式光合磷酸化的整个途径呈 Z 形，因此在一些文章中这条途径又被称为 Z 形链（Z scheme）。

6.6 作用光谱(actionspectrum)显示的是不同波长光的光合作用效率，吸收光谱(absorption spectrum)显示的是一种给定物质对于不同波长光的吸收。那么既然是叶绿素 a 被激活才可起始光合作用，为何光合作用的作用光谱（见图 6.7）同叶绿素 a 的吸收光谱不一致？

如果叶绿素 a 是惟一可捕获光子的色素，其作用光谱同吸收光谱应是一致的。然而，在光系统中还存在许多不同的辅助色素，它们可吸收某些叶绿素 a 所不能直接吸收的光，扩大了可进行光合作用的光的波长范围。其他的色素，如胡萝卜素，吸收了光能并将能量传递给反应中心的叶绿素 a，这就解释了为何黄光和绿光可被光合作用所利用，虽然对它们的利用效率较红、蓝光低得多。

6.7 为何照射到玉米田中的总光照量，据计算仅有 0.1％可被光合作用所利用？

由于植物表面的几何特征，使得大部分光不能被利用，那些照射到植物表面的光线有三种可能的情况：①光线穿透细胞，尤其是对于那些单个或以薄层存在的藻类来讲，这部分光称透射光（transmitted light）。

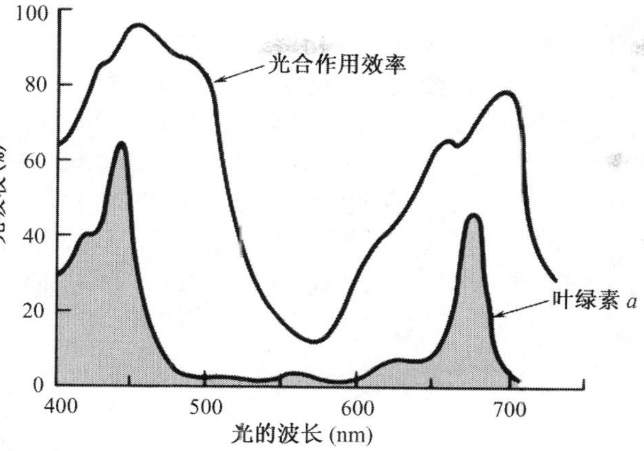

图 6.7　作用光谱和吸收光谱

叶绿素 a 溶液的透射光为绿色，这就表明绿光不能用于光合作用，因为它不能被吸收。②到达植物表面的光可被反射回去形成反射光（reflected light)，含有叶绿体的植物或叶绿素溶液的反射光也是绿色的。③光可能被吸收，激发高能电子。

在其他条件适宜的情况下，植物可利用光系统吸收的光进行光合作用。如果植物的光合系统吸收了多于可被光合作用利用的光能，则其中一部分能量以热能耗散掉，其余的用来向外界发射较长波长（能量较低）的光波，称为荧光（fluorescence)。叶绿素溶液通常可发射红色荧光。

6.8　Calvin-Benson 循环和糖酵解有何相似之处？

两种途径中反应均发生在细胞器的非膜结构区域。糖酵解反应中的酶是可溶的，存在于细胞液中，而非排列于膜结构上。Calvin-Benson 循环中的酶也是可溶的，存在于叶绿体基质中的非结构区域。两种途径中均存在 PGA 和 PGAL 间的平衡，并以此作为决定反应速率的关键一步，但在两种途径中这一反应的方向不同。

6.9　20 世纪 40 年代早期，Samuel Rubin 和 Martin Kamen 的研究小组得到一种碳的放射性同位素 ^{14}C，试设想 Calvin 和 Benson 是如何利用这一研究工具探明暗反应的发生步骤的？

Calvin 等用 ^{14}C 标记了 CO_2 中的碳原子，他们在不同时间阻断光合作用的反应，根据含有 ^{14}C 标记的代谢物来追踪暗反应循环中形成的中间物。如果在导入 ^{14}C 后几秒钟即阻断反应，则仅有循环中的早期物质被 ^{14}C 标记；如果在间隔适当时间后再行阻断，会有更多不同的化合物被标记。PGA 是被发现的第一个中间物，但反应的第一个稳定的、可成倍积累的产物是 PGAL。虽然许多反应的中间步骤已被证实，但由 CO_2 和 RuBP 形成的六碳化合物的性质仍不清楚。

6.10　20 世纪初，植物解剖学家指出，在高温、干旱气候地区生长的种子植物，在其维管束鞘的细胞周围围绕着一圈非栅栏组织的叶肉细胞，排列成冠状——用一个德语词花环（Kranz）来特指此种结构（见图 6.4)，这一圈花环细胞具有高的 C_4 活性，试述花环结构的功能。

高温条件下水分容易丧失，因此沙漠植物的气孔长时间处于关闭状态。由于 CO_2 被光合作用所利用，叶中的 CO_2 浓度降低，而氧浓度升高，这就使得 RuBP 趋于转向较为浪费的光呼吸作用，严格讲不能固定 CO_2。然而围绕维管束鞘的一圈叶肉细胞具有 C_4 光合特性，它们可固定二氧化碳形成四碳的中间物。四碳中间物由叶肉细胞转运到维管束鞘细胞，释放出 CO_2 进行卡尔文循环。花环结构使叶肉细胞与维管束鞘细胞可最大程度地相互接触，因此使 CO_2 能够最大程度地被泵入到维管束鞘细胞中，从而使光合作用在高温、干旱的不利条件下仍可继续进行。花环结构的实质是使结合 CO_2 与合成碳水化合物在结构上分开，保持了光合作用的效率。

玉米生长在温带气候中，但与古老的沙漠植物一样具有花环结构，甘蔗和一种破坏草坪的多年生杂草——马唐（crabgrass)，也具有花环结构。

6.11　比较叶绿体和线粒体的亚显微结构与功能。

从许多方面来看，线粒体结构内发生的化学反应相应地在叶绿体内也发生。这两种细胞器都具有双重膜，膜上存在电子传递链，电子传递链的一些细胞色素包埋于膜中，在细胞器的两部分之间具有化学渗透装置形成 H^+ 的电化学梯度。H^+ 穿过酶复合物的运动释放出能量，合成 ATP。然而，叶绿体的内外膜紧密相连，不形成折叠的锯齿状边缘，并有第三层的膜系统形成盘绕的膜囊结构——类囊体膜系统。类囊体膜的两侧具有 H^+ 梯度，此电化学梯度中蕴藏的能量在一特殊位点产生 ATP，该位点称 CF_1 区。这同线粒体内膜上的 F_1 区相似，质子流经 F_1 区产生 ATP。由此可推想这两种细胞器中的化学渗透装置有共同的起源。

附 加 题

6.12　能够从简单的化学物质中获取营养的生物体称为什么？

6.13　“氧气革命”是指

(a) 从有机酸形成金属氧化物。　(b) 光合作用的结果是在大气中形成游离的氧气。

(c) 法国大革命中 Lavoisier 的死。　(d) Krebs 循环的起始。　(e) 以上都不对。

6.14　光合作用中氧气来源于 CO_2 裂解。

(a) 对　(b) 错

6.15　光传播的独立能量单位称光子。

(a) 对　(b) 错

6.16　叶绿体是绿色的，表明了绿光是光合作用活性最强的光。

(a) 对　(b) 错

6.17　van Niel 利用 ^{14}C 证明了光合作用产生的氧气来源于水。

(a) 对　(b) 错

6.18　叶绿素 a 是光系统Ⅰ和光系统Ⅱ的反应中心。

(a) 对　(b) 错

6.19　只有被吸收的光才可能被光合作用所利用。

(a) 对　(b) 错

6.20　哪一个更大？

(a) 叶绿素 a 的分子量　(b) RuBP 的分子量

6.21　哪种可产生更多的 NADPH？

(a) 环式光合磷酸化　(b) 非环式光合磷酸化

6.22　哪个更大？

(a) PGA 的键能　(b) PGAL 的键能

6.23　从叶中提取出的叶绿素仍可吸收光，但立刻就会以较低的能量发射出去，这种现象在完整的叶中一定程度也发生，被称为

(a) 磷光　(b) 荧光　(c) 红光转换　(d) 光吸收　(e) 以上均不对

6.24　P700 是

(a) 存在于光系统Ⅰ　(b) 叶绿素 a 的一种形式

(c) 光系统Ⅰ的反应中心　(d) 以上全对　(e) 以上全错

6.25　色素如铁氧还蛋白和质体蓝素只在光合磷酸化中才具有，在光合磷酸化和呼吸电子传递链着均具有的色素是

(a) 细胞色素　(b) 黄素蛋白　(c) 辅酶　(d) a 和 b　(e) b 和 c

6.26　环式光合磷酸化可能是光合磷酸化中一种较原始的模式。

(a) 对　(b) 错

6.27　碳的固定（二氧化碳与有机物结合）发生于光反应过程。

(a) 对　(b) 错

6.28　非环式光合磷酸化形成的电子空缺由光系统Ⅱ产生的电子补偿。

(a) 对　　(b) 错

6.29 在光合作用的早期阶段用以还原 $NADP^+$ 的电子和氢离子来源于水的裂解。

(a) 对　　(b) 错

6.30 光合作用释放的氧气均来源于光反应时水的裂解。

(a) 对　　(b) 错

6.31 类囊体膜堆叠形成基粒。

(a) 对　　(b) 错

6.32 光合磷酸化时，类囊体内和叶绿体基质间的氢离子梯度为 ATP 的形成提供能量。

(a) 对　　(b) 错

6.33 经三次卡尔文循环合成 6 分子的 PGAL，其中 5 分子被用于

(a) 合成糖　　(b) 合成更多的 RuBP　　(c) a 和 b　　(d) 上述均不对

6.34 光呼吸是氧化

(a) PGA　　(b) RuBP　　(c) 叶绿素 a　　(d) a 和 b　　(e) 上述均不对

答　案

6.12 自养生物	6.13 (b)	6.14 (b)	6.15 (a)
6.16 (b)	6.17 (b)	6.18 (a)	6.19 (a)
6.20 (a)	6.21 (b)	6.22 (b)	6.23 (b)
6.24 (d)	6.25 (d)	6.26 (a)	6.27 (b)
6.28 (a)	6.29 (a)	6.30 (a)	6.31 (a)
6.32 (a)	6.33 (b)	6.34 (b)	

第 III 部分

遗传学和遗传

第7章 基因的性质

7.1 细胞中信息处理的概念

单细胞及多细胞生物体的复杂活动是受锁定在染色体中的一套蓝图（基因）控制和指导的。事实上这一蓝图中包含了合成特定蛋白质的信息。蛋白质是构成细胞组分的基础物质，酶又可以指导代谢活动，那么所合成的蛋白质的性质就决定了细胞或生物体结构与功能的特性。

现代分子生物学（molecular biology）的焦点问题在于：⑴信息在染色体上是如何排列的；⑵如何处理信息；⑶细胞分裂时蓝图自身如何复制以使每个细胞中均含有一套完整的拷贝；⑷信息如何改变以产生新的信息物质。对于这些信息的每一个处理和调控构成了分子生物学的另一方面，分子生物学是通过研究大分子的作用来认识生命现象的学科。

目前我们已经认识了DNA这一大分子的特性，并可解释信息编码、处理、复制和突变的全过程。DNA是细胞生活史中指导细胞走向的蓝图。从某种意义上来说，DNA是一种永存的物质，因为它可以由亲代向子代传递，保持了遗传的连续性。在一些RNA病毒中，是RNA来执行这一信息中心的功能。

如同制造青铜器时使用的模具，DNA产生一互补结构的信息分子，而非直接合成蛋白质。蛋白质合成过程中信息分子的必要性在于DNA作为主要的遗传物质的重要性，蛋白质合成时，细胞质中会隐含一些危险因素，虽然DNA是一种相对稳定、长寿的大分子，它仍可被DNA酶（DNase）所降解，或因环境改变引起DNA的突变。如同在战争期间将军不必亲临阵地一样，DNA（真核中）被核膜与胞质分离开，在受到保护的地方产生一个或多个拷贝的信息分子，用于特殊蛋白质的合成。

由DNA为模板产生信息分子称转录（transcription）。信息分子是一种特定的RNA，称信使RNA（messenger RNA，mRNA），信使RNA与胞质中的核糖体及其他辅助分子结合以合成蛋白质，这一过程称为翻译（translation）。因此蛋白质中氨基酸排列的特定编码信息首先是从DNA转录到RNA，然后翻译合成蛋白质。细胞分裂时DNA自我复制，使遗传信息传递到每一个子代细胞中。

在遗传信息解码、信息向蛋白传递、DNA复制这些过程中均需要保持高度的忠实性。如果在某一步中信息被改变了，产生的蛋白质就失去了原有的性质。然而保守的信息组分发生改变的可能性是存在的，如DNA亚结构的物理变化改变了编码序列称为突变（mutation）。突变以相当低的频率发生，产生新的遗传物质来接受进化变异过程的检验。

7.2 遗传化学基础的探求

染色体和DNA的关联

在Gregor Mendel（1822—1884）（见第9章）利用豌豆进行遗传试验（1865—1870）的

同时，瑞士的年轻生化学家 Friedrich Miescher 从脓细胞核中分离到一种当时尚未知的物质，后从鱼卵细胞中也分离出相同的物质，他称这一酸性物质为核素（nuclein），后由于其定位及特性改称为核酸（nucleic acid）。Miescher 从医院病人浸满脓的、发臭的绷带上分离到的这一粘性物质其实质就是 DNA，也就是构成孟德尔杂交试验中基因的物质，DNA 奠定了现代分子生物学的基础。

1882 年，Walther Flemming 对正在进行有丝分裂（见第 8 章）细胞的染色体染色，并描述了细胞分裂时忠实地保持了染色体数量这一复杂的过程。而后 Theodor Boveri 描述了减数分裂形成配子（精子和卵细胞）过程中染色体数量减少，由两套（$2n$）变为一套（n）。

但大多数的生物学家忽视了细胞生命活动和遗传机制的重大意义，直至 1918 年，C. B. Bridges 进行了一系列性染色体连锁的实验（见第 9 章），总结出染色体是遗传的生理基础，它们携带有做为遗传单位的基因（gene）。科学中的发现到认识和被人们接受往往要经过多年的延迟。

第一次世界大战初，德国化学家 Robert Feulgen 发展了一种 DNA 的染色方法，证明了 DNA 确实存在于染色体上。20 世纪 20 年代，P. A. Levene 研究了 DNA 的化学特性。他指出，这个大分子的基本单位是核苷酸（见图 7.1）。一分子核苷酸包含了一个磷酸基团，一个称作脱氧核糖的五碳糖以及由两种嘌呤（腺嘌呤和鸟嘌呤）和两种嘧啶（胞嘧啶和胸腺嘧啶）构成的四种含氮碱基（见图 7.2）之一。

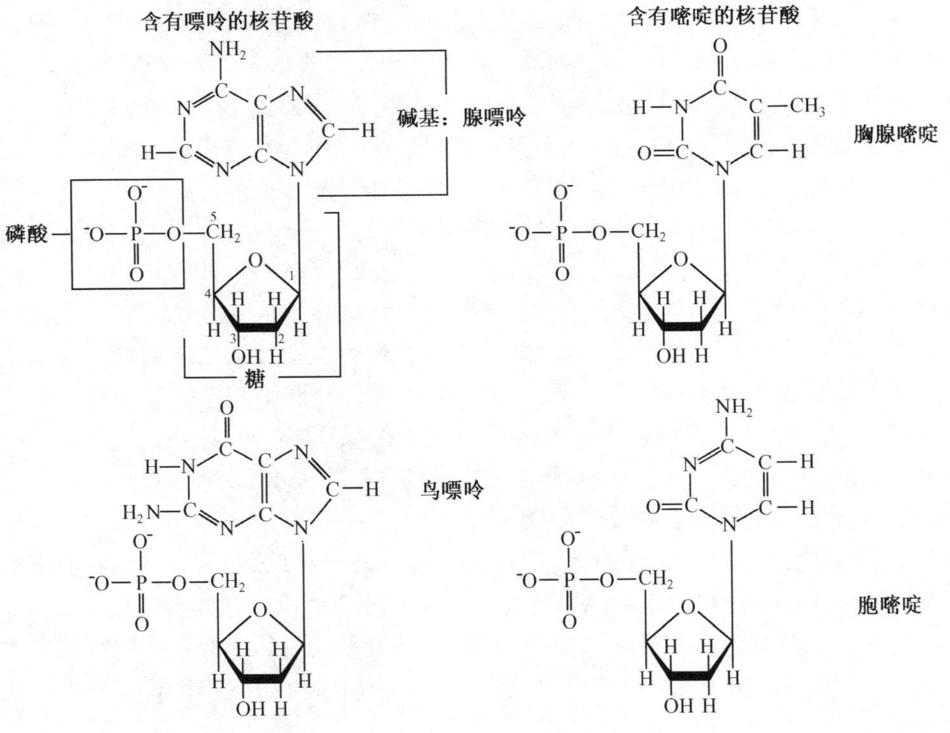

图 7.1　核苷酸

Levene 进一步假设 DNA 是一个四核苷酸（tetranucleotide）物质，也就是说该大分子是四个核苷酸相连构成的。四个核苷酸中的每一个都具有一种不同的含氮碱基，所以四种核苷酸在全部 DNA 中应是等量的。这样简单的结构使科学家们误认为 DNA 不可能成为遗传及控制代谢活动的主要物质，携带有遗传语言的分子必须具有巨大变异的能力，以适应其调控细胞结构和功能的需要。

20 世纪 40 年代，Erwin Chargaff 和他的助手以一系列杰出的实验指出了 DNA 具有更为复杂的结构成分，证明 DNA 的四种碱基并非等量存在，而是有显著的差别，这样的差别使

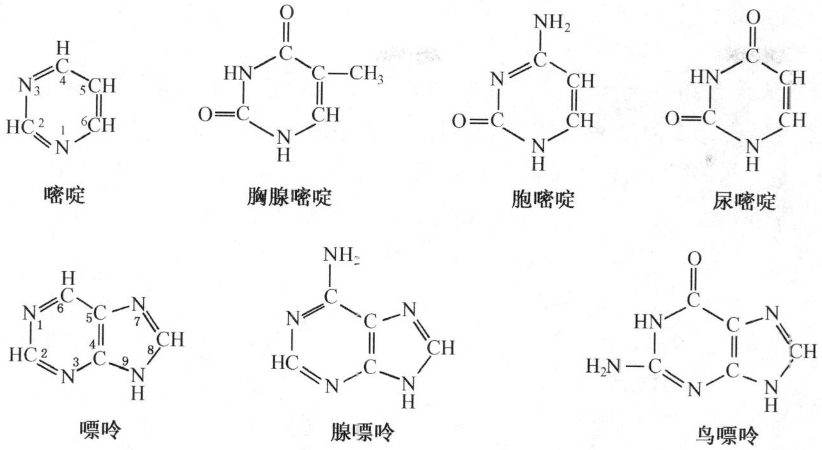

图 7.2　N-碱基

DNA 才有可能作为细胞中的蓝图物质。Chargaff 还证明了虽然碱基的含量存在差别，但具有规律：A 和 T，G 和 C 通常是等量的，由此推算嘌呤（A＋G）与嘧啶（T－C）是等量的。生物体体细胞的 DNA 含量近似相等，生殖细胞 DNA 含量为体细胞的一半，这一事实的发现更加证实了上述规律。

此后积累的与 DNA 有关的实验证据均显示了 DNA 是遗传物质的基础：肺炎球菌的一菌株被另一菌株经转化作用而改变；病毒的增殖是利用寄主细胞的蛋白质合成机制并破坏了细菌的 DNA 而按病毒的 DNA 进行复制；细菌的有性重组明显是 DNA 参与操纵的。所需要的就是建立一种 DNA 的结构，从分子构建角度来解释 DNA 是如何编码信息、信息加工、自身复制以至偶然性结构突变产生出新的信息单位的过程。

破解 DNA 的奥秘：双螺旋结构

Watson 和 Crick 根据 Rosalind Franklin 的 DNA X-射线衍射图像以及许多其他研究者得到的现有数据，加之他们对所得数据出色的解释，建立了 DNA 的结构模型。他们发现，DNA 并非一个单链的多聚核苷酸，而是双链盘绕在一起。每一股都呈螺旋状，而两条链彼

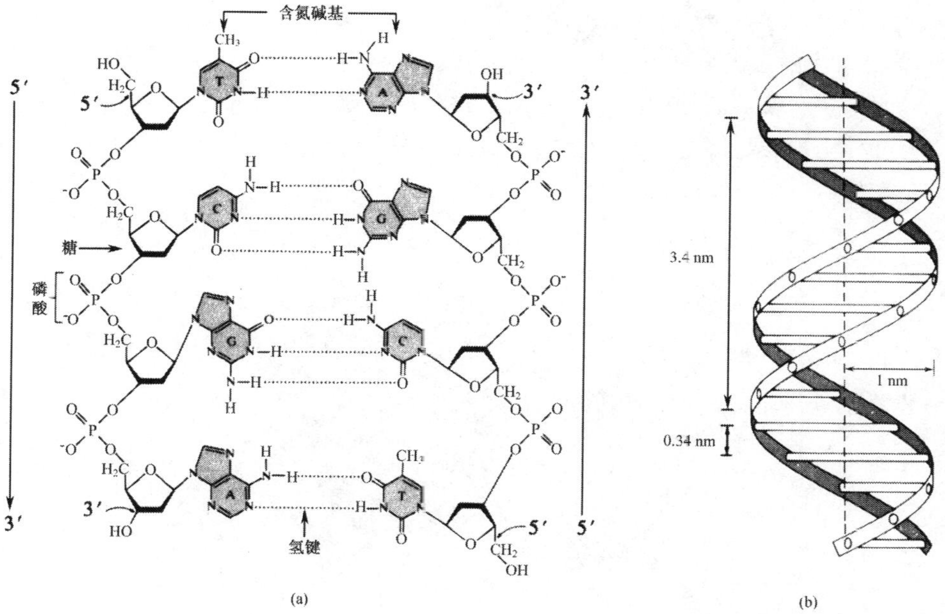

图 7.3　DNA 的结构

此相互缠绕形成双螺旋。一个完整的螺旋为 10 个碱基长度（见图 7.3）。

例 1

理解 DNA 结构最简单的方法是将其认为是扭曲的梯子。梯子的每一边都是由糖基和磷酸基团交替排列，而每条链上的碱基在链间形成碱基对构成类似于梯子的横撑。DNA 至少存在有四种几何构象。Watson 和 Crick 描述的是 B-DNA（见图 7.4b），A-DNA 的螺旋较松散，C-DNA 是紧密螺旋形成的坚实构象，Z-DNA 螺旋的方向与 B-DNA 相反，分子骨架呈现曲折的“Z”形（见图 7.4a）。

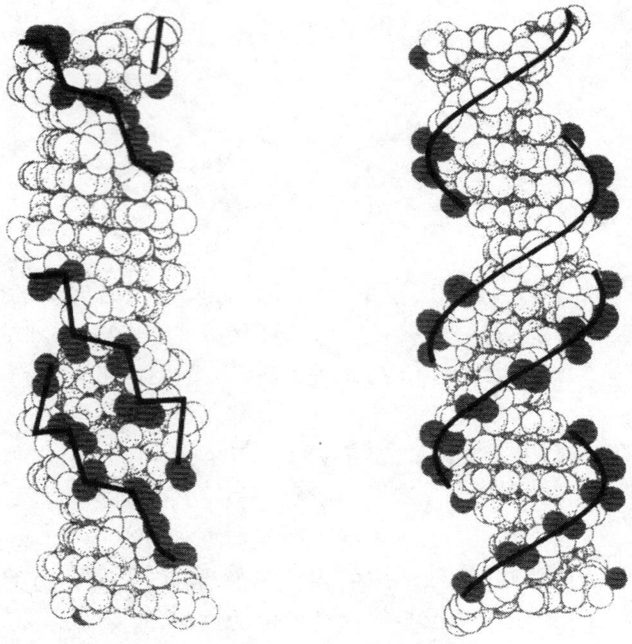

(a) Z 型　　(b) B 型

图 7.4　DNA 的其他构象

双螺旋的碱基间以氢键相连，氢键虽然比较弱，但许多的氢键集合在一起使双链间的连接非常牢固。由于碱基的大小和化学组成，腺嘌呤总是和胸腺嘧啶（以两个氢键）相连，而鸟嘌呤总是与胞嘧啶（以三个氢键）相连。因此 A 和 T、G 和 C 被称为互补（complementary）碱基，其互补关系解释了 Chargaff 在 DNA 中发现的规律，即 A＝T、G＝C。

DNA 骨架上的糖基通过磷酸基团相连，磷酸连接第一个糖基的 5 位碳原子和下一个糖基的 3 位碳原子。如果链的一端其上游无糖基，则在该糖基的 5 位碳原子上有一个自由的磷

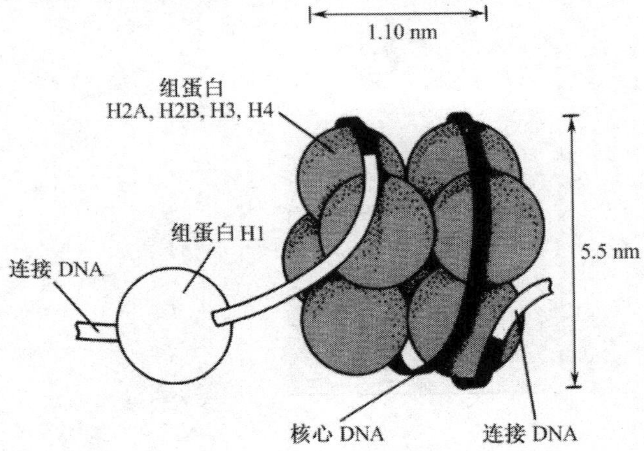

图 7.5　核小体

酸基，称 5′端（5′end）。另一端在下游元糖基，则这一端糖基的 3 位碳原子上无磷酸基相连，称 3′端（见图 7.3）。用上标符号（′）区别糖基与相邻碱基上的碳原子。每条链与其互补链的走向相反，一条链的 5′端相对应结合的是另一条链的 3′端，称为反向平行（antiparallel），这表明链合成实际上是反向的。

需要指出的是，由于嘌呤相对较大，它总是同相对较小的嘧啶结合，这样使得 DNA 在整个的双螺旋中保持一致的宽度而不会产生凹凸不平。细胞内 DNA 的平均长度为 2 m，则在细胞核中 DNA 必定是紧密压缩的状态。其基本的单位是核小体（nucleosome，见图 7.5），含有 DNA 和几种类型的组蛋白（histone）。核小体形成串珠状结构，可显著缩短 DNA 的长度。

7.3 信息编码——基因语言

沃森和克里克将其建立的 DNA 结构模型假说于 1953 年在 *Nature* 杂志上发表了一页半的论文，这一里程碑式的事件开创了分子生物学时代。此后不久，这一研究领域活跃起来，人们开始研究 DNA 是如何承载信息的、以及信息的加工（转录和翻译）、信息大分子自我复制、信息分子的偶发变异等现象。

表 7.1　氨基酸的遗传密码

第一位（5′）	第二位				第三位（3′）
	U	C	A	G	
U	Phe	Ser	Tyr	Cys	U
	Phe	Ser	Tyr	Cys	C
	Leu	Ser	（CT）	（CT）	A
	Leu	Ser	（CT）	Trp	G
C	Leu	Pro	His	Arg	U
	Leu	Pro	His	Arg	C
	Leu	Pro	Gln	Arg	A
	Leu	Pro	Gln	Arg	G
A	Ile	Thr	Asn	Ser	U
	Ile	Thr	Asn	Ser	C
	Ile	Thr	Lys	Arg	A
	Met（CI）	Thr	Lys	Arg	G
G	Val	Ala	Asp	Gly	U
	Val	Ala	Asp	Gly	C
	Val	Ala	Glu	Gly	A
	Val（CI）	Ala	Glu	Gly	G

表中显示的是 mRNA 上的密码子，因此是以尿嘧啶（U）替代胸腺嘧啶（T）。C＝胞嘧啶；A＝腺嘌呤；G＝鸟嘌呤。编码的氨基酸为：Ala＝丙氨酸；Arg＝精氨酸；Asn＝天冬酰胺；Asp＝天冬氨酸；Cys＝半胱氨酸；Gln＝谷氨酰胺；Glu＝谷氨酸；Gly＝甘氨酸；His＝组氨酸；Ile＝异亮氨酸；Leu＝亮氨酸；Lys＝赖氨酸；Met＝甲硫氨酸；Phe＝苯丙氨酸；Pro＝脯氨酸；Ser＝丝氨酸；Thr＝苏氨酸；Trp＝色氨酸；Tyr＝酪氨酸；Val＝缬氨酸。CI＝链起始；CT＝链终止。

George Gamow 等人首先认识到 DNA 携带的密码决定了蛋白质中氨基酸的排列顺序。由于常见的氨基酸有 20 种，则至少应有 20 种不同的密码子（codon）。在每一种多核苷酸链上糖基和磷酸基均是不变的沿长轴方向交替排列，因此它们不可能形成基因语言。很显然，链上的碱基排列是编码的机制。密码子有可能是单核苷酸编码的吗？当然不可能。因为四种不同的碱基只能形成四个不同的密码。同样的，如果是以两个碱基为单位则只能有如下 16 种排列组合：

AT	TT	CT	GT
AG	TG	CG	GG
AC	TC	CC	GC
AA	TA	CA	GA

如果是以三个碱基为一个密码子单元，则有 4^3 即 64 种不同的排列，多于 20 种氨基酸的编码需要。Gamow 假定提出了三联体密码，此后 Crick 证明了其正确性。

遗传密码是三个碱基的线形排列，对于从细菌到人类的几乎所有生物均普遍适用。同一种氨基酸可能有几个密码子，如从表 7.1 中我们可看到亮氨酸有 6 个密码：UUA、UUG、CUU、CUC、CUA 和 CUG。由于密码子的数量多于合成蛋白的 20 种氨基酸的数量，一些密码子在合成蛋白时起到类似标点符号的作用，如起始密码子和终止密码子。

合成蛋白质所需要的信息只包含于双螺旋的一条链中，包含有密码子的链为有义链（sense strand），另一条为互补链。例如我们分别从两条链的 5′端读起，有义链上的三联体序列为 CTG，在互补链上的相应位置的序列为 GAC [1)]。互补链也可编码氨基酸，与有义链上编码的不同，因此就不会将错误的氨基酸合成到蛋白质中。对于不同的蛋白而言，DNA 上有义链、互补链并不是确定的。

7.4　遗传信息加工——蛋白质合成

转录

DNA 有义链上碱基序列包含的遗传信息转移到信使 RNA 中。

☞例 2

RNA 即核糖核酸（ribonucleic acid），与 DNA 相似，是单链的，以核糖替代了 DNA 中的脱氧核糖，以尿嘧啶（uracil）替代了 DNA 中的胸腺嘧啶。

信息转移过程中以 DNA 作为模板，RNA 碱基形成与 DNA 互补的序列。序列起始部位的碱基使 mRNA 可与核糖体结合。编码蛋白质氨基酸的序列的相对较长的 mRNA 分子在蛋白质合成时建立一种均衡的状态，并用密码子作为终止信号结束蛋白质的合成。

DNA 双链间互补碱基氢键打开形成松弛的状态，解旋蛋白（unwinding protein）起始转录。RNA 聚合酶（RNA polymerase）结合到 DNA 的启动子（promoter）区域。合成起始于 DNA 的 3′端，即 RNA 的 5′端，与 DNA 模板反向平行。

每个暴露出的 DNA 模板上的碱基与核液碱基库中的碱基互补结合。自由碱基以核苷三磷酸形式存在，ATP、GTP、CTP、TTP，并携带有大量能量用于协助其合成多聚核苷酸。核苷酸上的含氮碱基与 DNA 有义链上互补碱基以氢键结合，RNA 聚合酶催化核苷酸相结合形成 RNA 链，DNA 模板决定了 RNA 链上的碱基序列。DNA 上的终止信号（termination）使 mRNA 分子结束于其 3′端，mRNA 被释放并迅速移出细胞核。RNA 的合成方向是 5′→3′。

mRNA 的拷贝数依赖于合成蛋白分子的数量。有些 mRNA 是长寿的，有一些只短时间存在，产生一个或几个蛋白质分子。

真核生物的转录较为复杂，因为真核生物 DNA 中存在不包含蛋白质合成信息的长碱基序列（内含子，introns）。在转录时，内含子和 DNA 可翻译部分（外显子，exons）均被转录为 mRNA，在细胞核中形成的大的原初转录物称核内不均一 RNA（heterogeneous nuclear

1）原文 CAG，译者认为是 GAC．——译者注

RNA，hnRNA)。在 mRNA 离开核之前，内含子部分被去除，形成有功能的 mRNA，转出核外，去完成蛋白合成的下一步——翻译。

翻译

在这一步中，密码被翻译产生出蛋白质。翻译（translation）需要核糖体、mRNA 和一种小 RNA——tRNA（transfer RNA）的共同作用，其中 tRNA 的作用是将用于合成蛋白质的氨基酸运送到 mRNA 上。每个 tRNA 的一端有一种特定氨基酸的结合位点，而在 tRNA 的另一端携带有反密码子（anticodon，见图 7.6)，与 mRNA 上的编码该种氨基酸的密码子互补。这样看来，tRNA 的数量至少应与编码氨基酸的密码子相等。

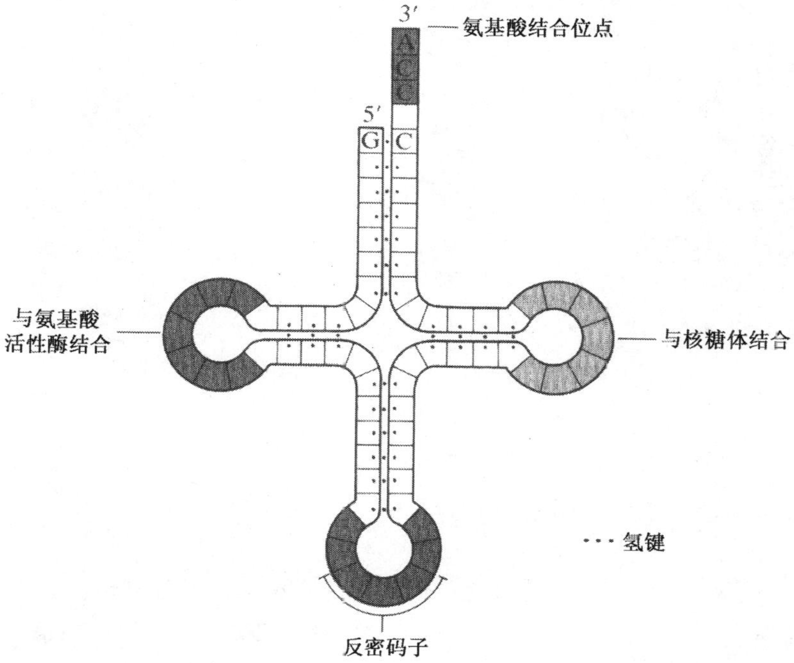

图 7.6 tRNA

mRNA 从核移出到胞质中，以其 5′端与核糖体小亚基结合形成起始蛋白质合成的起始物（见图 7.7)。具有适当反密码子的 tRNA 结合到 mRNA 的起始位点上，同时 tRNA 与核糖体 50S 大亚基上第一个可结合部位相连，大亚基上的第二个结合位点为第二个氨基酸占据后，两个氨基酸便以肽键相连，肽键的形成是通过 50S 大亚基转肽酶的作用完成的。核糖体移动到下一个密码子处，使第一个 tRNA 被释放出去，那么第二个掺入的氨基酸也移到了大亚基的第一个位点——P 位点，以便使另一个 tRNA 可结合上来。核糖体每次沿 mRNA 移动一个密码子，使大亚基上的第二个位点 A 位点可接受下一个 tRNA 上携带的氨基酸，形成新的肽键，这一过程不断重复。当核糖体到达终止信号后，肽链从 50S 大亚基释放，并从内质网的通道中输送出去。

几个核糖体可同时在一条 mRNA 链上进行翻译，产生多个拷贝的蛋白质。这种一条 mRNA 链上结合多个核糖体的结构称多聚核糖体。

分子生物学中的中心法则是：DNA→RNA→蛋白质。这表明了 DNA 作为整个过程的重要起始物质，它不受 RNA 和蛋白的干扰。长期以来人们普遍接受这种单向的信息流，但后来发现了反转录酶（reverse transcriptase)，这是一种 RNA 病毒（反转录病毒，retroviruses）中存在的酶，该酶可催化以 RNA 为模板合成 DNA，与通常的信息流方向相反。虽然这只是反转录病毒中存在的特例，但对于具有普遍性的 Watson 和 Crick 中心法则是一个挑战。

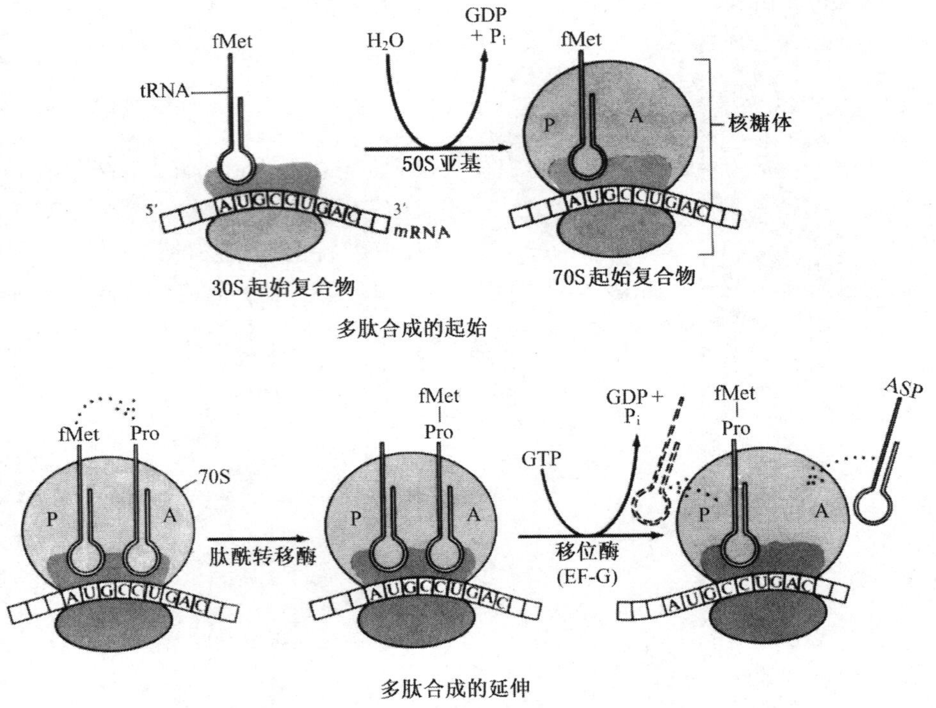

图 7.7 翻译

7.5 遗传信息的扩增——DNA 的复制

Watson 和 Crick 认识到 DNA 的每条链均可作为模板合成其互补链。如果双螺旋可解旋并分开，则每条链均可结合互补碱基，那么原来的链上又结合上了互补的链，产生了两个相同的双螺旋。在每一个双螺旋中有一条链是原亲代的，另一条链是新合成的，称为半保留复制（semiconservative replication）。

DNA 复制模型如今已被普遍接受。双螺旋的解旋需要多种蛋白的参与。拓扑异构酶（topoisomerase）打断一条链使双螺旋解旋，并可消除由此产生的螺旋张力。单链 DNA 结合蛋白（SSB 蛋白，single-stranded DNA binding protein）的作用是稳定单链并协助解旋。而解旋作用实质上是由解旋酶（helicase）完成的，其定位于复制叉上。链生长起始于引发酶（primase），由 DNA 聚合酶（DNA polymerase）作用并使其在 $5'\rightarrow 3'$ 方向延伸。外切核酸酶（exonuclease）可切除 DNA，连接酶（ligase）将两部分 DNA 相连。虽然原核和真核生物的 DNA 复制存在一些差异，但大体上的步骤是相似的。

7.6 遗传信息的改变——突变

DNA 中的信息是沿着有义链的一个方向以碱基的线性排列进行解读的。一个密码子包含三个碱基，三联体密码序列的改变称为突变（mutation）。一种突变是由于额外碱基的加入引起的，这种插入引起了阅读框架在插入位点处的移位，从而改变了其后全部的密码子序列。

[abc] [def] [ghi] [jkl] $\xrightarrow{\text{插入}}$ [xab] [cde] [fgh] [ijk] l

如果碱基的插入发生在基因的开头，蛋白质的合成会终止，这种突变可能造成酶的缺失从而引起人类的一些遗传病。如果碱基在基因的末端插入，只有最后的一个或几个氨基酸受到影响，蛋白依然可以合成，功能会有些小的改变。

同样，碱基的缺失也会造成移码，阅读框向前移动一个碱基，其后的全部密码均发生了改变，这样很可能不合成有功能的蛋白质。

[abc] [def] [ghi] [jkl] —缺失→ [bcd] [efg] [hij] kl

对蛋白质合成影响较小的一种突变称置换（substitution），是以另一种碱基替代了原有的碱基。由于只有一个密码子发生了改变，相应的只有一个氨基酸发生了变化，如果这一新的氨基酸与原氨基酸性质相同，那么对基因表达就不会造成危害性的影响。人类的一种血液病——镰状细胞贫血，就是由于缬氨酸替代了谷氨酰胺引起的。虽然只是一个碱基和一个氨基酸的改变，但缬氨酸的疏水性与谷氨酰胺是很不相同的，谷氨酰胺是一种极性氨基酸。突变基因合成的血红蛋白不能够完成其运输氧气的功能。

近来，跳跃基因现象已被较好地了解，然而对于那些相对较长的 DNA 区段从一条染色体跳跃到另一条染色体的情况依然难以解释。

☞例 3

1983 年，Barbara McClintock 由于阐明了转座现象而获得了诺贝尔生理学医学奖。转座是指遗传物质从染色体的某一区域移动到染色体组上另外一个不同的区域。事实上在 40 年代末，McClintock 首次用基因在位点间跳跃来解释玉米上出现的异常颜色分布时，他的理论遭到了人们的嘲笑。目前我们已认识到转座子（transposon）可能是一个或几个基因，可从染色体的一个位点移动到另一个位点，使染色体发生较大的变化，如基因扩增。转座子通常形成环状 DNA 进行转移，自身产生的酶可协助转座子在新位点插入。我们将在后面的章节中讨论由于染色体变异造成的遗传信息的改变。

可引起突变的物质称为诱变剂（mutagens），诱变剂中最有效的是各种化学物质及离子射线，如 X 射线、宇宙射线。α、β、γ 射线是不同的放射性元素产生的离子射线，紫外线是一种高能射线，但其能量还不足以使原子放出电子。

7.7　遗传工程

遗传工程（genetic engineering）是指有目的地改变遗传信息的一系列程序。生物学家像工程师那样重新构建核内的 DNA 或整个基因组（genome），其目的是减轻某种遗传病或是更好地去了解遗传组件。

DNA 重组（DNA recombinant）程序（基因拼接（gene splicing））是说明遗传工程的一个很好的例子。外源的 DNA，通常是来自于完全不同的物种，被导入并整合到基因组中，得到一个新的杂合基因组，使受体可反映出供体 DNA 的某种特性。

☞例 4

以向细菌中导入人胰岛素合成基因来说明这一过程。从某种意义上来说，这样的细菌可被视为人体的一部分，因为它们能够合成人类的蛋白质。由于细菌大约 20 分钟就可分裂一次，经培养可产生数十亿的携带人类基因的细菌，并可收获胰岛素。人类生长激素和干扰素基因也已被导入细菌中。

限制性内切核酸酶、质粒和病毒是研究重组 DNA 的重要工具。限制性内切核酸酶的分离与反转录病毒的发现时间接近，其功能类似于一对剪刀，可在特定的部位精确地切断 DNA。质粒（plasmid）是存在于细菌和某些酵母染色体之外的小的环状 DNA，可含有一个、几个或者更多的基因。许多细菌的质粒含有抗生素抗性基因。

有一种重组技术是将外源 DNA 与经限制性内切核酸酶作用过的质粒一起培养。酶在质粒上形成黏性末端，外源 DNA 与质粒整合，使质粒又形成闭合状，并一起导入到细菌受体中。随着细菌的分裂，质粒被复制并传递到子代细胞中。

另一种向细菌中导入外源 DNA 的技术是利用病毒颗粒为载体。病毒与外源 DNA 片段一起培养，并将其整合到自身的基因组中。然后将病毒侵入细菌，将其全基因组整合到细菌染色体上，其中包括有病毒 DNA 和外源 DNA。这种技术称转导（transduction），1952 年提出用以证明细胞内起蓝图作用的物质是 DNA。

遗传工程还包括作用于整个基因组，使来源不同的物种的 DNA 融合。通常使得一个物种的染色体保持功能，而另一个物种的被破坏，但可能有一部分还保持其功能。这些实验对于阐明第二个物种仍保持有活性的染色体的功能非常有用。

克隆是使单基因、染色体或整个生物体产生多拷贝的一项技术。克隆（clone）一词来源于希腊，词根意为“小树枝”。克隆生物体个体时不需要有性重组，而是利用非生殖组织。20 世纪 50 年代后期，Fred Steward 克隆了胡萝卜，他选取那些不能再发育成新个体的特化的维管组织的细胞，通过控制培养基的条件，使这些成熟的细胞返回胚芽的状态，即能够生长成一个新的胡萝卜个体。脊椎动物中已成功克隆了蛙，只是将成熟细胞的核放入到去核的卵母细胞中。克隆蛙生长的全部特征来自于被移入的核，而卵母细胞仅是为生长发育提供适宜的环境。应用先进的技术，科学家已成功克隆了小鼠这样的小哺乳动物，近来又克隆了较大的哺乳动物。

疑难问题解析

7.1 基因是什么？

基因就是指导细胞或生物体生命活动的信息单位。当细胞分裂或生物体生殖时，基因将信息传递到子代，因此基因又是遗传的单位。George Beadle 和 Edward Tatum 的经典实验（1940）证明了基因携带着合成酶和蛋白质的信息物质。事实上，一个基因带有的信息用于合成一条多肽链，而蛋白质通常是由多条肽链组成的。

曾经认为合成蛋白质的遗传单位与产生突变或在染色体上造成重排的一段 DNA 序列是不同的。然而在近来的著作中并没有发现这一基因功能的分离现象。我们可以认为基因是一段编码特殊产物的 DNA，产物通常是指多肽链，但也可能是一种类型的 RNA，如 tRNA 或 rRNA。已给定的基因以几种可能形式中的一种存在，亦或称等位基因（alleles）（见第 9 章）。

7.2 有何证据认为 DNA 是主要的遗传物质？

真核染色体长期以来就被认为是生命蓝图物质的载体，富含 DNA 和蛋白质，两种分子均有可能作为主要的遗传物质。但在 1928 年，Fred Griffith 证明死的、有致病性的肺炎球菌（有荚膜）与活的、无致病性的肺炎球菌（无荚膜）共同注射小鼠，可使无致病性的菌发生转化。由于致病性是与荚膜相联系的，受遗传因子控制，Griffith 推测可能活的菌同死的菌在一起使得遗传发生了改变。后来，Dawson 在体外重复了这一实验。1943 年，Oswald Avery 及其同行小心提取出转化的物质，发现是 DNA，因此是 DNA 从死细胞中移出并使活细胞发生了显著的遗传改变。不久又有更多新的证据支持 DNA 是重要的信息分子。

1952 年，Alfred Hershey 和 Martha Chase 用放射性标记了侵染性病毒的 DNA 和蛋白质，并将病毒导入寄主细胞，只有 DNA 进入细胞，繁殖产生新的病毒物质。由于病毒的蛋白质几乎不进入寄主，结果就证明了 DNA 是噬菌体的遗传物质。

曾经认为细菌是无性的，可自由进行遗传重组。详细的研究表明，两个或多个细菌间的重组需要有菌毛相连接，一个细菌中染色体环打开以进入受体菌。这一接合（conjugation）过程在电镜下清晰可见，复制的结果是产生了含有两种来源遗传物质的新的染色体。由于细菌的染色体是裸露的 DNA 链，那么细菌有性重组就进一步说明了 DNA 是主要的遗传物质。

转导作用为 DNA 是主要遗传物质提供了另一证据。这一现象与转化相似，也是包括了两细菌间遗传物质的改变，只是以病毒作为载体完成这一物质交换。病毒 DNA 进入细菌并破坏其遗传系统以产生新的病毒物质，有时细菌的 DNA 可能整合到病毒的基因组中。当病毒离开第一个细胞去感染另一细菌时，便将第一个菌中的 DNA 带到了其中。由于仅有 DNA 进入了病毒中，则遗传物质在两细菌间的交换也表明了 DNA 是主要的遗传物质。转导也是基因工程的一种技术。携带有外源基因的病毒为将基因导入受体菌提供了载体。

7.3　什么是内含子，其如何影响基因表达的过程？

内含子是真核 DNA 的特征，为两段外显子间插入的 DNA 序列。外显子是真正被翻译成蛋白质的遗传物质，而内含子在 mRNA 最终的产物中被去除。最初所有的内含子和外显子均被转录，内含子和外显子的存在是由于人们发现只有三分之一的 DNA 原初转录本被翻译成蛋白质。DNA 的原初转录本经过高度复杂的过程去除内含子，产生了二级、成熟的 mRNA，其中仅含有外显子。目前已清楚基因中包含有标志内含子开始和终止的信号。

尽管内含子并不参与形成最终的蛋白产物，但其对于合成有功能的 mRNA 具有重要意义。RNA 作为酶参与了内含子区域的剪切过程，有催化活性的 RNA 与蛋白质形成了核内小核糖核蛋白颗粒（small nuclear ribonucleoprotein particle）。

7.4　如果 DNA 的编码从 5′端读是 C-A-T，那么相应的反密码子从 5′端读其碱基序列是什么？

由于转录时 mRNA 的 3′端与 DNA 的 5′端结合，mRNA 互补的碱基序列从 3′端读应是 G-U-A。RNA 中是以尿嘧啶替代了胸腺嘧啶。tRNA 的 5′端连接的是 mRNA 的 3′端，因此 tRNA 的 5′端的碱基序列应是 C-A-U（见图 7.8）。除了替代的尿嘧啶外，反密码子与原 DNA 模板相同。

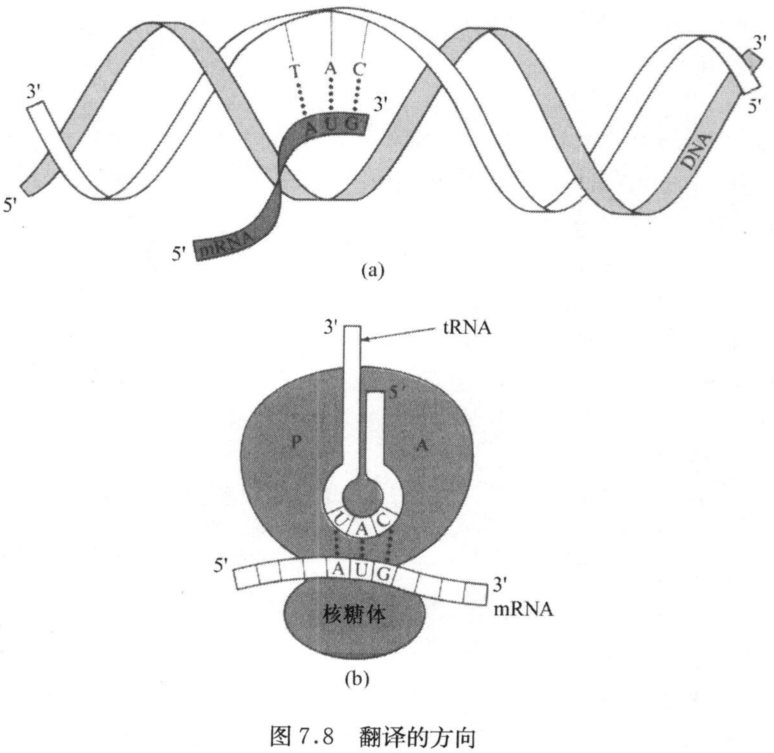

图 7.8　翻译的方向

7.5　50S 核糖体亚基有两个 tRNA 接受位点，它们是如何互作的？

第一个位点称肽酰位点（peptidyl site），即 P 位点，接受最初的 tRNA—氨基酸复合体。从第二个 tRNA—氨基酸复合体开始被第二个位点接受，称氨酰位点（aminoacyl site），即 A 位点。肽酰转移酶（peptidyl transferase）催化在两氨基酸间形成肽键，形成二肽后，P 位点的 tRNA 脱离。核糖体移动到 mRNA 的下一个密码子处，与二肽相连的 tRNA 从 A 位点转到 P 位点。A 位点空出来预备接受第三个 tRNA—氨基酸复合体，如此不断循环使肽链延长。

7.6　多肽是沿 mRNA 的 3′端还是 5′端延长的？

翻译是从 mRNA 的 5′端开始的，核糖体沿 mRNA 向 3′端移动使氨基酸加到蛋白链上。因此核糖体向 3′端移动的越多，便有更多的氨基酸加入肽链，肽链也就越长。

7.7 在真核细胞中是否合成的蛋白质的类型决定了其合成的部位？

是的。合成不同类型的蛋白在空间上是彼此分离的。那些存留在细胞质中的蛋白是通过 mRNA 与胞液中游离核糖体结合翻译的，而那些要进入内质网（ER）或分泌出胞外的蛋白是在粗面内质网（RER）被翻译的。对于后一种蛋白质来说，翻译过程首先是 mRNA 与两核糖体亚基结合，当 mRNA、核糖体与粗面内质网结合后才开始翻译。合成的蛋白进入内质网的管道中，而后输送到光滑内质网、高尔基体，再分泌出胞外。如果是合成内质网的蛋白，则直接掺入到粗面内质网的管道中。

7.8 讨论细胞中不同类型的 RNA。

细胞中存在着多于三种类型的 RNA，每一种均由染色体的特定基因编码。三种类型的 RNA 通常都是单链的，但在一定的区域可能形成链间的双链。

存在于核糖体上的一类 RNA 称核糖体 RNA（rRNA），由染色体合成，贮存在核仁中，最终成为核糖体的一部分。第二种 mRNA 通常较长，是转录的产物。这些转录物根据所合成的蛋白质不同而有很大差异。第三种是转运 RNA（tRNA），同样是由核内 DNA 编码的，至少有 20 种不同的类型对应于 20 种不同的氨基酸。实际上有 40 种不同的 tRNA。每一 tRNA 都是单链，但可折叠成三叶草形状，形成三个环和一个自由末端，第二个环上有三联体的反密码子，同 mRNA 上的特殊密码子结合。tRNA 的 3′端终止密码是 C-C-A，与活性氨基酸结合。

在核中还发现了几种特殊类型的 RNA，如用于去除内含子的 RNA。一些细胞器 DNA 合成的 RNA 与细胞核合成的 RNA 存在一些差别。

7.9 Arthur Kornberg 利用有活性的核苷酸、DNA 片段、含有必需酶的无细胞提取物在体外合成了新的 DNA，与原始的 DNA 片段是相同的，这就表明了 DNA 是以其自身为模板复制的。然而仍不能说明复制是全保留（conservative）还是半保留的。后来 Matthew Meselson 和 Franklin Stahl 利用氮的同位素证明了 DNA 半保留复制的性质，他们是如何操作的呢？

Meselson 和 Stahl 利用两种氮的同位素 ^{14}N 和 ^{15}N 证明了复制的 DNA 分子每条链的来源。将含有 ^{15}N 碱基的链（重链）培养于含有 ^{14}N 的培养基中，其只能利用 ^{14}N 合成核苷酸，一个复制循环后产生了具有中间状态链的 DNA。所有的 DNA 经严格的分析，发现有一条链为重链（来源于亲代的 ^{15}N 链），另一条为轻链（由 ^{14}N 合成），这就清楚地表明了 DNA 复制的半保留方式。

7.10 建立一个 DNA 复制的流程图，说明其主要步骤及有关的酶和蛋白。

$$\text{双螺旋} \xrightarrow{\text{拓扑异构酶}} \text{单链缺口} \xrightarrow{\text{螺旋酶}} \text{解螺旋} \xrightarrow[\text{拓扑异构酶}]{\text{SSB 蛋白}} \text{去稳定作用和解除螺旋力}$$

$$\xrightarrow{\text{引发酶}} \text{起始} \xrightarrow{\text{DNA 聚合酶}} \text{延伸} \xrightarrow{\text{DNA 连接酶}} \text{封闭缺口}$$

7.11 由于 DNA 复制仅在 5′→3′方向合成新链，而双螺旋的两条链是反向平行的，因此似乎只能在从 3′→5′方向的模板上进行复制，试想在 5′→3′方向的模板上复制是怎样进行的？

复制叉在该模板链上前进的方向为 5′→3′，聚合酶只能在 5′→3′方向延长 DNA 链，因此通常在模板上是以 3′→5′的方向运动，在 5′→3′方向的模板上复制 DNA 的方向与复制叉运动的方向相反。由于聚合酶需要等复制叉向前移动解开双螺旋，再以相反的方向合成链，因此这条链的复制是不连续的（后随（Lagging）链），复制不能在后随链上延伸，这是因为多聚酶必须等待通过解螺旋并从复制叉延伸而暴露出的新序列为模板支架。结果形成了一个个分离的片段（冈崎片段（Okazaki fragments）），然后这些片段连接成完整的链。

7.12 真核生物的复制（40～50 碱基/秒）较原核生物（500 碱基/秒）的速度慢很多，而真核的基因组又更为复杂，那么真核生物是以何种机制补偿其较慢的复制速度的？

原核生物的复制趋向起始（initiation）于一个位点，而真核生物有多个（multiple）起始位点，虽然每个复制子（replicon）的复制速度较慢，但由于其较短，于是缩短了复制的总体时间。

7.13　化学诱变剂和离子射线是如何导致突变的？

化学诱变剂与自然存在的碱基有相似的结构，可插入 DNA 链中阻断转录。有的化学诱变剂引起碱基的置换。诱变剂的作用实质与其致癌性有关，因为致癌性改变了细胞自身的调节信息。

离子射线的作用基础可能是使 DNA 链断裂。其次还可能导致加倍、缺失或碱基置换。紫外线引起突变的机制是在同一条链上相邻的两个胸腺嘧啶间成键，使胸腺嘧啶不能结合互补链上的互补碱基，在形成二聚体（T-T）的位点处有效地阻断了转录和复制。

7.14　虽然克隆通常是对生物个体而言，但大分子水平的特殊基因也可被克隆，试述一种可能的方法，利用反转录酶产生某一特定基因的多个拷贝。

反转录酶催化以 RNA 为模板合成 DNA。细胞中编码合成特定蛋白质的基因其 mRNA 可被分离，反转录酶可以此 mRNA 为模板合成编码该蛋白质的基因。然后将该基因插入质粒中并导入细菌，在细菌分裂过程中可得到该基因的多个拷贝。

7.15　基因工程的发展引起了人们在科学和道德方面的关注，试述几例。

许多细菌重组的研究中所用的质粒携带有抗生素基因，因此人们担心因 DNA 迁移产生出可抗所有已知抗生素的细菌，就将会出现细菌横扫人类的难以控制的局面，这只是人们众多种担忧的一种。

克隆也代表着科学和伦理的问题。由于克隆技术是通过无性过程使遗传物质重组，其减少了生物体的变异性，使其在选择压力下处于不利的地位。还有有关克隆人的合法性的问题，由于克隆人只是另一个人的复制体，他因需要一个适宜的培养环境而在母体的子宫内生长，但其遗传物质并无任何的改变。问题就在于克隆人的父母是谁，其家庭关系如何等。这些问题与法律、宗教团体及生物学家都有关系。有些国家有特殊的讨论小组来解决这些基因工程引起的伦理和生物学问题。

附　加　题

7.16　1964 年，Marshall Nirenberg 破译出 mRNA 上的遗传密码 UUU 编码的氨基酸是

(a) 甘氨酸　(b) 色氨酸　(c) 缬氨酸　(d) 苏氨酸　(e) 上述均不对

7.17　肺炎球菌的致病性与什么相关

(a) 染色体　(b) 核糖体　(c) 荚膜　(d) 溶酶体　(e) 上述均不对

7.18　DNA 首先被何人发现

(a) Feulgen　(b) Griffith　(c) Mendel　(d) Miescher　(e) 上述均不对

7.19　真核生物染色体具有

(a) DNA　(b) 蛋白　(c) RNA　(d) 核小体　(e) 上述全部

7.20　互补的腺嘌呤和胸腺嘧啶以三个氢键相连。

(a) 对　(b) 错

7.21　DNA 螺旋完整的一圈是 10 个碱基的长度。

(a) 对　(b) 错

7.22　对 Watson 和 Crick 有重要影响的是 Rosalind Franklin 的 B-DNA X—射线衍射照片。

(a) 对　(b) 错

7.23　DNA 双螺旋链间以氢键相连。

(a) 对　(b) 错

7.24　DNA 聚合酶负责 mRNA 的合成。

(a) 对　(b) 错

7.25　Meselson 和 Stahl 清楚证明了 DNA 的半保留复制。

(a) 对　(b) 错

7.26　启动子与转录有关。

(a) 对　(b) 错

7.27　由于内含子的存在，原初转录本较成熟的 mRNA 大很多。

(a) 对　　(b) 错

7.28 遗传密码的翻译发生在核糖体。

(a) 对　　(b) 错

7.29 内含子见于原核生物的环状染色体。

(a) 对　　(b) 错

7.30 tRNA 全长均为双链。

(a) 对　　(b) 错

7.31 哪个更长？

(a) tRNA　　(b) mRNA

7.32 哪个更稳定？

(a) DNA　　(b) RNA

7.33 哪个更大？

(a) 嘌呤　　(b) 嘧啶

7.34 哪个更复杂？

(a) 人类染色体　　(b) 细菌染色体

7.35 哪个更重？

(a) 核糖　　(b) 脱氧核糖

答　　案

7.16 (e)	7.17 (c)	7.18 (d)	7.19 (e)
7.20 (b)	7.21 (a)	7.22 (a)	7.23 (b)
7.24 (b)	7.25 (a)	7.26 (a)	7.27 (a)
7.28 (a)	7.29 (b)	7.30 (b)	7.31 (b)
7.32 (a)	7.33 (a)	7.34 (a)	7.35 (a)

第8章

细胞繁殖

8.1 细胞周期与生命周期

细胞周期

大多数真核细胞都能以一定的速率繁殖新的子细胞，这些子细胞含有母细胞分配的物质。细胞核物质，尤其是染色体的分配称为有丝分裂（mitosis）。细胞质的分配称为胞质分裂（cytokinesis）。这些过程（见图8.1）只是细胞周期（cell cycle）的一部分——细胞周期是细胞繁殖前在细胞内的有规律的循环。在一些细胞内，从 G_1 期到胞质分裂全部过程可以在几小时内完成；另一些细胞内却需要几天，而还有些细胞却始终处于某个阶段。

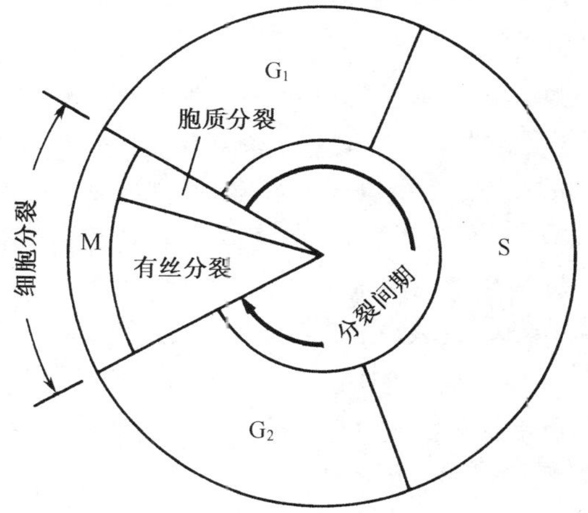

图8.1 细胞周期

细胞最重要的营养机能发生在 G_1 期，其中包括细胞器的生长和数目的增加、胞内和胞外物质的产生，那些可进行分裂的细胞经常停留在细胞周期的 G_1 期。

在S期（S period），核内DNA加倍（为以后的细胞核和染色体分裂做准备），与染色体有关的蛋白质也同时形成，而细胞的代谢活动大幅度降低。

紧接着这一合成阶段是 G_2 期，在这一阶段中，具有特殊结构的染色体开始移动，细胞复制所需要的物质。

G_2 期后是有丝分裂，这时细胞开始进入分裂阶段。染色体清晰可见并做特定的运动，然后一对染色单体分别移到细胞的两极。细胞质分裂后，一个母细胞分裂成两个子细胞，然后细胞开始进入下一个循环的 G_1 期。

生命周期

对只有无性繁殖的单细胞生物来说，细胞周期就是一个完整的生命周期；而对有性繁殖的单细胞或多细胞生物来说，细胞周期只是生命周期这一复杂过程的一部分，有性繁殖包括两个阶段。一是形成特殊的有性细胞——配子（gametes），配子中含有两种不同来源的遗传物质。两个配子结合后的产物即为合子（zygote）。一些生物中彼此结合的配子很相似，而在大多数生物中配子有两种，根据结构不同分为精子（sperm）和卵子（egg）。它们的染色体只有体细胞的一半。无论配子相同与否，两个配子结合的过程称为受精作用（fertilization），导致染色体数目加倍。每个配子一般只含有一套染色体，因此受精后将形成含有两套染色体的合子（受精卵）。受精卵即为二倍体（diploid，2n），而只有一套染色体的细胞称为单倍体（haploid，1n）。在两次有性分裂之间，染色体减半的过程即为减数分裂（meiosis）。二倍体细胞经减数分裂形成四个单倍体细胞。在有性繁殖之间必须有减数分裂，因为每一次受精，染色体数目都会加倍。

多细胞生物也有单倍体和多倍体的典型形态。减数分裂和受精所形成的单倍体和多倍体阶段的交替构成生物的生命周期。

☞**例 1**

蕨类植物生命周期主要是二倍体。由二倍体细胞构成的蕨类植物称为孢子植物（sporophyte），它包括根、茎、叶。减数分裂过程如下：在叶子下面会形成特殊的子囊（sacs），在子囊中形成许多单倍体孢子。这些孢子从子囊中释放出来后，形成单倍体的配子（gametophyte），配子非常小，呈心形。于是精子和卵子就形成并受精结合形成一个新的孢子体。这种从单倍体配子到二倍体孢子的转变称为世代交替（alternation of generation）。

8.2 包装基因的染色体

每个细胞的活动信息都是由一种重要的分子所携带。20 世纪 40 年代以来，人们才知道 DNA 是生命的基础分子（病毒等一些非细胞生物利用 RNA 为基础分子）。在细菌中，裸露的 DNA 构成了细菌的染色体，它几乎包含了细菌细胞所有的 DNA。在染色体外还发现有一种很小的环状 DNA——质粒（见第 7 章）。在真核生物中，染色体以线形短棒状结构存在，真核生物的染色体 DNA 与组蛋白（histone）密切相关。八个组蛋白分子（见第 7 章，图 7.5）作为一个单位称为核小体（nucleosome）。几百个碱基对组成的 DNA 缠绕在核小体周围。整个染色体由许多核小体组成。DNA 的进一步缠绕使核小体之间更加紧密，最终使染色体呈紧密的 30nm 宽的条带状染色质纤维。在有丝分裂期间，染色体自身缠绕，使得染色体在细胞周期的这个阶段变得更粗且清晰可见。

在原核生物和真核生物中，基因都是沿染色体以特定的形状存在。在原核生物中，除了在与转录起始、终止有关的调节区域、起始信号和终止信号处被打断（见第 7 章）外，结构基因沿染色体连续排列。在真核生物中，DNA 被组装成螺旋状的核小体单位，这种螺旋状结构形成的长链不仅能被清楚地分成特定的基因单位，而且基因物质确实存在于染色体的特定区域中。据估计，一个典型的基因是由染色体上的四个核小体单位组成。人们也发现可翻译成蛋白质的 DNA 不超过总 DNA 的 1/10。原核生物中只有一条染色体（单倍体），因此每个基因的表达不会受到同源染色体上相应基因的干扰。在大多数情况中，真核生物染色体都有同源染色体（为二倍体），因此基因表达就会受到基因之间相互作用的调节。

大多数原核生物的基因都存在于仅有的一个环状染色体中，极少数可能存在于质粒上，而且原核生物的基因中没有内含子。真核生物的基因分散在整套染色体中并具有种的特异性。每种生物的染色体都有特定数目和特征形态（染色体组型（karyotype）），特定的基因总是位于特定染色体的相同位置。染色体数目和结构的改变会导致基因异常。

☞**例 2**

正常人的染色体有 23 对，染色体对按其相对大小排序，第二十三对染色体为性染色体（sex chromosome），在女性中是一对 X 染色体，而在男性中是由一条 X 染色体和一条 Y 染色体构成。在有些人的细胞中有 3 条染色体 21，这就是所谓的三染色体（trisomy），它与

Down's 综合征（Down's syndrome）有关。这些人表现为痴呆，也有的发育异常；他们的特征是脸胖，眼睛为内眦皮状，到后期将会发展成为白血病。

8.3 有丝分裂

有丝分裂是指母细胞分裂成两个子细胞，并将其染色体平均分配到两个子细胞中去的过程。有丝分裂前是分裂间期的S期。在S期，染色体进行复制，两条染色单体（chromatids）的遗传物质相同，并被固定于特定的区域内——着丝粒（centromere）。着丝粒中有一个或多个蛋白质环称为动粒（kinetochore）。着丝粒在纺锤丝与染色体的连接以及以后的染色体迁移中起重要作用。

有丝分裂可分为四个阶段——前期、中期、后期和末期（见图8.2）。分裂前期（prophase）是分裂的第一个阶段，相对来说比较长，这时核膜破裂，形成纺锤体。

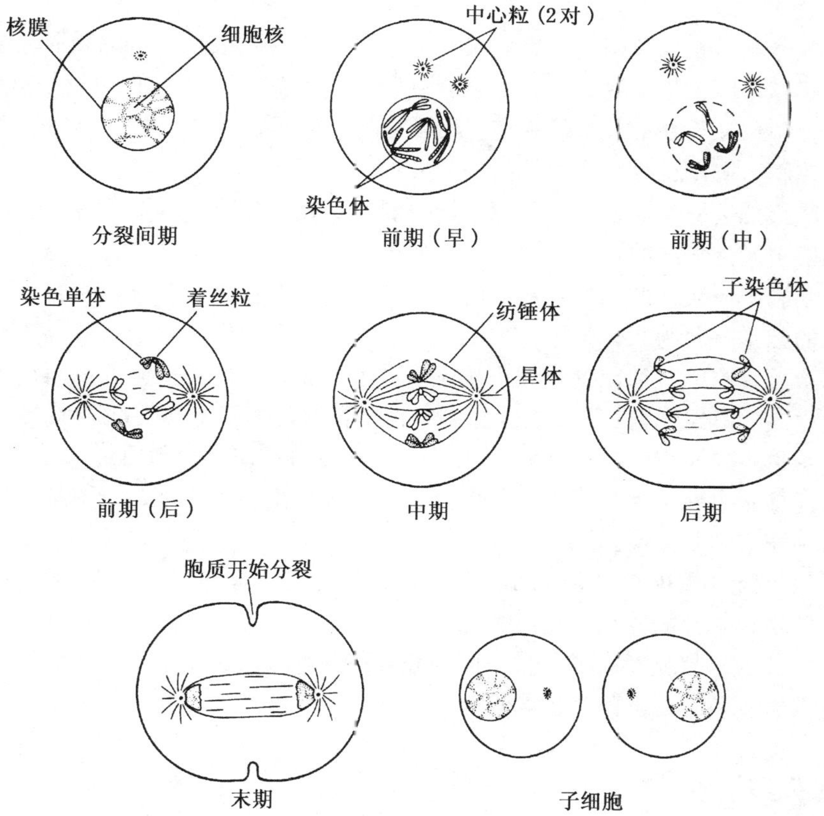

图8.2 有丝分裂（动物）

例3

大多数动物细胞和一些真菌的中心体（centrosome）位于核膜外。在中心体上有两对中心粒（centrioles），中心粒成对出现，呈圆柱状，并且相互垂直。成对的两个中心粒向相反方向迁移到细胞的两极，在那里，中心粒与细胞的纺锤体相连。在细胞分裂间期，中心粒进行复制。中心粒形成后，在细胞两极围绕在中心粒周围簇状的微管星体（aster）才可以形成。高等植物不存在中心粒和星体。在植物中，构成纺锤体（spindle apparatus）的微管状细丝形成桶状结构，而在动物细胞中纺锤体两端是尖的，这种差别可能与中心粒的影响有关。

染色体浓缩并开始向细胞的赤道板（equatorial plane）移动。分裂中期（metaphase）的特征是染色体正好排列在赤道板上。分裂后期（anaphase）开始后，着丝粒一分为二，这样每个染色单体就以一个独立的染色体存在。靠纺锤丝的牵引，一对染色体中的一个移向细胞的一极，而另一个却移向相反的一极。

☞例 4

在有丝分裂和减数分裂期，染色体的准确迁移主要是由纺锤体起作用的。这些稳定的半固体微管网状结构至少是由三种中空纤维组成。一种纤维从细胞的一极伸出，几乎达到另一极，并与另一极伸出的纤维重叠。第二种纤维附着在着丝粒上，而且也可以从着丝粒上伸出来。第三种纤维在分离的染色单体向两极移动的空间中形成。

有丝分裂前就存在纺锤丝的基本亚单位，这样就使得纺锤体的组装与分解可以迅速完成。

尽管在有丝分裂前期，复制后的染色体只有一个着丝粒区域，但两个染色单体各有自己的着丝粒，纺锤丝附着在着丝粒上并向两极延伸。与一条染色单体的着丝粒相连的微管与细胞的一极相连。而姐妹染色单体的着丝粒与另一条微管连接后与相反的一极相连。这就使得每个染色单体可以与它的姐妹染色单体朝相反的方向迁移。分析表明着丝粒仅由一个碱基组成。

一旦染色体到达相反的两极，有丝分裂的最后阶段——末期（telophase）就开始了。随着超螺旋的解离，染色体也逐渐丧失了其着色能力。在有丝分裂前期，核仁逐渐消失，到有丝分裂末期，核仁又重新形成。纺锤体开始解离成大分子，在细胞两极聚集的染色体周围分别形成新的核膜。末期也可以认为是前期的推迟。

随着细胞核分裂的结束，细胞质也开始分裂——胞质分裂。尽管动物与植物的分裂存在不同之处，但结果是相同的：生成两个独立的子细胞。

在动物细胞中，皱褶的卵裂沟在细胞赤道板区域沿细胞表面形成，卵裂沟不断变宽和加深直到原来的细胞一分为二，每个子细胞中含有由有丝分裂形成的一套染色体。在一些低等植物中，细胞质膜内陷，细胞壁物质也从表面开始形成，直到完全分裂。而在所有的高等植物中，细胞中间的赤道面（cell plate）上会形成细胞板，细胞中间的细胞质开始分裂。这时可以看到主要由蛋白质组成的环状结构成膜体（phragmoblast），随后形成了扁平的细胞板。细胞板逐渐向细胞表面扩展并把细胞分成两个新细胞，由高尔基体合成细胞壁物质运送到膜囊的分裂处来完成细胞分裂。原核生物（细菌和蓝绿藻）的细胞分裂要简单得多。紧紧地附着在细胞原生质膜一端的单链环状 DNA 组成细胞的染色体组型。分裂时，染色体进行复制，然后两条染色体都附着在原生质膜上。在染色体复制前，细胞变长，接着复制的染色体结合到膜上，细胞分裂就开始了。新合成的膜和细胞壁物质由细胞中间不断沿表面扩展，把母细胞彻底分裂成两个独立的子细胞。

8.4　减数分裂

在有性繁殖中，配子的结合总会使染色体加倍。为维持细胞内染色体数目的平衡，细胞经两次分裂后，把同源染色体分配到子细胞中去，使得结合的配子是单倍体而非二倍体，这样的过程叫做减数分裂（meiosis）。减数分裂与有丝分裂有许多相同点和不同点。

对动物来说，减数分裂产生单倍体配子，配子结合后产生二倍体合子。藻类细胞受精后立即进行有丝分裂以形成二倍体细胞，这些生物主要以二倍体形态存在。许多植物细胞的减数分裂有时发生在受精后，在植物中是单倍体与二倍体轮流交替。多数低等植物主要以单倍体存在，而高等植物主要存在于二倍体阶段。生物界中减数分裂的时序不同，但都具有同样的意义，即通过染色体减半使得有性结合后染色体数目不变。

第一次减数分裂

减数分裂开始时与有丝分裂相似（见图 8.3）：分裂间期的 S 期染色体复制，G_2 期复制的染色体发生超螺旋浓缩，接着分裂前期开始，与有丝分裂一样，核膜破裂，中心粒移到细

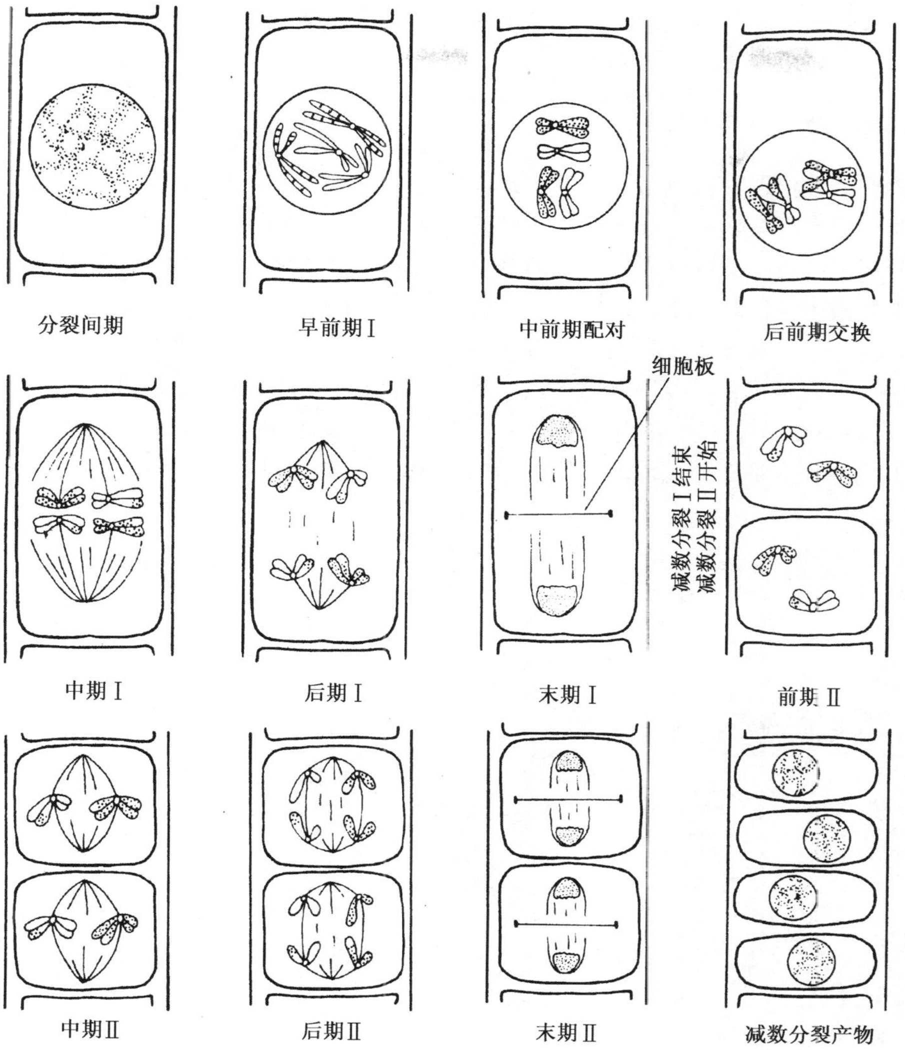

图8.3 减数分裂

胞两极，染色体也开始向赤道板移动，纺锤丝聚集由中心粒微管处延伸并形成，核仁消失。下述是与有丝分裂的主要不同点。减数分裂Ⅰ的前期比有丝分裂前期长得多，又可分为几个阶段。最有意思的区别发生在前期开始，这时同源染色体向一起移动——配对（synapsis），同源染色体在一处或多处接触，然后染色单体呈Z状，开始形成四链结构——四分体（tetrad）。在后前期四分体变松，每个四分体的染色体开始分离，这时染色体的染色单体与其同源染色体的染色单体之间可能会仍然存在一些物理连接。这些似乎要阻止同源染色体分裂的相连结构叫交叉（chiasmata）。不同的同源染色体上，每个交叉位点都是一条染色单体发生物理断裂，并与同源染色体相应的染色单体部分发生交换的结果。这种同源染色体的染色单体之间的部分交换叫做交换（crossing over）（染色体间遗传物质的交换），结果产生了具有混合遗传物质的杂交染色体（见图8.5，8.6部分）。

在减数分裂Ⅰ的中期，在赤道板上排列的成对同源染色体大多分离。这时的同源染色体之间仍然并列得很近，所以仍叫做四分体。在有丝分裂中期着丝粒上只有一条线，减数分裂时却有两条着丝粒线。赤道板上四体的总数目将是单倍体（1n）的数目。

在减数分裂Ⅰ后期，着丝粒不分离，只是两条同源染色体分离，并分别移向两极。结果使得一套染色体（具有两条染色单体）聚集在细胞的一极，使二倍体（2n）变为单倍体（1n）。这样的第一次减数分裂即为减数分裂（reduction division）。

随后是末期Ⅰ，具有两条染色单体的染色体开始解旋，在每套染色体周围开始形成新的核膜。在末期Ⅰ和前期Ⅱ之间有一段短暂的分裂间期（interkinesis）。但是在此期间并不合成遗传物质，甚至在进入第二次减数分裂前染色体并不完全解旋。

第二次减数分裂

第二次减数分裂又叫做均等分裂（equational division），每个新细胞中一套复制染色体的染色单体移到赤道板上并与着丝粒相连排成一排。这时着丝粒分裂，每个染色体的两条染色单体移向细胞两极。减数分裂Ⅰ产生的两个新细胞都会再分裂为 2 个子细胞，整个减数分裂过程中生成四个单倍体细胞。减数分裂过程中有时只产生一个有功能的细胞。因为在许多生物中，减数分裂的每一步都生成一个有功能的细胞和一个极体，而极体极易退化。第一次减数分裂前产生的极体也可以进行第二次减数分裂，而后才被降解掉。从染色体来说，雌性配子产生（gametogenesis）的过程与雄性配子产生（spermatogenesis）的过程相似，然而在细胞质向生成的子细胞中分配以及细胞的修饰方面，性别之间存在有很大差别（见图 8.4）。

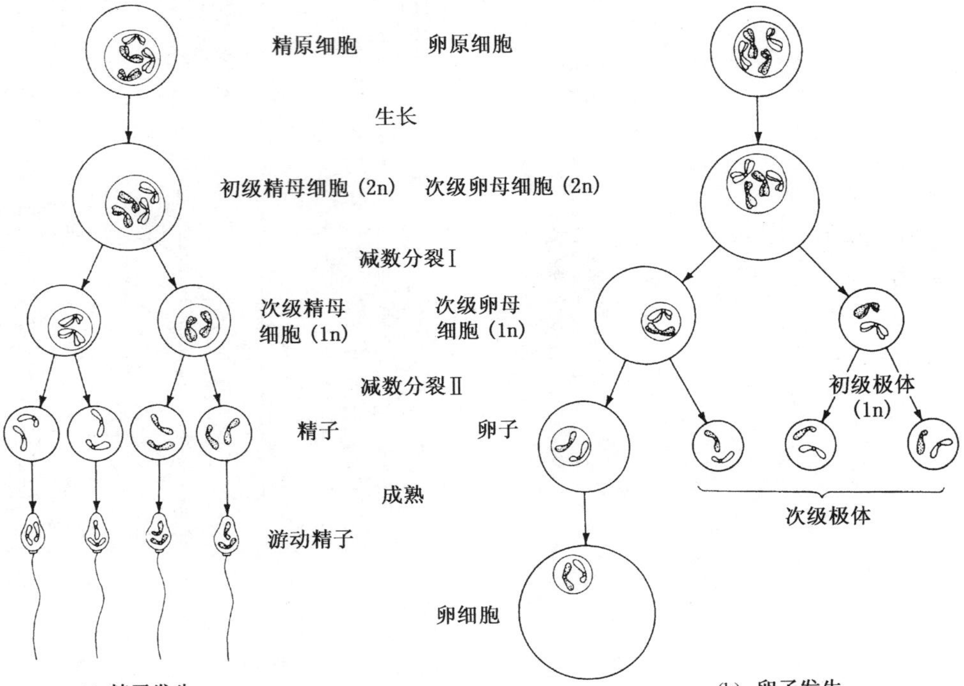

(a) 精子发生　　(b) 卵子发生

图 8.4　配子形成

☞例 5

卵原细胞存在于卵巢（ovary）的卵泡（follicles）内，卵子（egg 或 ova）就是由这些二倍体的卵原细胞（oogania）产生的。卵原细胞变大并发生一定变化后进入减数分裂，这时的卵原细胞称为初级卵母细胞（primary oocytes）。第一次减数分裂后生成比较大的次级卵母细胞（secondary oocyte）（含有绝大部分的母细胞细胞质）和一个小的极体（polar body）。次级卵母细胞和极体的染色体是单倍的，次级卵母细胞中含有初级卵母细胞中的绝大部分物质，经过第二次减数分裂生成一个大的细胞和第二个极体，这个大细胞便成为一个成熟的卵子，极体却被降解掉。第一个极体也可以进行第二次减数分裂，但产物将很快被降解掉。雌性动物减数分裂后只产生一个大的单倍体卵子。

雄性动物细胞中的精原细胞（spermatogonia）在特殊的生精小管（seminiferous tubules）中经有丝分裂不断增殖，成熟后这些精原细胞发生变化变成初级精母细胞（primary spermatocytes），经第一次分裂后形成单倍体的次级精母细胞（secondary spermatocytes），次级精母细胞再经过第二次减数分裂形成 4 个单倍体细胞，因为第二次减数分裂是均等分裂，只是把单倍染色体分离。

与卵子中发生的极体现象不同，这四个细胞都含有相等的细胞质并可继续生长发育。减数分裂最后生成的细胞称为精子细胞（spermatids）。在它们作为有功能的精子（sperm）（游动精子）释放前必须经过细胞质的修饰。以人为例，几乎所有的细胞质都被修饰成为一个中段运动器官和一个长长的尾部，中段富含线粒体，线粒体提供运动器官摆动尾巴的能量，这样精子才能运动。精子的头部类似于火箭的爆炸载重体，是非常重要的裸露的精子细胞核，头部附近是精子的顶体（acrosome），由精子的高尔基体生成，顶体中有许多种水解酶，以使精子能穿过包围在卵细胞周围起保护作用的胶状体。一个短颈部将头部与中段分开，尾巴是中段的延伸。

随着人类女性胎儿出生和成长，在卵巢中就会产生一些细胞（卵原细胞），这些细胞最终会成为独立的卵子。这些细胞处于胎盘期时就开始减数分裂，但到减数分裂Ⅰ前期停止，在受精前这些细胞处于“非活动”状态，受精后再进行第二次减数分裂。男性的减数分裂只有在性成熟后才进行。

8.5　染色体交换的机制

据实验证明，在配对的染色体中会沿着染色体生成一系列由蛋白质组成的轴状成分，这些成分为染色单体提供一个单薄的骨架。然后，蛋白质横桥在两个轴之间延伸形成一个很复杂的结构，其中DNA环沿RNA排列。每个染色体的棒状纵向蛋白经过一些过程与四条染色单体发生复杂连接形成的复合物称为联会复合物（synaptinemal complex）。在四分体形成时，每条染色体与其他染色体都有一定的排列顺序并继续受到配对染色体的影响。

在减数分裂的染色体分离过程中，联会复合物开始解离。在减数分裂Ⅰ，姐妹染色单体仍具有连接的倾向，有人把这种倾向归功于联会复合物。而细胞学家认为这是着丝粒分裂失败造成的。

事实证明，在一些物种中，蛋白质颜色加深发生在联会复合物的交叉部位，在这些位点就形成交叉。人们认为重组节（recombination nodule）在同源染色单体相同位置把同源染色单体打断并使其相应片段发生交换的过程中起着重要作用。一段母源染色单体拼接到父源染色单体的断裂部位，然后，父源染色单体的相应部位发生退火，拼接到母源染色单体断裂部分，这样就产生了遗传变异。

在减数分裂Ⅰ前期末染色体开始分裂时，交叉位点的染色体仍趋于连接。交叉点的数目与联会复合物形成时的重组节的数目大约相等，这个事实说明了重组节对交叉所具有的重要意义。减数分裂时交叉点数目的规律表明交叉并不是一件意外事件，而是引起遗传变异的一种机制。

8.6　有性繁殖和遗传变异

对有性繁殖无处不在的一种解释就是变异，因为变异为生物进化提供了动力。如果一种物种的所有个体都完全一样，当环境不适于居住时，这些物种将会灭绝。然而，如果这种物种的个体性状较易变异，当环境改变时会使一些个体死亡，而另一些却不受伤害。变异，提高了物种的适应性，也提高了生物在面对环境挑战时存活的潜力。

我们已经知道遗传突变是变异的一种来源，然而，变异的表达并不一定要靠有性繁殖。有性繁殖把两套完全不同的基因组组合到一块儿，极大地提高了遗传变异率。减数分裂又引入了两种来源的遗传重组，这进一步提高了变异的能力。

有性繁殖是整套染色体的重组。在二倍体合子中，每一对同源染色体中的一条染色体来自雄性（父染色体），另一条来自雌性（母染色体）；这样，一半的染色体来自父亲而另一半的染色体来自母亲。然而，由合子发育而成的生物体将会产生单倍体配子。因为在减数分裂Ⅰ中，来自父本和母本的同源染色体随机相对地排列在赤道板的任意一边，任何一种排列将导致子细胞中含有来自父本和母本的混合单倍体（母本和父本的基因和性状），这些重组的单倍体有些从来没有出现过。生物所具有的染色体对数越多，配子所具有的潜在的变异性就越大。染色体混合的意义将在第 9 章的遗传机制中详细讲解。

☞例 6

只具有一对同源染色体的细胞，经减数分裂后仅产生两种类型的配子，即只含有母本染色体的配子和只含有父本染色体的配子。由配子发生生成的大量配子，大约有一半含有母本染色体，另一半含有父本染色体。二倍体染色体为 4 的细胞，将会有两种四分体：M_1P_1 和 M_2P_2，因此在减数分裂过程中将会产生四种不同类型的配子：M_1M_2、M_1P_2、P_1M_2、P_1P_2，细胞减数分裂后生成配子种类数的公式为 2^n，n 为单倍体数（四分体数）。人的染色体单倍体数 n 为 23，所以仅靠配子父本和母本染色体重组形成的配子种类数应为 2^{23}（超过 8 百万）。一个精子或卵子将含有所有母本或父本染色体或二者的组合。

通过染色体重组引起变异的第二种来源是交换。母本和父本染色体再次发生混合，但只是在一套同源染色体内。由于染色体的独立分配，交换提高了配子的种类数，从而提高了变异率。

☞例 7

假如一条染色体上有一个蓝花突变遗传因子（B），在另一基因位点上有一个卷叶突变遗传因子（C）（见图 8.5）。再假如在同源染色体的相应位置上有一个红花突变遗传因子（R）和一个毛边叶子突变遗传因子（F）。在没有交换时，只有两种类型配子：BC 和 RF，然而因为交换就会产生另外两种类型的配子：BF 和 RC。

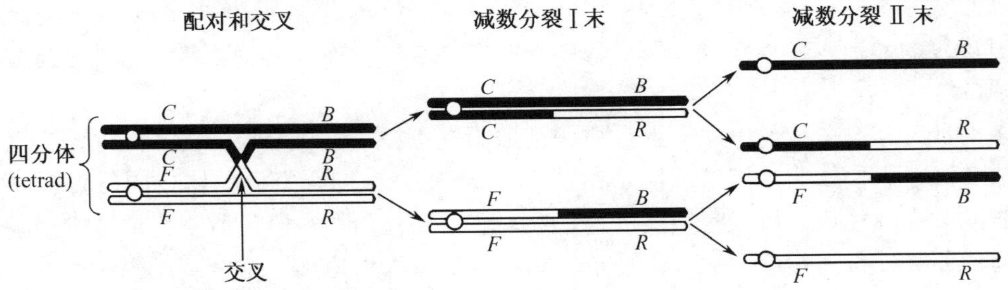

图 8.5 交换

就成千个基因位点来说，交换所产生的变异可能性非常大。染色体上的基因位点经常相互作用，因此产生的影响要比单纯一个基因的影响大得多，这就增加了变异的效率。

疑难问题解析

8.1 单细胞、无性繁殖生物的细胞周期和生命周期相同，请解释。

无性繁殖的单细胞生物不必经过受精，因而它们只需经过有丝分裂就可以保持染色体数目恒定。如果有性繁殖的生物不先经过减数分裂的话，那么它们每经过一次受精，染色体数目都会加倍。无性繁殖生物的细胞周期中没有二倍体和单倍体世代的交替，所以无性繁殖生物的生命周期也就是细胞周期。

8.2 原核生物和真核生物细胞繁殖有何差别？

由于原核生物细胞中只有一条染色体，所以原核生物细胞分裂不如真核细胞复杂。在真核生物中有帮助同源染色体分裂的复杂网状辅助结构，而在原核生物中却没有。单链、环状 DNA 复制的两条环状 DNA 链只是结合在细胞质膜上，然后经过细胞质分裂，并伴随着细胞膜和细胞壁的生长，母细胞就分裂为两个子细胞。

在真核生物中，大量的线状染色体都经过复制，然后经过更复杂的有丝分裂过程。在这个过程中染色体会发生相当大的改变，而影响染色体迁移的纺锤体和其他结构也形成了。

原核生物细胞繁殖不经过减数分裂，染色体也就不会减半，因为原核生物只有单倍体阶段。在原核生物（尤其是细菌）中性别也确实存在，但却不会形成配子，也没有配子的结合。细菌的接合与繁殖没有明显的关系，它们在接合过程中交换遗传物质（见第 7 章）。

8.3　植物细胞和动物细胞的有丝分裂存在什么差别？

植物和动物有丝分裂中细胞核发生变化的基本过程相似。主要区别在于胞质分裂和与染色体移动有关的辅助结构上。这些区别在高等动、植物中最为明显。在原生生物和真菌细胞中这些变化不大一致，既有植物有丝分裂模式的特点也有动物有丝分裂模式的特点。

8.4　假如微管的组装和解离的本质有易变性，且在纺锤体中微管的种类不同，那么染色体迁移的机制是哪一种？

纺锤体是如何影响染色体迁移的机制还不清楚，但有一些可能的机制：一种解释是着丝粒主动地沿微管的轨迹移动，支持这种假说的事实是迁移的染色体为 V 字型；第二种解释是微管纤维在两极断裂变短，着丝粒可能消极地靠这种变短的纤维而移动；第三种观点认为母细胞纺锤体伸长迫使细胞的两极分离，同时使得染色体沿伸长的纺锤体一起分离；最后一种观点认为在迁移的染色体之间形成了纺锤丝，纺锤丝伸长也可以使染色体迁移。所有或其中一些机制在许多细胞染色体的迁移过程可能是有效的。这些机制的一个重要部分包括纺锤体的微管单位的组装和解离的连续动力学状态。

8.5　为什么姐妹染色单体的分离和向两极迁移发生在有丝分裂而非减数分裂Ⅰ时期？

有丝分裂时，一条染色体的两个着丝粒通过与相反两极相连的微管结合在一起。这样，在迁移时，它们向相反的方向移动。在减数分裂Ⅰ期，一条染色体的两个染色单体在中心粒处连在一起，这个着丝粒只与细胞的一极相连（同源染色体与另一极相连），因此末期Ⅰ时它们向同一方向移动。

8.6　减数分裂Ⅰ与有丝分裂前期有何差别？

第一次减数分裂前期要比有丝分裂前期长得多，它可以再分成下面几个阶段：

1. 细线期（leptotene）：染色体已开始卷曲，浓缩，可以看到是一条细长的线段。当然染色体复制发生在间期的 S 期，但还看不见染色单体。核膜开始破裂，中心粒向两极移动。核仁成为分离的结构开始消失。

2. 偶线期（zygotene）：同源染色体开始联会，它们会在一些位置上产生连结，纺锤线开始出现。

3. 粗线期（pachytene）：联会结束，一条同源染色体的每一个基因位点与另一条同源染色体相应的基因位点并排排列紧密。由于两条染色体接合，它们的组合结构称为二价染色体。

4. 双线期（diplotene）：一条配对染色体的两条同源染色单体已清晰可见，因为此时由四条链组成，所以又称为四分体。这时沿染色体开始有大量的 RNA 合成。在 RNA 合成过程中，DNA 上会形成袢环，RNA 和组蛋白就接合在袢环上。在显微镜下观察，这些袢环使染色体呈灯刷状。

5. 终变期（diakinesis）：染色体达到最大浓缩，并呈高度螺旋状。这时联会染色体开始分离，仅在一些特殊的位点相连，称为交叉。终变期浓缩的染色体朝赤道板迁移，当染色体对排列在赤道板上时，减数分裂Ⅰ前期结束进入中期。

减数分裂Ⅰ前期最主要的特征是时间较长，联会的同源染色体之间互补区域发生交换，纺锤线只与染色体的一端相连，这样就使得染色体的移动方向与同源染色体的移动方向相反。然而第一次减数分裂前期与有丝分裂前期的特点相似，尤其是核膜、核仁、着丝粒以及纺锤体形成的机理。

8.7　减数分裂Ⅱ与一般的有丝分裂有何区别？

二者之间有一些差别。有丝分裂一开始，DNA 和染色体链开始复制。减数分裂Ⅰ结束后，减数分裂Ⅱ中没有 DNA 或染色体物质的复制。在一些生物中减数分裂Ⅰ结束后，减数分裂Ⅱ就开始了，二者之间没有间隔，再次形成可见的染色体。然而在细胞减数分裂一开始就伴随着染色质的扩散。第一次减数分裂产生的染色体在减数分裂Ⅱ形成单倍体，然而有丝分裂可以在单倍体和二倍体中进行。在减数分裂Ⅱ，由于交叉，每一条染色体都可能是含有母源染色体和父源染色体物质的混合体。所有这些差别都无法改变在这两个过程中染色体迁移机制的相似性和胞质分裂的相似性。

8.8　在减数分裂前期，同源染色体相互识别和联会的机制是什么?

联会的机制还不清楚。联会的分子基础可能是互补碱基配对，同源染色体碱基对重复序列同时出现，也可能是染色体上的蛋白质分子（作为联会复合物）起作用。

8.9　哪条染色单体参与交换和交叉的形成?

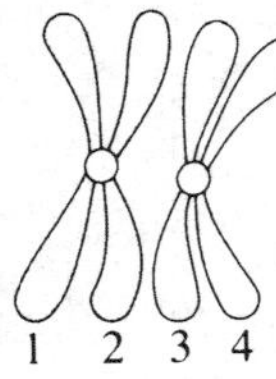

一条同源染色体的任何一条染色单体都可以与另一条同源染色体的任何一条染色单体在相对应的区段发生交换，在一般的二维结构四分体图中，似乎只有 2 和 3 可以发生交换。事实上，3 和 4 都可以与 1 发生交换，而 3 和 4 也可以与 2 发生交换。一旦交换发生，任何一种姐妹染色单体之间的交换都没有基因上的相互影响，因为这些链的基因是完全相同的。

8.10　染色体蛋白质在细胞质中合成并必须运回细胞核，那么使这些蛋白质运回细胞核的机制是什么?

一些蛋白质非常小可以穿过核膜进入核内，如组蛋白；而其他的蛋白质一般要比组蛋白大得多，这些蛋白质进入细胞核要困难得多，也许需要经细胞核外膜的内吞作用才能进入细胞核。

8.11　染色体数目异常引起染色体组型疾病，这些疾病是如何发生的?

在正常的减数分裂情况下，每个四分体都分为两条同源染色体，在第一次减数分裂后期，一条同源染色体移向细胞的另一极，如果染色体不发生这种分离，所有的四分体都移向细胞的一极，而相反的一极却没有染色体，这就必然产生二倍体的配子（在这些生物中，减数分裂发生在配子形成期），这样一个二倍体与一个典型的单倍体配子结合后，合子中将含有 3 套染色体，即为三体（triploid）。植物中，三体甚至多体（polyploidy）的形成是生物进化中产生新物种的机制。在动物中这种变化却不一样。

更普遍的是，一个四分体的两条同源染色体分离失败，将会导致所产生的配子的一条染色体加倍，而其他染色体却不加倍。唐氏综合症就是因为一个含有两条染色体 21 的精子或卵子与一个正常的精子或卵子结合产生的合子含有 3 条染色体 21。四分体分离失败叫做不分离（nondisjunction），由此引起的疾病就是不分离疾病，包括 Down's 综合症、Klinfelter's 综合症（XXY 雄性遗传型）、Turner's 综合症（XO，如只有一条 X 染色体的雌性遗传型）。染色体或染色体部分的断裂、删除和插入都会引起染色体组型疾病。

8.12　我们已经知道，父源染色体和母源染色体无论是整套还是染色体片段的形式，配子的不同组合对遗传变异起重要作用。既然这些染色体在二倍体细胞中完全混合在一起，那么你认为在减数分裂时如何重组才能产生最大的变异?

问题的答案在于，一个给定的基因的突变遗传因子之间以及它与其他基因的突变遗传因子之间相互作用的方式，通过这些方式产生我们看到的生物特征。例如一个母源染色体的一个特定突变遗传因子是卷叶基因，由于生化原因总是表达，那么如果父源的相应位点不是卷叶基因，不管父源的突变遗传因子如何表达，母源的卷叶突变因子都会表达。如果没有发生重组，母源染色体上的其他基因总是与植物的卷叶基因连在一起（如编码蓝花的基因），然而，通过重组，配子中将含有母源染色体蓝花基因和光叶基因（而非卷叶）。如果这样的配子与另一个染色体含有光叶基因的配子结合，将使光叶得以表达，蓝花将与卷叶分离，即使没有新的突变遗传因子引入也会产生新的植物类型。染色体组编码成千上万种性状，就会有成千上万的并列引起重组，这样也就使物理性状有成千上万种变异，这些变异的性状都会面临选择的压力。这种重组将在第 9 章详细介绍。

附　加　题

8.13　在细胞周期的哪个时期 DNA 加倍，染色体复制?

(a) G_1　(b) 中期　(c) 间期的 S 期　(d) G_2　(e) 胞质分离

8.14　精子和卵子是

(a) 同型配子 (b) 异种同型物 (c) 异型配子 (d) 二倍体细胞 (e) 以上都是

8.15 减数分裂染色体复制发生

(a) 在分裂间期 (b) 在分裂间期的 S 期 (c) 一个周期只进行一次 (d) (a) 和 (b) (e) (b) 和 (c)

8.16 蕨类植物的孢子体是

(a) 主要形式 (b) 二倍体 (c) 单倍体孢子的来源 (d) 以上都是 (e) 以上都不是

8.17 在许多生物中，尤其是植物界，单倍体和二倍体交替产生。这种有两种阶段的生命类型是

(a) 还原体系 (b) 生命周期 (c) 合成 (d) 联会 (e) 幼态性成熟

8.18 染色体的基本结构单位是

(a) 着丝粒 (b) 核小体 (c) 端粒 (d) 以上都是 (e) 以上都不是

8.19 有些男性含有三条性染色体（XXY）并患有一种称为 klinetelter's 综合症的疾病，这是一种性功能障碍和智力迟钝的疾病，这种病是以下那种疾病的例子之一

(a) 染色体组型 (b) 点突变 (c) 体内平衡 (d) 细菌引起 (e) 年老

8.20 人类细胞有丝分裂时形成的四分体数是

(a) 23 (b) 46 (c) 0 (d) 4 (e) 以上都不是

8.21 着丝粒或染色体的缢痕含有一种蛋白质环，这种蛋白质环与纺锤丝紧密相连，这种蛋白质环叫做

(a) 次级缢痕 (b) 中心粒 (c) 星体 (d) 着丝粒 (e) 体节

8.22 二倍体生物细胞两个拷贝的染色体来自

(a) 单倍体细胞的加倍 (b) 父母中各有一个拷贝 (c) 四分体细胞减倍 (d) 以上都是 (e) 以上都不是

8.23 减数分裂和有丝分裂 DNA 和染色体的复制发生在同一个时期。

(a) 对 (b) 错

8.24 交叉就一定会发生断裂。

(a) 对 (b) 错

8.25 极体中缺少染色体。

(a) 对 (b) 错

8.26 一个二倍体染色体数为 10 的生物体在减数分裂 Ⅰ 前期将有 40 个四分体。

(a) 对 (b) 错

8.27 为精子马达似的中段提供动力的细胞器是线粒体。

(a) 对 (b) 错

答 案

8.13 (c)	8.14 (c)	8.15 (e)	8.16 (d)
8.17 (b)	8.18 (b)	8.19 (a)	8.20 (c)
8.21 (d)	8.22 (b)	8.23 (a)	8.24 (a)
8.25 (b)	8.26 (b)	8.27 (a)	

第9章 遗传机制

儿子像父母就是遗传（inheritance 或 heredity）的一个例子，猫有小猫，狗有小狗，人有婴儿。在这些群体中，亲代的遗传性状在子代身上有不同程度的遗传和变异。现代遗传学（genetics）阐述了遗传的重要机制。

9.1 孟德尔之前的观点

早期的民间传说反映了原始人类已有的遗传概念。在一些与外界没有交往的部落中，人们对人或动物的性交和怀孕之间的联系并不清楚。然而在埃及和巴比伦，人们有选择性地饲养种植动植物已有 2500 多年的历史。

当精子（17 世纪）和卵子（19 世纪）被发现后，人们对人是由精子和卵子结合发育而来的观点进行了激烈的争论。于是人们认为遗传特征在受精前就存在。随着历史的前进，血液是遗传的决定因素的观点也开始流行。据说贵族们的血液是高贵的血液，不良特征是由“不良血液”引起的。二次世界大战期间，以血液判定人种和民族的观点十分流行，人们根据血液的不同分为不同的种族。这种观点仍然是群体社会学词汇的一部分。

亚里斯多德（Aristotle）和达尔文都相信泛生论（pangenesis），至少是部分相信。泛生论代表性的观点即胚芽论（gemmules），胚芽是来自身体的早期部分，聚集在配子中并直接参与新个体的形成，当人们发现一个缺胳膊或少腿的人可以产生完全正常的后代的现象后，这种遗传学说才逐渐被否认。

9.2 孟德尔定律

孟德尔（Gregor Mendel）于 1822 年出生于奥地利，后来成为现在的捷克斯洛伐克 Brno 镇（当时是奥匈帝国的一部分）一个修道院中的修道士。他有一个小花园，并在花园里做豌豆实验。他致力于解开当时的遗传之谜，终于实现了他疯狂的科学梦，但即使这样，他也不知道自己为经典遗传学（classical genetics）奠定了坚实的基础。在他去世后，他的实验和理论才得到人们的公认，并认定是遗传学的基础。

在孟德尔时代，人们认为血统的混合就像是油漆的混合一样，遗传是父母影响叠加的结果。孟德尔展示给人们的遗传是抽象的可分离因素之间的相互作用——颗粒遗传理论而不是一个混合过程。他是一位辛勤的科学家，他的成功归功于许多因素，但最主要的还是他对实验数据的定量化以及对实验的详细的记录。

豌豆植物是遗传研究的最好材料，因为豌豆既便宜又容易获得，在单一的生长季节结果。豌豆用花瓣将性器官遮盖，这样就避免了其他花的花粉干扰。把特定性状的雄花粉洒落在雌性的雌蕊上，最终使一个精子细胞核与一个卵子结合，对这样的遗传实验进行分析。孟德尔选择较明显的性状进行研究，如茎长短、种子表面、种子颜色。在实验方面花费了不到五年的时间，最后他得出两个基本定律，但他一直进行实验探索直到年老和由于肥胖及一些管理工作才停止。

孟德尔第一定律

孟德尔是一位优秀的植物栽培者，他可以一代代生产出许多自身纯种传代的植物。对他所选择的七个性状中的每个性状，他都挑选出相对类型的纯代植株，然后进行杂交。

☞例 1

孟德尔用一株高茎豌豆与纯品种矮茎豌豆进行杂交。他发现亲代（P_1）杂交产物子一代（f_1）都为高茎豌豆，与亲本高茎豌豆非常相似。这个结果与传统的观点不一致。传统的观点认为后代应该是中等高度的。孟德尔没有停步不前，他把所有的 f_1 代进行自身杂交，这在庭院豌豆中较易进行，因为一株豌豆花同时有雄性和雌性部分，是严格的自花授粉植物。孟德尔发现在 f_1 杂交产生的 f_2 代中，既有高茎又有矮茎的豌豆。在 f_1 中没有表现的矮茎性状，在 f_2 中又神奇地出现了。在 1064 株 f_2 代豌豆中有 787 株为高豌豆，而 277 株为矮豌豆——接近 3∶1——没有中等高度的后代。

孟德尔对实验结果进行了分析，发现一种性状，如豌豆植株的高度并不是在一定的范围内，而是有两种特定的个体：高和矮。他假设这种性状的决定因子以抽象的可分离因子存在：一个高因子和一个矮因子（我们现在称这些因子为基因）。高植株含有高因子而矮植株含有矮因子。

高植株的 f_1 代能产生高和矮两种后代（f_2），面对这种事实，孟德尔意识到对一个遗传性状，每一个体并不是只有一个因子而是一对因子。这就解释了包括豌豆和人在内的所有有性繁殖的生物都有一对亲本，每个亲本都会传给后代某个性状的一个因子的事实。一个因子的一种形式（本例中为高因子）是显性的（dominant），另一种形式（矮）是隐性的（recesswe）。因此，如果两个因子都存在，只有处于支配地位的显性因子（dominant）在子代表现型（phenotype）中才得以表达。这就解释了所有 f_1 代都为高豌豆的原因，而矮因子在遗传物质中处于潜伏状态。

对亲本配子的遗传因子进行追踪就可以解释孟德尔的结果。

☞例 2

孟德尔豌豆的株高基因有两种遗传因子形式。对高因子用 T 表示，而矮因子用 t 表示，对纯合（同一个遗传因子）的高亲本遗传型用 TT 表示，纯合的矮亲本用 tt 表示。

P_1 杂交：$TT \times tt$

高植株的配子中都有 T 遗传因子，矮植物的配子中都有 t 遗传因子，因为单倍体的配子中只有一个亲本的一种遗传因子。

在 f_1 代，T 和 t 配子结合产生了 Tt（杂合）的遗传型个体，这些个体产生的配子中有些含有 T 遗传因子，而另一些却有 t 遗传因子。这些配子类型在数目上是相等的。下图是 f_2 不同组合的表示，精子沿轴的一个方向，卵子与精子方向垂直，横向和纵向配子的相互作用就产生了所有可能的交配：

	T	t
T	TT	Tt
t	Tt	tt

所形成的正方形称为庞纳特方格（Punnett square），是由一位英国遗传学家利用这个正方形来阐述遗传交配而得来的。

f_2 的遗传型（genotypic）比率为 1 TT∶2 Tt∶1 tt，但是豌豆植株后代显性（phenotypic）

与隐性的比率却是3:1，因为有 T 遗传因子存在时，个体呈显性。

孟德尔第一定律称为分离定律（the law of segregation)，内容如下：每对性状都由一对特定的因子（基因）所控制，这对因子在配子形成时必须分离，而在受精时又随机结合，当这对因子同时存在时，其中一个因子表达而另一个因子不表达。

假如孟德尔不是一个细胞学家，对减数分裂和有丝分裂一点也不知道，他的第一定律将是染色体行为的重要反映。然而在他提交实验结果35年后，这个重要的发现才被承认。

正如在第8章所讨论到的，基因实际上就是一段DNA序列，这段DNA代表了一个精心设计的单位。决定高度的基因或决定其他性状的基因都可能有两种或更多种不同形态，称为遗传因子（allele)，如高和矮。如果一个个体的一对遗传因子都是相同的，那么从这个性状角度来考虑，这个个体即为纯合的（homozygous)。而具有一对不相同的遗传因子的个体是杂合的（heterozygous）或杂合子（hybrid)。基因组所有的遗传因子即构成了个体的遗传型，它们是个体表现型的重要但绝非惟一的决定因素。表现型要受到遗传型和环境的共同作用，如：一株遗传型为高因子的豌豆，如果没有阳光和营养，它也不会长高。

☞例3

暹罗猫（Siamese cat）只有四肢和脸是黑色。暹罗猫的全身细胞都可以产生黑色素酶，但这种酶由于相对高的体温而受到破坏，只有四肢和脸的温度比较低才使得这种酶能行使功能产生黑色性状。

孟德尔第二定律

孟德尔得出分离定律可以适用于他所研究的七个不同性状的结论后，他又开始研究两个性状是独立遗传还是受到其他遗传因子的影响的实验。如果我们把纯合的高茎、黄色种子的豌豆（均为显性）与纯合的矮茎、绿色种子的豌豆（均为隐性）交配，那么这些性状是独立遗传呢还是后代的一个性状为显性时，另一个性状也必然是显性？换句话说，一个性状的遗传是否影响其他性状的遗传或与第二个（第三个、第四个等）性状的遗传相联系？

当孟德尔进行与第一组相似的杂交实验时，他同时观察了两个性状，结果他发现遗传因子的分配十分“民主”。在分离过程中，一个配子如果接受了高茎性状的显性因子，它既可以接受第二个性状种子颜色的显性因子，又可以接受其隐性因子。所有可能的组合都会出现在 f_2 代中。

☞例4

f_1 代是杂合子，茎高（一个高因子 T 和一个矮因子 t）和种子颜色（一个黄色因子 Y 和一个绿色因子 y)。如果是独立分配，每个杂合子将产生四种类型的配子—— TY，Ty，tY 和 ty。我们可以用庞纳特方格来表示所有可能的配子组合：

	TY	Ty	tY	ty
TY	$TTYY$	$TTYy$	$TtYY$	$TtYy$
Ty	$TTYy$	$TTyy$	$TtYy$	$Ttyy$
tY	$TtYY$	$TtYy$	$ttYY$	$ttYy$
ty	$TtYy$	$Ttyy$	$ttYy$	$ttyy$

从庞纳特方格我们可以看出，茎高和种子颜色的独立遗传可以产生四种可能的表现型——高茎黄色种子，高茎绿色种子，矮茎黄色种子，矮茎绿色种子，它们的比率应为9:3:3:1。

孟德尔第二定律又叫做独立分配定律（the law of independent assortment 或 the law of unit characters)，主要内容是生物的性状是独立遗传的（见前章问题 8.12）。而且，由概率也可算出不同的表现型的比率。

☞例 5

在统计学上，随机事件都由概率表示，因为一个事件与其他任何事件发生的概率是相同的，任何一个事件发生的概率总是可能事件总数之一。一个硬币落地有正反两面，是正面的机率占 1/2。根据这个定律可知，两个独立事件同时发生的概率是第一个事件发生的概率乘以第二个事件发生的概率。两个或更多事件同时发生的概率是它们各个概率的乘积。如果我们向空中投 3 枚硬币，全是正面的概率为 1/8。[因为每个硬币正面向上的概率是 1/2，我们只用 (1/2) × (1/2) × (1/2) 就得到三个硬币正面同时向上的概率]。

在研究两个或多个性状的遗传时，孟德尔利用同样的逻辑预测双因子杂种（两个性状都为杂合）f_1 交配时表现型出现的概率大小。同样，独立事件发生的概率就是单个事件发生的概率的乘积。

☞例 6

在单因子杂交时，后代中的 3/4 是显性，1/4 是隐性，这就是“3/4，1/4 规则”。因为不相连的性状是独立遗传，两个性状同时出现的概率将是单个性状出现概率的乘积。这样，如果两个性状的一个性状单因子杂种交配后代中有 3/4 是显性，那么在双因子杂种交配后代中两个性状都为显性的机率是 3/4×3/4＝9/16；同样，第一个性状是显性，第二个性状是隐性的概率是 3/4×1/4＝3/16；两个性状都为隐性的概率是 1/4×1/4＝1/16。

相同的处理使得我们预计三对基因杂交的特定性状接合的概率成为可能。在这样的杂交中，有 27/64 的后代会显现出三个显性性状，只有 1/64 将会具有全部三个隐性性状。如果选择 3/4 代表任何一个显性表现型出现的机率，1/4 代表它的隐性表现型机率，那么杂交中的任何问题都将解决。

在随后的几年，孟德尔转向一种普通植物，山柳菊，来证明由菜园豌豆得出的遗传规律是否适用于其他生物体。但是，孟德尔的杂交没有得出近似的结论，他在痛苦失望中死去，尽管他已经升为他所在修道院的院长。山柳菊可无性繁殖，卵可以发育成一个新的个体，而不需要来自花粉上的精子的参与，孟德尔的山柳菊杂交并不是真正的杂交而是被他淘汰的双杂交。成就举世无双的传奇英雄以悲剧而终结。

孟德尔规律的统计学论证

正如我们所知，遗传上的实验结果总是希望符合特定的预计概率，有时数据与概率十分接近，以至于一点也不怀疑它们是否符合这一假说。但是，结果经常偏离预想。因此，问题产生了：这种偏离是由于偶然还是由于这个假说是错误的。在这些情况中，统计分析是十分重要的。

1900 年，统计学家 Karl pearson 应用了一个技术（卡方（χ^2）分析）来验证一系列数据与假说的适合程度（goodness of fit)。例如，如果杂交发生在杂合的高大豌豆植株和纯合的矮小植株间，我们假设可得到 1∶1 的高、矮表现型后代，偏离 1∶1 的概率可用两种途径中的一种予以解释：

1. 这个偏离是仅由偶然导致的，不足以使我们怀疑这种轻微的差异与预计的 1∶1 概率有着显著不同。如果实际结果与假定的结果之间没有显著不同则被称为无效的假说（null hypothesis)。
2. 差别很大以至于 χ^2 很高，偶然的波动很小，在这种事例中无效的假说将被否定，概率也不会被认为是 1∶1。

在 χ^2 分析中，概率中的每一个因素——实际值（O）与假定值（E）的偏差是被限定的。每一个偏差被平方，并除以假定值 E，即：

$$\frac{(O-E)^2}{E}$$

χ^2 由所有值相加的和除以 χ^2 概率表中的一个数字。(精确适合时 χ^2 为 0) 如果 χ^2 的统计总数非常高，概率适合预计分配的假说就可能被否认，因为单独的偶然性有如此大的可能性是非常低的。从表中选择的可能数据将依赖于预想的信赖水平。如果我们已计算出的 χ^2 可能性等于 0.05，那么，我们将以 95%的自信否认无效的假说，这不是一个假定概率的事例。

☞例 7

在某种高豌豆植株和纯种矮豌豆植株之间的杂交，假定我们获得了 30 株高植株，38 株矮植株。这种偏差与预计的 1:1 概率在 0.05 水平上吗（也就是说，这种偏差在 95%的概率之上，在否认假说上我们是正确的，这些数据符合 1:1 概率）？

如果得到 68 株植株，我们会希望 34 株高的，34 株矮的，计算 χ^2，我们可得到：

$$\chi^2=\frac{(30-34)^2}{34}+\frac{(30-38)^2}{34}=0.47+0.47=0.94$$

χ^2 概率表表明，$\chi^2_{0.95}=3.84$，我们的统计数据比它小，我们可以接受在 0.05 水平上的假说，因为我们的 χ^2 值由于偶然的巨大波动而大于 0.05，事实上我们可以预期得到 30%～50%同 0.94 一样高的由偶然因素引起的 χ^2 值。

我们可以用一个相同的统计工具去评估其他的比率，如表型比率为 3:1 的杂交配对，也可以检测有 3 种或更多种类的结果。

孟德尔定律在染色体上的应用

孟德尔惟一的论文发表于 1866 年，但没有引起其他科学家的注意。直到 1900 年，孟德尔定律被 3 个独立的研究机构所证实，它们都各自发现了分离定律，这三个研究机构是荷兰的 Hugo De Vries、德国的 Carl Correns、奥地利的 Erich Tschermak von Seysenegg。

1901 年，纽约哥伦比亚大学一位研究生 William Sutton 研究了减数分裂时染色体的迁移，减数分裂是由 Theodor Boveri 第一次提出来的。那时，哥伦比亚大学正在讨论最近发现的孟德尔的工作。Sutton 把两种观点结合在一起形成了这样的理论，即：染色体是遗传物质的基础。染色体含有成对的遗传因子，每条染色体与其同源染色体的相同位置都有一个相同的基因，在配子形成时染色体彼此分离，而在受精时，随机接合的精子和卵子的染色体重组产生进一步的变异。Sutton 很清楚地认识到基因是染色体的一部分，然而随后的 17 年内，许多细胞学家和遗传学家却认为染色体是细胞核内随机的结构，与基因本身没有关系。

9.3 连　　锁

19 世纪初期，摩尔根（Thomas Hunt Morgan）在哥伦比亚大学建立了遗传实验室，发动了许多诺贝尔奖获得者，为古典遗传学创建提供最高支持。摩尔根所用的实验材料是一种果蝇（*Drosophlia melanogaster*），这种果蝇用起来方便，易培养，世代不超过一个月[1]。

摩尔根的研究小组在一个非常小的被称为果蝇室的实验室工作，他们很早就发现孟德尔的独立遗传规律并不完全正确，果蝇的一些性状是同时遗传而不是分离的。

正如我们所看到的，当双因子杂交时，我们希望所有的性状的结合都会出现在后代中，因为根据孟德尔定律，每个性状都是独立遗传的。两个性状时就有四种可能的表现型，第一个显性第二个隐性，两个同时显性，第一个隐性第二个显性和两个同时隐性。

---

1) 实际上果蝇的寿命一般为 50～60 天。——译者注

在摩尔根的实验室里，人们发现特定的双因子杂种结合后只产生四种可能表型中的两种。那些可能独立分离的性状被认为是连锁的（linked）。连锁发生在同一条染色体上的基因之间。这些基因的遗传因子并不发生独立分配，因为在配子形成时它们作为一个单位迁移（即它们在染色体上一同迁移）。这样，染色体上位于位点1的遗传因子就没有机会选择是与同一条染色体上位点2的遗传因子还是与同源染色体上位点2的遗传因子进入同一个配子，而必须与同一条染色体上位点2的遗传因子一同迁移（连锁也可以因交换而破坏，这在下一节将讲到）。

☞例8

假如在编码花颜色的基因位点发生显性突变将使花由正常的红色变为蓝色，在同一条染色体上，邻近的编码叶子性状的基因位点有一个圆叶显性遗传因子，由于连锁，这两个遗传因子将总是同时进入一个配子（不考虑交换），一旦蓝花出现，只有圆叶（不是其他非连锁叶子形状遗传因子）将与其伴随。

摩尔根及其同事发现在果蝇中有4个连锁群，每一个性状都可以归属到四个群之一中去，作为单倍体，果蝇也有四条染色体，这就必然引起了一场激烈的争论：染色体是遗传物质的基础，是基因的携带者。

9.4　染色体图谱

人们可能会认为连锁就象怀孕一样，是一个"确定事件"，然而，在摩尔根小组准备的许多交配中，连锁似乎是有"漏洞"的。尽管在所研究的大多数后代中，四种可能的表现型组合中只有两种（很明显的连锁），然而也有少数后代的这些连锁性状又发生分离（reassortment）。为什么连锁的基因又表现出非连锁的迹象呢？知道了我们已学到的交换，答案就简单了（第8章）。当交换时，通过与同源染色体的部分交换，连锁的基因被打断，如果基因A和基因B在另一条同源染色体上，我们就说这两个基因是连锁的。连锁就表明在配子中要么就含有AB同源染色体，要么就含有ab同源染色体，一般认为配子中不会有Ab或aB同源染色体。然而如果在染色体两个基因位点之间的任何位置发生交换，染色单体之间将发生一个位点的交换，而其他位点保持不动，这样就产生了一些出乎意料的遗传因子组合和意想不到的结果。

摩尔根和A.H.Sturtevant的确是一对充满活力的伙伴，他们意识到连锁基因的重组（连锁漏洞）频率可能表明了基因在线性染色体上距离的远近。既然在染色体上交换位点是随机发生的，位于同一染色体上的两个连锁基因距离越远，在它们之间就越容易发生交换，这样就破坏了它们的连锁。很明显，距离较近的基因连锁就比较牢，因为它们之间很少发生交换。

Sturtevant每次对连锁的两个性状进行分析，通过对果蝇所有性状的连锁漏洞相对频率的分析，他能够画出所有基因的相对位置的假想图谱，这需要许多数字来计算重组频率，这些图谱只反映了重组而不是真正的线性距离，但人们认为二者之间有密切的关系。

9.5　性别连锁

在孟德尔所进行的杂交实验中，结果并不依赖于合子中含有哪一个亲本的一套遗传因子。纯合的显性与纯合的隐性杂交，无论父本是显性还是母本是显性，后代表型总是一样的。对果蝇的大多数遗传交配来说，性别之间没有差别。但性别也确实影响着一些性状，这是由摩尔根实验室的Charls Bridges首次发现的，性状在雄性和雌性之间遗传不同，我们就称为性别连锁（sex-linkage）。

性别连锁性状的基因位于性染色体上，这些性状多与X染色体有关。在果蝇和人（及其他哺乳动物）中，雄性是 XY 而雌性是 XX。因为雄性只有一条 X 和一条 Y 染色体，这样在 X 染色体上发生一个隐性突变，很少有基因可以表达其原来的显性性状，因为没有同源染色体含有这个遗传因子抑制隐性表达。在雌性中，只有纯合的隐性才会表现出隐性，因为一条 X 染色体上的野生型显性遗传因子（自然界中普遍存在的）将会抑制另一条 X 染色体上隐性突变的表达。

☞例 9

果蝇的白眼为突变隐性性状，而红眼为野生型，白眼的雄性与纯合的红眼雌性交配后产生的后代全部为红眼。这是人们对纯合的显性与隐性接合产生结果的期盼。另一方面，白眼的雌性与红眼雄性交配产生的后代中雌性全部是红眼而雄性全部是白眼。既然子代的性别是遗传模式中的一个因素，这就是性别连锁的一个重要例子。所有的雌性后代都必须接受雄性亲本的一条 X 染色体。在后一种杂交中，显性红眼遗传因子在雄性 X 染色体上，所有的雌性接受这个显性遗传因子就为红眼，所有的雄性必须接受母本中的 X 染色体，这样交配后，由于雄性接受了白眼隐性遗传因子，又没有同源遗传因子，就表达出隐性性状。

人的许多染色体组型疾病都是由性别连锁引起的。血友病是一种血液凝结机理受到破坏的疾病。它是由位于 X 染色体上一个基因为隐性的遗传因子引起的，具有一个野生型和一个突变型遗传因子的女性的表现型正常，但是该病的携带者（carriers），她的儿子中将有一半患有此病，另一半正常。色盲症也是由 X 染色体上的一个隐性基因突变引起的，它的遗传动力学与血友病相似。

人们曾经认为 Y 染色体上很少有功能基因，我们现在知道在 Y 染色体上有的基因在表现型中也可以表达。人类编码秃顶的基因可能就位于 Y 染色体上，而且只有男性才可以遗传。

1948 年，Murray Barr 和 Dewart Bertram 发现在雌性哺乳动物的细胞核中有黑色斑点位置，但在雄性细胞核中却没有。对巴氏小体（Barr bodies）研究发现在男性 Klinefelter's 综合症（XXY 基因型）患者细胞中也有这种黑点状结构。

几年后，英国遗传学家 Mary Lyon 对巴氏小体现象提出了一种解释。巴氏小体是由于处于非活动状态的 X 染色体高度浓缩所致，一旦 X 染色体同时出现，只有其中的一条行使遗传功能，另一条以高度螺旋的异染色质形式存在，这时，这条 X 染色体处于非活动状态。解释这一现象的理论非常巧妙：在男性的细胞中只有一条 X 染色体并且处于活动状态，这与女性细胞中一条 X 染色体处于非活动状态时的基因数相等。Lyon 坚持认为这种非活动状态是偶然事件，这样女性的一些细胞是由父亲的 X 染色体影响，而另一些是由母亲的 X 染色体影响。一条特定 X 染色体处于非活动状态，这个细胞的后代中将仍是同一条 X 染色体处于非活动状态。

在许多基因组型疾病中，都可能是由多拷贝的 X 染色体引起的。有例子证明，在这些细胞中只有一条 X 染色体处于活动状态，但可以发现两个或更多的巴氏小体。因为两条 X 染色体必定会影响基本的性别差异，所以非活动态的 X 染色体发生在性别决定后。因为非活动状态可能发生得较晚甚至不完全，这样就必定使这些细胞中活动状态基因的数目异常。

9.6　基因表达的变异

我们已经知道一个显性基因可以抑制相应隐性基因的表达；然而，这只是基因之间以及基因与环境相互作用众多方式中的一种。这些作用都会影响基因的最终表达。以四时花（four-o'clock flower）为例，纯种红花和纯种白花交配产生的 f_1 代是粉花，过去人们把这种现象称为“融合”，这种说法并不正确，因为事实上基因的行为上并没有被冲淡，如果 f_1 代之间交配，得到的后代中，红、白、粉花的比例为 1∶1∶2，这样，编码颜色的遗传因子并不呈现出真正的融合。对这种现象的解释是红花和白花的遗传因子都是不完全显性（incomplete dominance)。在这种情况下，不完全显性的红花和白花遗传因子独自表达，当接合时就产生粉色表现型。

英国遗传学家 William Bateson 还发现了基因表达的另一个方面，上位显性（epistasis）是指一个基因的遗传因子会影响到另一个完全不同基因的遗传因子的表达。这样，一个基因就起着改变或修饰另一个基因的功能。

基因多效性（pleiotropy）是指单一的一个基因影响着许多性状的表达。在基因多效性中，基因最基本的生化和分子功能不变，但它的作用是在不同的器官中有不司的表达，这样就产生了复杂的表型。

9.7 染色体和基因表达

在摩尔根实验室，科学家们很早就清楚地知道了孟德尔假想的遗传单位实际上是沿染色体排列的。经典遗传学家对染色体的关注便产生了一门新的学科——细胞遗传学（cytogenetics)。在细胞遗传学框架中建立了性别决定学说——常染色体（非性染色体）与性染色体的区别。许多物种的雄性是 XY，雌性为 XX，但研究发现在许多鸟类中雄性是 XX，雌性为 XY。科学家通过分析 Down's、Klinefelter's、Turner's 综合症等的异常基因组型，研究染色体不分离疾病。细胞遗传学家还发现染色体可以在两处或多处断裂，然后与中间的插入片段重新组合。在倒位（inversion）中，染色体上基因的线性顺序发生变化，但基因物质的含量保持不变。人们发现由于多次倒位，基医表达发生变化，这使人们认识到了位置效应（position effect)，基因的功能要受到它在染色体上的位置的影响。

通常，染色体长度和形状类型也与一些特殊的遗传疾病有关。在一些白血病类型中，就发现有一条染色体的长度不正常，根据初次描述这个性状的地方将其命名为费城染色体(philadelphia chromosome)。这种染色体可能是由非同源染色体之间的转移引起的——这种现象称为易位（translocation)，与交换的孔理相似。一些染色体结构的改变是在果蝇幼虫的巨大唾液腺染色体上首先发现的。染色体大量复制，但细胞不分裂导致不正常染色体的形成。

9.8 遗传疾病的治疗

在人的基因组上发生插入突变，基因将会产生严重后果。我们可能永远也不会知道哪些基因应该存在，而哪些基因又应该消除，更微妙的是，许多基因在一个环境中是有害的而在另一个环境却是有益的，这样我们很难直截了当地决定哪个基因是没用的应该消除掉，而且我们很难掌握有关的遗传效应的知识，也就不可能利用这些知识来治疗遗传病。

人们对“除非与环境和个人经历相互作用的遗传因子不会成功地表达”这一观点认识后就有了一种适当的方法。伯克利大学的 I. Michael Lerner 教授参照环境优境学（euthenics）的方法进行实验，这个方法就是我们经常采用的方法，从总体抑制人体的有害基因性状的表达，如：高血压病的发生可能也有遗传基础，但是我们吃一些低盐食物、水果或一些蔬菜，而不吃零食如土豆条和学校出售机器里的椒盐卷饼，我们就会避免高血压基因的表达。到了晚年，通过降低城市环境中的噪声危害来减少压抑，有助于减低与遗传疾病有关的危险。

第二个环境方法是优型学（euphenics)，在一些特殊情况下利用生物手段克服基因问题。一些婴儿生来就不能利用苯丙氨酸，这就是苯丙酮尿症（PKU)。这种病是由一种基因突变引起的。如果患者在婴儿期和儿童期的饮食中苯丙氨酸含量低则能治疗该病。优型学的又一例子是不健全器官的移植。在优型学的例子中，遗传型没有改变但却通过特定的干预使得缺陷得以补偿。

遗传咨询（*Genetic counseling*）是指三常父母后代中患有不同遗传疾病可能性的咨询。

人们所关注的主要是一对正常的夫妇携带隐性遗传因子的可能性，如泰-萨二氏（Tav-Sachs）病（一种致命的脂肪代谢紊乱疾病）和镰状细胞贫血，因为只有在纯合的隐性情况下该病才会发生，两个携带者结婚，产生的后代中不正常的可能性为1/4。羊水诊断（amniocentesis）就是指取未出生孩子的细胞进行分析来确定婴儿的状况。

优生学（eugenics）是指通过社会计划，支持具有优良性状的夫妇生育，反对具有不良性状的夫妇生育。优生学策略包括对被认为是健康的人生育进行经济上的奖励，而对被认为是不健康的人可以采取监禁，因而社会滥用权力的可能性就非常大。

也许最优秀的剧本将被写出——利用遗传工程去修复受损害基因。人们对遗传贫血病者丢失的或不健全的功能基因的染色体进行插入突变来治疗遗传疾病的工作已在进行之中。较好的选择是骨髓组织，因为可以从人体中移取骨髓进行治疗后，重新放回到骨头中去，这样就可以产生许多健康血细胞。细胞遗传工程已用来生产胰岛素、生长激素和许多蛋白质产品用于治疗有遗传疾病的患者。

疑难问题解析

9.1　如果直翅果蝇（野生型）与残翅果蝇杂交，所有的 f_1 代都是直翅膀。用庞纳特方格预言 f_2 代的表现型及其相对比率。

既然 P_1 交配产生的后代中没有残翅果蝇，我们可以假定亲本为纯合子。既然所有的 f_1 代都是直翅膀，我们又可以假定直翅（*S*）为显性，而残翅（*s*）为隐性。f_1 代是杂合子（Ss），f_1 代交配后产生的 *S* 和 *s* 配子数目相等。因此 f_1 代交配的庞纳特方格将是：

♀ \ ♂	*S*	*s*
S	*SS*	*Ss*
s	*Ss*	*ss*

因为 S 是显性而 s 是隐性，即使含有一个 S 基因型后代的表现型将是直翅，只有 ss 基因型的表现型才是残翅。因此，f_2 代将遵循孟德尔显性-隐性关系，为 3∶1。

9.2　在孟德尔株高实验中，有 3/4 的 f_2 代豌豆植株在表型上为显性，一些是纯合子显性（*TT*），而一些是杂合子显性（*Tt*），利用另一个交配方法，如何才能表示出哪个是 *TT*，哪个是 *Tt*?

孟德尔推测，如果他能使显性高株与隐性亲本交配，他将能从纯合子中区别出来杂合子。这就是所谓的测交（cross）或回交（back cross）。

隐性亲本只产生含有 *t* 的一种类型的配子，如果与纯合显性（TT）亲本交配，所有的后代都为高植株（*Tt*）。(这与孟德尔开始做的 P_1 交配完全相同)。相反，杂合子亲本产生的配子有两种——一种含有 *T* 因子，另一种含有 *t* 因子，如果与 *t* 配子交配，高株矮株后代的数目将相等。

对于实践来说，如果不知道基因型的显性亲本与一个隐性亲本交配产生的后代中有一个是隐性，将表明这个显性亲本是杂合子而不是纯合子。

9.3　孟德尔的细心与持之以恒的一个重要例子就是他把由高和矮植株交配产生的 f_2 代中所有的高植株进行测交，那么你认为测交结果中高和矮植株的比例为多少?

孟德尔 f_2 代的基因型比例为 1 *TT*∶2 *Tt*∶1 *tt*。我们可以看出 f_2 代的高植株中（测交所用），杂合子是纯合子的两倍。我们可以换一种方法来考虑，杂合子所产生的配子数也就是遗传因子数是纯合子高植株的两倍。现在来计算在高植株中 T 和 t 遗传因子数的比率是多少。每个纯合子高植株有 2 个 *T* 遗传因子，因此，纯合植株有 2x 个 T 遗传因子，x 代表纯合植株数目。杂合子高植株只有 1 个 *T* 遗传因子，然而杂合子是纯合子高植株的 2 倍，所以杂合子高植株也总共有 2x T 遗传因子。1 个杂合子植株还产生 1 个 *t* 遗传因子，杂合子植株共产生 2x t 遗传因子，所以总共有（2x+2x）T 遗传因子和 2 *x* t 遗传因子，比例为 2∶1。

在测交中，每一个遗传因子都会与纯合子矮植株的1个 *t* 因子结合，一个 *T* 因子将会产生一个高植株（*Tt*），一个 *t* 遗传因子将会产生一个矮植株（*tt*）。因为 *T* 遗传因子∶*t* 遗传因子是2∶1，所以测交结果中高植株与矮植株的比例也将是2∶1。事实上这也正是孟德尔的实验结果，并为独立分离定律——基于独立的特定遗传因子的分布可能性的定律，提供了充分的证据。

9.4　从遗传因子的独立分离方面来描述孟德尔第二定律。

为了说明遗传因子的独立分配，我们将同时涉及种子的两个性状——形状（圆或皱）、颜色（黄或绿）。设 *R* 代表圆粒遗传因子，*r* 代表皱粒遗传因子，*Y* 代表黄色遗传因子，*y* 代表绿色遗传因子。注：*R* 对 *r* 是显性，*Y* 对 *y* 是显性。让我们用两个性状都是纯合的显性遗传亲本 P_1 与两个性状都为纯合的隐性亲本 P_2 交配，只产生一种类型的精子或卵子（配子用圆圈圈起来）：

P_1	*RRYY*	×	*rryy*
	(*RY*) ♀		(*ry*) ♂
f_1		*RrYy*	

f_1 代将都是圆粒和黄色表型，而且每一个性状都是异型结合，这种基因型称为双因子杂种。

然后再用 f_1 代进行交配，如果是独立分配，双因子将产生所有可能的配子（*RY*、*Ry*、*rY*、*ry*），如果不是独立分配，那么只可能是，一个含有 *R* 的配子将同时含有 *Y*，而另一种配子是同时含有 *r* 和 *y*。孟德尔 f_1 代交配产生后代的表现型结果与4种类型卵子结合的结果一致：

♂ \ ♀	*RY*	*Ry*	*rY*	*ry*
RY	*RRYY*	*RRYy*	*RrYY*	*RrYy*
Ry	*RRYy*	*RRyy*	*RrYy*	*Rryy*
rY	*RrYY*	*RrYy*	*rrYY*	*rrYy*
ry	*RrYy*	*Rryy*	*rrYy*	*rryy*

孟德尔获得的 f_2 代确实是9圆黄∶3圆绿∶3皱黄∶1皱绿种子。如果我们分析上面的庞纳特方格，我们就会注意到这个比例正是每一对遗传因子自由、独立分配的结果。假如两个因子不是独立分配，f_1 代产生的配子将只有两种 *RY* 和 *ry*，那么我们所得的交配将是：

	RY	*ry*
RY	*RRYY*	*RrYy*
ry	*RrYy*	*rryy*

3圆黄：1皱绿

f_2 中将只有两种表现型，比例为3∶1。既然孟德尔获得的 f_2 有四种表现型，比例为9∶3∶3∶1，那么不同基因种类之间就一定是独立分配。

非常有趣的是孟德尔所选择的7个性状的基因都是在不同的染色体上，因此也就不是连锁的。豌豆单倍体只有7条染色体，随机选择的7个性状的基因正好在7条不同的染色体上，这确实令人吃惊。一些遗传学家认为孟德尔可能忽略了一些不遵从第二定律的性状的数据。

9.5　黄毛室内鼠种内杂交产生的后代中黄毛鼠与非黄毛鼠的比例是2∶1。当黄毛鼠与非黄毛鼠交配，后代中两种表现型的比例是1∶1。非黄毛鼠产生的后代全部是非黄毛鼠，如何解释这一现象？

这一例子中可能黄毛为显性而非黄毛为隐性。非黄毛鼠产生的后代总是非黄色的，这符合其隐性特征。

不正常的是黄毛鼠的表现，黄毛鼠似乎是杂合子，但杂交后代的表现型比例却不是 3∶1。

对这一个现象的解释是纯合的显性 *YY* 是一个致命的结合，所有的这些鼠在出生前就全部死亡。因此存活的黄毛鼠是杂合子。正常的杂种交配后代的表现型的比例为 3∶1，这一例子中却为 2∶1，这是因为纯合的显性占显性表现型的 1/3，在最后记数时没有显示出来。

9.6　家禽鸡冠的特征由两对基因控制的——rose 和 pea。如果显性遗传因子 *R* 与显性遗传因子 P 同时存在，那么将产生核桃状鸡冠，如果是同型接合的隐性（*rrpp*）鸡冠将是单一鸡冠。如果 *R* 存在 *P* 不存在，鸡冠表现为玫瑰状，而 *P* 存在 *R* 不存在时将是豌豆状鸡冠，请确定 *RrPp*× *Rrpp* 交配所产生后代的表现型。

首先确定配子，之后再进行杂交。

	(*RP*)	(*Rp*)	(*rP*)	(*rp*)
(*Rp*)	*RRPp*	*RRpp*	*RrPp*	*Rrpp*
(*rp*)	*RrPp*	*Rrpp*	*rrPp*	*rrpp*

↓

表现型	核桃状	玫瑰状	核桃状	玫瑰状
	核桃状	玫瑰状	豌豆状	单片冠

9.7　如果核桃状鸡冠的家禽与单一鸡冠的家禽交配，产生的后代中只有一个是单一鸡冠，请问亲本的基因型是什么？

单一鸡冠的亲本只能是同型接合的隐性亲本（*rrpp*），因为后代中有一个是单一鸡冠，每个亲本至少应提供一种 rp 类型的配子，这样，核桃状亲本的基因型必定是 *RrPp*。任何一个显性基因同型接合都不可能产生两个隐性遗传因子。

9.8　下表是孟德尔研究豌豆植物 P_1 和 f_1 交配结果性状表。由表中可以看出在 8023 粒 f_2 代中，6022 粒种子表现型是显性黄色，而 2001 粒种子表现型是隐性的绿色。在 6022 粒 f_2 黄色种子中，有多少粒种子是圆的，而且长成的植株是矮茎，紫轴花和缢缩的绿豆荚？

性状	P_1 杂交（显性×隐性）	f_1 代性状	f_2 代 显性	f_2 代 隐性	f_2 代总数	显性对隐性比
茎长	高×矮	高	787	277	1064	2.84∶1
种子形状	圆×皱	圆	5474	1805	7324	2.96∶1
种子颜色	黄×绿	黄	6022	2001	8023	3.01∶1
花的位置	花腋生×花顶生	花腋生	651	207	858	3.14∶1
花的颜色	紫×白	紫	705	224	929	3.15∶1
豆荚形状	膨大×缢缩	膨大	882	299	1181	2.95∶1
豆荚颜色	绿×黄	绿	428	152	580	2.82∶1

多件事情同时发生的概率等于每件事情发生的概率的乘积。孟德尔的数据表明 f_1 交配产生的后代表现型比例为 3∶1，即在每 4 个后代中，有 3 个表现型是显性，1 个是隐性。因此孟德尔所种植株的表现型为显性的概率为 3/4，隐性的概率为 1/4。每个不同表现型发生的概率为矮茎 1/4；圆粒 3/4；紫花 3/4；腋位置 3/4；缢缩豆荚 1/4；绿豆荚 3/4。

这些表现型同时发生在同一植株上的概率就是：

$1/4\times3/4\times3/4\times3/4\times1/4\times3/4 = 81/4096$

因此，在 6022 粒黄色种子中，199（即 $6022\times81/4096$）粒将会同时出现以上的性状。

9.9 在上一题中，多因子杂种表现型发生的概率是由单个性状的概率决定的。概率定律同样也可以用来预测基因型。对茎高和种子颜色双因子杂种 f_1 交配，用不同因子发生的概率（代替表现型概率）来预测 f_2 代黄色种子中矮茎植株的比率是多少？

这样的植株基因型应为 ttYY 或 ttYy，只有一种方法可以产生矮茎表现型：每个亲本贡献一个 t 因子结合后发育成纯合子 tt 植株。因为在 Tt 杂合子产生 t 因子的概率为 1/2，两种事情同时发生（即两个含有 t 因子的配子结合成 tt 合子）的概率为 $1/2\times1/2=1/4$。

黄色种子可以由以下三种途径获得：(1) 每个亲本都贡献一个 Y 因子（概率为 $1/2\times1/2=1/4$）；(2) 雄性亲本贡献一个 Y 因子，雌性亲本贡献一个 y 因子（概率为 $1/2\times1/2=1/4$）；(3) 雄性亲本贡献 y 因子，雌性亲本贡献一个 Y 因子（概率为 $1/2\times1/2=1/4$）。这三种几率就构成了黄色种子的概率。因此，三者概率之和就是总概率：$1/4+1/4+1/4=3/4$。（另一种方法是：不产生黄色种子的基因型只有 yy（概率为 $1/2\times1/2=1/4$）；因此，所有其他基因型的概率（黄色种子）是 $1-1/4=3/4$。

因为矮茎概率为 1/4，黄色种子概率为 3/4，两个性状同时发生的概率即为 $1/4\times3/4 = 3/16$。（注：这与表现型概率的计算方法相同）。

9.10 老鼠 f_1 代杂合子中含有正常耳朵遗传因子（T）和卷耳突变因子（t），假如 f_1 代交配后代中有 735 只老鼠的耳朵正常，263 只是卷耳老鼠，试确定在 0.05 水平上差异显著性，这些数据遵从孟德尔的显性和隐性因子独立分配定律（χ^2 分析中，0.05 水平差异显著性为 3.84）。

根据独立分配定律，正常鼠与卷毛鼠的比例将是 3∶1。如在 1000 只老鼠中将有 750 只正常老鼠和 250 只卷毛鼠。利用卡方分析：

$$\chi^2=\frac{(735-750)^2}{750}+\frac{(235-250)^2}{250}=0.3+0.9=1.2$$

因为 1.2 小于 3.84，数据与标准的孟德尔分离定律一致。我们认为实验数据与预想数据之间的偏离只是由偶然因素引起的。

9.11 果蝇身体的颜色为灰色（野生型遗传因子）对黑色（突变型遗传因子）为显性，而且是非性别连锁，因为决定果蝇身体颜色的基因位于常染色体上。红眼（野生型遗传因子）对白眼（突变型遗传因子）为显性且为性别连锁，因为决定眼睛颜色的基因位于 X 染色体上（在 Y 染色体上没有同源遗传因子），果蝇的雄性为 XY，雌性为 XX。根据下面所描述后代的表现型推测亲本的基因型和表现型。G 代表灰色果蝇遗传因子，g 代表黑色果蝇遗传因子；R 代表红眼遗传因子，r 为白眼遗传因子。

雄性：3/8 灰，白；3/8 灰，红；1/8 黑，白；1/8 黑，红

雌性：3/8 灰，白；3/8 灰，红；1/8 黑，白；1/8 黑，红

粗看这是一道相当难的题目，然而如果我们把这道题分成几个部分，问题就容易解决了。我们首先考虑果蝇的颜色，如果我们将灰色果蝇之和与黑色果蝇之和相比就可以发现，无论雄性还是雌性，二者比例都为 3∶1。只有杂种果蝇交配才可以产生这种结果：Gg×Gg。每个亲本都为杂合子，表现型都为灰色。

现在我们再来分析性别连锁眼睛颜色性状。雄性中红眼和白眼比例为 1∶1，因为雄性要从母本中接受 X，所以母本必须为一个 X^R 和一个 X^r，母本表现型就为红眼。

雌性后代中红眼和白眼比例也为 1∶1。如果父本为 X^R，所有的雌性后代将全为红眼，因为它们都要从父本中接受一个 X，这样就至少会有一个编码眼睛颜色的显性遗传因子，因此父本必须为 X^r，表现型为白眼。

总结：

♂		♀
GgX^r	×	GgX^RX^r
灰，白眼		灰，红眼

雄性：3/4 灰，白；1/4 黑，白

雌性：3/4 灰，红；1/4 黑，白

很明显，对于果蝇身体颜色，这是一个杂种交配（比率为 3:1）。

因为雄性全部是白眼时，母本必须为 X^rX^r，雌性全部是红眼时，父本必须为 X^R。

因此最后的结果是：

♀		♂
GgX^rX^r	×	GgX^R
灰，白眼		灰，红眼

需要注意的是，果蝇身体的颜色对雄性和雌性来说，比例都一样，因为这一性状是非性别连锁，雄性和雌性眼睛颜色遗传比例不同，因为该基因位于 X 染色体上。

9.12　最近几年，在奥林匹克运动会及其他一些重要比赛中，男性以女性身份参加比赛的问题日益严重，Mary Lyon 的工作在处理这些问题上有什么帮助？

因为在非基因型疾病患者中，只有基因型为雌性时才会有巴氏小体，巴氏小体曾用于确定参加女子项目的运动员确实是女性。口腔涂片是通过刮口腔内表面制成细胞涂片，如果有巴氏小体则说明为女性，没有巴氏小体即为男性。Lyon 解释说含有两条 X 染色体的细胞中有一条处于非活动状态，巴氏小体就是由非活动状态的 X 染色体产生的。

9.13　通常人群中杂合子的数目比按照概率论计算出来的数目大得多，这种现象如何解释？

当纯合子不如杂合子更易存活时，自然界就会选择杂合子，这就是杂种优势，如镰状细胞贫血突变基因对疟疾有很高程度的免疫能力。疟疾病区的人体中如果携带一个镰刀状突变因子，他们将会从中受益，因为他们对疟疾将会有一定的抵抗力。然而，这种隐性突变的纯合子，将全部患有致命的镰状细胞贫血。但另一方面，正常遗传因子的纯合子也会因为疟疾淘汰，因此，杂合子占优势。

附　加　题

9.14　孟德尔没有处理

(a) 分离　(b) 不完全显性　(c) 连锁　(d) (a) 和 (b)　(e) (b) 和 (c)

9.15　有性繁殖发生在

(a) 只有动物中　(b) 只有植物中　(c) 病毒中但细菌中没有　(d) 生物界中几乎所有的生物　(e) 不存在于海洋生物中

9.16　基因的另一种形式是

(a) 同质异构体　(b) 交叉　(c) 易位　(d) 遗传因子　(e) 以上都不是

9.17　假如是完全显性，下列哪个数比较大

(a) 杂种交配的基因型数目　(b) 杂种交配中表现型的数目

9.18　下列数中哪个比较大

(a) 同型接合产生的配子种类　(b) 异型接合产生的配子种类

9.19　下列数哪个较大

(a) 完全显性时，杂种交配的表现型数目　(b) 不完全显性时，杂种交配的表现型数目

9.20　下列数中哪个比较大

(a) 果蝇中连锁群数目　(b) 人体中连锁群数目

9.21　下列数中哪个比较大

(a) Klinefelter's 综合症患者体中巴氏小体数　(b) 正常雌性体中巴氏小体的数目

9.22　由显性遗传因子引起的性状如 Huntington's chorea 不可能有携带者（只携带有遗传因子，但不患有该病）。

(a)　对　(b)　错

9.23　突然的遗传变化（原叫 Hugo De Vries）称为突变。

(a) 对 (b) 错

9.24 X-射线可以提高突变率。

(a) 对 (b) 错

9.25 一些性状有多种存在形式而不仅是两种，这可能是由于这个性状由多个基因控制（多基因遗传 polygenic inheritance)。

(a) 对 (b) 错

9.26 如果一个性状有多个遗传因子存在，任何一个个体都会含有这个性状的两个以上的遗传因子。

(a) 对 (b) 错

9.27 性别连锁性状可以被定义为影响性器官的性状。

(a) 对 (b) 错

9.28 果蝇唾液腺的巨型染色体带型使得基因与染色体的特定区域相连。

(a) 对 (b) 错

9.29 如果一个正常女性为血友病携带者，那么她的儿子中将有一半为该病患者。

(a) 对 (b) 错

9.30 因为投币时正反面落地的概率相等，如果我们向空中投一硬币，第一次是正面落地，第二次必定是反面落地。

(a) 对 (b) 错

答 案

9.14 (e) 9.15 (d) 9.16 (d) 9.17 (a)

9.18 (b) 9.19 (b) 9.20 (b) 9.21 (a)

9.22 (a) 9.23 (a) 9.24 (a) 9.25 (a)

9.26 (b) 9.27 (b) 9.28 (a) 9.29 (a)

9.30 (b)

第10章 遗传学调控机理

细菌如大肠杆菌（*Escherichia coli*（*E. coli*））的染色体总长约 1mm，几乎完全是由 DNA 组成。事实上，所有的这些 DNA 都是活动或潜在的基因物质，它们编码多达 4000 种不同的多肽链。在细菌细胞的任何时期内，细胞内有 700 多种有功能的酶，在每一个特定的时期内，胞内每一种蛋白质的数量都有很大差别，一些蛋白质可能缺失或只有少数拷贝。

这表明细菌的基因表达有复杂的调控机理。细菌染色体上有特定的基因，但并不能保证这个基因就一定会表达，而且，表达数量上要受到相当大的修饰，基因表达的修饰可能发生在转录或翻译水平。蛋白质合成组分的稳定性和这些组分合成的速率起重要作用。除此之外，还要考虑蛋白质降解的酶学机理，因为只有当与酶降解保持平衡时，合成才具有重要意义。

尽管人们彻底了解原核生物的基因调控还为时尚早，但与复杂的真核细胞相似的遗传调控机理相比，它更易于用实验来探索。在真核细胞中，核膜将基因物质与细胞质分离，这样就使得遗传密码的转录与翻译完全分开。真核细胞 DNA 贮存量的增大与组蛋白有密切关系，并绕组蛋白核心折叠成为核小体的基本结构。因为真核 DNA 中只有外显子区域才会最终被翻译成蛋白质，大量 DNA 具有不同的功能类型，这使得调控基因表达的单一机理复杂化。

尽管人们对酵母这一相对较简单的真核生物的基因调控有了一些了解，然而，一个典型的脊椎动物细胞要比酵母细胞大 40 多倍[1)]，问题就在于单细胞酵母与那些有着显著差别而且更加复杂的多细胞生物的调控机理的相关性如何。

10.1 操纵子假说

1961 年，巴黎巴斯德研究所的 Francois Jacob 和 Jacques Monod 对原核生物的基因调控提出了一个新的假说。他们推论，在细菌染色体上，编码相关酶的功能基因相互靠近，作为一个单元开启或关闭，这一单元受到类似开关的操纵基因（operator）的控制（见图 10.1），操纵基因与相邻的结构基因共同构成了操纵子（operon）。通常情况下，由于第二种类型的被称为调节基因（regulator gene）的控制基因产生一些小的蛋白质而使操纵子关闭，这种小的蛋白质被叫做阻遏物（repressor）。阻遏物与操纵基因结合，使得操纵基因处于关闭状态。当环境中存在某种物质时，这些物质与阻遏物相互作用从而有效地阻止阻遏物与操纵基因结合，结果使操纵子脱阻遏并开启，然后，与启动子（promoter）相结合的 RNA 聚合酶开始转录。与阻遏物相结合的物质称为诱导物（inducer），因为它影响操纵子的开启，并开始合成酶产物。

☞例 1

Jacob 和 Monod 发现的第一个操纵子是乳糖操纵子（lac operon），它编码与乳糖降解有关的酶。乳糖操纵子有三个结构基因，它指导与乳糖降解有关的这三种重要酶的合成。这三

1）原文如此，一般来说酵母细胞比脊椎动物的细胞大。——译者注

个基因是操纵子的主要功能部分，它们作为一个单元同时开启或关闭。第一个结构基因编码β-半乳糖苷酶，这个酶将乳糖降解为葡萄糖和半乳糖（牛奶糖的一个单位）。β-半乳糖苷酶由四条多肽链组成（即为四聚体）。第二个基因编码的是透性酶（permease），它可以促进乳糖进入到细菌细胞内，然后乳糖再在细胞内进行其他过程。（正如它的名字所暗示的，透性酶可以提高特殊物质的可穿透能力）。第三个结构基因编码转乙酰酶（transacetylase），这个酶促进乙酰基（$CH_3-\overset{O}{\overset{\|}{C}}-$）从乙酰辅酶 A 转移到半乳糖上，但并不是乳糖降解过程中的关键酶。正常情况下并不产生这些酶，当培养基中有乳糖时，乳糖作为诱导物或脱阻遏物（derepressor）与乳糖操纵子的阻遏物结合防止操纵基因被阻遏。这样，乳糖就成为它本身降解所需酶的诱导物，从而使细胞利用乳糖——只有在酶需要时才被诱导产生的一种完美的机制。

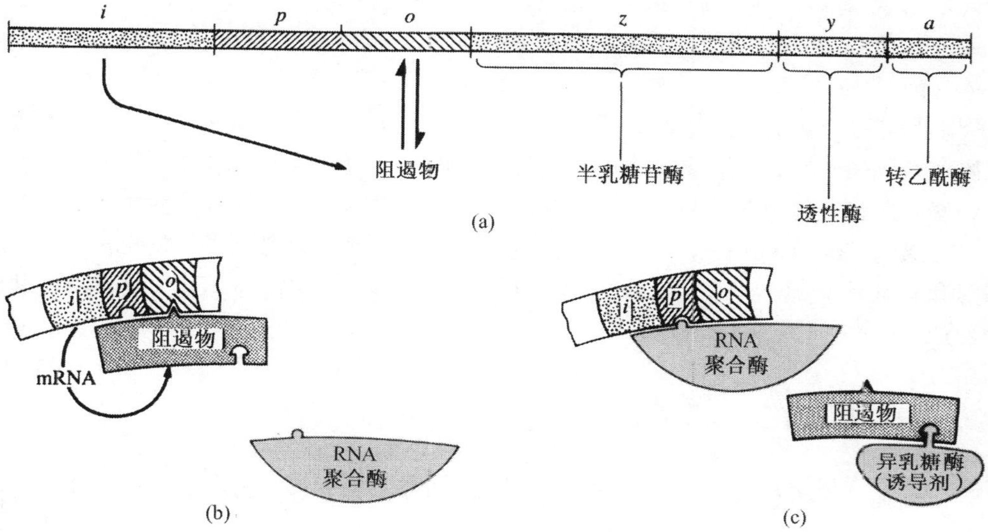

图 10.1　乳糖操纵子

除乳糖操纵子外，还发现有其他的操纵子，这些操纵子的原理与乳糖操纵子十分相似。有些操纵子在正常情况下为开启状态，环境中一些分子的增加将会使操纵子关闭。先产生失活的阻遏物，然后阻遏物被环境中的分子——辅阻遏物（corepressor）激活，使操纵子关闭。

☞**例 2**

色氨酸是由与操纵子有关的 5 种相互作用的酶合成的。正常情况下，合成途径处于活动状态，这样可以使色氨酸合成。假如有色氨酸存在时，它作为辅阻遏物与非活动状态的阻遏物结合并激活阻遏物关闭操纵子和色氨酸合成所需的有关酶的合成。这就是所谓的终产物控制（end-product inhibition）现象，由终产物来关闭终产物合成的途径，通过这种方法使细菌细胞更经济、节约。

处于活动状态或非活动状态的阻遏物表现对基因表达的负调控机理；然而，也存在正调控。

☞**例 3**

乳糖操纵子正调控机理包括能和 cAMP 结合的蛋白质，cAMP 是一种信使物质，是许多激素激活细胞效应的中间体（介质），这种蛋白质称为环状 AMP 结合蛋白（cyclic AMP binding protein，CAP）。当 cAMP 存在时，CAP 位于 DNA 的启动子上。CAP 与 cAMP 结合后，再结合在启动子上，破坏启动子的结构，增强启动子与 RNA 聚合酶结合的能力。

当葡萄糖或其他类似碳源存在时，cAMP 水平很低。（葡萄糖与许多其他的单糖比乳糖更利于被微生物利用，因此这有利于细胞避免在有可选择的碳源时不利用乳糖）。cAMP 浓度很低时，CAP 不与启动子结合，这样也就不能激活 RNA 聚合酶。当只有乳糖而没有其他碳源时，cAMP 水平升高。cAMP 与 CAP 形成的复合物与乳糖启动子结合，激活转录。当培养基中有乳糖时，乳糖操纵子将有很高的活性。在这个例子中 CAP 的作用是一个正调控机理，被放在更显著的阻遏物机理之上。

操纵子在细菌染色体与病毒（噬菌体）物质整合过程中起着重要作用。当病毒侵染细胞时，它的核酸注入到细胞内而蛋白质外壳则留在细胞外。由于存在着生化诱导过程，导致病毒 DNA 控制着细胞的遗传机制，因而在细胞内制造出大量的病毒颗粒。侵染细胞的噬菌体（病毒）通常可引发出数以百计新的病毒颗粒（染色体＋蛋白质外壳），这些病毒颗粒使细菌破裂并散布开从而去侵染其他细胞。

在一些情况下，病毒基因组整合到宿主染色体上，病毒基因伴随着细菌分裂与细菌基因一起被复制。在某些时候，病毒装扮成特洛伊马（Trovian horse）在宿主细胞内发动繁殖周期并感染细菌菌落，该类病毒称为温和病毒（temperate virus），这种现象即为溶原性（lysogeny），处于非活动状态的病毒间期性爆发后再去感染其他细菌。整合的噬菌体叫做原噬菌体（prophage）。

裂解状态是通过启动一个操纵子而开始的，在这个过程中，噬菌体与细菌基因组分离，并开始增殖。一些操纵子顺序起作用，启动与裂解有关的效应。在原噬菌体阶段，病毒本身产生一些阻遏物，使裂解循环处于关闭状态，只有当细胞受到损伤并产生大量的 DNA 修复酶时，阻遏物被部分降解，病毒开始产生与病毒增殖和细菌细胞裂解有关的酶。研究得比较多的温和病毒是λ-病毒（lambda virus）。紫外线可以起始裂解循环，因为紫外线可以抑制阻遏物的产生。

10.2 顺反子，重组子和突变子

处于任何特定等位状态下的基因都是碱基对的线性排列并能编码一个蛋白质。有些基因所含有的密码子（三个连续碱基）编码一条多肽链而不是一个复杂的蛋白质。编码多肽链或蛋白质的功能单位叫做顺反子（cistron），它与狭义突变时的 DNA 结构不同。突变子（muton）是指突变时导致产生表型改变的少数碱基，一个顺反子可以包含数百个突变子，因为即使一个碱基改变也能引起表型改变。同样的原理已应用于影响两条同源染色体间基因物质转移的单位。重组子（recon）是顺反子的一部分，它参与两条染色体上遗传信息的交换（重组）。人们对重组现象中参与的碱基对数目不如对顺反子和突变子清楚。

10.3 真核生物的基因调控

理论上讲，原核生物存在的基因调控机理，如操纵子，在真核基因组中也可以行使功能。然而这可能与真核生物染色体的基因调控存在质和量的不同。

真核生物总基因组上的基因数目是原核生物的 800 多倍。而且，对任何单个真核细胞而言，99%的基因都处于关闭状态。最后，真核生物可翻译的基因物质被不能表达的插入序列打断。我们现在正对插入序列做进一步研究。

☞**例 4**

1977 年，人们对编码鸡的卵蛋白合成的基因分析揭示出编码蛋白的一些部分被不编码的核苷酸片段打断。编码的部分称为外显子，将基因打断的非编码区域即为内含子。对很多高等真核生物的进一步分析指出大多数基因都以这种方式被打断。在卵蛋白基因上有 8 个外显子和 7 个内含子。内含子插入序列比编码蛋白质的外显子可能还多。哺乳动物β-血球蛋白基因中有两个内含子，内含子和外显子大约相等。但在其他基因中，内含子区域要远远超过外显子。

并不是在任何情况下都有这种断裂基因（split gene）。编码构成核小体结构的组蛋白的许多基因就不是断裂基因。许多编码干扰素的基因也是连续基因。许多编码 tRNA 和 rRNA 的基因都含有内含子。一般来说，高等真核生物要比低等真核生物有更多的内含子。

所有的这些发现都与真核基因组不同的调控特征相一致。

例 5

在真核生物染色体中有三种基本类型的 DNA。令人吃惊的是，在许多真核生物中只有 1%左右的编码 DNA 被翻译出蛋白质。细胞总 DNA 与细胞的复杂程度之间不存在直接关系。果蝇的 DNA 要比大肠杆菌多约 70 倍，而人的 DNA 只占蜥蜴的 1/30。

有一种 DNA 称为高度重复 DNA（highly repetitive DNA），它的碱基序列在基因组中重复上千次。高度重复 DNA 都比较短，它在染色体的不同位置上一个接一个的重复。当用密度梯度离心分离 DNA 时，这种高度重复 DNA 将与其他 DNA 相分离，这种 DNA 又叫卫星 DNA（satellite DNA）。卫星 DNA 尤其是那些较短的卫星 DNA 变异性很小，重复程度最高，与中心粒以及染色体上其他异染色质区域有关。它们似乎不能被转录。较长的高度重复 DNA 可能是编码核糖体亚单位的最轻的 RNA，但并不能翻译成蛋白质。其他已研究清楚的高度重复序列都没有发现有什么功能。

中度重复序列 DNA（moderately repeatitive DNA）是第二种类型的 DNA，约占染色体总 DNA 的 25%。在整个染色体上可以重复几百次。这些基因编码组蛋白。它的重复特征可能是因为大多数真核细胞需要合成大量重要的组蛋白。

几乎 3/4 的真核基因组含有单拷贝 DNA（single-copy DNA），它是染色体上蛋白质编码（结构）基因。许多单拷贝 DNA 从不转录，这些不转录的序列与结构基因十分相似，称为假基因（pseudogene），这些假基因有趣的特征是它来源于反转录过程的 RNA。假基因可能是微生物进化的结果。人们对它的起源非常感兴趣，如果它们仅仅是突变的不适应性的积累而成为无功能的序列，它们将代表了基因组的重要的任务。

最初人们怀疑蛋白质是真核生物染色体基因表达的惟一形式。DNA 绕核小体的组蛋白核心高度旋转，以至于在多聚核苷酸上有许多弯曲位点。正是在这些位点调节因子才行使其功能，另外，组蛋白会改变它们与 DNA 相互作用的紧密程度。与组蛋白结合比较疏松的 DNA 将更有利于起始转录的作用。在细胞核中还发现了一些分子量比较大且呈酸性的蛋白质，它们可能参与基因的表达。非组蛋白并不是染色质结构的重要组成部分，它们是可以改变的组分——事实上人们争论的焦点是一个恒定过程的调节作用而不是一种不变组分。

真正参与转录和翻译的基因都位于染色体着色不太强的部分，即常染色质上。着色比较深的部分为异染色质，这些区域中含有的基因不具有或不再具有转录和翻译活性。

例 6

多线（polytene）染色体，由于重复复制含有多条链，具有特殊的标记区域，有利于研究和鉴定。在这类染色体上先形成的常染色质区域会被后形成的异染色质区域所替代。这表明处于活动状态基因的活动将会在后一个阶段被关闭。在有两个 X 染色体的细胞内，一整条 X 染色体将以随机的方式转变为异染色质的巴氏小体。

果蝇多线染色体表明了作为基因转录的必然结果，染色质结构变化具有重要意义。被转录的常染色质区域对 DNase Ⅰ有高度的敏感性，DNase Ⅰ是降解 DNA 的酶。对降解的敏感性增加表明常染色体很明显是非折叠和断裂的。超敏感位点可能位于敏感 DNA 结构中，这些位点与较短的 DNA 有关，但核小体中却没有这种短 DNA。转录的特殊蛋白质信号可能就位于这些超敏感位点处。

在常染色质区域，任何不能被转录的区域都可能会开启一个基因。外显子和所有与染色体有关的蛋白质、RNA 作为控制中心起重要作用。很明显，在一段时间内蛋白质合成功能处于高度活动状态的基因在另一段时间内这种功能可能会被抑制。人们已清楚地了解到果蝇多线染色体活性的提高是由于染色体泡（puffs）的形成，染色体泡是起始于染色体活动的外显子区域的 DNA 环与 RNA 簇。另一种提高基因活性的形式是，整套基因复制许多次以提供必需的 RNA 或蛋白质（即扩大（amplification）的过程）。这方面的例子是：核仁中含有多拷贝的转录核糖体 RNA 的基因。核糖体不仅是 rRNA 的生产场所也是 rRNA 的贮存场所。

基因活化最基本的分子机理是基因活性与脱甲基化的关系。在哺乳动物的 DNA 中，5%～7%的碳原子都与甲基相连。在转录或即将转录的位点有明显的脱甲基化作用（undermethylation）。脱甲基化作用的机理可能在于甲基基团会影响 DNA 分子的结构，结构的变化可能会改变影响因子和调节因子与 DNA 结合的能力。

除转录水平外，在其他水平上还存在着许多调控机理，如 mRNA 转录后和翻译过程中的修饰。又如：哺乳动物血红素的合成是在翻译水平上调控，调控方式是翻译因子的磷酸化，这些因子对激酶很敏感。在真核生物中起始翻译的大量因子统称为真核生物的起始因子（eukaryotic initiation factors，eIFs）.

真核生物与原核生物调控机理的不同可能是由于它们任务上的不同。原核生物蛋白质的合成必须准确而又迅速地反映环境的变化，原核生物 90%以上的基因都可以表达。在任何单个真核细胞中，只有基因组的一小部分可以表达；这种表达的功能是产生高度特化细胞。

10.4 作为遗传畸变的癌症

被称为癌症的恶性肿瘤代表了很大范围内的病理。癌（cancer）这一名词起源于拉丁文“crab”，意思是由固体瘤子产生的生长爬行模式。但肿瘤也包括液体组织如血液的无限制生长。肿瘤的特征是细胞呈现出无限制的增长。它们可以侵入到邻近的结构中并破坏周围组织的正常功能。更严重的现象是肿瘤细胞被血液和淋巴液携带在身体上较远区域迅速蔓延，肿瘤的这种扩散称为转移（metastasis)。

通过对组织中生长的肿瘤细胞的体外培养研究，人们对肿瘤增殖的本质已有了清楚的了解。人们最早成功地培养的肿瘤细胞是 Hela 细胞，自 1950 年起，许多实验室中连续地培养着该细胞。这些细胞最初是从一个黑人女子的宫颈瘤中刮下来的，这个女子假名叫 Helen Lane（真名是 Henrietta Lacks)。一个重要发现是在这些培养物中没有接触抑制（contact inhibition)，接触抑制是指当细胞与其他细胞相接触时将停止生长的趋势。在正常细胞中，当空间拥挤时，接受体将刺激生长信号的停止，而在肿瘤细胞中却不存在这种机理。正常细胞受到特定分裂次数趋势的影响，生长受到限制，然后停止生长。尽管与接触抑制准确控制生长机理不一样，肿瘤组织的这种功能的丧失有助于恶性肿瘤的无限生长。

有证据表明，肿瘤可能根源于基因。许多肿瘤都存在遗传倾向。有些肿瘤细胞是由于染色体数目异常引起的，而另一些肿瘤却是由染色体异常如易位、插入和缺失引起的。细胞损伤丧失 DNA 的修复能力后更容易感染某些类型的肿瘤。而且，能引起癌症的致癌物质（carcinogens）本身就是诱变剂（mutagenie)。因此，对不同化学药剂或药物的诱变能力的检测（Ames 实验）就需要对这些物质使细菌突变的能力进行测定。

也许，肿瘤最有力的遗传基础的证据来自于致癌基因（oncogene）的发现。这些基因存在和活动时，会使正常细胞变为肿瘤细胞。一致认为致癌基因起源于寄主的一些正常细胞，即所谓的原癌基因（protooncogene)。原癌基因行使正常的功能，只有当特殊的事件使它的结构和活动能力改变后，它才具有致癌作用。其中一种原因是由于正常细胞反转录病毒（retrovirus）的参与使原癌基因变为致癌基因。反转录病毒以 RNA 作为遗传物质，但也含有反转录酶，可以使病毒以 RNA 为模板合成 DNA，这种反转录的 DNA 然后会插入到细胞基因组中。病毒 DNA 整合到寄主基因组中去后，将会直接损伤邻近的细胞基因或使这些细胞基因受病毒调节因子的控制，改变本身的表达方式，这即为插入式肿瘤发生（insertional tumorigenesis)，它已用于肿瘤的诱导。

已有一些证据表明致癌基因是癌症细胞生长的原因。在某些情况下，细胞基因的蛋白质产物暗示了肿瘤转化（neoplastic）的改变（如肿瘤的形成）。后来发现插入突变引起细胞基因的改变。在培养的细胞中，当病毒载体引起原癌基因突变时，细胞表型就会发生改变，这个实验证明了生物活性的诱导作用。

大多数报道是有关染色体易位的研究（非同源染色体之间的交换）。癌细胞中受损伤的染色体已被识别，但一些研究者对这种损伤的特殊意义有争论。对易位进行准确分析，发现在原癌基因的下游有一段新 DNA 片段，这种位置并列是由染色体的部分交换引起的，这样就产生了新的邻近基因，使原癌基因的表达改变。这种现象可能是伯基特淋巴瘤（Burkitt's lymphoma）的基础。慢性髓细胞（骨髓和脾组织）白血病有另外一种调控机理。易位发生在 9 号染色体和 22 号染色体之间，原癌基因 c-*able* 与另外一个基因位点（*bcr*）融合，融合后产生的新基因能产生一种非同寻常的有活性的酶产物，这种产物与原癌基因产生的正常细胞产物在生化方面明显不同，这可能与肿瘤发生有关。

1982 年，有人进行实验，将肿瘤细胞中的 DNA 转入到培养的正常细胞中去，多次实验后发现正常细胞变得不正常（肿瘤）。许多致癌基因已被确定是 DNA 中那些存在必要的突变位点的正常细胞基因。肿瘤 DNA 含有可鉴定的致癌基因的事实支持在肿瘤发生中这种改变了的基因的作用。三个不同的实验还表明致癌基因的放大与存活率低的预测之间有一定的关系，这为致癌基因和癌症毒性之间建立了定量的联系。

已发现有 20 多种反转录病毒致癌基因。Peyto Rous 最先于 1910 年发现一种病毒可在小鸡体中产生癌细胞。50 年后，Rous 因他所提出的病毒诱导产生癌症而获得诺贝尔奖。一种反转录病毒，即现在所谓的劳斯肉瘤病毒（Rous sarcoma virus）使小鸡产生了一种致癌基因（src）。

必须强调的是，病毒与人的癌症之间没有明确关系，尽管良性肿瘤如 wares 似乎是由病毒引起的。两种人类癌症：伯基特淋巴瘤和鼻咽癌与疱疹家族的 DNA 病毒有关。少见的 T 细胞白血病是由 AIDS 病毒反转录引起的。

疑难问题解析

10.1　遗传图谱（DNA）在细菌细胞中是如何分布的？

研究得最清楚的细菌细胞是大肠杆菌（E.coli），我们将用大肠杆菌作细菌的模式代表。所有控制代谢、生长和繁殖的基因都位于一条染色体上，这条染色体是由二百万个碱基对组成的长线状双链 DNA。将染色体从细胞中分离出来时以环状 DNA 存在；在细胞内，染色体高度折叠，并需要 RNA 和蛋白质的参与，具体情况还不太清楚。细菌染色体中没有发现组蛋白，因此染色体的折叠可能是由于其他类型的蛋白质引起的。

染色体外还存在一组小环状 DNA 片段，这些结构称为质粒（plasmids），存在于细菌和酵母中。质粒中可能只含有少数几个基因，最多有 25 个不同基因——这些通常是特殊抗生素的抗性基因。质粒可以自我复制，并与细胞分裂同步。在遗传工程中，质粒很容易提取和浓缩以用于实验。当用限制性酶酶切时可以将质粒打断，还可以将外源基因插入到环状结构中去，并将这些基因带到新的寄主细胞中去并表达。质粒和病毒已用作载体将外源 DNA 引入到细菌基因组中去。

游离基因（episomes）是一种质粒，它有时以独立的小环状 DNA 存在于细胞内，有时会整合到染色体上去。游离基因一般都携带性因子，将细菌分成不同的交配类型。性因子 F 是大肠杆菌菌株中自主的环状 DNA，具有 F 因子的菌株为 F^+。该因子可以复制并转到没有该因子的菌株（F^-）中去。F 与染色体整合就产生了高频重组菌株（high frequency recombination，Hfr），Hfr 容易与 F^- 接合。Hfr 菌株染色体开始复制，复制的 DNA 链通过接合桥转入到 F^- 细胞中。F^- 细胞与插入链进行重组，这种重组依赖于接合时间，接合时间越长，基因交换就越多。根据特定基因交换所需的时间可以大致绘制染色体图谱。很明显，重组需要的时间越长，供体染色体上的位点与接合的头部相距就越远。

10.2　试述操纵子控制转录的机理

DNA为了随后的翻译，先合成RNA，合成RNA时必须与RNA聚合酶结合，DNA上RNA聚合酶的结合位点称为启动子。操纵子基因位于启动子区域（或与启动子重叠），以便使阻遏物存在时RNA聚合酶不能结合上去。当有诱导物时（对乳糖操纵子来说指乳糖及其同分异构体），阻遏物失活，（这样就使得阻遏物从操纵基因上脱离出来，或者不能结合到操纵基因上去），操纵子以典型的诱导模式开启，RNA聚合酶结合在启动子位点上并开始转录。

沿DNA模板链按3′→5′方向进行转录。如乳糖操纵子，转录合成的单链RNA中有乳糖操纵子的三个结构基因。翻译前单链RNA将进行加工以便产生三种独立的酶。

10.3　细菌染色体上操纵子结构有何特点？

主要优点是：通常在一条转录的单链mRNA上合成有功能的一组相关酶类，因为对一个功能途径来说必须激活它所有的成分，操纵子提高了这些反应的效率。

打开或关闭操纵子所存在的调控机理使得操纵子对环境的变化更敏感，而细菌必须调整自己去适应这种变化。细胞与有功能或无功能阻遏物的配合能力使得细菌能适应恶劣环境并行使其功能。诱导体系可能会由于一些成分与阻遏物结合而被激活。辅阻遏物通过激活起初无活性的阻遏物使组成型体系被关闭。在启动子位点激活上有CAP和cAMP的参与使这种调控更完美。

10.4　为什么遗传的最小单位单个基因的概念不足以解释蛋白质合成、重组和突变？

基因的最基本功能是编码蛋白质。必须有足够的DNA编码每一个氨基酸以组成蛋白质的一级结构。这样的一段DNA就称为顺反子，这是功能基因的最基本单位；然而在顺反子中还有更小的功能单位。突变会使顺反子中的原始信息改变，这种改变导致蛋白质不能合成或合成另一种蛋白质，因为即使一个碱基的改变也会产生一个突变。只有很短的一段DNA代表一个突变单位——突变子，所以一个顺反子将含有成百个突变子。

参与遗传信息交换的DNA的最小长度还不太清楚。染色体间少量碱基的交换可能不会使全部的信息物质发生改变。重组子，即重组单位可能仅比这个顺反子少一些。

10.5　描述真核细胞中已发现的有关蛋白质和RNA大量合成的机理。

许多基因，尤其是编码核蛋白RNA的基因以多拷贝存在，这就扩大了大量需要物质的合成途径。许多重复基因以线性顺序重复，但一些重复序列在比较大的染色体上通过DNA链的复制产生多线性染色体片段以得到扩大的目的。与rRNA合成和贮存有关的核仁就是这样的一个区域。

10.6　到目前为止，在真核生物中还没有发现操纵子机理，那么，你认为真核生物基因组是如何调控的？

大量调控机理最有可能的假设是活动基因位于染色体的一个区域，而不能被转录的异染色质区域位于另一个位点，这些区域可能会被当作功能单位来处理。尽管在真核生物中没有发现有操纵子机理，基因组上不同类型DNA的分布模式可能与相应的调控体系组成有关。许多DNA并不参与蛋白质和RNA的合成，这表明基因组上这么多的DNA参与基因表达的调控。如此多的似乎是没有功能的DNA分布在基因组上，调控系统可能会形成一个连接的类似原始无脊椎动物的神经网一样的分子网。

10.7　存在割裂基因有什么优点？

外显子可能代表大分子多肽链的一个亚单位。基因上许多分割的外显子的存在为亚单位的“混合与匹配”以产生新类型的蛋白质提供了可能，而在原核生物中却很难发生这种混合。

基因在较长范围内延伸提高了不同基因间重组的可能性。而且，染色体物质从一个染色体单位转到另一个染色体单位的位点是处于非编码区而不是外显子区，这就降低了由于DNA交换而使蛋白质产物受到损伤的可能性。

因为非编码区域的切除是转录前遗传信息加工的一部分，剪接顺序的改变可能会导致在同一时间或不同时间内合成不同类型的蛋白质。这样，外显子新的组合可能会使细胞与原来的组合结果一致。

许多球蛋白外显子和内含子的边界与蛋白质的折叠位点一致，这为基因物质与最终蛋白质产物的结构之间建立了一种功能上的联系。在一些脱氢酶中已发现了蛋白质结构域与 mRNA 外显子—内含子边界之间的镜像关系。

10.8　试述在转录期间组蛋白对基因激活的可能的两种作用。

在核小体上，DNA 绕组蛋白核心紧密缠绕会产生一些容易受调节因子作用的位点。另外，组蛋白可能会改变它们与 DNA 作用的紧密程度，这样使得 DNA 的一些部分更容易接近转录起始因子。

10.9　在转录起始时，胞嘧啶甲基化表明了什么？

在转录区域发生明显的甲基化。人们认为甲基会影响 DNA 的构象，这样，甲基化的改变将使 DNA 构象发生相应的改变，并影响调节因子与 DNA 结合的能力。

10.10　正常细胞变为恶性癌细胞可能是由于单个事件、也可能是由于两个或多个独立事件诱导的结果。诱导一旦发生，细胞就不可避免地以一种不能为人理解的方式发生改变，因此，我们认为诱导过程包含了遗传机制。如果该过程只包含一个步骤，我们推测这一步发生的可能性将会随时间而提高。这样，如果由于这一步骤癌症每年发生的可能性为 0.1% 的话，那么 10 年结束后，这些群体中发生癌症的可能性将为 1%。然而，绝大多数癌症发生的频率并不表现为这种随时间的慢增长，而是在年轻时致癌发生率似乎很低而后随年龄增长迅速提高——指数模型而非线性模型。这表明癌症实际上是两步或更多步发生的结果——癌症诱导的多步假说。癌症发生的可能性将是第一步发生的可能性与第二步发生可能性的乘积。这个曲线在年轻时将会很平坦，而到年老时将会急剧增长，因为每一个因素随时间发生的概率都在增加。图 10.2 表明前列腺癌和眼癌的积累与年龄的关系。这两条曲线表明每种癌症各自的机理是什么？

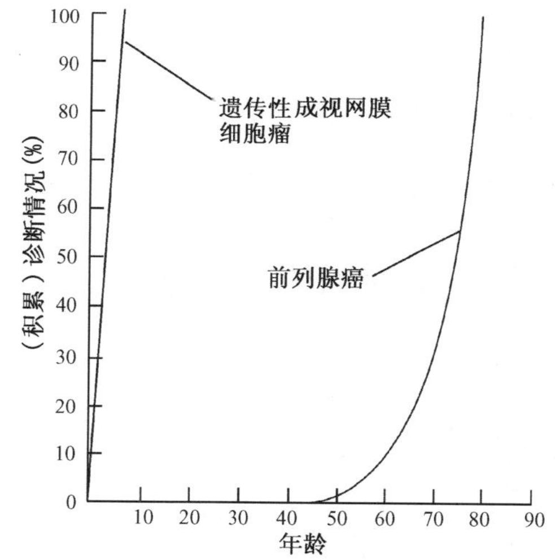

图 10.2

仅靠人口统计研究和统计学很难找出随机事件发生的准确数目，统计学也不能解释这些事件发生的本质。然而，前列腺癌发生与年龄的曲线呈指数增长，这表明前列腺癌是多步过程，可能由 5 步组成。另一方面，患有眼癌的人（一种眼科疾病）随年龄增长成比例增加，这表明在敏感人群中，这种癌症的发生是单步的。这种癌症可能是遗传造成的，我们可以假定为一个基本的遗传事件。（证据表明眼癌与人的第 13 条染色体上发生的隐性突变有关，从 1986 年开始人们就试图用替换受损伤基因的方法来治疗这种疾病）。

10.11　根据我们对致癌物质的有限了解，在实际中我们应采取什么步骤来减小癌症发生的几率？

首先，我们必须增加诱发癌症发生方面的知识。对致癌基因和原癌基因的研究表明确认癌症产生时事件发生的顺序将很有希望。经过更深入的了解将会阻断肿瘤发生的关键步骤。总有一天我们拥有的分子工具将会使我们更准确地操纵基因而防止癌症发生。

我们已知道辐射和许多化学诱变剂与癌症诱导有关。很明显，减少汽车尾气、煤焦油衍生物、重金属离子化合物、工业放射性副产物的环境污染将会减少癌症的发生，工业排出物必须根据对人体健康的危害进行评估，以此来优化生产。如果决定要可信和合理，就必须有客观和详细的信息。

另一种实际途径可能是针对环境中的诱变剂开发解毒剂。这些药剂可以将有害的种类沉淀、改变和中和。在细胞水平上，一些化合物可以将吸收的致癌物质中和。抗氧化剂已应用于防止某些氧化物的危害，螯合剂可以将金属离子去除，也可以减少危害。人群中对癌症的感受性也会发生改变，但具体原因目前还不清楚，而且这种改变不能在实验下进行。

附　加　题

10.12　人的基因数目大约是细菌基因数目的

(a) 1000 倍　(b) 10 倍　(c) 相同　(d) 1/10　(e) 1/100

10.13　操纵子的调节基因通过一种蛋白质而处于关闭状态，这种蛋白质叫做

(a) 启动子　(b) 调控代谢物　(c) 阻遏物　(d) 组蛋白　(e) 血球蛋白

10.14　当阻遏物结合在操纵基因上时，它阻断

(a) 启动子　(b) cAMP　(c) mRNA　(d) 重组子　(e) 调节基因

10.15　RNA 聚合酶在 DNA 模板上的接合位点叫做

(a) 顺反子　(b) 调节基因　(c) 操纵基因　(d) 启动子　(e) 以上都不是

10.16　操纵子上所有的结构基因都被转录在一条长单链 mRNA 上。

(a) 对　(b) 错

10.17　对可阻遏的操纵子来说，会产生正常失活的阻遏物，并由受操纵子编码酶控制反应的代谢产物（辅阻遏物）激活。

(a) 对　(b) 错

10.18　乳糖是乳糖操纵子的辅阻遏物。

(a) 对　(b) 错

10.19　一个突变子可以含有 100 个以上的顺反子。

(a) 对　(b) 错

10.20　在常染色质的染色体区域发现有可转录的基因。

(a) 对　(b) 错

10.21　真核生物与细胞核功能有关的酶实际上是在细胞质中合成的。

(a) 对　(b) 错

10.22　原癌基因只能由反转录病毒引入到真核细胞中去。

(a) 对　(b) 错

10.23　Peyton Rous 于 1910 年第一次发现病毒与癌症诱导有联系。

(a) 对　(b) 错

将 10.24～10.28 中 A 栏与 B 栏相对应的选项进行连线：

	A	B
10.24	rRNA 合成与贮存	(a) CAP
10.25	启动子正调控	(b) 质粒
10.26	染色体外 DNA	(c) 核仁
10.27	温和病毒	(d) 转录
10.28	在 DNA 模板链上 $3' \rightarrow 5'$ 方向	(e) 原噬菌体

答　案

10.12 (b)　10.13 (c)　10.14 (a)　10.15 (d)
10.16 (a)　10.17 (a)　10.18 (b)　10.19 (b)
10.20 (a)　10.21 (a)　10.22 (b)　10.23 (a)
10.24 (c)　10.25 (a)　10.26 (b)　10.27 (e)
10.28 (d)

第11章 胚胎学

在所有高等多细胞生物中，胚胎学涉及到下列内容：

1. 细胞分裂，或生长。
2. 细胞特化形成高度分化的组织。
3. 具有形态特征和功能的成体结构器官系统或相应的植物部位的形成。

这些复杂的过程是由正在发育的存在于细胞核内的DNA小微粒决定的。在DNA控制下由发育细胞产生的蛋白质为成熟有机体提供了建筑结构原料和酶促工具。正在发育的机体内的每个细胞产生的公用DNA库为发育的机体提供协同性和统一性。

11.1 动物的发育

受 精

多细胞动物的生命通常是以精子和卵子两个异型配子的结合开始的。这种融合所形成的单个细胞称为受精卵，或合子。受精是一个复杂过程，涉及到运动的精子穿过卵子的保护膜，精子细胞核进入卵子细胞质，并且最终两个原核（*pronuclei*）融合（配子结合前每个配子核称为原核（*pronucleus*））产生一个双倍体核。

我们对受精的理解主要源于对海洋中海胆卵的详细研究。然而有关受精的广泛的论述却出现在哺乳动物受精方面，并且诸多论述均涉及避孕和体外受精等实际问题。早为人们所知的海胆配子的融合与哺乳动物受精之间在主要方面存在着惊人的相似，只不过在特殊细节上有所差异。

哺乳动物卵子（见图11.1）被一层称为透明带（*zona pellucida*）的细胞外膜包围。受精的第一步是精子松散地附着（*attachment*）到透明带表面，随后精子与透明带黏着（*binding*），与此前轻轻的附着阶段相比，卵子和精子的黏着为高度特异且是相当紧密的。透明带上具有有利于精子黏着的受体而精子的细胞膜也含有利于卵子黏着的特定蛋白。成千

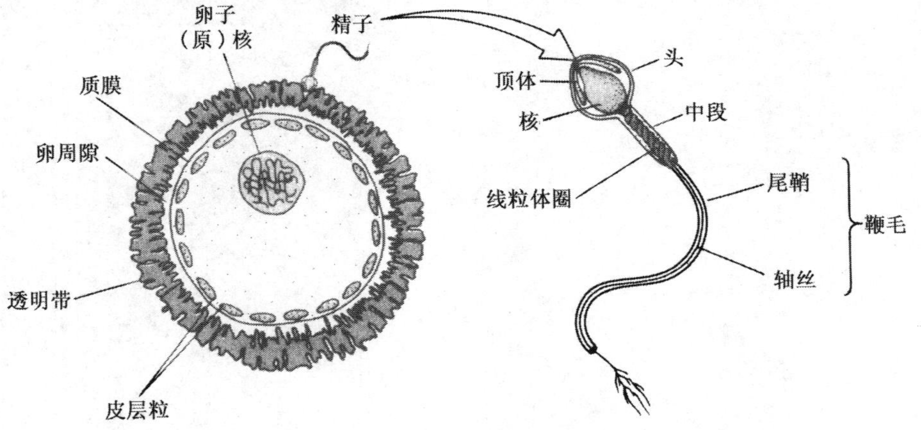

图11.1 受精

上万的精子可以附着到一个卵子上，然而只有不足 4 个精子能够到达黏着阶段。从分离出来的小鼠透明带上的精子受体来看，该精子受体是重为 83 000 道尔顿的糖蛋白分子。糖蛋白中的识别信号表明它与低聚糖（*oligosaccharide*）的小分子碳水化合物有关。同样地，在海胆表面上的小分子碳水化合物也被认为具有调节精子和卵子黏着的作用。

此后，附着的精子完成顶体反应（*acrosome reaction*）。顶体反应是为精子和卵子的完全融合做准备。双层膜顶体结构的外膜与精子头部周围的原生质膜有多处附着和融合。这与①精子表面小泡的形成和②内部顶体膜暴露有关。

顶体反应释放酸性水解酶以使精子穿过透明带进入卵子。精子穿过透明带时，它形成一个非常狭窄的孔道，这表明在运动的精子的头部发生了特定且快速的反应，这是由一种叫做顶体蛋白（*acrosin*）的酶调控的。

一旦穿过透明带，精子到达将卵与透明带隔开的卵周隙（*perivitelline space*）。精子借助于顶体膜与卵细胞膜的结合而与卵细胞融合（*fusion*）。伴随着精子入卵，卵子电位发生变化，堵塞多精子入卵（*polyspermy*）（多于一个精子以上与卵受精）的发生。

精子的进入激活了卵子和卵细胞核。卵子完成减数分裂（见第 8 章），且精原核与卵原核相结合。同时，卵子细胞质周围的皮质粒与整个精子的细胞膜相融合，并且释放多种酶到卵周隙，这些酶能使透明带变硬，并使其丧失束缚精子的能力。变硬的透明带为长期堵塞多精入卵提供了保证，但哺乳动物透明带的变化较之海胆更为适合，海胆的卵细胞膜上形成特有的受精膜，该受精膜将无关的精子排除在外。

卵裂模式和形态学

受精后，单个杂合子细胞经过一系列规则的分裂开始了其预定的成熟过程。早期的细胞分裂称之为卵裂（*cleavage*），现在我们明确知道卵裂仅在卵子受到刺激后才开始。

☞**例 1**

通常情况下，精子的进入激活了卵子并开始形成胚胎发生（*embryogenesis*）的过程。但是，许多昆虫未受精（*unfertilized*）的卵亦可有规则地进行卵裂并产生雄性个体。在海胆中，未受精的卵经过实验方法诱导也能够开始分裂，如将海胆卵置于高渗盐溶液中。适当的电振荡也能使两栖动物的卵开始分裂。

少黄卵的卵黄是平均分布的，它们早期的分裂模式比富含卵黄的卵简单得多。在所有多细胞生物体中，海星通常被作为经典并对发育阶段进行一些修正的简单的模式（见图 11.2）。海星第一次卵裂时两个卵裂面互相垂直（图 11.2（a）和（b）），随后是平行分裂（图 11.2（c））。进一步分裂产生的一团细胞称为桑椹胚（*morula*）（图 11.2（d））。紧接着是囊胚（*blastula*）期（图 11.2（e））——一薄层细胞围绕中心腔或囊胚腔（*blastocoel*）。

下一个阶段发生一系列的细胞移动和重组，球状囊胚转变成双层杯状的原肠胚（*gastrula*）（图 11.2（f）和（g））。这一阶段是从囊胚某一位置的细胞内陷开始，一直到达相对应的另一端，并形成从胚胎一端到胚胎另一端的肠腔。原肠胚的外层将形成外胚层（*ectoderm*），外胚层发育为皮肤和神经系统。细胞内层（形成肠腔的那些细胞）将发育成内胚层（*endoderm*），内胚层衍生出消化道内层及消化道出口等多种基本附属结构。被内胚层所包裹的腔称为原肠腔（*archenteron*），或原肠。原肠腔最初的开口是胚孔（*blastopore*），这里是内陷开始的原始位置。后来，胚孔对面再形成开口，因此原肠腔的两端均是开放的。棘皮动物（皮肤具棘的生物）以及脊椎动物的胚孔发育为肛门，对面的开口发育为嘴。而在其他多细胞的无脊椎动物中胚孔发育为嘴。

与此同时或在复杂的原肠胚早期运动之后，内胚层外折或向外包，压缩囊胚腔形成第三层细胞，从而外胚层和内胚层之间的中胚层（*mesoderm*）便产生了。因此原肠胚的形成导致了具有纵向轴的三层胚胎结构并具有成熟期明显特征的外部轮廓。三胚层（外胚层、内胚层和中胚层）的每个初级胚层（*primary germ layers*）都将产生多种分化结构。

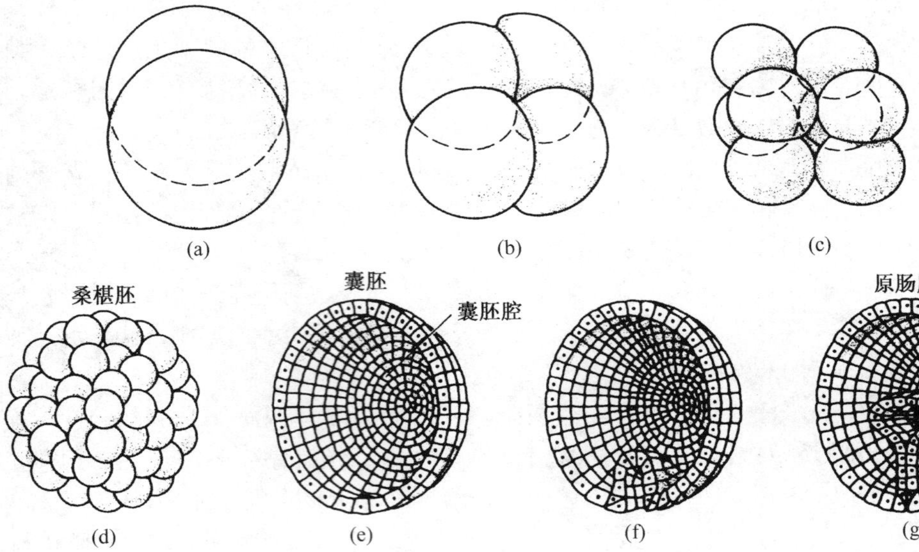

图 11.2　海星的发育

就青蛙和大多数两栖类动物而言，由于卵中含有大量抑制分裂的卵黄物质，因此胚胎发育非常复杂。少量卵黄物质平均分布的卵，如海星卵，称为均黄卵（*isolecithal*）（该词来源于意为“相等的，均一的”希腊词 *isos* 加上意为“卵黄”的希腊词 *lekithos*）。两栖类动物大量卵黄呈均一分布，形成的卵称为中度偏黄卵（*telolecithal*）（该词来源于意为“完美的、完全的”希腊词 *telos*）。由于鸟类属于极端偏黄卵，其大量卵黄的存在导致胚胎的发生仅仅涉及原始卵细胞一端少量的细胞质。

青蛙等中度偏黄卵生物，其未受精的卵呈高度分化状态。卵的上部为动物极（*animal*），着色深，下部为植物极（*vegetal*），由于富含卵黄而较为稠密。在精子附着卵子后不久，卵子发生自身定位，动物极到达最高处。减数分裂在细胞分裂Ⅱ中期受到阻碍，精子的进入激活减数分裂直至减数分裂结束。随后配子结合（*syngamy*）（核的融合）发生，精子进入卵子大约二至三个小时后第一次卵裂完成。

尽管早期卵裂阶段完成，但是植物极细胞分裂较慢。因此更多的细胞将在动物极形成。动物极的大量细胞在体积上要小于植物极的细胞，故称为小分裂球（*micromeres*）。囊胚期伴有胚胎纤毛的生长，因而这一时期纤毛在卵周隙内能旋转。卵黄膜包裹着胚胎，早期的卵黄膜上升形成受精膜，是精子附着的有效位置。

在青蛙和所有高等多细胞动物中，原肠胚（消化道形成）是由单层细胞球延长向内卷以管状结构形成的。在此过程中（见图 11.3），内胚层形成了消化道内所有的重要部分。首先，灰质新月（*gray crescent*）区域表面发生内陷。该区域表面细胞向内迁移，形成狭窄的裂缝，称为背唇（*dorsal lip*）。一系列复杂运动和细胞移动形成了原肠腔（*archenteron*）。第一个经过背唇并到达背唇内部并构成原肠胚顶部的细胞将发育为脊索中胚层（*chordamesoderm*）。正是这些细胞在神经胚期形成了脊索。

每一侧背唇向下弯曲形成侧唇，这些侧唇向下环绕弯曲最终相遇从而形成腹唇。由此产生一个封闭的环状。为继续发育的原肠腔提供了完整的胚孔。大量充满卵黄的细胞伸出胚孔而形成卵黄栓（*yolk plug*）。

脊索中胚层发育成脊索和中胚层。植物极的原始细胞移动到胚胎内部形成内胚层。原肠腔将形成肠腔并提供了完整的内胚层的内部管道。中胚层是在内胚层管道和外胚层管道之间挤入而形成的，外胚层是最外层的管道，由绝不会进入内部的动物极物质组成。

小鸡（或其他鸟类）的卵几乎完全由卵黄组成，并且卵黄位于一侧，而细胞质和细胞核

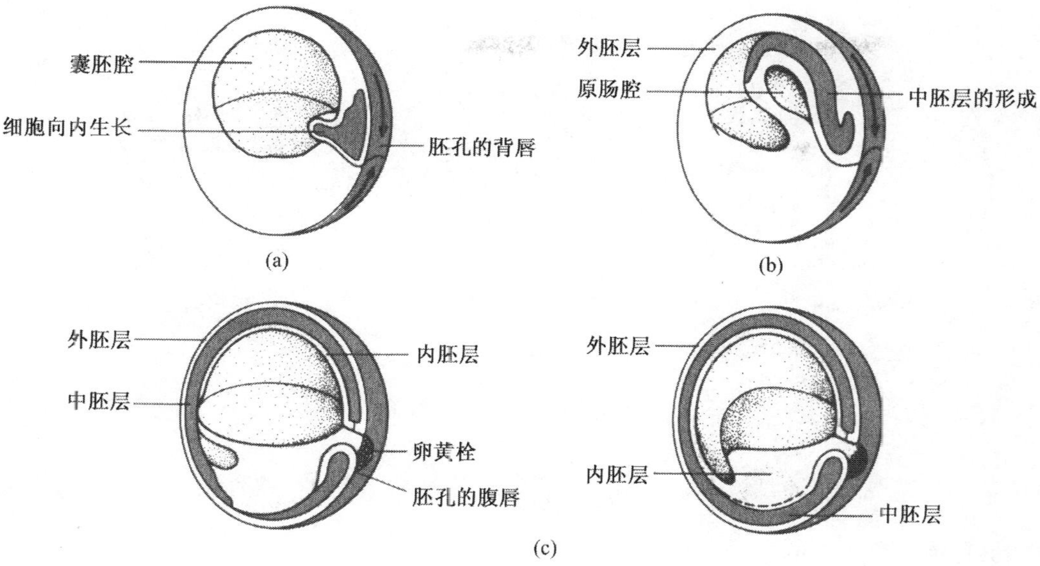

图 11.3　两栖动物的发育

则处于一个窄小的区域。受精发生于输卵管内，当卵向下移动到输卵管时，以特殊腺体分泌的清蛋白和壳做为外层。当卵还位于输卵管时，囊胚期和原肠胚期出现。胚盘（*blastodisk*）（见图 11.4）是由受精卵细胞核和细胞质的一层细胞派生出来的。细胞经过分层产生出环绕囊胚腔的双层胚盘。下层主要由富含卵黄的细胞构成，称为下胚层（*hypoblast*）。上层较小的细胞组成了外胚层（*epiblast*）。长而狭窄的原条（*primitive streak*）沿外胚层中线发育。外胚层细胞将沿着这条中线向下移动形成中胚层并和下胚层共同形成内胚层。下胚层还可形成卵黄囊（*yolk sac*），是含有营养物质的外胚腔。

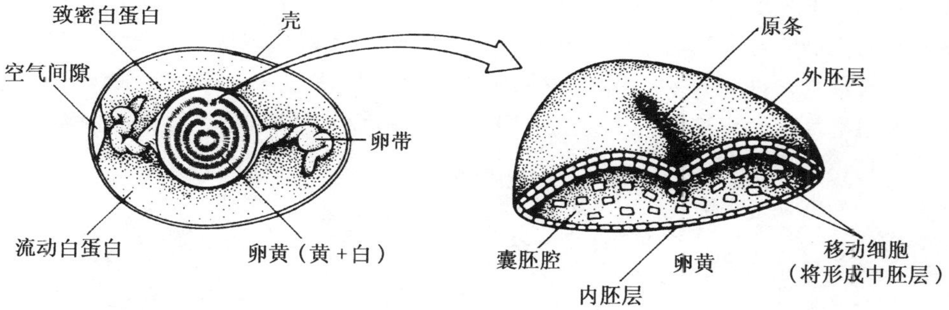

图 11.4　鸟类的发育

胚胎外膜

胚胎外膜是胚胎组织膜的延伸，它们的本质为褶，该褶向四周生长并包围胚胎最终形成有助于胚胎发育的四个囊。囊的每层膜是由来自两个不同的原始胚芽层的细胞形成的。（见图 11.5）

双层膜是褶折叠的结果，之后褶在胚胎膜上会合。内层膜（羊膜 the *amnion*）围成羊膜腔（*amniotic cavity*），而更广泛的外层膜称绒毛膜（*chorion*）。从肠腔的前端伴随着消化管的延续，膜绕着卵黄团生长并形成卵黄囊（*yolk sac*）。肠腔后端的突起形成了尿囊（*allantois*），尿囊是密闭的卵中既有排泄功能又有呼吸功能的囊。

在整个发育过程中，爬行动物和鸟类的四个膜性囊占有非常重要的地位。哺乳动物的绒毛膜参与胎盘（*placenta*）的组成，母亲和胎儿组织的大量海绵状物质和胚胎组织为胎儿提

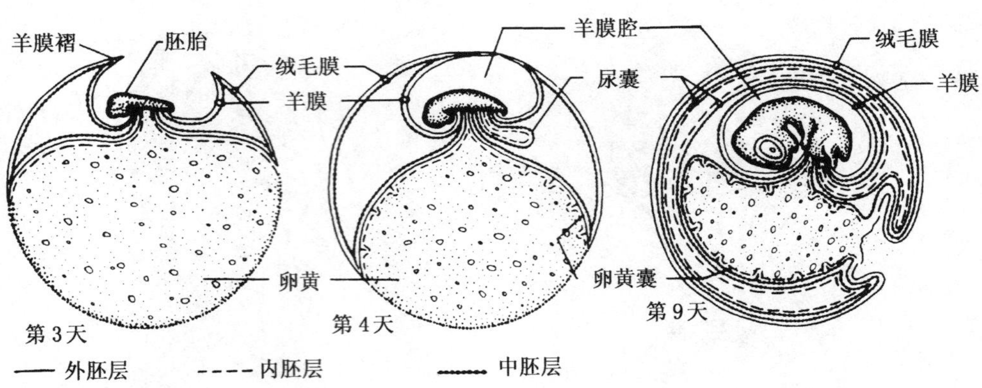

图 11.5　胚胎外膜

供了基本的需要。在胎盘结构中，卵黄囊和尿囊是融为一体的，如脐带。

原始胚芽层和器官形成

在胚胎发生的早期，最重要的分化部分是三个原始胚层的形成。此后所有的发育均是由这三层“皮”（skin）或细胞层产生的。

外胚层是胚胎外面的覆盖物，发育成皮肤外层、毛发、指甲及汗腺的分泌细胞。从由脊索诱导产生的神经管我们知道，外胚层还可形成完整的神经系统——大脑、脊髓、周围神经以及感觉器官末端特殊的受体。口和肛门的某些内皮层及牙齿的釉质均起源于外胚层。

内胚层形成消化管腔的内层、主要呼吸道、肝脏的大部分、胰腺细胞、膀胱内壁、尿道内层以及甲状腺和甲状旁腺。

中胚层是第三个形成的胚层，但却是生物体活性物质最主要的来源（见图 11.6）。所有肌肉、固有的结缔组织（骨、软骨和纤维）、血液及其管道、连接体壁和大部分内脏器官的薄肠系膜均源于中胚层。皮肤主要的功能层——真皮、肾脏和生殖器官也均来自中胚层。分节是许多多细胞群的特征，这是由于在发育早期中胚层组织分裂成一系列重复区域的结果。再以后形成的结构，如脊椎和机体的主要肌肉系统均呈体节（*somites*）式排列，或者从前至后呈规则的重复排列，这是由于它们的祖先——中胚层的结构预先分节的原因。

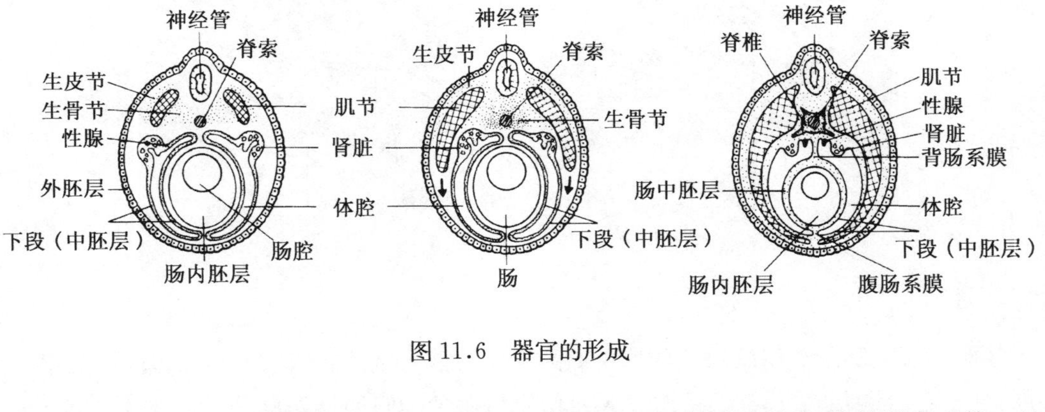

图 11.6　器官的形成

随着分化过程的进行，未分化的原始胚芽层的细胞形成器官和多细胞的器官系统。这种发育模式被称为后成说（*epigenesis*）。该学说与较早期的先成说（*preformation*）的概念相对立，先成说认为在卵子内就已经存在着成熟的机体，成熟的机体是由于小成熟体伸展和体积增大的结果。

例 2

脊椎动物中最早形成的器官是神经管（*nerve tube*），它起源于位于脊索上面的外胚层部分。脊索首先诱导外胚层上部增厚，形成神经板（*neural plate*）。随后沿神经板中部可见到纵向的锯齿状的区域，即为神经沟（*neural groove*）。每侧两个升高的背脊从侧面包围神经沟形成凹陷，即为神经褶（*neural folds*）。神经褶的顶点称为神经脊（*neural crest*），中枢神经管外侧的外部神经细胞起源于该区域。最后，神经褶连接形成神经管。当神经管下陷到表面以下时，中胚层和外胚层的细胞便将神经管包围起来。这些周围的细胞形成了脊柱和头盖骨，它们支撑并保护着脆弱的神经管。神经管是未来形成大脑和脊索的结构。

一个结构的形成依次诱导另一个结构的发育。这种渐增的分化模式在机体的前端的多种器官发育过程中是非常明显的。

☞例 3

神经管前部产生三个明显的突起，它们将发育为成熟的大脑的三个区域——前脑（*forebrain*）（前部的大部分），中脑（*midbrain*）及较长的后脑（*hindbrain*）。当大脑开始形成时，前脑后面的两个泡状突起向胚胎两侧延伸。这些泡状突起为视觉泡。视觉泡的前端部分内陷成杯状结构，该结构将发育成视网膜。然而在视网膜形成之前，视觉泡必须先到达外胚层表面的下侧，诱导晶状体和角膜的形成。因此，一系列的有序事件从早期的诱导过程开始至形成最终结构而结束。

11.2　人的发育

人类的受精发生在女性的输卵管中。早期的分裂相当缓慢并产生出体积相等的分裂球。这些分裂球分别发育成复杂的胚胎。受精后大约 5 天，称为胚泡（*blastocyst*）的囊胚期形成。胚泡含有称做滋养层（*trophoblast*）的外周细胞及在滋养层一端垂悬的内部细胞圆团。大量内部细胞将发育成胚胎，而滋养层将发育为绒毛膜和胎儿海绵状胎盘的重要成分。母亲和胎儿之间的气体和液体的交换发生在胎盘内。

在大约第 7 天时，滋养层将自身掩藏进入子宫内层（子宫内膜，*endometrium*），并且从胚胎到子宫间形成突出的网络结构。这个过程称为植入（*implantation*）。植入后不久胚胎外膜形成。

由于哺乳动物的卵通常较小且卵黄相对分散，所以卵黄囊不包围卵黄物质。这与由母亲提供营养物质的内部发育模式是相一致的。相反，卵黄囊成为胚胎未来配子——胚原基细胞（*germ cells*）的贮存场所。尿囊既是发育成膀胱又是发育成脐带原基（*anlage*）的先驱，脐带连接胚胎与胎盘。当胚胎对胎盘起作用时，绒毛膜绒毛（*chorionic villi*）形成，而羊膜发育成充满液体的腔，胚胎安全地置于羊膜腔内。绒毛膜产生人绒毛膜促性腺激素（HCG），HCG 激发母亲的某些腺体分泌维持妊娠的激素。这些激素包括雌二醇和孕酮。到怀孕的第二个三个月时，激素的产生则是由于胎盘作用的原因。

怀孕或妊娠（*gestation*）可分为三个部分。在最初的三个月内，所有主要的系统已经形成。到第二周时，中胚层形成，并且已出现明显的体节。到第三周末，心脏和神经管已经形成。二个月后胚胎呈现出人类的外观并显现出胎儿（*fetus*）的状态。

第二个三个月时，在器官发育过程中出现了极显著的运动和反射活动，称为胎毛（*lanugo*）的毛发临时性覆盖物已形成。

第三个三个月主要的变化是胎儿体重和体积增加。直到分娩（*parturition*）（出生），神经突起一直持续移行和伸展。第三个三个月末，所有神经细胞分裂停止。出生后不久，肌纤维也停止增加。妊娠大约 270 天后婴儿出生。

11.3　植物的发育

回忆（第 8 章）植物有两种生活形式，在整个生活过程中，单倍配子体世代和双倍孢子体世代两种方式互相交替。

海藻的生殖和发育

在海藻的发育形式中，配子体世代通常十分明显。许多绿色海藻完全没有孢子体阶段，且没有世代交替。

例 4

丝状螺旋藻（*Spirogyra*）以长纵向的单倍体细胞存在于大部分生命周期中。在繁殖期，相互邻近的两个丝状体形成的接合桥是相邻两个细胞间惟一的形式，并且单个丝状体细胞内含物（原生质体，（*protoplasts*））穿过接合桥与受体丝的细胞质相融合。以此形成的合子（zygotes）是双倍孢子体期的代表物。合子形成后不久，细胞分割破裂并包围合子。我们称之为接合孢子（*zygospores*）。将接合孢子置于池塘或溪流的底部，可经过减数分裂形成新的单倍配子体。每个单倍体细胞可形成（通过有丝分裂）一个新的丝状体。丝状体是一个非常令人感兴趣的结构，因为这里谈到的减数分裂过程最终仅仅能形成一个功能细胞。这一点与多细胞动物中卵原细胞的减数分裂过程非常相似，在卵原细胞分裂时仅有单个卵子和几个极体产生。

苔藓植物的繁殖和发育

苔藓植物是非维管植物，包括地钱、金鱼藻[1)]和藓。我们可在陆地上见到它们，但它们并不完全脱离水生环境。在苔藓植物的所有物种中，配子体世代显著，通常孢子体处于附属地位且依赖于配子体而存在。由于精子的运动性且精子必须游到配子体的卵子中，因而苔藓植物仍需要潮湿的环境。

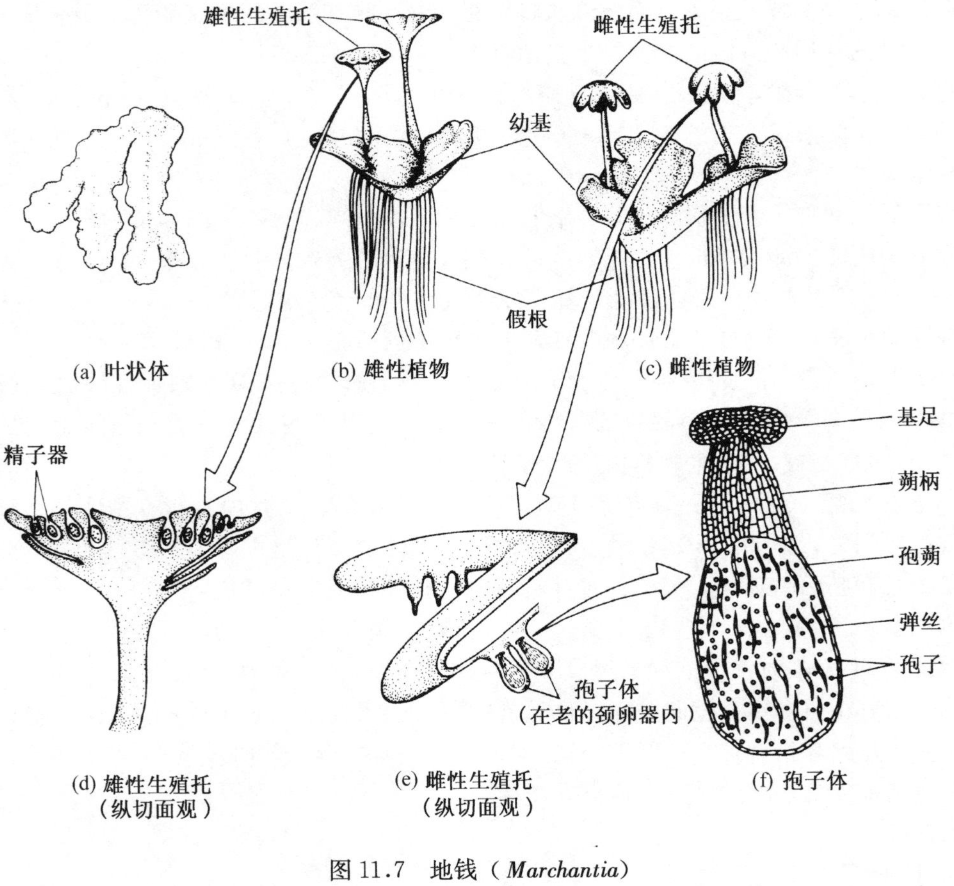

图 11.7　地钱（*Marchantia*）

1）金鱼藻应属于被子植物。——译者注

苔藓植物较藻类植物更高级，属于有胚（*embryophyta*）植物类群。有胚植物包括蕨类植物和种子植物等所有较高级的形式。有胚植物的特征是多细胞性器官包裹配子并保护配子免受恶劣地球环境的侵袭。苔藓植物中精子被包裹在精子器（*antheridia*）中，而卵子则位于颈卵器（*archegonia*）内。运动的精子游到颈卵器狭窄的开口处，受精作用就发生在颈卵器开口处。合子在颈卵器的生殖托内发育，孢子体始终附着在配子体的组织上，并在配子体上生活。孢子体的基足（*basal foot*）附着在配子体上并且从配子体组织中吸收营养物质，而茎从基足延伸到孢蒴，在孢蒴内将产生单倍体孢子。

☞例 5

地钱属（*Marchantia*）是苔藓植物的代表（见图 11.7），是具有典型的配子体状态的苔藓植物，并且孢子体仅仅做为颈卵器内的寄生结构存在。配子体具有极坚硬的、伸长的类似分节状的叶结构。地钱属是雌雄异株（dioecious）的植物。卵子在雌性生殖托（archegonial receptacles）下面似花瓶状的颈卵器内产生。精子在位于雄性配子体雄性生殖托（antheridial receptacles）顶部的精子器内产生。精子器中释放出来的精子在水中游动到颈卵器内的卵子处。称为胚芽（gemmae）的特殊细胞在宽而扁平的叶状体（thallus）表面的环状结构中产生。这些胚芽是无性细胞，能够在原叶状体破裂时产生新的叶状体。

受精卵在颈卵器内发育成孢子体。孢子体的基足仍附着在颈卵器的细胞上，做为茎的蒴柄延长并在其远端生出孢蒴（capsule）。在孢蒴内，孢子母细胞经过减数分裂形成单倍体的四个孢子。在与基质接合点处蒴柄延伸，孢蒴被推到大气中。不规则干燥的孢蒴盖破裂，通过缠绕的弹丝（elaters）装置而弹出散开，孢子发育成新的配子体植物。

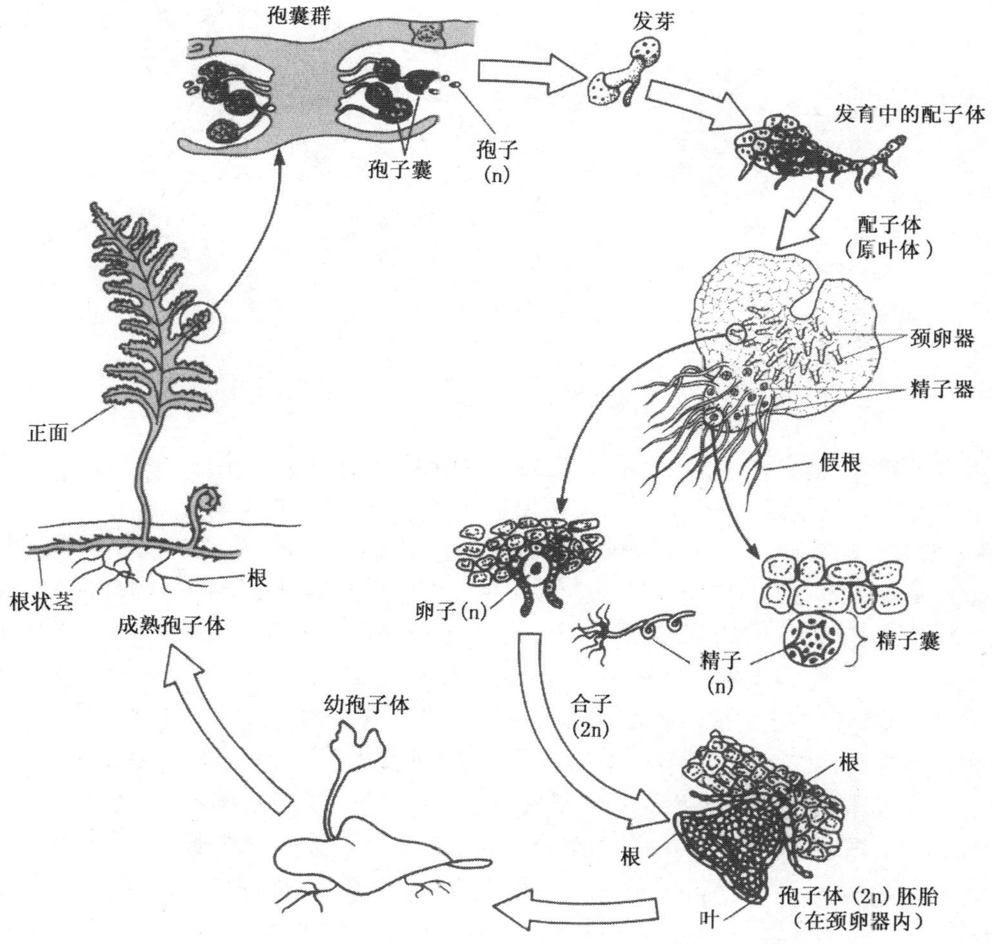

图 11.8　蕨类植物

蕨类植物的繁殖和发育

蕨类植物（见图 11.8）的孢子体世代显著。配子体明显退化为心形的原叶体（*prothallus*），原叶体极其纤细且在其宽端有缺刻。蕨类植物属于雌雄同株（*monoecious*）（两种性别在同一植物体上）；颈卵器在近缺刻处发育，精子器在近假根（*rhizoids*）处远端背面形成，支配配子体的纤细的卷须假根伸向土壤的底层土中。

蕨类植物的受精卵像地钱类一样发育成孢子体，孢子体起初也是寄生在颈卵器的组织上。不久，孢子体发育出真正的根，伸向亲本植株外，茎和叶伸展把配子体遮盖起来，在此基础上长成为成熟的孢子体。

在大多数蕨类植物叶子的下侧或在尚未变化的孢子叶上（*sporophylls*），双倍体孢子母细胞经过减数分裂产生排列在孢子囊（*sporangia*）内的孢子四分体。孢子囊堆积在称为孢囊群（*sori*）的圆形群落内。孢囊群在温度适宜地带及生长季节结束时最为突出。当孢子囊变干时，部分包裹孢子囊的厚壁细胞环带（*annulus*）猛然向外弹出然后又收缩，由此释放出大量孢子。当每个孢子发育成新的单倍原叶体时生命周期完成。

开花植物的繁殖和发育

开花植物（被子植物（*angiosperm*））代表了大多数最进化的植物，并且其结构特点对抵抗陆地生活方式的挑战是最佳的。在开花植物中，孢子体世代是惟一可见的形式。单倍配子体退化以至于它仅仅在宿主孢子体花内以寄生的形式存在（见图 11.9）。多数被子植物是雌雄异株的。被子植物最主要的特征是花，它是由叶变态而形成的复杂的繁殖器官。

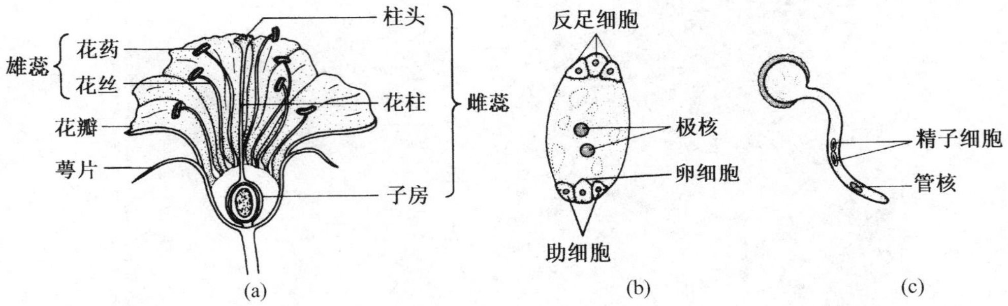

图 11.9　开花植物

花以四轮（*four whorls*）花瓣形式排列，或排列成一个套一个的同心圆层。最内层轮含有雌性器官，或雌蕊（*pistil*），雌蕊由通向子房（*ovary*）和胚珠（*ovules*）的细长花柱（*style*）及其上的粘性柱头（*stigma*）组成的。雄蕊（*stamens*）包围雌蕊，是花的雄性器官。雄蕊的外部为花瓣（*petals*），花瓣通常是散发芳香且具有色彩的结构。花瓣，雌蕊和雄蕊共同构成花冠（*corolla*）。最后，最外面的一轮是花萼（*calyx*），由坚硬的萼片（*sepals*）组成，花萼完全包裹着含苞待放的花蕾。花的绽放起始于花萼并向其内延伸。

开花植物雌性配子体成熟胚囊（*embryo sac*）是胚珠内由一个单倍体大孢子经有丝分裂产生的。从本质上讲，虽然大孢子被细胞质分割产生出七个细胞，但在这些细胞中却分散着八个核。靠近珠孔（*micropyle*），或在通向胚珠的开口处，有三个细胞——卵细胞和两个伴随卵细胞的助细胞（*synergid*）（对于这些表面上看似无功能的助细胞的一个略带荒诞的解释是：助细胞代表着颈卵器祖先的痕迹，而颈卵器在这些种子植物中已不存在）。在相对的另一端是三个反足细胞（*antipodal cells*），有些说法认为反足细胞与营养核同源。由此，这样一些痕迹便与祖先的结构建立起了进化关系。胚囊中间是核的最后部分，两个极核。它们之所以被称为极核（*polar nuclei*）是由于每个核来自相对的两极并移到胚囊中间来的。极核迅速融合形成中心双倍体胚乳核（*endosperm nucleus*）。这时胚珠或更确切地说胚囊已为受精做好了准备。

现在我们转到花粉颗粒上来，单倍体花粉粒（*microspore*）是在雄蕊的花粉囊中发育的。一旦花粉粒被传到柱头上，已分裂的花粉粒的核开始伸长形成花粉管（*pollen tube*）（雄性配子体）并沿着花柱（雌蕊的茎）向珠孔生长。起引导作用的核称为花粉管核（*tube nucleus*），它支配着延伸的花粉管。紧随其后的核为生殖核（*generative nucleus*），它又分为两个精子核。一旦花粉管到达胚囊，立即发生双受精作用（*double fertilization*）：一个精子核与卵子核结合产生合子；第二个精子核与双倍体的胚乳核结合产生三倍体细胞，该细胞发育为胚乳或种子贮存物（种子的营养）。

虽然胚乳在裸子植物（*gymnosperms*）（非开花性种子植物）中就已形成，但双受精作用仅仅发生于被子植物中。双受精作用强调种子植物的生殖模式是在受精过程中完全摆脱了水环境的制约，并且胚胎在密闭的种子中进一步发育。

受精之后，胚珠成熟形成种子。种子非常适合陆地生活。这种生活方式包括：(1) 胚孢子体处于停滞发育状态；(2) 相对丰富的养分供应；(3) 有保护胚不受外界侵扰的种皮和直到胚再次开始生长所需的全部营养。种子在花的子房中发育。含有种子的成熟子房称为果实（*fruit*）。当果实被吃掉或腐烂的时候，种子被释放出来，再开始新的生长周期。

开花植物有两个主要种群：单子叶植物（*monocotyledons*）和双子叶植物（*dicotyledons*）。单子叶植物的叶子为平行的脉序，种子中的胚小且平，受胚芽鞘（*coleoptile*）的外壳保护，第一片子叶（*cotyledon*）是单个的。种子中贮存的大部分养分与胚乳有关。小麦、玉米、水稻等禾本科植物均是单子叶植物。

双子叶植物叶的叶脉呈网状。种子含有宽大的胚，有二片子叶。子叶内含有大部分养分，通常占据着种子的大部分空间。双子叶植物无胚芽鞘。

11.4 分化的控制

组成分化胚的细胞在很大程度上遗传性质是一致的，那么特化过程必须涉及基因特异表达。这可能包括一些基因转录而另一些基因受到抑制、特定基因的活性增加、或者转录后产物的修饰。存在于卵子中的细胞质因子在卵裂期间传递给卵裂球，可参与胚胎的发生。

卵细胞有形成完整的生物体的功能。哺乳动物和两栖类动物至少最初的三次分裂产生的卵裂球都具备这种能力，这种能力称为全能性（*totipotency*）。在早期分裂阶段，产生的细胞失去了它们的可塑性，成为定型的（*determined*）细胞；也就是说，它们在完整的胚胎内必定会形成特定的结构，但如果将细胞取出，那么它们不能再形成完整的胚胎。全能性细胞是以“单一”状态为特征而存在的，它具有一切选择性。若全能细胞失去单一性则选择性相应变窄，而在复杂协同作用的网络中具有更好地适应并承担特殊任务的功能。

较早的细胞分化理论涉及到“发育场”的概念。胚胎在其自身产生的能量场中发育。胚胎的一端比另一端更趋于活跃，以至形成首-尾定位。通常情况下，头端代谢活动较旺盛。以祖先细胞为模式建立起来的结构是以这些代谢梯度为基础的。

在一些生物体中，环境的影响被认为是代谢活动增加的因素。光或压力对细胞成分的影响可引起建立发育场的内部机体的方向性，并改变胚胎生长模式。

如果从植物的主干上切下一块来，那么所建立的发育场将影响离体部分的发育。最前端（附着端）将向着根系发育，而远（离体）端将发育成叶或花的蓓蕾。例如，离体细枝建立起来的极性与蟾蜍卵受精后不久产生的极性非常相似。

胚胎分化过程的本质于 20 世纪 20 年代进一步得到阐述。Dr. Hans Spemann 和 Dr. Hilde Mangold 确立了胚胎发生早期出现的原始结构在引导发育后期胚胎更精细结构中所起的作用。早期的原始结构称为组织者（organizer），组织者被认为通过形成和分泌融合到胚胎特殊区域的化学诱导物（inducer）使胚胎和谐地发育并影响特殊结构的合成。诱导物被认为是小的可扩散的分子，但是找寻这种物质却是令人失望的。

在青蛙卵的例证中，控制发育的结构的最早标记是灰色新月区，该区域恰好位于精子入口端的对面。在相继发生的细胞分裂和形态发生的准备过程中，蝌蚪的定向和主要发育轴的发育是以原始暗灰色新月为基础。在早期卵裂期间形成的每个卵裂球如果彼此分离，都能够发育成蝌蚪，但是如果第一次分裂人工诱导产生出具有全部暗灰色新月的一个卵裂球和不具有暗灰色新月的另一个卵裂球，那么这两个卵裂球就不能发育成为蝌蚪。

Mangold 和 Spemann 广泛地研究了青蛙发育过程中做为组织者的原肠胚的背唇。在正常的发育状况下，背唇细胞起源于灰色的新月。第一个越过背唇重新形成原肠胚的原基细胞将对诱导神经盘的形成起着关键作用。正常发育的胚胎中用实验方法移植进第二背唇将诱导宿主胚胎发育成两个原肠胚区域和两个神经管，因此背唇对于发育模式是非常重要的。

如果分化一旦出现，发育被积极研究的一个领域就是分化的可逆性。近来的研究表明，即使已定型细胞的细胞核在适当条件下也能够恢复为全能性的状态。发育过程中包含在卵内的细胞质在发育过程中的作用也正在被广泛地研究，并且研究结果表明，在蜗牛胚胎发育过程中，只要卵裂球的细胞质结构中含有极叶（polar lobe），就能够形成完整的胚胎。在胚胎学中，也许最令人兴奋的新进展是在许多不同物种中发现保存完好的做为开关单位的基因组。专用术语同源异型盒（homeotic box）已被应用到这些遗传集合体，这些遗传集合体似乎涉及到由分节区，或体节产生的生物体结构，由此产生的生物体的多样性与昆虫和哺乳动物一样的复杂。

11.5 胚胎学领域的主要贡献

胚胎学在生物学领域作为一门科学始于 17 世纪哈维（W. Harvey）和马尔比基（M. Malpighi）早期的工作。哈维（Harvey's）的经典胚胎学观察包含在《论动物的生殖》（Exercitationes de Generatione Animalium，1651）一书中，在该书中描述了鸡和哺乳动物（鹿）的胚胎发育。他强调了这样一个观点，即所有生命都来源于卵。哈维还提出了渐成论，即新结构起源于细胞的原物质（de novo）。

马尔比基首先描述和图解了小鸡的发育阶段。尽管马尔比基是一位先成论者，但他杰出的绘画和对神经胚形成的描述被认为是对胚胎学主要的贡献。

在 17 世纪，对精子和卵子全神贯注地观察导致了先成论学说（preformation doctrine）的形成，即在精子或卵子内包裹着一个小人（雏型人）。在发生论（Theoria Generationis，1759）中，沃尔夫（Friedrich Wolff）攻击了这种观点，并且以渐成论学说加以反击，直到今天，仍支持渐成论的观点，即新的结构是随着时间的推移逐渐形成的。

胎胎学新纪元的杰出代表是贝尔（Karl Ernst van Baer，1792—1876）。他在提高胚胎学实验工作的标准与他对胚胎学建立起来的概念所做的贡献同样驰名。他建立了胚层理论，该理论阐述了几乎所有多细胞生物体的发育的理论基础。他还进行了胚胎学比较研究。他发现哺乳动物卵的存在，并指出脊索存在于所有脊椎动物胚胎中。这些贡献使他赢得了“现代胚胎学之父”美誉。

赫特维希（Oskar Hertwig）是一位 19 世纪发起研究受精的胚胎学家。与此同时，希斯（Wilhelm His）研究了神经系统的发育和人类胚胎学特异的模式。在 20 世纪，胚胎的遗传分析和实验操作占据着胚胎学领域的统治地位。

疑难问题解析

11.1　描述均黄卵，中度偏黄卵和极度端黄卵的发育过程。强调因卵黄数量变化造成的区别。

本题应强调，从海星非常小的均黄卵到鸟类极度的端黄卵，卵黄数量和分布存在着连续性。按着卵黄的分布定义，过分强调某一特定端黄卵或某一特定的中间类型的卵，在自然界中可能是不存在的。

海星或海胆常常被选择做为均黄卵发育的例子。该卵趋向于同质性，但略有极性。其中一极（植物极）卵黄稍微多一些，而另一极动物极的细胞质与较高的代谢率有关。伴随着配子结合（精子和卵的原核的结合）之后卵裂开始。卵裂的分裂面通过卵而延伸，并且早期卵裂球大小完全一致。囊胚是一个中空的球，由一层薄的单细胞层包围着囊胚腔。原肠胚主要通过囊胚壁的内陷形成的。内陷区域最终到达相对端壁。内陷的物质形成了被称做原肠的具有封闭腔的内胚层的内管道。囊胚腔逐渐消失。在胚孔的最远端由内胚层产生出外突，或小囊。这些小囊形成中胚层，即第三胚层，中胚层位于外部的外胚层和内部的内胚层之间。

青蛙和海星囊胚的形成和原肠胚形成的开始阶段是相似的，但由于青蛙卵黄数量的增加，囊胚和原肠胚的形成更复杂一些。含有较多卵黄的区域成为植物极。此后相对应的动物极的卵裂频率比植物极高，动物极的细胞较小，数量较多，并且具有较高的代谢率。在卵子发生期间，极体最初被挤出恰好是在动物极（见第 8 章，例 5）。

青蛙的囊胚是由一大群排列不规则的细胞组成，而这些细胞包裹着的囊胚腔比海星的小。原肠胚从植物极无色素边缘新月形凹痕处，即胚孔处开始形成。细胞越过胚孔的背界并向内移动形成原肠腔。胚孔的背唇最终弯曲形成完整的环状体，环状体诱导折叠的细胞完全包围卵黄，此时卵黄内原肠正在生长。在这个阶段，细胞的内折叠和迁移产生出伸长的胚胎，此时胚胎中三个原始的胚芽层已能辨认出。位于中心和背部之间的中间层称为脊索中胚层，它将发育成脊索，所有脊椎动物中都存在牢固的软骨样的脊索。中间层的侧部和腹部变成为中胚层。

在鸟类中，囊胚和原肠胚的形成仅仅涉及位于卵黄顶部，即胚盘的一薄层细胞。小鸡中的胚盘是由小的空腔，囊胚腔分离的两层细胞组成。上层将发育成外胚层，下层将形成内胚层。原肠胚的形成从胚盘表面凹痕的原条开始。原条，类似于两栖类动物胚的胚孔，充当着使细胞内移形成中胚层通道的职能。正如在青蛙和所有其他脊椎动物一样，脊索的发育，将影响位于外胚层上面的神经管的形成。小鸡与海星和青蛙的不同点在于其早期分裂面不是横切整个卵，而仅仅是穿过胎盘区域切割。卵黄阻止了更广泛的分裂。这种卵裂称为不完全卵裂（meroblastic）。而且，小鸡将发育成四个额外的胚层，这也是爬行动物和哺乳动物的特征。

11.2　你能推想胚胎发生过程中细胞运动的种类吗？

1. 一种是动物极的细胞包围胚胎植物极表面的向下伸展运动（外包法，epiboly）。该方式是青蛙原肠胚形成中非常重要的模式。专门术语外包也适用于鸟类或硬骨鱼类平盘中轴细胞的侧向运动。起初，人们推想外包与局部快速生长相关，但事实并非如此。很明显，胚胎某一区域的运动必须与其他区域的运动严密协调，防止胚胎过分伸展或撕裂。

2. 迁移（Migration）应归为细胞从表面到内部的移动。如果表面细胞只是简单以“内部小囊”形式凹向内部的话，那么这种运动称为内陷（invagination）。囊胚分层（Delamination）发育是指表皮迅速裂开产生两个分离的单层。

3. 集中（Convergence）指细胞向胚胎的中轴运动。分散则正好相反。

4. 伸展（Extension）指细胞向胚胎末端增加胚胎长度的运动。同样的目的也可通过线性排列的细胞的纵向轴的延伸而达到。

这些运动大多数在 19 世纪 20 年代沃格特（Wilhelm Vogt）的经典著作中已被描述。通过使用对胚胎无害的生物染料，沃格特能够构建胚胎发育器官进程图（fate maps）：即通过追踪着色细胞质运动，他能判定囊胚的某些早期部分甚至于在较后的胚胎中的卵区最终被安排的位置（各形成何种器官）。

11.3　许多生物体在生命过程中经历两个独立的形态发生阶段。有些生物体先发育到幼虫期

(larval stage)。然后它们进入短暂的停滞期，叫做蛹期，在蛹期发生一系列新的形态变化，此后它们变为成体，在外观上一般成体和幼虫在形态上完全不同。从幼虫到成体的变化过程称为变态作用（metamorphosis)。

就某些生物体来说，变态作用是极端的。在幼虫和成体之间没有一点共同之处。在另一些生物体中，演变发生的各时期虽然没有明显的区别，但可辨别。举一个变态作用的例子，并说明这种传代的优越性。

蝴蝶的卵孵化出毛虫，而毛虫数量很大，生活在地面上的大部分时间用于取食。这种毛虫织成卵袋并分解掉，只能重新变成无比美丽的飞行动物（蝴蝶），这些成虫只承担性的任务而不摄取任何食物。毛虫或蛴螬非常适合对大量热量的贮存，而飞行的成体只具有繁殖的使命。

11.4　外胚层膜和陆生生活方式之间的关系是怎样的?

爬行动物、鸟类、哺乳动物均已成功地登上干燥的陆地生活，这些动物中的每一种都具有外胚层膜。外胚层膜基本的优点是脱离水的束缚而又为生命周期中的胚胎提供了水环境。

鸟类和爬行动物的胚胎发育是在有壳（cleidoic；封闭）卵的保护性腔内进行的，因而避免了陆地干燥和危险。羊膜为胚胎发育提供了潮湿、相对稳定的环境。卵黄囊为整个发育过程提供连续不断的营养物质。胚胎发育的早期，尿囊是胚胎产生的代谢废物的贮存场所。晚期尿囊与绒毛膜融合为胚胎代谢活动提供了广阔的呼吸表面。

在哺乳动物中，胚胎和后来的胎儿在母体内发育。4 个囊膜为适应胎盘类型而发生修饰性地变化，胎盘包裹着母体的派生组织并给胎儿提供物质。同时，四个囊（膜）适应于胚胎发育微小环境而与陆地生活状态的大环境隔离开来。

在两栖动物中，幼期（young）发育必须重新返回水环境中进行。许多两栖类动物，变态作用包括从依赖水的生物体到形成较少依赖池塘或小溪生活的过渡类生物。很显然，两栖动物被看作不是征服干旱陆地生活的动物（两栖动物不能完全地生活在干燥的陆地上)。

11.5　一般来讲，在胚胎发生期间，外胚层包围中胚层，中胚层反转过来再包围内胚层。然而，在一种胚外膜中，这种关系是不成立的。这种膜起源于何种模式？为什么?

一部分胚外膜来自于中胚层而另一部分来自外胚层或内胚层。在绒毛膜和尿囊膜形成期间，位于中胚层顶上的外胚层的双层膜在胚胎上面成长并形成羊膜褶，正如图 11.5 左所示。在该图中能够看到羊膜褶的活动，在羊膜褶顶部一半处中胚层被反转并位于外胚层顶部。当羊膜褶从胚胎两端相会时，由顶部的一半处形成羊膜，羊膜由外胚层组成并被中胚层包围。

11.6　苔藓植物和蕨类植物基本差别一览表。

苔藓植物	蕨类植物
配子体显著	孢子体显著
无维管	有导管（维管）
雌雄异株	雌雄同株
无性繁殖孢芽	没有无性繁殖结构
没有真正的根、茎或叶[1]	真正的根、茎和叶

11.7　关于被子植物胚囊内胚乳核有什么是例外的?

被子植物的胚囊由雌配子体组成。然而，雌配子体的细胞均是单倍体；胚乳的核，虽然是配子体，但它是由二个极核融合形成的，因而是双倍体。在双受精期间，当它与一个精子核结合后便形成胚乳，变为三倍体。

11.8　19 世纪 50 年代早期，在 Briggs 和 King 的实验中，来自胚胎蛙卵的细胞核被转移到

1）苔藓植物一般被认为没有真正的根，但有茎叶的分化。——译者注

去掉核的蛙卵中。他们发现来自早期胚胎细胞的核能够产生出正常的蛙，而来自较晚期胚胎细胞的核不能产生正常的蛙且不能完成发育。（由供体核复制物形成的个体称为克隆(cloning)，无性繁殖形成的种类。）结果揭示在胚胎发育的临界期内，核固定在它的后代中。然而，后来经 John Gurdon 刻苦的实验证明，来自蝌蚪晚期的细胞核，在稀有情况下，分裂球能变成蝌蚪样。Gurdon's 的工作寓意是什么？

Gurdon 指出，细胞分化期间不包括遗传物质的丢失，若遗传物质不完全的话，那么完整的生物体不可能从完全分化的细胞长成。因此，分化更像是细胞质因子和核之间可调节的相互作用。

附　加　题

11.9　确定下列哪些是（a）单倍体或（b）双倍体

（1）卵原核；　（2）颈卵器细胞；　（3）海星卵胚泡；　（4）胚乳核；　（5）花粉管的管核；（6）苔藓植物的芽孢；　（7）真蕨根细胞

11.10　比较哪个大？

（a）动物极细胞　（b）植物极细胞

11.11　比较哪个多？

（a）青蛙的卵黄量　（b）人卵黄量

11.12　比较哪个大？

（a）苔藓植物的孢子体　（b）苔藓植物的配子体

11.13　比较哪个大？

（a）被子植物的孢子体　（b）被子植物的配子体

11.14　比较哪个多？

（a）原叶体性别数　（b）原植体性别数

11.15　神经管起源于外胚层。

（a）对　（b）错

11.16　在裸子植物，也就是松树，有种子但没有花。

（a）对　（b）错

11.17　von Baer 建立起发育的胚层学说。

（a）对　（b）错

答　　案

11.9 1—（a）；2—（a）；3—（b）；4—（b）；5—（a）；6—（a）；7—（b）

11.10 (b)　　11.11 (a)

11.12 (b)　　11.13 (a)　　11.14 (a)

11.15 (a)　　11.16 (a)　　11.17 (a)

第12章 动物的生殖

12.1 进化观

正如在第8、第10和第11章中讨论过的那样，实质上性行为（sexuality）在生物界中是普遍存在的，是和产生新的遗传重组相一致的。即使是最低等的生物病毒，其核心核酸也有遗传重组现象。

在有性生殖过程中，特化的细胞，配子，结合产生出合子。在多种藻类的体内可以产生出相同配子，被称为同型配子。其他低等植物如水绵，配子的结构相同但其功能不同。这种情况被称为功能异型配子（functional heterogamy）。大多数高等植物和动物的配子具有高度的特化性，形成活动的精子和通常不活动的含有营养物质的卵。关于性行为产生的古老观点是性饥饿理论（hunger theory of sex）——这个概念指类孢子细胞与配子最初联合是为了分享它们的营养供应。

☞**例1**

精子的形状和活动变化很大。线虫、蠕虫如寄生虫蛔虫（Ascaris）、蜘蛛、螨、蜈蚣及一些种类的螃蟹，含有类似变形虫的精子，以波动方式运动。大多数高等动物（脊椎动物）中，精子细胞具有从中段延长的鞭毛结构，并和中段相连续。中段富含线粒体，为鞭毛摆动提供必需的ATP。鞭毛的基础运动推动精子头部的核入卵。

在哺乳动物中，精子中段含有独立存在的线粒体，而其他脊椎动物和大部分无脊椎动物精子中的线粒体融合为一个进行代谢的大结构。许多无脊椎动物的线粒体的嵴发生变态。在鞭毛内通常具有9＋2微管结构，是能够运动的附件。在许多生物中，高尔基体、内质网、核糖体、以及其他细胞器完全被分隔成相对独立的器官，而在精子中，这些细胞器全部退化。

大多数精子的细胞核相对较小，核是受精作用的主要结构；甚至染色质也会以微管的形式排列。精子中有大量的组蛋白存在，但大部分鱼类精子中的组蛋白被高度碱性的蛋白叫鱼精蛋白（protamines）取代。精子内的染色体实际上以长纤维状的形式沿着头部长轴排列着。在灵长类动物的精子中，果糖替代了做为原始能源的葡萄糖。

精子的寿命差异很大。在昆虫中，如雄蜂的精子可以在蜂王体内存活一年以上。人类的精子，在女性生殖道内其活力可维持一周；在死亡的男性体内可以存活三天以上。

有性生殖突出的优点是它为每一代的后代提供变异。对于现存的种群而言，变异允许选择那些最适应环境的个体获得高度的发展。有性生殖的突出缺点是，至少对于雌雄异体的生物来说，它需要两个不同的性别生物体相遇。当配子被散布于水中时，只需要配子之间相遇而产生配子的个体不需要相遇。

☞**例2**

在一些蝾螈中，雄性蝾螈在潮湿松软的森林地上排出成堆的精子包，当雌性蝾螈经过时，用它的泄殖腔唇收集这些精子。受精作用发生在雌性的生殖道内，受精卵会被置于溪流或其他湿润环境的岸边继续发育。在这种情况下，父母亲（参与有性生殖的双方）从未相遇但可以产生后代。

体内受精

只要配对过程发生于有水的环境中，在该环境中，精子和水结合，其运输便得到保障，体外受精就是将精和卵结合在一起的最适的方法。因此体外受精常见于水生动物及两栖类动物中。

☞例 3

在两栖类（如青蛙）中，卵的体外受精发生于池塘或溪流中。雄性趴在雌性上方，用它的拇趾垫（雄性的第二性征）紧紧地抱住雌蛙的两侧。这种拥抱被称为抱合（amplexus）。雌性对雄性的挤压作出反应，排出一串卵，而雄性直接向卵上排出富含精子的液体，受精作用发生于这对紧紧拥抱的蛙附近。

随着动物登陆后，动物（也包括植物）配子以及胚胎的发育仍需保持有水的环境。某些情况下，正如我们看到的一样，当繁殖活动发生时，动物仍返回池塘或溪流，这反映了对环境中的水的依赖。其他生物如哺乳动物，为受精过程提供了体内的而非体外的环境，从而解决了上述的问题。爬行动物和鸟类的精子可以贮存于雌性的生殖道内，受精作用形成了一个被白蛋白和硬壳包裹的合子，这个合子迅速被排出体外。合子的发育过程是在母亲或双亲的呵护下完成。

在交媾（性交）时，插入器官（阴茎）插入到雌性生殖道内，精子被贮存于体内。鸟类受精时则是雌雄两性泄殖腔（cloacae）紧紧靠在一起，这是一种变态的性交过程，称为泄殖腔交配（cloacal kiss）。虽然并没有阴茎存在，但某些雄鸟的泄殖腔可以外翻进入雌鸟的泄殖腔。爬行动物具有不完善的半阴茎（hemipenis），可以将精子排在雌性的阴道内。昆虫的受精作用通过交媾完成。

☞例 4

臭虫体内受精几乎可以用英雄式的赞美之词来表明。进化过程中雄性的阴茎增大，不能再插入到雌性的输卵管中。因此，对于那些由雌性腹部发育成的特化的并允许雄性精子排入的育儿袋类物种来说，性重组对生命是十分必需的。然后这些精子钻到雌性的组织中，与卵巢中的卵相结合。

体内发育

在哺乳动物中，为适应陆生的不良环境，演化出一种精密的结构。不仅仅受精作用发生在体内，胚胎的发育也像寄生一样在母体内进行。这种发育的生活方式使哺乳动物的生殖完全地从依赖水的环境中解放出来。在某些特化的物种如昆虫、蜘蛛和鱼胚胎在母体内发育成变态的幼体，形成卵胎生。实际上是卵在雌性生殖道内孵化成幼体再生出体外。

雌性生殖道的主要变化是成功携带幼体的先决条件，主要包括：子宫（uterus，或 womb），胚胎在子宫内发育；胎盘（placenta），通过母子间可以进行食物、氧气和代谢废物的交换；还包括能够调节子宫和雌性生殖管道周期变化的复杂的激素成分。显然携带胚胎的子宫与没有怀孕的子宫十分不同。

12.2 人类男性生殖系统

男性生殖系统：

1. 产生精子（雄配子）。

2. 将精子送到雌性生殖道内的适当区域。

3. 产生雄性激素，或男性激素，使腺体和生殖管道准备行使其功能，并产生第二性征如胡须（面部毛发）、肌肉力量强壮和性欲。

男性性腺（gonads）是睾丸（testes），其中产生精子以及雄性激素（见图 12.1）。对于人类，常把性腺称睾丸（testicles）。

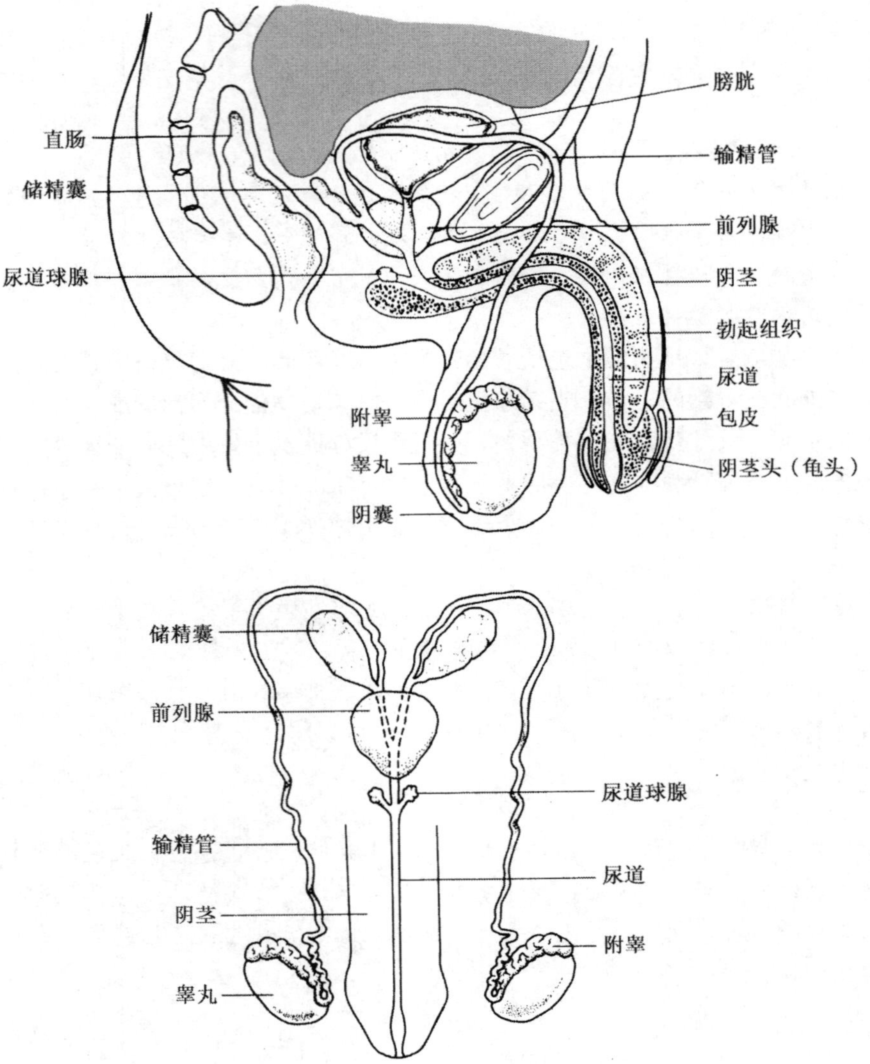

图 12.1　男性生殖系统

在许多哺乳动物中，睾丸源于腹腔的肾脏区域，逐渐下陷变成一个松软的阴囊（sacs of the scrotum），阴囊悬于阴茎之后。这些哺乳动物的阴茎和阴囊位于体外，在两条下肢之间。

精子在延伸的但高度卷曲的精子小管（spermatic tubules）中由减数分裂（参见第 8 章）形成。间质细胞（interstitial cells）散布于睾丸的管道中，睾丸间质细胞持续地分泌睾丸酮（testosterone），男性的主要的雄性激素。雄性激素伴随着青春期（puberty）的到来高效率的合成与分泌。

精子在睾丸精子小管中稳定地形成并贮存于附睾中，附睾位于睾丸上方，是高度盘曲的小管结构。精子由长的输精管（vas deferens）运输通过腹腔，在前列腺（prostate gland）区与尿道（urethra）相汇合。尿道，通过阴茎的管道，将尿液和精液（seminal fluid）排出体外管道。精液携带精子在生殖道中移动。精液由精囊腺（seminal vesicles）、前列腺（prostate gland）、库伯氏腺（Cowper's glands）和男性生殖道附属腺等共同分泌合成的。这些腺体是雄性生殖道的附属腺体。

阴茎是向雌性生殖道中传递精子的有效工具，但它必须首先勃起。对人类而言，勃起必须有从副交感神经系统中传递来的神经冲动产生的性刺激，这种冲动使血液聚集在阴茎中的海绵体勃起组织中，小动脉的舒张（vasodilation）使血液进入阴茎组织中，进入的血液多于流出，使阴茎变长变硬而勃起（erection）。在这种坚硬的状态下，勃起的阴茎可以插入雌性生殖道内，反复抽动增加了兴奋性最终在性高潮（climax）时，阴茎通过一系列的喷射将精液排出。这种有力的排精被称为射精（ejaculations）。这是由于雄性生殖道的下三分之二的有节律地收缩，其周期一般为 0.8 秒。

12.3 人类女性生殖系统

解剖学

女性生殖腺是一对终生位于腹腔内的卵巢（见图 12.2）。卵巢中可能有 400 000 多个潜在的卵，但只有约 400 个最终会完成减数分裂。

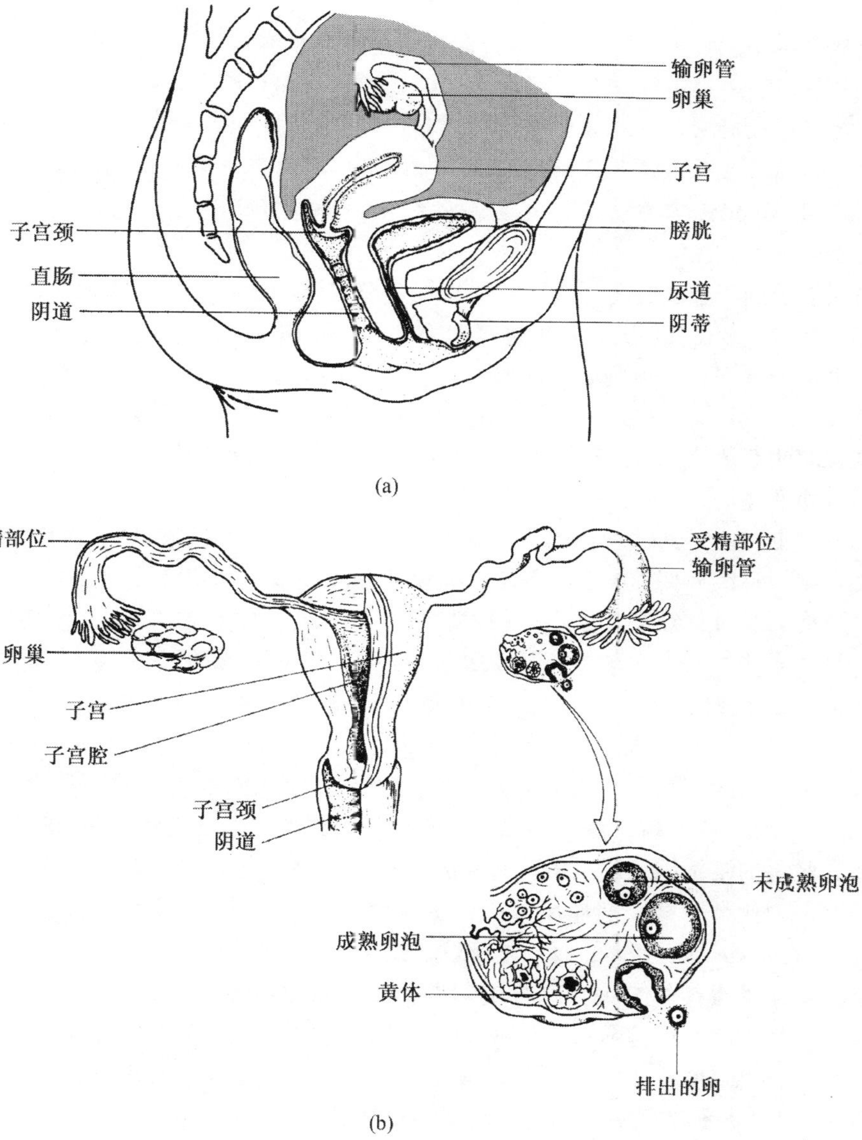

图 12.2　女性生殖系统

卵巢由韧带（ligaments，连接组织的带）和薄膜状的系膜（mesenteries）维持其位置。每个卵巢上方是一个输卵管［法娄皮欧氏管（fallopian tubes）；oviducts］，它们连接着厚的、肌肉发达的子宫。胚胎的发育在子宫中进行，受精卵在输卵管中（通常只有一个）被纤毛的摆动送入子宫，在那里开始早期发育并最终着床。

子宫与短的、波浪状的阴道相邻。阴道一端伸向窄的子宫颈（cervix）外，另一端（远端）伸出体外。外生殖器官——大阴唇、小阴唇和阴蒂——包围阴道口和一个分离的尿道口，它们形成了外阴（vulva）；大阴唇（labia majora）包在一对小阴唇（labia minora）之外。阴唇与雄性的阴囊是同源器官。阴蒂（clitoris）是位于阴道开口上方的勃起组织，它与雄性的阴茎同源。

月经周期

月经周期（menstrual cycle）是高等雌性灵长类和女性生殖道周期性变化的一系列事件。在其他的哺乳动物中，性活动周期的发生不似月经周期那样复杂，被称为动情周期（estrous cycle）。

例 5

动情期（Estrus）来自于希腊词根，意为“牛虻”（“gadfly”），很可能是因为性欲的刺激影响与被苍蝇叮咬的感觉相似。顾名思义，在动情周期过程中，动物经历一个强的、短期的交配的刺激，这时它们被称为“处于动情期内”。在这个周期的两端，情欲消失。动情周期在生理上为雌性生殖道进行交配做准备，但没有像月经期中那样出现子宫壁增厚，如果没有发生受精则增厚的子宫壁会被体内重新吸收。这一周期的事件受环境的影响。某些动物的排卵依赖于交配。

月经周期受到下丘脑、垂体以及卵巢内的内分泌腺产生的激素调节。下丘脑产生的促性腺激素释放激素（GnRH）沿血管越过正中隆起（median eminence）直接进入垂体。垂体受到刺激产生两种激素，卵泡刺激素（FSH）和黄体生成素（LH），它们刺激卵巢产生雌性激素雌二醇（estradiol，由包括一个卵的成熟卵泡分泌）和孕酮（progesterone，由黄体产生，黄体由破裂的卵泡形成）。垂体还产生催乳素（prolactin），直接作用于乳房和它的乳腺，并影响矿物质和液体的平衡。

雌二醇（也可能是其他种类的雌性激素）和孕酮使卵巢和子宫以及全身产生月经的有规律的变化。参与月经周期的激素还与神经系统相互作用以修饰调节月经的反应。在饥饿或运动竞技的严格训练时月经经常停止。被关进纳粹集中营的妇女经常丧失月经周期。

整个月经周期可分为三部分：月经期（menses，流血），持续大约 5 天；卵泡期（follicular 或增生期），在血流停止之后持续约 9 天；黄体期（luteal，分泌期），月经期最后的两个星期。

在月经期，GnRH 的水平低至中等水平。FSH 也处于低水平，而且在排卵期会变得更低。LH 也处于低水平。雌二醇和孕酮的水平同样也很低，子宫内膜（endometrium）被相当量的血液和脱落的结缔组织所覆盖。月经周期失血较高的估计，其总体积不会超过 1.5 杯。有一个问题是为什么在月经期血流并未因为凝血机制而停止。实际上经血来源于被纤溶酶（fibrinolysin 或 plasmin）溶解的血栓，所以，经血是不凝固的血液。

在增生期，受垂体的 FSH 和 LH 的影响，卵巢内的卵泡开始发育。下丘脑产生 GnRH。单个卵泡（其他卵泡在卵泡阶段受到抑制）持续产生雌二醇，影响子宫内膜的生长和结缔化。在排卵时，雌二醇水平突然下降，而 LH 水平升高，这标志着由卵泡期向黄体期转变。LH 的升高使破裂的卵泡经一系列变化转变为黄体。黄体产生少量的雌二醇，但它可以分泌高水平的孕酮。孕酮是第二雌性激素，主要与黄体期的各种变化有关。增厚的子宫内膜变得高度腺体化，糖原含量增加。子宫的这些成熟的变化为着床以及怀孕作好了准备。在月经周期的第三周期中只分泌极少的 GnRH。高水平孕酮的一个重要效应是抑制卵巢中卵泡的发育。避孕药的主要成分是孕酮，因此在孕酮的影响下一个妇女会持续地处于排卵后期而不会有卵泡形成。

如果不能怀孕，黄体则解体，月经周期进入后黄体期（第 21 天），并且子宫内膜迅速脱落，新的流血期开始。黄体期和流血期间的界线是孕酮水平的急剧下降，在这一交界处所有其他激素的水平均很低。但随着黄体的流失，GnRH 的水平又会随之增加，流血期结束时新发育的卵泡会导致雌性激素的增加。

月经（menstruation）来源于“月亮”的词根，因为许多妇女的月经周期与阴历的月周期相似，即 28 天。因为潮汐受月亮的影响也有一个 28 天的周期，所以一些生物学家相信，月经是人类祖先住在海岸边受潮汐影响而形成的周期痕迹。通常在怀孕期间，月经停止。当老年妇女进入绝经期（menopause）月经停止。绝经期是由于控制月经周期的激素分泌的减少。绝经期月经周期的停止与性渴望降低无必然联系。

12.4　人的性反应

男性和女性在他们的性活动中有相同的性反应：血管充血（vasocongestion）和肌强直（myotonia）。血管充血和血液集中导致阴茎（阴蒂）的勃起以及乳头肿胀突起，甚至阴道湿润（vaginal sweating phenomenon），这是由于充血后产生的压力使血液冲击阴道壁，并在阴道内表面集中汇合。肌肉强直导致肌肉的间歇性收缩，在性高潮时沿生殖道和肛门产生收缩波。在性欲高潮时臀部、上下肢颤动。在性反应消退期间表层肌肉会发生像“休克”现象那样的小的收缩。

男性和女性的性反应包括四个时期。最开始的性刺激诱发兴奋期（excitement phase），在兴奋期充血使生殖器肿胀程度增加。高度兴奋在平台期（plateau phase）维持一个峰值，接下来，通常伴有生理必然性，兴奋达到性欲高潮期（orgasmic phase），性高潮期愉悦的感觉通过肌肉强直而释放。消退期（resolution phase），性反应回到低水平，在这之后又可以发生新的兴奋刺激期。

尽管男女性反应基本相似，但在性反应方式上仍存在差别。在女性，每一个性反应期趋于缓慢，因此男女性反应具有质的相似性和量的不同性。对异性夫妻来说，性调整的困难在于持续时间的差异，特别是男性在他们的伴侣刚刚经过平台期时自己已经到达消退期。

第二个差别在于女性具有更加多样化的后平台期反应，如性欲高潮多重性，即可以反复出现平台期和高潮期而对消退期没有影响。多数男性在性高潮期伴随着连续地抽动。高潮期后紧接着就是消退期，老年男性的消退期可能相应的延长。

男性兴奋的第一个标志是阴茎勃起，而女性兴奋的第一个标志是阴道分泌物增多。女性的性高潮通常伴随着阴门区呈现亮红色，在某些低等的灵长类这是性唤起的标志。

女性月经周期影响性行为中身体和性情绪的波动。而这种波动在男性中研究得还不多。

12.5　避　　孕

与大多数其他哺乳动物不同的是，人类没有性活动季节。性交活动可以发生在任何时间。尽管交配与生殖功能有关，但在人类中，它可以是一个永远连接一个男人和一个女人的纽带。

☞例 6

夫妇之间的爱情通常表现为一系列的性爱活动，包括亲吻和拥抱，当然如果没有性接触也就没有性交。通过年复一年的保持着性爱使家庭凝聚在牢固的基础上。因为家庭的结构以及它在文化任务上的合作与分工，增加了早期人类社会繁衍生存下来的机会，维持长久的性表达对于人类来说是进化的优势。

如果我们从社会而不是从生殖角度来看性行为，防止怀孕而同时保持性行为（即使用避孕措施 contraception）可以被看作是完成某种社会功能。对于许多个人来讲，性活动可以减轻来源于生活中其他方面的压力，而且可以提供巨大的满足和自我价值提高的感觉。由于这些原因以及实际中控制家庭人口的需要，避孕措施逐渐为人们所感兴趣。

相对于旧的更加传统的方法，形式多样的避孕手段应运而生。

从有效性的角度来看，最好的避孕办法是输精管切除（vasectomy），将睾丸附近的输精管切除或结扎，以及输卵管结扎（tubal ligation），在女性输卵管上进行的一种与输精管结扎相似的手术。切除输精管的男性仍然可以性交，具有性高潮并射精，但由于附睾和输精管之间的阻断，精液中已不再有精子。相对应的女性输卵管结扎可以防止精与卵相遇。这两种手段一旦进行，性伴侣不用再为避孕采取其他措施，但它们的缺点是其通常的不可逆性。在结扎手术前，必须慎重考虑。

避孕药丸（birth control pill）也是相当有效，小心地应用这种方法实际上有可能会达到更好的效果。因为避孕药的服用是定期的，所以在使用避孕药时必须要小心谨慎。尽管不是无节制的，它的花费也会影响其在发展中国家的大规模使用。已有报道显示，避孕药的使用会使中风危险性增加。

宫内避孕器（intrauterine device，避孕圈、环），特别是一种被称为 Dalkon 盾的避孕器一直被广泛使用，直到高感染率和不舒适感被发现。

避孕套（condom）愈加流行起来，因为它除有避孕功能外，还可以有效地防止性传播疾病。人们对艾滋病 AIDS（获得性免疫缺陷综合征）的担心显著地增加了对避孕套的使用，还因为它还可以阻止血液或其他体液在性交中的相互接触。在同性活动中特别是肛交时避孕套被特别推荐使用。

与杀精胶一起使用的阴道隔膜（diaphragm）非常有效，但前提是妇科医生每一次必须非常小心地安装隔膜，这样才能保证子宫颈的开口被完全阻断。这种方法没有副作用。

统计学证据提示，人们不要采用以下办法避孕：体外排精，避开易怀孕的排卵时性交，冲洗阴道。然而自然家庭计划的方法似乎对控制家庭的大小更为有效，该计划方法是更新的，建立在对宫颈有节律的分泌物更可靠检查基础上的更适用的方法。

关于包括注射睾酮衍生物的男性避孕方法的发展是有希望研究的继续。这种方法可以大大减少精子的产生，这种方法也不需要在性交中使用机械的干扰。

在某些共产主义国家，人工流产（induced abortion）常被用于控制人口的规模，人工流产是主动地终止妊娠的方法。人工流产在西方国家也十分常见，而在美国不断受到反对并导致了对人工流产的合法性必须重新讨论。

☞例 7

像流产的争论和晚期病人允许延长生命的争论引起一些党派对生命从何时开始到何时终止的兴趣。某些宗教认为，当精卵结合时生命即开始了，而其他宗教团体则认为生命起始于婴儿的降生。这明显地与流产的争论有关。生活的质量也在研究的范围内，有些宗教专家证明，仅仅维持生命而没有情感和思想的表露并不能证明人工维持呼吸及循环的正确性。

12.6 性选择

性欲或性冲动是感情欲望的释放，具有普遍性的倾向，它可以通过多种方式表达。遗传组成以及早期受到的教育和经历很可能决定了一个人最终的性选择。异性性行为经常被认为是性能力的自然表达，但也存在着许多其他的性行为，如手淫（masturbation，自我刺激可以达到性高潮）、同性交合（homosexual intercourse，性伴侣是同性的）、兽交（bestiality，与非人的生物发生性行为）、甚至节欲（abstinence）——不包含在性范畴内。许多社会对于上述的一些或所有的行为强烈谴责。手淫以及同性性活动可以在其他哺乳动物中找到，特别是处于应激的条件下。

对于男性性活动的早期研究中（20 世纪 40 年代晚期），Alfred Kinsey 和他的研究小组发现对性的选择以及出现性活动的数量具有很大的差异性。尽管一个健康的个体某些生理功能，如血压和血糖的指标出现在确定的参数范围之内，性活动干扰了正常标准的建立。至少有六种不同的发泄性欲的方法在被检测人群中反复使用，异常的性行为在性冒险的不能容忍的年代是不被原谅的。

12.7 性功能障碍

性行为的完成以及生殖的成功，决定于许多功能水平。处于兴奋状态的男性完成性交的能力决定于阴茎能否勃起。不能勃起或不能维持勃起被称为勃起功能障碍（impotency）。尽管所有男性都会具有短暂的勃起功能障碍，在没有疾病时长期的勃起障碍被认为是一种疾病。勃起障碍常被视为是由于精神因素（psychogenic）引起的，即对于情绪冲突和精神紧张的反应。性功能是植物性功能（如吃饭和睡觉）的一种，这使得生物体易受外界危险因素的影响，任何一种对于安全威胁的迹象都会抑制这些“奢侈”的功能，这时生物体需要为“斗争或逃避”反应做好准备。这种对于危险的转移受到交感神经系统（见第15章）的控制，归于植物性功能。所以在性反应时一系列精细复杂的反应过程中，即使是想象的或观念中的威胁，不管它们是否变为现实，也会影响性活动，当然也不能忽视潜在的器官性功能障碍的可能性。

不具有成为生物学父母的能力被称为不育症（sterility）。不育的男性不能产生或只能产生极少的精子，以至于不能保障与输卵管中的生存的卵细胞相遇。不育症可能与精子的缺陷有关，特别是当这种缺陷影响精子的活动能力时。勃起功能障碍与不育症是不同的现象，即不能勃起的男性可能是高度可育的。对于这种男性，可以采集他的精子样品，并通过人工受精（artificial insemination）完成怀孕，即用注射器将精子注入女性的生殖道内。

不孕的女性可能不能产生卵子或她的卵不能脱离卵巢的表面到达输卵管。有些不孕的女性，受精作用在输卵管内受阻，这通常与慢性感染有关。间接证据显示，有些妇女会产生使子宫处的精子损伤或失活的因子。与男性不能勃起不同的是，女性不能产生对性刺激的反应并不会阻碍性行为的发生，但是，缺少这种感受性可能使双方在性交时缺少乐趣。

通过放松使高度的性紧张消失而达到性高潮。男性的性高潮通常伴随着射精。不能达到性高潮通常是由于过分的小心谨慎，特别是女性，现在被视为性功能障碍。男性中常遇到的问题是早泄（premature ejaculation），即高潮和射精在不正常的、很短的时间内发生。

人类的性表现是一个情绪与生理应答的复杂反应，是肉体与情的结合。任何一个方面都有可能出现困难。伴随着熟练专家在这一领域能力的增长和大多数社会团体处理性障碍问题的积极性提高，指导性障碍的人自我开发使那些忍受性功能障碍之苦的人们看到了希望。

☞**例8**

William Masters 和 Virginia Johnson 于 1954 年在圣路易斯华盛顿大学医学院开始了一系列关于人类性反应的研究。他们发现了了解人类性行为的概念性框架和解决性功能障碍的一系列措施。

甚至在他们联合搞研究之前，Masters 就已经发现了阴道分泌物增多的现象。对于妇科医生来说，其他很多陌生的生理反应也被迅速发现。他们还在其他疾病存在时，对做为一个复杂因子的性行为进行了许多研究。他们的贡献在于比较生理学、行为学（ethology，动物行为的比较研究）以及性功能障碍领域的研究。他们建立的研究中心已经通过特殊的医疗手段在相对较短的时间内成功治愈了如勃起功能障碍和早泄之类的疾病。

可能最重要的是，他们大大深化了人类性行为的科学研究，使得世界各地的受性功能障碍疾病困扰的病人能够得到满意的治疗。

疑难问题解析

12.1 描述动物生殖中的几种无性繁殖过程，并说明无性繁殖的主要缺点是什么？

我们已经把雄蚁和雄蜂通过未受精卵单性生殖的发育方式看作是一种正常的生殖方式（第 11 章），我们也看到人工刺激海胆卵会发生卵裂。虽然卵是性细胞，但未受精卵的发育仍属于无性生殖。

海绵动物和水螅普遍以出芽方式（*budding*）进行繁殖，即亲代身体的一部分突起产生新个体。新个体有时会依旧与亲代原种附着在一起，但通常新芽会与亲代分离成为新的生物个体。

扁形动物通过裂殖方式（*fragmentation*）进行繁殖，一些扁形动物能自发地把身体分割成几段，每一片段均能产生新的个体。与裂殖相关的是再生功能（*regeneration*），或称对失去部位的修复功能，恰当的说，再生功能是一种对意外丧失的器官和外伸结构的补偿机制。但对于棘皮动物（如海星、脆皮星等）来说，如果丧失肢臂或中央盘，就会从丧失掉的肢臂中形成新的个体，因此可以认为这种繁殖方式是裂殖与再生相结合的繁殖方式。

无性繁殖是繁衍后代的一种简单方式，但它却有助于减少进化过程中的变异。除了出芽方式外，其他无性繁殖方式还能淘汰亲本的存在。对于大多数动物，无性繁殖只不过是有性繁殖的补充罢了。

12.2 在生殖方面，昆虫与哺乳动物有哪些共同点？

尽管昆虫与哺乳动物属于不同的谱系，但它们却都极其成功地适应了陆地生活环境。它们各自独立地在进化过程中获得防止水分散失的机制：昆虫是依靠不透水的几丁质外骨骼保持体内水分，而哺乳动物则依靠长有毛发的精细皮肤防止水分散失。但就生殖适应性来说，昆虫与哺乳动物表现出显著的相似性。

它们的阴茎都由封闭的管道组成，负责把雄配子释放到雌性生殖管道内，阴茎已成为供精液流动的有效通道。所有的昆虫都有交配行为，交配时雄性提供精子。但有些种类，雄性不再出现而是由卵细胞进行单性生殖发育。(一些脊椎动物如蜥蜴和鱼类也存在这种现象。)

雌性哺乳动物的主要变化是通过胎盘的进化使幼体可在母体内发育。有些种类的昆虫，特别是蟑螂和苍蝇，其母体也能产生活的幼虫。但这并不能与哺乳动物的胎生相提并论，因为在幼虫还未孵化时，昆虫妈妈仅仅是把卵暂时保存在其生殖道内，幼虫孵化后即被从生殖道排出。

12.3 鱼类和大多数非哺乳类脊椎动物的睾丸位于腹腔内。但大象的睾丸在繁殖季节会下垂；啮齿类动物、蝙蝠、骆驼和一些猿类的睾丸只在交配时才下垂。有袋类动物、大多数食肉动物和几乎全部灵长类动物的睾丸则永远保持下垂。这一变异的可能性解释是什么？

哺乳动物的体温保持在 37℃，如此高的温度影响精子的生产、释放和游动。所以，多数温血动物的睾丸都位于体外。而冷血脊椎动物就没有这类问题的困扰，其睾丸可位于腹腔内。

人类的睾丸下垂还牵扯到某些潜在的问题。人出生后不久睾丸就离开腹腔，并沿着腹股沟管（*inguinal canal*）移动，腹股沟管是一条预先形成的、穿过厚的肌肉体壁到达阴囊的通道。睾丸一旦下垂，体壁裂缝就会愈合，但仍会留下永久性的损伤。当遭受到突发行动而产生压力、猛裂咳嗽或以不当姿势提起重物时，损伤点就会撕裂产生腹股疝（*inguinal hernia*）。如果肠节陷入这一裂缝中，就会阻断血液供应而引起坏疽，这一严重的情况被称为缢缩腹股疝（*strangulated inguinal hernia*）。

如果睾丸不能成功下垂就会引发严重的后果，包括雄性不能进行性发育、抑制身体发育以及不育。医学上把这一情况称为隐睾（cryptorchism 或 cryptorchidism），字面意思为“隐藏的睾丸”。兰花 *orchid*（希腊语）一词指睾丸；这种花之所以如此命名是因为其根部的椭圆状膨胀形似睾丸。

12.4 月经周期包含复杂的激素作用。我们已经了解，促性腺激素释放素刺激垂体分泌促卵泡激素和黄体生成素，它们能引发卵泡的生长和促使卵泡转化成为黄体。卵泡反过来能产生大量的雌二醇，黄体也分泌孕酮使孕酮含量急剧升高。这种负反馈同样有重要的作用。高浓度的雌二醇能抑制下丘脑中的促卵泡激素刺激中心，高浓度的孕酮同样抑制下丘脑中的促卵泡激素刺激中心，并且在未受精情况下能抑制黄体生成素的刺激中心。根据雌二醇与孕酮的分泌时期，你认为这种抑制作用在月经周期中起什么作用？

当某一卵泡的成熟速度快于其他卵泡时，雌二醇的分泌量就显著地增加。一旦此卵泡发育，促卵泡激素的任务就完成了；雌二醇对促卵泡激素的抑制作用也因此只具有代谢意义了。孕酮对促卵泡激素刺激中心的抑制作用使促卵泡激素含量停止升高，并引发下一轮月经周期的开始。如果卵未受精，孕酮就开始抑制黄体生成素的刺激中心。由于保持黄体必须要有黄体生成素的参与作用，所以当黄体生成素的分泌受到抑制，黄体便开始退化，孕酮含量也随之下降。孕酮含量的下降引起子宫壁萎缩并脱落。雌二醇与孕酮含量的下降使先前受抑制的下丘脑重新产生促性腺激素释放素，并开始下一轮月经周期。

12.5　动情周期与月经周期有什么不同？

发情的动物在动情周期的中期具有短暂而强烈的性冲动，而在其他任何时期都没有性感受；而性感受发生于月经周期的全程。从生理上讲，雌性动物在动情周期准备好生殖道等待交配；而在月经周期，其子宫内膜要加以精心的准备以接受受精卵的植入。所以，如果未被受精，发情动物预先加厚的子宫壁将被重新吸收；对于月经周期中的动物，肥大的子宫壁将脱落形成月经而被排出。还有一点，动情周期比月经周期更易受到环境的影响。

12.6　你认为有哪些因素能阻碍避孕药的有效使用？

宗教信仰可能是最大的障碍。对于天主教，犹太正教和伊斯兰教的某些分支，避孕是被严格禁止的。对以上这三类宗教，教义中规定要“多子多孙”，所以不鼓励把性生活与生育分离开。对普及多种避孕措施的正确使用方法缺乏了解，也使不发达国家的大规模人口控制效果受到影响。

避孕的不便性和花费太高是另外两个影响有效避孕的因素。

12.7　绝育和阳痿是男性的两种性功能障碍，而女性的性功能障碍只有其中一种。解释原因。

绝育是直接影响配子产生的功能障碍。对于女性，绝育是指丧失卵细胞生成能力或丧失将卵细胞成功排入输卵管的能力。绝育也包括对受精的阻碍，例如生殖道的内环境使精子不能存活，或因发炎引起输卵管阻塞。而阳痿是指丧失性生活能力。与男性必须阴茎勃起才能性交不同的是，女性缺失有关健康性应答的生理变化并不会影响性交。

附　加　题

12.8　下列哪种生物具有功能异配生殖和结构同配生殖

(a) 人类　(b) 丝藻　(c) 水绵　(d) 水螅　(e) 以上全是

12.9　青蛙抱合是体内受精的例证。

(a) 对　(b) 错

12.10　配子通常是由有特化结构的性腺产生的。

(a) 对　(b) 错

12.11　大多数完全的有适应性的阴茎存在于成功的陆地生物中。

(a) 对　(b) 错

12.12　像精囊之类的附属腺有助于精液的形成。

(a) 对　(b) 错

12.13　对于雌性与雄性，射精周期都为 0.8 秒。

(a) 对　(b) 错

12.14　启动月经周期的激素是由下丘脑产生的。

(a) 对　(b) 错

12.15　从 B 栏中找出与 A 栏月经周期相应的选项。

A	B
1. 黄体生成素含量突然升高	(a) 月经
2. 子宫内膜脱落	(b) 增生期
3. 黄体发育	(c) 分泌期（黄体期）
4. 成熟卵泡分泌雌二醇	(d) 排卵

12.16　高浓度孕酮能引促黄体生成激素的含量下降，这一现象称为

(a) 级联效应　(b) 负反馈　(c) 雌雄同株　(d) 正反馈　(e) 协方差

12.17　精子库的存在对以下哪种避孕方法起重要作用？

(a) 避孕套　(b) 输精管结扎　(c) 输卵管结扎　(d) 体外排精　(e) 禁欲

答　案

12.8 (c)　12.9 (b)　12.10 (a)　12.11 (a)

12.12 (a)　12.13 (b)　12.14 (a)　12.15 1— (d)；2— (a)；3— (c)；4— (d)；5— (b)

12.16 (b)　12.17 (b)

第Ⅳ部分

植物生物学

第13章 维管植物的基本结构和功能

在第 31 章里，我们将会从进化的角度研究整个植物界。本章中我们将重点讨论那些成功地转移到陆地的植物结构。这些植物是维管植物（tracheophytes），它们进化出了具有输导功能的管道器官。这一管道网络使得水和营养物质能够从植物的一个部分传递到另一个部分，这使大多数植物摆脱了必须与水接触的限制。

在维管植物原始分类（divisions 相当于植物界中的一个门）中有三类植物：松叶蕨门（Psilophyta），它的细胞没有分化出真正的根及叶，只有一种非常简单的输导系统；石松门（Lycophyta），它的细胞已经分化出根、茎、叶；楔叶门（Sphenophyta），或木贼属。这三类植物具有简单的维管组织，具有可能移动的精子，被许多植物学家看作是那些大多数已灭绝的古代种类的孑遗植物。

蕨类植物（Pterophyta）有 12 000 多种，是一种成功的维管植物类群，它们具有扁平的叶，大大增加了光合作用的表面积。蕨类的成功很有可能是它们叶表面积增加的结果。

☞**例 1**

典型的蕨的叶（frond）是大的、高度分支的结构。呈羽状（featherlike）排布的叶大大增加了光合作用的表面积。有些植物学家将蕨类的叶视为被修饰的茎，它仍然在向种子植物的扁平叶进化。

蕨类植物的内部结构与典型的有花植物的器官十分相似。由厚壁的、运输水分的木质部（xylem）和薄壁的、将有机物质从叶向下运到植物体其他部位的韧皮部（phloem）组成。

尽管蕨类植物已具有木质部（主要成分是导管）和韧皮部（主要成分是筛管），这些组织的细胞并不像裸子植物（gymnosperms，没有花的种子植物）或被子植物（angiosperms，有花植物）那样特化或分化。而且蕨类植物的根也不如高等植物那样发达，茎是一种相当不易被发现的结构，通常是在地下水平方向伸展，被称为根状茎（rhizome）。温带地区大多数蕨类的个体相当小，孢子体世代占优势但只能维持一季。

种子植物（包括裸子植物与被子植物）与蕨类植物有两点重要区别：产生种子且大多数具有形成层（cambium），它是一个分生组织结构（未分化细胞层），形成层是能够不断产生次级组织的分生组织。这些次级组织可以是木质部或韧皮部甚至是保护树干的木栓细胞。种子植物如此之成功，以至成为当今植物界中的主要类群。

☞**例 2**

在裸子植物中，种子位于开放的球果中（gymnosperm 意即“种子裸露”），而有花植物（所有植物中最为丰富的植物）的种子位于一个封闭结构，花的子房中，Angio 是希腊文词根意为“花瓶”，被子植物的命名是因为许多花的基部含有像装有种子的花瓶。裸子植物和被子植物的主要区别是后者具有双受精过程（见第 11 章）。

13.1 植物的营养

从第 6 章中我们得知在光合作用过程中，空气中的二氧化碳提供了产生糖的碳和氧[1]。这意味着，即使是最高的树，它的绝大部分的物质也可以说是由空气制造的。但是，土壤为植物的生化结构和过程提供了许多必需的营养物质。

常量元素和微量元素

需要量相对较大的矿物质（无机物质）被称为常量元素（macronutrients）。植物从土壤中摄取大量的氮元素：氮几乎占许多植物干重的 4%。钾占许多植物干重的 5%多。（需要在饮食中补充钾的人经常被告知多食用如香蕉、杏和橘子等水果。）钙占植物干重的 0.5%到 3.5%。其他常量元素，包括磷、镁和硫，存在于细胞的基本的大分子中，如叶绿素以及许多的酶。

需要量相对较小的矿物质为微量营养素（micronutrients）。它包括铁、硼、氯、锰和钠。其他元素的需要量更少，被称为痕量元素，包括锌、铜和钼。尽管需要量不大，但微量和痕量元素却是酶的激活、叶绿素发育和其他物质代谢过程所必需的。

氮循环

与其他生命形式一样，植物需要氮。尽管空气中的 79%是氮元素，但植物并不能直接利用它，而必须先将氮转变为可以被利用的形式。

固氮（nitrogen-fixing）细菌可以将空气中的氮与氢结合形成铵离子（NH_4^+）。蓝细菌（cyanobacteria，蓝绿藻）也有这种能力。然后氨被释放到环境中，被植物吸收和利用。有时，固氮细菌能与三叶草、苜蓿、豆类蔬菜（豆角和豌豆）等特化植物的根瘤菌互利共生。这些细菌可以固氮并直接向植物提供氨。在固氮酶（nitrogenase）的介导下，被植物吸收的氨转变为氨基酸和其他含氮化合物。

应当注意到，有的氨是通过如火山活动之类的物理过程产生的。

由固氮形式产生的氨进一步通过硝化作用（nitrification）。第一步，由亚硝基单胞菌（Nitrosomonas）将氨（或铵根离子）转变为亚硝酸根离子（NO_2^-）。亚硝酸盐对植物有毒，所以必须有第二步转变。这一步由硝化细菌（Nitrobacter）完成，亚硝酸盐转化为硝酸盐（NO_3^-）。因为有花植物相对而言更易将硝酸盐而非氨作为氮源，硝化作用对于维持地球的植物群落非常重要。

空气中的氮可以通过许多物理过程如闪电和光化学雾反应而直接产生。

固氮引起新的氮循环；然而关于已结合到生物体中的有机氮的分解（decomposition）可由分解作用完成。含氮废物如尿素、蛋白质以及由细菌和真菌在分解动植物尸体过程中释放的含氮物质是氮的第二来源。在氨化（ammonification）过程中，这些有机物被转变为氨。两步硝化过程的结果产生硝酸盐。

有些氮元素是通过反硝化细菌的作用返回到大气中的，反硝化细菌（denitrifying bacteria）作用于 NO_3^- 和 NO_2^- 产出 N_2。

这一系列过程——通过固氮和硝化作用产生出氮元素，通过反硝化作用 N_2 又返回大气中，以及通过腐败、氨化作用和硝化作用——构成了氮循环（Nitrogen cycle 见图 13.1）。

两个不同种之间密切的生存关系，比如我们已看过的固氮细菌和植物之间的关系，被称为共生（symbiosis）。当两种生物都受益时，这种关系被称为互惠共生（mutualism），一种特殊的共生。

1）氧不是来自空气中的 CO_2 而是来自于水。——译者注

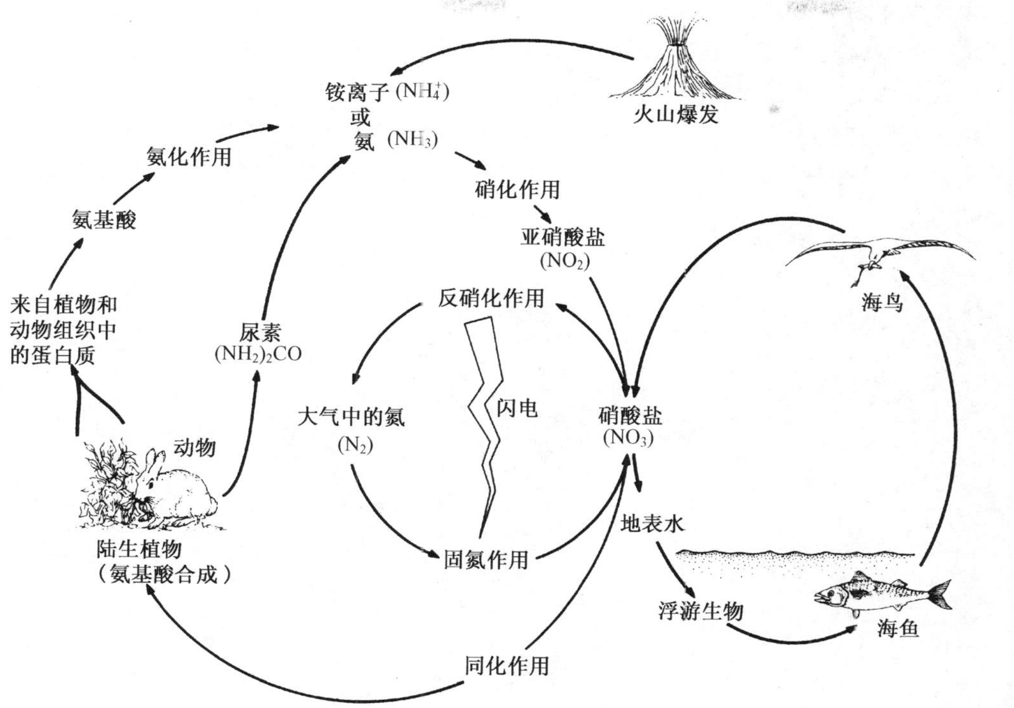

图 13.1　氮循环

菌根（mycorrhizae），维管植物根系和寄生其内的某些真菌的菌根，是另一个互利共生的例子。在大多数情况下，真菌将根刺破，使土壤中的营养物质直接被植物的根系利用。即使根没有被刺破，真菌也可明显地提高营养元素接触植物根系的能力。松树和椰树就是这种情况。实际上真菌与根系的密切关系是非常普遍的，所有种子植物的四分之三都有这种共生；许多化石植物也表现出了与真菌的密切关系。尽管这种现象表面上普遍存在，然而真菌提高土壤中矿质营养可用性的确切途径尚不清楚。

☞例 3

园艺学（horticulture）是为了商业目的在严格精细地控制条件下培育植物的过程。许多在温室苗圃中培养的植物被用于装饰。在这些植物中可以发现，如果早期没有被真菌侵染，植物不能够发育，即使在必需营养素含量充足的情况下也不发育。甚至室外或室内苗圃中的幼树也需要“真菌的固定”才能够生长。

根

水分和溶解的营养素通过根进入植物体。根表面的细胞以纤细的方式向外扩展为根毛（root hairs），提高吸水能力并将水运到根内的导管。调节物质进入根的动力因素包括扩散、渗透压、甚至主动运输。(根系周围土壤的性质影响了水对根的供应性)。土壤过紧或过松阻碍了土壤对液体的吸收，使根吸水减少。

如果根系像草一样高度分枝和扩散，这种根系被称为须根系（fibrous root systems）。它们对于植物在土壤中的固定和从广泛范围的土壤中吸水分起着突出的作用。直根系（taproot）是较为不普遍的类型，主根肉质，深深扎入土壤中，只产生适量的侧根。直根系主要见于木薯、胡萝卜和蒲公英等植物中。直根系经常成为贮存食物的主要器官。初生根（primary roots）是幼苗胚根（原生根）的延伸，而次生根（secondary roots）是原生根（胚根）的分支。有时，根可以从非根的组织中发生，如茎甚至叶。这种根被称为不定根（adventitious），常常用于固定部分植物体。

☞例 4

不定根系的突出系统从玉米植物的茎向地下生长。这些根使植物维持直立——如果没有这些根，维持植物的直立会因为植物伸长的形状而变得很困难。不定根也可以帮助像印度榕树那样的植物向水平方向扩展分散。

根长长（初生生长（primary growth））通过根尖生长区的顶端分生组织（apical meristem）的细胞分裂进行。根冠（root cap）向坚硬的土壤颗粒中伸出，保护柔软的根尖（见图 13.2）。

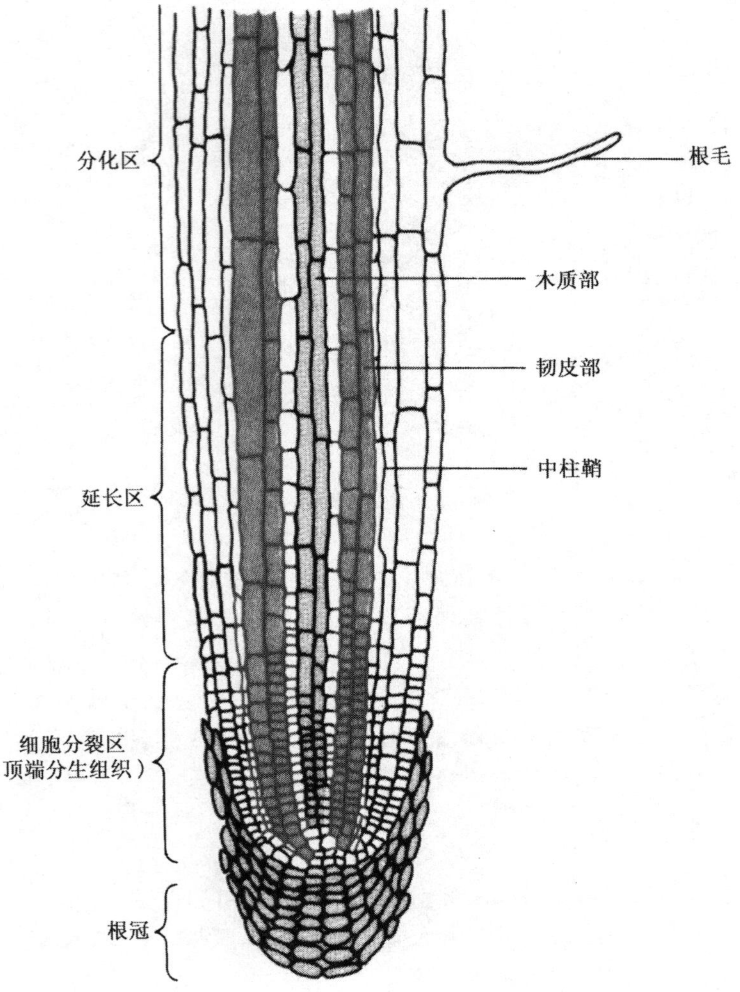

图 13.2　根

细胞生长区位于分化区后面，逐步靠近植物体的细胞分化区。细胞分化区的表皮细胞形成根毛。这些根毛是非常活跃的系统，老的根毛不断死亡，新的根毛不断补充。根系的主要吸收功能来自位于生长着的根尖之后的根毛区。

从根的横切结构中可以看出一系列同心圆的柱状结构（见图 13.3）。

最外层的环是一个单细胞层表皮（epidermis）。接着是一层厚的环状薄壁组织细胞——皮层（cortex）。靠近皮层外缘有厚壁组织。皮层细胞呈圆形，排列疏松，细胞壁厚，有利于水分及矿物质通过细胞进入根的中心。水在细胞间也很容易传递。老的皮层中这些细胞被用于贮存食物。皮层的最内层是一环状排列的紧密的细胞，内皮层（endoderm）。内皮层某些细胞的细胞壁明显变薄，这些是通道细胞（passage cells），参与水和矿物质向根的核心——中柱（stele）运输。

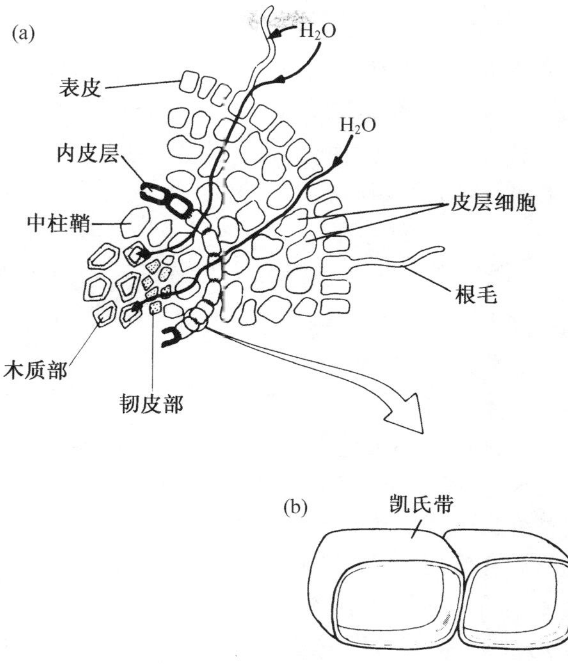

图 13.3　根的横切

中柱由一层中柱鞘（pericycle）细胞包围。这层细胞具有分生能力，可以产生次生细胞。它们可以形成次生木质部（xylem）和韧皮部（phloem），参与水和营养物质的运输。中柱鞘可以产生出侧根。木质部和韧皮部是维管束或中柱的基本组成部分。它们在中柱中的排列在单子叶和双子叶植物之间差别很大（见图 13.4）。

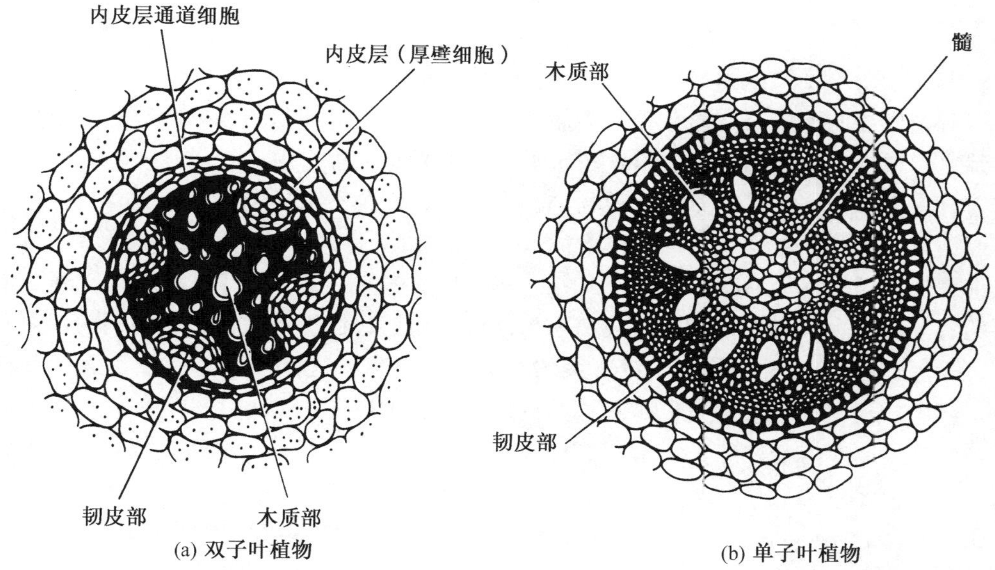

图 13.4　根维管束

在典型的草本双子叶植物的根中，厚壁的木质部环状分布于维管柱的中心，而韧皮部细胞位于环与环之间。在典型的草本单子叶植物如菝葜属（*smilax*）中，维管柱的中央核心是由薄壁的髓（pith）组成，环绕髓的是一层交替的木质部与韧皮部。木质部细胞很容易由它们的大直径以及增厚的、栓化的（suberized，含有防水树脂）细胞壁而辨认出来。

茎

植物的功能可以简单地概括为根从土壤中吸收水分、矿物质、甚至一些二氧化碳（以 HCO_3^- 的形式），而叶用这些物质制造出植物需要的有机营养物质。茎可以看作是根与叶的连接部分。然而比此更重要的是，茎是植物体的主要组成部分，参与叶位置的稳定、光合作用的完成（特别是草本植物，它们的茎没有木质化）、物质转运、光合作用初级和次级产物合成以及贮存食物等过程。

茎和它的分支，与叶系统一起，构成了枝条（shoot）。一年生植物如草，整个植物体在一个生长季之后死亡，两年生植物（biennials），如胡萝卜，整个的枝条会死亡，而在第二个生长季时又会复苏。多年生植物（perennials）的茎在整个生活周期保持不变并且由于木质部和韧皮部的次生生长而一年年的加粗。如果茎仍然保持很低矮而整个茎上有大量的分支产生，这类植物被称为灌木（shrub）。高大的、多年生的植物，具有粗的树干，树干上几乎没有分支，被称为乔木（trees）。灌木和乔木的维管柱总是充分发育，促进茎的径向生长。对于某些植物，环境决定其生活方式：蓖麻子在温带地区是草本而在热带是木本灌木。

所有的幼茎均可进行光合作用，这可以由于它们的绿色予以证明。草本植物中，存在典型的表面或表皮层，而木本植物的外层细胞栓化（树皮）成为茎外的不透水层。树皮上的开口（孔）皮被称为皮孔（lenticels），可以促进内部茎的细胞与大气间的气体交换。

叶以一种特别的方式附着于茎上。附着点被称为节（node）。两个节之间的区域为节间（internode）。通常，叶通过一个细的叶柄（petiole）与茎相连。

茎通过称为顶芽的（buds）特化结构而生长，芽是具有顶端分生组织的活性部位。茎顶端的顶芽（terminal buds）使茎增长；而侧芽（lateral buds）产生侧枝。侧枝通常产生于叶附着部位和茎之间的叶腋（axil）部位，也被称为腋芽（axillary buds）。芽会产生茎的侧枝，或特化的花芽产生花。

茎广义上可分为草本和木本两类。木本茎是乔木的特征，通常见于双子叶植物。草本植物保持柔软性，通常可以进行光合作用。光合作用是多数单子叶植物和多种双子叶植物茎的特点。

从茎的横切可见，草本植物茎的外层由表皮组成（见图 13.5（a）和（b））。

接着是皮层的薄壁层，通常被分为靠近表皮的厚角组织细胞和靠近内部的薄壁组织。从内部到皮层或许存在着内皮层，但比较罕见。接下来是维管组织。双子叶植物和单子叶植物的维管有许多不同，在草本双子叶植物中，存在着一个维管束环带，每个维管束存在着朝向外部的韧皮部和朝向中心的大一些的木质部（见图 13.5（a））。木质部和韧皮部之间有分生组织维管形成层（vascular cambium）。茎的中心被髓充满。还有一种可能就是，维管束不是分离的，外侧存在着韧皮部的球状环，内为球形木质部，维管形成层位于它们两者之间（图 13.5（c）），多数单子叶植物中，维管束的木质部和韧皮部之间缺少形成层，通常薄壁细胞分布于茎中。这些薄壁细胞可以被看作是皮层或髓（见图 13.5（b））。

尽管一些双子叶植物中的维管形成层永远不可能有分裂活动，但在其他双子叶植物中特别是具有木质茎的植物中，形成层向它的两侧产生细胞。向中心产生的细胞形成木质部（称为次生木质部，secondary xylem），而向外产生的细胞成为次生韧皮部（secondary phloem）。正如芽的顶端分生组织与茎纵向生长（初生生长）有关，维管形成层与茎的加粗（称为次生生长，secondary growth）有关。茎中大量存在着的是次生木质部（木质）。除了次生木质部和次生韧皮部外，维管形成层还可以产生维管射线（vascular rays），是一层薄壁的薄壁细胞以及厚壁的厚角细胞形成的一种通道，像从木质部和韧皮部中伸出的辐条。在幼茎中，这些射线使得营养素向茎侧面运输。在老的乔木中，这些射线可以缓解由于木质部扩张产生的压力。

当乔木成熟其直径加粗时，表皮和皮层破裂并脱落。在它们的位置，已形成分生组织

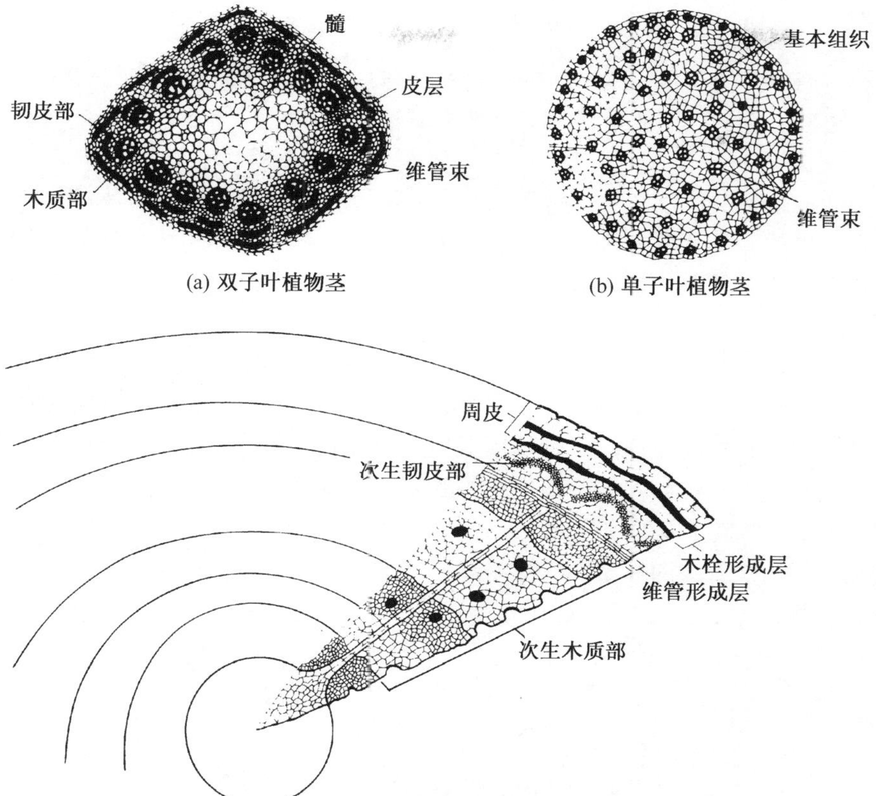

(a) 双子叶植物茎　　(b) 单子叶植物茎

(c) 木本双子叶植物

图 13.5　茎的横切

(cork cambium 木柱形成层）的一层皮层细胞开始产生木栓细胞（cork cells)。死亡的木栓细胞形成外层的树皮（周皮，periderm)；薄，但功能上必须的韧皮部组成了内层的树皮。

老年的树中，木质部的大多数被树脂、树胶、单宁及色素填塞，失去了输导能力，尽管它仍然有支撑茎的功能。这种老的木质被称为心材（heartwood)。新形成的木质部仍然可以运输水和营养物质，称为边材（sapwood)。

茎有多种不同类型，从通常的竖直生长的形式到地下一些加粗的形式或是以纤细的缠绕在坚固结构周围的茎卷须状。这样一些变态茎增加了植物营养繁殖（vegetative propagation）的手段，即，通过无性方式使亲本植物繁殖。

许多多年生的草本植物有在地下侧向生长的茎，它们被称为根状茎（rhizomes)，它们通过顶芽和侧芽在每一个生长季向上生出新鲜的枝条，因此，地下茎的长网络或许是由一个亲本植物繁殖起来的。源于秘鲁晚些时候带到欧洲的白马铃薯，是这种繁殖方式的最终结果，被称为块茎（tuber)。块茎是加粗的地下茎，是重要的食物贮藏场所；它们不再直接产生叶。马铃薯上的芽眼（eyes）是由马铃薯的叶痕（slit）处长出的芽，而该叶痕没有叶的修饰。

在草莓中，沿着地面生长并沿着它的长茎长出新的枝干、细长的茎。这些茎称为匍匐茎(stolons)。匍匐的茎被修饰形成为卷须附着于乔木或棚架可以使藤蔓增殖。

鳞茎（bulbs）和球茎（corms）是另一类变态茎，鳞茎（如，郁金香）是相当缩短的茎，由厚的肉质的叶包围，每个生长季都会产生出新的植株。球茎（如，番红花）由短而粗状的茎组成，含有大量的营养物质，而实际上没有内部的叶结构。球茎也与某些兰花的生长形式有关。

在某些植物中，茎具有了叶的功能。因而，在许多种的仙人掌中，一部分茎成为扁平的叶状。这样的变态茎被称为叶状枝（cladodes)。许多植物茎的侧枝发展为保护刺。

叶

叶具有薄而扁平的结构，这可以使植物光合作用的能力增加。它们具有许多不同的形状和大小，这表示着它们除了光合作用以外还有其他的功能。

例 5

有一些叶演化为坚硬的鳞片，以保护其下的娇嫩的芽组织。一些浆果植物的叶变态为具有保护功能的叶刺。洋葱的厚的同心状叶片实际上是贮存糖的鳞片叶。某些情况下变态的叶中贮存的是水而不是食物。可能大多数不定态叶是有袋植物的叶，它们变为捕捉昆虫的器官。

从叶的横切面来看（见图 13.6），叶几乎总是包括上下两层表皮。紧靠上表皮是一层柱状的栅栏组织（palisade mesophyll），其下方是一层海绵组织（spongy mesophyll）。两层组织都是由具薄壁的、富含叶绿体、光合作用活性强的细胞组成。下表皮上通常有大量排列整齐的气孔（stomata），气孔是缝隙状的向外界的开口，每个气孔由一对表皮保卫细胞（guard cells）包围。保卫细胞与周围其他的表皮细胞不同的是它们具有叶绿体，这是一个与保卫细胞调节气孔开关功能有关的性质。一层蜡状的角质层（cuticle）覆盖于叶之上，通常上层的角质层更厚一些。

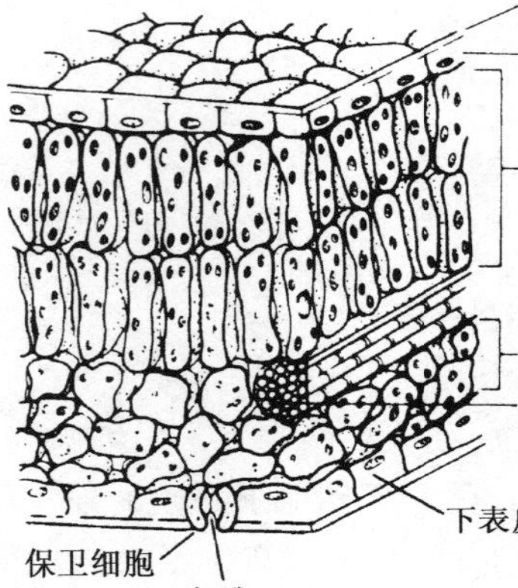

图 13.6　叶

叶具有相当大的经济重要性。它们提供了可以贮存在植物体不同区域的食物，但在某些情况下，如卷心菜、抱子甘蓝、莴苣、芹菜、菠菜和洋葱等叶子本身就富含贮藏的食物。好几种商品纤维来源于叶：马尼拉麻、剑麻和西沙尔麻。许多药物也来源于叶：烟草、可卡因（来源于古可植物）、毛地黄（来自毛地黄）、颠茄。茶叶是一种遍布全世界的重要饮料。

单子叶植物和双子叶植物叶的一个显著区别是叶脉（veins，维管束）的分布。双子叶植物有一个主叶脉位于叶片中心，分支成复杂的交叉的形式，称为网状脉（netted venation）。在单子叶植物中，常见的是整齐的平行叶脉（parallel venation），相同起源的叶脉在叶片上纵向平行排列。

13.2　水及矿物质在木质部中的运输

木质部主要由两类细胞构成：管胞（tracheid）和导管（vessel）。管胞是长而细的细胞，整个细胞上有极薄的纹孔（pit）。管胞束组成了连续的运输水的管道，因为液体可以自由地从一个管胞进入另一个管胞。有几种类型的导管被认为是从更原始的管胞进化而来的。某些导管呈环状（annular vessel，环纹导管），这样提高了管的牵张强度。另外一些细胞首尾相接，分界的细胞壁迅速解体，这样形成了一个延伸的单一的管道。随着细胞的死亡，具有功能的木质部失去了它的细胞质，这样最适于液体的运输。管胞（所有的维管植物中都发现）和导管（只发现于有花植物中）包含有加厚的细胞侧壁，侧壁被和水结合牢固的物质所充满，于是提高管道的强度。

水以及溶于水中的矿物质和气体通过根毛进入植物体。因为根毛内的渗透压比周围土壤中的渗透压高很多，液体可以连续地进入植物体。在根区形成了一个推动力，称为根压(root pressure)。这种压力导致水从根向茎运动以及最终到达植物体各部分。

虽然根和茎中的维管束排列不同，但液体沿木质部的连续的流动出现于整个植物中。刚才已经讨论过，根压对这种液体的流动有巨大的贡献。可能对于水分运输起更显著作用的是叶的蒸腾作用（transpirational pull）产生的推动力，即由于水分从叶表面蒸发而引起负压。根的推动力和叶的拉力都作用于贯穿植物体整个木质部中的一个连续的极长的液柱上。如果水柱被打断，水的运输则会中断，正如虹吸管内连续液柱的中断阻止了水连续地从一个空间进入另一个空间。这种连续性的维持决定于水的性质，这已经在第 2 章中讨论了。主要由于相邻水分之间的氢键的存在，水分之间出现高度的吸引力（adhesion），或者是容器壁对水分子的吸引力非常之高，部分原因是水的高表面张力。吸引力也有助于将水向上运到茎。这些性质保证了连续的水柱在进入任何管道直至流出时都会连续地沿管道流动。

13.3　沿韧皮部营养物质的运输

韧皮部将叶合成的食物传向植物体的各部分。无论何时，与韧皮部相邻的木质部内的物质流动方向一般是相反的，但并不总是这样。由于在远端茎或树干的区域叶子很多，所以韧皮部中物质的流动一般是向着茎或根的方向流动。

许多物质沿韧皮部的原生质体流动，通常蔗糖数量最多，与木质部不同的是韧皮部细胞在物质运输时细胞仍然保持着活性。

韧皮部主要有两种类型的韧皮细胞：筛胞（sieve cells）和伴胞（companion cells）。一个长的筛胞柱，有时被命名为筛管（sieve tube），通过筛胞的首尾相连而形成。细胞两头的壁上布满小孔，使得一个筛胞的原生质与其竖直方向的邻居相连。这些带孔的细胞壁为筛板(sieve plates)。筛胞的两侧也有孔。筛胞连接成为长的筛管使得韧皮部内的原生质体连为一体。

筛胞旁是高度特化的薄壁细胞——伴胞（companion cells）。筛胞在成熟时失去细胞核和许多细胞器，但相连的细胞质则保留下来。伴胞自始至终保持不变，伴胞一生是独立的，它很有可能对筛胞提供细胞核的控制。筛胞行使功能必需的 ATP 也可以从伴胞获得，所以伴胞可以被视为韧皮部中的护士或看管人。

有证据表明，在受损时，筛板上的孔可能会被部分堵塞。黏稠的蛋白状物——韧皮部蛋白（phloem protein，P 蛋白）存在于筛胞内并参与上述的堵塞过程。这一堵塞过程与填塞船舱漏洞防止进水相似。一种称为胼胝质（callose）的多糖也参与筛板的堵塞过程。

蔗糖和果糖以及氨基酸，一般通过筛管从叶运到茎和根，这一过程称为移位（translocation)。该过程的确切机制以及为何通过某一特定植物区域的流动方向总是相同的，现在还未完全搞清楚。

植物中含有高水平有机营养的部分，总是将这些物质运出，并被视为这种物质的源(source)。有机营养物质含量低的植物器官把它们运进这些器官，并被称为这些运进来的同类物质的库（sink)。物质从源到库（source-to-sink）运输的机理多用压力流动学说（pressure flow theory）来解释。根据这一观点，高浓度的糖和在物质汇集处的其他溶质由于渗透压而使水向高浓度空间流动，这使得该空间压力增高，而使含有溶质的液体流入相邻的不含有高溶质的空间。当溶质进入第二个空间时，它也会从周围区域吸收水，静水压力的增加又会推动水和溶质进入第三个空间。这样，溶质持续诱导压力的增加，这一压力使液体及其溶质从最初的源流向最初的库。韧皮部中的确存在庶糖的梯度，水的作用是使溶质沿着连续的筛管流动。整个过程实际上相当复杂，许多例子中有跨膜主动运输过程的参与。

疑难问题解析

13.1　蕨类植物的什么显著特点限制其成为真正的陆生植物？

蕨类植物的孢子体能在陆地上广泛生长，因为它拥有维管组织和充分发育的根、茎和叶。但是陆生植物除了必须保护其现存的防止水分散失的结构，以及保持各项功能在相对干燥的环境下能够正常工作之外，还必须能够在干燥陆地上进行繁殖，而蕨类植物恰恰没有解决陆地繁殖问题的方法。配子体（原叶体）必须依靠水来生存和实现游动精子的迁移。种子植物则已克服了蕨类生长周期中的这一薄弱环节，通过把配子体并入孢子体组织中，或利用进化得到的花粉管引导精子与卵子结合。

13.2　植物与动物间几乎所有的区别就在于植物能够自养，而动物只能异养。解释原因。

从某种意义上讲，植物是生物界的殷实的中产阶级：它们扎根于土壤，并把生存所需的有机化合物贮存在叶片中。动物只能从植物中“偷取”有机物质，或依靠捕食食草动物间接获取植物中的有机物质。动植物彼此不同的获取食物方式可以很好的解释为什么动物能随意运动而植物只能固着在原地。

在细胞水平上，植物体的构造必须使其自身能够保持一致的姿势以抵抗外界环境的侵害。细胞壁可用于抵抗强风带来的压力，同时植物茎中坚韧的纤维也可避免直立枝条的折断。根系在土壤中起很好的固定作用，茎叶中的木质部也起到强有力的支撑作用。

因为植物在原地获取食物，所以在进化过程中没有得到能与动物相比的复杂的肌肉与神经系统。植物只对化学信号有协调功能，并且通常作用缓慢。

植物的复杂性和高度进化的特征并没有使植物得到应有的重视，因为人类评论家总是注重于神经协调机制的进化程度。但生态系统（见第 26 章）却是主要根据植物种类来定义的。更何况如果没有绿色植物，动物赖以生存的大气也不可能存在。

13.3　锌元素存在于植物代谢中的多种酶类中，但植物体中锌含量却非常低，从植物生理学的角度解释原因。

虽然锌元素参与众多的化学反应，但它作为酶的一部分只起催化作用，而并不参加反应，所以在化学反应中锌没有损耗。正因为锌可以被重复使用而不会被消耗掉，所以植物体不需要大量的锌。

13.4　固氮是一种共生形式，它对植物体有什么好处？固氮菌又能从这种共生关系中得到什么呢？（提示：N_2 分子非常的稳定）

很多因素能够阻碍植物体从环境中摄取氨和硝酸盐。如果环境干旱，没有水分能把这些化合物从根部运送至植物体；又比如土质疏松或 pH 值不合适，含氮化合物就会流失而不能被吸收。所以，寄居在根部的与根部共同分享氮元素的菌类对植物是有所裨益的，当然，在共生关系中，双方都要受益，所以菌类也必须从中获得好处。寄主植物提供给固氮菌 ATP，使固氮菌用于维持生存和进行固氮。这一点非常必要，因为 N_2 是非常稳定的分子，使其分裂需要大量的能量，豌豆植株所产生的 ATP 约五分之一用于共生菌形成根瘤。

13.5　解释氮循环的两种循环方式。

其中一种方式是固氮菌从大气中获取氮元素，并把它转化为硝酸盐和氨，从而贮藏在有机分子中。但硝酸盐和亚硝酸盐又受到反硝化菌的作用而产生氮元素，从而把 N_2 重新释放到大气中完成循环。

第二种方式，氨和硝酸盐贮存在有机分子中。在分解过程中，这些分子经过氨化作用和硝化作用生成硝酸盐。如果硝酸盐被植物重新吸收并再次贮存在有机分子中，而不是经受反硝化作用，就完成了这一不同于第一种方式的循环。

13.6　种植三叶草是为了改善缺氮土壤的性质。因为三叶草需要氮，那么这么做的目的是什么呢？

三叶草与固氮菌能建立共生关系。因此，大量的氮元素来源于大气而不是来源于土壤。如果把三叶草种植得多一些，就能给土壤注入来源于大气的氮元素，并形成网络来提高土壤的氮含量。

13.7　正如我们所知，根部皮层细胞的最内层是内皮层。内皮层由单层细胞组成，细胞间紧密相连没有缝隙，并成环状分布。内皮层的每一环都与其上、下的环紧密嵌合在一起，从而形成高密度的细胞圆柱体。在内皮层细胞的细胞壁内侧，环绕着与内皮层环平行排列的垂直蜡质条带。这一蜡质条带与相邻细胞中的蜡质条带两端相连，并与上下环细胞中的蜡质条带相连。因为具有连续性，这些蜡质条带就像一只大垫圈，内皮层圆柱体细胞就嵌入在这只大垫圈内，阻断了相邻内皮层细胞间的水分运输。这一蜡质凯氏带（*Casparian strip*）环绕着整个圆柱维管束，那么凯氏带的作用是什么呢？

我们知道，不论水中溶解了什么物质，水分都可以在松散排列的内皮层细胞间自由流动。但是由于凯氏带的存在，水分必须穿过内皮层细胞进行流动，而不是在细胞间流动。细胞质膜具有选择透性，内皮层细胞就像过滤网一样过滤着水分，把位于维管束外的运输系统中的各种离子、大分子和毒素筛掉。

13.8　图 13.4 (a) 显示了毛茛这一双子叶植物的维管束。维管束外包围着内胚层的厚壁细胞和薄壁通道细胞。在这两类细胞和维管束细胞间可看到一条清晰的带，描述这条带并解释它存在的原因。

厚壁细胞存在于韧皮部，而通道细胞位于木质部脊的对面。我们知道，凯氏带迫使中柱中的水流穿过内皮层细胞。通道细胞的薄壁使通道细胞比厚壁细胞更适于向中柱运输水分和溶解物。因为木质部把水分和营养送到植物体各部位，从逻辑上讲木质部应该位于通道细胞旁边，通道细胞为木质部提供过滤后的水分。

13.9　沙漠植物和海边植物分别占据着不同的栖息地，但它们却有相似处，特别是对吸收水分的适应，你知道这是为什么吗？

沙漠环境极度缺水，在沙漠中生长的植物，其细胞体积小，细胞壁厚，气孔少并且长期处于关闭状态。这些变化都与对缺水的一级与二级适应有关。但是，海水的高渗性对植物也具有危害，它能剥夺植物从土壤中吸收的水分和植物自身组织中的水分。所以，沙漠植物与海边植物拥有相似之处就不足为奇了，尽管根部隔离性的变化比其他结构的变化能提供给海边植物更多的保护。

能很好适应干燥环境的植物被称为旱生植物（*xerophytes*）。它们通常拥有非常发达的根系，用于最大限度的吸收水分。而叶片通常只有鳞片大小，气孔要么陷入凹窝内，要么覆盖着一层毛以防止水分散失。一些植物甚至可以在高渗环境中，例如盐碱地中生存，这些植物称为盐生植物（*halophytes*），它具有沙漠植物和海岸植物的一些共同特点。

13.10　请制表列出双子叶植物根、茎横切面解剖学上的不同点。

根	茎
无髓	有髓
木质部与韧皮部交替排列	韧皮部位于木质部外侧
木质部与韧皮部严格位于根的中心部	次生木质部与次生韧皮部向外周延伸
中柱鞘	维管形成层
无射线	维管射线
有内皮层	内皮层通常缺失
凯氏带和通道细胞	无凯氏带或通道细胞
厚表皮	薄表皮
外层表皮含有厚壁组织	外层表皮含厚角组织
表皮	成熟木本双子叶植物表皮缺失
周皮不明显或无周皮	周皮明显

13.11　大多数单子叶植物缺少维管形成层，这一现象导致单子叶植物具有什么普遍特点？

因为单子叶植物缺少形成层，所以不能进行次生生长，因此单子叶植物多为草本植物，植株既高又细。

13.12　从里向外，木本双子叶植物茎中柱各组织的排列顺序是什么？

髓，初生木质部，次生木质部，维管形成层，次生韧皮部，初生韧皮部。

13.13　温带树木树干中的年轮是怎样形成的？

对于所有双子叶植物：在许多草本植物开放维管束中的本质部与韧皮部之间有一层薄薄的形成层，在多年生木本植物连续的木质部和韧皮部环中也存在形成层。在每一个生长季节，木本双子叶树木都会长出新的木质部和韧皮部。木质部发育成为木质的、富含纤维素的粗糙物质，用以支持树木或灌木，同时也作为运输水分和矿物质的主要通道。

树木一年年的长粗，纤弱的韧皮部细胞也随之脱落或成为树皮的一部分。而木质部细胞，不论是管胞还是导管，都不会发生变化，并且成为记录每一生长季节树木生长情况的迹象。春季生长的木质部（早材）细胞直径大，纤维含量少，而晚材的木质部细胞纤维含量多，所以木质部每一季的生长都与相邻生长季的生长有着明显的界线。每一年轮都由清晰的双带区域构成，而两相邻年轮间的非细胞裂隙则是冬季生长的标志。

年轮记录了树木的年龄，年轮的某些特征也能揭示其生长年份中特殊的环境条件。年轮越宽，通常说明降雨量越大。

13.14　把树干的树皮全部剥光无异于杀死树木，但在树干的一侧凿一条深沟则不会令树木死亡，为什么？

不要忘记树皮的最内层区域是木质部，即使只是完整剥去薄薄的一层树皮，也会破坏有机营养从叶向下部根茎的运输。下部根与茎就会因得不到营养而不能正常发挥作用，从而无法生存。

另一方面，在树干一侧刻一条深沟也会彻底破坏营养物质在木质部的运输和韧皮部的液体运输，但只是受损伤的局部窄带丧失运输功能。树干的其余未受损部位能够继续作为运输通道，把叶片生产的有机物质，以及水分、糖类物质运送到树体各部位。有时即使树干中心全部腐烂或被烧掉，树木仍可以存活，虽然在这种情况下树干变得没有以前结实，但仍有运输养分的能力，树木能够存活。

13.15　气孔是叶片上有一定长度的小的开口，打开程度最大时气孔直径有 0.0001mm 宽，大多数植物的气孔位于叶片下表面，平均每平方厘米有 100 至 100 000 个气孔。气孔被一对保卫细胞（*guard cells*）包围着，保卫细胞的形状看上去像两根蜡肠。在叶面内气孔上方存在着很大的空间。与叶片下表皮的其他细胞不同的是，保卫细胞含有叶绿体。那么它对气孔开闭有什么作用呢？

保卫细胞是根据其胞质渗透压的变化而执行功能的。在白天，环境有利于活跃的光合作用，保卫细胞就积攒糖分子。这些糖分子使渗透压增大，使细胞从周围吸水而导致细胞膨胀（内压）。当保卫细胞开始胀大，两细胞就彼此被拉开从而气孔得以张开。气孔的张开使 CO_2 和水蒸气进入叶片，同时使光合作用的副产物氧气得以从气孔排出进入大气。因此，只有当光合作用需要气体交换时叶片才会张开气孔，使内部与大气相通。

当环境不适合进行光合作用时，保卫细胞就不产生糖，从而渗透压就会下降。渗透压的下降使保卫细胞变得萎蔫，细胞壁也变得松弛，气孔就被封闭住了。所以每当不适合进行光合作用时，气孔的关闭有利于防止水分散失。

13.16　景天酸代谢途径（CAM）指在夜晚通过气孔吸收 CO_2，并使之迅速转化成为代谢产物，如苹果酸和异柠檬酸。对于仙人掌这类植物，景天酸代谢途径是其适应沙漠干燥环境的重要因素。解释其机理。

在白天，干燥高温的环境能使植物内部迅速脱水，所以此时气孔是关闭的。但是，植物在夜晚吸收的 CO_2 此时以其代谢产物形式释放出来，进行光合作用。

13.17　比较木质部运输和韧皮部运输的异同。

木质部的运输通常要克服地心引力。两项工作同时进行：在根部，根毛细胞由于比周围土壤具有高渗性，所以吸收水分。这样就增加了根部细胞的压力，这一压力继而推动流体沿木质部的空管向上运输；在另一端，叶片通过气孔的蒸腾作用产生负压，这一负压的形成能够吸动或拉动木质部里的水柱向上运动。有些学者认为附着力（*adhesion*），即水分沿容器壁爬升，也是使水柱上升的因素。水分子的氢键产生的内聚力能防止水柱断裂。

韧皮部中液体与养分的运输通常需要地心引力的帮助。但是，与木质部的导管不同的是，韧皮部的筛管充满了胞质。在木质部运输过程中，渗透压提供了一部分压力使液体向上运动；但与木质部在一开始就产生渗透压不同的是，韧皮部产生的渗透压力在整个系统中是由一个细胞传递给下一个细胞。当一个细胞吸水后，就产生了压力推动液体流入下一个细胞，下一个细胞同样依靠渗透压吸水，然后产生压力使液体流向下下个细胞。主动运输也参与了必要压力的形成。

附　加　题

13.18　生存着的数量最大的植物是

(a) 石松　(b) 蕨类　(c) 裸子植物　(d) 被子植物　(e) 以上都不是

13.19　保卫细胞包围着

(a) 侵填体　(b) 筛板　(c) 伴胞　(d) 气孔　(e) 皮孔

13.20　水分过多不会损害植物。

(a) 对　(b) 错

13.21　缺少离子能妨碍植物合成叶绿素。

(a) 对　(b) 错

13.22　内聚力学说试图阐述连续水柱和溶解矿质在植物木质部内的运输。

(a) 对　(b) 错

13.23　顶端组织产生原生组织，而形成层产生次生组织。

(a) 对　(b) 错

13.24　当叶片气孔关闭时蒸腾作用最快。

(a) 对　(b) 错

13.25　在皮层、髓和木射线中，多数组织是由薄壁组织细胞构成的。

(a) 对　(b) 错

13.26　有四年树龄的树木枝条，其顶芽痕的数目应与其横切面上的年轮数目相等。

(a) 对　(b) 错

13.27　没有一种土质适合生长所有的农作物。

(a) 对　(b) 错

13.28　豆类植物根瘤内的菌类具有固氮能力。

(a) 对　(b) 错

13.29　从 B 栏中找出与 A 栏相应的选项

A	B
1. 含有栅栏组织叶肉	(a) 根
2. 具有外皮	(b) 茎
3. 含有 X 型的木质部中轴	(c) 叶
4. 单子叶植物的维管束分散在髓中	
5. 经改良形成白色马铃薯	

答　案

13.18 (d)	13.19 (d)	13.20 (b)
13.21 (a)	13.22 (a)	13.23 (a)
13.24 (b)	13.25 (a)	13.26 (a)
13.27 (a)	13.28 (a)	13.29 1— (c)；2— (c)；3— (a)；4— (b)；5— (b)

第14章 维管植物与其环境之间的相互作用

对环境的变化（刺激，Stimuli）作出迅速而复杂的反应是动物的特点。这些反应与异养生物的营养方式有着内在的联系。与绿色植物从容地合成有机营养不同，动物对食物的摄取需要快速的行动。然而，植物能感知其环境的变化并且通过特异的方式对这些变化产生反应。应答方式包括运动（但不是位置的移动）、生长方式的改变、发育现象、或者是特定植物组织状态的变化。这些反应看起来发生在局部，但它们通常影响整个植物体并且改变植物成功对抗环境挑战的整体潜能。因此，植物对其环境的反应是植物整合作用的一个方面。个别成分的整合作用服务于整个植物体。

14.1 向　性

向性（tropism）是植物和原始无脊椎动物对环境刺激的永恒不变的生长反应。它是一种相对简单类型的对刺激的敏感（irritable）反应。对刺激的敏感性（Irritability）是指以一种特有的方式对环境变化产生反应的能力。灵长类动物具有的与刺激敏感性相关的多种复杂而精细的自发反应使得灵长类动物对于环境具有更广泛的适应能力。

向性根据引发它的刺激来命名，并根据生长是否朝向引发的刺激而分别描述为“正向性”或“负向性”。

例 1

植物的根向重力的来源方向（地心）生长，因此它们是正向地性（positively geotropic）。另一方面，茎干生长的方向与重力相反，它们是负向地性（negatively geotropic）。

对重力、水、光、压力、接触等的反应（向地性（geotropism）、向水性（hydrotropism）、向光性（phototropism）、向触性（thigmotropism））对于植物的生存至关重要。植物可以同时表现出几种向性。

例 2

茎被认为是负向性，同时它又是正向性，因为它具有向光生长的趋势。两种向性可以互相加强，或者二者协调一致。

14.2 植物激素

向性及植物中的一些其他现象，很可能是由于植物激素而产生的。激素是产生于活的植物体的某一部分，并随着维管系统的运输对生物体的各部分产生显著的代谢影响的物质。激素是功能和行为的化学介质，与只在动物中发现的快速的神经反应相比，通常只参与相对缓慢的反应过程。

最早在植物中发现的一种激素是生长素（auxin），它由 Fritz Went 于 1926 年发现并命名。他的实验并不是最早研究生长素作用的实验，但却被认为是最令人信服的。

植物中自然存在的主要生长素是吲哚乙酸（indoleacetic acid，IAA）：

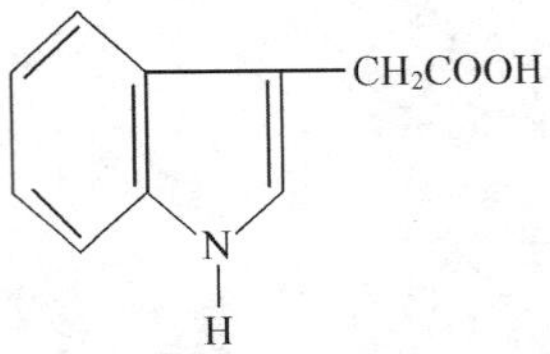

其他物质如羟基吲哚乙酸等也与生长素的作用有关，但还不清楚这些物质是否转变为 IAA 作为它们的活性形式。

生长素对植物的生长方式及行为起着广泛而重要的作用。它们主要参与①抑制沿茎生长的侧根生长，②根和茎系统的发育，③果实生长，④叶和果的脱落（abscission），⑤形成层中的细胞分裂，⑥新结构如不定根的发育等过程。生长素可以在不同浓度水平发生作用。促进根和茎生长的生长素浓度完全不同。某些情况下生长素的缺乏会产生一种特殊的效果。

40 多年以前，类生长素物质被作为除草剂生产。它们主要作用于多叶的杂草而不破坏普通的草或通常的主要农作物。在越南，这类除草剂的应用引起争论，因为一些科学家认为除草剂（桔黄剂等）会使接触它们的人群致癌或发生其他相关疾病。在某一浓度下，这些物质会使杂草疯长最后死亡。这种作用的机制现在还不清楚。

细胞分裂素（cytokinin）是刺激植物细胞分裂的激素。它们与生长素相互作用以决定分生组织的分化。它们对于一些细胞器如叶绿体的形成是必要的，而且在开花、果实发育、种子休眠的打破等方面起着重要作用。

细胞分裂素首先在威斯康星大学 Folke Skoog 等人的实验室组织培养物中发现。它们被作为植物核酸的降解产物而分离出来。1964 年，新西兰 D. S. Letham 博士领导的小组在玉米种子中发现玉米素（zeatin），这实际上就是有活性的生长素。尽管细胞分裂素与生长素联合作用，但它们更主要的是影响细胞分裂，而生长素却是通过对细胞壁的作用使单个的细胞伸长。

赤霉素（gibberellin）是在植物体发现的另一类激素。赤霉素最初是从导致水稻疯长的霉菌（水稻赤霉菌，*Gibberella fujikuroi*）中分离出来的。后来也从植物体自身的组织中分离出许多种赤霉素。日本人于 19 世纪和 20 世纪之交首先发现“水稻恶苗病”，研究了赤霉素对植物生长的影响。引起人们特殊兴趣的是这种激素与茎高度明显增长的关系在低矮的品系植物中表现得更为明显。由于绿色革命（不发达国家通过特殊的谷物植株品系，广泛地施用合成肥料，以及密集地使用杀虫剂等方法提高产量的一种农业实践的变更）强调使用低矮品系的水稻及其他农作物，赤霉素也由于这些变更使社会产生担心。赤霉素会使植物的高度增加从而改变植物的茁壮程度，改变营养物质的产量。

正如在使用生长素的情况那样，赤霉素的作用不仅仅限于它们对细胞伸长的作用。它们可以影响水解淀粉的淀粉酶的形成、打破种子的休眠、促进开花（没有赤霉素的条件下根本不能产生花）。尽管它们可以提高一些经济作物的质量，它们对于植物的茁壮程度却起负面的作用，这限制了它们在农业上的应用。

赤霉素的合成方式与脊椎动物中类固醇激素相似。它们在结构与功能上与性功能激素基本类似。由于是脂溶性，它们可以很容易地跨过细胞膜，并打开特异的基因（抑制解除）。它们在种子中诱导淀粉酶的过程中非常活跃。

乙烯（ethylene）是一种以气体而不是液体形式存在的特殊激素。它通常与果实的相对迅速地成熟过程有关。当果实最大时，由植物体自身产生。生产商有时额外地施用乙烯以催熟果实，特别是果实还未成熟即被摘下来用乙烯催熟。

许多与衰老（senescence，衰老或退化）过程有关的变化，如叶的脱落，是由乙烯介导。一些植物学家认为乙烯是植物死亡或每个生长季结束的季节性休眠的主要信使。许多并不全是激素的抑制剂（inhibitors），在维持休眠及抑制生长方面起作用。它们的作用与乙烯的作用相互补充。脱落酸（abscisic acid）是真正的抑制剂型的激素。

☞例 3

脱落酸不仅仅诱导种子、芽和形成层的休眠，而且作为一种抑制激素起作用。高浓度脱落酸存在时，最外缘叶片残迹变为保护鳞片，防水的树脂合成增加，气孔互相靠近，为干旱条件做准备。脱落酸正是由于与叶的脱落有关而得名。它的所有作用是使植物在不利条件的到来时做好准备。脱落酸由叶绿体合成。根及茎的顶端分生组织也可以合成少量的脱落酸。

14.3　光周期现象

植物对昼夜相对长度变化发生反应的现象称为光周期现象（photoperiodism）。特异的反应，如开花，在某些情况下受到长日照的引发而在某些情况下受到短日照的引发。

几乎所有植物可以分为三种不同的类型：长日植物（long-day plants，短夜植物），它们有最低的光照周期[1]需求，如甜菜和苜蓿；短日植物（short-day plants，长夜植物），它们的开花要求日照必须少于某一特定的长度，如菊花和月见草；日中性植物（neutral plants），它们的开花对日照长度没有苛求，如太阳花和马铃薯。

☞例 4

甜菜、苜蓿、黑眼苏姗和其他长日植物通常在北半球的夏季开花，因为这时日照长，而短日植物如大丽花则在春季或秋季开花，因为这时白天相对较短，夜晚较长。太阳花和玉米不依赖光照长度，任何时间均可以开花。

看起来促进开花的关键事件并不是不间断日照的长度而是连续黑暗的长度。短日照植物要求必须接触一个最低（minimum）限度的黑暗时期。当这段黑暗期被一段短日照打断时，短日照植物不能开花。

与此相反，长日照植物需有一个对黑暗的最高（maximum）上限，即黑暗时间不能超过某一关键长度，否则不能开花。如果长时间黑暗被一阵光打断，则开花可以发生，因为最终的黑暗长度并没有被超过。

光照和黑暗的总量对于长日照植物和短日照植物来说有很大的不同。一些短日植物可以有一个很长的黑暗时间即长度最高极限，但这个极限不能被超过，而一些长日植物可以有一个相对较短的黑暗时间长度最低值，这个值必须（must be）达到或被超过。

H. A. Borthwick 和 S. B. Hendricks 发现红光（660 nm）和远红外光（730nm）是光周期中最为有效的光波。对于短日植物，红光最有效地打断最低黑暗长度而使其不能开花，而对于长日植物，红光又是最有效的诱导开花的光谱的组成成分。而远红外光具有完全相反的作用。进一步地分析，红光产生的影响可以被接下来的远红外光照射所抵消，同样红光也可以在很大程度上抵消远红外光的影响。

H. A. Borthwick 和 S. B. Hendricks 为解释此现象，假设了一种作为光受体的色素存在。这种色素被称为光敏色素（phytochrome），它必须以两种形式存在。一种形式（P_r）吸收红光，另一种形式（P_{fr}）吸收远红外光。最近获得的证据表明，光敏色素是一种结合蛋白（见第 3 章），它的辅基对于受体的性质是必需的。两种形式的光敏色素结构上的差别只在于两个位置上的氢原子的不同（见图 14.1）。

光敏色素最初合成的形式是 P_r。当它吸收红光时，它转化为 P_{fr}形式。P_{fr}吸收远红外光后又重新变为更稳定的 P_r 形式。因为 P_r 更稳定，在黑暗中 P_{fr}会变成为 P_r，也会自发地或由酶作用而分解。因为在白天红光占主要地位，所以光照下大多数光敏色素以 P_{fr}形式存在。夜晚时 P_{fr}水平很低。所以光敏色素的两种形式的比例使植物能够区分白天和黑夜。

植物对昼夜期间（duration）的识别更为复杂。它很可能与光敏色素和体内生物钟（绝大多数细胞中特有的）的相互作用有关。生物钟作为相当密集活动的内源（内部的）节律而

1) long-day plants，长日植物，在日常长度长于临界日常条件下才能开花的植物。——译者注

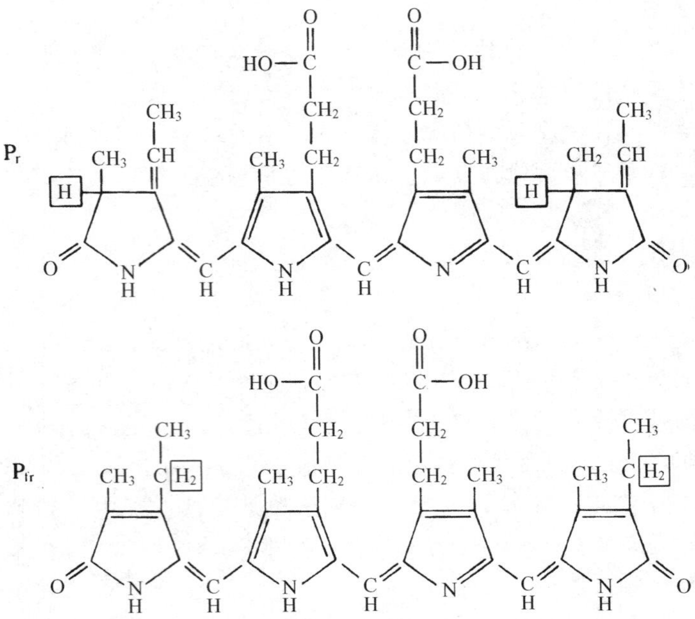

图 14.1　光敏色素

存在，并且遵守一个昼夜节律（24 小时）周期。光敏色素系统可以区别出昼夜，但它并不能提供一个昼夜长短的度量。这两种机制共同作用使得植物能够感知在白天和黑夜中的实际时期。

生物钟的节律性可能起源于生物膜功能的变化。膜的通透性对于细胞的代谢极为重要，它可能与蛋白质结构的变化或膜磷脂性质和浓度的改变有关。两种互变形式的光敏色素可以通过改变生物膜的性质而改变已经调定好的生物钟。所以光周期最终是在细胞膜水平上受到调控。

光周期现象不仅仅限于植物。从昆虫到包括灵长类的哺乳动物中，昼夜周期交替会引起迁徙、情绪状态的变化、引发性行为和求偶以及变态。参与这些动物反应的激素的作用机制显然与植物中的激素的作用相当不同，但诱使这两类生物产生反应的光波却可能存在相似性。

14.4　植物疾病

因为所有植物都需要水、光以及许多营养物质以维持最佳的生长和发育状态，所以环境中这些因素中任一种的缺少或缺乏都会威胁植物的健康与生存。如果没有光，植物会变得极长，并不能形成叶绿素。这被称为黄化（etiolated）。

许多植物在不能合成足够量的叶绿素时会呈现黄色。这种病理现象，称为缺绿病（chlorosis），通常由于土壤中缺少矿质元素所致。铁离子缺乏是缺绿症的主要原因。

植物传染疾病主要由于病毒、细菌或真菌的侵入。这些植物疾病除了对农民产生严重的经济上的损失外，还会引起饥荒，进一步导致大规模的饥饿死亡。19 世纪 40 年代中期，爱尔兰近百万人的死亡是由于一种破坏马铃薯的真菌引起的枯萎病。这种病也导致了那时爱尔兰人大规模地移居美国。

一种非常奇怪的社会现象有时被一种真菌对单子叶作物如小麦、黑麦、大麦以及麦芽的侵害而产生。这种真菌被称为麦角菌（ergot），它能产生改变情绪的物质，这些物质通过食用被感染的谷物甚至饮用这些谷物酿成的酒而被摄入。中世纪时大规模的精神病（麦角中毒）席卷欧洲，距现在不远的时期也由于面包及其他食物产品的污染发生过这种病。但是从感染麦角菌的食物中分离出了医学上有用的物质如麦角新碱，麦角新碱及其类似物是很强的血管收缩剂，用于止血、缓解偏头疼、刺激子宫收缩等。

世界范围的小麦作物受到一种叫锈菌（rust）的真菌破坏。花叶病毒（mosaic disease），它们可以破坏许多蔬菜及水果作物。喷洒农药可以较成功地抑制一些这样的传染性疾病的蔓延。

植物也会出现发育异常现象。这在组织培养的植物中很明显。当植物受伤时，会产生大量的几乎没有细胞分化的不定形物质，被称为愈伤组织（calluse）。植物的肿瘤甚至植物癌症也会由于愈伤组织对于周围的正常分化组织的侵染而产生和蔓延。虫瘿（gall）是由寄生虫诱导出的生长物，有高度的组织分化。冠瘿（crown gall）是细菌诱导产生的，它们的分化程度比其他的虫瘿稍低。

疑难问题解析

14.1　多数草本植物的胚芽都有胚芽鞘（*coleoptile*），C. 达尔文（Charles Darwin）发现胚芽鞘对光极其敏感。通过把胚芽鞘的不同部位遮盖蔽光，达尔文发现只有胚芽鞘顶端才能引发趋光反应。他认为胚芽鞘顶端经过光照后，能引起某些因子从顶端向胚芽下部移动。

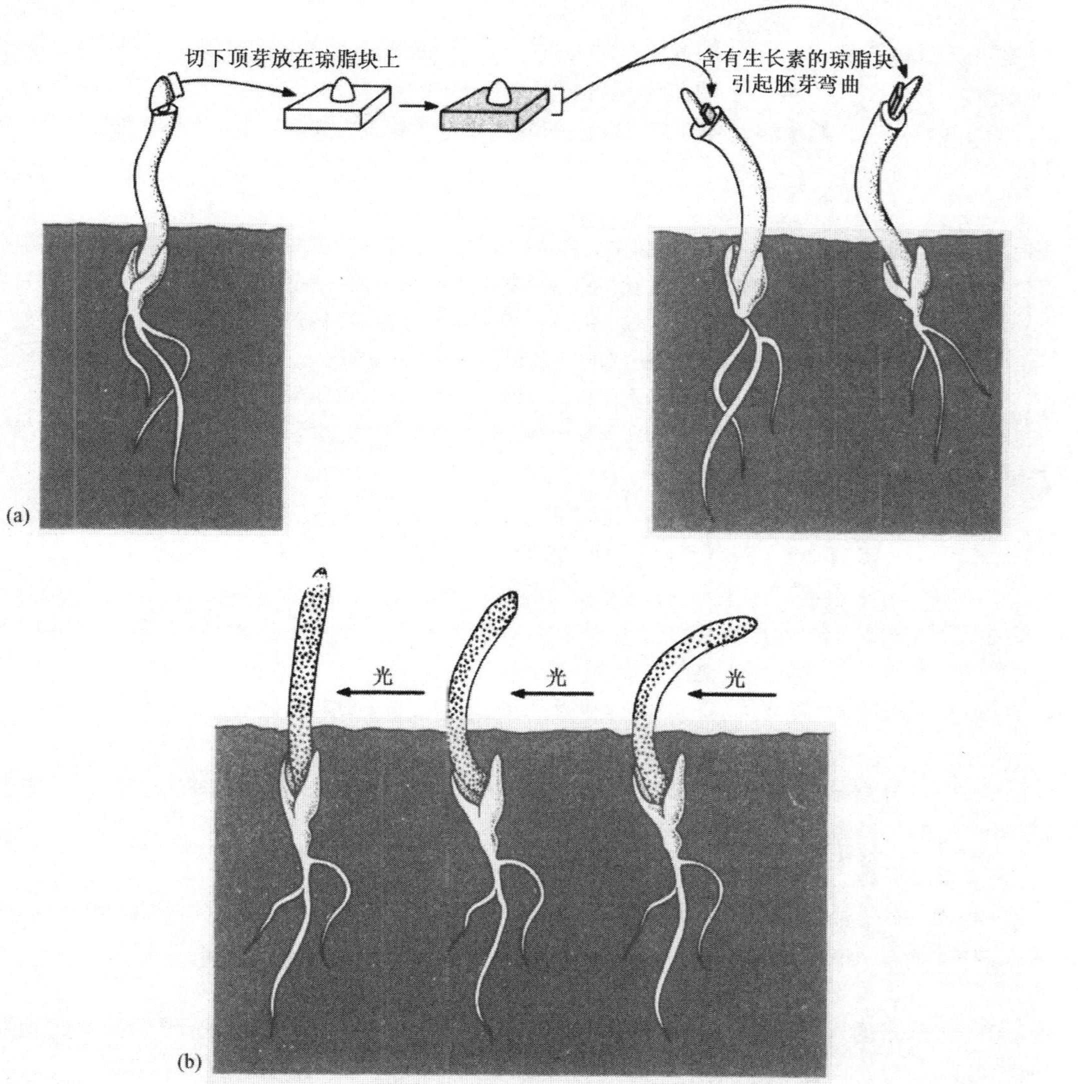

图 14.2　温特对燕麦的幼苗所做的实验

之后，Dane．P．Boysen-Jensen 把胚芽鞘从靠近其顶端位置切断，并在切口处插入一薄片胶质。当光线照在芽的一侧时，另一侧就会发生过度生长并朝光源方向弯曲。

1926 年，Went 把燕麦幼苗的胚芽鞘切掉，并把它放在琼脂块上（图 14.2），放置达一小时以上。然后他把这些琼脂放在事先去掉胚芽鞘并蔽光保存的燕麦幼苗芽上，发现燕麦幼芽可以重新开始生长。更重要的是，如果琼脂块远离中心的一侧放置，胚芽就会向相反的一侧反向弯曲。

从这些实验现象你能得出什么结论？

对这些实验结果的最好解释是，胚芽鞘上存在着一种可扩散的物质，它能从胚芽鞘向其下方的下部运动。这种化学物质（或激素）被称为生长素（*auxin*)。一开始，人们认为生长素向下运动而不是横向扩散。光照破坏了受到光照一侧的生长素，所以未受到光照一侧的生长素含量就高一些。因为生长素的作用就是使细胞伸长，所以未受到光照一侧高浓度的生长素就使胚芽向光源弯曲。

现在我们认识到生长素也能在植物体中进行横向扩散。在趋光现象中，光照使生长素在胚芽两侧不均衡的分布，而不是破坏生长素。人们对生长素如何在植物体中运动知之甚少，也不清楚什么分子具有生长素特性。细胞膜通透性的改变和主动运输机制可能对生长素的扩散起着一定的作用。

一种观点认为，生长素能促使细胞伸长的机理在于植物细胞中存在能与生长素结合的受体，能影响氢离子流跨植物细胞膜的运动。氢离子的迁移使 pH 值发生变化，使酶类活化，从而改变了细胞壁的硬度，使细胞伸长。有证据表明生长素能更直接地提高酶类和结构蛋白的浓度。

14.2　根据自然规律，在受精和形成种子后，生长素能促使子房发育成为果实。在水果的商业化生产中，你认为生长素的使用是怎样违背自然规律的。

对于施用了生长素的植物，其子房未经受精和形成种子就能发育成为果实。无籽番茄就是生长素诱导果实的一个例证。

14.3　抑制剂对于植物生存的重要性表现在哪些方面？

抑制剂对于温带高等植物的生存具有特殊的重要性。在严寒的冬季或者不适合植物生长的环境条件下，这些植物就会进入静止期或休眠期（*dormant*)。种子通常在未接触寒冷环境的刺激和适应温度前是不会发芽的。打破休眠期，植物开始生长，表明对旺盛代谢活动抑制的解除。

在沙漠地区，种子所含的抑制剂经大雨浸泡而消退，而只有在降雨量充足时种子才能吸收水分，且只有少量种子最终可以萌发。这种情况和非沙漠地区植物的情形相似，即长期生活在寒冷地带的植物，为了打破休眠期必须先让其在温暖的条件下生活一段时间。

14.4　为什么容器中有一片烂掉的水果就会促使容器内所有的水果迅速成熟和腐烂？

乙烯激素不仅促使果实成熟，而且在短时间内使果实软化、褐化和腐败液化。水果一旦开始成熟和腐烂，果实便会产生出大量的乙烯。因为气态乙烯具有高度流动性，它会迅速地扩散在整个容器内，再次引发腐败和产生出更多乙烯，这种链锁反应就一直进行下去。

虽然乙烯是一种促老化激素，但在一些情况下可以刺激生长，还能促使一些亚热带植物开花。

14.5　有些植物早期的生长模式导致花排列紧密。在一些情况下，这种紧凑的、低矮的构型会突然在极长的茎上开花。这种在开花前茎伸长的异常现象称为抽苔（疯长）（*bolting*)。是什么激素导致这一现象的发生？

赤霉素的作用是抽苔（疯长）现象的原因，也是植物茎极度伸长的原因。虽然赤霉素能引发植物异常甚至病态的发育，但它也能与生长素相互作用，调节形成层生成次生木质部和次生韧皮部。

14.6　前苏联的 M．H．Chailakhian 是探寻光诱导（*photoinduction*）过程中（开花是具体光照控制的结果）特定激素对开花控制作用的首批学者之一。在 1936 年对短日（长夜）植物菊花的实验中，他首先把植株上半部分的叶片去掉，同时留下下半部分的叶片。之后给下半部分的叶片以短日照（长夜），给被遮盖的上半部分无叶植株以长日照，植株可以开花。当对植物上下部分施以相反的处理，即给被遮盖的上半部分无叶植株以适当的短日照（长夜），而给下半部分带叶植株以长日照，植株不能开花。从这些实验结果你能得出什么结论？

因为受到适当光照的是植株的带叶部位，所以 Chailakhian 得出结论：光诱导反应是经叶片产生的、能控制开花的激素所介导的。这种激素被称为成花素（*florigen*）。遗憾的是，虽然有足够的证据证实它的存在，但至今成花素也未得到分离与分析。

对苍耳的嫁接实验也得出了相同的结论，苍耳也是一种短日植物。如果把两株苍耳嫁接在一起，并使两部分保持不同光照，那么给其中一株以适当短日照，这一株苍耳可以开花，而且与之嫁接的未受到光刺激的另一株苍耳也可以开花。短日植物只有极少数量的叶片需要接受刺激而产生这种效应。尽管不能分离得到成花素，还是有大量证据表明这种假想的物质可被非诱导光周期抑制。

14.7 如果一种短日植物的临界光周期是 13 小时，那么给其以 15 小时光照它会开花吗？

短日植物需要最低限（*minimum*）的夜长（*darkness*）才能开花。换句话说，在自然条件下，植物也有最高限（*maximum*）的日照时长（*daylight*），超过这一限度植物不会开花，因为一天 24 小时扣除日照时间不能满足植物最低限的夜长。对于本题，此植物临界光周期是 13 个小时，超过 13 小时的光照将不能满足植物必要的夜长。所以给这株植物以 15 小时光照，它将不会开花。

14.8 假设某一短日植物的临界光周期是 14 小时，在下列情况下判断植物是否会开花：(1) 15 小时光照，随后 9 小时夜长。(2) 12 小时光照，随后 12 小时夜长。(3) 13 小时光照，随后 11 小时夜长，并在第 18 小时给以一次红外闪光。(4) 12 小时光照，随后 12 小时夜长，并在第 18 小时顺序给以一次红光闪光和一次红外闪光。(5) 10 小时光照，随后 14 小时夜长，并在第 17 小时给以一次红光闪光。

(1) 植物不会开花，因为不能满足植物必要的夜长。

(2) 植物可以开花，因为满足了植物必要的夜长。

(3) 植物可以开花，因为满足了植物必要的夜长。红外光能加速 P_{fr} 向 P_r 转化，因此只能加强夜长时期的作用。

(4) 植物可以开花，因为满足了植物必要的夜长。第一次的红光闪光迫使植物重新开始计算其夜长时间，而随后的红外闪光又逆转抵消了红光闪光的作用。

(5) 植物不会开花，红光闪光会迫使植物重新开始计算其夜长时间，又因为闪光出现在第 17 个小时，植物实际经历的夜长只有随后剩余的 7 小时，所以不能满足必要夜长。

14.9 P_r 与 P_{fr} 的转换通常被认为是植物用以判断是白天还是黑夜的信号。大量的 P_{fr} 会告知植物正处于光照下。但是这一机制并不能解释植物是如何计算已经历的夜长时间的。一种假设认为 P_r 与 P_{fr} 的比值是计量的方式。光照使 P_r 迅速转换为 P_{fr}，因为不如 P_r 稳定的 P_{fr} 会在黑暗中缓慢转换为 P_r，P_r 与 P_{fr} 的比值就会随夜长时间的延长而增大。但是有证据表明植物的计时功能与温度无关。这一事实与前一假设相悖还是相符呢？

P_r 向 P_{fr} 的转化属于化学转化，所以应该与温度有关。因此后一事实得出植物计时与温度无关的这一结论说明 P_r 与 P_{fr} 的比值并不是植物计时的机制，假设不成立。

附 加 题

14.10 从 B 栏中找出与 A 栏描述相对应的激素。

A	B
1. 诱导老化	(a) 乙烯
2. 维持顶端优势	(b) 脱落酸
3. 影响淀粉水解	(c) 赤霉素
4. 胚芽未受光照一侧的浓度高	(d) 生长素
5. 引发抽苔（疯长）	

6. 维持休眠

14.11　光敏素可以被植物用于判断光暗。

(a) 对　　(b) 错

14.12　植物变白是因为不能产生足够的叶绿素。

(a) 对　　(b) 错

14.13　缺绿症是由二氧化碳供量严重不足引起的。

(a) 对　　(b) 错

14.14　爱尔兰的马铃薯饥荒是由病毒引起的。

(a) 对　　(b) 错

14.15　动物体内的胆汁是由来自植物的毒素生长抑制因子产生的。

(a) 对　　(b) 错

14.16　与农作物有关的锈病是一种缺铁性病症。

(a) 对　　(b) 错

14.17　长日植物必须满足不超过临界值的夜长期。

(a) 对　　(b) 错

14.18　P_{fr}是光敏素的稳定形式。

(a) 对　　(b) 错

14.19　生长素和赤霉素都能使细胞伸长。

(a) 对　　(b) 错

答　　案

14.10 1— (a)；2— (d)；3— (c)；
4— (d)；5—c；6— (b)

14.11 (a)

14.12 (a)

14.13 (b)

14.14 (b)

14.15 (b)

14.16 (b)

14.17 (a)

14.18 (b)

14.19 (a)

第 V 部分

动物生物学

第 15 章 内环境稳定：生理功能的调节

15.1 总　论

与大型多细胞生物体一样，活体细胞只有在一个很窄的范围内正常行使其功能。如果细胞内的温度超过 60℃，细胞会停止它的关键的功能。更高温度下细胞的脂类和蛋白质分解，细胞结构被破坏。在很低的温度下，冰晶的形成威胁细胞功能甚至结构的完整性。

正如极端温度威胁细胞的生存一样，pH 值、离子浓度、糖水平等的变化对细胞也是至关重要的。很明显，以特定方式排列的高度复杂的分子只有在特定的条件下才能进行一系列相关的功能。细胞膜决定了细胞的微环境，它的可通透性是由于细胞膜在特定环境下的选择性，能控制离子进入、物质排泄和内部环境。那些成功适应特定生活环境的细胞能控制内部环境的波动以保证一个适宜稳定范围的能力。这种稳定性的维持称为内环境稳定（homeostasis）。在生命世界中，稳定并不是静态的，而是动态的过程。加强某种性质或提高某种物质浓度的力与其相反的力相互平衡。一个动态的“平衡”维持着一切生物体中的平衡。这种平衡或稳定，是在细胞，生物体甚至群体水平上统一各方面的生理（功能）水平的最重要的性质。

内环境的稳定在多细胞动物，特别是脊椎动物中研究得很充分。但是它对于所有不同水平的生命都是起作用的。那些维持内环境稳定的过程称为内环境稳定机制（homeostatic mechanisms）。

历史上，Hippocrates 提出：疾病，一种对健康状态的扰动，可以被自然的力量纠正过来。这位希腊医生曾经以他的名字提出了医生的誓言。他的这一观念，认识到了对抗异常状态的自然倾向，一种对病理改变的抵抗。但是，被认为是内环境稳定学说之父的是 Claude Bernard（1813—1878）。这位法国医生在 19 世纪通过一系列的仔细的实验研究使生理学发展为一门实验科学。他那时的作品强调了体内环境恒定的重要性。他注意到身体的每一个细胞都处于一个具有营养的、支持的液体环境中，这些组织液，与血液及淋巴液密切相关（见第 18 章），共同组成了内环境（Le milieu interieur，the internal environment）。Bernard 提出了现在仍很著名的箴言，内环境的稳定是自由生命的条件。

内环境的稳定（homeostasis）的概念首先被 Walter B. Cannon（1871—1945），一位对消化道运动及其控制非常感兴趣的美国生理学家应用。在他的具有哲理的散文“身体的智慧”中，Cannon 敏捷地捕捉到了内环境稳定的精髓——提供体内恒定的代谢智慧的进化发展。

Cannon 为 Bernard 描述的“稳定性”的概念命名并延伸了我们对它的动态性质的认识。他描述了那些互相平衡以调控如温度之类的现象的内环境稳定机制，用进化的词汇描述这些机制。

他对于恐惧和愤怒对哺乳动物产生的影响非常感兴趣。他对这些情绪反应的研究使得他明白了自主性神经系统在调控消化过程中的作用以及情绪对于这些过程的影响。很快他发现自主神经系统在调控维持体内恒定的内环境稳定现象中的关键性的作用。Cannon 承认，有机体平衡状态的紊乱可能是由于体内的变化，也可能是由于体外的变化，这个观点比他的前任更具眼光。他指出，即使是短暂的肌肉活动，也可以产生足够的凝结肌肉组织蛋白的热量，如果这些热量都不耗散的话。所以，与外界环境对内环境产生的作用一样，机体内的活动对于内环境稳定机制也会产生巨大的压力。

Cannon 还认识到内环境的稳定不单是单一的如神经或内分泌系统的责任，还有整个身体系统的影响内环境恒定的协作性。此外，某一特定种群或生物个体在进化水平上愈进化，就会出现愈加精细和复杂的内环境稳定的器官。

在他对交感神经系统（sympathetic nervous system，SNS）以及与其相关的内分泌腺结构、肾上腺髓质（adrenal medulla）的长期研究中，Cannon 发现，它们是为动物应对紧急情况而作特殊准备的，而副交感神经系统（parasympathetic nervous system PNS）与那些平静环境下的植物性神经功能（如进食饮水，睡眠等）有关。这两个神经系统，组成了神经系统中控制内脏器官无意识反应的自主的相对迅速的亚系统。这个自由神经系统相当于一个发动机装置，它的精确的调节机制依赖于神经系统其他组成部分。

当一个有机体感受到了威胁时，它会转到紧急状态，交感神经系统兴奋。由神经体液物质（neurohumoral，神经化学物质）去甲肾上腺素（norepinephrine，noradrenaline），有时是肾上腺素（epinephrine，adrenaline），介导的交感神经的刺激使得机体为紧急情况做好准备，而抑制了植物性神经（副交感）系统的活动。因为在遇到危险时动物或是逃走或是与危险搏斗，所以紧急状态的反应被称为斗争或逃避反应（fight-or-flight reaction）。

当紧急情况过去以后，交感神经兴奋消失，副交感神经系统兴奋增加。这为机体制造了一个平静的效果，去除了紧急状态的适应。正如对紧急状态的反应抑制副交感神经系统兴奋一样，在平静期副交感神经系统的兴奋伴随着交感神经活动的抑制。

15.2　反馈控制

只有身体察觉到或感觉到变化发生时，才会有稳定性的维持。偏离在被矫正之前必须首先被发现。对生理状态改变的察觉实际上由一种对特殊环境变化的敏感结构——感受器（receptors）来完成。变化组成了刺激（stimuli），刺激使得受体发出存在改变的信号。受体的信号通常是电脉冲，能激活参与内环境稳定调节器官的代偿性机制。

反馈（feedback）指对一个过程的监测。一般情况下，反馈包括了 A 过程使 B 物质形成，B 物质反过来调控（反馈）A 过程。这种关系可以用一个循环表示：A⇄B。如果 B 倾向于抑制 A，那么控制环（回路）组成了负反馈（negative feedback）。如果 B 倾向于增加 A，则控制环组成了正反馈（positive feedback）。显然，受体在反馈过程中是必不可少的，因为激活反馈循环必须首先要发现起始过程的改变。

内环境的稳定主要通过负反馈机制，因为只有形成了抵抗力，才能使得变化得以克服或抑制。而正反馈却促进了变化进而扩大特异的偏离。

☞例 1

消化酶胰蛋白酶（trypsin）由胰脏以酶原，（zymogen，前体）称胰蛋白酶元（trypsinogen）的形式产生。肠壁产生的第二种酶切碎胰蛋白酶的小部分以形成有活性的胰蛋白酶，胰蛋白酶一旦形成，就会使更多的胰蛋白酶原变为胰蛋白酶直到肠道内的所有胰蛋白酶原都被激活。这种起始变化导致更多变化发生的级联效应是典型的正反馈。

好比控制房间加热的暖器，负反馈作为物理系统很容易理解。这些物理系统采用感受器装置和反馈圈，被称为伺服机构（servomechanisms）。

☞例 2

一种被称为恒温器（thermostat）的感受装置组成包括火炉“开”“关”转换装置的部分回路。当温度低于某一水平时，恒温器使炉子打开，回路接通。当温度达到并超过某一值时，恒温器断开回路，炉子关闭。这种安排保证了一个相对稳定的温度范围。在这里室内温度的信息（information），即输入（input），诱发了炉子热量的输出（output）。

伺服机构和内环境稳定性控制的基本流通是信息。内环境稳定的控制中，内环境的扰动是影响受体的信息。从受体开始，信息沿回路传递给激活效应器（effector）。效应器的作用是使内环境恢复原状态（见图 15.1）。

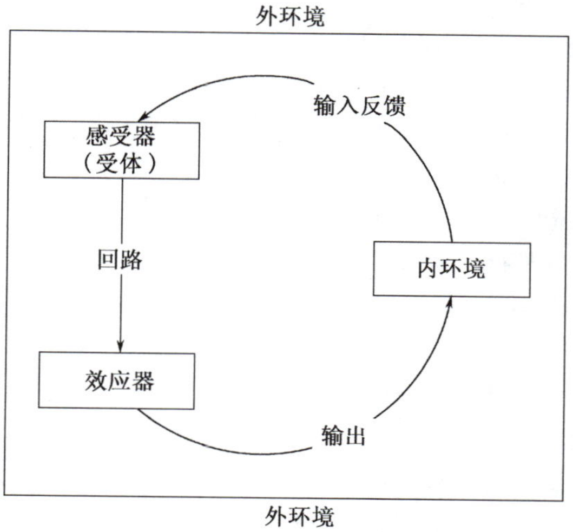

图 15.1　内环境稳定回路

15.3　温度调节

恒温（homeothermy），是特定的动物类群维持衡定体温的能力。它首先出现于爬行类中[1)]，尽管还不尽完善。然而，在鸟类和哺乳动物中，对环境较宽的温度波动范围存在着维持体温稳定的十分精确的装置。

恒温动物维持体温不是普通的特征，它与缺乏这一特征的变温动物相比是巨大的进步。变温动物（poikilotherms）（冷血动物），曾一度被称“冷血动物”，但它们实际上只有使自己的体温随外界环境温度高低变化平衡的能力。

恒温动物不受环境温度变化的影响，这对于它们成功征服陆地是主要的进化优势。地球北半部漫长的冬季中，蟾蜍或蝾螈的代谢几乎已停止，而大多数哺乳动物和鸟类等仍可保持37～40℃的体温而自由地进行活动。

自主的恒温与维持相对较高的体温直接相连。在干燥的陆地上或在空中运动，没有水的浮力支持实际上是一个巨大的能量代价。相对高而稳定的体温使得恒温动物的代谢速率稳定，以提供高的能量输出。这些能量输出被用于捕食、择偶、保卫安全等辛苦的活动中去。

动物恒温的主要来源是肌肉收缩。当肌肉收缩时，至少 30％的能源物质分解的能量被用于肌肉收缩，70％或更多的能量被转化为热量。这实际上是一个高效的过程，因为即使是被认为效率很高的蒸气机，也只有 25％的工作效率。此外，热量在机械发动机中不断地消耗，对于恒温动物内环境稳定的器官而言，热量是必要的手段。

对温度控制的内环境稳定机制表现在许多水平上。可能最常被忽略的使身体凉下来的机制是逃离热源的行为模式。热天里多数动物会寻找荫凉。“只有疯狗和英国男人才在中午的太阳下出门”。而且身体活动明显地减少。因为肌肉收缩是动物的主要热源，身体活动的减少对于防止体温的进一步升高至关重要。第三个行为反应是选择宽松的以及具有可以反射光

1）到目前为止，除少数人认为中生代恐龙是恒温动物外，几乎没有证据证明爬行动物是恒温动物。——译者注

热颜色（白色倾向于反射光和热）的衣服帮助散热。

身体在体表失去热量（散热），所以热量必须到达体表才能够散失。血液携带了大部分身体产生的热量。过热情况下，皮肤上的感受器以及一些内部结构激活反馈回路，使皮肤表面血管膨胀，可以使更多的血流向表面。返回的血液也被分流到尽可能靠近表面的静脉血管中以进一步散热。热量可以通过三种物理途径散失。辐射（radiation），电磁波能量从体表流向空气中；传导（conduction），热量通过与较冷的空气或水的直接接触而散失；对流（convection），空气或水流不断地流经皮肤带走体内产生的热量。

如果散热不足以维持体温，则汗（sweat）腺会分泌大量含盐液体（汗液）。在人体内，汗腺在体表广泛分布，由于降温的需要可以产生大量的汗液。在第 2 章里已讨论过，汗液的汽化会导致大量热量散失，因为 1 克水（液态）汽化吸收 540 卡（2259 焦耳）的热量。明显地，当空气被水汽饱合不能发生蒸发过程时，降温过程受阻，这就是为什么我们在湿热的日子里感到极度不舒服的原因，那时出汗并不伴随着蒸发而带走热量。

某些动物，如狗，舌头和口腔部分是主要的蒸发散热器官。狗通过喘气增加了湿润膜表面与空气的接触从而提高了散热效率。大鼠和小鼠，皮肤上缺少了足够的汗腺，它们互相舔对方以增加蒸发散热。喘气和舔舌的行为随着温度升高而增加。这强烈地证明了维持温度稳定是这些反应产生的基础。

温暖身体的许多机制恰恰是使身体降温相反的过程，但有些只是温暖身体过程特有的。哺乳动物具有可以使它们的皮肤（毛）加厚的机制。这也包括竖毛（piloerection），毛发基部的竖毛肌收缩而使毛发竖立。寒冷和恐惧之类的情绪反应会引发竖毛，这就是当你听到恐怖的声音时，脖子后面的皮肤会“起鸡皮疙瘩”的原因。当猫的皮毛长时间的竖立时，它们的个体形态似乎明显地增大，给人以威胁感。竖毛过程中毛发的内层捕捉了定量的空气促使隔离层（绝缘层）的厚度增加。

假如行为适应、血液的分流，竖毛还并不充分，一个特殊的反应——打颤（shivering）会被诱导出来。打颤是大规模的、间歇性的、相对不协调的一系列的肌肉收缩运动，这可以在短时间内产生大量热。像竖毛一样，打颤不仅仅是在高温条件下的适应机制的相反过程，也是对极端寒冷的独特的适应过程。打颤是大脑组织低水平控制的反射（见第 22 章）。体温低于 30℃时打颤反射停止。在机体代谢速率很低的低温下进行的低温手术（cryosurgery）可以避免常体温手术时出现的许多问题。

15.4　血糖的调节

葡萄糖是血液的主要糖类能源物质，它也是许多器官的基本的能源物质。糖通过血浆被运送到全身。在某些区域糖从毛细血管中运出，直接被用作能量来源物质。在其他区域，它被作为糖原（见第 5 章）贮存起来或变成高能中间物如脂肪酸贮存起来。

脂肪组织中，葡萄糖是脂肪酸合成（lipogenesis）以及被激活的甘油与脂肪酸合成中性脂类（esterification）时的基本物质。

血糖的精细调控是内环境稳定中的重要部分。葡萄糖的处理是利用，补充，及一切代谢能源分布的中心问题，血糖的剧烈变化会直接威胁到健康甚至生命本身。低血糖水平，出现头晕以及与其相关的脑功能失常的症状。这是由于脑几乎完全依赖于葡萄糖作为能源。当血糖含量超过 80～110mg/100ml 血的正常值时，血液出入毛细血管便受到影响。长期高血糖会导致视网膜功能受损，最后导致失明、肾脏受损以及易受感染甚至坏疽。心血管的受损也与葡萄糖不能维持正常稳定水平有关。

许多种激素相互配合使血糖稳定，其中重要的是一种多肽——胰岛素（insulin）。胰岛素是一种控制糖水平的激素；也就是说，它促进糖的利用、贮存以及贮存的葡萄糖的代谢转化等过程，从而降低血糖水平。

胰岛素对血糖水平极为敏感是保持血糖稳定负反馈回路的效应器。血糖水平一开始升高，胰腺的胰岛β细胞（见第 21 章）就开始合成胰岛素，释放量就增加。胰岛素缓慢进入血液的结果是葡萄糖浓度的下降。以下由胰岛素介导的反应导致了血糖的下降。

1. 由胰岛素诱导的肝糖原合成酶升高，肝糖原合成增加，这种酶促进糖的贮存
2. 肌肉与脂肪组织对葡萄糖通透性增加，血液流经这些组织时糖被清除
3. 葡萄糖氧化增加，这样减少游离葡萄糖的供应
4. 从氨基酸合成蛋白质增加，这一过程依赖于糖而不是氨基酸作为能源物质

不能产生胰岛素、胰岛素产生不足、或胰岛素不能起作用会导致糖尿病（diabetes mellitus），这种病经常发生于成年（成熟期开始的糖尿病，maturity-onset diabetes），可以通过饮食及运动治疗。病情更严重的患者需口服刺激胰岛的兴奋剂。这种轻型的糖尿病也被称作非胰岛素依赖型糖尿病（non-insulin-dependent diabetes mellitus）。更为严重的是幼年糖尿病（juvenile diabetes），这种病在生命早期就发病，几乎总要注射胰岛素，所以称为胰岛素依赖型糖尿病（insulin-dependent diabetes mellitus）。必须注射胰岛素或在皮肤下安装能够不断滴淌出胰岛素的装置。由于胰岛素易被消化，故不能够口服。

许多其他刺激素直接或间接地影响血糖水平。可能除了催乳素外，所有被研究的激素对血糖都产生与胰岛素相反的作用，即，将糖从贮存的地方运出提高血糖水平。其中最重要的激素是肾上腺素。它是由肾髓质在斗争或逃避反应中大量释放的。它的靶器官是肝脏，有时是骨骼肌。肾上腺素激活磷酸化酶，使糖原降解为葡萄糖。

肾皮质分泌的类固醇激素也可以升高血糖。它们被称为糖皮质激素（glucocorticoids），包括皮质醇（cortisol）、可的松（cortisone）、以及皮质酮（corticosterone）。它们的主要作用是促进糖异生（gluconeogenesis），即氨基酸和其他非糖物质向糖的转化。类固醇影响时，非糖物质如脂肪酸被大量使用，这样可以节约血液中葡萄糖的使用而使其维持在一定的水平上。肾类固醇也与搏斗逃跑反应以及对胁迫条件特别是饥饿的反应有关。

甲状腺分泌的甲状腺素（Thyroxin）以及垂体分泌的生长激素（Somatotropin，STH）是胰岛素的拮抗物。胰高血糖素（glucagon），由胰腺胰岛α细胞产生，也是胰岛素的拮抗物。然而，胰高血糖素不作用于肌肉而只促进肝脏中糖原的分解。

血糖水平的调节并非孤立于其他糖代谢以及脂肪和蛋白质的代谢而进行。在第 5 章已提到，主要的代谢途径是相互交联的。对其中一种成分的调节必须包括其他途径中成分的改变。

疑难问题解析

15.1　克劳德·伯纳德（Claude Bernad）是戏剧爱好者。一天傍晚他解剖了一只兔子，取其肝脏分析糖分。但在完成分析实验前，他要先去戏院看戏。当他回来时，他重新开始化学实验并发现糖含量异常高。你能从伯纳德的这个实验得出什么结论？以这些结论为基础他所假设的稳定内环境的系统是什么？

伯纳德推理认为，在肝脏中贮存着大量的碳水化合物，在未被处理过的肝脏中，这些贮存物质分解成为游离的葡萄糖。贮存的碳水化合物被称为糖原（*glycogen*），字面意思为“糖的构成者”。对这些多糖进行部分标记，然后分离，伯纳德很快认识到它所具有的可能的功能——这些多糖是作为血糖的贮存库。在摄食过程中，来自消化道的碳水化合物被肝脏吸收，并以糖原形式贮存。当血糖含量下降时，肝脏能够不间断地释放来自于糖原贮存库的少量葡萄糖。以这种方式糖原能够维持血糖的稳定水平：在摄食过程中，肠道吸收的糖分贮存在肝脏中，肝糖原随着肝脏所贮存的糖量的升高而增加，因此阻止血糖升高。而在两次摄食的中间，肝糖原供应葡萄糖以维持血糖的水平，因此肝糖原的含量会下降。

伯纳德首次研究得出的这一结论形成了有关内环境稳定的新概念。之后他又把“固定性”的观点扩展到对体温的维持。除此之外，伯纳德还完成了在血管舒张（血管变宽）和血管收缩（血管变窄）过程中神经对血管的控制的研究。这些研究工作使他能够更好地了解有关温度调节的应答反应。

15.2　通过增强交感神经的刺激而引起的变化包括心跳频率加快和心跳强度增加、血压上升、血液从躯干的腹腔器官分流到四肢中的外周血管中、凝血时间下降和血糖升高等。在紧急情况下产生的恐惧与愤怒等情感能在整个危机时期引发连续的交感应答。所有这些变化能增强生物体逃离险境或直接对抗危险的能力，这是为什么?

在应急情况下（斗争或逃避），营养功能，如消化被迫中止，而四肢就显得格外重要了，这就是血液流向四肢的原因。紧急状况时期也是身体能量需求增加的时期和待排泄的副产物增加的时期。心率和强度的增加，以及血压的升高使肌肉充血，这样能为肌肉提供更多的葡萄糖和运走代谢废物。还有，迅速的凝血在受伤时也显得格外重要。

15.3　身体由许多稳定内环境系统构成，你能说出这些系统中最常见的感受器吗?

特化的神经末端是体内最常见的感受器。刺激首先作用于感受器并产生沿神经传递的兴奋冲动，冲动经过在整个反馈回路中的传递最终使肌肉受到刺激。对于具体刺激的兴奋阈值（*threshold*）（产生冲动所需最小强度）是非常低的，所以当这样一种刺激出现时，会迅速启动反馈回路使之传递冲动。

脑中下丘脑区域的渗透压感觉器是稳定内环境反馈的好例证。在脱水情况下，血液的渗透浓度增加。当富含溶质的血液经过下丘脑时，对高溶质浓度具有低阈值的感受器受到刺激。在这一特别回路中，受到刺激的效应器是垂体的后叶区域，它能分泌抗利尿素（*antidiuretic hormone*）（ADH）。从垂体释放的抗利尿素作用于肾脏而抑制尿的形成，体内水分的保存就是这一作用的结果。水分的保存与脱水作用相反，使生物体恢复到原来的稳定态。

15.4　许多对环境低温做出的应答与在高温调节期起作用的逆转机制有关，那么是哪些类型的逆转呢?

行为应答包括寻求更温暖的区域（如在暖石上晒太阳）和增加活动。任何活动的增加均会产生热量。人类通过增加隔离层对寒冷做出反应。穿多层的衣物比只穿一层厚的衣物更能有效地抵御寒冷，因为两层衣服间的空气自身也能作为隔离层起作用。

暴露在高温环境中时，血液流向体表，但当置身于低温环境中时，血液在体表下紧靠身体深部流动，这样可以减少热量的散失。

15.5　在物理和生物系统中，当彼此相邻的流体向着相反方向运动时，组成流体的组分（氧气、热等）会在某一水平上达到平衡。鱼鳃是个好例子，鳃中的脱氧合血液的流动方向与氧合水的流动方向相反。当水流经过鳃时，会把氧气排入鳃的血液中；因此，水流中就建立起氧梯度，鳃前部的氧浓度最高。脱氧合血液进入氧浓度很低的鳃后部，向着氧浓度不断增高的梯度方向流动。于是在各自水平上血液和水流间建立起平衡，当血液到达鳃前部时，血液中的氧含量与水流刚进入鳃时所含的氧量接近，即血液被重新氧合。整个过程被称为逆流扩增器系统。

体内的逆流扩增器用于减小热量散失和阻止来自四肢的低温血液进入敏感的内脏。那么它是如何起作用的呢?

如图 15.2 所示，相邻的动脉和静脉共同作用把温暖的血液带入冰冷的肢端（在这里指手指），但不会

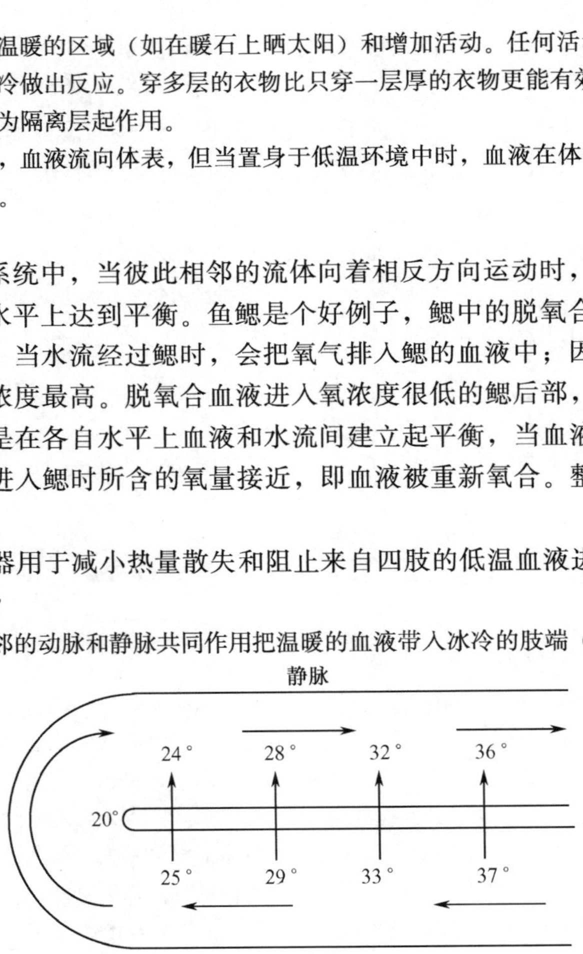

图 15.2　逆流扩增系统

显著降低回流到身体中心区域的血液的温度。经动脉流向肢端的血液在流动过程中被相邻静脉中回流的低温血液冷却。同时，从冰冷的肢端回流的静脉血也被动脉血温暖。因此建立起温度梯度，在该梯度内动脉血温度和静脉血温度在任意特定水平上十分接近，但在接近肢端处温度相对下降得多。也只有在肢端处，动脉血和静脉血的温度都很低。

逆流交换是肢端重要的特征，在那里血液流速快而且不受阻碍。对于糖尿病这种退化性质的疾病，血液流动受阻，对流交换也不能正常工作。

15.6　激素对抗胰岛素作用的方法是什么？

胰岛素的作用就是增强血糖的利用、贮存和代谢转化。如肾上腺素或胰高血糖素的分泌，可增加糖原向葡萄糖的转化而抵抗胰岛素的作用。又如在某些糖皮质激素的作用下，细胞对葡萄糖的通透性降低，因此阻碍葡萄糖从血液中排出。某些类固醇通过刺激非碳水化合物向葡萄糖的转化（葡萄糖异生作用）来维持血糖浓度，从而能使血糖免于被氧化。某些激素，如皮质醇，能抑制多数器官中蛋白质的合成，从而降低了对能产生热量的碳水化合物的依赖，因为有更多的氨基酸可以利用。

15.7　从消化系统（包括胃、胰腺和肠）毛细管网流出的血液并不进入逐渐增大的静脉，也不向心脏流动，这与从身体其他部位流出的血液截然不同。相反，这些由消化道毛细管网流向肝脏毛细管网的血液要经过肝门静脉（*hepatic portal vein*）（图 15.3）。（连接两个毛细管网的静脉被称为门静脉 *portal vein*）。肝门静脉系统执行什么样的稳定内环境功能？

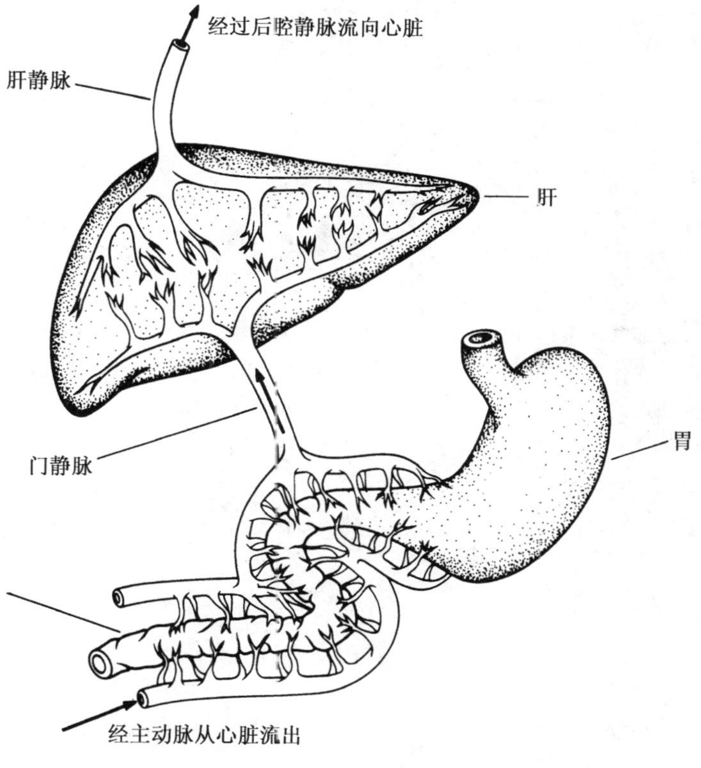

图 15.3　肝门静脉系统

在进食时和进食后，从消化道流出的血液富含葡萄糖、氨基酸和其他能量代谢物。如果这些血液进入正常的血液循环，它将把高浓度的代谢产物留在内环境中并对内环境的稳定产生威胁。相反，血液被引导进入肝脏的功能导管，这些管道是代谢转化的主要场所，多余的代谢产物被移走和贮存。过多的葡萄糖会在高浓度胰岛素的作用下被转化成为糖原（在进食过程中血糖水平增高引起的）。离开肝脏返回心脏再次进入血液循环的血液不再含有过量的糖。同时肝脏也贮存了其他食物成分，如脂肪。在某些情况下，过量的代谢物可以被转化为其他种类的分子。氨基酸在肝脏中就特别容易被转化成为其他种类的化合物。

在没有食物进入消化道时，肝脏把葡萄糖分子释放到血液中，来维持足够的血糖水平。身体运动也会刺激肝脏释放贮存的碳水化合物。这些反应受到肾上腺皮质所分泌的胰高血糖素和糖皮质激素的调控。

附　加　题

15.8　负反馈中效应器的作用抵消了原始的变化。

(a) 对　　(b) 错

15.9　稳定内环境实质上是静止的。

(a) 对　　(b) 错

15.10　伯纳德发现了糖原。

(a) 对　　(b) 错

15.11　青蛙不受外界环境温度变化的影响。

(a) 对　　(b) 错

15.12　家中的暖气炉相当于稳定内环境反馈回路中的感受器。

(a) 对　　(b) 错

15.13　水的蒸发只引起不明显的能量交换。

(a) 对　　(b) 错

15.14　稳定内环境机制包括行为应答。

(a) 对　　(b) 错

15.15　当置身于低温环境中，哺乳动物采取什么方式增加隔离层厚度？

15.16　在饥饿状态下胰岛素浓度升高还是降低？

15.17　在饥饿状态下可的松浓度升高还是降低？

15.18　从B栏中选出与A栏描述相对应的内容。

A	B
1. 胰腺分泌的胰岛素拮抗物	(a) 胰岛素
2. 促进糖异生作用	(b) 可的松
3. 随血糖浓度的升高而升高	(c) 肾上腺素
4. 一种多肽激素	(d) 高血糖素
5. 糖尿病缺少有效含量的	

15.19　逆流扩增系统的两个主要条件是什么？

答　　案

15.8 (a)　15.9 (b)　15.10 (a)

15.11 (b)　15.12 (b)　15.13 (b)

15.14 (a)　15.15 竖毛　15.16 降低

15.17 升高　15.18 1— (d)；2— (b)；3— (a)；4— (a)；5— (a)

15.19 两流体必须：(1) 位置靠近 (2) 反向流动

第16章 动物的营养和消化系统

16.1 食物的获得

一切有机体都需要稳定来源的高能量（很高级的）物质，为正常生理功能的行使提供能源，这些物质就是食物（foods）。最普通的自养生物（autotrophs，自食者），绿色植物，在有阳光时将简单的无机物，如 CO_2 和 H_2O（见第 6 章）合成为它们的食物。真菌和非光合细菌以吸收的方式从周围环境中得到食物。但是，原生动物（原生动物界中的一个门）和多数动物（多细胞异养生物）通常要摄取大量的食物，这些食物包括全部的有机体或有机体的一部分。这种大颗粒食物的获得，称为大批量取食（bulk capture）。一种精细的器官常常因为机械分解食物的需要而存在，因为小块食物更容易被消化。当然，这一目的也可以用化学方法达到。

例 1

真菌，如蘑菇，通常生活在死亡的动植物尸体或腐败的物质上。这种营养方式被称为腐生营养现象（saprophytism）。其他真菌在活的宿主身上或体内组织中生活，这种生活方式被称为寄生（parasitism）。在这两种情况中．现成的可溶性物质可以被真菌通过吸收而直接利用。真菌常常长成由长细丝组成的网状。这样它们可以分支并完全地渗入到周围的食物中去。它们可以向外界分泌消化液，将大块物质分解。由于它们是由有细胞壁的细胞组成，真菌不能像变形虫那样将食物颗粒包裹起来形成内源性的食物泡。寄生的真菌通过相似的途径分解大的食物颗粒。

食物中包含有大量的化学上定义的营养物质（nutrients），为细胞维持生存及生长提供产能物质及结构组成成分。主要的营养物质包括糖、蛋白质和脂类。少量的维生素和矿物质也是必要的。蛋白质作为结构物质是非常重要的，特别是其中的必需氨基酸（见第 3 章）。糖和脂类是能量的主要提供者，但它们在结构组成上也扮演重要角色，特别是在细胞膜的构建上。

许多动物只靠植物性食物生存，它们被称为植食性动物（herbivores）。有些动物的食物只限于其他动物的肉，它们被称为肉食性动物（carnivores）。还有一些动物，比如人，既吃植物又吃动物，它们被称为杂食动物（omnivores）。食物来源的范围越广越多，营养的需要越容易得到满足。但是获得特定食物的能量花费必须考虑。

例 2

一个大的食肉动物从地下捕捉到一条蛇。在发疯似地乱挖一通之后，它抓住了蛇并把蛇带到地上。但是，蛇的热量值与食肉动物抓蛇花费的热量相比要小。这一种进食类型明显的是适得其反的。

许多动物为捕食及将被捕捉的食物撕成小块展现出精巧的手段。这些手段包括极端的奔跑速度、模拟捕猎地区背景环境的能力、强大的颌中的利齿，以及粗大的前肢。另一些生物特别是寄生于宿主体内组织中的生物，只有最基本的摄食装置。因为它们处于简单的、可溶性的食物环境中，只需要最简单基本的对食物的处理过程便可满足需要。

16.2　消化和吸收

我们对于消化的讨论仅限于那些具有单向消化道（one-way　digestive tract）的动物，它们有将食物送入消化道的口（mouth，嘴）和将食物残渣排出消化道的肛门（anus）。之所以称“单向（one-way）”是因为食物在消化道内的移动只能在一个方向进行，即从口到肛门。在一些更原始的种类如腔肠动物（两胚层多细胞生物如水螅，图 16.1（a）和三胚层扁形虫（如涡虫），它们的胃循环腔与外界环境方向只有一个进出口。这是一种较低效率的装置，因为进出的物质在同一出口相遇，使得“组装线”的特化变得不可能。

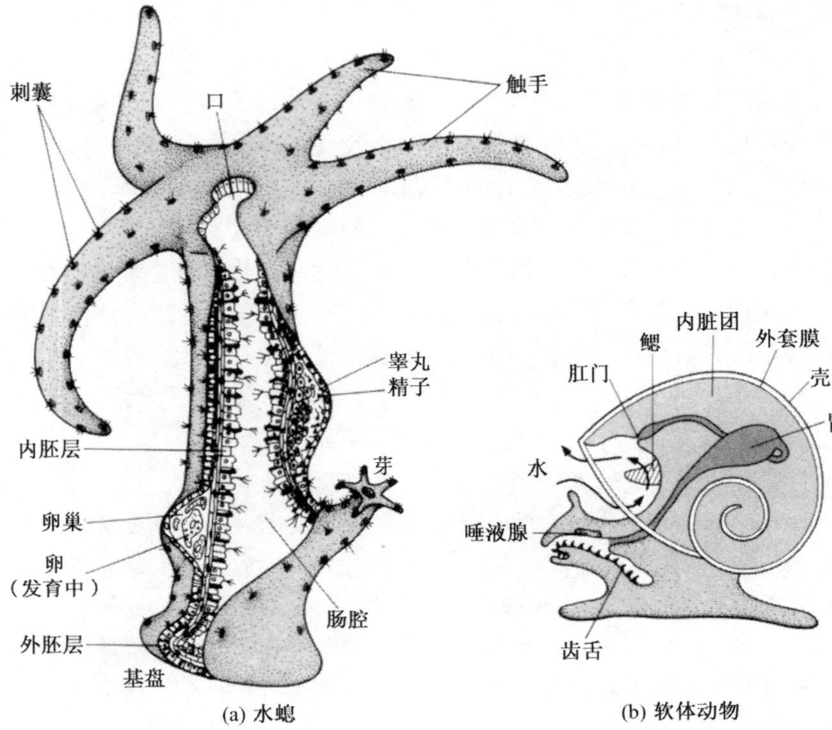

图 16.1　消化道

食物经一系列的收缩作用沿着从口到肛门的方向移动，从食管（esophagus）开始，经消化道的各个部分最后到达大肠的末端。这种收缩作用是一种自然的反应，被称为蠕动（peristalsis）。物质的单向运动是由在消化道的关键部位的特殊的环状肌肉阀门系统——括约肌（sphincters）所保证。这种括约肌存在于食管和胃之间，胃和小肠之间，以及肛门处。当括约肌收缩，消化道的出口就会被有效地关闭。

消化道中的特化功能包括

1. 食物的贮存
2. 大量食物机械消化的分解作用
3. 食物的化学消化作用

摄食

抓住并获取猎物的适应在消化道的口端而不是肛门端，这是毫不奇怪的事。这些适应包括具有坚固下颌的口、锋利且可磨碎食物的牙齿以及口后面能够促进食物向消化道下方移动的咽（pharynx）。机械研磨作用发生在口中或者是沿消化道更加靠后的一个特殊的小室中。

在某些蜗牛中，一种锯齿状的紧贴于咽的名为齿舌（radula）（图 16.1（b））的结构可以将食物磨碎。在蚯蚓，鸟类以及一些其他种类中，在胃或者嗉囊之后有一个由很厚肌肉壁组成的小室，称为砂囊（gizzard），研磨大的食物颗粒成为小的颗粒。一些动物吞下一些砂石，这些砂石在砂囊中进一步增强了对食物的研磨。其他情况下，砂囊的壁很厚并且具有凹凸以完成必须的研磨过程。

在脊椎动物中，牙齿（teeth）成为咬住及咀嚼食物的主要工具。除了鸟类及鸭嘴兽，牙齿是由外胚层和中胚层共同形成的结构，在脊椎动物中广泛存在。每一颗牙齿是一个硬的、复杂的单位，包括含有牙髓（pulp）的内腔（血管、神经及其他柔软的部分）；牙本质（dentin），主要由钙化的胶原组成；最外层的牙釉质（enamel）。牙釉质组成了牙齿撕咬以及研磨食物的表面；它几乎完全钙化，特别富含磷灰石(apatite)：$Ca_{10}(PO_4)_6(OH)_2$。

人类的牙由二列齿弓组成，一列在下颌，一列在上颌。每一颗牙齿由近牙根（root）处的结缔组织结成网状结构牢固地嵌入了牙槽内，并沿着骨嵴从每侧颌延伸。齿根组成了牙齿的大部分，而牙冠则组成了牙齿的其余部分。

总之，牙齿的功能是咬住、分割、撕碎食物并将它研磨成适当的大小。行使这些功能的牙齿在大小，形状和数目上差异较大。食肉脊椎动物的牙齿常常是尖锐突起的，这适于切割和撕裂。植食性动物（食草动物）的牙齿扁平，适合于研磨，因为植物细胞有更多的粗纤维（纤维素），需要大量的咀嚼以破碎细胞壁。

成年人有 32 颗牙齿。儿童时期长出的牙数量很少，而且在成长发育过程中逐渐脱落。成年人的上下颌各有四颗门牙（incisor），用于切断食物。它们呈箭头状并且位于齿弓的中央。门牙的两侧各有一颗锋利的犬齿（canines），食肉动物的犬齿长而发达如狮与虎。在颌的后部是一对前臼齿（premolars）和两侧的三颗大的臼齿（molars）。前臼齿和后臼齿扁平，呈脊状，有大的表面，适于研磨及研碎食物。下颌、上颌的十六颗牙齿是对应的，在撕咬及咀嚼时，上颌、下颌牙齿近乎完全的啮合，这对于处理摄取的食物是极为重要的。密合不好会使得食物的处理变得困难，并会导致疼痛。

人的牙齿经常会受到腐蚀（龋齿，caries）。这种腐蚀会导致疼痛、感染、脓肿、以及牙齿的最终脱落。口腔中较多的糖、细菌、pH 的改变、以及低营养——这些都会导致牙齿病变。龋齿时牙齿的钙化结晶被溶解。饮用水中添加氟可以减少龋齿的发生，这可能是加强了牙齿的结晶结构，降低了有害酸类的产生。

消化道的修饰发生在那些不能捕捉及摄取大块食物的动物上。许多昆虫依靠液体，如血液生存。一般在它们的头部有刺穿装置。

☞例 3

蚊子的口器是一种特殊的食道中的管子。宿主的皮肤可以被这种口器刺穿并被注入抗凝血物质。然后蚊子就利用这种口器吸食血液。

过滤取食者（filter feeders）通过栉、小孔或其他网状的结构过滤大量来源于环境中的液体而获得的小的食物颗粒。过滤取食并不只限于昆虫和软体动物等小型动物；它也出现在像鲸一样的大型动物中。条纹状的骨质鲸须（baleen）从上颌垂下作为大量的水生贝壳动物和小型硬骨鱼（骨鱼）的过滤器，而这些小型动物通常是被滤掉的。

咀嚼可以实现对食物的物理及化学消化。化学消化过程通过唾液腺（salivary glands）的作用而开始进行。人有三对唾液腺：耳下腺（parotid，耳下方），颌下腺（submaxillary，上颌下方区域），和舌下腺（sublingual，舌下方）。它们分别产生唾液，这些唾液经过短的导管进入口腔。唾液（saliva）是一种含有大量离子以及一些酶的液体。它的主要功能可能是湿润食物颗粒。然而，唾液还含有一种淀粉酶（amylase，旧名称为唾液淀粉酶，ptyalin）。尽管唾液淀粉酶已经开始分解摄入的淀粉，但口腔中咀嚼过的食物被更快地送入胃中，胃中的胃酸抑制了淀粉的分解。唾液也抑制了口腔中的细菌的作用，阻止有害物质生长。

食物的形状、味道和气味反作用于唾液腺，刺激它产生更大量的唾液。这种反应被描述为“流口水”。即使只是想到某种食物，如柠檬，也会导致唾液腺分泌的增加。

多数动物消化道的上开口从牙齿和口腔开始，后面是咽（pharynx），一个将食物送至食道（esophagus）的肌肉组织（见图 16.2）。食道通常进入贮存器官，嗉囊或胃（crop 或 stomach）。这种贮存在消化道中可出现多次。许多食草动物如马在小肠和大肠的接合处，有一个增大的盲肠（cecum），其中有大量分解纤维素的细菌，它们可以将纤维素分解为可以利用的产物。

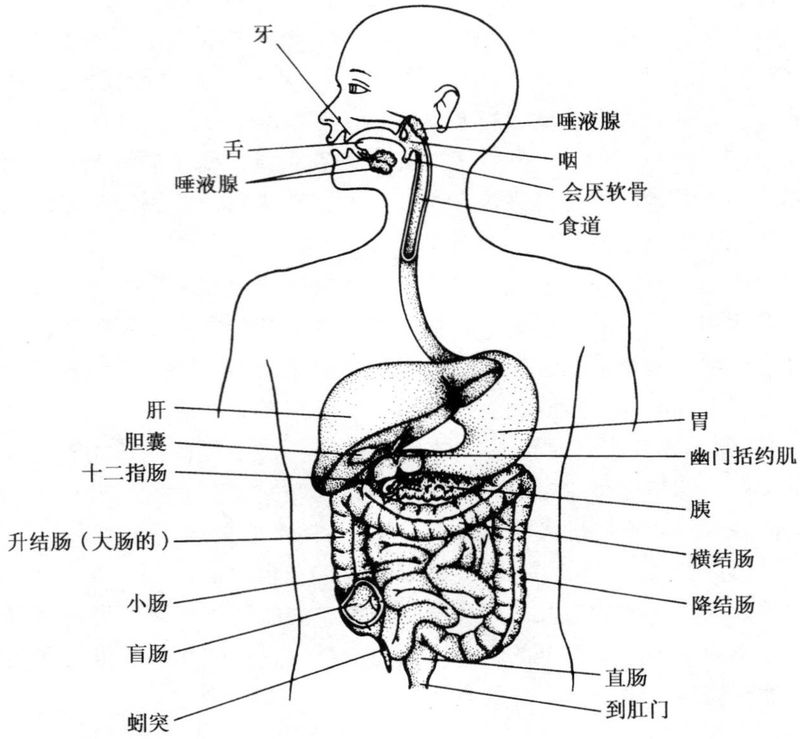

图 16.2　人的消化道

例 4

食草动物的一个特殊的适应是反刍（ruminants），大型哺乳动物如牛和鹿会匆匆吞食巨量的草，然后会把这些东西返回以进一步咀嚼。返回口中的物质称为食团（cud），反复咀嚼可以帮助纤维素的分解。

为适应一次摄入大量的纤维素，反刍动物有一个四室的胃（图 16.3）。

前两室：瘤胃（rumen）和较小的蜂巢胃（reticulum），实际上是食道的延伸。食团在这两室中只进行搅拌混合。这两室中有大量的细菌和原生动物，纤维素和其他食物在此进行缓慢处理。应当注意，在这里大量的营养素的合成也同时在进行。细菌也作为食物被摄取，因为大量细菌也随食物一起进入胃和小肠。液态及咀嚼好的食团被送到重瓣胃（omasum），并且，最后进入皱胃（abomasum），它被认为是反刍动物真正的胃。

如果没有大的贮存能力，有机体为了获得足够的热量必须大量吃东西。许多昆虫的小肠末端产生许多盲端的囊，称为支囊（diverticula），目的是增加贮存能力。在进食时动物易受到攻击，因此延长进食有可能导致死亡或受伤。而且每一次猎杀获得的食物如果不能贮存的话，那么就意味着由特殊方式掠夺来的许多食物会被浪费掉，吃食的机器（动物）操作也逐渐变得无效。

消化道的下一部分是长的、管状的肠（intestine）。所有的哺乳动物的肠被进一步分为极端伸长的小肠（small intestine）和稍短的大肠（large intestine）。大量的化学消化以及绝大多数营养物质进入循环系统之前都发生在小肠，许多适应性装置为了提高吸收面积而出现。小

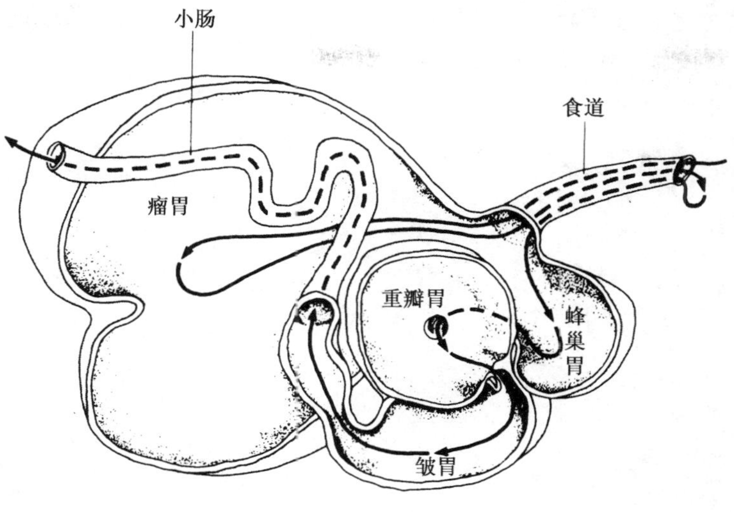

图 16.3　反刍动物的消化系统

肠的长度提供了相当高的表面积（人的肠长 6 米多，表面积约 300 平方米）。与表面积和吸收关系相一致的是小肠的第一部分，十二指肠（duodenum），长度较短，只能进行很少的吸收（但却可以进行大量的消化）。小肠绒毛（villi）是肠黏膜的指状突起，增加了营养物质移动过程中与消化道壁的接触。除此之外，肠黏膜的表皮细胞有微小的突起，微绒毛（microvilli），进一步提高了吸收面积。

消化酶

食物的机械消化，最初发生在口及胃（或砂囊）中，随后是营养物质的化学消化，通过消化酶（digestive enzymes）催化完成（见表 16.1）。这些酶主要参与水解反应：

$$多糖\ [C_6H_{10}O_5]_x + x\ (H_2O) \longrightarrow x\ (C_6H_{12}O_6)$$

$$蛋白质 + H_2O \longrightarrow 氨基酸$$

$$脂类 + H_2O \longrightarrow 脂肪酸 + 甘油$$

作用于淀粉的酶传统上被称为淀粉酶（amylases），这是一个包含有作用于多糖、寡糖，三糖的酶的名称，实际上是一种糖水解酶（carbohydrases）。作用于蛋白质的酶为蛋白酶（proteases）。蛋白质水解被称为蛋白水解（proteolysis）。同样，中性脂肪的水解（通过消化道获得的一种主要脂肪）被称为脂肪水解（lipolysis）。消化不是一次完成，而是要经过许多步，并有一系列的酶参与到每一步主要反应中。

由表 16.1 可见，主要的消化酶来源于胰脏和小肠。食物机械消化及食物贮存在口腔和胃中进行；而化学消化在这两个器官中进行的很少。蛋白质的消化几乎完全依赖于由胰脏制造并通过胰导管（pancreatic duct）运输到十二指肠的蛋白水解酶。

胰蛋白酶和胰凝乳蛋白酶以无活性酶原形式合成（胰蛋白酶原及胰凝乳蛋白酶原），切下一小段肽后它们被激活。肠激酶（Enterokinase）和胰蛋白酶自身在这些激活过程中起作用。胃中的胃蛋白酶（pepsin）也是以无活性的胃蛋白酶原（pepsinogen）的形式分泌的，被胃中早已存在的少量胃蛋白酶转化成有活性的胃蛋白酶（自动催化（autocatalysis）的一个例证）。

蛋白质的完全降解需要多种酶之间的复杂的相互作用。胃蛋白酶、胰蛋白酶和胰凝乳蛋白酶是内肽酶（endopeptidases）：它们从长的多肽链内部将肽键水解，水解的最终产物仍然是相当大的小肽，即寡肽（oligopeptides，短链分子）。这三种酶的区别在于它们的特异性和它们水解的氨基酸的位点不同（氨基端或者羧基端）。胰蛋白酶水解赖氨酸和精氨酸残基羧基端的肽键，而胰凝乳蛋白酶则对于酪氨酸、苯丙氨酸或色氨酸残基羧基端的肽键专一。与胰蛋白酶和胰凝乳蛋白酶不相似，胃蛋白酶的效率略低，它对于酪氨酸和苯丙氨酸氨基端肽键特异。这三种内肽酶可能使长链多肽降解为小的多肽。

表 16.1　消化酶

酶及来源	底物（作用底物）	作用部位
唾液腺		
唾液淀粉酶	淀粉	口腔
胃		
胃蛋白酶	蛋白质、胃蛋白酶原	胃
胰腺		
胰淀粉酶	淀粉	小肠
脂肪酶	脂类	↓
胰蛋白酶	多肽，胰凝乳蛋白酶原	
胰凝乳蛋白酶	多肽，寡肽	
羧肽酶	多肽	
DNA 酶	DNA	
RNA 酶	RNA	
肝		
胆汁（乳化剂）	脂肪小滴	
小肠		
氨肽酶	多肽	
三肽酶	三肽	
二肽酶	二肽	
麦芽糖酶	麦芽糖	
乳糖酶	乳糖	
蔗糖酶	蔗糖	
肠激酶	胰蛋白酶原	
磷酸酶	核苷酸	

外肽酶（exopeptidases）可以作用于任意长度的肽链。它们水解多肽链末端的氨基酸形成的肽键，将这个氨基酸切下来的主要有两种外肽酶：羧肽酶（carboxypeptidases），由胰脏合成并作用于多肽链的羧基末端肽键；氨肽酶（aminopeptidases），由小肠合成作用于多肽链的氨基末端肽键。

两种外肽酶在小肠中起作用。单个氨基酸除了可以由外肽酶产生外，还可以由二肽酶（dipeptidases，作用于小肠中内肽酶作用后产生的二肽）水解二肽产生，小肠中有许多不同的二肽酶，特异作用于不同的二肽。

尽管淀粉的消化起始于唾液中的淀粉酶，淀粉的主要消化过程在小肠中进行。胰淀粉酶（pancreatic amylase）被分泌到十二指肠，并将淀粉降解为二糖-麦芽糖。它再被麦芽糖酶（maltase）降解为单糖-葡萄糖。同样地，蔗糖被蔗糖酶（sucrase）转变为葡萄糖和果糖，乳糖被乳糖酶（lactase）转变为葡萄糖和半乳糖。

脂肪消化的第一步由脂肪酶（lipase）参与，脂肪酶由胰腺分泌，将脂肪水解为甘油和脂肪酸。而胆汁（bile）在这一过程起了重要作用，它使脂肪乳化为小球，提高了脂肪被脂肪酶攻击的表面积。胆汁可以中和由胃进入小肠的盐酸。

胆汁在肝中作为红细胞降解的部分产物，红细胞在形成后大约 90～120 天后，结束自己的生命。胆汁是一种包含复杂的盐、色素以及胆固醇的液体。虽然胆汁由肝脏合成，但却贮存于胆囊中。消化过程中胆汁通过由肝导管（hepatic duct）和囊导管（cystic duct）形成的总胆管（common bile duct）进入十二指肠。

当需要时酶会被释放。这种为了提高消化效率的酶的释放受自主神经系统以及消化道产生的许多激素的控制。主要的影响消化反应（消化器官的肌肉收缩以及酶的释放）的神经干是副交感神经系统中的迷走神经（vagus nerve）。

你会记得在第 15 章的讨论，消化活动由交感神经的刺激而抑制。一般来说，神经刺激在消化道的前段占主要地位，而激素的作用则在胃的水平特别是将消化液送入肠的过程中起着非常重要的作用。

营养物质的同化作用

小肠的第一部分，由于早期对它的量度有 12 个手指宽，故名十二指肠（duodenum），是主要的消化场所。空肠（jejunum）在十二指肠之后，要长得多，小肠的后末端是回肠（ileum），营养物质的吸收主要在这里进行。大量的液体及矿物质的吸收在大肠中进行。

单糖、多糖消化的终产物可以直接进入循环系统。主动运输过程帮助这些单糖通过小肠的黏膜。有趣的是，葡萄糖与其他单糖相比运输速度要慢得多，尽管葡萄糖是能量代谢的中心。协助扩散和简单扩散也是简单糖的运输方式。

脂类消化产物的吸收非常复杂。小的脂肪酸可以扩散进入毛细血管。大的脂肪酸可以与其他脂类物质一起形成复杂的脂滴，称为乳糜微粒（chylomicrons）。乳糜微粒在小肠的淋巴管，乳糜管（lacteals）中积累，接下来进入血液中。许多脂类以单脂酰和二脂酰甘油的形式进入小肠黏膜，然后在细胞内其脂化程度发生改变。胆固醇很可能作为乳糜微粒的一部分或脂化胆固醇进入到肝脏中。在肝脏中，胆固醇被修饰后用于运输或贮存。肝脏还可以用小分子的前体物质（结构单元）合成胆固醇。

氨基酸和寡肽一般通过主动运输进入小肠毛细血管。少数情况下，被动扩散也参与这一过程。多肽和蛋白质不能越过小肠黏膜的细胞膜。

消化的终产物最终进入循环中，被器官用作能源或者合成结构物质。我们已知道，大多数营养物质可以很容易地变成其他营养物质，除了脂肪向糖和蛋白质转化受到限制外，其他的转化可以自由发生。

肝脏是进行代谢及物质转换的主要场所，（见第 5 章）。肝脏位于消化系统和循环系统之间，是具有高度活性和代谢作用的多功能器官，是身体总代谢需要的反应的理想场所。在许多情况下，远端的激素通过影响肝脏的代谢活性帮助维持内环境的稳定性。

☞**例 5**

进餐后，由于碳水化合物的消化和单糖的吸收，血糖开始升高。胰腺分泌胰岛素以对抗刚刚出现的血糖升高（高血糖）。胰岛素作用于肝脏，提高包括糖原合成在内的酶解途径以使从消化道进入血液的血糖会被清除并被作为糖原贮存起来。参与脂肪合成的酶也增加，把糖转变为贮能物质脂肪酸。在外周组织如肌肉和脂肪组织中，对葡萄糖的通透性提高，所以血糖也减少。当缺乏食物时，情况发生逆转（见第 15 章）。

排遗

在人类中，小肠在距大肠盲端几厘米处与大肠相接，而不是小肠末端与大肠末端相接。这一段大肠的盲端被称为盲肠（cecum）（见图 16.2）。从盲肠末端延伸并伸进腹腔的是一个狭长的管状物，被称为蚓突（vermiform appendix），因其形似蚯蚓故而得名，是另一种“附加”物。

大肠的第一部分被称为升结肠（ascending colon），因为剩余的消化后的液体（糜，chyme）向消化道前端的方向移动。升结肠之后形成水平的横结肠（transverse colon）。另一个肠弯形成降结肠（descending colon），它终止于短的管状的直肠（rectum），在这里把即将排出体外的物质（粪便，feces）都收集起来。粪便通过肛门（anus）排出体外的过程称为排遗（egestion），或排粪（defecation）。由于粪便在结肠移动的过程中大量的水和矿物质被吸收，当粪便到达直肠时已呈半固态，除非腹泻（diarrhea，过量的水样粪便的排出）发生。粪便物质60%以上是死细菌，这可以说明大肠中细菌数量之巨。结肠中的细菌吸收水和矿物质，合成维生素，以及维持肠道的正常的活性。抗生素引起的消化不适一般是由于抗生素杀死了肠中的细菌。

直肠中粪便的填充引发一个反射（见第22章），脊柱的下半部分将脉冲传入直肠，导致了肌肉收缩性增强。伴随着肛门括约肌的松弛，这些收缩运动压迫直肠内的粪便使其排出。这些运动的协调被位于大脑的延髓（medulla oblongata）部分的排便中枢（大脑和脊髓之间）控制。除了在极端的条件下如吊起、受刑或者过度恐惧时，排便并不完全是不随意的。在这些极端情况下，迷走神经的刺激积累导致排便，同时，也导致了排尿。更通常的情况下，一个人可以通过主动地收缩骨盆肌与肛门括约肌来抵抗排便的信号。经常性地打乱排便的节律会导致便秘、通便调控无力或排便困难。

16.3　脊椎动物的肝脏

脊椎动物的肝脏是身体内最大的器官，也可能是功能分化最为多样的。脊椎动物中肝脏的前身是肝胰腺（hepatopancreas），但肝胰腺并不像肝脏那样在代谢功能上有明显的分化。文昌鱼（脊椎动物的近亲）肠末端中空的盲囊通常被认为是第一个真正的肝的同源物（发育相关器官）。

人的肝脏是一个大的，楔形器官，分为两页。所有脊椎动物的肝脏，既是外分泌腺（exocrine gland，分泌物通过导管输出），又是内分泌腺（endocrine gland，分泌物直接进入血液）。这些分泌功能是肝脏执行各种有意义代谢以外的功能。肝脏产生白蛋白、胆固醇、及纤维蛋白原（一种凝血因子），贮存铁和脂溶性维生素A和D。这里是红细胞分解及血红蛋白转化为胆汁盐及胆色素的场所。在脊椎动物的胚胎时期肝脏也是红细胞的来源。

肝脏将氨基酸转变为小的储备蛋白质，在糖皮质激素的刺激下也可转化为葡萄糖（在糖异生过程中）。

肝脏还可以过滤掉血液中不再有用的微粒物质，包括退化的红细胞、循环系统中的外来物质、未被吸收的原始块状物质。肝脏的窦状腺（sinusoid）（毛细血管）中有大量的巨噬细胞，称为枯否细胞（Kupfer cells），可以吞噬微粒物质。其他种类的巨噬细胞也可以除去血液中大分子的聚集体。在肝脏的实质（parenchymal），或肝细胞的主要工作部位中，被吸收的血液细胞降解后的片段转变为胆汁。尽管大多数细胞在脾脏及骨髓中就开始降解，但胆汁的形成与肝脏有关。

肝脏也可以将体内的毒素降解为无毒物质。这一降解过程通过氧化作用（oxidation）、甲基化作用（methylation），羟基化作用（hydroxylation），或与小的有机分子（部分）偶联作用（conjugation），如葡萄糖醛酸，而实现。肝脏将中和的毒素排出；或将它们富集在肝小叶（lobules）中，这一点提示人们应当避免食用能够产生毒素的生物体的肝脏或可累积毒素的生物体的肝脏。

在产酶的过程中，肝脏也可以降低潜在的有害物质水平。肝脏合成血清胆碱酯酶，维持乙酰胆碱的水平，肝脏的解毒过程使得许多激素在这里失活，胆固醇在肝脏酯化（esterified）。由于受损肝脏不能进行上述那些功能，肝脏功能受损伤的人对药物的毒性、毒血症和激素连锁反应是非常脆弱的。

16.4　饮食与健康

在前面的几章（第3，第5和第15章）中已经指出我们实际上是由我们所吃的东西组成的，这不仅仅是指我们身体的物质是由我们吃进的食物中简单的构造单元组成的，也不仅仅是指我们要靠吃饭来维持生存必须的能量。更重要的是指我们的身体自我运转行使正常功能的能力，我们的性格、外表和对健康快乐的体会，甚至我们的学习与发展的能力都与我们吃的食物有关。许多不发达国家之所以不能提高他们的农业资源或发展工业经济，因为食物的缺乏使他们的国民变得衰弱。

许多疾病可以通过特定食物的调整来治疗。如少吃盐是目前通行的高血压（hypertension，高血压）治疗的方法。口炎性腹泻（sprue），一种对小麦产物的过敏反应，可以通过在饮食中去除这些产物而得以治疗。矿物质的缺乏，如怀孕时缺钙，可以补充这种矿物质，但许多情况下还必须补充一些激素以确保矿物质被有效地利用。

例 6

骨质疏松症（osteoporosis）主要是骨成分的丧失。在高加索妇女中非常常见。只补充钙时没有效果，然而，当钙与孕酮同时补充时，情况有明显改变，骨折的危险大大降低。

就蛋白质来源（见第 3 章），为对抗氮流失我们必须摄取足够的氨基酸，特别是要不断从食物中摄入我们自身不能合成的必需（essential）氨基酸，某些脂肪酸同样是必需的，必须由食物提供。营养不良症（malnutrition），即不能获取最低限的营养以维持身体健康，可能是食物质或量的缺乏。进一步有可能是消化，吸收或其他过程出现的障碍。

例 7

非洲许多地区的主要人群，以及许多亚洲人等，不能利用哺乳动物乳汁中的乳糖（lactose）。这种二糖的分解必须有乳糖酶（lactase）存在；许多黑人和亚洲人不能自身合成这种酶。未分解的乳糖会导致渗透压的增加，引起肠腔内液体积累，肠痉挛及腹泻。大肠中的细菌对乳糖的发酵以及接下来大量气体的产生引起不适。乳汁是大多数哺乳动物婴儿近乎完美的食物，但它的应用在成年人可能受到限制，特别是对第三世界国家的人。对于这些人，奶可能是一种危险。所以许多西方国家在援助不发达国家的紧急食物中已经不再提供奶粉。

幸好，发酵的奶制品如奶酪、凝乳以及酸奶已不存在乳糖，因为在发酵过程中乳糖已被分解。这些营养食物可以被不能消化乳糖的人利用。先天不能合成乳糖酶的人的基因可能是在长期进化中丢失的。

16.5 维生素的特例

维生素是维持生命必须的特殊的有机物质。它们常常在许多不同的代谢反应中以辅酶（见第 5 章）的形式出现，它们的缺乏通常会导致一些特殊的疾病。

例 8

早期在海上长期航行的英国水手，常携带酸橙，这导致了后来英国海员的绰号为酸橙汁。常食用酸橙汁的水手不会发生坏血病（get scurvy），许多水手当时都患有坏血病。牙龈出血、伤口及疤痕不易愈合、经常性疲劳是坏血病的主要特征。20 世纪，科学家发现坏血病是由于缺少维生素 C（vitamin C，抗坏血酸，abscorbic acid）造成的，抗坏血酸是一种水溶性维生素，以柠檬属水果及许多蔬菜中含量特别丰富。

约有 12 种维生素在人的营养中起着重要作用。它们常以字母区别，但也有用化学名称者。可分水溶性和脂溶性两种（见表 16.2）。一般情况，脂溶性维生素，特别是 D 和 A，超剂量的摄入会导致有害的效果。水溶性维生素，如 C 和 B 族维生素，过量摄入后多余的会被排出，所以危险性要小得多。

饮食中摄入维生素可以防止许多维生素缺乏疾病的发生。缺乏维生素 C 导致坏血病，缺乏尼克酸导致一系列神经和生长缺陷的糙皮症（pellagra），以及缺乏硫胺素（维生素 B_1）导致中枢神经系统损害的脚气病（beriberi），这些疾病都可以通过补充相应的维生素得以消除。但是摄入过量的维生素也会产生许多副作用。许多健康专家同意维生素是在小剂量时发挥其作用，而平衡的饮食可以提供这些必需的维生素。

表 16.2a　维生素

名称，分子式和溶解性	重要来源	作用	缺乏或没有引起的结果（除非特别说明外都是指人）
脂溶性维生素： A（$C_{20}H_{30}O$），抗干眼病	绿色叶子、胡萝卜中的植物形式（胡萝卜素 $C_{40}H_{56}$），在肝脏中转变为动物形式（$C_{20}H_{30}O$），在鱼肝油中（鲨鱼）存在；两种形式在蛋黄，奶及黄油中都有	维持上皮组织的完整性，特别是口腔黏膜；眼的视网膜中视紫红质的组成部分	干眼病（角膜干燥，无眼泪分泌），蟾皮病（蟾蜍的皮肤），夜盲症，生长迟缓，鸟类中的营养性哮吼症（声嘶）
D（$C_{28}H_{44}O$），抗佝偻病	鱼肝油，特别是金枪鱼，鳕鱼中含量稍低；牛油；皮肤紫外线照射	调节钙和磷代谢；促进小肠对钙的吸收；骨骼矿质化及正常生长必需	年轻人中的佝偻病（软骨，弯曲，常变形）；骨软化症（软骨），特别是亚洲妇女
E. 或生育酚（$C_{29}H_{50}O_2$），抗不育	绿叶，小麦种子油和其他植物油，肉，奶	抗氧化；维持细胞膜的完整性	雄性家禽和大鼠的不育，睾丸退化不能产生精子，胚胎生长异常，幼兽残疾，肌肉萎缩
K（$C_{31}H_{46}O_2$）抗出血	绿叶；某些细菌，如肠道细菌	肝内凝血酶原形成所必需；血液凝固需要	血液不能凝固
水溶性维生素： B 族硫胺素（B_1）（$C_{12}H_{17}ON_4S$）抗神经炎	酵母，谷物种子（特别是小麦，花生，其他豆类种子），根，蛋黄，肝，瘦肉	糖代谢；硫胺素焦磷酸、丙酮酸代谢中的重要辅酶（促进植物根生长）	只吃精米，引起脚气病（神经类）；食欲消退，消化道运动减弱；停止生长；鸟类中的神经炎
核黄素（B_2）（$C_{17}H_{20}O_6N_4$）	绿叶，奶，蛋，肝，酵母	生长必需；食物中间代谢及电子传递系统中有关的辅基 FAD、FMN 的组成部分	口角炎（发炎和口角裂）；消化紊乱，狗的“黄肝”，鸡的卷趾残疾，白内障
尼克酸，或烟酸（$C_6H_5O_2N$），抗糙皮病	绿叶，小麦种子，蛋黄，肉，肝，酵母	组成 NAD（尼克酰胺腺嘌呤二核苷酸），参与脱氢反应	人和猴糙皮病，猪糙皮病，狗黑舌病，鸟类中的骨短粗病

表 16.2b　维生素

名称，分子式和溶解性	重要来源	作用	缺乏或没有引起的结果（除非特别说明外都是指人）
叶酸（$C_{19}H_{19}O_6N_7$）	绿叶，肝，豆，酵母，蛋黄	生长和血细胞形成必需；代谢中碳单位转移的辅酶	人类的贫血，肾出血和口炎性腹泻（肠吸收缺陷）；猴血细胞形成减少；鸡、大鼠生长慢和贫血
吡哆醇（B_6）（$C_8H_{12}O_2N$）	酵母，谷物，肉，蛋黄，奶，肝	以磷酸吡哆醛存在于组织中，氨基酸的转氨脱羧基的辅酶	狗和猪贫血；大鼠皮炎；猪，大鼠和鸡残疾（死亡）；生长迟缓
泛酸（$C_9H_{17}O_3N$）	酵母，甘蔗糖浆，花生，蛋黄，奶，肝	组成辅酶 A，糖和脂代谢中催化转移许多羧基	鸡、大鼠皮炎；黑鼠毛变灰；猪神经退化和“鹅式走症”
生物素（维生素 H）（$C_{10}H_{16}O_3N_2S$）	酵母，谷物，甘蔗糖浆，蛋黄，肝，蔬菜，新鲜果汁	生长必需；CO_2 固定和脂肪酸氧化合成中起作用	大鼠和鸡皮肤增厚发炎，鸟的骨短粗病
氰钴铵（B_{12}）（$C_{63}H_{90}N_{14}O_{14}PC_0$）	肝，鱼，肉，奶，蛋黄，　，细菌，链霉素发酵；只由细菌合成	血细胞形成，生长；与核酸代谢关系密切转甲基的辅酶	幼小动物恶性贫血，生长缓慢；反刍动物破坏性疾病
C. 或抗坏血酸（$C_6H_8O_6$）	柠檬属果实、西红柿、蔬菜，（除了灵长类和豚鼠外）其他动物也可合成	维持毛细血管壁完整性；“细胞间”连接物的形成	人和豚鼠坏血病（口腔黏膜，皮下，关节内的出血）

一个有争议的问题是关于维生素 E，它在大鼠中可以抗不育症，特别对雄性大鼠，但对人类的功能还不清楚。有关α-生育酚（VE 的化学名称）可以防止心衰及癌症的发生还没有得到证实。大量证据表明维生素 E 和维生素 A 的前体，β-胡萝卜素，具有重要作用；两者都具有超凡的抗氧化作用，有消除影响细胞并导致动脉血管损伤血小板积累的自由基的作用。但研究并未显示这些维生素的添加与癌症和心脏病的防治有任何关系，专家还是建议多食用不同种类的蔬菜和水果为好。

经典的争议问题是大剂量的维生素 C 在抵抗感冒中的作用。诺贝尔奖得主 Linus Pauling 博士提出了维生素 C 抗感冒，许多非专业人士受他的影响开始大量摄入维生素 C，特别是当他们感到要患感冒时。这是 20 世纪 60 年代提出来的主张，实际上并未得以证实。虽然有迹象表明某些情况下感冒的症状可以被大剂量的维生素 C 缓解。

尽管维生素并不贵，而且在许多情况下它的缺乏会导致维生素缺乏症，人们在必须补充维生素时还是要谨慎行事。过量的维生素 C 会导致肾结石的形成，过量的脂溶性维生素（A，D，E 和 K）也不好，特别是 A 和 D，因为有关超量维生素 A 和 D 对成人和胎儿的损害已有报道。

16.6　肥胖症与饮食不平衡

野生动物通常根据能量的消耗来调节食物的摄入，所以不存在体重的大幅波动，特别是脂肪的积累并不存在。家畜或动物园饲养的动物中，体重平衡发生波动并且出现肥胖。超过正常体重的 25%即可视为肥胖（obesity）。这种超重是由于过度肥胖（adiposity）引起的(脂肪组织的增生或肥大；图 16.4 表示一个脂肪细胞)。多余的肌肉重量，如举重训练中的肌肉增加，并不是肥胖。你可以回忆（第 4 章），增生（hyperplasia）是某种组织细胞数量的增加，而肥大（hypertrophy）是单个细胞体积的增大。

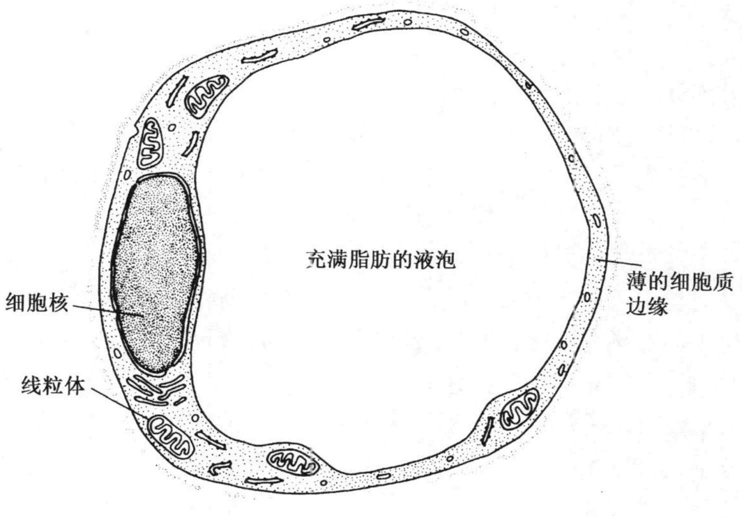

图 16.4　脂肪细胞

处于完全静止和没有任何代谢压力的情况下，体重为 70kg 的成年人每小时大约消耗 68cal（284.5J)。从事久坐工作的人每天耗能 2300cal（9623J)。一般两餐饮食提供的热量是超过这个数量的，那些不通过有规律运动消耗掉这些热量的人体重会增加，这从美容和健康的角度来看都是不好的。单纯性肥胖虽不是一种疾病，但它的存在使已有的疾病状态复杂化，特别是心血管疾病、糖尿病、关节炎、甚至对癌症的易感性等。

将新摄取的食物转变为长期能量贮存（脂肪）的能力被视为是鸟类特别是哺乳动物的有意义的进化。这个过程的有效性与脂肪组织代谢多样性密切相关，而脂肪组织以前被误认为仅仅是在其他地方合成好的脂肪的场所贮存。尽管将热量以脂肪形式贮存起来的能力在度过饥饿时非常重要，但在一个诱人食物俯拾皆是的环境中，这种能力对人的健康却是一种危险。人体中存在有一套复杂微妙的愿望和反应机制来决定是否开始进食、继续和最后完成。食欲和饥饿感都包括在内。按照著名营养学家 Jean Mayer 指出的，食欲（appetite）通常是一种美好感觉的复合体，“人们通过这种感觉觉察到自己对摄取精美食物的愿望”。伴随着食物的严重缺乏，因而饥饿感（hunger）是一种对任何食物更强烈且不集中的渴求。对于食欲和饥饿感的满足，诱导出饱的感觉，这时进食终止。这种感觉被称为饱食感（satiety），被大脑下丘脑的饱食中枢调控。其他下丘脑中枢参与饥饿感与食欲的调控。

通常进食调控依赖于内脏（胃和肠）、大脑、及循环系统的生理状态。身体状况也与进食的控制有关。长期过度操劳会调节热量的摄入到一个保持体重的低水平，这样体重则会下降。过少的运动与过量食物摄入导致肥胖症。在身体状况的合理范围内“食欲中枢”才能起作用。对肥胖的研究证明，肥胖的个体并不仅仅是贪吃或缺乏自我控制，而是改变了内环境平衡机制，这种改变的机制是难以抵抗的。

与肥胖相关的另一种异常进食控制系统是神经性厌食症（anorexia nervosa）。这种严重疾病主要见于西方社会的青少年女性中。她们对肥胖症的威胁的坚信使得本来是正常或低于正常体重的她们继续饥饿以至死亡。尽管看起来这种情况很好处理，强制给她吃食即可，但这时常常已经不能逆转饥饿的局面了。厌食症是由于心理问题而产生的，但对它的治疗不能应用常规的疾病治疗措施。

食欲过盛（bulemia）是另一种不正常的进食，发生在富裕国家的年轻女性身上，偶然也发生在年龄较大者身上。这种疾病的症状是大量进食后的被迫呕吐。体重增加不明显，也没有饥饿现象产生。胃损伤，特别是有伴随间歇性剧烈呕吐的出血现象的发生。由于以上的奇特症状，食欲过盛（亦称饥饿病）患者常常远离家人与朋友，并患有抑郁症。

16.7 营养缺乏病

由于糖和脂肪摄入的缺乏引起热量摄入不足导致的饥饿虽然威胁生命，但除了在发展中国家的部分地区以外，分布并不广泛。在非洲，消瘦病（marasmus）是一种缓慢的饥饿性疾病。在许多情况下摄入足够的热量可以防止因饥饿引起的死亡，但某些特殊的营养物质缺乏或者极端的不足。在非洲撒哈拉以南，恶性营养不良（kwashiorkor）是一种蛋白质不足的缺陷病。不幸的是，富含蛋白质的食物，如牛肉和猪肉，比高糖和高脂肪的食物贵得多。尽管热量摄入足够，但长期蛋白质的摄入不足会导致组织分解和关键结构的丢失。饮食中的足够蛋白质不仅仅为维持氮平衡必需，而且摄取蛋白质中必须包含必需氨基酸以合成完全的蛋白质。

更为严重的缺陷疾病是那些与某种维生素缺乏有关的疾病。我们已经举了维生素 C 缺乏的坏血病例证。这种维生素缺乏症（avitaminosis，维生素缺乏综合症）导致了维系细胞连接的细胞间黏合物不能形成，例如毛细血管内皮层（endothelial，内衬），连接组织不能正确地形成，导致对于感染的反应降低。

尼克酸，B 族维生素的一种，它最终形成两种辅酶 NAD 和 NADP。它们缺乏导致了细胞提供能量的许多代谢反应受到影响。神经系统对这种缺乏特别敏感，尼克酸缺乏的疾病糙皮病会使神经功能受损，如智力减退、反应迟钝、常常眩晕等。维生素 B_{12} 缺乏导致恶性贫血（pernicious anemia），这是一种血红蛋白慢性机能缺乏症，致病的病因学（原因）还不知道。叶酸是 B 族维生素的另一种，它影响红细胞的形成，但主要参与核苷酸的形成。

脂溶性维生素中，维生素 A 缺乏导致夜盲症。与视觉有关的色素在缺乏维生素 A 的情况下不能大量充足地合成。维生素 D 缺乏导致佝偻病（rickets），这是由于钙不能被吸收而引起骨骼形成的缺陷病。缺乏维生素 K 会影响正常的血液凝固过程，导致内出血。

疑难问题解析

16.1　从以下对动物牙齿类型的描述判断与其相符的摄食习性：(a) 牙齿尖细并向口内曲伸，所有牙齿全部如此。(b) 下颌有六颗门牙（上颌无牙），两旁有缺口，之后在上下颌均有一定数量的相对扁平的前臼齿和臼齿。(c) 门牙，发育完好的犬齿，极尖锐的前臼齿以及少量的臼齿。

(a) 同型齿（*homodont*）（牙齿形态相同）是蛇类牙齿的特征。因为蛇类把猎物整体吞下，所以口内不需要多样排列的牙齿去分解食物。蛇没有四肢，所以只有依靠嘴来捕捉食物，尖细并向后弯曲的牙齿使口中食物不易滑出，并能帮助食物向下运动进入喉部。(b) 放牧和啃牧的食草动物具有异型齿（*heterodont*）。它们用下颌的六颗门牙切断草和树叶，并用扁平的前臼齿和臼齿磨碎食物中的纤维素。(c) 对于必须将食物撕碎的动物（如犬）一般都具有发育完好的犬齿；其尖利的前臼齿和臼齿的作用是把肉从骨头上撕下。

16.2　在紧急情况下，口中会感到异常干涩，这是为什么？

在第 15 章已经讲过，在紧急情况下（斗争或逃避），交感神经控制减少营养功能的作用，例如消化功能。唾液腺是消化系统的一部分，因此受到交感神经系统的抑制不能分泌唾液，于是口中就会觉得干涩。

16.3　大多数动物不能消化纤维素，所以像草这种普遍存在的植物不能够满足动物的营养需求。那么有些昆虫，比如白蚁是如何利用草木的呢？

除了一些种类的昆虫外，其他动物不能自身合成纤维素酶。但是，以草木为生的动物却可以和菌类及原生动物建立共生关系，这些细菌和原生动物具有合成纤维素酶的能力。如果没有纤维素酶，纤维素是不能被降解的。白蚁对木结构的破坏很大（其主食就是木头），而一种带鞭毛的原生动物就寄居在白蚁胃中。真正能消化树木中纤维素的是这些原生动物，因而白蚁也就能够利用纤维素了。幼蚁是食粪性（*coprophagic*）的——它们把父母或蚁群中成年蚁的粪便作为食物。这样幼蚁就会被感染，体内也会有原生动物存在，这也是白蚁向群居生存方式进化的重要因素。

16.4　举出动物体内能大量贮存食物的三大优势。

1. 体内大量贮存食物可以使体内微生物有更多的时间消化纤维素，从而提高了消化效率。
2. 具有贮存食物的能力可减少动物外出觅食的次数，因此也减少了与天敌的遭遇次数。
3. 如果不具有贮存食物的能力，在一些情况下动物只好把吃不完的猎物丢弃，即浪费了一部分捕食时消耗的能量。

16.5　呕吐（*vomiting*）是指部分已被消化的食物或消化液从胃肠道被迫喷出。主要是由副交感干（迷走神经）调控和脑延髓中心调节。呕吐刚开始时会持续感到强烈的恶心，并在口中产生过量的唾液。随后十二指肠和胃幽门收缩把食物压迫进入胃上部。接着会深吸气（*inspiration*），食管松弛舒张，伴随着胃的收缩会产生一系列的腹部痉挛收缩。这些连续的反应迫使液体和已消化的食物向食管上部运动并最终排出口外。在呕吐过程中，声门或称气管开口一直保持关闭，这样就能避免窒息。那么呕吐反射的作用是什么？

呕吐是对食管、胃（*gastric*）或肠刺激的应答，比如中毒。通过排出这些刺激物能使刺激得到缓解。呕吐是一种有效保护生物体的方式。即使摄入的食物无毒无害而是由消化道损伤引起刺激，排出食物也能使消化系统得到更多的休息。以大鼠为例可以很好的证明呕吐作用的重要性。大鼠这种强壮的动物几乎无所不能，惟独缺少呕吐反射功能。正因为它不能把吃进的刺激性毒物吐出体外，所以会因中毒沦为猎物，而其他具有呕吐功能的动物却可以躲过此劫。

16.6　人类的阑尾似乎毫无用处，盲肠是食草动物贮存食物的地方，是马和其他一些动物体内食物的“发酵桶”，但人类的盲肠也似乎没有多大作用。那么阑尾能给人类带来什么危害呢？

由于阑尾是一段盲端窄管，其远端封闭，所以能够积累引发感染的物质。阑尾发炎会带来剧烈的疼痛，引起强烈腹胀和腹部触痛，以及白血球计数升高，并伴随高烧。切除发炎阑尾的手术通常是在急诊情况下进行的。有些玩笑说法认为，人类阑尾惟一的病理学意义是给年轻的外科医生提供生计。

如果阑尾炎恶化，会对生命产生一系列的威胁。被感染的物质能引发更为普遍的感染，即在腹腔引发腹膜炎（*peritonitis*）。腹膜（*peritoneum*）是界定与包裹腹腔的一层很大的薄膜，包裹腹部器官的腹膜被称为内脏腹膜（*visceral peritoneum*）。不受抑制的腹膜炎将导致死亡。

16.7 用于提高肠吸收能力的四个特点是什么？

(1) 增加长度。

(2) 多褶皱（蚯蚓只有一个大的褶皱，即肠沟 *typhlosole*）。

(3) 肠腔指状绒毛突起。

(4) 黏膜上皮细胞的微绒毛外突。

16.8 蝌蚪有一条相对很长并高度缠绕的肠，而其经过变态发育生成的青蛙却有一条很短的肠。为什么会存在这种差异呢？

蝌蚪是食草性的青蛙幼体，正因为食物中含有大量纤维素，所以蝌蚪需要更多的时间（因此需要更长的肠道）来消化这些纤维素。成年青蛙是食肉性的；食物中没有大量的纤维素，所以不需要很长的肠道。

16.9 切断多肽长链能得到许多短链，有些短链末端是酪氨酸或苯丙氨酸。是什么水解酶参与了水解长链作用？

虽然胃蛋白酶和胰凝乳蛋白酶两者都能在酪氨酸和苯丙氨酸处切断多肽链，但只有胃蛋白酶能够在氨基酸的氨基端切断长链，从而使酪氨酸和苯丙氨酸的水解片段末端带有氨基基团。

16.10 列举肝脏的功能。

1. 维持血糖稳定
2. 营养物的相互转化（如：糖转化成脂肪，氨基酸转化成糖和脂肪）
3. 在巨噬细胞的调控下，把血中无用颗粒物质清除掉
4. 分泌胆汁
5. 产生血浆蛋白质，如血纤维蛋白原和清蛋白
6. 产生胆固醇
7. 脊椎动物胚胎期产生红细胞
8. 氨基酸脱氨基作用，并把氨类产物尿素、尿酸等排出
9. 毒素的降解与排出
10. 离子贮存
11. 维生素贮存

16.11 患肝炎（*hepatitis*）的个体生物，其食物中要含大量单糖，为什么？

肝脏是主要食物相互转化的主要场所。这些转化工作给肝脏带来轻微的代谢负担，但健康的肝脏能够很好的完成这些工作。当肝脏生病时，肝脏不能正常进行转化工作，食物中富含单糖能够维持血糖的稳定而减轻肝脏的负担。避免血糖含量过低的特殊意义在于：如果血糖含量太低，会引发糖异生作用，即氨基酸将被用于转化成糖代谢物，从而加重肝脏的负担。

在糖含量不足情况下，脂类的氧化燃烧和重形成作用也受到阻碍。第5章已经介绍过，脂类燃烧所需的能量是由糖提供的，而糖的短缺促使脂类代谢不稳定，从而很容易产生有毒产物，如酮体的产生将威胁到pH值和肝脏的稳定性，所以食物中提供单糖作为燃料分子能够减轻肝脏的负担[1)]。

16.12 为什么过量的维生素A、D比过量的维生素C与B的复合物对健康产生更大的危害？

维生素A、D是脂溶性的，因此它们容易从血流中移出并在体内积攒，从而经过长时期的积累达到有

1) 此观点按现代医学生理学需商榷。——译者注

害剂量。而维生素 C 与 B 复合物是水溶性的，所以能随尿液排出体外，不会轻易在体内积累达到有害剂量。

16.13　人类肥胖症与其他哺乳动物的肥胖症有什么不同。

动物肥胖多源于身体原因而不是心理原因。肥胖可能源于摄食调控的缺陷或对基础代谢控制的缺陷，并伴随着自主动作活动的显著下降。在一些情况下，先天或后天的代谢缺陷使动物很容易在脂肪组织中积累脂类物质。

我们一直期待通过对动物肥胖的研究能对治疗人类肥胖提供帮助，但总的来说愿望没有实现。小鼠和大鼠的一种肥胖症是由注射一种金属有机化合物硫葡萄糖金引起的，它能够使金元素通过血脑屏障进入大脑。金元素主要留在下丘脑的饱食中枢中，破坏下丘脑对进食的抑制作用，从而产生病理性的过食。虽然人类绝不会患上这种肥胖症，但可以使我们加深对下丘脑抑食功能的了解。

1949 年，在缅因州 Bar Habor 地区的 Jackson 实验室中，在一种品系的小鼠（C57B1/6Job）身上发现了一种遗传型肥胖症。这些小鼠的体重都超过了 100 克，是正常体重的 2.5 倍。它们患有脂肪肝，并且代谢酶类发生多种变化，内分泌腺的行为也发生变化。奇怪的是，尽管分泌高量的胰岛素，它们的血糖含量还是很高。虽然这与人类肥胖症不同，但高血糖小鼠表明遗传因素能对肥胖症产生影响。在大鼠，狗和设德兰矮马身上也发现了其他类型的遗传肥胖症。

大多数致力于治疗人类肥胖症的专家认识到，要想改善那种根深蒂固的心理强迫作用是很难的，这种心理强迫作用迫使人摄取比实际消耗多得多的热量。多数情况下心理因素可能是很关键的，近些年各研究小组对行为修饰的研究大有发展之势，比如出现了体重监察小组。要想身体好，平衡膳食不可少，逐渐而稳定地改变饮食习惯同时增大运动量是惟一能使体重正常的方法。极少数的肥胖症是由垂体和甲状腺功能异常引起的，大多数人成年后才患肥胖症的病因都是由于饮食习惯变坏引起的。营养学家，例如 Rockefeller 大学的 Jules Hirsch，强调早期形成的饮食习惯对日后是否会患肥胖症起到非常关键的作用。而脂肪细胞的数量与状况可调节这些作用。最近发现患遗传肥胖症的小鼠，其脂肪细胞产生异常低量的脂类（*adipsin*）蛋白。有些猜想认为这种蛋白就像激素一样对大脑或其他组织的代谢起作用。

16.14　生活在日本的日本人很少患有心脏病和高血压。而移民美国的日本人的后代却很快显示出大量患有心脏病和高血压的趋势，尽管他们几乎没有与人口众多的早期移民通婚的现象，这种趋势的发展非常快，只需两代人就可显现出来，从这些事实你能得出什么结论？

因为在新近移民至美国的日本人中，通婚是很少见的，所以他们子孙的基因构成与在日本居住的日本人是相似的。从以上事实得出的结论是，对日本移民产生负作用的是美国的饮食营养方面的影响，以及社会压力等等。如果在新的生活环境中能够发生彻底的变化，可以说明营养模式和保健模式的改变同样能够改善健康状况和提高人口寿命。

附　加　题

16.15　蛇的毒牙是一种经过改变修饰的牙。

(a) 对　(b) 错

16.16　智齿就是门牙。

(a) 对　(b) 错

16.17　人类具有双向的消化道。

(a) 对　(b) 错

16.18　胃的主要作用是贮存食物。

(a) 对　(b) 错

16.19　绒毛的主要作用是把颗粒物质分解成食糜（消化过程中产生的半固体产物）。

(a) 对　(b) 错

16.20　分节，即消化道一系列往复收缩，能帮助分解食物颗粒。

(a) 对　(b) 错

16.21　消化道中的括约肌的作用与阀门类似。

(a) 对　(b) 错

16.22　胆固醇是在盲肠中产生的。

(a) 对　(b) 错

16.23　从B栏找出与A栏相对应的选项

A	B
1. 唾液淀粉酶的作用地点	(a) 胃
2. 营养物的吸收	(b) 十二指肠
3. 液体和电解质的吸收	(c) 回肠
4. 细菌产生维生素	(d) 结肠
5. 胰液的作用地点	(e) 口
6. 低pH值	

16.24　患糖尿病的人为什么会体重下降?

答　案

16.15 (a)　16.16 (b)　16.17 (b)　16.18 (a)

16.19 (b)　16.20 (a)　16.21 (a)　16.22 (b)

16.23 1— (e); 2— (c); 3— (d); 4— (d); 5— (b); 6— (a)

16.24　因为他们不能充分利用或贮存糖，所以热量随尿液排出体外。还有，他们不能合成与贮存脂肪，因为正常的脂肪生成和酯化需要胰岛素。

第17章 排泄系统

生物排出自身代谢废物的过程称为排泄。人类中这样的废物可以在尿液（urine）、汗液（sweat），及泪液（tears）中积累。排粪（排泄（egestion），排粪（defecation））不能称排泄过程，因为粪便在大肠中形成而并未在体内。（因为人和其他哺乳动物的结构像是管子中的管子，消化道的腔实际上仍属于体外（outside），尽管它被身体包围，人的身体实际上是由皮肤及消化道内壁包围而成的。）只有身体内的代谢活动产生的物质才属于排泄物。

主要的排泄物是 CO_2，它产生于有机分子的降解。有些 CO_2 被用于合成反应，但大多数 CO_2 随血液被排到体外。水也是食物氧化的产物，但对于水的大量广泛的需要使我们不能将水视作废物。大袋鼠（或其他类似的物种），其生活环境是美国的沙漠地区，种子或谷物氧化产生的水是它的惟一的液体来源，所以代谢产生的水是绝对不能被视作是废物，而是必需的。

另一个重要的排泄产物是蛋白质分解后从氨基酸上脱下来的氮。当蛋白质被用作能源物质时，氨基酸必须首先脱氨或转为氨基。最终，氮以氨、尿素或尿酸的形式被排泄出去。在正常的蛋白质的转换过程中，每天有相当数量的氮被排出。排泄的氮代谢的最终产物形式由水的可利用程度来决定。如果水很多，最简单的排氮形式是氨。但由于氨是相当有毒的物质，对一些没有水可以将氨带走的组织器官是不利的，因此一些生物长期进化产生了其他排氮机制。一种方法是将 CO_2 与 NH_3 结合形成尿素（urea）：

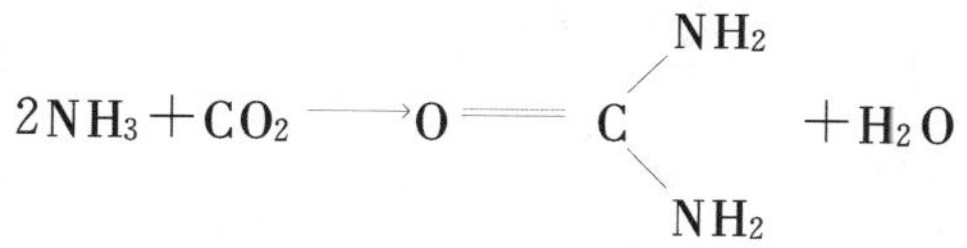

反应通常在肝中进行。人类是排尿素（ureotelic）的（氮的最终排泄物是尿素）；尿素在肝中产生再被带到肾脏中随尿排出。

排尿酸（uricotelic）动物排泄一种被称为尿酸（uric acid）的复杂物质：

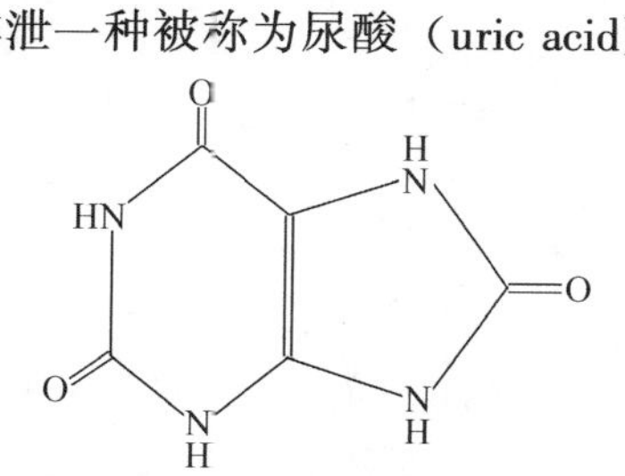

尿酸也是无毒的，但由于它基本不溶于水，排出尿酸只需要很少的水。但是尿酸的形成需要花费很高的能量代价。

由于许多原因，我们对排泄的讨论只限于动物。植物的代谢要比动物弱得多，所以排泄废物的负担并不重。（你可以回想保持内环境的稳定机制也是在活跃的动物界讨论。）绿色植物的光合作用使 CO_2 处于非常重要的位置，因为 CO_2 是合成糖的主要反应物。而植物会在许多方面利用含氮的基团而不是去排掉它们。这些氮、氨、硝酸盐和亚硝酸盐的循环和再循环意味着植物可以将氮转换成不同的形式而不需要去除它们。

在这里应该注意的是，排泄过程与内环境中的液体和电解质稳定密切相连。许多与排泄废物有关的结构在水的平衡中起重要作用。在某些情况下，这些结构最初只被作为排泄器官或细胞器而发现，后来才发现它们的主要作用是维持内环境中液体及电解质的稳态，体内许多物质的水平就是合成与清除相平衡的结果。我们将会认识到，排泄器官，如肾，不仅仅处理将要被清除的废物，而且积极参与调节血液中许多物质的水平。

17.1　无脊椎动物的排泄

单细胞原生动物，甚至海绵动物，排泄功能通常由伸缩泡（contractile vacuole）完成。伸缩泡是一种充满液体的细胞器，它可以经常收缩，使得液体、盐及溶解的废物排出细胞外。某些情况下，伸缩泡被一种特殊的泡或囊（经常与线粒体密切相关）包围，这些泡或囊将液体送入伸缩泡。这种安排与伸缩泡维持一种稀释液体的含量以及迫使这种液体通过一个表面的小孔排出细胞的能力有关。但有些原生动物缺乏这些细胞器，它们只能通过细胞膜的通透性将废物排出。

扁形动物存在着排泄系统（见图 17.1）。它包括 2 个或更多的高度分枝的纵向排泄小管。一侧管的分枝终止于中空的焰细胞，在焰细胞内伸出长的纤毛。悬垂在焰细胞中的纤毛不停地摆动，像火焰一般，因此该系统也称为焰细胞系统（flame cell system）。这些纤毛在焰细胞系统中形成连续不断的液体流，这些液体流将废物通过排泄孔（excretory pores）排出体外，这些小孔位于纵向小管另一侧的末端。

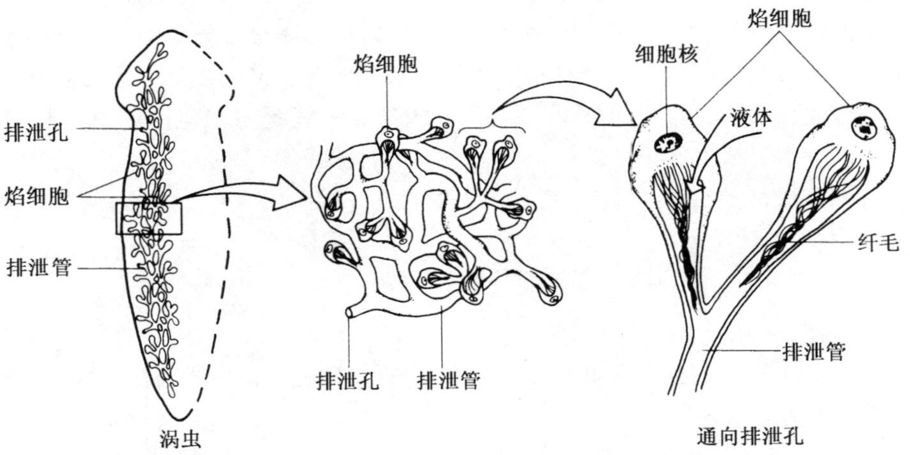

图 17.1　涡虫焰细胞系统（右侧上方相同结构省略）

蚯蚓具有闭管式循环系统，排泄系统通过后肾管（nephridia）与循环系统密切相关（见图 17.2）。蚯蚓的每个体节有一对后肾管。后肾管有一漏斗形的有纤毛的肾口（nephrostome）与体腔相通，体液通过肾口的细胞膜进入后肾管。肾口为弯曲的小管，这些小管与毛细血管紧密相连。这种排泄结构与血管网联系，使体液中的物质重新被吸收，这正是脊椎动物肾的原形。后肾的末端膨大成囊状，通过肾孔（nephridiopore）与外界相通。

昆虫可能是从具有后肾管系统的祖先进化而来，但这些后肾管并没保存下来。昆虫产生出一套新的排泄结构——马尔皮基氏管（Malpighian tubules）。马氏管开口于中肠与后肠之间。浸在昆虫的血液中，盲端吸收液体及废物。管中形成尿酸，而液体和盐被马氏管周围的血液循环系统重新吸收。尿在马氏管中形成并运至后肠，通过直肠、肛门排出体外。在直肠中尿的大部分水被重新吸收，所以粪便和尿酸，都从肛门排出，非常干燥。这种排泄系统保存水的能力对于生活在干燥大陆的生物体是一种高度的适应。

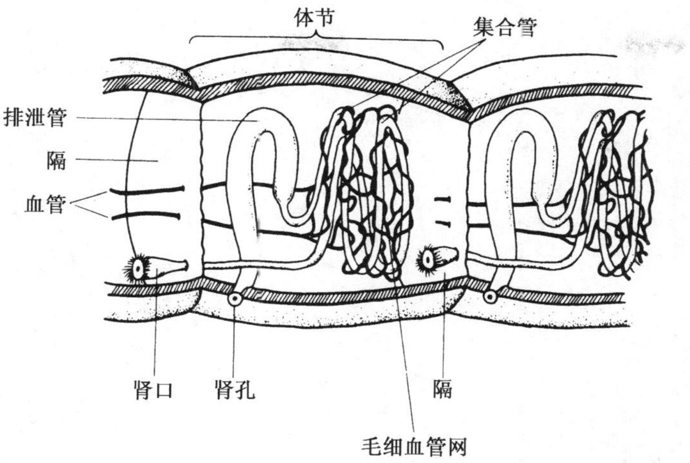

图 17.2　蚯蚓体节示肾管

17.2　脊椎动物肾脏的结构

肾脏是脊椎动物特有的器官。它在高等脊椎动物中是主要的排泄器官，而在低等脊椎动物（鱼）中的主要作用是调节渗透压，含氮废物的排泄主要通过鱼的鳃进行。

肾脏和生殖系统的导管是紧密相连的，所以许多权威人士将排泄和生殖系统合并为泌尿生殖（urogenital，尿（uro）意味尿（“urine”））系统来研究，这个统一的系统在尾部开口于体外。靠近尾部的泄殖腔（cloaca）是尿、精和卵、及粪便在排出体外之前共同的贮存场所。成年的哺乳动物不再具有泄殖腔，消化系统与泌尿系统有不同的出口。雌性哺乳动物有了进一步分化；泌尿与生殖系统各有分开的出口。

所有脊椎动物的肾脏发育是从生成肾前的（nephrogenic 生肾）叫做前肾（pronephros）的中胚层中节开始。身体特殊部分的形成通常与一系列的小管道的形成有关。在胚胎中前肾很快被中肾（mesonephros）代替。中肾位于前肾的后面，是一系列延伸盘旋的小管，没有分节现象出现。相对较长的中肾是成体鱼类、两栖类、爬行类、鸟类和哺乳动物胚胎时期行使功能的肾脏。中肾不分节形成的管道叫输尿管（ureter），输尿管将肾脏中形成的尿输送到泄殖腔或膀胱（urinary bladder）。膀胱是一种囊状的贮存尿液的结构。尿液离开膀胱后通过尿道（urethra）排出体外。

人的两个肾脏在腹腔的背侧方。肾脏可以粗略地分为三个区域——外部皮质（cortex），中间髓质（medulla），和内腔——肾盂（pelvis）（见图 17.3）三部分。外侧两层形成的尿液由肾乳头收集，通过尿道（每个肾脏一条）运输到膀胱。

尿液的产生实际发生在众多的肾单位（nephrons）中，肾单位是肾脏的功能单位（图 17.3）。每个肾单位由三部分组成。(1) 肾小球（glomerulus）是一个盘绕成球状的毛细血管网，血通过肾小球的管壁被过滤到肾囊中。肾小球内的血压很高，血液中除蛋白质和血细胞外，其他物质都可以滤出肾小球。(2) 血液滤过液进入了肾单位的第二部分，肾小管（convoluted tubule），它从包曼氏囊（Bowman's capsule）开始，包曼氏囊是包围肾小球的囊状结构，它可以通过它的细胞壁接收肾小球的滤过液。余下的小管包括近端（proximal），中端亨氏袢（Loop of Henle），以及远端（distal）。这条小管将大部分离子、分子、以及过滤的水重新吸收回血液中。(3) 形成的尿液经过集合小管（collecting tubule），集合小管在排空尿液进入肾盂前还会重新吸收多余的水。肾小球，包曼氏囊和近端及远端盘旋小管位于肾皮质中；亨氏袢和集合小管主要位于肾髓质中。

血液从主动脉沿肾动脉（renal artery）直接进入肾脏。肾动脉在肾脏中分成数条小动脉

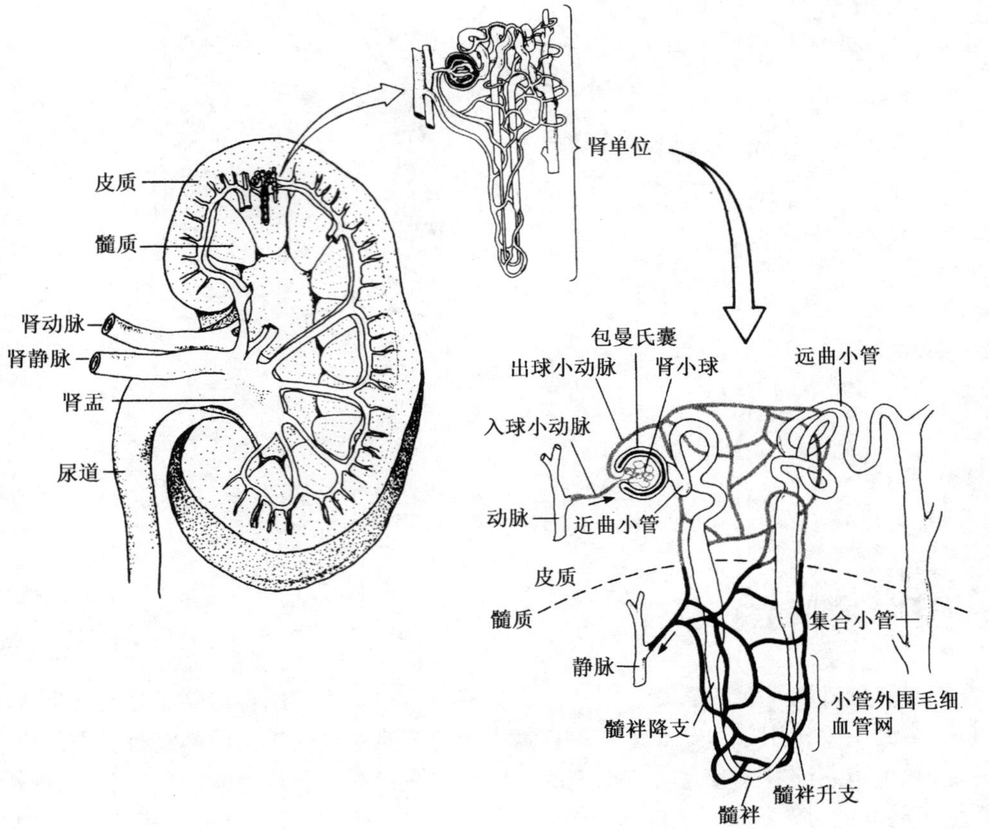

图 17.3　人的肾。纵切面观肾单位详细结构

（入球小动脉），每一条进入包曼氏囊后分化成肾小球的许多毛细血管。这些毛细血管在它们的远端形成一个小动脉（出球小动脉），然后离开包曼氏囊。这些小动脉再次形成众多包围肾小管的周围毛细血管（peritubular capillaries），负责尿液滤过物重吸收。这些毛细血管最终形成小静脉，与从其他肾单位来的小静脉合成为肾静脉（renal vein），血液经肾静脉流入后腔静脉。

17.3　脊椎动物肾脏的功能

明显的证据表明早期的脊椎动物从淡水中演化而来。进化完善的肾脏的许多基本特征很有可能存在，然而直到进化地位较高等的脊椎动物，功能性的肾单位才出现。

肾单位的功能可以在淡水鱼类中见到。这些生物体必须排出大量的水，而同时保存盐分。液体及其中的溶质通过肾小球的管膜排出，而血液进入盘旋的毛细血管丛，然后滤液进入包曼氏囊。肾小球与包围它的囊合称为肾小体（马尔皮基氏体，Malpighian corpuscle）。

囊外的窄颈高度纤毛化，这增加了沿肾单位流过的水量。紧接着是近端（proximal segment）小管。在这中等延伸的区域中单糖和小的蛋白质从肾单位中直接重新吸收回体内。二价离子通过近端小管后端的通道被重吸收。在肾单位相对短的中间部分（intermediate segment），大量纤毛的摆动使滤过液迅速流动。远端小管（distal segment）紧接中间部分。在这里，Na^+、K^+和Cl^-通过包含 ATP 酶催化的能量释放的主动运输过程被重新吸收。许多肾单位末端合并到一起形成一条收集残余尿液的集合小管，并把尿液输送到膀胱，有规律地向周围环境排出水分。

在后面更加复杂的肾器官中，这些基本的性状，尽管是被修饰的形式，然而必须认识它们。淡水鱼类中，没有特别的装置用于水的重吸收。这些生物体中氮代谢的最终产物是氨，氨既通过鳃又通过尿液排出体外。因为淡水鱼类产生并排出大量的尿，使氨的含量不会达到中毒浓度。

海水鱼的滤过液在肾单位中流动得较慢，这为淡水从滤过液中的重吸收提供了更大的机会。海水鱼饮用大量的盐水以对抗由于高盐离子环境而导致的水的丧失。体内的二价阳离子在近端小管的后部被泵入（into）肾单位；因此，海水的吸入导致淡水量增加。还发现一些海水鱼的肾没有肾小球——因而使得进入尿液的液体大量减少。

大多数两栖类动物的栖息地都相当的潮湿，它们的肾脏与淡水鱼的肾脏十分相似。爬行类，常常在干燥（xerotic）环境中生存，它们的肾脏适应了这样的干燥环境的压力。一些海洋爬行动物进化产生了肾外排泄机制以排泄多余的盐分，这些分泌盐的腺体，与海鸟相似，通常位于鼻侧。陆生爬行动物以尿酸作为它们的氮代谢的主要产物，以保存水分。其他爬行动物，特别是海洋环境中生活的爬行动物，排泄尿素，鳄排泄氨。

哺乳动物及鸟类具有高效的肾脏，特别是在对水的保存方面。产生高度浓缩尿的基本机制是肾单位周围高离子浓度的产生，以至于由于渗透压改变使水离开小管。肾单位小管不同区域选择通透性的不同也起了重要作用。

17.4 人肾脏的功能

人的肾脏产生高度浓缩尿液的非同寻常的能力，依赖于肾髓质溶液形成的浓度梯度。低渗的尿液必须通过亨氏袢的降支以及集合小管。粗过滤液的大量重吸收发生在近端盘曲小管处。水、氨基酸、葡萄糖和离子都离开管道并且被吸收到周围毛细血管中。

在逆流扩增理论中（countercurrent multiplier theory）（见图 17.4），由于亨氏袢自身迂回，产生了一个逆流扩增系统。当过滤液沿髓袢下降时，大量水由于渗透压进入不断浓缩的小管周围的组织液中，然后再进入周围毛细血管中。同时，一些 Na^+ 和 Cl^- 扩散进入小管。髓袢升支不透水，主动排出 Na^+（和 Cl^- 被动排出）。这些离子进入髓质的液体中，以维持浓度梯度，可以在髓袢的降支主动地重新进入再循环。因此，Na^+ 和 Cl^- 在该循环中得到运输，在髓袢周围从升支到降支再回到升支。当过滤液沿髓袢下降时，它变得逐步浓缩；但是，当它到达肾小管远端时，大量的离子被主动运输到管外以至于这里的渗透压甚至比滤过物进入肾小管近端时还要低（不要忘记，升支是不透水的，所以水不能随离子排出而保持低渗透压。）当滤过液（现在可以认为是尿液了）经过集合小管，通过髓质的浓度梯度进行另一次旅行。水进一步渗出肾单位进入周围毛细血管则依赖于集合小管的通透性，留下了高度浓缩的尿液。

20 世纪 70 年代中期，有证据表明，亨氏袢的升支不包含有使 Na^+ 和 Cl^- 主动排出的离子运输通道。但降支袢壁对于 Na^+ 或 Cl^- 可透性还存在着重大疑问。所以，逆流扩增器假设已被修改。

双溶质模型（two-solute model）是修改的结果。该假设以肾的效率为基础，即产生高浓缩尿为基础，高浓缩尿是由 NaCl 和尿中的尿素（urea）组成的。该学说也包括肾单位，特别是髓袢，对盐和水的不同（differential）渗透性；但是尿素通过管壁以及它在管中的立即积累是至关重要的。与前面的模型相比，双溶质模型设计了一个简化的髓袢中升支与降支的逆流功能模式。

双溶质模型认为进入髓袢的滤过液与血浆等渗。当它沿降支移动时，水分向高渗的外界排出。这种外界的高渗主要由于高水平的尿素。降支小管的管壁对水高度通透，但不能透过盐和尿素。这导致了小管内相对浓缩的滤过液的产生。

在髓袢的底部，小管失去了对水的通透性而变得对 NaCl 有通透性，在这里滤过液得到浓缩。当滤过液沿升支移动时，盐可以简单地扩散到低渗的组织中去。然而，盐必须从髓袢

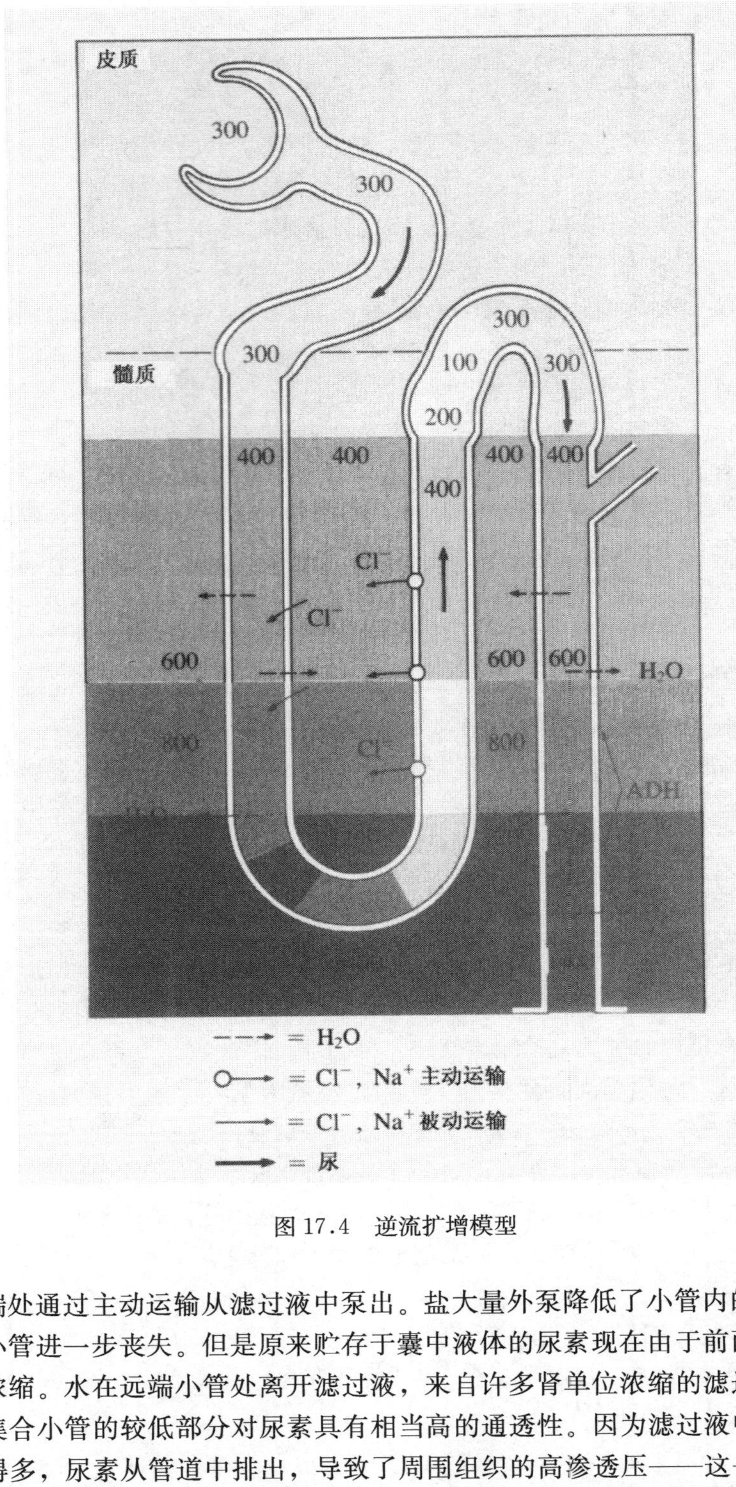

图 17.4 逆流扩增模型

的升支近顶端处通过主动运输从滤过液中泵出。盐大量外泵降低了小管内的渗透压以至于使得水沿着肾小管进一步丧失。但是原来贮存于囊中液体的尿素现在由于前面提到的水的丧失而变得相当浓缩。水在远端小管处离开滤过液，来自许多肾单位浓缩的滤过液最终被送到集合小管中。集合小管的较低部分对尿素具有相当高的通透性。因为滤过液中尿素的浓度比周围组织中高得多，尿素从管道中排出，导致了周围组织的高渗透压——这一高渗透压使得髓袢的降支中水分丢失，进一步使得尿液在集合小管的流动过程中水分转移。很明显，尿素及盐对于滤过液在从包曼氏囊进入尿道的过程中水的回收起了重要作用。

双溶质理论没有抛弃逆流扩增器假说的所有观点。髓袢的底部确实含有高水平的盐，这些盐使得周围组织的渗透压升高，最终导致滤过液，特别是集合小管中水的重新回收。滤过液中水的丧失在小管中产生了高浓度的尿素，尿素的积累在降支外周组织中形成了高渗透压。

17.5 肾脏调节内环境稳定的功能

肾脏除具有排泄功能外，还有调节内环境稳定功能；这里是调节盐和水稳定的场所。肾脏本身的基本运作使得它能够维持盐水平衡。最初过滤形成尿液的过程中，由于血浆中的大部分溶质进入肾单位的囊中，血液需要从小管中重新吸收那些对保持正常渗透压水平所必需的每一种组成成分中的剩余物质。此外，通过调节重吸收物质的量，血液中的平衡可以在肾的水平上受到影响。葡萄糖在近端小管的开始端被完全吸收。然而，在患糖尿病的个体中，血糖浓度很高，相当多的原始滤过液中的葡萄糖不能被重新吸收而留在尿液中被排出体外。这种病理现象被称为糖尿（glucosuria），是糖尿病的第一症状。尿液中的糖提高了它的渗透压，使得更多的水流入肾单位而形成更多的尿。大量水的流失导致口渴。

抗利尿激素（antidiuretic hormone，ADH）是保持水分平衡的最基本物质。它是由位于大脑上部的多功能区、起着调节作用的腺垂体——下丘脑（hypothalamus）的一小部分区域产生的。ADH 提高了集合管壁对水的通透性。因为集合管壁被高渗透压环境包围，水离开管道并被管道旁边的血管收集起来。在 ADH 的作用下引起高度浓缩尿的产生，保持了水分。另一方面，ADH 的减少阻碍了水被肾脏血管的重吸收，而产生出稀释的大量尿液。

与 ADH 作用于水的通透性相似，醛固酮（aldosterone），一种肾上腺皮质固醇类激素，调节着钠离子的主动运输过程。醛固酮的作用位点在髓袢的升支。当大量醛固酮存在时，Na^+ 从小管内的滤过液中回收到周围血管中——这是一个保存盐的过程。非常低水平的醛固酮与 Na^+ 在尿液中的大量流失以及由此产生的高渗透压导致的尿量增加有关。

健康个体产生的醛固酮的量一般受到饮食中盐的摄入的影响，所以盐摄入和外排之间存在一个平衡。

17.6 附属排泄器官的结构

特异的表皮结构称为汗腺（sweat gland）（出汗的腺体，Sudoriferous glands），位于皮肤。人类的汗腺分布广泛，但在手掌和脚掌处特别集中。因为汗腺受到自主神经系统交感神经支的支配（该系统引发突然刺激来临时的“搏斗”或逃跑应答），过分的恐惧或类似的神经反应可以产生大量的汗液，特别是在手掌。

汗液是水分丢失的主要途径，它还包括盐分甚至尿素的丢失。盐分主要是 NaCl，还有少量 K^+ 和 Mg^{2+}。病理状态下，汗液中还包含色素、蛋白质、甚至糖。有时，在汗液中也可见到血液。

眼泪，是由位于眼眶最外侧的泪腺（lacrimal glands）产生的，泪中也有少量的排泄物。眼泪渗入到眼内眼角处的鼻泪管，从那里过泪囊管进入鼻子。在哭的间歇，大量的液体从鼻腔流出，说明产生了过量的眼泪。在正常情况下眼泪分泌量适中，它是 NaCl 的稀释液，有时还有一些外来的物质。眼泪中有低水平的 AIDS 病毒（获得性免疫缺损综合征病毒）。眼泪的主要功能是润滑眼睛表面。

疑难问题解析

17.1 排出含氮废物，如氨，有什么优缺点？

当蛋白质作为燃料分子被利用或被分解，其氨基酸就会被脱氨基（*deaminated*），氨基基团被去掉，从而产生氨类，以及能进入糖酵解途径或进入合成反应的有机产物。氨类作为主要的含氮排泄物能被生物体轻易排出体外，因为它是原始副产物，排出体外并不需要额外的能量。

但氨类的缺点是具有相对高的毒性。如果没有足够的水去溶解氨类，情况就严重了。正因为如此，其他含氮终产物都得到了进化。这些经过进化得以改变的产物的形成需要能量和有机物参与。

17.2　作为氮排泄终产物的尿素和尿酸各有什么优点？

因为进化是充满变数的过程，所以无法根据逻辑推断来预测其最终的代谢模式。对于哺乳动物，一系列的吸能反应得到进化。在进化过程中两分子的 NH_3 与一分子的 CO_2 结合生成一种水溶性的物质——尿素[$(NH_3)_2CO$]。正常含量的尿素没有毒性，与 NH_3 相比，尿素的这一优点对于不在淡水中生活的动物来说是个巨大的进步。需要强调的是，尿素的形成需要氨和二氧化碳这两种主要排泄物。尿素是水溶性的，所以在排出体外过程中需要某些溶剂。

昆虫被认为是对陆地环境最成功的适应者，其含氮废物全部以尿酸形式排出。因为尿酸不溶于水，所以不需要水作为载体，在缺水情况下尿酸的确是一种理想的排泄终产物。

所有陆地爬行动物和鸟类的最终含氮排泄物也是尿酸。对产蛋的脊椎动物来说，尿酸是一种非常有效的排泄物。因为它能从胚胎中排出，并在尿囊中积累成为一种无毒的固态产物，这样就不会妨碍胚胎的发育。

17.3　海洋软骨鱼（例如鲨鱼）经过进化，其血液中含有含量异常高的尿素。这是为什么？

对于海洋软骨鱼，它们赖以生存的高渗海水不断地从它们体内吸取水分。因此，虽然它们生活在水中，但仍然面临着由渗透压形成的脱水作用的威胁。

为了克服这种渗透威胁，软骨鱼通过进化使其血液中含有 2%的尿素。它们主要利用含氮排泄物使渗透压稳定，在体内建立起与体外水环境相等的渗透压，这样体内的水分就不会向外环境流失。这是一种非常巧妙的结合，它把排泄功能与水平衡联系在一起。

17.4　为什么许多海洋鱼类饮用海水，而淡水鱼类却从不喝水？

海洋鱼类生活在高渗环境中，没有足够的水可以利用。它们饮用海水是把盐分去掉利用淡水供代谢所需。但是尽管如此，体内还是会留下过量的盐分，因而必须把这些盐排出。主要是依靠鳃中的腺体将 NaCl 排出。排盐反应需要能量，因而需要多种 ATP 酶参与其中。还有一些海洋鱼类，它们的直肠腺能把多余盐分排入消化道末端，再由消化道将盐分排出体外。

淡水鱼生活在低渗环境中，它们要面对的问题与海洋鱼类完全不同。它们必须不停地把进入体内的淡水排出体外。如果还要饮用淡水，上述的排水工作就白费了，所以它们从不喝水。但如果水中含有少量盐分，淡水鱼还是会通过鳃把水吸入体内，发生在鳃腺体内的这一过程同样需要能量和 ATP 分解酶的参与。

17.5　对于等渗生物（*osmoconformers*），其体内的渗透压与环境中的渗透压是一致的。如果环境的渗透压发生变化，这些生物能很快通过改变渗透张性对体内渗透压进行调整。这种被动的渗透特点在海洋无脊椎动物中显得尤为突出。而对于渗透调节生物（*osmoregulators*），它们能够维持恒定的体内渗透压，而不受外界环境的影响。当然，获得这种独立性是以消耗大量能量为代价的。那么对于渗透调节生物，其控制体内稳定渗透压的机制是什么？

生物体对渗透的调节主要是利用排泄系统。虽然淡水原生动物的伸缩泡几乎全部参与水平衡，但环节动物的肾管系统同样参与对废物与水分的处理。昆虫的马氏管也是如此。这些向外生长的消化道同时积累废物与水分，随后废物与水分被排入后肠，在后肠中水分被重新吸收进入循环系统。

对于脊椎动物，渗透调节与肾小管的排泄作用紧密相联。比如鸟类和爬行动物，它们可以产生高渗的尿液，从而能在体内保存水分应对干燥的环境。而一些鱼类的鳃起到保持体内适量盐分的作用，还能帮助肾脏维持内环境的稳定。因为淡水鱼的鳃能排泄氨类，所以鱼鳃被看作是能执行排泄与渗透双重功能的器官。尿素是主要的排泄物，我们已经讨论过在遭受水分流失威胁的海洋软骨鱼中，尿素能够提供稳定的渗透压。在肾单位的肾小管中和集合小管中产生高渗尿液，也能使尿素得到利用。

17.6　无肾小球的肾有什么优点？

许多海洋鱼类的肾小球数量很少，甚至没有肾小球。所以肾脏的主要功能区就形成小管，在那里进行重吸收和发挥某些分泌功能。因为肾小球是血液中水分散失的主要场所，所以肾小球功能的减弱能使海洋脊椎动物对脱水造成的威胁有良好的适应性。只有很少种类的海洋鱼类具有无肾小球肾和其他一些肾小管单位的改变，但无肾小球肾可以很好的说明组织结构是具有可塑性的，它可以发生变化使生物能够成功的生存下去。

17.7　画出血液从主动脉，经过肾脏的多种血管进入后腔静脉的流程图。

主动脉→肾动脉→微动脉→肾小球毛细血管→肾小囊（鲍曼氏囊）微动脉→小管周围毛细血管→微静脉→肾静脉→后腔静脉。

17.8　总结逆流扩增原理和双溶质原理的主要内容。

二者的必要条件：

1. 逆流能集中盐分并提高肾髓质中组织液的渗透性。
2. 亨利氏袢底部的含盐量最高。
3. 周围的高渗组织从流经亨利氏袢和集合小管的滤液中抽取 H_2O。

	逆流模型	双溶质模型
下行袢：	1. 对 Na^+、Cl^-、H_2O 有通透性 2. 滤液低渗（开始） 3. 在渗透作用下，H_2O 从滤液中渗出 4. Na^+、Cl^- 扩散进入 5. 滤液逐渐变得集中浓缩	1. 对 H_2O 有通透性；对 Na^+、Cl^-、尿素无通透性 2. 滤液等渗（开始） 3. 渗透作用下，H_2O 从滤液中渗出 4. 滤液逐渐变得集中浓缩
袢底：	滤液中盐含量达到最大值	1. 对 Na^+、Cl^- 有通透性；对 H_2O 没有 2. Na^+、Cl^- 涌入袢内 3. 滤液中盐含量达到最大值
上行袢：	1. 对 H_2O 不通透 2. Cl^- 向外主动运输，Na^+ 向外被动扩散 3. 小管内渗透性逐渐下降 4. 尿素浓缩	1. 对 H_2O 不通透 2. 除了袢顶能够主动运输外，Na^+、Cl^- 向外扩散 3. 小管内渗透性（渗透压下降）逐渐下降 4. 尿素浓缩
集合小管：	排泄前尿素进一步被浓缩	1. 排泄前尿素进一步被浓缩 2. 对尿素有通透性 3. 一些尿素向外扩散 4. 尿素的诱导使组织产生高渗透性，在高渗透性的作用下，组织从亨利氏袢吸收水分

17.9　许多物理和化学因素能够影响 ADH 的产生。你认为乙醇对这种激素的产生有什么影响？根据 ADH 的内环境稳定功能，你认为高血压是怎样影响 ADH 的产生的？

ADH 产量的升高使肾单位集合小管的通透性增强，使更多的水分能进入体内并且予以保存。喝啤酒能够极大促进尿液的分泌，这表明乙醇能够抑制 ADH 的产生，所以经集合小管管壁被重新吸收的水分少了，因此大量水分随尿液排出体外。（像乙醇这种抑制小管对水的重吸收作用的试剂叫做利尿剂（*diuretics*））。高血压也有相似的作用。因为随着血压上升，体内液体增多，而液体排出才能使血压下降。因此当血压上升，ADH 含量就下降，集合小管管壁的通透性也相应下降，导致更多的水分被排出，从而降低了体内的水分含量。

17.10　一种肾上腺癌称为嗜铬细胞癌（*pheochromocytoma*），其肿瘤细胞能产生极高含量的醛固酮。醛固酮反过来又对身体产生危害。这是什么原因呢？请说明。

因为醛固酮使亨利氏袢的上行支对 Na^+ 产生通透性，大量的醛固酮导致大量 Na^+ 进入袢周围的组织，因而进入集合小管的尿液非常稀。而尿液渗透压的降低使大量水分从小管中流出。因此，高含量的醛固酮使体内保存的水分增加，并伴随着血压急剧上升。

附 加 题

17.11　大多数动物的排泄与以下哪项紧密相联系

(a) 水分调节 (b) 盐分平衡 (c) 神经综合作用模式 (d) (a) 与 (b) 选项 (e) (a) 和 (c) 选项

17.12　原生动物缺少收缩泡，那么含氮废物是通过以下哪项作用被排泄出体外的

(a) 质膜直接扩散 (b) 马氏管 (c) 细胞核中分解 (d) 吞噬作用 (e) 以上全是

17.13　以下哪种器官具有排泄功能？

(a) 肾脏 (b) 皮肤 (c) 肺 (d) 泪腺 (e) 以上全是

17.14　肝脏的排泄功能是从对血红蛋白的分解产物的排泄功能衍化而来，这些产物是

(a) RNA 片段 (b) 胆色素 (c) 臭氧粒子 (d) 以上全是 (e) 以上全不是

17.15　肾小球的过滤作用是基于毛细血管丛的高血压。

(a) 对 (b) 错

17.16　肾小囊（鲍曼氏囊）产生的滤液与循环系统中的血浆是等渗的。

(a) 对 (b) 错

17.17　在海洋和陆地环境生活的动物都需要保持水分的机制。在所有情况下，这种机制包括利用尿素来产生相对高的体内渗透压。

(a) 对 (b) 错

17.18　过滤和选择性重吸收是肾单位惟一的两项工作。

(a) 对 (b) 错

17.19　蛋白质通常不经肾小球网进入肾单位。

(a) 对 (b) 错

17.20　对于糖尿病患者，原滤液中的葡萄糖并不是全部被重新吸收，这就使糖分进入到尿液中。

(a) 对 (b) 错

17.21　淡水鱼的含氮排泄物很可能是尿酸。

(a) 对 (b) 错

17.22　能产生高浓度尿液的生物通常具有长的亨利氏袢。

(a) 对 (b) 错

17.23　亨利氏袢作为中段存在于哺乳动物和下列哪种动物种类中

(a) 淡水鱼类 (b) 海鱼 (c) 鸟类 (d) 两栖动物 (e) 以上都不是

答　案

17.11　(d)　17.12　(a)　17.13　(e)　17.14　(b)

17.15　(a)　17.16　(a)　17.17　(b)

17.18　(b) 这是肾单位的两项主要工作，但同时肾单位也具有一些血管的分泌作用。

17.19　(a)　17.20　(a)　17.21　(b)

17.22　(a)　17.23　(c)

第18章 循环系统

在 1628 年，W·哈维（William Harvey），一位英国自然科学家和自然哲学家，首先提出血液在特定的管道中沿全身流动而不仅仅是像波浪一样涌动。这一萌芽的想法导致了生理学作为一门严谨的实验科学的发展，直到意大利解剖学家马尔比基（Marcello Malpighi）发现了毛细血管，哈维的想法才被完全理解。由于通过全身的分配物质是血液，很明显循环成了生物体内所有功能的基础。

所有的脊椎动物和一些无脊椎动物（如蚯蚓）的循环系统是完全闭管式循环系统。其他生物具有开管式循环系统，在开放的循环系统中，血管与开放的区域，或窦（sinuses）相通。这种开放系统的运输效率低，循环周期长。

例 1

昆虫具有开放式循环系统。所以，与脊椎动物相比，它们对于血液循环中物质的运输，包括 O_2 相对缓慢。然而，昆虫是陆地生境中最为成功的群体，它们有适应陆地极端恶劣环境的能力，这与它们高水平的代谢活性紧密相连。这种活性是完全有可能的，因为有氧呼吸消耗的氧由循环系统以外的一系列被叫做微气管（tracheoles）或气管（trachea）的开放的管提供。这些气管由体表上的开口（气门，spiracles）产生，进入昆虫体内再分支。

18.1 脊椎动物心血管系统的比较

所有脊椎动物的心血管系统包括有一个肌肉泵——心脏（heart），和一系列将血液从心脏运出或运回心脏的管道。将血液运出心脏的血管称为动脉（arteries）；运回心脏的称为静脉（veins）。较小的动脉称为小动脉（arterioles）；较小的静脉叫做小静脉（venules）。小动脉和小静脉之间靠毛细血管网（capillary beds）相连，在这里进行血液与组织之间的物质交换。

较为原始的动物心脏只相当于扩大的血管，可能会有一个或数个这样基本的泵结构，以保证血流不会停止。最早期的脊椎动物鱼，其心脏由一个薄壁的接受室心房（atrium）和与其相连的厚壁、更有力的泵室心室（ventricle）组成（见图 18.1）。一次完整的循环中血液只通过心脏一次。血液被泵到携带氧的鳃毛细血管，但因鱼的鳃内没有泵，血液流动很慢，

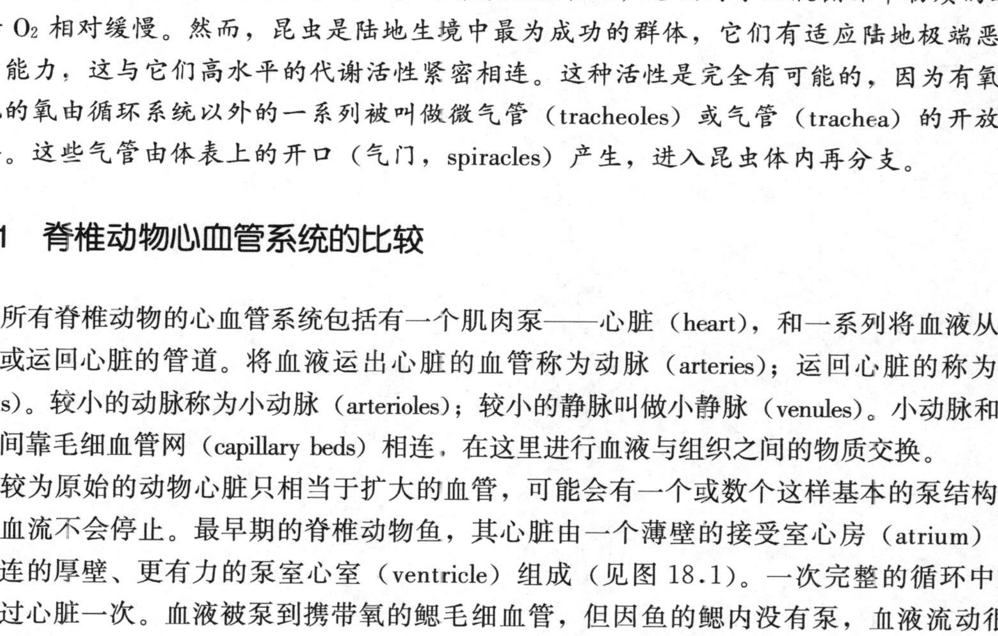

图 18.1 脊椎动物心脏

向身体其余部位流动的力量减弱（体循环）。

两栖类有一个明显的进步，它们一生中早期生活在水中，之后变态，成年可生活于陆地。它们的心脏具有两个接受室，即左和右心房，但仍为一心室。肺（pulmonary）和体（systemic）双循环已开始萌芽。大多数两栖类的肺中空，并且效率很低；皮肤作为与外界进行气体交换的器官，有些向肺流动的血液会转而流向皮肤。

例 2

从体循环来的脱氧的静脉血进入右心房再进入右心室；从肺循环来的含氧高的静脉血进入左心房之后进入左心室。尽管两心房的血液有混合（所以称两循环），然而当心室收缩时，大部分从右心房来的血液（体血）从肺动脉流出进入肺；大部分从左心房来的血（肺血）进入主动脉（aorta）流出到达全身的组织。

鸟类和哺乳类的两个循环完全分开，四室的心脏可以被视作是两个心脏。右侧的心脏接受体循环来的脱氧血，将它通过肺动脉泵入肺。含氧血经肺静脉返回到心脏，从左心室泵入主动脉之后达到全身各部分。

18.2　人的心脏

人的心脏位于胸腔，是四室结构（见图 18.2）。两个心室由厚实的肌肉构成；两个动脉像心室上方的口袋。

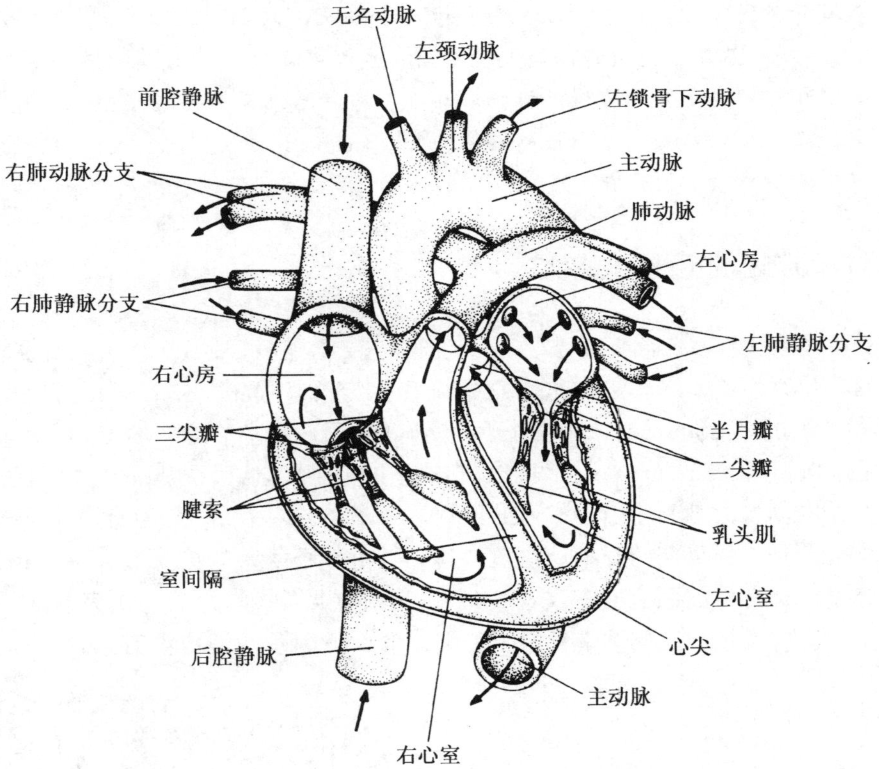

图 18.2

两个动脉几乎同时充血。充血时，动脉处于松弛状态。从右心房的一个结开始，这个结叫窦房结（sinoatrial node）（也叫窦房的（sinoauricular）或 SA 结），收缩波通过动脉，血液被送到松弛的心房中。心肌的松弛状态称为舒张期（diastole）；收缩状态称为收缩期（systole）。心房比心室提前进入收缩期。如果没有位于心房和心室之间的房室瓣（atrioventricular（AV）heart valves），心室收缩会将血流送回心房。这些瓣膜由相连的袋状组织组成，像是两个房间之间的门，只允许一个方向通过，但当压力方向变化时“门”则关闭。

位于右侧的AV瓣（房室瓣）由三个相连的袋状组织组成，称为三尖瓣（tricuspid valve）。左边的AV瓣由两个相连的袋状组织组成，叫做二尖瓣（bicuspid valve或mitral valve）。这些瓣连接成“奇怪的麻绳，”或腱质的绳，被称为腱索（chordae tendineae）。腱索又在厚的乳头状肌（papillary muscles）中扎根，乳头状肌的部分收缩防止瓣膜的运动超出它们的紧密连接。收缩期瓣膜自由地向心室打开，血液从心房流向心室。但腱索的紧张阻碍瓣膜向相反方向摆动（进入心房），所以在心室收缩期血液使瓣膜关闭而不会倒流回心房。

来自右心室的血进入肺动脉而入肺。来自左心室的血通过主体动脉干（aortic trunk）进入不同的动脉分支，到达全身各处。体动脉与肺动脉间各有半月瓣（smemilunar valves）。半月瓣是“半月”状口袋。当血液欲从主动脉退回心室时，这些半月瓣充血膨胀，在动脉中阻止血液回流。

心肌本身由左、右冠状动脉（coronary arteries）供血。这些血管由体动脉的弓基部（刚刚离开左心室处）发生。它们分支并向心脏提供血液。如果冠状动脉的一支被阻塞，如痉挛或血栓，这条动脉供血的心肌将受损。这个受损的心肌被叫做心肌梗塞（infarct）。严重的心肌梗塞会使心脏停止跳动并导致死亡。这种病理现象常被称为心衰（heart attack）或心脏病发作（heart seizure）。在西方国家这是中年男子很常见的死因，但最近，妇女的心衰死亡率也有所升高。

心脏的实际输血量被称为心输出量（cardiac output），它是搏出量（stroke volume）和心率（heart rate）的乘积。搏出量是一个心室每次搏动的射血量。人在静息状态下的心输出量为5升/分钟。血液流回心脏的量是影响搏出量的因素之一，这个量随着身体内外环境的变化而发生变化。心脏有能力容纳与泵出（在生理范围内）来源于身体的任何血液负荷，这是斯塔林定律（starling's law）的一种表述。心脏不断地适应流向它的血液的频率，所以不会发生血液受到障碍，或阻塞的情况。心脏自身的特点是心肌伸得越长，收缩强度越大。由于这个原因，当流向心脏的血液增大了心室时，它们泵出这些血液的能力也会增加。

无论是心脏整体还是心肌纤维都具有内在的自发跳动的能力。这种性质称为自律性（automaticity）。心肌的一个独特的特点是它可以产生相当大的电脉冲。心脏产生的内在信号从肌肉纤维迅速传到肌纤维。在哺乳动物中，心跳从位于右心房的窦房结开始。这个结很可能是一个极为敏感的区域，在这里，内在的刺激引发电流产生。因为心跳的节律受到与SA结有关的电位改变的控制，SA结被叫做起搏点（pacemaker）。

脉冲向两心房以波的形式传出后，两心房进入收缩期。当脉冲传到了房室结（atrioventricular（AV）node），另外一个特化的结，脉冲逐渐慢下来。在AV结纤维中传递后脉冲有一个0.1秒延缓期，以保证在心室收缩开始时心房已经完成收缩期。接着AV结的脉冲传向房室束（AV bundle），或一束纤维（bundle of His）。这些纤维叫做浦肯野纤维（purkinje fibers），离开AV束并且将脉冲迅速传至心室。

整个心脏在一种整合的状态下跳动，血液的流动也是有规律的。但是如果缺氧或机械伤害而使心脏受损，纤维的搏动会呈现杂乱无规律的状态。这被称纤维性颤动（fibrillation）。如果不及时用外界电激，会导致死亡。

☞例3

心电图（electrocardiogram ECG[1)]）是在纸上通过移动的鼓或示波器记录下的心脏电位变化。记录心电图的装置称为心电描记器（electrocardiograph）。心脏电位的变化用随时间变化的波动来表示。波的振幅与它们的延伸情况可以表明可能的病理情况。因为这些电位的变化可以通过将电极与人体不同部位相连获得而不影响心脏正常的功能，这种方法正在被广泛地使用。

1） 原文EKG是错的，应该是ECG。——译者注心脏的每一次跳动由 ECG 上的五个分开的波表示（见图 18.3）。这些分别为 P，Q，R，S 和 T。P 波是中等的“信号”，代表心房收缩前的去极化（静息电位消失）。QRS 区的变化表示心室收缩前的去极化。T 波代表心室的再极化。

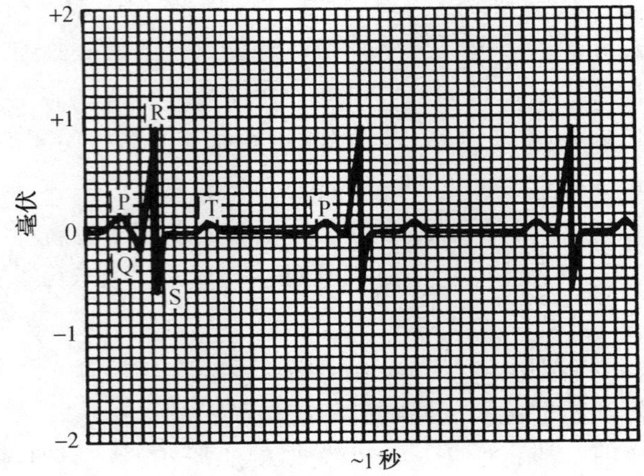

图 18.3　心电图（ECG）

尽管心跳具有自主性，它们受到自主神经系统的调节。交感神经系统的一支，心动加速神经（cardioaccelerator nerve），在右心房处释放出去甲肾上腺素提高心率。迷走神经的一支，在接近起搏点处释放乙酰胆碱，降低心率。强烈的迷走神经刺激会短暂地使心脏完全停跳。过度的恐惧会导致超迷走反应而使心脏永远停跳。

18.3　动脉、静脉和毛细血管

动脉血管管壁厚，它将血液从心脏运出。除肺动脉以外，所有动脉中都是含氧血。动脉的最内层是内膜（intima），或内皮（endothelium）。包含一层具弹性的膜，一层表皮细胞附在膜上（见第 4 章）。内膜非常光滑，并且对血流的阻力很小。内膜光滑对防止血液栓塞的形成也是很必要的。

动脉血管的中层，或中膜（tunica media），是最厚的一层。它包含有光滑的（smooth）（不随意的）肌纤维，多数为环形。黄色的弹性纤维也很多。血管的功能性收缩由这一层产生。

动脉的最外层，外膜（tunica externa），非常坚硬，没有弹性。主要由白色的纤维状结缔组织构成。

静脉血管类似于动脉血管，也分为三层，然而，它们的管壁薄得多，变空时就会塌陷。尽管静脉血管缺少动脉血管的弹性，但它们被其中流动的血液所膨胀。

静脉缺少使心脏维持血液流动的泵压；但它们依靠一系列单向瓣膜与周围骨骼肌的常规活动产生的挤压力协同作用推动血液流动。周围肌肉的压力使血液流动，瓣膜则保证了血液只向心脏流动的单向性。

☞例 4

在腿部长长的静脉中血液逆重力流动是一个特别的问题。这些静脉被腿部肌肉长期挤压。如果一个人被迫长时间站立，腿部必须经常活动，以挤压静脉血管使血液流向心脏。

而且，在流向右心房的主静脉中会产生负压。这种“抽吸力”在血液流回右心房中起着重要作用。

细胞与循环系统的交换发生在毛细血管网（capillary beds），连接流入（afferent）（entering，进入）微动脉和流出（efferent，离开）微静脉的小血管网络。大部分毛细血管由单层细胞组成，与动脉或静脉的内表皮层相似。一个区域毛细血管的横截面积之和比流入小动脉或流出小静脉的相应面积大得多。所以，血液在毛细血管中流动得缓慢而费力。然而，每条毛细血管非常窄，直径经常小于 0.01 毫米。

☞例 5

在一条不断流动的河流中，任意一点的流速由该点的横截面积决定。当河床变宽时，流速减慢。河床变窄时流速增加。窄的河或溪的常见特征是湍急危险的水流。流速与水柱横截面积成反比。血液在血管中流动时也有同样的比例关系。

尽管毛细血管的横截面的总面积很大，但在任意时刻大部分毛细血管都是空的。仅有 5%的血液流动于毛细血管中，不到 20%的血液在动脉血管中，而 70%以上的血液在大的静脉中。

18.4　血压的控制

血压（blood pressure）是指流动在血管中的血液对血管产生的压力。用单位血管面积受到的力表示。因为该压力实际上用水银柱装置测量，所以用血液压力产生的水银柱的高度表示。

血压（测定出的一般是动脉压）由两个因素产生。第一是心脏将血液泵出心室的压力；第二是动脉特别是小动脉对上述的压力产生的反作用力（回压力）。所以很明显，如果没有心脏的泵压，也就没力，血压就为零。如果没有外周的反作用力，也不会有压力存在。外周反作用力由循环系统外部的小动脉收缩产生。

☞例 6

当水从水软管流过时，管内的压力由源头产生的压力以及沿管道和管尾的反作用力决定。如果压缩管嘴，静水压力会升高。同样地，如果管本身极度弯曲时，对于水流的反作用极度升高，并且压力也会升高。

血流和血压并不统一，因为左心室，全身的泵源，交替收缩（心缩）和舒张（心舒）。在心缩期，动脉血压达到最高，心舒期时达到最低。医学上用两个数值表示，如 120/80。120 是年轻的成年人平均的收缩压，而 8C 是相应的舒张压。

如果动脉僵硬，心舒期血压会降至零，而心缩期血压会升得非常高。这种如此剧烈的血压变动对于动脉血管壁的完整性会有破坏，而且会导致循环系统其他部分的机械性紧张。幸运的是，有弹性的动脉在心缩时受到拉伸，减缓血压的升高。更重要的是，在心脏收缩期拉伸的动脉，在心舒期会恢复原来的状态。这样既维持了血压又使得血液在血管中平稳流动。微小而连续的小动脉的反作用力对于维持这种由于动脉拉伸和恢复而产生的压力是必需的。

在血液从心室进入主动脉进而流经整个动脉系统时，一个扩张（膨胀）的波和紧随其后的收缩波沿线性传递。如果将手指置于紧贴皮肤的动脉之上，会感觉到这种交替收缩和舒张产生的脉冲（pulse）。这个脉冲实际上是心跳的度量。

小动脉的收缩在血压调控中是非常重要的因素。回想一下，通过心搏出量的增加或心率的增加而产生的心输出量增加，同样也使血压增加。除个别情况外，交感神经兴奋增加使进入毛细血管的微动脉收缩，减少了进入毛细血管的血流，这使得对血流的反作用力增加，导致血压增加。直接使用神经体液调节物质去甲肾上腺素（noradrenaline）或肾上腺素（adrenin）会产生相似的结果。原发性高血压（essential hypertension），并非由于肾脏疾病或其他病理状态引起的普通高血压，持续的小动脉收缩可能源于身体或心理紧张导致的神经体液不平衡。使用抗高血压药或利尿剂（促进水分排出）可以有效降低血压，减少脑血管破裂[发作；也称中风（cerebral vascular accident）]或心衰的危险。

收缩压高于 150 毫米汞柱或舒张压高于 95 毫米汞柱即为高血压。特别是如果舒张压超过 100 毫米汞柱，被认为是对健康最严重的威胁。这是由于心动周期中的心舒期时间的延长。脉搏压（pulse pressure）由舒张压和收缩压的差值表示。当动脉硬化时，脉搏压升高是中风的高危险因素。

特异的小动脉的收缩或舒张也是将血液从某一特定部位运进或运出的重要因素。副交感神经兴奋，使阴茎的小动脉膨胀，阴茎充血并勃起。肌肉收缩产生的 CO_2 使这一部位血管收缩以保证这一部位得到充足的物质供应。

身体不同部位的血管的不同组分对血压的调节与延脑中的血管舒缩中枢（vasomotor center）协同进行。你会记起 Claude Bernard（克劳德·贝尔纳德）发现了血管舒缩神经（vasomotor nerves），它支配小动脉周围的肌肉并使血管收缩或舒张。延脑中的心动加速中枢（cardioacceleratory center）和心动抑制中枢（cardioinhibitory center）通过它们对心脏的作用而影响血压。

18.5　血液的组成及淋巴

血液是由液体血浆（55%）和悬浮的细胞（45%）组成的液体，血浆的主要成分是水。血浆中富含溶解的蛋白质、脂类和糖类。淋巴液（lymph）与血浆非常相似，但浓度稍低。血液、淋巴液、以及组织周围浸没的液体占总体重的 $\frac{1}{5}$；血液占总体重的 $\frac{1}{12}$，大约有不足 5L。

血液细胞的成分，通常叙述为组成成分（formed elements），由以下三种组成（见图 18.4）：

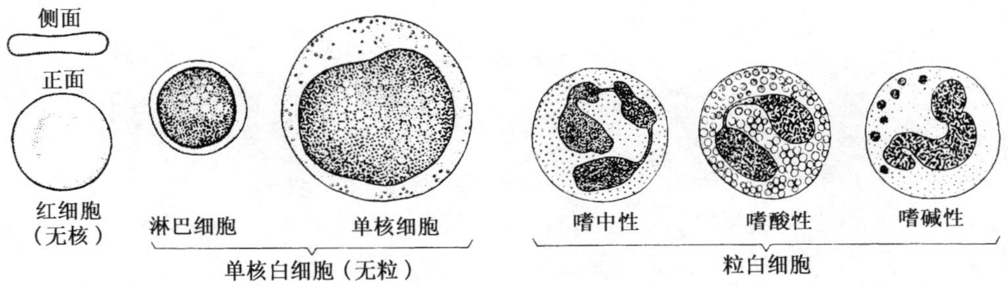

图 18.4　血细胞

1. 血红细胞，或红细胞
2. 白细胞
3. 血小板

血液的黏度（viscosity，阻挡液体流动的阻力）是显而易见的，大约是蒸馏水的 4.5 倍。高粘度，这主要是由于蛋白质、血细胞，以及其他许多大分子造成的，使血液流经毛细血管网时速度十分缓慢。

健康个体血液的 pH 值维持在 7.3 至 7.5 这个窄的范围内。低于 7.3，发生酸中毒（acidosis），威胁生命。饥饿和严重的糖尿病会导致酸中毒。pH 高于 7.5 会导致碱中毒（alkalosis）。由于严重呕吐产生的过度胃酸流失会导致碱中毒，对生命也是一个严重的威胁。pH 值的稳定依赖于血浆及红细胞中的缓冲系统——碳酸/碳酸氢根系统，$H_2PO_4^-/HPO_4^{2-}$ 系统，及其他以偶极离子形式存在的蛋白质（见第 3 章）。

血红细胞（红细胞）运输氧。在哺乳类中，红细胞相对小，当成熟时失去细胞核及线粒体等细胞器。在女性体内红细胞数目为每立方毫米略少于 500 万个，男性每立方毫米 550 万个。红细胞的主要成分是一种结合蛋白–血红蛋白（hemoglobin），血红蛋白由球蛋白和铁卟啉（porphyrin）组成（见图 18.5），铁卟啉又叫血红素（heme）。

例 7

血红蛋白是红细胞中携带氧的主要运输蛋白。这是一个结合蛋白，其辅基血红素在其他血红蛋白中变化不大，但其球状的脱辅基酶（见第 3 章）在进化中变化较大。血红蛋白由两个α链和两个β链组成。每一条链被一个血红素分子隔开，可以结合一个氧分子。哺乳动物中有许多种血红蛋白类型。有时胚胎和成年人的特异的链不同。已鉴定出的血红蛋白β链的突变比α链的突变多得多。

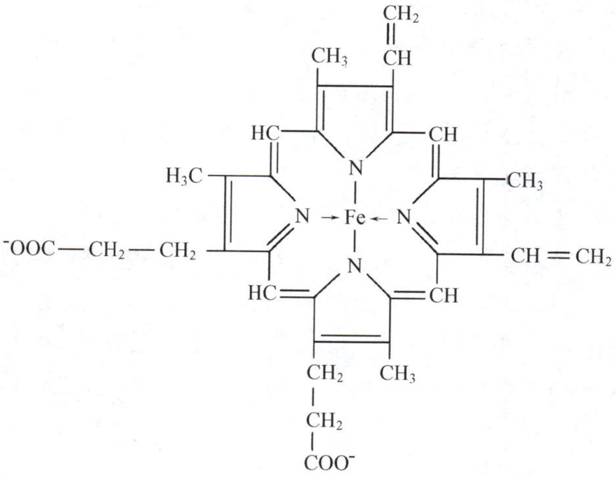

图 18.5　血红素

一种肾脏激素，促红细胞生成素（erythropoietin），调节红细胞的产生。成年人的长骨骨髓（bone marrow，海绵状的内组织）是新的红细胞的主要来源；胚胎期由肝脏产生红细胞。

白细胞的作用是抵御和疾病相关联的外来生物的入侵。白细胞分为两大类（见图 18.4）：有粒白细胞（granulocytes），它包含粒状细胞质；无粒白细胞（agranulocytes），它包含明显光滑的细胞质。有粒白细胞中有：

- 嗜中性粒细胞（Neutrophils），细胞质被中性染料染色而细胞核呈裂片状
- 嗜酸性粒细胞（Eosinophils），被酸性染料染色而且常与过敏反应有关
- 嗜碱性粒细胞（Basophils），被碱性染料染成蓝色，具有无规则细胞质团

无粒白细胞主要为单核细胞（monocytes）和淋巴细胞（lymphocytes）。单核细胞比淋巴细胞大得多，但占白细胞的量不足 10%。循环系统中几乎 $\frac{3}{4}$ 的白细胞为嗜中性粒细胞。大约 $\frac{1}{5}$ 为淋巴细胞。白细胞数目比红细胞少得多，一般每立方毫米血液中含 5 000 至 10 000 个。白细胞数目增加是由于感染性疾病存在，也是这些疾病诊断的依据。

血小板（platelets）是红骨髓制造的大细胞碎片，呈圆形。它们也被称为凝血细胞（thrombocytes）。血小板的主要作用是在血液凝固时启动凝血因子，也在免疫反应中起重要作用。它们也有有限的吞噬作用。

血液凝固（clotting），或凝结（coagulation），是血浆中含有的可溶性因子形成固体纤维网的过程。凝血很可能是停止出血（hemorrhage，流血）的众多机制中最重要的机制。血管的收缩与神经体液物质的释放也与停止（抑制）出血有关。

血栓形成是一个复杂过程，包括了至少 30 种不同物质。现在对完整的凝血过程还不很清楚，但基本过程并不难理解。

血栓由纤维蛋白网和血细胞组成。纤维蛋白是由纤维蛋白原的单体多聚化形成的。纤维蛋白原的转变是由一种小的蛋白叫凝血酶（thrombin）引发的。除了在血栓形成时，血流中

正常情况下是没有凝血酶的。它是由一个前体叫做凝血酶原（prothrombin）产生的。从凝血酶原转变为凝血酶这一过程是凝血过程中最复杂和最重要的步骤。除了一些离子和辅助因子之外，它还需要来源于血小板和受伤组织的凝血激酶（thromboplastin）。血液凝固过程由血管壁外伤（损伤）引发，血管壁受损后会产生激活的凝血激酶。

血友病，凝血过程不会立即发生的疾病，与特异的凝血因子有关。血友病 B 是由于因子 IX 缺失。因子 IX 也被称为 PTC（血浆凝血激酶），或抗血友病因子（christmas factor）。更为常见的是血友病 A，与抗血友病球蛋白（antihemophilic globulin，AHG）缺失有关。

作为与凝血相关的内环境稳定系统，血液中还含有一种溶栓酶，叫做（血）纤（蛋白）溶酶，或纤溶酶（fibrinolysin）。它在血液循环中以前体形式纤溶酶原（plasminogen）存在。月经血实际上就是血栓块被激活的纤溶酶溶解形成的血液。这也就解释了为何月经期血液可以持续数日地流动而不会形成血栓。

淋巴液（Lymph）是一种淡黄色液体，除了渗透压明显低于血浆以外，其他性质与血浆十分相似。淋巴液由机体组织产生，淋巴液经毛细淋巴管进入机体组织，又经具有静脉性质的淋巴管流出。淋巴液通过进入锁骨下静脉的大的胸导管返回血液循环。肌肉的收缩起到了一个按摩作用，是淋巴流动的主要动力。淋巴管中的瓣膜使淋巴液单向流动。腺组织结，称为淋巴结（Lymph nodes），存在于淋巴系统中，它们与机体的防御系统有关。

18.6　渗透调节

维持血液循环中相对较高的渗透压是保持生理稳定的先决条件。由于血压急剧下降导致的休克（shock）是对生命的严重威胁。在休克时，血浆离开血管，血管容积减小而血液浓度增加，致使为所有组织服务的机能停滞。血浆蛋白的丧失可能是一个原因。

从小动脉流入毛细血管的血液经受到大于 100 毫米汞柱的流体静压力。这使得流体及溶解的物质渗入毛细管周围的组织中。然而，当血液到达毛细管的静脉端，血管内已有了相当的压力，血液的渗透（osmotic）压大于血管内的流体静（hydrostatic）压力。所以液体及其中的物质被带回血管，血液体积或浓度不会发生明显的净变化。这个平衡可以被影响血压或血液渗透压的因素改变。血液中的蛋白质主要是清蛋白，缺乏清蛋白会抑制毛细血管网静脉末端液体的重吸收，这种情况会导致普遍的膨胀，称为水肿（edema）。在心脏和肾脏都患病时，水肿是常见的症状。应该注意到，易于在组织内汇集的液体也可以被淋巴系统的淋巴管带回到血流中去。

疑难问题解析

18.1　虽然全部脊椎动物都具有封闭的循环系统，但早期脊椎动物的血液循环的有效性却不如人类的血液循环，为什么？

最古老的脊椎动物是鱼类，它具有相对原始的循环系统。像高等脊椎动物一样，鱼类也可以把含氧低的血液泵至氧合血的发生地（鱼鳃）。但与高等脊椎动物不同的是，鱼类不能把新鲜的氧合血液泵向身体的其余各部分；就是说，心脏的末端到鱼鳃之间没有血管直接连接。虽然两栖动物泵入肺中的血液要先回到心脏再泵向全身，但它们只有一个心室，所以氧合血与缺氧血在某种程度上相混和。人类和其他哺乳动物就没有这类问题，因为有不同的心室把两种血液分开。

18.2　人在不运动时平均每分钟心跳 72 次，那么平均心搏量是多少？在课文中我们学到心输出量大约是 5 升/分钟。

心输出量＝心搏量×心跳速率

心搏量＝5 升/分钟÷72 次/分钟
　　＝5000 毫升/分钟÷72 次/分钟
　　＝69 毫升/次

18.3 人类胎儿的心脏含有成年人不具有的两种结构：一是动脉导管（ductus arteriosus），它是连接肺动脉与主动脉的短管；二是卵圆孔（foramen ovale），它是左右心房之间的开口。这两种结构在胎儿出生时就消失了，你认为它们的作用是什么呢？

给胎儿提供氧气的是母亲，所以胎儿自己的肺是不执行功能的。动脉导管与卵圆孔的作用是把肺循环系统中的血液转移到体循环系统中去。而在肺部功能缺失的情况下，胎儿不需要肺循环。

18.4 在上一题中，卵圆孔的作用是把血液从右心房转移到左心房中，从而绕开了肺循环系统。为什么血液不从左心房流向右心房呢？

两个因素制约着心房血从左向右的流动。首先，跨卵圆孔有一片组织薄片，它是一片脆弱的瓣膜，阻碍血流向右心房流动。第二，右心房的血压大于左心房，所以血液向左心房流动。压差的存在是因为左心室把血液泵入功能系统，而右心室把血泵向未充气的肺与肺泡（在功能肺中充满空气的小囊）中，因此产生巨大的反压，这一压力又被依次转移至右心室和右心房。

18.5 当窦房结（SA）产生脉冲，脉冲会沿心房壁的肌纤维传递，并以收缩波形式传至整个心房。在 AV 结停留一下后，脉冲传至房室束，并沿浦肯野纤维传到心室。脉冲在浦肯野纤维中的传播速度比普通心肌快约 6 倍。根据心脏的功能，解释这三种脉冲传播速度比普通心肌快约 6 倍，根据心脏功能，解释这三种脉冲传播（在心房、AV 结和心室处）的不同之处。

因为窦房结产生的脉冲沿心房壁的肌纤维传递速度相对较慢，所以心房并不同时收缩，而是以波的形式向房室隔和房室瓣传递。即使心房同时收缩，收缩的力量也不会很大。但也没必要产生最大强度的收缩，因为心房只需把血压入心室，通常只需重力帮助。在 AV 结上脉冲传播产生延时现象，这是有必要的，因为可以保证心房有足够的时间全收缩，因此也能保证在心室收缩前把心房内的血液排空。由于脉冲在浦野氏纤维中传播的速度非常快，这使得收缩脉冲能够同时到达心室各处；因此整个心室作为整体进行收缩。这比心房的波状收缩所产生的力量要大得多，因为心室要把血泵入肺和周身，所以大的推动力是完全必要的。

18.6 心瓣膜的损伤通常导致心脏出现杂音（murmurs）。两种典型的损伤都会出现下列情况：①一些瓣膜局部粘连在一起，因而当高压血流通过狭窄开口处时就会限制吞吐血液的能力。这个变窄的过程称为狭窄（stenosis）。②瓣膜边缘出现伤痕，使其不能紧密关闭，因此血液可以向回渗漏；这种渗漏叫回流（regurgitation）。因为最高的压力产生于左心室，主动脉瓣和二尖瓣都受到损伤，因此产生杂音。这两种瓣膜在心室舒张期和收缩期分别对应于哪种杂音（源于狭窄或回流）？

在心室收缩期，心室充血并产生负压。二尖瓣张开使血液由心房进入心室，而主动脉瓣则防止血液从主动脉向回倒流。结果二尖瓣变窄（阻碍心房血液的流出）和主动脉血液回流（血液倒流）引起杂音的产生。在心室舒张期，二尖瓣阻碍血液向心房流动，而主动脉瓣开放允许血液通过，所以心室舒张时，二尖瓣的回流和主动脉的狭窄导致心脏产生杂音。

18.7 如果把手指放在静脉上，比如放在手背的静脉上，然后把手指向指尖方向滑动至新的压力点，你认为滑动时所经过的静脉区会重新充血吗？假如向上臂方向滑动手指，情况又如何呢？

在第一种情况下，血流会重新流回静脉区；但静脉瓣会阻止血液倒流，静脉会暂时无血或缓慢充血。第二种情况下，向心脏流动的血液会很快充满静脉区。

18.8　Bernoulli's 原理认为，在容器内由气流或水流产生的压力与流体速度成反比。这一理论也可以解释飞机能飞的原因，因为机翼顶部是弯曲的，当机翼穿过大气时，通过其顶部的气流运动的距离比下部气流运动的距离要长，所以顶部空气的流动速度快。在机翼顶部所产生的相对于底部的负压使飞机抬升飞起。Bernoulli's 原理可适用于一些静脉病变，如静脉曲张。根据你所学的有关静脉结构和血流的知识，解释其中缘由。

长时期站立的人腿部易发生静脉曲张。静脉血只能进行被动运输，比如要依靠周围肌肉的帮助。在长时间站立时，血液流动要克服重力所以流速缓慢，而对静脉壁产生的压力就相应很高，这正是 Bernoulli's 原理所预计的。因为静脉壁胀大，静脉瓣再也无法合拢，导致血液回渗倒流，从而又加剧了静脉壁的胀大和流速的降低。

在压力与静脉壁胀大的作用下，静脉瓣和静脉壁最终受到损伤，并且情况会继续恶化。有弹性的血管能抵抗静脉曲张。如果病情严重的话，可以手术去除病变静脉。

18.9　血压计（sphygmomanometer）用于测量血压，它由两部分组成：一是一只充气袖，充气袖带有一条顶端是膨压球的管；二是另一只管，它与水银测压计（manometer）（测压仪器）相连。测量血压时，充气袖套在被测人的上臂，然后用膨压球向袖内充气使压力大于人体收缩压的上限。听诊器放在肘前，即充气袖下方。让压力缓慢释放。最初听不到任何声音；随后在某一特定压力下，能听到一声与心跳同步的声音。当压力下降到某一低值时，这种声音就消失了。第一次听到声音时的压力值就是收缩压值，声音消失时的压力值为舒张压值。那么为什么把这两个压力值做为收缩压与舒张压。？

当充气袖中的压力达到上限时，这一压力足以把肘动脉的血流封闭住。当充气袖的压力下降到刚刚低于心脏施给动脉的压力时，心脏就会克服充气袖的制约把少量血液输入动脉。这第一次的泵血就是从听诊器里听到的声音。即使充气袖的压力下降，它仍能对动脉里的血流产生制约，血流通过动脉进行泵血时还能发出声响。随着充气袖内压力的继续释放，在某一压力值时，动脉的舒张压（心室舒张）足以克服充气袖的制约，于是动脉不再泵血，声音也就消失了。这一足以维持动脉血管自然圆形的压力值即为舒张压。

18.10　血压的一项主要任务就是把氧输送到组织中去，但水和血浆却只能携带相对少量的氧。那么生物体是怎样解决这一问题的呢？

存在着一些特殊的色素，它们能与氧结合并把氧输送到适当的组织。血红蛋白（hemoglobin）（Hb）就是最熟悉的一种色素。在携带氧方面，人体全部血液的携氧效率比血浆高 70 倍。这说明血红蛋白与 O_2 结合的能力非常强。哺乳动物和其他脊椎动物的血红蛋白位于红细胞内，而一些节肢动物和软体动物的血红蛋白则是血浆的一种组分。

在动物界还存在其他一些色素。在一些节肢动物的血浆中发现了一种绿色素：血绿蛋白（chlorocruorin），它能利用辅基中的铁。血赤藓素（hemoerythrin）也含有铁，但它是与节肢动物血液中的微粒结合在一起的。血蓝蛋白（hemocyanin）是一种蓝色含铜的色素，广泛分布于一些软体动物的血浆中。

与氧结合后的血红蛋白称氧合血红蛋白（oxyhemoglobin）。它的颜色要比近乎紫色的血红蛋白鲜红得多。脊椎动物中与呼吸色素结合的氧要比无脊椎动物稀疏得多。这就形成了一种假说，认为无脊椎动物色素的主要功能是长时间的贮存氧，用以对付高度缺氧的环境。

18.11　栓塞和血栓是在循环系统中形成的异常凝块。血栓（thrombus）在哪里形成就在哪里生长，它通过阻塞动脉和动脉毛细管网的分支来起破坏作用。如果血栓发生在冠状动脉中并阻塞它的某一主要分支，就会引发称为冠状动脉血栓（coronary thrombosis）的心脏病，即心梗。

栓塞（embolism）是指在某处形成的凝块经血管移动至另外一处，阻塞静脉中的血流。在手术后或因患重病而不能进行活动的情况下极易引发凝块的形成，特别是在腿部静脉中。这些凝块可以分解再形成栓塞。为什么这些凝块不会在脑部形成，也不会引发脑栓塞？这些凝块能导致什么类型的栓塞？

所有的静脉血在重新进入体循环系统前必须首先回到心脏。任何在腿部形成的凝块将首先被带入心脏右侧。由于这些进入心脏的血液必须通过肺部，静脉血（来自腿部或身体其他部分）中的任何凝块将在肺动脉或毛细管中被过滤掉，所以不能进入脑部。虽然来自腿部静脉的血栓不能进入脑，但很容易在肺中停留，引发潜在致命的肺栓塞（pulmonary embolism）。

18.12　当全血的氧分压升高，血红蛋白就会与氧结合形成氧合血红蛋白。氧与血红蛋白的结合可以用容积百分含量（vol%：每 100 毫升血液溶解多少毫升氧）来表示，或称血红蛋白与氧结合的饱合度。如图 18.6，氧与血红蛋白的结合在不同的生理条件下有三种不同表现（见习题 18.13）。随着氧分压的升高，血液中的氧含量（体积百分比）在很窄区域内急剧升高，形成 S 形曲线。如此迅速的升高是由于氧合血红蛋白的形成。图中底部的直线表明在血红蛋白缺失时，溶液携氧量非常有限。根据曲线所示，血液携氧完全是由于氧合血红蛋白的形成，那么当体积百分含量是多少时血红蛋白达到百分之百的饱合？

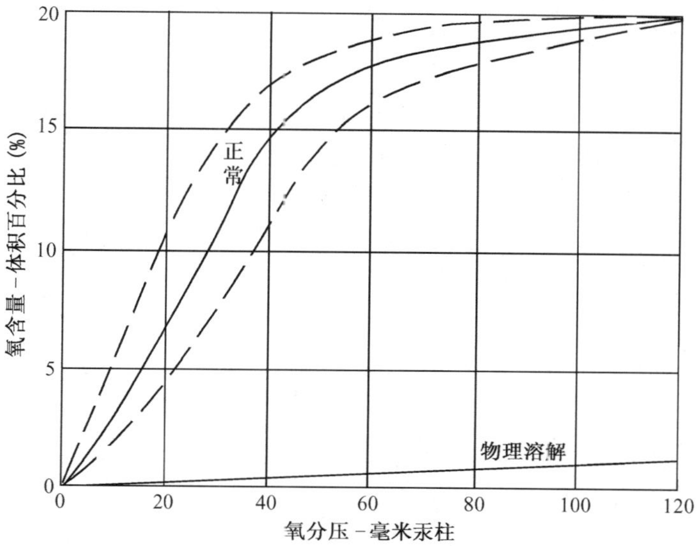

图 18.6　氧合血红蛋白解离曲线

图 18.6 表明，氧合血红蛋白的快速形成在氧分压约为 60mm 汞柱时开始变慢（曲线变得平缓）。但在此点以后曲线仍会以 20vol%小幅度升高，但明显变得平直。这个点即为血红蛋白的氧饱合点。通过研究得知，在 10vol%时血红蛋白处于半饱合状态。

18.13　图 18.6 位于实曲线两侧的两条虚线表示在不同二氧化碳浓度下氧合血红蛋白的形成：一条曲线代表高二氧化碳浓度（如在静脉血中）下的携氧能力，另一条代表低二氧化碳浓度（如动脉血）下的携氧能力。请将两条曲线加以区分。（提示：血红蛋白释放氧的能力与和氧结合的能力同样重要，比如，在二氧化碳饱合的缺氧肌肉中，血红蛋白就需释放出氧。）

肺和动脉中的血红蛋白对氧的亲合力很高，这是个优点，因为它必须与氧结合并运输氧。但是，当氧饱合的血红蛋白到达缺氧的身体部位时（二氧化碳浓度相对高的地区），如果血红蛋白对氧的亲和力下降就好了，因为这样就可能把氧释放进入这些缺氧组织。血红蛋白对氧亲和力下降的另一种情况是在某一氧分压下，血红蛋白结合氧的饱和度要低一些。见图 18.6，比如氧分压为 20 毫米汞柱时，右边的曲线显示血流液中只有 4vol%的氧含量，而左边的曲线却显示血流中有 10vol%的氧含量。所以右边的曲线表明在此分压下血红蛋白对氧的亲和力有所下降（肌肉和静脉中），当肌肉和静脉中二氧化碳浓度很高时就会出现这种情况。而左边的曲线表明血红蛋白对氧有很高的亲和力，在肺中与动脉中的血红蛋白就是这种情况。在高浓度二氧化碳条件下（低 pH 值），曲线向右偏移的现象被称为波尔效应（Bohr effect）。

18.14　控制液体携带气体能力的两个定律使我们能够了解血液对气体的运输。亨利定律

(Henry's law) 阐述了在溶液中的气体与在液面上大气中的气体能够建立起平衡。具体地说，在某种溶液里的气体，其压力或称张力与其在液面上的分压相等，这种压力表明气体从液体中溢出的趋势。如果液面上的气体分压下降，气体将从液体中溢出直到建立起新的平衡。如果液面上的气体分压上升，更多的气体将溶于液体中以建立起新的平衡。道尔顿分压定律 (Dalton's law of partial pressures) 表明：在混合气体中，每一种气体的压力都正比于它在混合气体中的含量大小。每一种气体所施的压力称为该气体的分压 (partial pressure) (P)。混合气体的总压等于每种气体分压的加和。

还有其他一些因素影响气体在液体中的溶解度，如温度和每种气体的溶解系数（*solubility coefficient*）（具体溶解趋势的尺度）。一般来讲，温度升高会使气体溶解度降低。

如果某混合气体由 A、B、C 组成，总压力 1000 毫米汞柱，其中气体 A 占混合气体体积的 62%，B 占 15%，C 占 23%，计算三种气体各自的分压？

$P_A = 1000mmHg \times 0.62 = 620mmHg$

$P_B = 1000mmHg \times 0.15 = 150mmHg$

$P_C = 1000mmHg \times 0.23 = 230mmHg$

18.15　制表说明血液中的多种细胞组分。

红细胞	白细胞		血小板
	粒性白细胞	无粒白细胞	
	嗜中性白细胞	单核细胞	
	嗜酸性白细胞	淋巴细胞	
	嗜碱性白细胞		

18.16　概括血凝块形成过程中的化学反应。

$$凝血酶原 \xrightarrow[离子，辅因子]{促凝血酶原激酶} 凝血酶$$

$$血纤维蛋白原 \xrightarrow{凝血酶} 血纤维蛋白$$

18.17　描述循环系统中的调节功能。

在正常的生理条件下，循环系统受到心脏与血管的内部反馈机制调节。但当置身于外界环境或受到温度、情感行为或药品的刺激时，人体就会根据血流速度加快或降低心跳速率来做出反应。对于人类和哺乳动物，在进化过程中获得的多种心血管调节机制，能够通过对血液的重新分配，使血液流向活性组织和增强或降低体内热量的散失。循环调节又受到局部和系统调节机制的影响，后者通过改变微动脉和阻力血管的口径，使毛细管中的流体静力压发生改变。这种内部作用机制称为自身调节 (autoregulation)，它能够保证以一定的速度提供给相邻组织和器官以所需的氧合血液量。

自身调节是指组织调节自身血流的能力。对于因血管阻力的变化而引起的灌流压力的适当改变，多数血管网具有精细的补偿能力，所以血流能够保持相对平稳。但是，自身调节又受到内部阈值的影响，如果超过阈值，自身调节就不能有效作用。

18.18　重力对血液循环有什么作用？

重力也对血压产生作用：在重力作用下，低于心脏的血管血压被升高，而高于心脏的血管血压被降低。重力作用使右心房以下每下降一厘米血压就降低 0.77mmHg，相反地，在右心房以上血压也以此量上升。

18.19　描述人脑中的血液循环。

大脑两个半球的血液循环是由四条动脉，两条内颈动脉和两条椎动脉构成。在脑基部，内颈动脉和椎动脉系统相连接，或称彼此联合形成韦利斯环（实际上呈多边形）。在后部，两条椎动脉融合在一起形成一条基底动脉。来自相反血流的混合血液通常并不在韦利斯环的交汇动脉里出现，因为两股血流的压力是相等的，如果椎动脉系统或颈动脉系统受阻，血液就会经韦利斯环进行重新分配（临床上的术语为交叉填补 (cross-filling)）。

脑皮质的动脉血是由三条脑动脉（前、中、后）提供的，这三条动脉是从韦利斯环分支出来的。前两条来自颈动脉系统，而后脑动脉是基底动脉的终端分支。这三条动脉的分支各自跨界在脑表层连接在一起，但分布得很疏松。中脑动脉是内颈动脉最大最直接的分支，它提供营养给脑皮质的多数侧向组织，并从中心分支中伸出给内囊提供营养，内囊含有分布于身体对侧大部区域的运动神经纤维和感觉神经纤维。多脉络的血管经深静脉和后窦从脑部伸出，主要把血排入内颈静脉。

正常成年人脑中血流量保持为 50～55 毫升/100 克/分钟，相应于 800 至 1000 毫升/分钟的容量血流流速，可以对急性或慢性的生理变化做出反应，如通过降低或升高血压以保证稳定的血流量。

18.20 为什么肺部循环的血压通常很低？

低压可以保护肺膜在血液动力作用下免受损伤。

18.21 在约 10mmHg 的低压下，静脉血是如何把大量的血液运向心脏的？

静脉血管比动脉血管粗，所以阻力也小。静脉的阻力小是静脉能够有效地容纳大量血液并把它运至心脏的关键因素，即使在低压条件下也能够完成任务。

附加题

18.22 血浆的主要成分是

(a) 蛋白质 (b) NaCl (c) 水 (d) 胆固醇 (e) 以上全不是

18.23 心脏最发达的肌肉系统位于

(a) 右心房 (b) 左心室 (c) 主动脉 (d) 右心室 (e) 以上全不是

18.24 两栖动物除肺以外的第二个能产生氧合血的地点是在

(a) 皮肤 (b) 脑 (c) 肝 (d) 肾 (e) 脾

18.25 人体来自脑部的静脉血经以下哪条主要血管流回心脏？

(a) 主动脉 (b) 上腔静脉 (c) 肝门静脉 (d) 颈动脉 (e) 锁骨下静脉

18.26 心室舒张期比收缩期长。

(a) 对 (b) 错

18.27 心脏受到迷走神经刺激会使心跳速度降低。

(a) 对 (b) 错

18.28 与毛细血管不同的是，动脉和静脉没有内皮。

(a) 对 (b) 错

18.29 动脉粥样硬化（*atherosclerosis*）(动脉硬化）是指脂质的沉积，如胆固醇，并跟随着 Ca^{2+} 盐的沉淀，使血管硬化。

(a) 对 (b) 错

18.30 心血管系统的瓣膜只有心脏才具有。

(a) 对 (b) 错

18.31 心跳速率的加快或心搏量的增加都可以使心输出量增大。

(a) 对 (b) 错

18.32 淋巴系统可以看作是静脉的辅助系统。

(a) 对 (b) 错

18.33 心血管系统最重要组成部分就是毛细血管网[1)]。

(a) 对 (b) 错

18.34 胖肥通常与高血压相伴，减肥能改善高血压。

(a) 对 (b) 错

18.35 小型动物的脉搏跳动速度通常比大型动物低。

1) 此题题义与答案欠妥。——译者注

(a) 对 (b) 错

答　　案

18.22 (c)　18.23 (b)　18.24 (a)　18.25 (b)　18.26 (a)
18.27 (a)　18.28 (b)　18.29 (a)　18.30 (b)　18.31 (a)
18.32 (a)　18.33 (a)　18.34 (a)　18.35 (b)

第19章 免疫学

广义来看，免疫学（immunology）指机体拥有的一切抵御外来侵略威胁的机制。皮肤及其附属结构对于病毒和细菌的生长及入侵是强大的障碍。汗液和其他分泌物维持了表皮的低pH值，阻碍了许多病原体（pathogens）的繁殖（引起有机体疾病）。自然菌群（natural flora），在皮肤表面以及体内的其他管道和缝隙中存在；它们是天生的，其数量是互相控制的，而且可以抑制外来微生物的生长。

在有开口存在的地方，内在的结构表面会有一层保护性的黏膜，它不仅起到润滑作用，而且可以阻挡外来入侵者，并把它们排出。沿着鼻泪管的管道进行分泌实际上可以破坏侵入的细菌。

当皮肤这一层防线被攻破后，人体内的防御系统的一系列内在的储备机制便会产生。病毒攻击细胞会诱导干扰素（interferons），一种小蛋白的产生。干扰素作用于邻近的细胞，阻碍病毒蛋白的形成，保护这些细胞免受病毒侵入。

干扰素已被用作抗癌药物，但至今的研究结果还不能支持干扰素抑制肿瘤生长的有效性。

19.1 人类的免疫系统

免疫系统（immune system）是由高度特异功能的防御机构组成。防御系统解剖学范围包括淋巴管和海绵状的淋巴结、血液中的白细胞和骨髓、胸腺。免疫反应几乎全由两种淋巴细胞介导：B淋巴细胞（B Lymphocyte）和T淋巴细胞（T Lymphocyte）。两种淋巴细胞是从骨髓的淋巴干细胞（Lymphocytic cells）产生；它们被加工（T淋巴细胞在胸腺，B淋巴细胞在骨髓），最后停留在身体的淋巴组织中。在对外界物质的免疫应答中，B淋巴细胞主要参与叫抗体（antibodies）的球蛋白的形成；这个过程组成体液免疫应答（humoral response）。在第二种免疫应答中，细胞介导的应答（cell-mediated response），T淋巴细胞通过不同的细胞类型启动对外界物体的攻击。在两种反应类型中，外来侵入体通过它所具有的抗原（antigens）被识别。每一种毒素或生物体具有特殊的其他侵入体没有的化学成分；这些物质就是抗原。它们通常包括蛋白质，大的多糖，或大的脂蛋白，它们常在单细胞生物体表面上被发现。几乎对于每一种抗原在体内都有特异的（specific）抗体存在。

体液免疫

抗体是由特异基因编码的球状蛋白。它们通常被称为免疫球蛋白（immunoglobulins），因为它们具有球状蛋白的性质并参与免疫应答。它们由4条多肽链组成（见图19.1）。两条较长的称为重链（heavy chains）；它们通常相同。剩下的两条链，称为轻链（Light chains），是短的，它们也有相同的结构。每一条链互相以二硫键相连，都具有一个代表抗体类别的恒定（constant）区和可变（variable）区。可变区可为人一生提供100万种以上抗原入侵的特别需要。

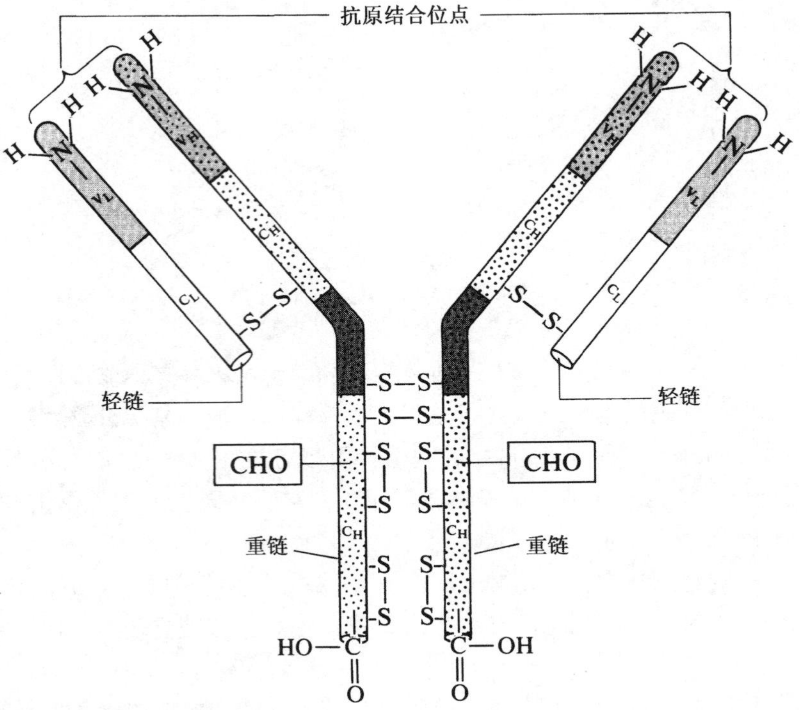

图 19.1　抗体的结构

每一种抗体有两个抗原结合位点——两个由重链和轻链形成的裂缝。每个裂缝的开口端是在 NH_2（头）端，这里包含着可变序列。这些序列的抗体提供了独特的构象，所以每个抗体具有独特的适于特异抗原的裂缝。现在已经很清楚整个抗原不需要参加结合过程；而只是抗原的一小部分，抗原决定簇（antigenic determinant)，进入抗体的裂缝中。这个裂缝，不仅仅由可变区的氨基酸一级顺序决定，而且依赖于轻链和重链的复杂的折叠形式。

一种抗原，特别是当它很复杂时，可以与一个以上抗体反应，但这并不是通常情况。此外，与抗体反应导致淋巴细胞增殖的抗原一定是大分子。以后，抗原决定簇本身可以在以后的免疫应答中起作用。

人类中已发现五种不同的抗体。最常见的一组免疫球蛋白是 r 免疫球蛋白（gamma globulins IgG)。IgM 是感染时发现的第一组免疫球蛋白，但该组蛋白具有高的转换率，不能以高水平长时间存在。眼泪、唾液，甚至乳汁含有 IgA，这是第三组，它的功能是维持分泌这些物质的结构中的细菌低水平生长。IgD 与 B 淋巴细胞表面有关，但它的功能还不知道。IgE 促进肥大细胞与抗原结合后释放组织胺。它也与对抗寄生虫以及过敏反应有关。

抗体是体液免疫应答中的基本武器。它们可以直接攻击有抗原性的生物体或分子，或者可能激活相关的系统，攻击入侵者。

一种直接攻击的方式是凝集反应（agglutination)，凝集反应使抗原凝集在抗原抗体的复合物中。因为每一个抗体有两个结合位点，它可以结合两个抗原性生物（如细菌)；大多数抗原物质，依次，具有多个抗原位点，所以可以结合多个抗体。结果是抗原抗体形成交织网状复合物。这些复合物减弱了外来物质的移动力并使它们更易被吞噬（phagocytosis)，即白细胞包住和消化侵入物。凝集块也可变成不溶性的沉淀物，也同样不能移动。某些抗体可以裂解它们所攻击的细胞，其他抗体可以与抗原的毒性位点结合以有效地中和它们。

当抗体与它的特异抗原反应时，它们会激活补体系统（complement system)，该系统大约有 12 个酶的前体，存在于血浆和其他体液中。这个系统的酶被激活后进入入侵生物细胞膜中并最终使它们破裂。补体还可以使细胞表面更易被吞噬，而且使其具有趋化（chemotaxic）效应，使嗜中性粒细胞及巨噬细胞趋向入侵的生物体。通过补体攻击它们的分子结构以后，病毒毒性消失，补体通过诱导入侵物凝集反应减弱它们的移动作用。最终，补体引发了局部发炎反应（inflammatory response）。

☞例 1

发炎反应是对细胞损伤以及机体对外来生物穿透的机械防御的一种非特异的应答。它主要由受损的表皮细胞以及连接组织的肥大细胞释放的组织胺介导。发炎反应包括了增加血液向受损区域的流动，主要是组织胺诱导的小动脉膨胀。毛细血管壁膨胀并易于被粒细胞穿透（特别是嗜中性粒细胞；见图 18.4），这些粒细胞会聚集在受损的部位。受损部位的膨胀以及温度升高可能与发烧及粒细胞数目的明显升高相伴。发烧主要是由于细菌释放的被称为热原的蛋白（pyrogens）造成的。

某些抗体，特别是 IgE 类抗体，粘到细胞膜上，包括血液中的嗜碱性粒细胞膜上。当抗原与这类抗体反应时，相连的细胞肿胀，破裂，放出组织胺、趋化物质、溶菌酶、以及延长平滑肌收缩的因子等。

细胞介导的免疫反应

在细胞免疫反应中，所有细胞——致敏 T 淋巴细胞——而不是化学物质（免疫球蛋白）攻击真核细胞，无论它们是入侵者的细胞如蠕虫的细胞还是被淋巴细胞识别为与“自身”的细胞不同的寄主体的细胞——癌细胞，或被病毒入侵的细胞（这些细胞表面具有病毒的抗原），以及移植的器官和组织等。当靶细胞有 2 个 T 细胞可识别的抗原时，T 细胞与入侵者之间的反应是最为剧烈的。因为受病毒感染的细胞既有“自身”抗原又有 T 细胞敏感的病毒抗原，它们特别容易受 T 细胞攻击。

☞例 2

一系列与糖萼（glycocalyx 细胞膜的糖部分）密切相关的抗原在识别自身细胞以及在 T 细胞介导的免疫应答中被感染的体细胞与 T 细胞的反应中起着重要作用。还有一组这样的抗原只存在于组成免疫应答的细胞上；这一组抗原促进免疫系统中的合作及使免疫系统关系更为密切。这些抗原是糖蛋白，组成主要组织相容性复合体（major histocompatibility complex，MHC）。它们大约由 24 个基因编码，因为每个基因以多种等位基因的形式存在，不同基因组合产生的独特的抗原复合体的数目几乎是无限的。MHC 在预测器官移植的成功性时非常重要，并可作为刑事或亲子案例的法医（法律上的）鉴定中在相当少量的组织中精确识别个体的手段。

在细胞介导的免疫反应中，入侵生物的破坏受到多方面因素的影响。一种特异的 T 细胞，叫细胞毒素 T 细胞（cytotoxic T cells），直接攻击入侵者。与抗体相同，这类 T 细胞对它攻击的抗原敏感。当它发现这个抗原时，它释放出细胞毒素和消化酶，分解外来细胞。这些 T 细胞还会释放能够吸引巨噬细胞的因子，增加它们的活性，使它们聚集在受感染的区域，在这里巨噬细胞会吞噬入侵者。

19.2 免疫应答

一个时期里有两种理论解释体内由抗原诱发的大量不同抗体（100 多万种）存在的原因。指令理论（instructional theory）解释多抗体的理由是，假定抗原有能力通过参与抗体形成的实际过程使新抗体从白细胞中合成。这一观点假定抗原是一种可以指导免疫系统活性的模板。但现在的理论认为抗体多样性是由于 DNA 的重组造成的。尽管通常 DNA 为相当稳定的三联线性排列，编码免疫球蛋白可变区的 DNA 却能够自我重新排列，使产生 100 万种不同的免疫球蛋白序列以及表面蛋白进而产生 100 万种不同的淋巴细胞变为可能。因此，不是抗原通过剪裁它自己的特异抗体产生淋巴细胞的多样性，而是淋巴细胞基因组内的遗传重排，可能产生了大量的涉及到所有抗原的组合。

当一种抗原入侵身体时，特异的抗体会移动到这里破坏抗原。抗体的迅速增殖可以由克隆选择学说（clonal selection theory）（见图 19.2）得到解释，这一学说由一位澳大利亚免疫学家 Macfarlane-Burnett 首先提出的。

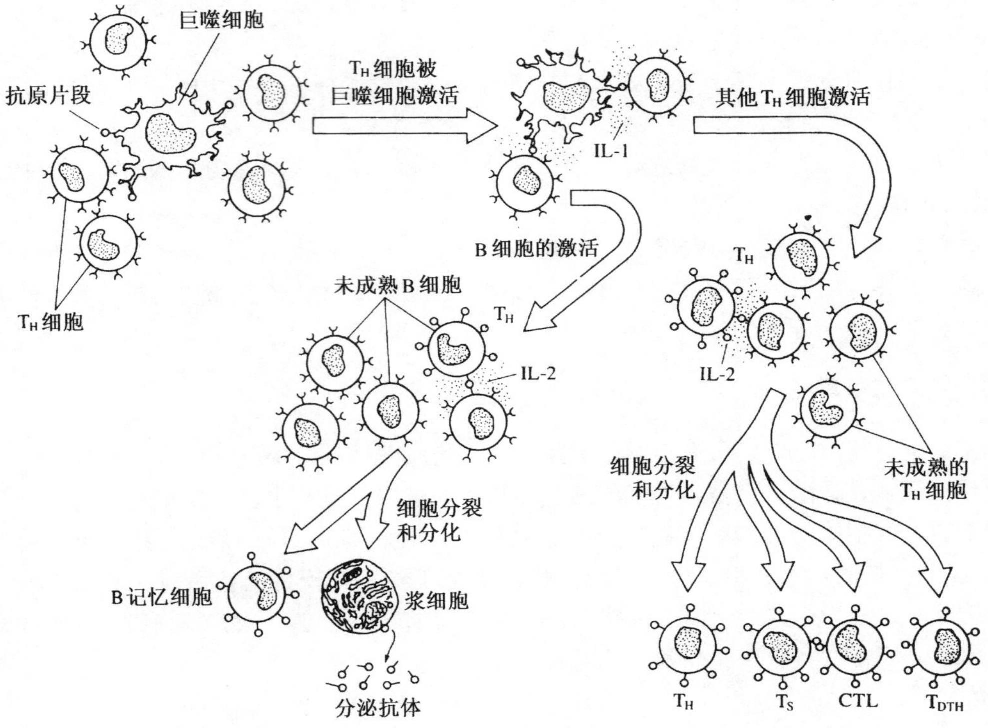

图 19.2　克隆选择

按照这个理论，一个单核细胞长成巨噬细胞后吞噬和消化入侵生物，并将抗原整合到自己的质膜上。然后出去挑选并激活表面携带有特异地与自己携带了抗原相匹配的辅助 T 细胞（helper T cells，Th，淋巴细胞），并分泌出白介素 1（interleukin IL-1）。

这些被激活的辅助 T 细胞有两个功能。第一个功能，它们寻找未成熟的包含与它们自己相同抗体的 B 淋巴细胞（由抗原引起的特异应答）并分泌白介素 2（interleukin2，IL-2）。这样诱导“未成熟”的淋巴细胞开始分裂形成浆细胞（plasma cells）和记忆细胞（memory cells）。这两类细胞不断分裂并且体内充满了它们的后代。短命的浆细胞大量分泌抗体。记忆细胞产生抗体，但在开始的抗原攻击过程中却是静止的。它们一直在循环中存在直到抗原被清除，只要抗原再次出现它们就会立即分泌抗体。

第二个功能，激活的 T 细胞寻找在表面具有识别分子的未成熟的 T 细胞，再用白介素 2 激活它们。然后这些 T 细胞分化为记忆细胞、细胞毒性 T 细胞、更多的辅助 T 细胞和抑制 T 细胞（suppressor T cells，Ts）。我们已经讨论过前三者的功能，抑制 T 细胞的功能是当入侵者消失时，停止免疫反应，仅仅保留记忆细胞。记忆细胞在抗原再次出现时会被再次激活。

19.3　杂交瘤

1984 年两位欧洲免疫学家（Köhler 和 Milstein）因发现了单克隆抗体技术（monoclonal antibody technique）而获得诺贝尔生理学及医学奖。这一技术包括了只产生一种抗体的淋巴细胞系的选择以及这些细胞与癌细胞的融合。结果产生了一个杂交瘤（hybridoma）。正常细胞培养时，几次分裂后就会死亡，而癌细胞不会死亡。杂交瘤的细胞既有淋巴细胞产生单一抗体的能力又可以长时间生存。纯化抗体的产生为研究者提供了有用的工具，特别是当抗体可以用染色剂或其他标记物质标记以追踪它时，伴随着抗原与被标记的抗体结合，抗原可以被定位于组织内甚至于细胞内。而且对于任意一种靶抗原都能产生大量纯的抗体，可以通过将细胞毒素药物固定在它们将要攻击的细胞的抗体上，将它们送到目标细胞处。

19.4 艾滋病

艾滋病（AIDS，获得性免疫缺损综合征）是一种由于人嗜 T 淋巴细胞病毒Ⅲ（HTLV-Ⅲ）逆转录病毒引起的疾病。这种 RNA 病毒最近被认定为 HIV（人类免疫缺损病毒）。它的毒性在于它可以攻击 T 淋巴细胞群中的 T4 淋巴细胞亚群。T4 淋巴细胞对于细胞介导的免疫是至关重要的。这些细胞的破坏使得身体免疫系统减弱，易受到不同寻常的癌症及一系列感染疾病的攻击。越来越多的证据表明，HIV 可以越过血脑屏障而在脑细胞中扎根。这可以解释有时伴随病毒侵染出现奇怪的行为变化。

这种疾病最初源于 50 年代的非洲，但直到 70 年代才被当作一种非同寻常的疾病。因为病毒不易从一个个体传给另一个个体，只有个体之间的密切接触才是病毒传播所必须的。病毒在血液、眼泪、唾液和精液中存在。通过肛交和普通性交传播，口交也是可能的传播方式，或者是在输血时或静脉注射吸毒者共用针头传播。昆虫的叮咬不会传播该病毒。

温和的病毒很可能先在 T4 细胞中停留，在那里它们会长期保持不活动，不引起发病。在其他感染或相似的引发事件的刺激下，病毒会使得细胞根据它的核心 RNA 合成互补 DNA，产生出大量拷贝的病毒，破坏细胞或使它失去功能。这阻碍了整个免疫系统的功能。许多药物疗法被用于阻止免疫系统的恶化，但对于感染过程的明显阻碍还没有出现。广泛使用的艾滋病药物是 AZT（3′-叠氮脱氧胸苷），它抑制了病毒将 RNA 变为 DNA 的逆转录酶。

19.5 人类血型

红细胞中有许多决定血型的抗原。1900 年左右 Karl Landsteiner 发现了第一组主要的多糖抗原，它们组成了 ABO 血型系统。它们实际上只有两个，A 抗原和 B 抗原（见表 19.1）。红细胞上有 A 抗原的人在血浆中有 B 抗体，他们是 A 型（type A）。具 B 抗原的人在血浆中有 A 抗体，他们是 B 型（type B）。红细胞上同时具有 A 和 B 抗原的人是 AB 型（type AB），他们血浆中不含 AB 抗体[1)]。O 型血的人红细胞上没有抗原但血清中有 A、B 两种抗体。当然，当相同类型的抗体和抗原相遇时问题会发生。所以人类进化的选择过程中，A 抗原不会与 A 抗体相遇，B 抗原不会与 B 抗体相遇。

表 19.1 ABO 血型

基因型	表现型（血型）	抗原	抗体
I^AI^A 或 I^Ai	A	A	β
I^BI^B 或 I^Bi	B	B	α
I^AI^B	AB	A 和 B	无
ii	O	无	α 和 β

输血时具有 A 抗原的红细胞进入具 A 抗体的人血浆中（B 型或 O 型）或具 B 抗原的红细胞进入含有 B 抗体的血浆中（A 型或 O 型）会发生问题。这种情况下红细胞会凝集并从

1）原文为 ABO 抗体，译者认为有误应为 AB 抗体。——译者注

血液循环中以抗原抗体复合物的形式沉淀出来。应当注意的是，输血时主要考虑的是供血者的红细胞与受血者的血浆的反应，因为供血者的血浆被受血者的血浆大量稀释，所以供血者的抗体对受血者的红细胞影响不大。由表 19.1 所见，O 型血由于红细胞上无抗原可以输血给其他血型，而 AB 型血由于血浆中没有与红细胞反应的抗体可以接受其他血型的血液。

输血中，必须取供血者和受血者的少量血样进行交叉配血实验，以防止输血时沉淀反应的发生。

红细胞上的另一种抗原在血液凝集时起重要作用。这种抗原因子叫 Rh，具有 Rh 者为 Rh^+，缺少 Rh 者为 Rh^-。当它存在时，会引导 Rh^- 的受血者对 Rh 产生抗体。Rh 是显性等位基因，父亲是 Rh^+ 而母亲是 Rh^- 时，这样的孩子通常是 Rh^+。当在隔离母婴循环系统的胎盘中有少量的母胎血液混合时，母亲会产生抗 Rh 抗体。在生第二胎时，会有大量抗体产生并越过胎盘障碍进入胎儿循环系统中，导致胎儿红细胞凝集。这种现象称为胎儿溶血症（erythroblastosis fetalis）。

其他抗原因子包括 MN 血型系统。这些不同的抗原系统为个体的鉴别，特别在法律案件中提供了依据。主要组织相容性复合体（MHC）似乎比血型更为重要。

疑难问题解析

19.1　根据粒性细胞的吞噬性质，你认为它所含颗粒是什么？

那些颗粒是溶酶体（见第 4 章）。当粒性白细胞吞噬细菌或外源颗粒时，便形成吞噬泡。内含水解酶的溶酶体与这些吞噬泡融合并协助消化外源侵犯体。蛋白水解酶是消灭这些外源颗粒最有效的武器。

19.2　未成熟的 B 淋巴细胞和 T 淋巴细胞的样子看上去一样，但被辅助 T 淋巴细胞激活后，B 淋巴细胞发育出大量的粗面内质网，而被激活的 T 淋巴细胞则没有，你认为这是什么原因呢？

大量的粗面内质网表明蛋白质合成作用活跃，B 淋巴细胞具有这种性质并不出乎意料，因为它必须生产出大量的免疫球蛋白。而被激活的 T 淋巴细胞并不生产大量的蛋白质，因此不需要额外的粗面内质网。

19.3　比较 B 淋巴细胞和 T 淋巴细胞。

B 淋巴细胞和 T 淋巴细胞都来源于造血干细胞（stem cells）。干细胞位于成人骨髓，它是全部血液细胞（红细胞和白细胞）的生产者。干细胞是指那些相对未分化而能产生特化细胞类型的细胞。

B 淋巴细胞在骨髓中发育成熟。当被某一特定抗原致敏时，B 淋巴细胞变大，并且迅速进行细胞分裂产生两种非原初细胞。其中一种是浆细胞，数量极大，向血流中分泌大量的特异抗体。这种作用被称为体液免疫应答，第二种是长寿命的记忆细胞，提供长期的免疫。如果在未来出现与记忆细胞抗体相特异的抗原时，会产生大量的浆细胞和记忆细胞。

T 淋巴细胞在胸腺中成熟，并受胸腺分泌的激素复合物的影响。在 T 淋巴细胞表面存在着功能与 B 淋巴细胞抗体相似的两种受体。与这些受体互补的抗原能与受体结合。当 T 淋巴细胞致敏后，也像 B 淋巴细胞一样分裂形成记忆细胞和活性 T 淋巴细胞。活性 T 淋巴细胞至少有三种类型，它们全部参与细胞介导的免疫应答，即在各种 T 淋巴细胞与全体细胞间发生反应。

19.4　某一种生物体具有多样的抗体，目前公认的原因是编码这些抗体的染色体上的 DNA 片段有无穷的重组能力。因此每一淋巴细胞中的染色体区域只编码淋巴细胞特异性的抗体。另外两种关于抗体多样性的遗传学解释是什么？（不包含指导学说）

（1）每一淋巴细胞都含有各种生物所产生的全部抗体的基因，但不含阻遏基因。（2）对某一特定物种，编码抗体的染色体区域在很大程度上受到碱基置换突变的影响。

19.5　通过给人注射抗原可以人为的诱发免疫应答，使抗原丧失在正常状况下引发疾病的能力。这种被削弱或被灭活的注射物依然含有能引发免疫应答的抗原，因此使人对此抗原的日后侵袭有所准备。这个过程被称作主动免疫（active immunity），因为注射的抗原主动地产生抗体，并致敏能对付抗原的淋巴细胞。（另外，抗体或致敏淋巴细胞可以被直接注入人体系统内，赋于人体被动免疫（passive immunity））。

接种抗原通常需多次注射，每隔几个星期，甚至几个月再接种一次。为什么要相隔这么长的时期接种抗原？

在原初免疫反应（primary immune response）过程中，只有很少的B淋巴细胞和T淋巴细胞的克隆能与接种的特异性抗原反应。然后，这些克隆细胞开始分裂并生成更多的致敏淋巴细胞和记忆细胞。首次接种抗原后，正是这些记忆细胞在发挥作用，当抗原再次侵入机体时，记忆细胞负责再次免疫反应（secondary immune response）。再次免疫反应过程中会产生比原初免疫反应多的能够致敏的克隆细胞，因此再次免疫反应会很强烈，产生大量的抗体和致敏淋巴细胞，反应持续时间也会更久。当疫苗经过几个月的扩散后，就能够很好的利用再次免疫反应。因此，多次接种定量的抗原可产生比一次性接种数量要大得多的抗体和致敏淋巴细胞。

19.6 抗体是怎样对付细菌和病毒的？

抗体大规模地包裹这些细胞，该过程能吸引巨噬细胞来贪婪地吞噬这些被包裹的细胞。但巨噬细胞和抗体间的相互作用机制还不清楚。

抗体通过与病毒或细菌结合，阻碍它们正常的入侵模式：或阻碍入侵粒子上的空间结合位点，或与入侵粒子相互作用。于是病毒就无法与寄主细胞结合，因此也不可能侵入寄主的核酸。所以，病毒对寄主细胞的入侵与对寄主细胞遗传机制的捕虏都被打断。同时，细菌或病毒也可在抗原抗体形成复合物的过程中被凝集。

浆细胞中补体的数量和种类繁多，抗体在这些补体的伴随下可以直接参与对外来细胞的水解。补体可作为淀粉酶与抗原-抗体复合物结合在一起。在细菌细胞上开出一条通道就足以产生渗透张力并最终使整个细菌爆裂。

最后，抗体也可参与炎症反应。

19.7 受感染的伤口产生浓浓的黄色液体，即脓（pus）。脓的主要成分是什么？

当皮肤破裂，吞噬细胞就与侵入伤口的细菌相结合并吞噬掉细菌，由于这些吞噬细胞吸收细菌的毒素，吞噬细胞大量的死亡便形成脓。

19.8 原初B淋巴细胞的受体和原初T淋巴细胞受体的交联作用有什么意义？

淋巴细胞的受体分为两种，但作出的反应却很相似；原初型B淋巴细胞，亦称处女型B淋巴细胞，它的受体是指一些抗体，这些抗体可能与自由抗体相同，由原始细胞演变而来的浆细胞能够大量生产自由抗体；原初T淋巴细胞的受体并不是抗体，而是性质相似的一些蛋白质。两种淋巴细胞的两种受体都必须与抗原结合，B淋巴细胞的两种抗原是相似的，而T淋巴细胞两种不同受体所结合的抗原则是不同的。

当适量的抗原分子与受体结合时，受体就会交联在一起，因为每一抗原都含有一个以上的能嵌入受体裂隙的抗原决定簇。一对受体的交联要依靠同一抗原同时与这两个受体结合。交联作用能够刺激产生B淋巴细胞和T淋巴细胞。由于只有在大量抗原存在的情况下才能发生交联，所以交联作用是细胞增殖的信号，而这种细胞增殖是不具有随意性的。

分离得到的抗原决定簇半抗原（haptens），其自身不能引发淋巴细胞的增殖，因为它只能与一个抗体结合，所以不能引发交联作用。但是这些半抗原可以刺激由完全抗原引发的连续的免疫反应。对于浆细胞，交联作用可以促进自由抗体的产生，自由抗体被释放进入全身循环或根据细胞的位置进入淋巴系统。

19.9 对幼年青蛙（蝌蚪）的实验表明；如果在其发育的某一阶段摘除一个器官，并且把器官移植到另外一只动物体上，若过一段时间后再把此器官移回原青蛙体内，会发生排斥现象，但如果只有一半器官被移植回到原动物体内，将不会出现排斥现象。这些结果说明什么？

器官排斥这一事实表明：当器官从供体青蛙体内摘除后，供体青蛙会启动“自身识别功能”，在这期间其体内所有的细胞都被标记为“友好的”；而未经历标记期的移植器官会被看作是“外来的”。换句话说，当把器官移植给受体，器官就成为了外源性的物质。但如果只有一半器官被移植，而体内留下另一半，那么当把被移植的一半器官移回原供体时，就不会被认作是外源性的，故不会发生排异现象。

虽然关于淋巴细胞如何识别其自身机体的机制还不清楚，但有证据表明，抑制性 T 淋巴细胞参与了该反应。

身体偶尔也会丧失其自身识别功能，从而免疫系统会指使抗体向自身细胞开战。这就叫做自身免疫疾病（autoimmune disease）。在类风湿关节炎（rheumatoid arthritis）中，细菌感染会引起抗体的连续形成，这些抗体对关节处的淋巴组织起作用。红斑狼疮 lupus erythematosus 是一种全身性结缔组织自身免疫疾病。

19.10　有两类不同的 MHC 系统（主要组织相容性复合性）。具有特定构象的 I 类分子存在于所有细胞的表面。它们是一种独特的鉴定种类，代表着由非常灵活的遗传控制系统编码的多种抗原。对于任何一种生物体，它所有的细胞都具有这些排列相同的表面蛋白。它们是“自身”的主要编码者。只有那些发生癌变的细胞能够发育出不同排列的抗原，而这些抗原把这些细胞标记成外来侵入物。随后这些细胞遭受到部分免疫系统如 T 淋巴细胞的攻击。Ⅱ类 MHC 抗原只位于免疫系统的细胞上。为什么会存在这些不同之处呢？

Ⅱ类抗原是作为复杂通讯网络的成员，这一通讯网络能使 B 淋巴细胞、T 淋巴细胞的三种类型细胞、肥大细胞和多种巨噬细胞发生相互作用。在同时具有刺激作用（如辅助 T 淋巴细胞引起 B 淋巴细胞活化）和调节作用（如抑制 T 细胞阻碍免疫应答）的系统中，必须拥有一套活跃的、快速的、分离的系统用以保证免疫系统的适度应答反应。

19.11　HIV 逆转录病毒引发 AIDS 的机理就是破坏辅助 T 淋巴细胞上的自身识别位点。那么为什么会有这么大的破坏力？

很显然，辅助 T 淋巴细胞变得无法识别其他 B 淋巴细胞和 T 淋巴细胞，因而不能激活它们。所以由激素和细胞介导的免疫反应被削弱，身体就容易受到感染。

19.12　假设一位 O 血型女人起诉某 AB 血型男人为孩子的父亲，如果孩子的血型也是 O 型，那么这个男人是孩子的爸爸吗？

答案是否定的。红细胞表面存在三个控制血型抗原的等位基因。浆细胞中的抗体根据红细胞抗原受到调节。I^A 和 I^B 是等位基因，能在红细胞表面上分别产生 A 抗原和 B 抗原。等位基因 i 是隐性的，不产生抗原。在表 19.1 中，基因型 I^AI^A 或 I^Ai 能产生血型 A，血型 B 是由 I^BI^B 或 I^Bi 产生的。I^AI^B 产生共显性的 AB 型，而 ii 产生 O 血型。血型 O 是万能供血者，因为它不会使任何抗原产生凝结，而血型 AB 是万能受血者，因为它不具有能与抗原进行反应的抗体。

受争议的父亲是 AB 血型，所以只能产生带 I^A 或 I^B 等位基因的配子。这些等位基因与母亲的 i 等位基因结合只能产生血型为 A 或 B 的孩子；只有两配子都为 i 时才能使孩子的血型为 O 表现型。

19.13　Charlie Chaplin 被法院判定为 Joan Barry 的 B 血型儿子的父亲。Barry 的血型为 A，Chaplin 为 O 型，这个判决正确吗？Barry 的基因型是什么？孩子的基因型又是什么？

因为 Barry 的血型为 A，她不能提供 I^B 配子去生产血型为 B 的孩子。因此，孩子的父亲一定提供了 I^B 配子，而 Chaplin 的血型是 O，他只能产生 i 配子，所以他不可能是孩子的父亲。

Barry 的血型为 A，基因型为 I^AI^A 或 I^Ai，如果是前一种，她只能给 B 血型孩子提供 I^A 配子，又因为孩子的父亲提供 I^B 配子，孩子的血型就应该是 AB。因此，Barry 一定只提供 i 配子；她的基因型一定为 I^Ai，孩子的基因型为 I^Bi。

附　加　题

19.14　为什么 I^A 和 I^B 等位基因是共显性的？

19.15　抗原抗体的反应和酶与以下什么物质的结合最相似

(a) 维生素 (b) 核糖体 (c) 底物 (d) 金属 (e) 激素

19.16 抗体的四条链由二硫键结合在一起。

(a) 对 (b) 错

19.17 外显子的重新排列是导致重链与轻链多样性的因素。

(a) 对 (b) 错

19.18 细胞介导的免疫反应只有 B 淋巴细胞参与。

(a) 对 (b) 错

19.19 变态反应包含免疫系统的超免疫应答，特别是从肥大细胞中分泌组胺。

(a) 对 (b) 错

19.20 主动免疫是指刺激身体产生大量的抗体。

(a) 对 (b) 错

19.21 被动免疫指抑制性 T 淋巴细胞的注入。

(a) 对 (b) 错

19.22 杂交瘤能大量产生纯抗体。

(a) 对 (b) 错

答 案

19.14 因为它们结合在一起都表现为表现型。

19.15 (c) 19.16 (a) 19.17 (a) 19.18 (b)

19.19 (a) 19.20 (a) 19.21 (b) 19.22 (a)

第20章 呼吸系统

我们已经学习了呼吸（respiration）过程，即生物体在氧气的存在下氧化代谢物以获得代谢物的键能的过程。呼吸过程不仅仅产生能量，而且产生副产物二氧化碳和水。（与此相同的，酵解和发酶过程也断裂代谢物并产生能量及副产物。）很明确的是，一种气体交换（gas exchange）的方式对于向细胞提供氧气并除去二氧化碳是必需的。令人迷惑的是，这一过程也被称为呼吸（respiration）。为了区别两种形式的呼吸，我们将氧化的过程称为内呼吸（internal respiration），或细胞呼吸（cellular respiration），而气体交换过程称为外（external）呼吸，或有机体（organismic）呼吸。我们在这一章将主要讨论第二种形式即外呼吸。

20.1 外呼吸的机制

在单细胞以及小的多细胞生物中，气体交换可以很快地通过细胞膜完成。因为气体是溶解于液体中的，所以该类生物必须生存在润湿的环境中，膜才能使气体可以进出细胞或有机体。干燥（desiccation，外部干燥）除了有其他有害影响以外，还抑制了气体的移动。

单细胞生物体参与内呼吸的气体运动和交换完全依赖于扩散。氧气穿过细胞膜到达扩散区域。内呼吸产生的气体通过细胞质扩散，穿过细胞质膜。O_2 和 CO_2 相对通过膜受到外环境中气体分压的影响。因此在包围有机体的大气或液体中，O_2 的分压低会降低 O_2 通过细胞膜扩散进入细胞的速率。

对于单细胞和扁平形的低等多细胞生物体，扩散已经可以充分满足机体对气体摄取及释放的需要。因为与外界环境的距离是决定气体交换率的限制因素，所以厚度（thickness）和体积（volume）而不是面积，对于这类生物体至关重要。

当单细胞生物体的体积增大时气体的交换受到明显的限制。这是因为细胞表面（气体交换场所）只是按照细胞半径的平方增加，而细胞的体积（细胞总的代谢活动）却随细胞半径的立方增加。扩散进出细胞表面的时间也随体积增加而增加。所以简单扩散对于气体交换的物理限制使得细胞大小受到限制。

同样，当多细胞生物演变的复杂性明显增加时，埋在体内的细胞距离与外界环境发生气体交换的表面细胞已经非常遥远，它们已几乎不可能通过简单扩散获得及排出气体。生物体的复杂性一旦超过了某一限度，就必须有一些能够弥补扩散作用不足的机制出现。

几乎所有的无脊椎动物的代谢活性比恒温动物如鸟类和哺乳类要低得多。这减少了对气体迅速交换的需要，但并未排除对简单扩散的补充机制的需要。为了达到这一目的，多种不同类型的循环系统进化出来。氧气最初进入生物体是通过扩散作用，但氧气一旦通过细胞表面，它会被血液的流动携带至机体的各部分。多数情况下，特殊的呼吸色素例如血红蛋白或血蓝蛋白（见第 18 章）帮助血液运输氧气。血液也将组织呼吸产生的 CO_2 和 H_2O 运至机体的表面，在那里这些代谢产物通过扩散进入外界环境。这样一种气体传播的循环系统几乎存在于从环节动物（分节的蠕虫如蚯蚓）以后的所有动物体中。

第二种对于迅速携带气体至机体内部的适应是气管系统（tracheal system）（见图 20.1），

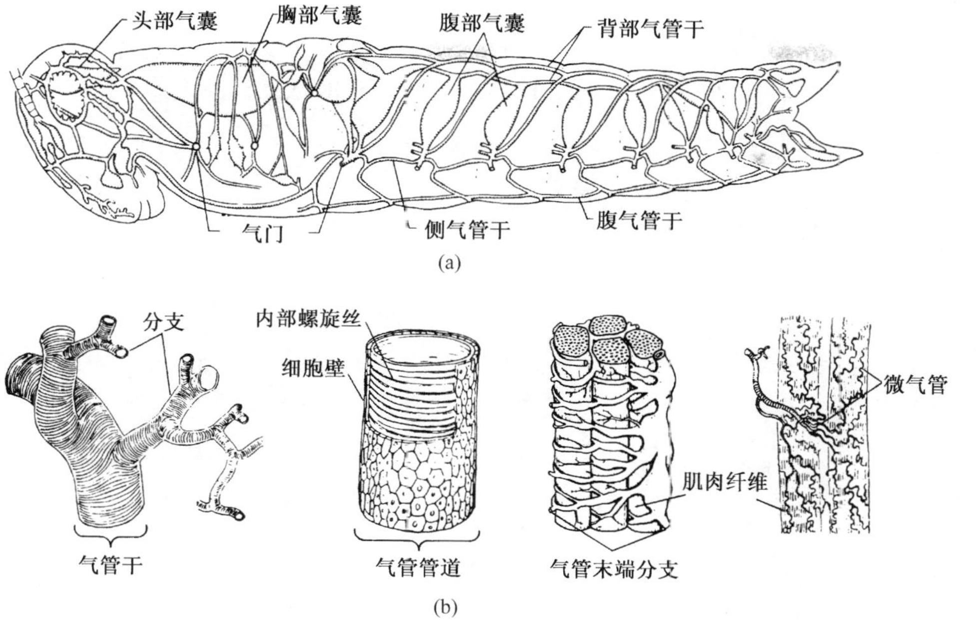

图 20.1　昆虫的（a）呼吸系统（b）气管

这是许多昆虫和八足虫（蜘蛛）具有的特点。这是一系列的分支于机体全身的、可以携带气体到每个细胞的管道。它们与绿色植物叶片上的气孔很相似。大的管子被称为气管（tracheae），它们从沿体表分布的孔处发出，这些孔被叫做气门（spiracles）。气门与叶片中的气孔一样，可以受到阀门的控制或开或闭。几丁质（chitin），坚硬的含氮多糖，也在真菌的细胞壁中发现，因为几丁质环的支持，使气管维持着打开畅通的状态。气管系统实际上是通过血液进行的气体分散到独立的呼吸器官或从呼吸器官返回的替代物。

多数水生动物的呼吸器官包含有一系列突出的盖状物，它们被称为鳃（gills）。这些鳃，富含参与气体交换的血管，它们可以是外表皮相对简单的延伸，像海洋蠕虫沙蚕属（*Nereis*），或者是被复杂的保护装置所覆盖的重复单位，如骨质鱼（硬骨鱼）。多数硬骨鱼中，水进入口腔并通过头两侧的五套软骨的鳃弓而流出，鳃弓通常位于眼的后侧。鳃（见图 20.2）由羽状的鳃丝（filaments）形成，鳃丝是从鳃弓处产生的杆状物延伸形成的。这些鳃丝依次通过形成鳃瓣（Lamellae）增加了其表面积，鳃瓣是由鳃丝产生的侧向的伸出物。许多水生无脊椎动物的鳃是从头的一侧延伸出的无覆盖的瓣，或者被外骨骼覆盖的盖状物如甲壳动物。某些种类的鳃在咽（喉）内出现。所有硬骨鱼的鳃受到鳃盖骨（operculum）的保护。

文昌鱼（amphioxus）是与脊椎动物密切相关的生物体，它的鳃以鳃篮的形式排列。这种鳃篮不仅仅是一种呼吸器官，而且更为重要的是，它可以过滤进入鳃中的海水微小食物。这种鳃篮的取食机制也是脊索动物门中的另一类非脊椎动物——头索动物（tunicates，海鳔蛸）所具有的。许多生物学家认为鳃是作为过滤取食装置起源的，只是在后来才具有了呼吸的功能。

原始的鱼类通过不断快速地向前游动而保持与鳃相接触的水层的新鲜。由于氧气在水中溶解得很少，所以这种过程是十分必须的。有些鱼类如果被长期放在一个地方会溺死。

许多硬骨鱼具有复杂的呼吸运动，水被主动地吸收经过鳃系统。这些运动包括了一套精细的阀门系统、口腔尺寸大小的改变以及鳃盖的开闭（见图 20.3）。

鳃和肺都是增加呼吸表面积的组织延伸和扩展。许多鱼吞咽（gulp，强有力地吞咽）空气并直接通过口腔的气管化组织以气体的形式吸收氧气。很有可能现在的两栖类、爬行类、鸟类以及哺乳动物的鱼类祖先在咽（喉）区域产生出一种特殊的囊，能够保存住这些珍贵空

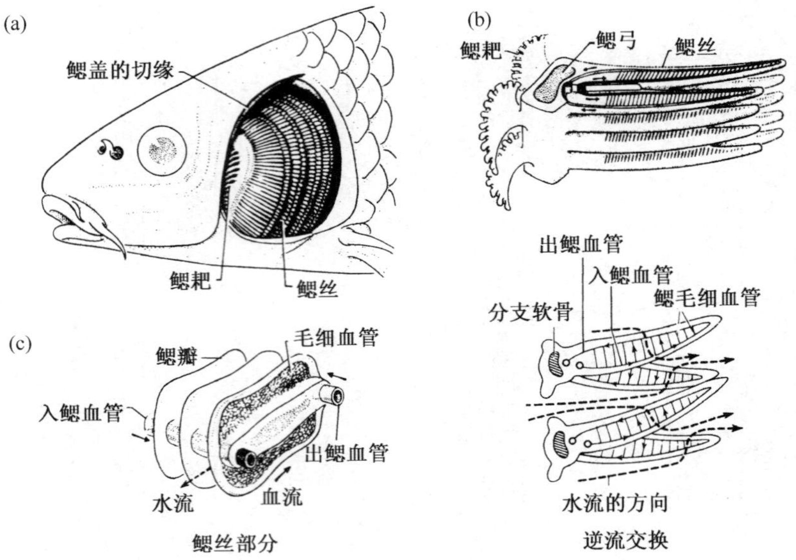

图 20.2　硬骨鱼的鳃。在（d）中，波折线示水流方向，实线示血流方向

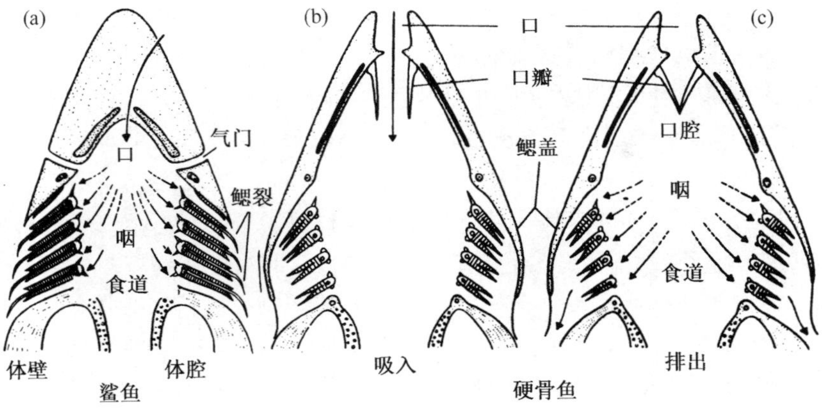

图 20.3　鱼的呼吸动作

气。这种结构最终可能发展为高等哺乳动物的分支的肺器官。

肺鱼（lungfish）是一类进化出肺但仍主要依赖鳃进行气体交换的原始鱼类。肺鱼生活在温暖气候区的不流动的水域中，或者生活在短期干涸的溪流中。它们的肺是肠道在腹侧外翻的产物，在缺水的困难时期起一种获取氧气的补充机制。另外，肺鱼具有夏眠（estivation）行为，与冬眠的过程相似，以抗极端干旱的条件。肺鱼在自己周身筑起一个泥巢而于干旱的季节休眠。

许多硬骨鱼的肺与鳃共存，但肺并不具有呼吸的功能。相反它在不同程度上为鱼在水中提供流体静力的稳定机制。这时肺被称为鳔（swim bladder）。鱼（通过血液）向鳔中送进空气而使鱼本身在水中上浮；反之从鳔中排出气体，鱼体下沉。

脊椎动物的肺是适应陆地干燥环境的最为重要的进化适应的特征。伴随着参与与周围环境（ambient）空气进行气体交换的潮湿的呼吸表面内在化，肺呼吸动物可把它们的皮肤修饰为具有其他用途的器官。由鳃呼吸向肺呼吸的转变可以在两栖动物（amphibians）中观察到。这类脊椎动物分类名称［两边（amphi）意味“两”和生物（bios）意味“生命”］暗示了它们的两种生活方式。多数两栖动物的生命从鳃呼吸的类似鱼的幼虫（Larvae）开始。幼虫经过一系列彻底变化，称为变态（metamorphosis），变成肺呼吸的成熟个体。从幼体的蝌蚪到成体青蛙使我们了解某一种脊椎动物个体发育过程中包含的系统发生（phylogenetic,

与进化有关）过程。

20.2　哺乳动物的呼吸

哺乳动物的呼吸器官可以以人的呼吸系统为例进行说明（见图 20.4）。

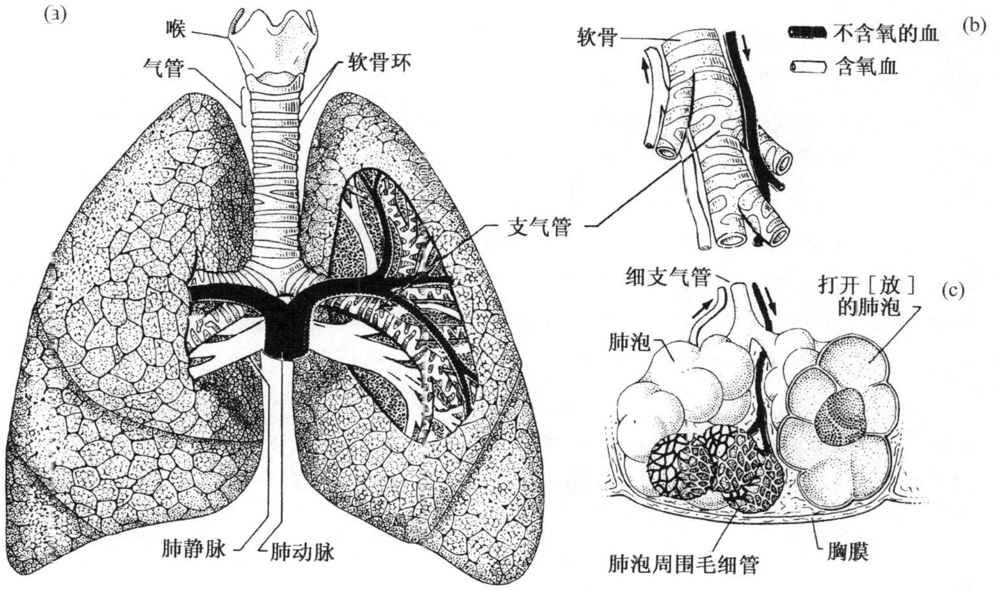

图 20.4　人的呼吸系统。黑色的血管为缺氧血

哺乳动物是陆地的最有效的征服者，它们的呼吸系统反应了这一成功（然而，鸟类的呼吸器官更为完善有效；见问题 20.10）。空气可以通过鼻或口进入呼吸树，尽管吸入气体经过长长的鼻腔但它却得到最好的过滤和加温。鼻腔进入鼻咽部，通过腭（palate）与口腔分开。口腔中齿的后侧前上方部分被称为硬腭（hard palate），再向后延伸区域坚硬程度逐渐减弱，被叫做软腭（soft palate）。

无论通过口腔还是鼻腔，吸入（吸气，inhaled）的空气，经过咽部然后进入气管（trachea），气管是食道前的硬的管道。气管（声门，glottis）的开口处由盖状会厌软骨（epiglottis）把守。喉（Larynx），声带，位于气管的起始处。气管分支进入左和右支气管（bronchus）。每一个支气管又进一步分支为许多细支气管（bronchioles），它们组成了呼吸树的细小分支。支气管炎（Bronchitis）是指这些分支管道发炎。

每一条细支气管末端为盲端并膨大为空气囊，叫小窝（alveoli），由许多小窝组成肺泡，肺泡富含毛细血管。主要的外呼吸就在肺泡膜处进行。肺泡周围的毛细管将缺氧的富含二氧化碳的血液从肺动脉运过来。而肺泡吸入高氧分压（pO_2）和低二氧化碳分压（pCO_2）的空气。两种气体不同的压力梯度使得它们通过毛细血管及肺泡壁迅速扩散——氧气进入毛细血管并被带入组织；二氧化碳进入肺并被排出体外。

☞例 1

吸入空气中含有 20.96％的氧气，其压强为 160mmHg。呼出的气体含有 15.8％的氧气，其压强为 120mmHg。很明显，肺大约用去了吸入空气中的 25％的氧气。二氧化碳在吸入的空气中约占 0.03％～0.05％，而在呼出的空气中占 4％。呼出空气中 CO_2 的压强比吸入的空气中的 CO_2 压强增加了 100 倍。

由哺乳动物的肺泡系统提供的呼吸表面比两栖动物的平滑的肺表面面积大得多。爬行动物的皮肤不再被用作显著的呼吸表面，它们的肺与哺乳动物的肺相似，多孔且呈海绵状。

哺乳动物的肺在呼吸运动——吸气（inhalation）和呼气（exhalation）中被动地起作用。

肺由于肺膈肌和肋间肌肉的收缩而扩张或收缩。肺体积的增大使空气进入肺，反之肌肉松弛时空气被排出。膈（diaphragm）是构成锥状肺（胸膜）腔的基础，并且是哺乳动物特有的。肋间肌（intercostals）是肋骨间的肌肉，当肋间肌收缩时，使整个肋骨架向外向上提升。

吸气动作的开始由于膈神经（phrenic nerve）刺激膈肌而产生；这种刺激主要由于血液中的 CO_2 水平的升高。肋间肌与膈间肌若同时受到刺激，结果胸膜腔体积变大，减低了腔内的压力。这种吸引力的结果使空气被迫由外界进入肺。由于气管没有可进入胸腔的通道，故在胸膜腔压力下降时空气必须进入肺。

伴随吸气，血液中 CO_2 水平下降，膈神经对膈肌及肋间肌的刺激减弱。膈肌舒张，它的直径因此增加，导致膈肌顶部向胸腔突出。肋间肌也由于神经干刺激的减弱以及重力的作用而松弛。结果肺腔的总容量明显减小，而胸内压力明显上升。这使得空气排出肺，即呼气过程。黄色弹性结缔组织是肺部支持组织的主要组成部分。吸气时肺拉伸，黄色弹性组织也被拉伸。它的回缩趋势以及保持未拉伸状态的特点帮助起始呼气过程。

正常呼吸期间，呼吸是自发进行的，不需要主动施加压力。呼吸过程中，成年人每次呼吸进出肺的空气量约为500ml。这被称为潮气量（tidal air）。潮气量以外的主动吸气增加的吸气量称为补吸气量（inspiratory reserve），大约3升。正常呼气后，可以再用力呼出大约1升空气——补充呼气量（expiratory reserve）。二者的能力之和，即最大吸气后再最大呼气，其总量称为肺活量（vital capacity），一般在4.5至5升。即使在最大呼气之后，仍有1升以上的剩余气体在肺中，称为残气（residual air）。这部分空气在维系呼吸间歇时血液与肺泡间的气体交换起着关键作用。

20.3　呼吸的调节

尽管可以通过大脑皮层的信号对呼吸施行某些主动的控制，但呼吸最终还是一个对神经和化学刺激的被动反应。

位于大脑延脑和脑桥双侧的吸气中枢（inspiratory centers）和呼气中枢（expiratory centers），通过各种各样的颅侧神经，包括膈神经与迷走神经，与呼吸肌肉及感受器相联系。静息时，主要是吸气中枢控制呼吸，而呼气只是被动反应。这些中枢通过膈神经向膈肌和胸肌发出刺激脉冲，使它们收缩，导致吸气。两秒钟之后，中枢停止刺激发放，肌肉松弛，导致呼气。

在活动增加时，呼吸较快较深，呼气中枢起作用，(1) 向吸气中枢发出周期性的抑制脉冲，因此停止吸气，(2) 向胸部和腹部肌肉发出刺激脉冲，使呼气比安静时膈肌及吸气肌肉单纯放松时加强。呼气中枢受到位于支气管及细支气管的拉伸感受器的刺激。当肺的扩张超出一定限度时，这时感受器通过迷走神经向呼气中枢发出信号，因此抑制吸气中枢。这就叫做黑 伯二氏反射（Hering-Breuer reflex）。呼吸调整中枢（pneumotaxic center），位于脑桥，也可以抑制吸气中枢。

尽管实际上是神经刺激影响呼吸作用，血液和脑脊液中的化学平衡直接决定神经细胞的发放速率。颈动脉和主动脉弓中的感受器检测出pH的变化以及 CO_2 和 O_2 水平的变化；脑室中的感受器对脑脊液中的pH值变化敏感。CO_2 的增加或pH或 O_2 的水平下降使得这些感受器更频繁地成比例发放，刺激呼吸中枢引起呼吸的深度和频率增加。更深更快的呼吸使更多的 CO_2 被除去，随着pH升高，更多的 O_2 进入（见下一部分）。这些变化使得感受器发放速度减慢，呼吸随之减慢。有趣的是，CO_2 水平比 O_2 水平对呼吸频率有更大的作用。实际上，可能是由于 CO_2 水平的升高导致的 H^+ 浓度增加（pH下降）而引起的呼吸变化。

20.4　血液中的 O_2 和 CO_2 的交换

从代谢活跃组织中进入血液的 CO_2 有多种命运。大约10%溶于血浆中（在水中 CO_2 的

溶解性比 O_2 大 30 倍）。其余进入红细胞。这些 CO_2 的一部分与血红蛋白的氨基酸的氨基结合不牢固，形成氨基甲酸血红蛋白（carbaminohemoglobin，HbNHCOOH）。其余的红血细胞 CO_2 与水反应形成碳酸：

$$CO_2 - H_2O \rightleftharpoons \underset{\text{碳酸}}{H_2CO_3}$$

碳酸迅速解离成碳酸氢根离子：

$$H_2CO_3 \rightleftharpoons H^+ + HCO_3^-$$

虽然这些反应也发生在血浆中，但在红细胞中碳酸的形成被碳酸酐酶（carbonic anhydrase）大大地促进。我们将会看到，这是一个非常重要的反应，通过碳酸酐酶促进的反应会随着 CO_2 水平的改变迅速地向两个方面进行。HCO_3^- 扩散进入血浆；为维持离子平衡，等量的 Cl^- 进入红细胞（chloride shift，氯迁移）。

当血液到达肺时，遇到肺泡中低水平的 CO_2。结果，氨基甲酸血红蛋白重新解离为 CO_2 和血红蛋白，CO_2 扩散进入肺的结果是自肺呼出。因为血液中的 CO_2 水平下降，H_2CO_3 也重新变为 CO_2 和 H_2O。这些 CO_2 也扩散进入肺并被呼出。H_2CO_3 水平的下降使 H^+ 和 HCO_3^- 重新结合，形成更多的 H_2CO_3。在该反应链的末尾，红细胞中 HCO_3^- 水平的降低使得血浆中的碳酸氢盐扩散进入红细胞，同时上述的反应向反方向进行（即从左向右）。这些反向反应的净结果是肺中大部分以氨基甲酸血红蛋白形式存在或以碳酸氢盐扩散入血浆的 CO_2 重新变为自由的 CO_2 并扩散进入肺，在这里呼出体外。

在第 18 章我们研究了玻尔效应，即在高 CO_2 水平（或低 pH）下血红蛋白对氧的亲和力下降。这一效应促进了 O_2 向代谢旺盛而 O_2 水平低和 CO_2 水平高的组织释放。

在富含氧的肺中，需要 O_2 的吸收而不是释放，血红蛋白表现出另一个有价值的性质：协同性（cooperativity）。当一分子 O_2 以非共价键与四个血红素基团中的一个结合时，它改变了血红素的形状使得其余血红素对 O_2 的亲和力增加，这可能是由于过渡态构象的变化。每一个增加的 O_2 的结合进一步增加剩余血红素对 O_2 的亲和力。这种协同性使得在肺中 O_2 能够迅速吸收。

疑难问题解析

20.1 区分内（细胞）呼吸与外（机体）呼吸。

内呼吸主要为化学过程（chemical process），分子被分解，其能量被捕获；外呼吸主要为气体交换的物理过程（physical process），加工内呼吸的原料与副产物。

20.2 能利用氧的呼吸模式，与只有糖酵解和发酵参与的呼吸模式相比，有什么优点？

虽然在第 4 章已经讨论过了，但在这里还要提一下。氧作为末端电子受体，利用它就意味着最大程度的开发利用贮存在有机燃料中的能量，这些有机燃料是细胞降解产生的。而在糖酵解和发酵过程中，只有部分燃料分子的能量被释放出以生产 ATP。与三羧酸循环和末端电子传递链相结合的氧化过程，能产生比糖酵解多 19 倍的能量。

只有在光合作用和产生富含分子氧的大气条件下，才可能进行有氧代谢。有氧代谢对于高度活跃的陆地生物来说是不可缺少的，有氧代谢也成为几乎所有真核生物的主要特征。

20.3 在夜晚，医院的护士会把病人房间中的植物移走，你认为这样做是为了什么？

所有的植物和动物，甚至多数单细胞生物，都吸入氧用于氧化代谢物并排出二氧化碳。在此基础上，有氧呼吸模式就是光合过程，即利用 CO_2 和产生分子氧。当进行光合作用时，其强度通常超过植物呼吸过程的强度，所以会出现 O_2 的净增加和 CO_2 的净损失。但是，在没有光的情况下，如医院里黑暗的病房中，几乎不会进行光合作用。因此只进行呼吸的植物就和病人争夺空气中的 O_2。

当然，植物分享少量的氧不会对病人产生危害。但是，在一些医院中，病房内的植物依旧在夜晚被移出。

20.4 为什么循环系统对蚯蚓的外呼吸要比对昆虫的外呼吸更为重要？

蚯蚓通过皮肤进行呼吸，通过分泌黏液保持皮肤的长久湿润。一旦氧通过扩散作用进入皮肤，会被带至体内的各个部位。同样，组织中产生的 CO_2 和 H_2O 也必须被血液快速地运输至皮肤，再通过皮肤释放到环境中去。虽然蚯蚓的大部分组织都靠近皮肤而且皮肤的表面积也相对很大，但由于缺少附属的分配系统，所以不能保证维持代谢所需的气体交换速率。因此，蚯蚓需要循环系统参与必要的气体交换。

而另一方面，昆虫具有气管系统。这种相对小而硬的管状分支系统伸入紧挨体内组织的囊中，使得空气能够进入昆虫身体的每一角落与空隙中，从而无需体内运输。因为空气必须扩散进入每一气管的末端，所以如果昆虫的体型太大，则这种气管系统就会失效。不管怎么说，气管系统使昆虫和蜈蚣等节肢动物以及蜘蛛得以征服陆地环境并在此环境中成功地扩展领地。

20.5 描述图 20.2 所绘的系统，鱼类利用此系统主动的将水从鳃中排出。

首先，口腔张开吸入水分，正如哺乳动物扩张肺腔吸入空气一样。鳃盖同时关闭以阻止水分在鳃中倒流。接下来，口腔收缩，口腔瓣膜关闭，阻止回流的水分流出口。相反，鳃盖打开，水分从鳃中被排出体外。

20.6 亨利定律对气体运输有什么意义？

正如第 18 章所讲，亨利定律说明：如果温度恒定，溶于液体的气体量正比于液面上方气体的分压。当分压上升，更多的气体溶于液体中；当分压下降，更多的气体会从溶液中溢出。气体的溶解量也与该气体的溶解系数（solubility coefficient）有关，溶解系数是指在相同分压下，与一些标准相比，衡量气体溶解量的尺度。在每一时刻气体从溶液中外溢的趋势与空气中迫使气体进入溶液的张力是彼此平衡的。总的来说，温度的升高会降低溶液中的气体含量。这就是为什么一杯冷水在加热时会产生气泡的原因；溶液不再能够保持同等含量的气体，所以各种气体从溶液中溢出形成气泡。很明显，溶液中的气体与在空气中的该气体建立的平衡对于肺中的气体交换是至关重要的。携带二氧化碳的血液从体内流向肺部空间，在那里二氧化碳的分压很低，如此低的分压使得二氧化碳从血液中溢出。同理，肺中氧分压很高使得氧气进入血液。

道尔顿分压定律是亨利定律的补充。在不同气体组成的混合气体中，每一气体所施加的压力正比于该气体在混合气体中的体积百分含量。每一气体的压力称为分压（partial pressure）。混合气体的总压力等于所有气体的分压之和。例如：设在标准大气压 760mmHg 下，如果空气含有 21%的 O_2，那么氧分压即为 $0.21\times760mmHg\approx160mmHg$。而氮气分子（$N_2$）的分压约为 593mmHg，所以氮气在空气中的体积百分比为（593/760）（100）$\approx$78%。

20.7 在鱼鳃中，从组织中流出的脱氧合血在鳃瓣毛细管网中的流动方向与水分通过鳃时流动的方向相反（见图 20.2）。这种对流有什么重要性？如果血液和水分的流向相同会产生什么结果？

在第 15 章已经讨论过，逆流可以保证气体交换的有效性。鱼鳃是气体交换的场所，到达鳃中的血液 O_2 含量最低，在鳃中血液遇到刚刚进入鳃的水流，水流经鳃时会损失大量的 O_2。但水中残留的氧气还是比血流中的多，所以氧会从水流进入到血流中去。当血液沿毛细管网流动的距离越来越长，就会逐渐成为氧合血液，同时也遇到氧含量逐渐增大的水流，水流是沿氧含量高→氧含量低的方向流动，所以氧气一直保持由水中进入血流中。在血流末端，血液中的氧含量达到最大值，大约与刚进入鳃时的水流氧含量相等。所以在每一逆流的水平上，氧气都是从水中进入到血液中去。如果在鳃中水流与血液的运动方向相同，血流一开始就会从水流中摄取最大的氧气，从而在很短的时间内建立平衡，这一平衡水平大约为对流系统的一半。

20.8 对于大多数鱼类，鼻孔（鼻腔）是相对浅表的用于闻气味的囊状结构。叶裂鳍鱼的鼻腔首次通过内鼻孔（internal nares）延伸进入口腔。所以空气可以从鼻进入到口腔和喉。这种具有肉质侧鳍的鱼很可能是两栖动物和其他一些具有辐射状脊椎动物的祖先。那么内鼻孔对生物的适应性有什么益处？

对于叶裂鳍鱼，内鼻孔新开出的通道并没有功能方面的优势，但它使后代生物的鼻呼吸成为可能，即再也不需要口腔来辅助呼吸，从而降低了口腔长期开放带来的损伤。多数哺乳动物，鸟类和一些爬行动物具有喉门，喉门使动物在进食时仍进行呼吸成为可能。同时，内鼻孔还能温暖、过滤和湿润通过其弯曲通道进入气管的空气。

20.9　气管与食管的相对位置有什么生理上的适应性?

由于食管位于气管后方，所以食物必须经过声门。如果在进食过程中会厌不覆盖住声门，就会使食物进入气管从而出现窒息。

20.10　飞行时的代谢需要使鸟类进化出高效的呼吸系统。鸟类的飞行器官不仅仅包括气管、支气管和肺，而且还有另外的组分：气囊（air sacs）。这些辅助性的气囊在体前体后都有，甚至还会分叉进入骨中的空间。如果鸟的气管被阻塞，空气可以经分裂的骨进入呼吸系统。鸟类的气质骨也减轻了骨骼的重量，因而易于飞行。

由于鸟类缺乏隔膜，它只能通过腹胸肌肉收缩来吸气。在飞行时，振动的翅膀和胸部的飞行肌能产生以下的效应：空气从支气管直接进入体后气囊，而无须进入肺部。同时，肺中的空气进入体前气囊。呼气时，体后气囊中的空气进入肺部，而体前气囊中的空气被排出体外。位于细支气管末端的囊泡并不是封闭的，相反，它们是小的导管（三级支气管 parabronchi），在那里气体进行最大限度的交换。为什么鸟类的呼吸系统比哺乳动物更有效?

在哺乳动物肺中，空气进入盲囊。因为肺部不能完全的收缩，所以在呼气后还残存一些空气。而在鸟类肺中，具有分离的入口和出口，空气可以以同一方向连续的流动。这就使呼吸时能够完全地排净空气，因此空气不会在肺中滞留。这两种呼吸系统的区别就好像水螅的双向消化道与脊椎动物单向消化道之间的区别。鸟类呼吸系统的另一优势在于，三级支气管的血流方向与空气流动的方向相反，因此能够建立起有效的对流系统。

20.11　潜泳者偶尔会被溺死是由于浅水晕厥现象（shallow water blackout）造成的。潜泳者在潜泳时通过浮出水面做深呼吸进行换气，在重复几次潜水和换气之后，潜泳者会突然失去知觉。产生这种情况的生理基础是什么?

在换气时，肺中的多数 CO_2 被呼出。结果在多次呼气后血液中的 CO_2 含量急剧减小。由于 CO_2 是呼吸中枢的主要刺激物，CO_2 含量的减少降低了对呼吸中枢的刺激，使潜水者不能吸入足够的氧气，但他们意识不到这一点。因此，潜水者会因大脑缺氧而晕厥。

20.12　居住在同一栖息地的某一种群的哺乳动物有共同特征：它们的血液量很高，有时会比不居住在此的哺乳动物血量高出两倍。相应的，它们也具有较大的血管，而且它们的红细胞计数也非常的高。肌肉中能与氧高度亲和的肌红蛋白（类似血红蛋白）浓度也很高。在某些情况下，这些动物的心跳会变慢，血液会从器官中分流出来，而不是从心脏和大脑中流出。最后，这一栖息地的哺乳动物对有氧代谢途径的依赖不断地增加。你认为这会是什么种类的动物? 为什么?

所有的这些适应性都是对低氧环境的应答，多数海洋哺乳动物具有这些特点。由于这些动物长时间位于水下，它们需要具备这种能力。大的血流量和高的红细胞计数使这些哺乳动物在潜水时有充足的氧气储备，而肌红蛋白含量升高可以保证在潜水之前有更多的氧气被贮存。而且，血液从各器官中排出，除了心脏和大脑（它们不能忍受缺氧），能减少氧的消耗，从而使肌肉获得足够的氧，使动物能够在水下潜水的时间更长。对有氧代谢途径的依赖是另一种对缺氧条件的应答。

这些适应性充分说明，在潜水前这些哺乳动物先呼气，使它们自身浮力下降，这样做也能避免在上浮时产生减压病（屈肢症）。

20.13　肺泡、肺动脉、肺静脉中的氧张力各不相同。根据肺中气体交换的动力学特点，从以上三个地点中找出与以下分压相符的答案：40mmHg，160mmHg，100mmHg。

肺动脉把脱氧合血带入肺中，因此我们设想肺动脉是三者中氧压最低的地点。实际上，从肺动脉进入肺泡周围毛细血管的血液，其 pO_2 约为 40mmHg。由于肺泡是身体所利用的氧气的来源，所以肺泡中的氧压为三者中的最高值：160mmHg。当血液经肺泡周围的毛细管网进入肺静脉，它的 pO_2 从 40mmHg 升至 100mmHg，这也是肺泡中的平均 pO_2。

20.14 在第 18 章研究波尔效应时，我们指出，以血红蛋白的氧合度与氧分压为坐标得到 S 形曲线。与氧结合的血红蛋白具有什么特点使曲线呈 S 形？

S 形曲线反映出血红蛋白结合氧的协同性。如果没有协同性，血红蛋白分子中的第二血红素基团将不会像第一血红基团一样与氧分子结合，从而被携带的氧正比于 pO_2，在这种情况下会得到一条直线。所以，正因为协同性的存在，与第一个氧分子的结合能提高血红蛋白与第二个氧分子结合的亲和力，如此类推。因此，到达阈值后，曲线急剧上升。

附 加 题

20.15 在生物进化过程中氧的变革与下列哪一过程相关？
(a) 光合作用 (b) 糖酵解 (c) 三羧酸循环 (d) 葡萄糖异生 (e) 水解

20.16 在气管系统中，气体交换实际上发生在气门处。
(a) 对 (b) 错

20.17 氧合血红蛋白解离曲线的右移说明在一定 pO_2 下，与血红蛋白结合的氧减少。
(a) 对 (b) 错

20.18 鳃瓣是沿鳃丝分布的一堆精细的横膜，它增加了气体交换的表面积。
(a) 对 (b) 错

20.19 一些甲壳动物的鳃被外骨骼覆盖和保护。
(a) 对 (b) 错

20.20 O_2 比 CO_2 更易溶于水（或血浆）。
(a) 对 (b) 错

20.21 声带位于喉处。
(a) 对 (b) 错

20.22 吸烟会导致肺癌，也能导致心血管疾病。
(a) 对 (b) 错

20.23 肺本身能够主动将气体吸入其内部。
(a) 对 (b) 错

20.24 迷走神经通过导致隔膜收缩来刺激吸气。
(a) 对 (b) 错

20.25 对于人类胎儿，其氧合血红蛋白的解离曲线向左移动，这说明胎儿血红蛋白与氧结合的能力更强，因此能从母亲血液里得到更多的氧气。
(a) 对 (b) 错

答 案

20.15 (a)	20.16 (b)	20.17 (a)	20.18 (a)
20.19 (a)	20.20 (b)	20.21 (a)	20.22 (a)
20.23 (b)	20.24 (b)	20.25 (a)	

第21章 激素和内分泌系统

动物体内存在两类整合作用。一是神经系统（nervous system)，它是一个通讯网络，担负起体内既快速又特异的连接功能。神经冲动是信号从一个区域传递到另一个区域的方式。神经系统组织和指挥作用的中心存在于中枢神经系统中的脑和脊髓。

神经系统的整合作用类型具有“硬导线”，神经冲动沿特定的导线般的管道传递。而与之形成鲜明对照的是第二类整合，内分泌系统（endocrine system)。内分泌腺（endocrine gland）是具有固定位置的分泌结构，它们可以形成和释放叫做激素（hormone）的化学物质并将其直接释放到身体循环中。这些激素向全身各处传送并对许多结构产生深远的影响。因为产生的激素并不通过管道向特定的位置运送，故内分泌腺也称为无管道腺（ductless gland)。

激素，其希腊词根意义为“激发”，实际上除了刺激某些过程以外也会抑制某些过程。激素可以通过①改变基因的功能，②直接影响代谢途径，或③控制特定器官的发育过程或它们的分泌产物，对效应结构施加作用。激素作用更详细的描述在个别内分泌腺中予以讨论。对激素产生反应的器官被称为激素的靶器官（target organs)。

某些情况下，神经和激素机制联合作用以达到整合目的。这种机制构成了神经体液（neurohumoral）系统，在这个系统中神经通过某种特定激素称为神经激素（neurohumors）的分泌施加其影响。神经体液机制在脑及脑垂体联合作用轴心中具有突出的地位。

21.1 早期的内分泌系统

内分泌结构与整合激素也同样存在于无脊椎动物中，但它们不像在脊椎动物中研究得那样深入。尽管特异的无脊椎动物激素已被确认，但对它们的作用方式的理解并不完全，我们还是要研究这些生物体中的内分泌功能，是因为我们可以了解所有动物体中激素作用的进化。了解最清楚的要算与昆虫族的生长及形态发生有关的内分泌系统。

☞例 1

在昆虫体内，即使在和成虫形态完全不同的幼体变态期，激素在引导成熟的各阶段都起着作用。早期（像蠕虫一样）形式被称为幼虫（Larvae)。因为像昆虫一样的无脊椎动物具有坚硬的几丁质构成的限制性外骨骼，每生长一个阶段都伴随有这层外骨骼的蜕去。这个脱去过程称为蜕皮（molt)。在个体发生进程中朝向成虫期进行的每一步未成熟阶段称为若虫期（nymphal stage)。幼虫时期最后一次蜕皮后产生蛹（pupa)；在蛹阶段，蛹内发生了明显的形态变化，经过再一次蜕皮后发育成为成虫。

每一次成功蜕皮是由蜕皮激素（ecdysone）所诱导，蜕皮激素由位于第一体节头后的前胸腺（prothoracic glands）分泌（见图 21.1)。蜕皮激素由脑激素（brain hormone）依次刺激产生，脑激素是前脑神经分泌细胞产生的多肽。

尽管蜕皮激素诱导每一次蜕皮，但却是血液中的保幼激素（juvenile hormone）水平决定蜕皮后的发育状态，保幼激素由后脑中的一对腺体（咽侧体，corpora allata）产生。当保幼激素含量高时，接下来仍是幼虫期。当保幼激素血液水平下降时，就会进入蛹期。当保幼激素完全消失，下次蜕皮会变成成虫。

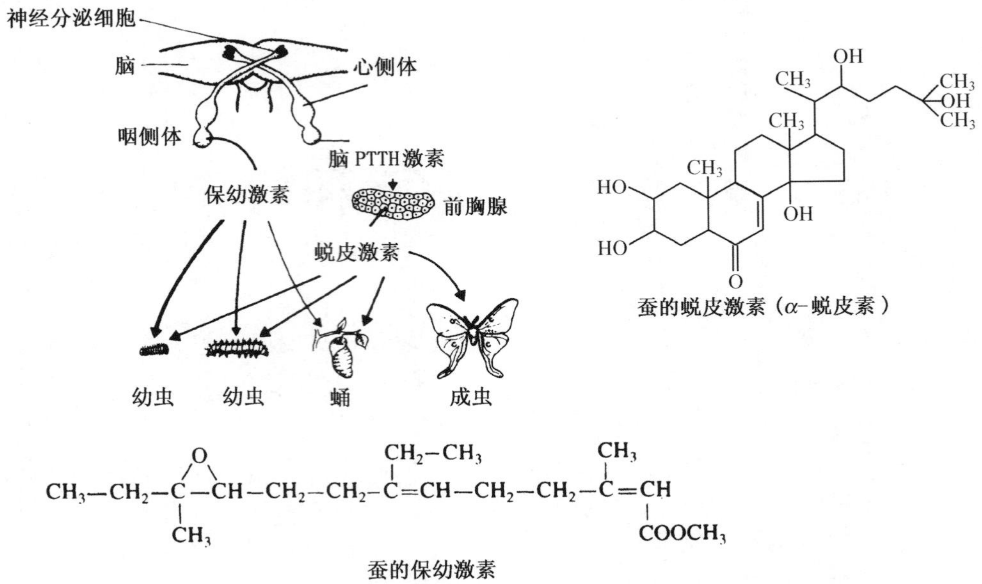

图 21.1　激素对昆虫变态的影响

例 2

胰岛素（insulin）调节哺乳动物及鸟类的糖代谢，而无脊椎动物如海星中发现了胰岛素，这使我们认识到胰岛素是一个原始的摄食激素（feeding hormone）。无脊椎动物中这种激素促进食物的收集。较高等的脊椎动物中它们仍然可以作为摄食激素，但其作用方式要复杂得多。它可以促进糖的贮存和利用，所以进食过程中和进食后血糖的水平不至于升得太高。

在许多无脊椎动物中，激素控制性循环和直接参与卵的释放。所有的节肢动物具有相当复杂的内分泌系统，它们对于水分平衡、保护色素移动和生长有着重要作用。

激素通常被认为是化学分泌物，在生物体某一部分由特异的内分泌结构产生，对于体内远端的靶结构代谢具有意义深远的影响。此外，激素在低浓度时有效，而且对不同的靶组织或在不同浓度下具有完全不同的作用。所以我们可以发现不同的生物体具有同样的激素但却行使着不同的功能。原生动物甚至细菌产生与多细胞动物相同的激素。大肠杆菌产生的胰岛素与马或人的胰岛素在标准葡萄糖氧化检测中完全相同。脑垂体激素也已从原生动物中被分离。因为这些单细胞生物中不具有典型的内分泌功能，我们必须得出结论，生命进化早期阶段产生并在有限的几种细胞交流过程中起作用的化学物质，后来变成了高等脊椎动物内分泌复杂类型的一部分。

21.2　脊椎动物的内分泌系统

脊椎动物，特别是哺乳动物的内分泌腺，已进行了广泛的研究。它们在维持内环境稳定中的作用已经被详细地阐明。有些内分泌腺只具有内分泌的功能，它们可以产生一种或几种激素。其他的内分泌腺，如胰腺，表现出显著的内分泌和非内分泌功能。还有一些器官，如肾脏及肝脏，主要参与非内分泌功能，但它们也可以产生少量的激素。

脊椎动物的主要内分泌腺列于表 21.1。大约有 15 种腺体；它们的分泌物包括四种基本类型：①蛋白质[1)]，②各种长度直到单个氨基酸的复杂性稍低的多肽[1)]，③儿茶酚胺和④类固醇。图 21.2 表示出人体主要内分泌腺的位置。

表 21.1 脊椎动物内分泌腺

来源及激素	主要作用
胃幽门黏膜	
胃泌素	促进胃酸分泌
十二指肠黏膜	
促胰液素	促进胰液分泌
缩胆囊素	促进胆囊释放胆汁
抑胃素	抑制胃液的分泌
损伤组织	
组胺	增加毛细血管通透性；收缩细支气管
胰腺	
胰岛素	促进糖原的形成与贮存；促进糖氧化；抑制糖异生
胰高血糖素	促进糖原转变为葡萄糖
肾脏加血液	
血管紧张素	促进血管收缩，使血压升高
睾丸	
睾酮	促进雄性第二性征和行为的维持及发育；合成代谢的固醇类衍生物可以增加肌肉量（肥大）
卵巢	
雌激素	促进雌性第二性征及行为的维持和发育
孕酮	促进雌性第二性征和行为；维持怀孕
甲状腺	
甲状腺素；三碘甲腺氨酸	促进氧化代谢
降钙素	阻止血钙过分的升高
甲状旁腺	
甲状旁腺激素	调节钙磷的代谢
胸腺	
胸腺素	促进类淋巴组织中的有效免疫应答
肾上腺髓质	
肾上腺素	促进一组反应，通常地说法“斗争或逃避”
去甲肾上腺素	与肾上腺素的功能相似但会使血管收缩，使糖原转向葡萄糖的效率稍低
肾上腺皮质	
糖皮质激素（皮质酮、可的松、皮质醇等）	抑制氨基酸在肌肉中形成蛋白质并导致萎缩；促进糖原生成（来自非糖物质）和贮存；帮助保持正常血糖水平
盐皮质激素（醛固酮、脱氧皮质酮等）	调节钠-钾代谢
皮质性激素（肾上腺雄甾酮等）	促进第二性征，特别是雄性
下丘脑	
释放因子	调节垂体前叶的激素分泌
催产素	促进肾脏对水的重新吸收和使平滑肌、包括血管收缩
抗利尿激素（ADH）	
脑垂体前叶	
生长激素	促进生长
促甲状腺激素	促进甲状腺产生和释放 T_3 和 T_4
促肾上腺皮质激素（ACTH）	促进肾上腺皮质产生和释放糖皮质激素
促卵泡激素（FSH）	促进卵泡和输精小管的生长
促黄体生成素（LH）	促进卵泡向黄体转化和促进卵巢及睾丸分泌性激素
催乳素	促进乳腺分泌乳汁
促黑素细胞激素	在较低等的脊椎动物中通过增加黑色素的合成与扩散控制皮肤色素，因此使皮肤变黑
脑垂体后叶[1]	
催产素[2]	促进子宫肌肉收缩和乳腺分泌乳汁
抗利尿激素（ADH）	促进肾脏对水的重吸收，同时促进血管（和其他平滑肌）收缩
松果体	
褪黑激素	控制色素分布和控制昼夜节律

1. 示通过下丘脑产生的贮存激素。

2. 原文如此。催产素与 ADH 功能有交叉，但功能为 ADH 的$\frac{1}{200}$。——译者注

1）蛋白质不仅仅是长的多肽。一个蛋白质至少包括两条多肽链和具有三级和四级结构。当然，蛋白质在功能上比多肽复杂。

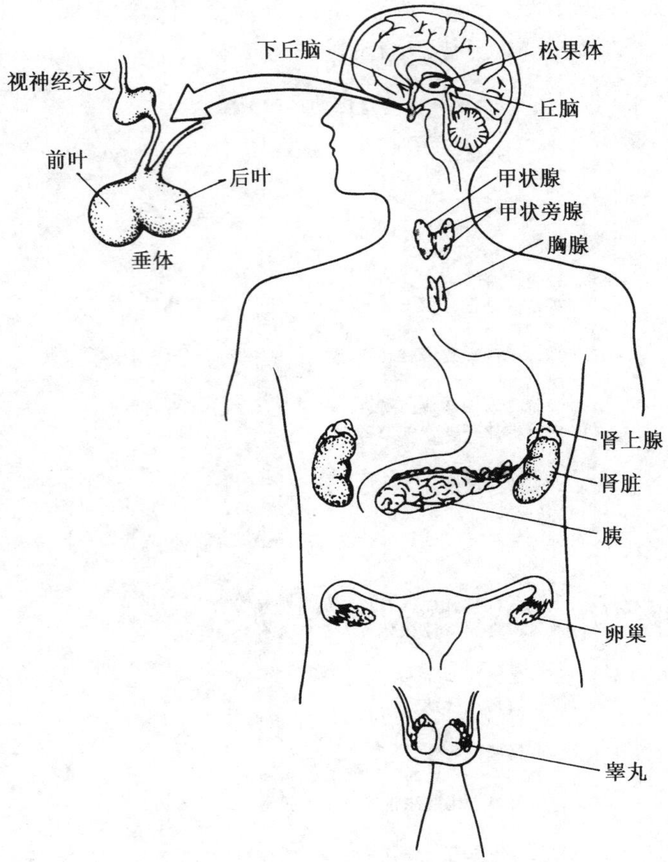

图 21.2　人体主要内分泌腺

肠

第一个被发现的激素叫做促胰液素（secretin），当酸性消化物由胃进入肠的第一部分（十二指肠）时，由十二指肠的黏膜分泌出来。伦敦大学 W. M. Bayliss 和 E. H. starling 首先发现（1901 年）促胰液素释放到循环系统中促进了胰腺消化酶的释放。几年以后第二种消化激素，缩胆囊素（cholecystokinin）被发现。它也是由十二指肠黏膜释放，能使胆囊收缩产生胆汁流。

胃

胃本身是一个内分泌器官，是 1905 年发现的。部分消化的物质，特别是肉，刺激胃下半部分的黏膜分泌一种激素（hormone），名为胃泌激素（gastrin）。此激素进入血流中，当它再到达胃部时，在此便刺激胃腺分泌胃液。

胰腺

胰腺（pancreas）是双腺体，表明它具有有管腺（外分泌腺）性质和无管腺功能。它的外分泌产物构成主要消化液，这些消化液通过胰管到达十二指肠。直到 19 世纪末，胰腺作为内分泌腺的功能才和消化功能区分开来。由于胰蛋白酶对有待鉴定的胰岛素的破坏作用，因而这种对于糖代谢有超强作用激素的分离被推迟。直到 1922 年才由多伦多大学医学院从狗的胰腺中分离出此激素。这些灵巧的研究人员 Fred Banting 和 Charles Best 首次结扎狗的胰管，等待外分泌组织退化。然后他们去掉了剩余的胰腺，在零度以下的条件下，从组织碎物中提取出了胰岛素。

在胰腺中分散分布的是胰岛组织（islet tissue）（胰岛或郎格罕氏岛，islets of Langerhans），它是由可分泌激素的细胞组成。α 细胞（alpha cells）分泌胰高血糖素，它可以升高血糖水平（第 15 章）；β 细胞（beta cells）产生胰岛素，它可能是惟一的负责降低血糖水平的激素。胰岛组织的 δ 细胞（delta cells）也产生少量的生长抑制激素（somatostatin）。这种激素与生长减慢有关，也是神经冲动传导的调控物。最近发现此激素与调控胰岛素及胰高血糖素的产生有关。胰岛素和胰高血糖素实际上是小蛋白质，而生长抑制激素是一个比较简单的肽。

肾上腺

肾上腺（adrenal glands），位于肾的上方，在某些脊椎动物中，位于每个肾侧面，是相对较小的由完全不同的两部分组成，每一部分由不同的胚层发育而成。整个腺体由一个保护囊包围。

肾上腺皮质（adrenal cortex），是外层，起源于中胚层，依次，分为不同的三层。紧贴保护囊的是球状带（zona glomerulosa），这里是盐皮质激素（mineralocorticoids）如醛固酮（aldosterone）的分泌场所，它是人类主要控制钠的类固醇（见 17 章 5 节）。醛固酮的基本作用是促进远端肾小管将滤过物中的钠吸收回血液。当血液中钾水平升高时醛固酮分泌增加，更有意义的是，当小动脉中血压升高导致肾脏中的肾小球下降时，甚至当肾小管阻塞时醛固酮分泌也增加。

☞例 3

每一个肾脏，与血液联合时，构成了内分泌系统，对肾小管动脉阻塞而产生血压升高的反应。当血管阻塞发生时，肾皮质释放一种化学物质，肾素（renin），它可以与血液中的一种蛋白反应形成血管紧张素（angiotensin），一种血管收缩因子（见图 21.3）。血流的减少以及与其互补的心输出量的增加提高了血压，这样对抗肾动脉中的阻塞。血管紧张素也可以使得肾上腺皮质分泌更多的醛固酮，可进一步升高血压。

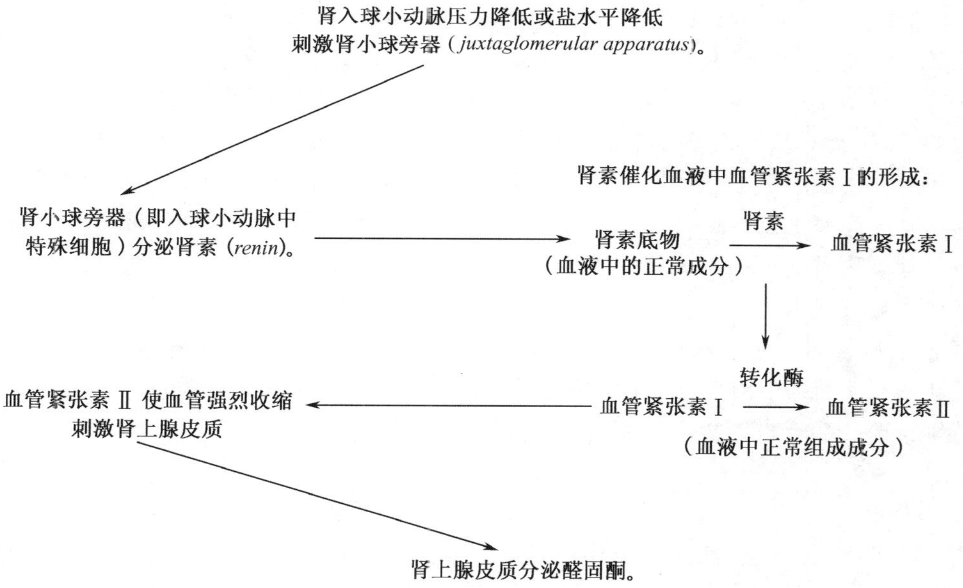

图 21.3　肾素-血管紧张素系统

糖皮质激素（glucocorticoids），如皮质醇（cortisol，氢化可的松 hydrocortisone）和皮质酮（corticosterone），由肾上腺皮质的中层束状带（zona fasciculata）分泌。这些固醇类通过促进蛋白质降解为氨基酸以及氨基酸在肝脏中向葡萄糖的转化而使血糖水平升高。淋巴组织的明显降解也与糖皮质激素水平升高有关，这样使免疫应答减弱。紧张是导致糖皮质激素释放的首要刺激。在紧张刺激下产生的神经冲动促使下丘脑——脑的内分泌腺，分泌促肾上腺皮质激素释放因子（corticotropin releasing factor，CRF）。该因子到达垂体前叶，与下丘脑紧密相连的内分泌腺，在此刺激促肾上腺皮质激素（adrenocorticotropic hormone，ACTH）的分泌，也称 corticotropin 或 adrenocorticotropin。ACTH 诱导糖皮质激素的分泌，糖皮质激素反过来又对下丘脑和垂体前叶分泌 CRF 和 ACTH 起负反馈作用。

肾上腺皮质的最内层的带，网状带（zona reticularis），分泌一些糖皮质激素和大量的雄性激素。也产生少量的雌性激素。偶尔皮质产生肿瘤会分泌过量的雄性激素，导致女性的雄性化。

肾上腺髓质（medulla）起源于外胚层，可以认为是自主性神经系统的一部分。自主神经系统的直接刺激导致其分泌（按 4∶1 的比例）儿茶酚胺类激素肾上腺素（epinephrine，adrenaline）和去甲肾上腺素（norepinephrine，noradrenaline），它们是介导应急反应（斗争或逃避）的重要激素。实际上，它们对于身体器官的效应与交感神经直接刺激产生的反应是一致的。

因为垂体和肾上腺经常共同作用以对许多生理的紧张刺激产生反应，于是发展成了垂体-肾上腺轴心的概念（pituitary-adrenal axis）。加拿大生理学家，Hans Selye，创建了刺激反应应答综合征候群（general adaptation syndrome）理论，该理论主要依据是哺乳动物中的垂体及肾上腺皮质，髓质有共同反应。

甲状腺

甲状腺（thyroid gland）起源于胚胎时期的鳃裂。它分泌的激素是甲状腺素（thyroxine，T_4）和三碘甲腺原氨酸（triiodothyronine T_3）。T_4 和 T_3 与甲状腺中的滤泡（膨胀的囊）内的球状蛋白紧密结合，形成甲状腺球蛋白（thyroglobulin），为黏性胶状物，实际上是贮存的激素。在垂体前叶产生的促甲状腺素（thyrotropin，也叫甲状腺刺激激素 thyroid-stimulating hormone，或 TSH）存在时，甲状腺球蛋白被水化，T_4 与 T_3 从滤泡中释放并进入血液，在这里它们被血浆蛋白携带到达许多靶器官。TSH 使甲状腺滤泡细胞增大，数量增加，导致甲状腺激素释放增加。垂体对 TSH 的释放是由下丘脑分泌的促甲状腺素释放激素（thyrotropin releasing hormone，TRH）诱导的。当血液中甲状腺激素受 TSH 影响增加时，对垂体前叶的 TSH 及下丘脑的 TRH 两者产生负反馈抑制，甲状腺激素水平随之下降。

甲状腺素的效应是影响体内糖氧化的速率，因此，影响身体的产热（静息状态氧化水平被称为基础代谢率 basal metabolic rate，或 BMR.），与糖酵解及三羧酸循环有关的酶合成的增加，以及氧化磷酸化的解偶联使氧的利用增加。解偶联是由于甲状腺激素诱导线粒体膨胀，破坏了亚细胞水平上电子传递与 ATP 形成的机制（见第 5 章化学渗透的讨论）。因为 ATP 不能形成，而氧化过程未受或几乎未受抑制，所以沿着电子传递链的传递增加。

甲状腺激素对所有脊椎动物性成熟及发育也至关重要。它们对于脑和其他中枢神经系统结构特别重要。在脊椎动物例如两栖动物中，甲状腺不仅仅调控生长及性成熟，而且控制变态过程。

1876 年研究人员发现在甲状腺中除了滤泡细胞形成的外层以外，存在着第二种细胞类型。直到 1962 年，才发现这些细胞可分泌产生降钙素（calcitonin），在发现这种降血钙的激素是一种多肽之前，对这些细胞的功能了解很少。在此之后，这些细胞被命名为 C 细胞（C cells）。

甲状旁腺

顾名思义，甲状旁腺（parathyroid glands）埋在甲状腺内，每侧有一对。甲状旁腺的主要细胞（chief cells）分泌一种多肽激素——甲状旁腺素（parathormone），血液中钙和磷水平的一个主要的调节因子。甲状旁腺素以两种方式起作用：

1. 诱导多种多样组织如肾小管、骨和肠释放钙进入血液。对于骨来讲，钙和磷二者的释放伴随着矿物质的分解。

2. 尽管它促进钙的重吸收进入肾小管的出球小动脉，但它促进磷排泄进入尿中。

因此，甲状旁腺素会升高血浆中的钙水平并降低磷水平。

钙在神经肌肉中的功能、细胞和细胞间膜的通透性、激素及酶反应的控制、以及凝血等方面起着普遍的调控作用。

胸腺

胸腺（thymus）的内分泌腺功能很长时期不被人认识。现在知道胸腺激素（thymosin），由胸腺释放，可以促进淋巴细胞发育成熟。

性腺

性腺（gonads）的内分泌功能与性功能密切相关。睾丸（testes）分泌的雄性激素（androgenic，雄性产物）负责维持雄性第二性征。主要的雄性激素是睾酮（testosterone）。

卵巢产生的类固醇是雌性激素［estrogens，主要为雌二醇（estradiol）］和孕酮（progesterone）。雌性激素的产生对维持雌性第二性征、维持月经或动情周期等方面有关键性的作用。顾名思意，孕酮为怀孕做准备。它也是避孕药的主要成分，它可阻止排卵。卵巢性激素水平的波动对于雌性生殖道在月经和动情周期中的规律变化起重要作用。我们在第 12 章介绍过，这些卵巢激素水平的变化依次受到下丘脑和垂体前叶激素的调节。

垂体

［脑下］垂体（pituitary gland）由前叶和后叶组成。垂体后叶（posterior pituitary）是下丘脑向下生长的部分，并且基本由神经元组成。它本身不产生激素，但接受、贮存和最终释放由下丘脑合成的两种肽激素——催产素（oxytocin），使子宫在生育时肌肉收缩以及在哺乳动物中起到泌乳作用；抗利尿激素（antidiuretic hormone，ADH），使得身体从尿中重新吸收水分。

垂体前叶（anterior lobe）起源于咽的表皮层，被称为拉克氏袋囊（Rathke's pouch）。它包含有产激素的结构，腺垂体（adenohypophysis）。它分泌主要的激素以及促释放激素（诱导其他内分泌腺释放激素的激素）。

腺垂体分泌的主要激素为生长激素（growth hormone，GH）、催乳素（prolactin）、促黑素细胞激素（melanocyte-stimulating hormone MSH）、许多内啡肽（endorphins）和脑啡肽（enkephalins）。生长激素调节生长；然而，早期生命过量的生长激素会导致巨人症（gigantism）。成年时过量的生长激素导致骨形成异常，因为骨的长度生长是受到限制的，这样不正常的过度生长导致肢端肥大症（acromegaly）。催乳素在许多脊椎动物中有广泛的作用，特别是对于液体及电解质平衡。在哺乳动物中催乳素主要参与乳汁形成。MSH 的作用是调节某些脊椎动物皮肤中的色素细胞，但在哺乳动物中的功能还不完全清楚。内啡肽和脑啡肽两者都是由垂体中大的蛋白分裂而成的，是疼痛的抑制剂。

垂体前叶常被誉为主要腺体，因为我们看到，除了分泌各种主要的激素外，它还产生了促（tropic）激素，以控制其他许多内分泌腺的分泌。在这些促激素中有 TSH、ACTH、促卵泡激素（FSH）和促黄体生成素（LH）。

下丘脑

下丘脑（hypothalamus）是脑的一部分，恰好位于垂体上方。在这里许多神经系统感受的刺激被转化为激素的反应。下丘脑通过两种途径完成这种反应，这也反映下丘脑与垂体的双向联系。

下丘脑通过神经干与垂体后叶相连。催产素和抗利尿激素在下丘脑中产生，向下沿神经进入垂体后叶并在那里贮存。当有来自下丘脑的神经冲动时它们可以从垂体后叶释放出来。

尽管下丘脑并不是垂体前叶的结构组成部分，它却和一套不同寻常的毛细血管系统相连。离开下丘脑的毛细血管重新形成许多静脉；然而，与大多数静脉不同的是，它们最终不进入一个不断增大的静脉系统，而是在此之前先进入垂体前叶并又分裂为一个毛细血管网。我们已经学习了许多下丘脑产生的释放激素（见表 21.2）。神经传到下丘脑的神经冲动或下丘脑自身产生的神经冲动使得这些释放激素分泌，然后它们进入腺体的毛细血管系统继而到达垂体前叶的毛细血管网，在那里它们刺激特殊的促激素的释放。

表 21.2　下丘脑释放激素*

激素名称	缩　写
促肾上腺皮质激素释放激素	CRH
促甲状腺素释放激素	TRH
促黄体生成激素释放激素	LH-RH
促卵泡激素释放激素	FSH-RH
生长激素释放激素	GH-RH
生长激素释放抑制激素	GH-RIH
催乳素释放抑制激素	PRIH
催乳释放激素	PRH
促黑色细胞激素释放抑制激素	MRIH
促黑色激素释放激素	MRH

*在其他书中，也被称为因子（factors），这些缩写末尾字母可能有 F 而不是 H。

松果体

松果体（pineal gland），位于颅内，是与传说中神秘的“第三只眼”密切相关。50 年代开始松果体功能与日光-黑暗的关系被搞清楚。在一些较低的脊椎动物中，色素细胞中的色素分布被松果体中被称为褪黑激素（melatonin）的物质所改变。此激素使得皮肤在光照环境中变亮而在黑暗或弱光中变黑。许多脊椎动物，包括哺乳动物，褪黑激素对于维持昼夜节律，约 24 小时出现功能的周期性改变可能起重要作用。

受损伤的组织

当任何一种受损伤组织释放组织胺（histamines）时它就是一个内分泌腺。这些激素可以松弛血管壁肌肉，从而增加了血管的通透性，使得免疫系统的成分到达受损部位。

前列腺素

另一类化学物质前列腺素（prostaglandins），是由身体的大部分细胞产生的，也具有激素的性质。尽管它们是被修饰的脂肪酸，并且经常只有在产生它们的地方起局部的效应同时会被迅速破坏，它们却可以完成许多调控功能，也可以起远程作用，这至少类似激素特点。前列腺素从雄性生殖道中被分离出来以后到目前已被鉴定出了三大类——PGA、PGE 和 PGF。PGA 衍生物人们都知道能降低血压，可以直接作用于血管平滑肌肉。PGE 化合物影响胃酸分泌并与发烧反应有关。阿斯匹林和 Indocin（甲基吲哚素）抗炎症作用是由于这些物质抑制了 PGE 的形成。PGF 中的许多物质参与生殖道的反应并在医学上被用于引产。

21.3　激素作用的方式

激素通过改变特异细胞的代谢活性或与基因组相互作用而打开或关闭基因或控制基因活性，直接或间接地对靶组织施加它们的作用。为了执行这些生理任务必须穿过细胞或者从膜上的一个附着的位置引发一系列的化学过程。某些激素可以直接跨越细胞膜的界限，而其他激素则穿过已经存在的通道或者在细胞附属结构上形成的新通道。

许多激素结合到靶细胞的细胞膜特异的受体上，引发细胞内第二信使（second messenger）的协助，那就是在细胞质中的"同谋"。钙离子（Ca^{++}）是一种第二信使，环 AMP（cyclic AMP，cAMP）是另一种这样的分子（见图 21.4）。当一个激素（第一信使）结合到

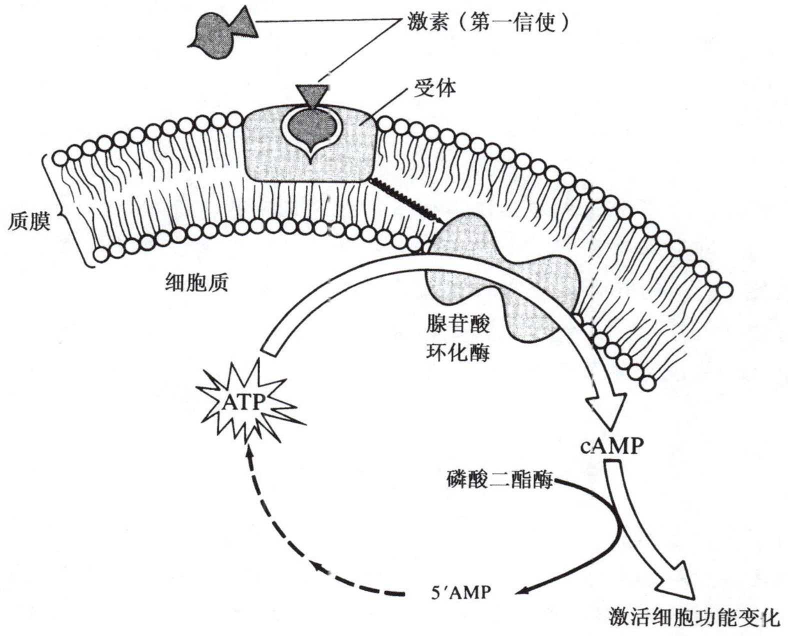

图 21.4　第二信使模型

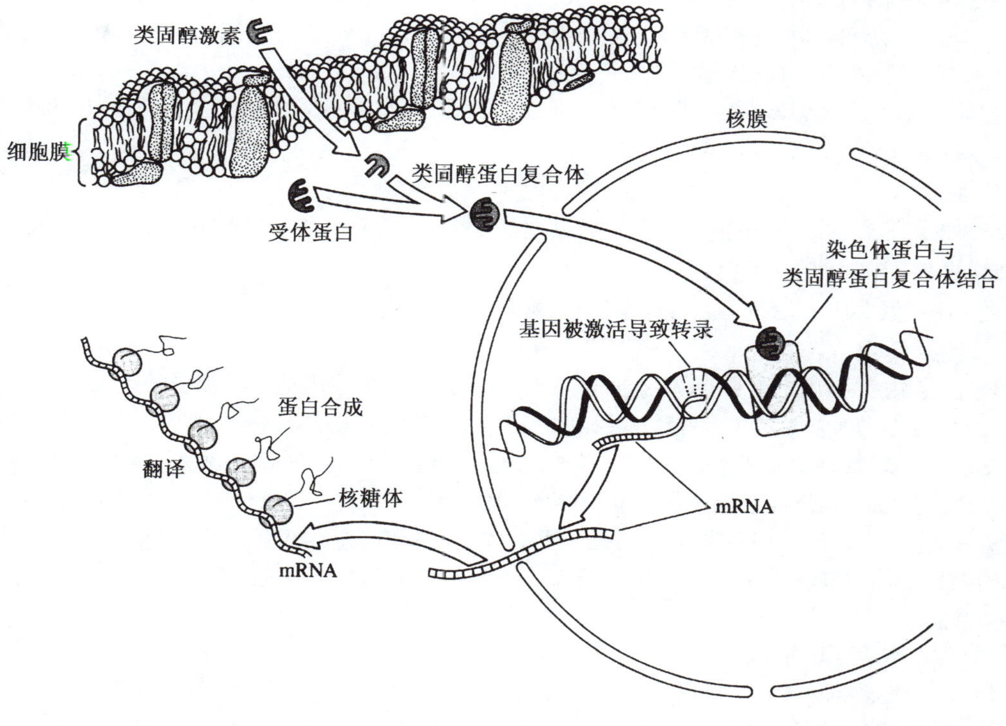

图 21.5　激素对基因的激活。激素穿过质膜与细胞质中受体蛋白结合形成一个复合体。这个复合体进入细胞核并与染色体蛋白结合引发一个特异基因把它的密码转录为 mRNA。mRNA 离开细胞核在细胞质内被 tRNA 翻译为蛋白质

受体上时，它使腺苷酸环化酶（adenylate cyclase）催化 ATP 转化为 cAMP。cAMP 激活或失活某一特定细胞内的特定的酶系，这样实现了结合的激素的作用。接着磷酸二酯酶（phosphodiesterase）使 cAMP 变成为简单的 AMP，这样就结束了激素的作用。AMP 又再次变为 ATP。（第二信使通常激活那些在反应最终步骤激素最后起作用的系统中的那些酶。）一般地说，这种激素作用的机制比调节基因组的作用机制来得快。对基因功能的调节要包括转录或翻译的增强。类固醇，如糖皮质激素，经常与细胞质中的一个受体蛋白相连，然后这个复合物进入细胞核，在那里影响遗传的机制（见图 21.5）。这些激素复合物与不同类型细胞染色质结合的差异是由于激素作用的特异性。对于某些激素，如甲状腺素（thyroxine），它是与细胞核自身而不是细胞质的蛋白质受体结合。

☞例 4

甲状腺激素被认为直接进入细胞核，在这里与核受体相互作用，使得敏感组织特异基因的活性发生变化。有证据表明有多个这样的受体存在，还包括一个神经组织受体。因为神经系统对甲状腺激素引起的代谢效应（氧利用的增加）相对不易起反应，在脑和脊髓中存在这些受体是出乎意料之外的。有些甲状腺受体与致癌基因产物有关系，已有证据显示类固醇和甲状腺激素受体之间在结构上存在有相似性。

疑难问题解析

21.1　激素与酶有什么不同？

小剂量的激素和酶就可起作用，在它们各自作用与引发的代谢过程中，激素和酶的量都没有损耗。但二者的相同点仅此而已。绝大多数的酶是蛋白质（虽然也有报道一种 RNA 也具有酶的特性），而激素可以是蛋白质，短的肽链，单个氨基酸及其衍生物，也可以是类固醇。酶可以在细胞中合成并在细胞中发生作用，或是通过主动运输被分泌到细胞外，甚至可以通过管道运输到达某一特定位置。激素则被直接释放到血液循环中并分配到全身，对许多不同的靶组织起作用。

酶通常是高度特异的，只催化某一种特定的反应。激素的作用范围很广，有些作用还非常深奥。在同一生物体中，激素可以对不同的组织起不同的作用，这些作用都非常重要；对于不同的生物体，激素也可以起到非常不同的作用。而这些性质是酶不具备的。

激素在维持自身含量方面起着重要作用，即通过促激素和下丘脑释放因子的负反馈作用保持自身含量稳定。这一点是酶无法与之相比的。

21.2　如果在某一昆虫的第一或第二幼虫期把咽侧体摘除，将会出现什么情况？（假设共有四个幼虫期）。

若真把咽侧体摘除，则下一次蜕皮即会变成蛹，再下一次蜕皮会变成侏儒成虫。

21.3　除了由于胰岛的 β 细胞不分泌胰岛素外，还有什么原因能产生糖尿病？

不能分泌足量的胰岛素是引发糖尿病的主要原因，但不是惟一的原因。在一些情况下，虽可分泌足量的胰岛素，但身体却对胰岛素产生不应性。靶组织膜上不能保持足够的胰岛素受体或是受体活力有缺陷，都是引发糖尿病的原因。肥胖症患者通常会发生耐胰岛素。

在一些情况下，身体可以产生异常的胰岛素酶，它可以快速地将胰岛素分解，而正常的胰岛素降解途径没有在此类临床糖尿病患者体内起作用。胰岛素抗体与胰岛素结合在一起；这种病因引起的糖尿病属自身免疫疾病。

动物实验性糖尿病可通过注射四氧嘧啶（alloxan）（阿脲）或链脲佐菌素（streptozocin）[1)]诱发产生，用于注射的物质能破坏胰岛组织。有些观点还认为，病毒对胰岛组织的破坏是产生青少年糖尿病（juvenile diabetes）（胰岛素依赖性糖尿病）的原因，它相对于成年糖尿病（maturity-onset diabetes）（非胰岛素依赖性

1）译者查阅多本字典是 streptozatocin。——译者注

糖尿病）来说是极其严重的疾病形式。病毒是通过产生自身免疫反应来破坏胰岛组织的。

21.4 为什么糖尿病患者口服胰岛素没有什么疗效？

胰岛素是约为 5000 道尔顿的小型蛋白质。它是由较大的前体（酶原）衍生而来，前体被酶切形成两条多肽链，由二硫键连接在一起。如果口服胰岛素，消化道中的蛋白水解酶就会使之降解。正因为如此，必须注射胰岛素。现已发展了一项技术，可在几天内自动向糖尿病患者注射胰岛素。胰岛素制剂也可在 24 小时内注射一次，在这段时间内可缓慢吸收胰岛素。这些临床上的发明多少可以减轻病人维持血糖的负担。

21.5 脑中神经体液的神经纤维看上去似乎作为神经系统的一部分在起作用，其实是通过体液物质的运作来完成其功能的。这些体液物质的作用就像激素一样，它们要运动一段路程来完成其使命。肾上腺髓质是否真的是神经器官的一部分，对这一问题能否下定论？

对于肾上腺髓质，我们很难界定其内分泌功能和神经功能。第一，肾上腺髓质产生于外胚层，整个神经系统都是由这层胶质层分化而来。第二，当生物体遭受痛苦或面临危险时，肾上腺髓质会沿交感神经系统迁移。与交感神经相结合的神经通过其位于靶器官周边的末端所释放的去甲肾上腺素起作用。肾上腺髓质就像是庞大的交感神经末端，把儿茶酚胺类去甲肾上腺素和肾上腺素分泌到循环系统中去，在那里最终扩大与延伸了应急反应（搏斗或逃跑）。

21.6 图 21.6 表明了酪氨酸和甲状腺素的结构式。酪氨酸是甲状腺素的前体。前体与终产物之间的合成步骤是什么？

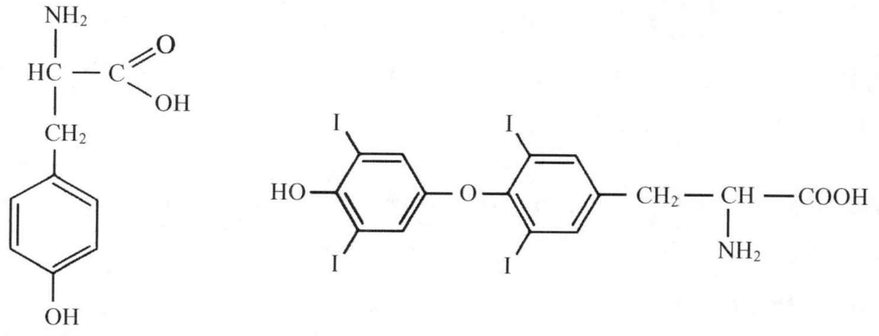

图 21.6 酪氨酸和甲状腺素

首先，酪氨酸双重碘化生成碘酪氨酸（diiodotyrosine）（甲状腺组织从血液中摄取碘离子并将其转化为碘元素，随后与酪氨酸结合）。两分子的碘酪氨酸经过浓缩和修饰生成甲状腺素（T_4）。三碘甲腺原氨酸（T_3）可能是由于甲状腺素结构失掉一个碘而形成的。酪氨酸的形成是合成儿茶酚胺类去甲肾上腺素和肾上腺素的开始。

21.7 黏液性水肿（myxedema）是由成年期甲状腺功能减退（hypothyroidism）引起的，通常表现为基础代谢率（BMR）较低，神智减退，行动呆滞，体重增加和表层组织的特别肿大。黏液性水肿名称的由来是源于水肿液中黏液的积累。在早年甲状腺激素分泌不足会引起更糟糕的情况，如呆小病（cretinism），表现为生长被显著地抑制，性发育不良，智力衰退。

根据以上所述甲状腺功能减退的种种症状，你能想象出甲状腺功能亢进的症状吗？

很容易想到，甲状腺机能亢进患者（突眼性甲状腺肿（Graves'disease））的症状应该与甲状腺功能衰退的症状相反：基础代谢率（BMR）升高，并且无法忍受高温。患者极度紧张和过度兴奋，体重下降。而且，患者会患突眼病（exophthalmos），即眼球从眼窝中向外突出。

21.8 在碘摄入不足的国家，甲状腺肿大（goiters）非常普遍。你认为是什么导致了甲状腺肿大？

没有碘，甲状腺素和三碘甲腺原氨酸都不能被合成。血液中甲状腺激素含量过低会使垂体前叶产生大量的促甲状腺激素（TSH）；而没有 T_4 和 T_3 的负反馈作用，垂体会不间断地生成 TSH。由于 TSH 的两项功能是增加滤泡细胞的体积和增加滤泡细胞的数量，所以会导致生成更多的甲状腺激素；过量的 TSH 会引起细胞的过度生长和肥大，继而导致甲状腺肿大。

许多致甲状腺肿大（goitrogens）的化合物能够抑制甲状腺激素的生成和引发甲状腺肿大的形成。硫脲（thiourea）就是其中一种，它被广泛地用于诱发实验动物的甲状腺肿大。

21.9　对所有脊椎动物，甲状腺激素起着重要的调节作用，但甲状腺的缺失不会殃及性命。那么为什么甲状腺摘除后多数哺乳动物会死亡？（提示：要考虑到与甲状腺一起被摘除的其他组织。）

当甲状腺被摘除时，甲状旁腺也被摘除。甲状旁腺对于维持钙的稳定非常重要，钙在身体中有许多重要的作用，摘除它会很快导致动物死亡。

21.10　列举出垂体前叶与后叶分泌的激素。

垂体后叶：催产素和抗利尿素。

垂体前叶：生长素，催乳素，促黑激素，内啡肽，脑啡肽，促甲状腺素，促肾上腺皮质激素，促卵泡激素和黄体生成素。

21.11　吗啡和可待因这类人工合成的镇静剂，是通过与脑中特殊受体结合而起到镇痛作用。让科学家长期迷惑不解的是，为什么人体中会存在这种人工合成镇静剂的天然受体，而在哺乳动物的进化史中并没有这类镇静剂的一席之地。那么内啡肽和脑啡肽的存在能否解释这一谜团呢？

内啡肽和脑啡肽是天然的镇痛剂。正因为它们的存在才使脑中与“合成镇静剂”结合的受体得以进化。人工合成的镇静剂在结构上与天然的镇痛剂相仿，所以可以与脑中特殊受体相结合。

21.12　对于哺乳动物，激素对月经周期和动情周期的调节很好地说明了激素作用的完整性。简要说明激素间的相互作用（见第 12 章）。

下丘脑分泌促卵泡激素释放素使得垂体前叶释放出促卵泡激素，促卵泡激素反过来又促使卵泡发育和产生雌性激素。含量不断增加的雌性激素使下丘脑放慢促卵泡激素释放素的产生速率，并使黄体生成素释放素含量增加。于是刺激垂体前叶释放出黄体生成素，黄体生成素反过来又促进排卵和黄体的发育。黄体随后开始分泌孕酮，孕酮抑制促卵泡激素释放素的产生，所以不再有新的卵泡产生。但是，如果未受精，孕酮会开始抑制黄体生成素释放素的产生。这使得黄体衰败，并减少孕酮的含量。孕酮含量的下降，使下丘脑对促卵泡激素释放素的生产不再受到抑制，所以垂体又可分泌促卵泡激素而引发新卵泡的生长。

21.13　下丘脑的作用就像是转换器，主要把电冲动转化为激素应答，说出另外两种内分泌腺，它们可以根据神经的直接刺激而分泌激素。

肾上腺髓质和垂体后叶

21.14　下丘脑与垂体前叶之间的循环系统非比寻常。它是怎样作用的？循环系统如此排列有什么用处，并说出另外两例。

下丘脑与垂体前叶（正中隆起 median eminence）之间血管的排列位置异常，是因为在下丘脑中的微动脉形成毛细血管后，远端的静脉并不进入大的静脉，而是在垂体前叶形成第二个毛细管网。这种双毛细管系统使得物质（对于内分泌系统来说是释放素）能够在特定位点（下丘脑）进入血液，并可在第二个特定位点（垂体前叶）从血液中排出。肝门静脉和肾脏中的肾小球肾小管也具有这种功能，但它们的物质运动方向与上例相反（即物质先离开循环系统，之后再重新进入）。

21.15　至少有 13 种激素利用环腺苷酸（cAMP）作为第二信使来执行其功能。但是这些激素的作用各不相同，你认为它们是如何利用同一种媒介物质来作用于不同的终端的？

激素首要的特异性表现为：特定的激素只能与高度特异的受体结合。因此，除了具有受体的细胞外，其他所有细胞都不具有与激素结合的能力，也不能发挥体液作用。甚至对于具有受体的细胞，其特异部位也决定于受体的位置。第二，特异性又表现在：虽然 cAMP 可以活化一系列酶，但它只能在特化细胞类型的特异酶系统中起作用。

21.16　激素间的协同作用是维持内环境长期稳定的主要力量。我们已经学习过激素通过相互作用来控制其自身含量的三种主要方式。讨论这三种方式并指出其他控制激素水平的方式。

首先，许多激素之间都存在拮抗（antagonistic）作用，所以身体会分泌某种激素来控制其拮抗激素。当胰岛素含量升高而血糖下降时，身体就会分泌肾上腺素、胰高血糖素和另外几种高血糖素（hyperglycemic hormones）使血糖恢复到平衡点。拮抗激素自身并不能维持内环境稳定，而是通过负反馈作用来实现的。

内分泌系统的第二种控制机制在于：通过垂体前叶分泌的促激素（tropic hormones）来刺激其他内分泌腺的活动。有 8 种促激素与其他激素一起执行后续功能，当原发激素含量下降或当内分泌腺活动增加时，促激素的含量就会升高。原发激素含量的升高能够抑制促激素的继续释放。这种负反馈作用能够保证激素稳定。

第三种控制激素产生的机制在于下丘脑。下丘脑有 10 种激素已被分离，它们可以刺激垂体分泌促激素，这些激素包括释放激素（releasing hormone），比如促卵泡激素释放素（FSH-RH）。下丘脑把这些激素分泌到下丘脑中的正中隆起。毛细血管把这些激素运送一段距离后到达垂体前叶，垂体前叶再分泌各种促激素。原发激素的循环量可以对释放激素和垂体分泌的促激素产生负反馈作用。下丘脑分泌的释放激素通常为寡肽，长度小于 10 个氨基酸。

其他因素也可决定到达靶组织的激素量。在一些情况下，激素必须先进行修饰才能起效。比如胰岛素，刚开始是一条长链，而后必须断成两条链再彼此结合在一起。如果在修饰过程中受到阻碍，胰岛素将不能正常发挥作用。把激素以被包裹的颗粒形式运出细胞，可以阻碍或提高激素水平。血浆蛋白质参与运送激素，同时自身也受激素调节。靶细胞膜的状况对于激素能否与膜上受体结合非常重要。胞质和细胞核中的蛋白质受体也能影响激素的作用。营养状况，特别是氮平衡能影响激素的合成。肝脏对激素的降解能影响到激素的最终效价。

附　加　题

21.17　肾上腺髓质分泌的激素被以下哪项修饰？

(a) 脂肪酸　(b) 氨基酸　(c) 单糖　(d) 核酸　(e) 类固醇

21.18　从 A 栏中找出与 B 栏中内分泌腺相对应的选项。

A	B
1. 释放量不足会引起矮呆症	(a)甲状腺
2. 解离氧化磷酸化	(b)垂体
3. 其激素利用碘离子	(c)肾上腺皮质
4. 受 ACTH 刺激	(d)胰岛组织
5. 生产胰高血糖素	
6. 含有能降血糖的蛋白	
7. 贮存下丘脑激素	
8. 分泌过多会引起青少年巨人症	

21.19　下丘脑下部和垂体通过门静脉系的正中隆起实现体液连接。

(a) 对　(b) 错

21.20　胰岛素必须先与脂肪细胞上的受体结合才能发挥作用。

(a) 对　(b) 错

21.21　胰岛素是天然激素，能抵抗消化酶的作用。

(a) 对　(b) 错

21.22　甲状腺机能亢进会引发肥胖症。

(a) 对　(b) 错

21.23　甲状旁腺激素对维持生命是有必要的。

(a) 对　(b) 错

21.24　肾上腺素和糖皮质激素都能降血糖。

(a) 对　(b) 错

21.25　肾上腺髓质分泌 80%的肾上腺素和 20%的去甲肾上腺素。

(a) 对　(b) 错

21.26　雌二醇是成熟卵泡分泌的。

(a) 对　(b) 错

21.27　胎盘可以认为是内分泌结构。

(a) 对　(b) 错

21.28　食盐中添加碘可以减少甲状腺肿大的发生。

(a) 对　(b) 错

21.29　酪氨酸对于甲状腺和肾上腺髓质激素的形成非常重要。

(a) 对　(b) 错

答　案

21.17　(b)

21.18　1—(a)；2—(a)；3—(a)；4—(c)；5—(d)；6—(d)；7—(b)；8—(b)

21.19　(a)　　21.20　(a)

21.21　(b)　　21.22　(b)

21.23　(a)　　21.24　(b)

21.25　(a)　　21.26　(a)

21.27　(a) 分泌绒毛膜促性腺激素。

21.28　(a)　　21.29　(a)

第22章 神经系统

22.1 概述

神经系统存在于全部脊椎动物和大多数无脊椎动物体中，它与生命普遍的特性——应激性（irritability）有关。应激性指细胞和整个生物体以特定的方式对环境变化（刺激 stimuli）发生反应的能力。这些刺激可来自于体内或来自于外界。由刺激产生的特异性反应叫做“应答（response）”。一般来讲，生物体通过应答得到调整。刺激-应答反应通常是迅速的，而且在环境变化时能提供连续性的机制来维持内部稳定。

在大多数神经系统中，相互连接的神经纤维构成了能持续监控内部和外部环境变化的通讯网络。被称作神经冲动（nerve impulse）的电子流形式的信号，从神经系统的一部分传递到另一部分。神经冲动的产生叫做兴奋（excitation），它是离子局部流动的结果。

刺激在神经细胞（神经元）内产生冲动，而神经元末端对刺激是极度敏感的。沿神经系统中轴向内传递的冲动称为感觉冲动（sensory impulse）或传入冲动（afferent impulse）；经腺体或肌肉沿神经系统中轴传出的冲动叫运动冲动或传出冲动。根据神经系统的传导能力，生物体可分为原始形式和高级形式，二者最主要的区别在于后者具有更复杂和高度精细的传递冲动作用，能使传入冲动携带信息传入中枢神经系统 central nervous system（CNS）（大脑和脊髓）的同时，也使传出冲动产生相应的应答反应。大脑和脊髓中的神经元被称为连接神经元（connector neurons）或中间神经元（interneurons）。这些神经元的复杂性使较原始的生物所具有的原始应答反应与新近进化的脊椎动物所具有的高度分化的神经反应得以区分。

22.2 神经系统的系统发育

早期的多细胞生物，例如海绵动物，几乎没有协调系统。刺胞动物（Cnidaria）亚门中的水螅是该门很好的例子，其机体已达到很明显的组织水平。细长的感受细胞（神经协调系统的传入器）在外胚层（ectoderm）上数量特别巨大。它们通过神经网（nerve net）交换信息，而神经网是协调系统主要的特征。神经网具有相对弥散的结构，它所产生的应答反应的范围是很有限的，通常是对皮肌细胞或特定防卫结构所受刺激产生应答。在神经网水平上不能组织良好的肌肉运动。但是，在某些刺细胞动物中存在某种额外的神经环，它能产生更为复杂的神经-肌肉应答反应。在神经网水平上，冲动通常可沿神经元的任意方向传递。

栉水母动物门也具有神经网，但存在着局部分化。在这些比较高级的分化水平中，可看到环绕其口有称为“口环（oral ring）”的神经网，以及由八股神经索组成的紧挨栉下的一系列神经网。

在扁形动物（扁形动物门）中，器官水平上的结构已较明显。在其前端有两叶集中的神经组织构成的大脑（见图 22.1）。而在身体后部有两条神经索。这些结构构成了中心化的神经系统，它可以处理来自体表感受细胞传来的信息，能做出比原始生物更为复杂的行为。

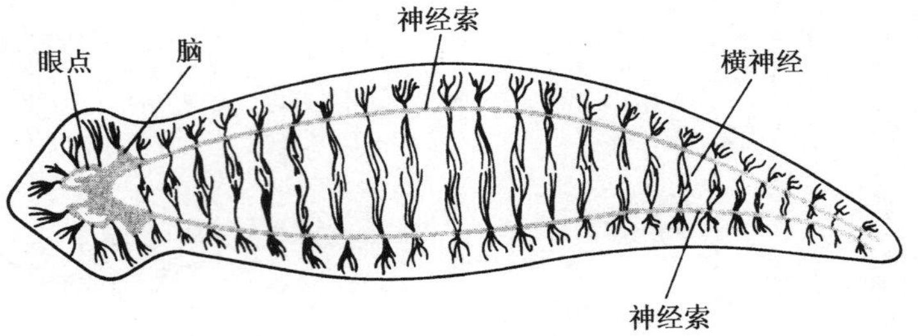

图 22.1 扁形动物神经系统

在软体动物中（蜗牛、贝类），其神经系统的复杂性在于神经细胞在头部集中（cephalization）和在整个神经系统中出现了大量的神经细胞结，即神经节（ganglia），弥散在神经系统中。本门生物的另一特征是出现了一系列多样化的感受组织，如乌贼已具有复杂学习模式。

蚯蚓（环节动物门）的神经系统也很复杂。在其头部集中着多种感受细胞，但感受组织还不明显。两个巨大的神经节组成了“大脑”。沿身体腹部表面有两条已融合的神经索。在蚯蚓每一体节都有一个神经节伸出神经索，用于协调感觉冲动和运动冲动。

节肢动物最显著的进化特征是出现更为集中的头部，特别是昆虫。在其头部前端最显著的感觉器官是单眼或复眼。其腹部体表分布着“梯状”神经系统，即两条由神经节连接成的神经索。其附属器官细微运动的调节在很大程度上是依靠每一体节中的神经节进行调节，即各个神经节执行高度分散的运动功能。

尽管依照某些标准棘皮动物是相对高级的生物，但它们的神经系统却没有大多数节肢动物复杂，所以肯定地讲，严格定义上的中枢神经系统并不存在于上述的多数生物体中。

22.3 神经活动的功能单位——神经元

脊椎动物和无脊椎动物神经系统的功能单位均为神经元（见图 22.2），这种高度分化的细胞含有多数真核细胞所含有的典型细胞器，由于其导线般的设计，使神经元更高度地适应信息传递。树突（dendrites）是一种突起，通常像树一样分支，将冲动传递至中枢细胞体。细胞体是一片密度很高的区域，它包含细胞核和多数胞质。轴突（axon）是一种非常长的突起，将冲动从细胞体传出。通常一个神经元只含有一条轴突，几条轴突甚至树突可以组装成一条神经（nerve）。

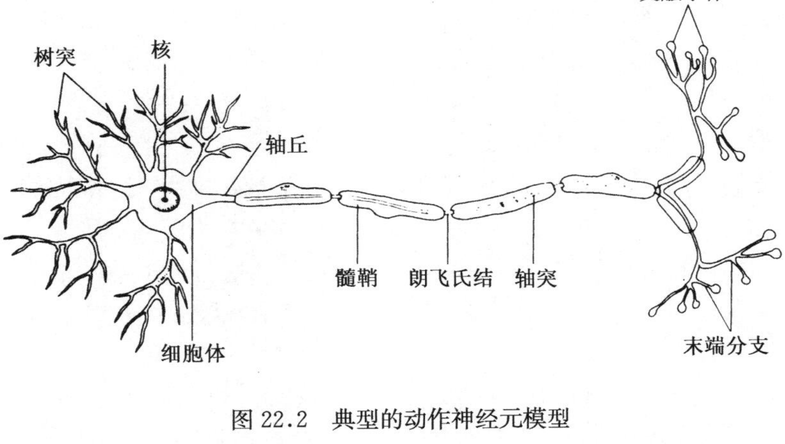

图 22.2 典型的动作神经元模型

神经胶质细胞（glial cell）从机械和代谢双方面支持神经元。胶质细胞的数量远远大于神经元，而且它们在形态和具体功能上都存在着多样性。在大脑和脊髓中的胶质细胞被叫做神经胶质细胞（neuroglia）。外周神经系统（peripheral nerve system）中的外围神经担负着向中枢神经系统传入和传出信息的任务。外周神经元中的支持组织由施旺氏细胞（Schwann cells）组成。这些施旺氏细胞围绕着轴突生长成为多层的绝缘覆盖层，被称为髓鞘（myelin sheath）。髓鞘是脊椎动物外周神经纤维的特征，这种肥大的膜状鞘体使轴突在绝缘条件下能迅速高效地传递冲动。

22.4　神经冲动

早期的理论把神经冲动的传递比喻为电子流在导线中的运动。按照这一理论，神经应该是相对消极的执行冲动传递的功能。然而，通过对乌贼轴突的研究得出的结论却与这一理论相悖。早期理论猜测冲动在轴突传递过程中伴随着电压的下降，但实验结果表明，冲动强度不同于电压，冲动一旦产生，自始至终不会发生变化。再者，早期理论还认为轴突不能有效的使电流通过，因为其脂类成分（髓）的绝缘性强于导电性。

当神经元没有传递冲动时被称为处于静息态（resting state）（见图 22.3）。在这种情况下，膜内外的电荷差被称为静息电位（resting potential）。高浓度的钠离子位于细胞膜外侧，膜内侧存在高浓度钾离子，而且在膜内侧存在着大量带负电蛋白质。维持这种浓度梯度依靠两个因素：一是静息膜对 Na^+ 的非渗透性，二是钠钾泵的作用。钠钾泵以 ATP 为能量把 Na^+ 泵出膜外，同时把 K^+ 泵入膜内。正因为这种梯度的存在，使神经元膜内侧电势稍低于膜外侧，跨膜电势差大约为－60 毫伏（mV）。更正这一能量分布不平衡的自然趋势是神经冲动传递的驱动力。

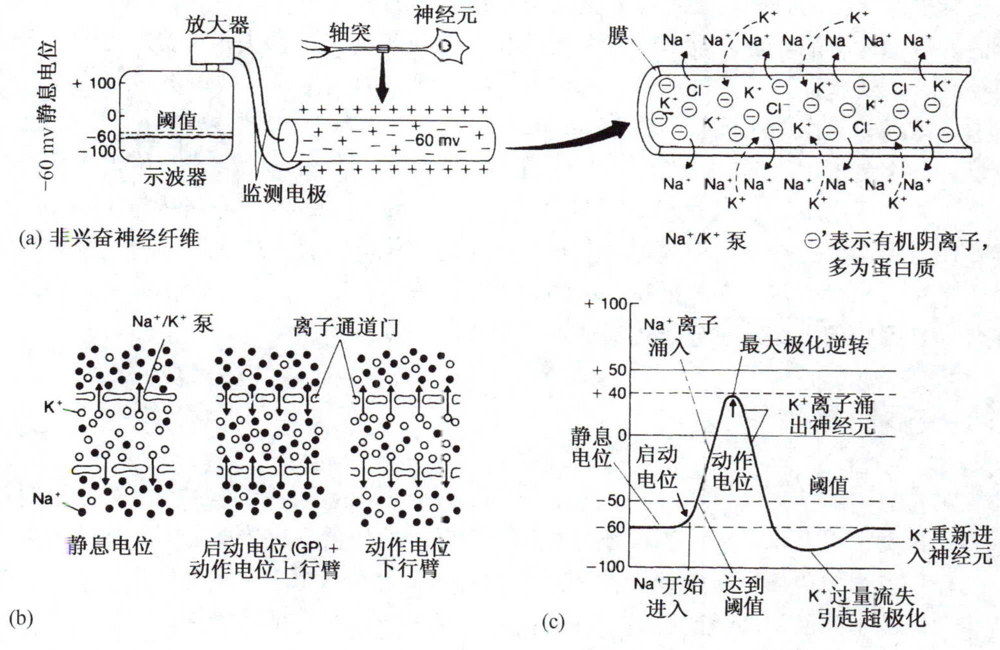

图 22.3　神经元在产生冲动时的电化学变化。(a) 未兴奋神经纤维消耗能量开放 Na^+/K^+ 泵。(b) 未兴奋神经（左）、兴奋神经（中）和复极化神经（右）的状态。(c) 示波器显示的神经冲动

当神经元受到刺激时，刺激点立刻变为对 Na^+ 可渗透，并使之大量进入膜内，通过渗透进入带正电离子，与内部负电荷进行中和，引起膜去极化（depolarizing）（即消除电势差）。足够量的 Na^+ 涌入使膜内侧能维持几毫秒的正电性。

这种电荷的移动构成了神经冲动，或叫做动作电位（action potential)。尽管它只在神经元的某一位置出现，但它引发了邻近区域的去极化，因此产生了新的动作电位。这个过程就以去极化波的形式沿着轴突连续进行。因此冲动并不是运动至某处，而是像水波一样在每一点上重新产生冲动。

在神经元上的任意点，每当膜内侧的动作电位相对于膜外侧达到最大值时（约＋40 mv)，细胞膜立刻重新表现对 Na^+ 的非渗透性。同时，K^+ 被泵出，直到 K^+ 数量与涌入膜内的 Na^+ 数量达到平衡，实现细胞膜的复极化（repolarized)。正离子的流出恢复了－60 mv 的静息电位。事实上，正离子外流很好地重新建立起静息电位以至形成反极化，即超射。静息电位恢复后，Na^+/K^+ 泵使膜两侧 Na^+、K^+ 浓度梯度恢复为动作电位产生前的状况。直到细胞膜重新达到静息电位，它才失去产生新动作电位的能力。在这种情况下，细胞膜被认为处于不应期（refractory period)。

除了 Na^+/K^+ 泵，细胞膜上还存在 Na^+、K^+ 的特定离子通道。对电压灵敏的蛋白质控制着这些通道，它通过对不同的电压改变自身的形态来开关离子通道，就像开关闸门一样。K^+ 通道只有一扇闸门，而 Na^+ 通道在每一端开口都有一扇闸门，分别为活化闸门和失活闸门。在静息态，活化闸门关闭而失活闸门开放。当神经元受到刺激，Na^+ 活化闸门开放使 Na^+ 顺梯度进入神经元。当去极化波达到＋40mv 最大值时，失活闸门关闭，细胞膜失去对 Na^+ 的通透性。而后 K^+ 闸门开放，使 K^+ 流出重新建立静息电位。静息电位恢复后，所有闸门恢复其原有形态，Na^+/K^+ 泵致力于恢复原来的离子梯度。

每一神经元都具有刺激阈值，在刺激阈值下神经元不会兴奋。而达到刺激阈值以上时，不论刺激的强弱程度，一般强度的刺激都会引起去极化（动作电位)。这种现象被称作“全或无”定律（all-or-none principle)。随着刺激频率的加大，逐渐增大强度的刺激只会引发多次兴奋而不是激起更强的动作电位。

上文提到脊椎动物的许多神经元是由髓鞘包裹着的。正因为这层脂质壳的存在，使离子跨膜内外流动才不能实现，也不能像无髓鞘纤维一样产生连续的去极化波。在这种情况下，实现神经冲动的传播另有其他途径。事实上，神经元上的髓鞘通常被短小的无髓细胞膜分离开，形成结点，称作朗飞氏结（nodes of Ranvier)。这些结点像无髓鞘神经元一样能产生动作电位。动作电位产生的电流经胞外和胞内瞬间传至下一个朗飞氏结，并在此结上产生新的去极化，如此继续下去。这种跳跃式的过程（跳跃传导，saltatory conduction）比起无髓鞘纤维要快得多，因为冲动在极大程度上是按电流方式传播，而不是依靠重新产生动作电位的缓慢化学过程传播。甚至在传播过程中的化学传播段（在结点）上，这种传播方式也快于无髓膜传播，因为朗飞氏结对离子的通透性比无髓膜大 500 倍。

22.5　突触

轴突与树突的接点叫突触（synapse)。在具有神经网的无脊椎动物中，例如水螅，轴突和树突在这类接点上相接触；所以神经冲动在突触上的传播是电传播；神经冲动可以无差别的沿神经任意方向传播，所以整个神经网作为兴奋单元受到刺激。在水螅类动物中，具有相同特化功能的不同的神经通路数量很少，而且结构简单。在脊椎动物中，因为突触有着独特的特征，所以神经冲动一般只沿单一方向传递，其他各个突触节点上也遵循单一路径的传递方式。

哺乳动物典型的突触内（见图 22.4)，在突触接点上存在着明显的沟（突触间隙，synaptic cleft)，一般约为 18～20 nm 宽。神经冲动的跨间隙传递是由神经递质介导的化学传递，如乙酰胆碱（（synaptic knobs）ACh)、γ-氨基丁酸（r-aminobutyric acid GABA)、去甲肾上腺素（norepinephrine)，血清素（serotonin）等。

轴突末端是突触小体，含有大量囊泡，即突触囊泡（synaptic vesicles)。囊泡中充满神

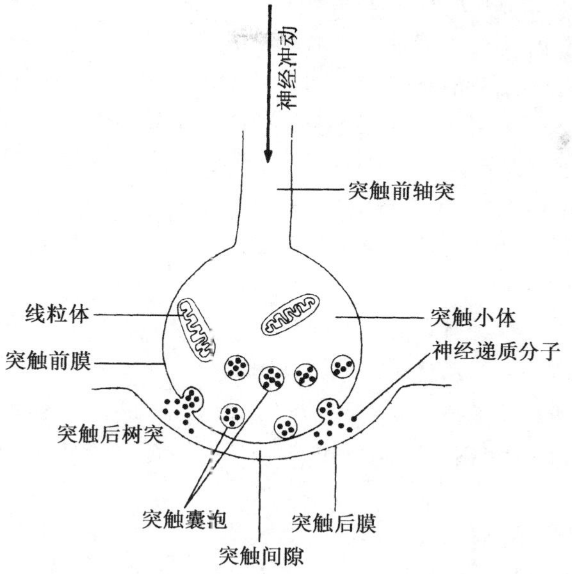

图 22.4 哺乳动物突触

经递质。当动作电位到达小体时，突触前膜（presynaptic membrane）内对电压敏感的钙通道闸门打开，使 Ca^{2+} 涌入。这就引起钙调蛋白（calmodulin）影响微管与突触囊泡的附着，使其随后向突触前膜运动并与之融合。突触囊泡继而破裂并向突触间隙释放神经递质。神经递质在间隙中迅速扩散，并与附近树突或细胞体上的突触后膜中的特定受体结合。当满足阈值数量的受体被结合后，突触后膜中的 Na^{+}、K^{+} 通道闸门打开，正离子涌入，降低了神经元膜内的负电性。这种电位的变化被称作兴奋性突触后电位（excitatory postsynaptic potential，epsp）。epsp 本身不足以到达受体神经元的刺激阈，但如果一系列冲动在很短但足够的时间段内刺激单一的突触小体，那么这些冲动的联合效应足以达到受体神经元的兴奋阈，从而引发新的动作电位并传递冲动。这一现象被称为阶段性叠加（temporal summation）。一定数量的轴突同时刺激树突或细胞体所产生的联合 epsp 也可到达受体神经元的兴奋阈，这一现象被称为空间叠加（spatial summation）。

一些神经元释放出的神经递质抑制相邻的神经元，而不是激活它们。这些神经递质（GABA 被认为是其中之一）引发突触后膜中的氯离子通道闸门打开，使 Cl^{-} 大量进入而使神经元过极化。这种负极性的增强被称为抑制性突触后电位（inhibitory postsynaptic potential，ipsp）。ipsp 是对应于 epsp 的消减性电位，这意味着如果想要神经元兴奋，就必须产生大量 epsp 作补偿。在大量抑制神经元（inhibitory neurons）和兴奋神经元（excitatory neurons）共同刺激某一树突或细胞体的情况下，生物体的控制置换能力被极大的提高了。

☞例 1

极简单的比方，假设动作神经 E 的作用能使一个男孩拿取某些物品。首先这需要神经元 A 和 B 产生的 epsp's 去使神经元 E 兴奋。若再假设这个男孩是想去偷取一些糖果，抑制神经元 C（来自于男孩的良知）会产生 ipsp，从而降低由神经元 A 和 B 产生的空间叠加 epsp's，使其低于 E 的兴奋阈。所以，除非有额外的 epsp 产生（可能来自于他贪吃的牙齿），运动神经元 E 就不会被兴奋（男孩将不会拿取糖果）。

为了防止受体神经元受到连续的偶然的刺激而兴奋，突触神经递质必须被中和。这项工作是由能分解神经递质的酶来完成，故而阻止了神经递质与突触后膜受体的进一步结合。

☞例 2

乙酰胆碱酯酶（acetylcholinesterase）把乙酰胆碱分解为乙酸和胆碱，因此阻止了乙酰胆碱与突触后膜的结合，即阻止了突触后膜受到刺激。胆碱随后被突触前膜收集并在乙酰转酰基酶（choline acetyltransferase）的作用下重新合成乙酰胆碱。在突触前膜破裂的突触囊泡分散开，合并成一定数量的囊泡，随后乙酰胆碱填充在其中。

神经元除了与神经元交换信息外，也与其他细胞交换信息，所以神经突触并非只存在于神经细胞中间。例如，一种相对简单的突触就存在于运动神经末端（运动终板 motor end plate）和肌肉纤维的膜（即肌膜 sarcolemma）表面。这种连接，即神经肌肉接头（neuromuscular junction），被称作兴奋性突触（excitatory synapse）。在此起作用的神经递质是ACh，与神经元间的突触不同的是，单一的刺激能释放出足量的ACh使肌肉兴奋。

22.6 反射弧

神经元被认为是神经系统的解剖学单位（anatomical unit），而反射弧则是神经系统的功能单位（functional unit）。反射（reflex）即为对特定刺激做出的稳定、主动的应答。

例 3

在膝跳反射（knee-jerk reflex）现象中（见图 22.5），如果重击位于膝盖骨（髌骨）下方四头肌的肌腱，小腿会猛的抬起。这一现象是由经传入神经传入到脊髓的冲动作用的结果。脊髓中运动神经元的突触使冲动沿动作神经元的轴突传至小腿的伸肌，伸肌的收缩引起膝跳。

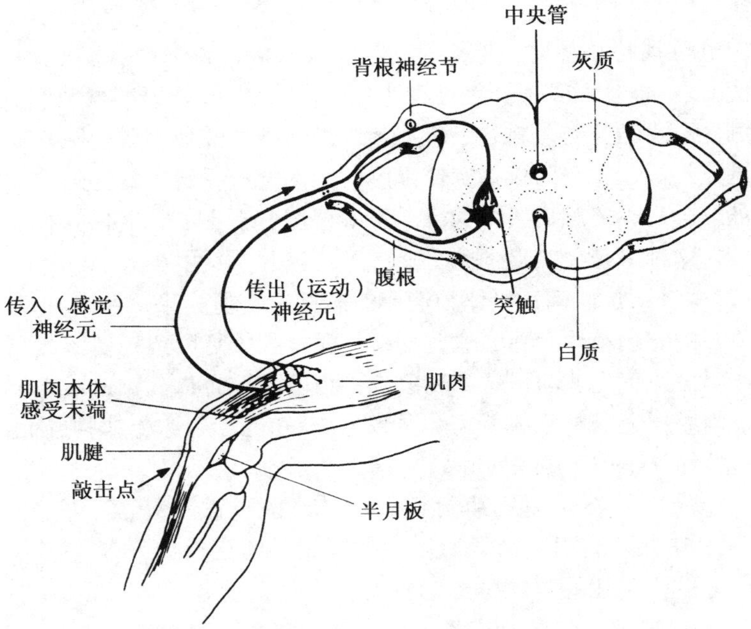

图 22.5 膝跳反射。箭头代表神经冲动传递方向

多数维持姿势的反射是双神经元反射，而那些使身体某一部位逃避有害环境的反射则需要脊髓中的中间神经元的介入，即三元反射。

简单反射弧（simple reflex arc）指的是一条物理路径，冲动沿着这条路径从感受器经传入神经元传至运动神经元的效应器。这些反射的作用是为了保持身体适当姿势，调节血压和指导生物体对付有害环境。伸肌（extensor）反射（使关节角度增大）的缺失或曲肌（flexor）反射（关节角度减小）的缺失在临床上可用于评价中枢神经系统的损伤程度。

22.7 感受器和效应器

感受器

感受器（receptors）是感觉神经被修饰的树突末端，它用于对特定刺激做出应答。一般情况下感受器与感觉神经的游离末端没什么不同，镶嵌在表皮或其他表面组织内。但有些情况下感受器又是极复杂的感受器官，比如视网膜（retina）和作为声波感受器的螺旋器（organ of Corti）。

感受器的特异性基于其自身的两个属性：第一，每一感受器对其特定的刺激具有低阈值（threshold），阈值是指要产生冲动的刺激的最小强度。第二，感受器只向中枢神经系统传递一种信息，不论是什么性质的刺激。这就是关于特定神经能（specific nerve energies）的米勒学说（Muller's doctrine）。

☞ **例 4**

视网膜对光高度敏感，因为它对光刺激的阈值极小。对于任意作用于视网膜的刺激，不论是重击或是热的发烫的火钳，大脑的感受器官均认为是光信号。这也是为什么眼睛遭撞击后，我们感觉眼冒金星的原因。

根据解剖学位置感受器分为三种。存在于皮肤表面接受外界环境直接刺激的感受器叫外感受器（exteroceptors）。从传递疼痛感的相对未分化的裸神经末端，到眼、耳、鼻、舌复杂的特殊感受器都属于外感受器的范畴。在体表，特别是指尖，存在着感受轻触的分散的椭圆形结构的感受器。

第二类感受器称为本体感受器（proprioceptors），它们位于肌肉、肌腱和关节附近区域。这类感受域一旦受到刺激，就会产生冲动使伸展开的结构恢复到原状。这类感受器在保持身体姿势方面起着重要作用，并能使我们感受到身体及其各部分在空间的位置。

最后一类感受器是内感受器（interoceptors），多为终止于血管和多种内脏器官表面的游离神经末端。许多用于控制对肺、心等稳定应答的反射都来源于这类感受器。

效应器

效应器（effectors）是反射弧的末端结构，或是能引发特定应答的更为复杂的神经反应的末端结构。它们可以是通过收缩而产生应答的肌肉，也可以是受到刺激而分泌物质的腺体。严格地说，效应器不是真正意义上的神经结构。

☞ **例 5**

某一单独冲动通过运动终板引起了运动单元（motor unit）内全部纤维的收缩。运动单元中全部肌纤维的同时收缩构成了单位收缩。运动终板的主要神经递质是乙酰胆碱。

22.8 特殊感觉器官

生物体总是受到环境中各种类型及各种能级的能量刺激。特殊感觉器官能把这些各异的能量形式转换为神经冲动。特殊感受器与神经元不同的是，神经元的兴奋是遵循全或无定律的，而特殊感觉器官通常产生启动电位（generator potentials），启动电位根据刺激能级的不同可增加强度，从而能够感受大小不同的音量和强弱不同的光线等。如果没有这些特殊感受器，生物体将无法感知周围环境条件的变化。

光

视觉的范围很广，从能分辨明暗的简单能力（如涡虫）到能产生极清晰的图像（如捕食鸟类）都属于视觉的范畴。对于较高等的脊椎动物，光（电磁波谱的一部分）经过角膜（cornea）进入眼球（eyeball），在角膜上首先聚焦。然后再穿过瞳孔（pupil）。瞳孔周围是虹膜，虹膜是可调节光量的隔膜。晶状体（lens）把光线聚焦于视网膜（retina），视网膜上存在着真正的光感受器（视杆 rods 或视锥 cones 细胞）。感受器一旦受到刺激就会把冲动传至视网膜中的另外两个神经细胞——两极细胞（bipolar cells），再传至视神经细胞（optic neurons）。视网膜中的视神经元构成了视神经（optic nerve）。在具有视神经的脊椎动物中，视锥感受器的功能是辨别颜色，而视杆感受器主要在夜视中起作用。

声

听觉是感受振动的方式之一。很多感受器经过进化都可感觉到振动，从简单的感毛到高等脊椎动物的耳朵。对于人类，振动进入大而肉质的耳廓（pinna），并穿过外耳道（auditory canal），撞击鼓膜（tympanic membrane）（耳骨 eardrum）并开始振动。鼓膜首先接触三块相连耳骨（锤骨 malleus，砧骨 incus 和镫骨 stapes）的第一块，并把振动传至耳蜗（cochlea）。耳蜗是充满液体的管状结构，它自身弯曲使其两个开放末端之一位于另一末端上（这种双管结构在弯曲端卷起使耳蜗看起来像个蜗牛壳）。开放末端覆盖有膜，称为卵圆窗（oval window）和圆窗（round window）。镫骨接触卵圆窗并把振动传给耳蜗流体（外淋巴），耳蜗内的螺旋器（organ of Corti）接收到这些振动。毛细胞位于耳蜗基底膜上（basilar membrane），其上的耳蜗覆膜（tectorial membrane）上则嵌有感毛。感觉神经元的树突在感毛处结束。耳蜗流体的振动引起基底膜的运动，并因此使感毛弯曲而产生启动电位，引发了感觉神经元的冲动，并沿耳蜗神经（cochlear nerve）把冲动传给大脑。

重力与运动

身体姿势、身体运动与平衡依靠内耳前庭器官（vestibular apparatus）——球囊（saccule），椭圆囊（utricle）和半规管（semicircular canals）的协助。前两种器官告知重力下的身体位置。它们各自的壁上都具有称为斑点（macula）的感觉区域。每一个斑点都由一层毛细胞组成，而毛细胞是嵌入在上层角质层里。在这层角质层之上有一堆碳酸钙颗粒，称为耳石（otoconia）。这个“石堆”的重量引起角质层随头部运动方向的变化而移动。角质层的移动使毛细胞受到刺激，并使紧邻的前庭神经改变传递冲动的速率（即使在静态，毛细胞周围的神经也相继兴奋起来）。因为毛细胞有不同角度的朝向，所以头部的每一个姿势都能使毛细胞产生彼此不同的兴奋方式。

在半规管中，壶腹（ampullae）用于监测由头部运动引起的管中流体运动。每一壶腹由毛细胞环构成，并且毛细胞嵌入环状胶质的壶腹帽（cupula）中。壶腹帽在流体的压力下弯曲，使前庭神经产生冲动。三个半规管以偏右角度彼此排列，所以其三维结构能得以很好地显现。

味道与气味

化学感受器（chemoreceptors）用于感知味道与气味。舌体上的味蕾（taste buds）毛细胞是用于感知味道的。这些毛细胞相互紧靠，并且刺激感觉神经，感觉神经再把冲动传递至大脑。尽管感觉咸、甜、苦、酸四种基本味道的神经分布在舌上不同区域，但不同的食物可以同时刺激其中几种，并根据刺激的不同强度感觉出混合口味。

气味的感受器位于鼻中的嗅上皮（olfactory epithelium）。不同于味道感觉器的是，气味感受器是神经细胞，其树突嵌入嗅上皮中。如何感知气味尚未有定论，公认的理论是分子的形态和大小决定气味，而不是分子的化学反应决定气味。依此理论，七种主要气味就有七种主要感受器类型。与上文味觉相同的是，这些主要气味也可混合产生出独特的新气味。

触摸与压力

机械感受器（mechanoreceptors），如鱼的侧线（lateral lines），可辨别距离、触摸和压力。人类依靠位于近皮肤表面的触觉小体（Meissner's corpuscles）和游离神经末端（free nerve endings）感知触摸。疼痛感也是依靠刺激游离神经末端产生的。毛发是另一种触觉感受器，因为其主要成分角蛋白是晶态的，所以一旦变形毛发便会释放出少量电，并刺激发根周围的神经。这种晶体被称为电压晶体（piezoelectric）。而位于皮肤深层的环层小体

(pacinian corpuscles) 是用来感受压力的。

热与冷

温度感受器（热感受器 thermoreceptors）的机理尚无定论。人类游离神经末端（鲁菲尼小体（Ruffini corpuscles）感受热，克劳泽终球（Krause end bulbs）感受冷）是主要的温度感受器。温度感受器除了感受绝对温度外，也能感受温度的相对变化，因此，温度由热变暖，我们会感到凉爽。

22.9 脑与脊髓

脑包裹在头骨（skull）中并由三层脑膜（meninges）保护着。最里层的脑软膜（pia mater）覆盖在脑上，其上分布着大量血管，血管给底部脑输送营养与氧气并且起保护作用。脑软膜与中间层蛛网膜（arachnoid membrane）间充满脑脊液（CSF），脑脊液具有缓冲作用，并为脑与脊柱输送离子。最外层的硬脑膜（dura mater）是坚韧的纤维状膜，它对脑提供机械支持。

脊椎动物的脑（见图 22.6）分为三个基本区域：后脑、中脑和前脑。

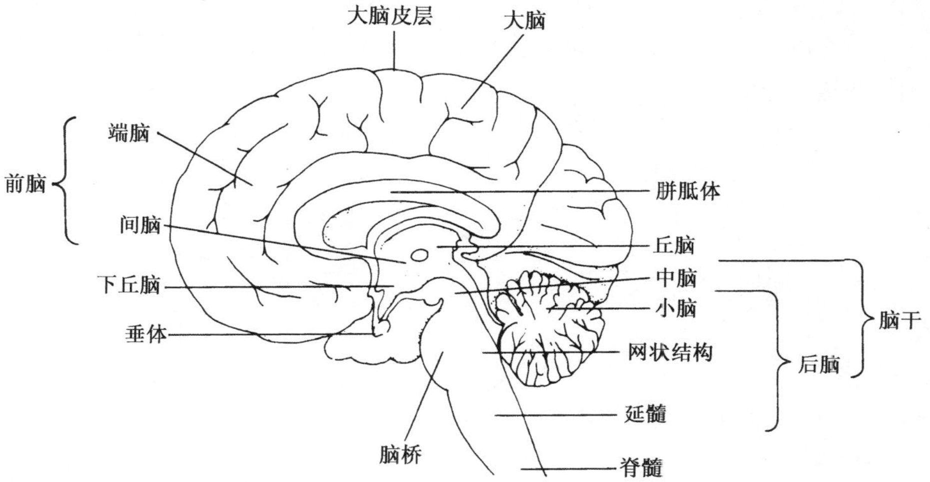

图 22.6　人脑（矢中断面）

后脑（hindbrain）主要执行不随意的、机械的功能。它有三种主要结构：①延髓（medulla oblongata），位于脊髓顶端，它含有许多控制不随意功能如呼吸、血压和心跳的中枢。许多不随意功能是通过核（nuclei）（支配身体某一共同部位的神经细胞体群）进行调节的。脑与脊髓间的所有信息传递都经过延髓。②脑桥（pons）位于延髓上方并含有连接脑与脊髓的神经束（tracts）（纵束的有髓鞘纤维），并与脑神经（cranial nerves）（12 对在脑与各类器官间传递信息，但不经过脊髓的感觉神经、运动神经和混合神经）的神经束相连。脑桥也能协调前脑与小脑的功能。③小脑（cerebellum）位于延髓后，用于控制平衡和肌肉协调。

中脑（midbrain）位于后脑与前脑之间并把二者连接在一起。中脑先处理来自眼、耳的视觉信息和听觉信息，再把这些信息传至给前脑。中脑还与低等脊椎动物的行为方式有关联。

前脑（forebrain）是人类最高级的部位。我们已研究了它的主要结构之一的下丘脑。除了负责分泌激素，下丘脑还控制着许多重要的参量如心率、血压和体温，以及许多基础性的欲望，如饥饿、口渴、性爱和愤怒。

下丘脑之上是丘脑（thalamus），它是一系列脑核的一部分，像基底神经节（basal ganglia）一样有聚合性。它连接脑的各个部分并把大脑和感觉系统连接起来。下丘脑也是单纯的情绪与感觉的中枢。

在下丘脑与中脑中都存在着网状结构（reticular formation），它是脑核的分支区，并与主要的上行感觉束紧密相连。网状结构调整着沿这些神经束传递的冲动，并把冲动传递给皮质区，以此方式来控制唤醒水平或醒觉水平。我们能保持警觉并对外界刺激做出反应的能力很大程度依赖于这些网状结构。虽然睡眠受到脑干中枢如延髓和脑桥的影响，但网状结构起着容许延伸睡眠态的作用。

丘脑，下丘脑和脑皮层部分构成了边缘系统（limbic system），该系统明显地包含对激动（感情冲动状态）起粗调节作用的脑核。抑郁症和欣快症可能发源于此。在核中组成边缘系统的是海马（hippocampus）（可能对短期记忆起重要作用）、杏仁核（amygdala）（与愤怒有关）和皮层的扣带回（cingulate gyrus）。嗅神经与扁桃体的位置靠近，说明嗅觉对情绪和情感有影响。边缘系统也可能与网状结构相互作用，挑选出让生物体可以留意的个体事物。

人最大最复杂的部位是大脑（cerebrum）。大脑分为两个半球，它具有由灰质（gray mater）构成的外皮层（cortex），包括由大约 50 亿神经细胞体[1)]和树突构成的高密度的薄层，以及由白色有髓鞘神经纤维构成的较厚的内层。每个半球又分为四个叶（图 22.7）。后部是枕叶（occipital lobes），负责接收和分析视觉信息。脑下部是颞叶（temporal lobes），主要参与听觉感受。脑前部是额叶（frontal lobes），负责调节控制说话等精细运动，额叶还作为传入感觉刺激的交换场所。颞叶上和额叶后是顶叶（parietal lobes），它负责接收来自皮肤感觉器官的刺激并感知身体位置。

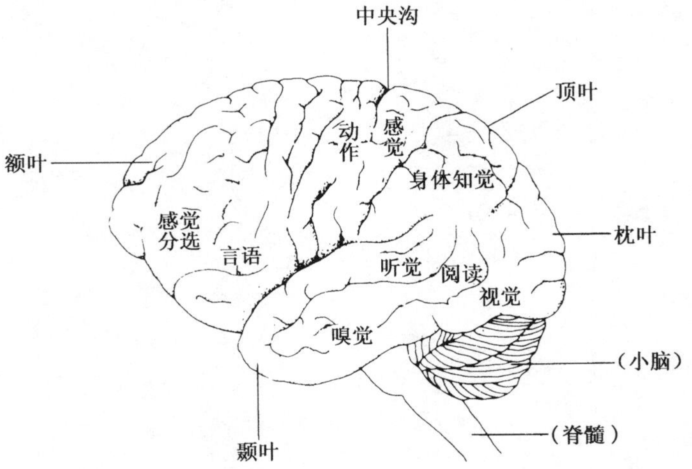

图 22.7 大脑的四个叶及其功能

额叶和顶叶被中央沟（fissure of Rolando）分开，中央沟从头顶部一直延续到头侧部，沟两侧相对狭窄的条纹区是额叶的运动区和顶叶的感觉区。位于狭窄条纹区中，对应于身体具体各部分精确的功能区已被定位。例如：我们清楚地知道右顶叶条纹区哪些具体区域负责从左脚踝、膝、脚趾等处接收感觉信息。又比如左额叶条纹区负责控制右臂、腿和脚的运动。你将注意到，对于脑的大部分功能，身体的一侧总是与其对侧方向的脑进行信息交换，并受之控制。

虽然大脑的两个半球有相似的功能，但每个半球的功能都有一定的范围。比如：言语与分析思考是受左半球控制的，而空间知感多是右半球的功能。一些获得性的特点，如偏手性，能被任意半球控制但又可根据个人经历而发生改变。两个半球通过胼胝体（corpus cal-

1）一般教科书和解剖学记载大脑含有 150 亿个神经细胞。——译者注

losum）交换信息，胼胝体就是中介区域，它可把一侧大脑接收到的信息传递给另一侧。

那些位于脑干中的脑中枢自出生就永远地只具有有限的形成新连接（突触）的能力。然而皮层内的神经元，特别是新皮质（neocortex）（最新进化的区域）表层的神经元，却具有建立新突触的极强的可塑性。进入大脑的各种感觉信息并不是简单被输出去，而是在中枢回路中回荡，并被贮存在顶叶附近的区域。在这一过程中新的突触连接被建立起来。贮存信息并非只在单一区域，因此，颞叶中的听觉区、语言区可与枕叶的视觉相关区域共同作用产生单记忆痕。记忆可以是被迅速缔合而又被迅速遗弃的短期记忆（short-term memory），也可以是永远保留的长期记忆（long-term memory）。学习过程肯定地参与了长期记忆的建立。

学习或记忆也可参与外部记忆印迹（engrams）（特定生理痕）的形成，如核酸的产生。几十年前的观点揭示：简单无脊椎动物的学习过程和与特定学习经历相关的特殊 RNA 的生成有关。这一观点甚至还认为通过摄取这些 RNA 可以使无任何学习经验的动物获得学习经验。这一观点着实让许多学者大吃一惊，然而这一观点还未被证实。

学习（learning）就是用获得性经验对神经器官进行修饰。学习的修饰机制可以用新突触的生成来表达，而对已存在突触的修饰或新分子的生成也属于学习的修饰机制。

脊髓（spinal cord）是一条粗的背部神经束，从脑干一直延伸至背部下方。它被完全封闭在脊柱的椎骨里，就像脑包裹在头骨中一样。

多数脊髓由向脑传递感觉冲动的上行神经束和向脊髓中的运动神经元传递冲动的下行神经束组成。脊髓在各水平上都作为反射中枢，并与各种不同的中间神经元相联系。脑中的灰质（神经细胞体）位于外侧并位于内部白质的基底神经节中。在脊髓中，灰质位于内部 H 形区域内，中央管也在 H 形区域内（图 22.5）。中央管中的脑脊液（cerebrospinal fluid）与脑中的各个腔，即脑室（ventricles）相连接。覆盖在延髓上的第四脑室与脊髓中的中央管相连。

脊髓灰质背部延伸中的神经细胞来自外周神经系统脊神经的冲动。这些感觉神经细胞实际上位于脊髓外部隆起处，即背根神经节（dorsal root ganglia）。位于灰质腹角（ventral horn）（延伸）的神经细胞处理向效应器传送的运动神经冲动。这些神经在与脊髓相交前，每个外周神经都分支进入含背根神经节的背根中和腹根中（图 22.5）。因此，外周神经纤维同时包含着感觉神经纤维和运动神经纤维。

22.10 自主神经系统

自主神经系统（antonomic nervous system）（ANS）包含两个亚系（见图 22.8）。交感神经系统（sympathetic nervous system）（SNS）负责指导身体应对紧急情况，如斗争或逃避有关的应答。它产生迅速的总体动员来避免危险，如心跳加快、血压上升、血糖升高、血液从躯干向四肢加速流动用以支持斗争或逃避。另一方面，副交感神经（parasympathetic nervous system）（PNS）则负责在平静期恢复生物体的各项功能。很显然，这些功能（吃饭、交配、排尿等）必须分别各自进行而不能同时进行。

以上两个亚系中的效应冲动产生于中枢神经系统并且通常被传递给第二运动神经元。这两种神经元的突触在神经节上相接触。对于交感神经系统，这些神经节沿脊髓形成一条长链；也有少量神经节位于长链外的神经丛中。神经节后纤维很短，但连接到内脏器官的神经节后纤维一般很长。对于危险的感知，整个神经节链作为整体单元而兴奋，信号随即传向各个器官。如图 22.8，交感神经系统由颈、胸、腰区伸出，而副交感神经的神经纤维则从交感神经系统的颅、骶末端伸出。

副交感神经系统的神经节位于靶器官内，与交感神经系统神经节的集中长链完全相反。副交感神经系统的这种分散的解剖学特性使其产生分散的应答。其神经递质是乙酰胆碱。Otto Loewi 首先揭示了副交感神经系统受到刺激时的化学本质，Henry Dale 认为其神经递质

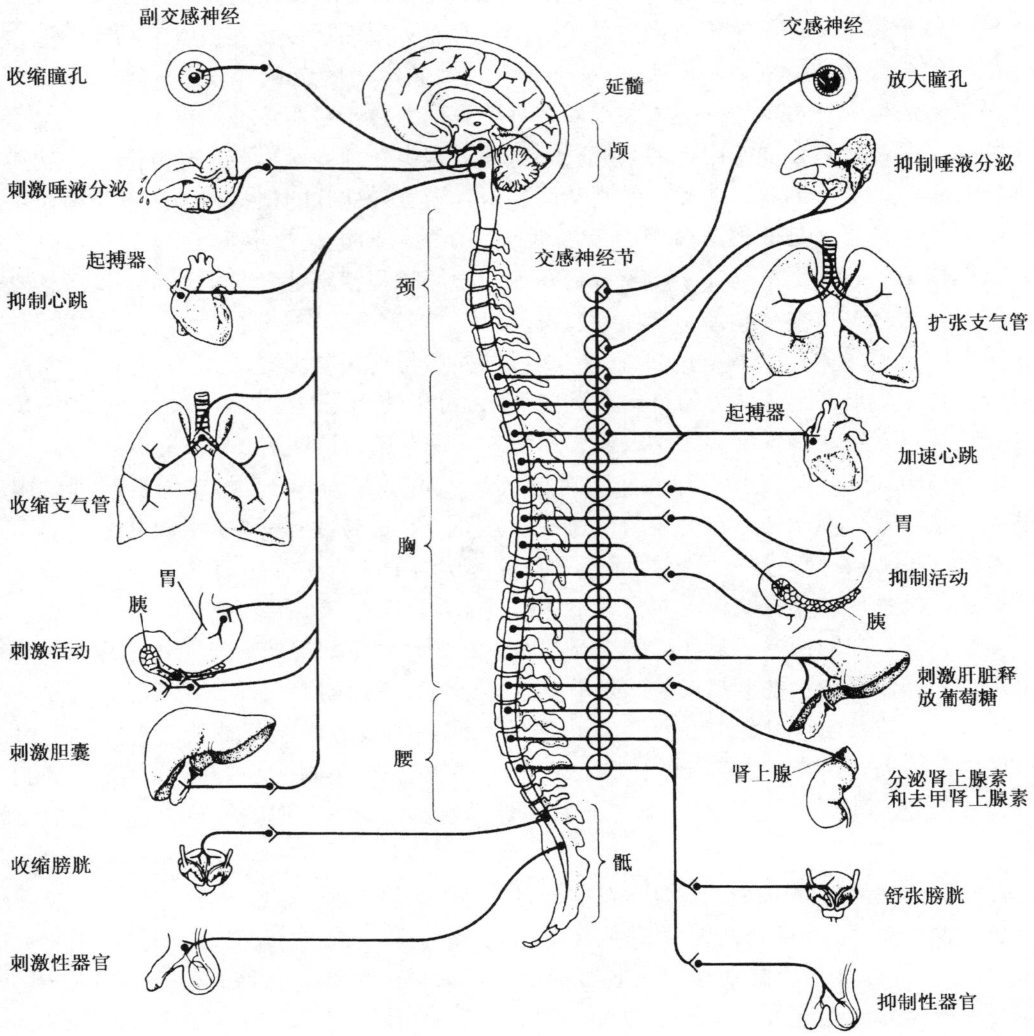

图 22.8 自主神经系统

是乙酰胆碱。介导交感神经系统应答的去甲肾上腺素不仅由神经节后纤维（通常同时兴奋）的个体末端产生，而且也由肾上腺分泌，肾上腺把分泌的去甲肾上腺素和肾上腺素汇集进入到基础循环中。大量儿茶酚胺的输入有助于交感神经系统产生兴奋。需要说明的是对于这两个系统，位于神经节（神经节前—神经节后）中间突触的神经递质是乙酰胆碱。

疑难问题解析

22.1 神经元与神经的区别是什么？

神经元是由构成细胞体的单个神经细胞，其分枝被称为树突（通常向细胞体传入冲动）和单一的轴突（多为从细胞体传出冲动）。虽然高度分化的神经元负责传递功能，但它同样含有与未分化真核细胞相同的细胞器。

神经是由许多轴突或由轴突和树突混合在一起构成的纤维束。它长长的延伸看起来就像一条白绳。来自外感受器的冲动沿神经传入中枢神经系统，而后传出至效应器，如此往复。在中枢神经系统外，这些纤维束叫做神经，而在中枢神经内，这些树突与轴突束被称为神经束。

22.2 脊椎动物的神经系统对无脊椎动物进化趋势来说是进化的最高峰，结合一些定性差异予以讨论。

脊椎动物复杂的神经突触可保证神经冲动只能沿着单向传递，并选择特定的神经通路。这样的突触，特别是脊椎动物复杂神经网中的突触，比起较原始的无脊椎动物神经网，允许有更多功能分化。分化使感觉器官复杂程度加大，数量增多。

神经进化的主要趋势是使相关的神经系统集中化。外周神经是沿周身分布的一些神经（起始于中枢神经系统）。数量不断增长的中间神经元使其应答更加多样化。头部神经进一步集中化是把控制权集中于中心区，导致大脑形成，中心区内的分化产生了具体的功能区。比起无脊椎动物，脊椎动物的大脑起着主宰作用。

脊椎动物的脊髓与无脊椎动物拥有的神经索是完全不同的。脊椎动物的脊髓是一条中空的位于背部的管，而像环节动物和节肢动物等无脊椎动物的神经索是位于腹部的两条实心体。而且脊椎动物的脊髓神经节并不以梯状排列方式与神经束相连。

22.3 什么机理使得动作电位遵循全或无定律？

动作电位的大小取决于涌入去极化神经元的钠离子量。而涌入的钠离子量又决定于对电压敏感的通道闸门的开关。当闸门打开，一定程度通透性的存在，使一定量钠离子进入。在阈值以上，对神经元的刺激不论大小都会导致闸门开放。每次通道闸门打开总允许大约等量的 Na^+ 进入，然后在某一恒定电位上通道闸门关闭，因此避免了过量 Na^+ 的涌入。

22.4 为什么说神经细胞膜上存在两扇 Na^+ 通道闸门？

在两个不同的极化阶段上，即在静息电位（−60mv）时和复极化波波峰（+40mv）时，钠离子通道关闭，停止 Na^+ 的进出。这种双峰形式说明存在由两种不同的蛋白质控制的闸门，它们分别对不同的电压敏感。

22.5 做图说明在下列情况下：静息态、神经元兴奋态和去极化波波峰后，K^+ 门，Na^+ 活性门（Na^+ AG）和 Na^+ 失活门（Na^+ IG）各自的状态。O 表示闸门开放，C 表示闸门关闭。

	K^+	Na^+ 活性门	Na^+ 失活门
静息态	C	C	O
兴奋态	C	O	O
峰后	O	O	C

22.6 课文中已经详细地说明了电流与神经冲动的不同点。这些不同点是什么？神经的什么性质可解释这些不同？

与电流不同的是，动作电位沿着神经元传递冲动前进时强度并不减弱。这是因为神经元上的每一点都重新产生动作电位；因此神经元末端的电位与其始端是相同的，能量没有损耗。

脊椎动物许多神经元的特征是具有髓鞘，髓鞘是类脂质的绝缘体，它不能传导电冲动。然而与电流不同的是，神经冲动是在绝缘的轴突中传递的；朗飞氏结使得动作电位沿神经纤维重新被产生，而动作电位在朗飞氏结上产生的电流则可跳跃至下一个结上重新产生动作电位。

22.7 跳跃传导方式与在无髓鞘神经元轴突上的传导相比速度更快，那么跳跃传导还有其他优势吗？

因为有髓鞘纤维对 Na^+/K^+ 泵的需求非常小，从而大大节省了用以生成 ATP 的能量（大约少了 5000 倍）。

22.8 实验结果说明哺乳动物神经元的动作电位可沿神经元的任意方向传递。那么为什么哺乳动物的神经冲动只沿单方向传递？

突触处产生神经递质，但只向突触间隙的一侧释放，所以神经冲动的传递只限定于单一方向。如果冲动可在某一给定神经元中沿任何方向传递，那么只有那些从细胞体和树突向轴突传递的冲动才可被传递至下一个神经元。因此突触就像阀门一样限制神经冲动沿着单一方向传递。

22.9 区分时间叠加和空间叠加。

时间叠加：突触后神经元的兴奋是由单一突触小体引起的。虽然突触前结发出的单一兴奋并不能释放出足量的递质引起附近神经的兴奋，但如果在短时间内被反复兴奋，所释放出的神经递质也会达到足够量去引发附近神经元的兴奋。

空间叠加：使附近神经元产生兴奋所需的神经递质并不是由短期内某一小结所释放的许多倍神经递质积累起来的，而只能是通过许多小结同时释放出它们各自少量递质而引发的一次效应。

22.10 杀虫剂如有机磷（organophosphates）是靠抑制乙酰胆碱酯酶起作用，那么杀虫剂为什么有杀虫功效？

乙酰胆碱酯酶破坏能产生兴奋突触后电位的神经递质。在该酶不存在的情况下，未灭活的神经递质继续刺激突触后神经元或肌肉产生兴奋。因此，昆虫摄入乙酰胆碱酯酶会死于肌肉失控，因为它们的神经递质未被分解代谢。

22.11 特殊的感觉器官是高度修饰的感受器，它们可产生差异显著的感受，如视觉、听觉、味觉、嗅觉和平衡感，但它们却传递几乎相同的冲动。这些不同的感受是如何与相似的冲动相互协调的？

相同的冲动被传递至脑的不同区域进行翻译。因此，产生不同感受的原因不是因其本身内在性质，而是因为冲动传导的目的地不同。

22.12 列举大脑的主要功能。

复杂的联想、语言和表达、空间辨别、分析思考、感觉、记忆和对良好动作的控制。

22.13 根据你对人脑所掌握的知识，哪一部位进化的程度最低，哪一部分进化的程度最高？

虽然大脑已显著地增大，但作为整体的后脑与早期相比进化的不多。也许是因为后脑控制许多内脏功能，如呼吸和心跳。这些内脏功能在本质上讲对于高等脊椎动物和早期脊椎动物都一样，故它们自身无需经历进化实验。

另一方面，大脑形成于前脑的一对突起，主要控制嗅觉。这种原始的“嗅觉脑”已经进化成为复杂的器官，如人类的大脑。

22.14 你认为美国空军对研究网状结构感兴趣的原因是什么？

空军对网状结构感兴趣是因为他们需要在执勤中保持清醒状态。这对于驾驶超声波飞机的飞行员来说极为重要，因为保持警觉常常是生死关键。

大量证据显示 5-羟色胺是一种生物胺，它能调节平静状态甚至还可以降低知觉水平。内啡肽和脑啡肽可间接使人不清醒。这些物质就像内源镇静剂、吗啡和鸦片一样起作用。

22.15 组织内的活动总是伴随着电活动变化。如果把电接触器放置在头骨和身体上的某一点，那么脑电荷的大小就可被标示出来。脑电图仪（electroencephalograph）测量出这些不同的模式，并记录脑电图（electroencephalogram）（EEG）。也许脑电波的不同模式能反映出功能的变化，但具体是什么活动还不清楚。以神经正常的人做试验，当他们处于安静环境下得到较缓慢但较规律的脑电波模式称为：α 波（alpha waves）。当大脑思考问题时，电波变成快速、不规则的低强度映像- β 波（beta waves）。而在睡眠时，可看到非常缓慢而同步的电波模式，这些是 δ 波（delta waves）。那么脑电图（EEG）在临床上有什么用途呢？

脑电波可以表述脑中异常，并能指出异常所在位置。例如：癫痫小发作，癫痫大发作等活动性癫痫均有不同的电波显示。脑电波还可诊断一些心理疾病。脑肿瘤通常也对脑电波有影响，或阻断电活动，或是更经常地引起肿瘤周围区域过度兴奋。把电极放置在头骨不同位置，通过比较其脑电波，神经学家可以正确地指出异常活动的区域，从而确定肿瘤的位置。

22.16 交感和副交感神经系统服务于相同的器官，也产生相同的动作电位，但对身体却有不同的作用。比较两系统，说明为什么看起来相似的系统却有不同的作用。

交感神经系统的基础作用是使生物体战斗或逃离危险，所以它必须同时兴奋或同时抑制多个系统。这种大量放电（mass discharge）的需求在神经节链中相互连接的神经节处得到反映。副交感神经系统在一定程度上能直接阻碍交感系统的动作，但通常它一次只能影响一个或很少的器官，而不是全部器官。这种分散性与大规模兴奋的对立源于其神经只有较少连接的这一性质。因此解剖学上的不同使两系统产生不同的应答反应。

这两个相关的系统在生理上的不同也是它们具有不同功能的原因。虽然它们有相同的动作电位，但它们各自的神经元向某一靶器官释放不同的神经递质。交感系统释放去甲肾上腺素和肾上腺素，而副交感系统释放乙酰胆碱。神经递质的不同功能使两系统对靶器官产生不同的效应，甚至相反的作用。

附 加 题

22.17 水螅的神经网缺少

(a) 神经元 (b) 树突 (c) 连接 (d) 冲动流的方向性

22.18 环节动物的中枢神经索是

(a) 位于背部 (b) 位于腹部 (c) 中空的 (d) 对 K^+ 非通透 (e) 以上都不是

22.19 什么种类的突触，其突触前、后膜的间隙更宽？

(a) 电突触 (b) 化学突触

22.20 冲动沿有髓鞘神经传递的速度更快。

(a) 对 (b) 错

22.21 静息电位在很大程度上是依靠钠离子泵维持。

(a) 对 (b) 错

22.22 所有神经胶质组织都由施旺氏细胞构成。

(a) 对 (b) 错

22.23 在神经冲动沿轴突产生的过程中，和冲动在突触中传递的过程中都发生去极化。

(a) 对 (b) 错

22.24 动作电位遵循全或无定律。

(a) 对 (b) 错

22.25 粗的轴突与细的轴突相比传递冲动的速度慢。

(a) 对 (b) 错

22.26 跳跃式传导与具有朗飞氏结的神经纤维有关。

(a) 对 (b) 错

22.27 脊椎动物神经的髓鞘是电的良导体

(a) 对 (b) 错

22.28 在 B 栏中找出与 A 栏相对应的描述

A	B
1. 减轻疼痛的神经肽	a. 乙酰胆碱酯酶
2. 功能与鸦片相似	b. 突触囊泡
3. 帮助突触膜再充电（恢复）	c. 去甲肾上腺素
4. 神经递质来源	d. 内啡肽
5. 由交感神经释放	
6. 与突触前膜融合	
7. 由肾上腺分泌	

22.29 箭毒（curare）可与 ACh 受体结合并阻断神经递质的正常生理作用。箭毒可能的作用是

(a) 降低心率 (b) 神经传导加速 (c) 麻痹 (d) 增强学习

22.30　下丘脑是什么脑的一部分

(a) 后脑　(b) 中脑　(c) 前脑　(d) 脊髓

答　案

22.17　(d)　　22.18　(b)

22.19　(b)　　22.20　(a)

22.21　(a)　　22.22　(b)

22.23　(a)　　22.24　(a)

22.25　(b)　　22.26　(a)

22.27　(b)

22.28　1—(d)；2—(d)；3—(a)；4—(b)；5—(c)；6—(b)；7—(c)

22.29　(c)　　22.30　(c)

第23章 肌肉骨骼系统：支持和运动

骨骼是脊椎动物的主要结构系统。皮肤是生物体最大的器官。骨骼与皮肤一起支持生物体基本的形状与形态。除支持功能外，骨骼系统还是保护体内脆弱器官的主要装置。骨骼系统与肌肉系统结合实现生物体运动。单块骨或骨群就像杠杆一样依靠适当部位的肌肉实现运动。特定部位肌肉收缩产生四肢或身体各部的运动。

23.1 无脊椎动物的支持系统

流体静力学骨骼

早期无脊椎动物的支持系统依赖于水和有关流体的相对不可压缩性。现仍存在的这种流体静力学骨骼系统（hydrostatic systems）是由肌肉包围的充满流体的腔构成。

☞例 1

水螅和相似的管状刺胞动物（腔肠动物类），扁形动物，甚至环节动物的内腔都是利用消化腔（如水螅和涡虫）或更精细的体腔（coelom）充当流体静力学骨骼。当这些充满液体的管道受到定向排列的肌肉的挤压就会改变生物体的形态或引起生物体运动。身体的分节能提供更加完善的局部应答，例如运动范围的扩大。运动的特化和精细化可通过皮膜的软化来实现，因为坚硬的皮膜会阻碍钻入土壤或潜入水中所必需的曲回运动。

外骨骼

节肢动物的外骨骼（exoskeleton）是机械支持结构中最显著的优势。包括一百多万种昆虫的节肢动物被认为是陆地环境最具优势的殖民动物。只有脊椎动物中的哺乳动物对陆地环境的适应性能与昆虫相媲美。节肢动物的外骨骼对其敏捷的适应性起着重要的作用。在多数情况下，外骨骼不仅提供结构上的支持和对其下软组织提供保护，陆地节肢动物的外骨骼还能依靠其蜡质外层防止体内水分的蒸发。肌肉附在外骨骼的各个部位使柔韧的关节可以活动。就外骨骼而言，节肢动物的肌肉是附在外骨骼的内侧，而脊椎动物的肌肉是附在骨骼外侧。

23.2 脊椎动物的内骨骼

或许最有效的支持系统要数脊椎动物的内骨骼（endoskeleton）（内部骨骼）。内骨骼是由骨（bone）与软骨（cartilage）构成的网状系统（见第 4 章），它能支撑、保护身体，也能像杠杆一样使身体做出最大限度的、精细而迅速的运动。在身体软组织退化后的很长一段时间骨骼仍能保持原有形态，这就给研究脊椎动物的进化历史提供了线索。通过比较解剖学，发现表观看来各异的脊椎动物却具有基本的相似性，即相对应的骨与骨之间都有相关性。由此脊椎动物研究中一些最具争论的问题可达成共识。

脊椎动物通过关节（joint）运动，使僵硬的内骨骼与灵活的骨骼系统连在一起。成年人的骨骼（图 23.1）共有 206 块骨，分布在中轴骨骼和附肢骨骼中。中轴骨骼（axial skeleton）由头骨、脊柱和肋骨组成；附肢骨骼是由臂骨和腿骨以及这些附肢骨骼所依附的腰带（girdles）组成。腰带这个名词的由来是因为它们环绕着自身所在的区域。

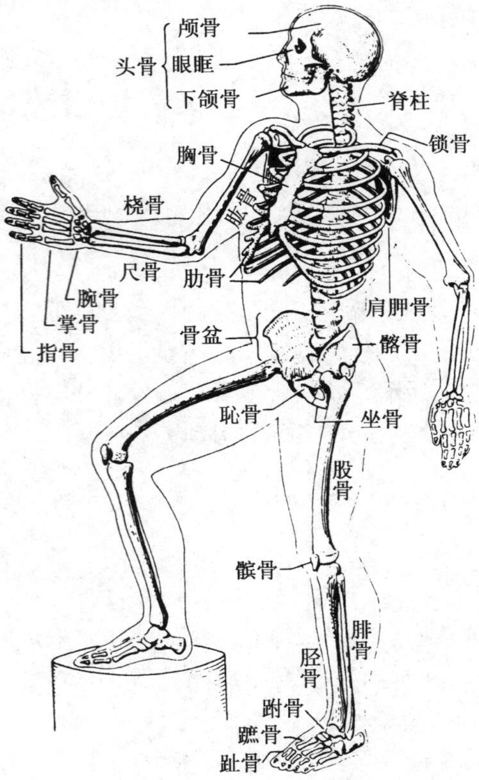

图 23.1　人体骨骼

骨骼的发育

整个骨骼起源于中胚层。紧靠着外胚层起源的神经管，一系列规则的中胚层团块在发育早期开始形成。这些中胚层团，即体节（somites），是自环节动物起多数动物体内分节模式的反映。中胚层组织中坚韧而又柔软的杆状脊索（notochord）的形成早于神经管，并诱导神经管的形成。脊索的各个部分与体节连接起来形成脊柱，即包裹脊髓的骨骼。

来自体节和其他中胚层嵴的细胞的迁移导致多数中轴骨骼的产生。分离的中胚层细胞组引起多数保护性骨骼的发育，如头骨（脑颅 neurocranium）、较小的突起和耳骨（面颅 viscerocranium）。附肢骨骼由肢芽（limb buds）发育而来，人体肢芽在发育过程的第一个月的月末就出现了。这些肢芽由未特化的中胚层细胞中心轴构成。而未特化的中胚层细胞几乎全部覆盖着一层薄薄的外胚层。肢芽的出现预示着脊椎动物的附肢将很快形成。起初软骨确定附肢骨的界限，但在附肢发育后期软骨多被真骨代替。

骨骼系统和内环境稳定

骨骼系统至少在三方面为内环境稳定起作用。首先，维持一个稳定态的内环境对环境变化做出行为应答。而这些应答反应依靠于肌肉骨骼系统，骨骼系统能产生运动和更为特化的局部运动。

第二，红细胞和血液里其他组成细胞都是由身体长骨中的红骨髓产生的。骨髓库每分钟产生超过 500 万个的红细胞。红骨髓的髓样（myeloid）组织也产生颗粒白细胞和血小板。保持这些成分的恒定是通过激素，例如红细胞生成素（erythropoietin），对造血组织起作用的结果。当组织中氧含量下降，血液里就会产生红细胞生成素（来源于肾脏分泌的前体物）。

第三，骨骼系统是矿物质如钙、磷和少量钠、镁和锰的动态贮存库。这些矿物在牙齿和骨中的贮存库能对甲状旁腺和肾上腺皮质所释放的调节性激素做出应答。

运动

可以预料，中轴系统的骨骼为大脑、脊髓和胸部软器官提供最大限度的保护。显然中轴骨骼不能过多的运动。头骨的分散骨片是靠骨缝（sutures）连在一起的，骨缝紧密的铰合使头骨根本不能运动。脊椎骨能做有限的运动，使背部可以弯曲，而肋骨也可以通过肋间（intercostal）肌由静态位置向上和向下运动。另一方面，附肢骨骼在其关节处显得更加灵活，附肢骨依靠坚韧的结缔组织带，即韧带（ligaments）连结在一起，韧带使多样的运动成为可能。某些韧带还能使关节处的骨骼进行圆周运动。

负责运动的骨骼肌通过线形结缔组织束即肌腱（tendons）附在骨上，肌腱也能使肌肉相互连接。

通过肌肉收缩产生的运动通常包括起点（定点）和止点（动点）。肌肉在相对静止的骨骼上的附着点称为起点（origin），在运动的骨骼上的附着点称为附着点（insertion）。有一种运动包含单一的屈曲关节。内部肌肉群的收缩能减小关节转角，这种运动称为屈曲运动（flexion），关节铰合系统外部肌肉的收缩使关节转角增大，称为伸展运动（extension）。关节处还能产生更为复杂的运动，人体内的这些关节包括髋关节、肩关节和膝关节。

所有肌肉都是通过收缩起作用。关节处的拮抗运动是拮抗肌对存在的结果，因为拮抗肌收缩时彼此相拮抗。

☞**例 2**

肱二头肌（biceps）是附着在桡骨（radius）上的肌肉。桡骨是前臂骨的一块骨骼，前臂骨源于肩胛骨（肩带）。肱二头肌的收缩使前臂弯曲（向上臂靠近）。肱三头肌（triceps）位于与肱二头肌相对的上臂外侧表面，源于肱骨（humerus）（上臂骨）并且附着在尺骨（ulna）（下臂骨）的延伸区上。肱三头肌的收缩使下臂伸展。肱二头肌和肱三头肌是一对拮抗肌，它们通过相反的作用来调节前臂的位置，但都是靠肌肉收缩完成的。

23.3 脊椎动物肌肉解剖与生理

内部运动与外部运动是所有动物最主要的特征之一。生物体必要的特点之一是它必须获得现成的有机食物，而不是用简单的原材料制造食物。变形虫通过内部的胞质流动形成伪足（pseudopodia）向外延伸来进行运动。那些向外延伸的胞质即为伪足。这种变形运动（amoeboid movement）使变形虫能够做相对缓慢的运动（见图 23.2）。

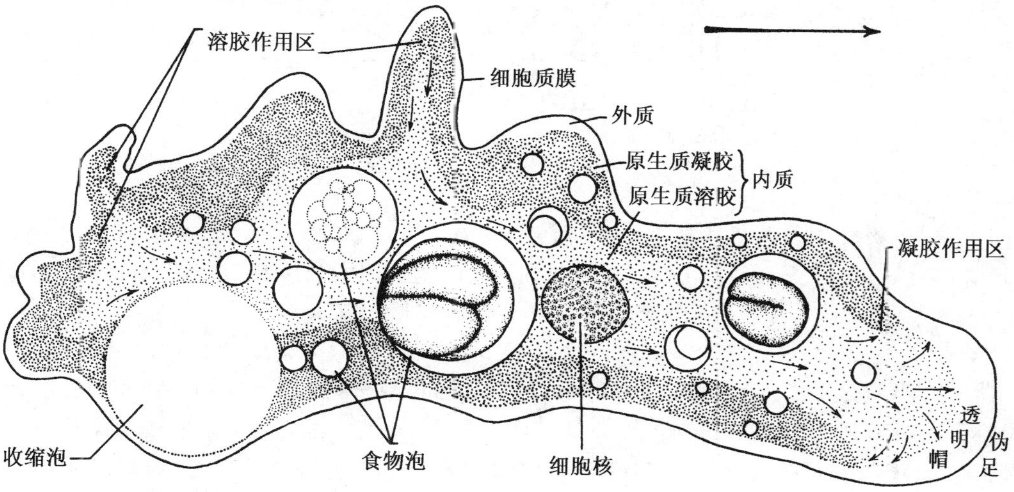

图 23.2 变形运动

我们自身体内吞噬细菌的细胞也能做变形运动，因为伸出的伪足可以包裹住外界物质。纤毛和鞭毛船桨状的抽打运动是动物细胞运动的第二种主要方式。然而肌肉的收缩也是大多数无脊椎动物最重要的运动方式，也是脊椎动物迁移与内部运动的基础。对脊椎动物骨骼肌性质的确切了解是最近几十年的事。

骨骼肌

使骨骼运动的肌肉称骨骼肌（skeletal muscle）[1]，也被称为随意肌（voluntary muscle）或横纹肌（striated muscle）。从它的名称便可看出，骨骼肌是附在骨骼上并可随意控制的肌肉，而且在显微镜下可以看到其横切面上有各种横纹。

肌肉的基本单位是肌细胞，或称肌纤维（muscle fiber）。然而如图 23.3 所示，骨骼肌还存在不同水平上的结构，或高于细胞水平，或低于细胞水平。集中成束状的肌纤维成肌束（fasciculi）（图 23.3b），肌束与结缔组织、神经和血管一起构成了肌肉，肌肉被皮下坚韧的筋膜包裹。

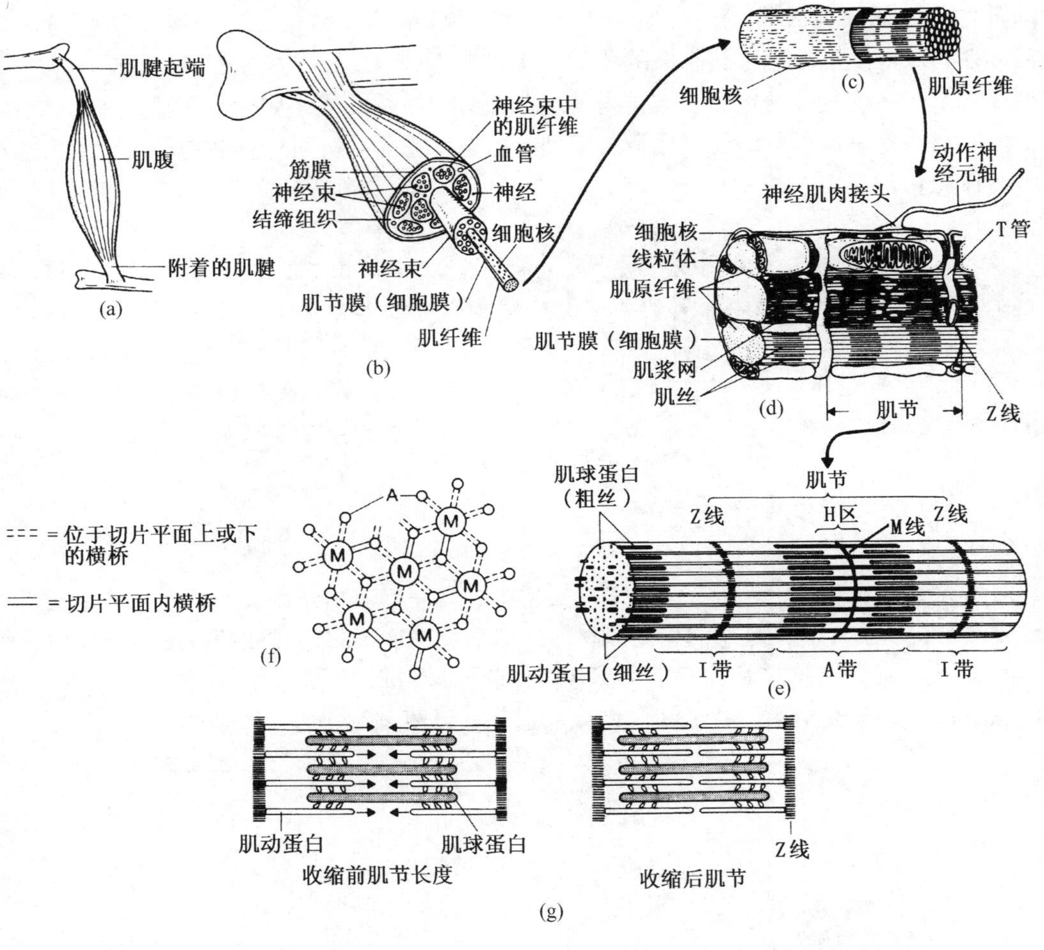

图 23.3　肌肉组织：(a) 肌肉整体；(b) 肌肉横切面；(c) 肌纤维中肌原纤维的排列；(d) 肌纤维细节；(e) 肌原纤维细节；(f) 肌原纤维横切面，肌动蛋白围绕肌球蛋白所示立体排列；(g) 静息态肌节（左）和收缩态肌节（右）

肌纤维本身是又长又柔软的多核细胞，其细胞膜被称为肌膜（sarcolemma）。每一肌纤维内都含有杆状成束的肌元纤维（myofibrils）（图 23.3c）。根据肌元纤维横切面上的不同明暗区带可以看到肌元纤维含有一套重复的结构（图 23.3e）。单条肌纤维的不同的肌元纤维

1）此定义需商榷。骨骼肌的概念是因其大多数借肌腱或肌膜附着在骨骼上而称骨骼肌。——译者注

都有这些区带，我们所看到的骨骼肌纤维上的条纹带正是由于这些区带存在的结果。

肌元纤维区带模式的单个重复单位称为肌节（sarcomere）。肌节两端是横切肌元纤维的板状结构，Z 线（Z line）。一小股肌动蛋白（actin）（图 23.3g）沿 Z 线两端纵向延伸。在肌节中心，这些肌动蛋白与另一种纵向排列的肌球蛋白（myosin）镶嵌在一起。（在后面会讲到，是这两种蛋白的相互作用产生肌肉收缩）。在相交区域，每一肌球蛋白丝被六条肌动蛋白丝包围着（图 23.3f）。

每一肌节都被肌浆网（sarcoplasmic reticulum）（SR）包裹着，肌浆网是高密度的导管网，与内质网类似（图 23.3d）。肌浆网含高浓度 Ca^{2+}，并在肌肉收缩时释放出来。沿 Z 线分布的肌节内陷构成了深部穿透的通道，称为横管（transverse）或 T 型管（T tubules）（图 23.3d）。横管参与把动作电位传递至肌纤维各部分。

根据肌丝滑动学说，肌肉收缩是由于肌动蛋白丝不断地在肌球蛋白丝间滑行，使肌动蛋白丝从肌节两端向中心运动，从而使肌纤维变短。这两种蛋白丝本身并不收缩，而只是相对滑动。

肌球蛋白丝是肌球蛋白的聚合体，每一肌球蛋白含有一条编织在一起的长尾巴，一个轴区（或铰合区）和一个复杂的球形头部，头部从肌球蛋白丝伸出（图 23.4）。当其头部与肌动蛋白丝结合时，头部的转动使肌动蛋白向肌节中心运动。这一运动是由 ATP 介导的：肌球蛋白头部也是一种酶，使 ATP 转化为 ADP，并利用释放出的能量使头部旋转并与肌动蛋白丝结合。随后 ADP 释放出来，头部转动回复原位，横向拉动已结合的肌动蛋白向中心运动。随着 ADP 的释放，新的 ATP 与肌球蛋白结合，使其释放出肌动蛋白并开始新的一轮运动。这一运动大量快速的重复使肌动蛋白向内移动。在收缩的末期，肌动蛋白被释放出来，并且被动地向原来的位置滑去。

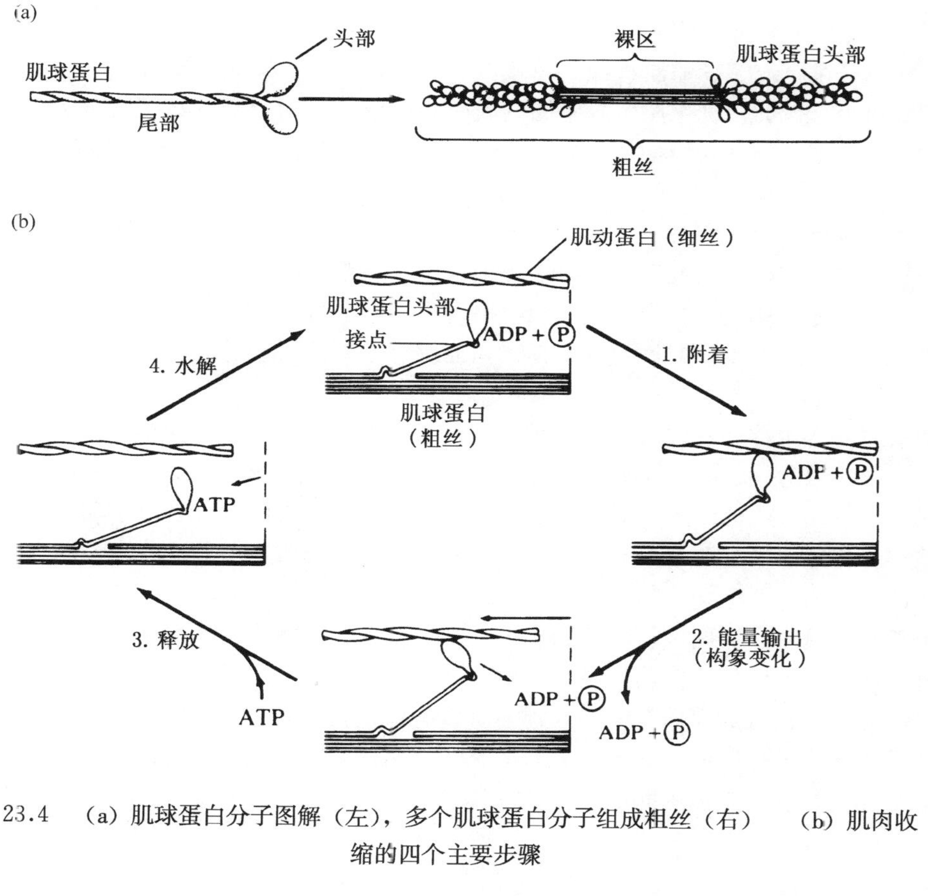

图 23.4　(a) 肌球蛋白分子图解（左），多个肌球蛋白分子组成粗丝（右）　(b) 肌肉收缩的四个主要步骤

骨骼肌的收缩是由动作神经冲动引发的。像神经元一样，静息态肌节也被极化。当动作

电位到达神经肌肉接头处时，轴突释放出神经递质，降低跨肌节极化水平。如果到达阈值，动作电位会在肌纤维中产生。横管可以使动作电位向肌纤维深处传播，并使肌元纤维在同一时间受到刺激并作为一个单位进行收缩。

静息态肌肉中，肌球蛋白和肌动蛋白的结合受到原肌球蛋白（tropomyosin）的抑制，原肌球蛋白能够阻遏肌动蛋白上与肌球蛋白结合的位点。而原肌球蛋白又受控于肌钙蛋白（troponin）。肌节与横管的去极化刺激肌浆网向肌元纤维释放 Ca^{2+}。由肌浆网释放的 Ca^{2+} 引起肌钙蛋白形状的变化；肌钙蛋白的移动拖走原肌球蛋白，因此，释放出与肌球蛋白结合的肌动蛋白。收缩末期，Ca^{2+} 泵把 Ca^{2+} 返回肌浆网，原肌球蛋白-肌钙蛋白复合体再一次阻遏肌动蛋白丝上的结合位点，从而阻止进一步收缩。

心肌

心肌主要是由具有横纹的单核细胞组成。心肌细胞具有分支并与其他细胞交错形成网络。两个细胞的接头处是闰盘（intercalated disk），闰盘是与两细胞膜相适应的结构，对细胞间动作电位的传递具有相对最小的阻力。细胞的分支和细胞间动作电位的快速传递像神经系统一样，能使心脏去极化并几乎同时引起心室内细胞的收缩。正如我们对心脏的研究所知，这种统一收缩是必要的，特别是对于心室，能产生足够的压力把血液泵向全身。

虽然心脏跳动是靠自主神经系统调节的，但却是由右心房窦房结的兴奋细胞引起的。所以心脏可独立于外来神经刺激而跳动。

心肌细胞中的动作电位比骨骼肌中的动作电位持续时间长约 20～50 倍，因此，肌肉收缩期也相应的延长。这种延迟现象可能与达到完全去极化后细胞膜对 Ca^{2+} 与 Na^{+} 通透性的短暂下降有关。心肌也比骨骼肌拥有更长的不应期。

平滑肌

平滑肌纤维是小于骨骼肌纤维的单核细胞。虽然它们看起来像排列松散、各自独立受神经支配的肌束（例如：纤毛肌、眼睛的虹膜肌和能使头发向上竖起的竖毛肌），但是它们通常在器官中集中成群存在，如在消化道、子宫和输尿管内。每一平滑肌纤维都与相邻纤维有紧密连接（tight junctions），使彼此细胞膜完全融合或几乎融合在一起。这使得动作电位能跨肌纤维群进行传递，因此，也使肌群的非神经协调与产生收缩波成为可能。例如：在胃肠道蠕动过程中，这种收缩波表现为收缩环，收缩环能够运动并把食物推向前方。

平滑肌与横纹肌具有相同的成分和收缩过程，但平滑肌却有更多的肌动蛋白和相对少的肌球蛋白。虽然肌丝以纵向排列方式存在，但肌丝通常排列不规则，与细胞长轴成一定角度排列在一起。

平滑肌受自主神经系统的刺激并对激素刺激产生应答；然而它具有自己产生动作电位的能力。也许是因为 Na^{+} 泵的振动泵比率，即一种去极化慢波节律（slow wave rhythm）跨过平滑肌膜时持续起伏的结果。如果其中一个波的增幅达到阈值，就会产生动作电位并向肌群的其他部分传递。平滑肌也具有动作电位停滞期，这与心肌相似。这些多样的去极化特点使平滑肌的收缩期与舒张期比其他肌肉类型大大延长了。

平滑肌也具有长时间保持收缩的能力。有一种观点认为，肌丝滑动产生收缩，使肌丝彼此黏在一起，因此保持肌肉收缩并不需要额外的 ATP。

平滑肌另一独有的性质是每当被延伸时就有收缩的趋势。肌肉伸长明显降低了膜电位，并与正常的慢波节律一起作用产生动作电位。平滑肌的这一特点对于中空器官来说非常重要，因为此类器官在被填满时必须要清除掉其内含物。

疑难问题解析

23.1　如图 23.3e 所示，肌节被分为各种线、带和区，这样的划分既与肌元纤维结构相对应，也与这些结构的重叠区相对应。根据你所知道的肌节结构和功能，解释这线、带和区是由什么构成的？（M 线（M line）是由肌球蛋白丝的中心膨大构成。）

Z 线是用于固定肌动蛋白丝的结构。I（各向同性 isotropic）带（I band）是由向 Z 线两端延伸的非重叠肌动蛋白构成（因此位于两个肌节内）。A（各向异性 anisotropic）带（A band）是由肌球蛋白产生的。A 带暗色边缘是肌动蛋白与肌球蛋白重叠区域（它比非重叠区粗一些，因此颜色暗一些）。A 带较亮的中心是 H 区（H zone），H 区是未与肌动蛋白重叠的肌球蛋白区段。

23.2　根据肌丝滑动学说，在肌肉收缩时，肌节的各个线、带和区都发生了什么变化？

在收缩过程中，肌动蛋白丝沿肌球蛋白丝被拉向内侧。这使 Z 线相互离得更近了。而且肌动蛋白和肌球蛋白的重叠区增大；因此，未与肌动蛋白重叠的 I 带变得小了。由于肌球蛋白在肌肉收缩时长度并不改变（肌动蛋白长度也不变），与整个肌球蛋白丝相对应的 A 带也不会发生变化，但是未与肌动蛋白重叠的 H 区变小了，而 A 带暗色边缘变大了。M 线未发生变化。

23.3　每一骨骼肌纤维，或者由单一肌纤维或大量肌纤维组成的动作单位（motor unit）都受单一突触的神经支配。能引起兴奋的刺激使组成动作单元的每一肌纤维膜（肌膜 sarcolemmas）去极化，并在每一肌纤维中产生“全或无”应答，然而骨骼肌却具有不同强度不同运动的梯度应答能力。这到底是怎么回事？

完整的肌肉包括许多动作单位，强度大的刺激可涉及较大数量的动作单元。因此，对应于某一特殊刺激，梯度应答是建立在动作单位数量多少的基础上的。

事实上这一情况更为复杂：轴突刺激通常以一系列动作电位形式沿神经传递，而不是以单一冲动形式传递。这一系列的冲动可被叠加，因此产生比单一冲动更强的应答。（如果冲动的频率足够高，会出现最大限度的持续收缩，即强直收缩 tetanus）。因此，单一单位的叠加效应也有助于梯度应答。

肌肉中快肌纤维（迅速应答）和慢肌纤维（缓慢应答）的存在也对刺激引起的全收缩应答起调节作用。

23.4　肌纤维受神经控制，其内部电特性与自身功能紧密联系。在三种肌肉类型中，这一联系是怎样得到反映的？

骨骼肌负责对外部环境变化做出应答，那么骨骼肌受随意运动神经元刺激这一事实就不足为奇了。它们通常各自受神经控制并独立于周围相邻肌肉各自进行收缩。这使生物体具有多样的潜力，即对新环境做出高度协调的动作应答。肌群梯度应答的能力是其对外部刺激的另一有价值的适应。穿透肌纤维的横管使动作电位能同时到达肌元纤维各处，从而使整个肌元纤维作为单元被兴奋。

人类每日平均心跳 100 000 次，重复单一的泵血功能。通过自发产生动作电位（在窦房结）可反映出其独立特性：心脏只受自主神经系统的调节。心肌闰盘的存在使动作电位能向其他细胞传递。因此，与骨骼肌不同的是，心肌纤维总是彼此一起作用，而不是独立行动。心肌的这一特点，以及特殊传导细胞和兴奋细胞的出现使心脏各腔，特别是心室，作为单元进行收缩。A-V 纤维这一相对缓慢的传导特性使心房收缩与心室收缩之间产生延滞。心肌较长的不应期有助于抑制心率不齐，即在心跳循环过程中，心脏刚刚启动的收缩区对来自后续心脏收缩区所释放的动作电位不予应答。

虽然平滑肌的功能是多样的，但它们都参与不随意滑动；因此，平滑肌受自主神经系统的控制。由于平滑肌对内部环境变化产生应答，因而也接受激素的刺激。像心肌一样，平滑肌细胞间有紧密的连接，可使动作电位跨肌群传递。并在许多平滑肌器官中产生必要的协调的波状收缩，例如蠕动。平滑肌像心肌一样也能自己产生动作电位，因为平滑肌的许多功能参与了局部持续的起伏波动，所以这些肌源性（myogenic）的动作电位能使神经系统免于连续不停的引发肌肉收缩。平滑肌动作电位的停滞期在内脏应答中产生必要的延长的缓慢收缩。许多中空平滑肌器官必须从其腔室向外挤压出流体。当平滑肌被伸展，其自身具有收缩的趋势，这应归因于在伸展过程中膜电位的降低。

23.5　变形运动如何具有与肌肉收缩相同的基础？

在变形运动中，胞质团流入坚硬的胞质膜套形成新的伪足，其动力来源于后部或前部的推拉力。每一次这种推拉力的产生都归因于分子蛋白的二次折叠。现在认为肌动蛋白具体地参与了胶状胞质圆柱的形成，即产生容纳胞质流动的管腔。当形成管腔的肌动蛋白与肌球蛋白相互作用产生收缩时，胞质流动就开始了。

推力假说认为，身体后部的收缩能产生来源于后部的力，就像挤牙膏一样。拉力假说认为，伪足前部（前缘）的收缩能拉动胞质向前运动。不论是哪种情况，肌动蛋白丝与肌球蛋白丝的滑动都参与了胞质流的形成。

附加题

23.6 无脊椎动物的流体静力骨骼是建立在水的什么特性上的？

(a) 透明性　(b) 不可压缩性　(c) 高比热　(d) 以上全是　(e) 以上全不是

23.7 外骨骼主要的不足在于连续地抑制

(a) 特化　(b) 保护　(c) 生长　(d) 糖酵解　(e) 以上全是

23.8 对于脊椎动物，真骨形成前是以什么形式存在的

(a) 几丁质　(b) 淀粉　(c) 软骨　(d) 血小板　(e) 糖原

23.9 肱三头肌使前臂弯曲。

(a) 对　(b) 错

23.10 不随意肌不含有肌球蛋白或肌动蛋白，因为它缺少横纹。

(a) 对　(b) 错

23.11 闰盘组成了骨骼肌的横纹。

(a) 对　(b) 错

23.12 肌动蛋白实际上是球形蛋白，它是由两条螺旋链构成的长长的珠状结构。

(a) 对　(b) 错

23.13 当肌球蛋白头部还原成非能化构象，横桥便拉动肌动蛋白链。

(a) 对　(b) 错

23.14 肌钙蛋白与肌动蛋白结合，阻止了其与肌球蛋白的结合。

(a) 对　(b) 错

23.15 肌丝滑动机制中 ATP 的作用与其维持 Ca^{2+} 泵的作用是一样的。

(a) 对　(b) 错

答　案

23.6 (b)	23.7 (c)	23.8 (c)	23.9 (b)	23.10 (b)
23.11 (b)	23.12 (a)	23.13 (a)	23.14 (b)	23.15 (a)

第24章

动物行为

24.1 什么是行为？

行为（Behavior）是使动物适应其外部环境的一系列动作。尽管行为大多数是可以观察到的各种运动，但它也包括对外部刺激所作出的适应性的内部反应。

例1

暴露于过热环境中的有机体躲到阴凉处，同时改变血液的分布，通过皮肤表面的热辐射，将热量散发到环境中。

各种行为模式的中心是获取食物、寻找配偶、育幼、躲避危险以及其他对个体生存起重要作用的各种的活动。与行为密不可分的是神经、肌肉、骨骼和内分泌系统。

趋性（Taxes）（如趋光性，译者注）：起源于单细胞的原生动物，是最简单的行为，使有机体适应于周围环境。

例2

单细胞的眼虫趋向于光。这种机械反应是由对光敏感的眼点所引发的，是趋性的特征。

与趋性相关的是运动（kineses），运动是由环境刺激所引起的移动频率的变化。

例3

某些昆虫在干燥地区的活动频率增加，而在潮湿地区活动频率减少。由于在干旱地区移动距离较大，从而增加迁移活动，所以潮湿地区的昆虫逐渐增加，并且潮湿地区昆虫的运动趋势减少。

行为研究是生物学中相对较新的分支学科。与其他学科相比，行为研究更倾向于描述。分析动物活动模式时，研究人员常常把动物中和人相似的行动与人类的动机、欲望和目的相联系，这是很容易犯的错误，特别是在“紧张”的研究领域中，很关键的是要避免与人类相联系，因为当动物进行一系列的活动时，我们并不能确定它到底想要什么。不管其本质如何，动物行为内在推动的强度就是“动机”（drive）。行为学（Ethology）从进化的观点比较动物的行为，经常研究与摄食、性、育幼等行为有关的动机问题。这些动机显然起源于对动物内部平衡的干扰，并受内、外环境因素的修饰。动机有时被称为“本能”（instincts）。

例4

长时间没吃东西的动物，其内部平衡被打破，表现为采食行为。降低血糖是对内环境稳定变化的反应，这类反应是启动饥饿动机的内部因素，涉及到复杂的神经和激素通路。下丘脑可能行为动机的基本调节器。如果动物得病或身体虚弱，其采食动机比健康个体弱。个体过去的经历也可能影响动机的强度。在高等灵长类如人类，尽管有买东西吃的欲望，强烈的暴风雪也能阻止这种外出购物的想法。

24.2 行为的成分

行为模式的内容因物种而异。鸟类能形成特征性的鸣唱，狮子能潜步接近并捕捉住快速跑动的猎物，所以，行为有其遗传基础。然而，行为也能因经历而改变；与环境之间的互动能修饰甚至引发特定的行为模式。承认了行为是有机体内部特征和终生与外部环境相互作用的结果，就解决了有机体内部遗传编码与环境影响之间如何决定行为表达的矛盾。

Konrad Lorenz 实验室的工作对于了解行为有很大贡献。Konrad Lorenz 及其学生在 1926 年～1939 年之间发展了行为学，他们对行为内部成分的发现使人们能比较不同类群动物的行为反应。他们也把行为放在进化舞台上，作为物种增加适应性的一部分进行研究。

固定动作模式和释放者

Lorenz 和 Nicolaas Tinbergen 指出，某些行为类型以一成不变的形式表现出来，是组成有机体受遗传决定的、特定行为谱的内在组成部分。固定动作模式（fixed action pattern FAP）是对诱发性刺激［信号刺激（sign stimulus）］所作出的连续性反应。来自于同种其他个体的信号刺激称为释放者（releaser）。如果释放者是种群中不变的自然特征，则可产生固定反应，协调种群内社会性的互相作用。

☞**例 5**

某些种鸟类中，雏鸟喙上有明显的记号。张嘴时这些记号作为亲鸟喂食的释放器。把食物填到雏鸟的嘴里是亲鸟本能的固定动作模式，可以保证幼鸟得到了抚育并保证种群的延续。育幼行为的近因（proximal）（immediate）是雏鸟喙上的释放器，但是人们可以争辩说为使物种延续，远因（ultimate）（final）对育幼行为很有必要。所以，FAP 可以被视为随时间形成的一种机制，以完成与生存有关的适应。

习惯上，释放器指同种成员之间进行通讯的信号刺激。释放器的作用为遗传因素决定行为的观点提供了例证。

☞**例 6**

被骚扰时雏鸡发出的声音能诱发母鸡的保护行为。母鸡能感受到周围情形（appearance），所以引发了一系列能观测的反应。然而，如果雏鸡陷于绝境，但是用玻璃或塑料罩住它，使声音传不出来，那么母鸡毫无反应，尽管它能清楚地看到正在挣扎的雏鸡。声音刺激限制了母鸡的反应，这个现象本身就暗示内部神经通路控制行为。然而，甚至在相对恒定的固定动作模式——释放者之间的关系中，也可能发生某些修饰（modification），母鸡自身的状况、声音的大小以及环境中是否存在其他的危险都可能改变母鸡反应的程度。

☞**例 7**

春季，刺鱼腹部有一条深红色的色斑，当雄鱼侵入其邻居的领域时，这条色斑能招致其他雄鱼的进攻性反应。没有色斑的雄鱼不能诱发其他雄性个体的攻击，但是，任何红色物体都能受到强烈的攻击。这种反应的适应性结果，就是保护自己的领域免受其他同种成员的入侵。使用"内在自发反应"术语也有其限制性，因为内在自发反应（innate automatic response）是 Tinbergen 首次注意到的，当时一辆红色邮政车从其在荷兰的实验室窗户旁开过，引发了窗户旁水族箱中刺鱼的进攻性反应。

通过经验进行的行为修饰

行为的根源可能在于内部的神经通路，这些通路使动物能对特定的环境因素作出各种可能的反应。但是行为可能在很大程度上受经历的修饰。饥饿的动物寻找食物，但是当危险迫近的时候，动物就停止寻食行为并飞逃而去。尽管不同的环境因素对行为不同程度的影响，但是在大多数类群的动物中，被捕食的风险比寻求舒适的动机能更有效地整合动物活动。第 15 章涉及了管理行为优先权的交感神经系统的作用。

印记（imprinting）指在行为发育的关键期中，由于特定的经历或联系（association）而永久性地影响未来的天性或学习行为。Lorenz 首次研究了雏鹅的印记效应，以后的研究证明了印记适合于各类行为。Lorenz 使用"印记"这个词，是因为这个现象代表了特定联系在脑中所留下的永久性的印痕。

Lorenz 发现，当他把小鹅与其父母分离，并让小鹅与模仿亲鹅鸣叫的人（Lorenz 本人）在一起时，小鹅就会跟随人，仿佛这个人就是它们的亲父母。这个现象称为“父母印记(parental imprinting)”，仅发生于孵化后的头两天。动物对印痕刺激敏感的短暂时期称为“关键期”(critical period)，关键期常发生于生命早期，但是某些类型的印痕也见于成熟期。父母印记也见于自然状况中的其他物种，哺乳动物嗅觉刺激比视觉刺激更能与父母印记相联系，而在鸟类中则相反。

性印记的结果就是把同种个体作为繁殖伙伴。Lorenz 发现他喂养的小鹅在长大后不仅跟随他，而且在成熟后还试图与他交配。在某些种类的鸟中，印记也涉及到学习雄鸟鸣声中的某些特征，听到这种鸣声或甚至听到这种鸣声的几个音节都能够启动幼鸟掌握这种鸣声的能力。由于某些鸟在隔离状况下能学会鸣唱，印记不是形成鸣唱的普遍性机制。

习惯化（habituation）是通过减少对重复刺激的反应对行为进行修饰的过程。减少对重复刺激的感受性能有助于防止在小事情上的能量消耗。啮齿类动物对同群个体的警戒声作出反应，但是如果警戒声持续不断而且没有出现危险，就会忽略其后的警戒声。

条件化（conditioning）涉及到将无关刺激与能诱发机械反应的自然的初级刺激相联系的过程。最终，动物对相关刺激作出条件性的反应，好像这些相关刺激就是自然刺激。固定动作模式或本能反应与这种新的信号刺激之间的联系增强了有机体对环境变化作出适当反应的能力，因为条件化消除了对释放行为信号的依赖。

更复杂的行为模式如老鼠学习走迷宫的能力，其基础是试错法学习。这种对行为的修饰称为“动作条件化”(operant conditioning)，这是哈佛大学心理学家 B. F. Skinner 进行过大量研究并展示的一个行为过程。在实验室中动作条件化的策略涉及到连续监视动物活动，如果行为合适就进行奖励，对不合适的行为就惩罚。这样做的最终结果是形成了完整的行为模式，例如走出迷宫以获得奖励。当训练者在被训练动物的旁边时，动作条件化能从随机运动中迅速形成一系列富有成果的步骤。一步一步地进行试错法的重复，能最终形成行为模式。一旦学会了一种行为模式，则可通过模仿将该模式传给后代。

修饰的一个极端的例证是动物将洞察或推理应用于新情况。如果动物能控制自己的行为以解决它从来没有经历过的问题，那么就涉及到了推理。人类中的推理看起来涉及到重塑想象中的外部情形，并形成新的概念，以找出适合于新形势的答案。然而，在其他灵长类动物中也能发现洞察或推理现象。

☞**例 8**

把黑猩猩放入笼子中，笼子顶上悬挂着一个水果，但是这个黑猩猩够不着水果。饲养员把不同大小的盒子放到笼子中。经过短时间的抓耳挠腮后，这个大猩猩把最大的盒子搬到水果的正下方，并把较小的盒子依次放到大盒子上，一直到能抓到水果为止。

24.3　周期性的行为模式

许多行为在发生上呈现出节律性。一天中的部分时间用在睡眠上，而把另一部分时间用在大量的活动上。迁徙只发生在一定的季节，许多动物的活动展现出大约 24 小时的昼夜活动节律，称为“昼夜节律”(circadian rhythms)。人类的自然周期接近 25 小时，但是可以调节为 24 小时的节律。

对于这种广泛发生的现象，人们提出可能在身体内部存在着类似时钟一样的结构。在单细胞的原生动物、植物到最进化的灵长类中所观察到的周期性行为清楚地证明了存在这样的内部记时器。在单细胞有机体中，昼夜节律好像起源于细胞核发出的信号。这些节律包括细胞分裂、酶的合成、代谢周期和运动。周期性活动一旦确定，就将在相当长的时间内持续下去，即使从细胞质中把细胞核移走也是如此。但是，在移走细胞核之后，大多数细胞的寿命不能持续很长时间，所以这些发现在应用中非常受限制。

动物脑中似乎存在内源性的定时器。鸟类的活动受环境中光、暗周期的控制，这种控制涉及到松果体及其光敏产物——褪黑激素。对于通过中央钟与身体其他部分的联系以同步与节律行为有关的所有活动的机制，人们进行了许多思考，并发现了神经机制和内分泌的影响。很有可能，太阳的潮汐节律（13h）和月亮的节律影响了海滨动物的时钟，这种影响涉及到的机制与在昼夜节律作用的机制类似。

人们做了大量的实验，在实验中，将参加实验的人与能产生昼夜节律线索的一切物品隔离开。这些人通常呆在深洞里，不见阳光，不能感受温度的周期变化，也没有其他知道日常活动周期人的陪伴。即使在这样长期与自然条件分离的条件下，参加实验的人能持续展示出昼夜节律，但是这种节律的周期是25h，而不是24h。但是，当回到他通常的环境中后，在日光的作用下，他们重新建立了24h的节律。

24.4　性行为

与繁殖有关的行为模式特别使人感兴趣。使性器官进入到繁殖状态的通讯方式经常是复杂、微妙的，经常与复杂的求偶仪式联系在一起。多数有机体的性活动仅限于一个短暂的时期，这意味着交配行为必须在某个时间开始，并在另一个时间结束。性行为涉及到某些内部特征如内分泌活动、中枢神经的状态以及生殖道的弹性。但是，这些特征也受某些因素的影响，如可得光的数量、能转化为脂肪的食物的数量、是否有配偶等。在发生实际交配行为之前，通常有复杂、仪式化的求偶（courtship）活动，它通常是激烈的自然选择的表现形式。在求偶中，最强壮、最合适的雄性能获得接受状态的雌性，而其他雄性则不能参加繁殖。与此相似，在性选择（sexual selection）中，雌性对雄性进行配偶选择，构成了性选择中的另一种机制。

包括育幼在内的性反应中的全部过程，耗费许多资源和能量，这个过程代表的义务不仅仅是动物个体福利的延续，而是整个群体的长期存活——在性表现中，这个过程中个体是为多数个体更多的需要而“自我牺牲”的种子。这种无私义务的巨大代价可能是错适应的（maladaptive），限制了大多数类群中个体在性行为上的时间。人类能持续不断地进行性活动或有性的欲望，相信在这样的类群中，从性活动中产生了其他的好处——保持家庭结构。

性行为由许多成分组成，既有先天的成分，又有经验的成分。很多活动可能包括了各种释放器或外部信号诱发的固定动作模式。求偶和交配行为的许多方面接近攻击性活动，这些活动往往与入侵其他个体领域时的被排斥联系在一起。在关键时期，当碰到异性个体成员时，释放器将攻击行为引入性活动中。棘鱼是将这类攻击行为转化为求偶和交配行为的一个特殊例证。雌鱼产卵后，雄鱼驱逐雌鱼离开巢并释放精子（见例11）。在某些昆虫和蜘蛛中，雌性通常在交配后杀死雄性。

在很多动物类群中，性关系是相对短暂的，可能存在于任何两个异性个体中。这种性生活方式称为“滥交”（promiscuous）。另一方面，在很多鸟类中，配偶之间的性关系保持终生，表现出极大的忠诚性。如果雄性服务于众多的雌性，就形成了“后宫”（harem），“一雄多雌制（polygyny）”的词就产生了。一个雌性个体与多个雄性个体交配称为“一雌多雄制”（polyandry）。

24.5　社会组织

物种成员之间互相作用的程度变异很大，从某些蟋蟀完全独居的生活方式到蚂蚁和人类的复杂社会都有。这些层次的社会组织，肯定存在某些方式的通讯联系，以产生调节特定社会模式的行为。这种社会通讯可能包括鸣叫、面部特征、姿势状态或运动方式。某些情形下产生“合作”活动（cooperative activity），另一些情形下则有“对抗性（agonistic）”（竞争）相互作用。某些行为是“集群（cohesive）”性的，即把一群中的不同成员集合在一起，另一些行为是“扩散（dispersive）”性的，即种群中成员倾向于分开。飞行前鸟类集群，以及在危险或寒冷温度下骆驼形成个体之间距离很小的圆圈表明了集群行为。雄鸟或公狼巡视并保护其领域是扩散行为。

竞争

许多种行为涉及到个体之间为各种资源如食物、配偶或建筑材料而进行的斗争。由于一个物种的成员有相似的需求，它们更有可能为获得稀少资源而进行竞争（competition），很少有真正的打斗。这种竞争通常涉及到高度程序化的、力量的展示，在展示中，竞争者（agonists）用各种侵犯性姿势如呲牙、怒吠或假装攻击对方以互相威胁。这种仅是象征性的力量的展示称为“仪式”（rituals）。固定化仪式的发展避免了实际的流血，对于人类社会而言也是个客观教训。在仪式化竞争中，一方很快就表现出屈从（submission）行为，承认失败。

☞例 9

狼在与同伴打斗时，常竖立其背部的毛、直视对手、咆哮并露出犬齿并猛然冲向对方。一方尾巴下垂、背部的毛平滑向后甚至将最容易受伤的喉部暴露出来。这种竞争的仪式避免了直接打斗，使双方都保持合适状态，从而有机会进一步繁殖。

另一种竞争行为涉及到建立优势等级（dominance hierarchy）或啄序（pecking order），这基本上是社会状态的安排。在这种安排中，等级起源于随机侵犯。在首先进行研究的鸡中，最高等级的母鸡（α 个体）能征服种群中其他所有的成员并能控制接近配偶和食物的顺序。次优势的母鸡（β 个体）能控制比它地位低的成员，这种顺序依次降低到最低等的个体，它没有可以支配的成员。优势序位对于一个种群中所有的成员都很有用，因为它们无须每次都进行打斗就能加快相互之间的行为反应。

领域性（territoriality）是另一个类型的竞争性相互反应的形式，涉及到一个个体在相当一个时期内有一个比较固定的地盘。领域是进行多数生命功能的角斗场，通常都对其进行激烈防卫。领域性是保证最适应个体获得稀有资源的重要机制，次适应个体不能获得并防卫领域。

利它行为（altruism）

利它是社会性动物中的典型行为，在社会性动物中，一个或几个个体为了群体而牺牲自己的利益。在人类社会中，这种行为很常见。战争中的战士扑向手榴弹以拯救其他战友在文学作品和电影中屡见不鲜。然而，人类作出牺牲的决定涉及到行动的意识，这在其他物种中几乎不可能。这样自我牺牲的活动在其他动物中肯定由先天的行为模式所组成。例如，在野外的几种啮齿动物中，放哨的老鼠发现危险时发出警报，提醒群内的其他成员，警告它们逃离，而自己却在危险可能来临的路途上徘徊放哨。像工蜂照料蜂后后代的行为也肯定起源于先天性行为，因为工蜂并不能得到任何利益，也没有任何学习或文化适应的证据。

在自我牺牲的同时，利它个体也失去了将其利它基因传递给下一代的机会，那么，利它基因如何在种群中延续呢？W. D. Hamilton 发展了亲缘选择（kin selection）的概念来解释保持利它基因的原因，其理论承认特定基因的进化成功不仅仅依赖于传递基因的个体的成功，而且依赖于基因在下一代中的增加频率。为了讲得更清楚，我们的重点应该集中于基因而不是个体，这当然是浏览进化变化的一个新观点。

当考虑导致利它行为的基因时，必须要考虑的不仅是利它者在繁殖中的命运，而且还有与其有相似基因的相关个体的繁殖成功率。如果利它者的活动（为了群体利益而牺牲自己的繁殖特权）增加了关系紧密个体的适合度（fitness），这些个体能在下一代中扩散利它基因，那么利它行为就将增加。由于这个解释的重点集中在群内相关个体的整体进化上，就使用了“亲缘选择”这个词来描述这一系列事件。关于特定基因或基因组的存活或成功，在亲缘群中存在的关系远近的程度很关键，因为亲缘关系近的个体有更多相同的基因。

对倾向于利它行为的个体进行的研究表明，许多物种中的利它行为通常涉及到与利它者有共同基因的近亲，这增强了同族或亲戚之间总体的繁殖成功率。将有亲缘关系个体的适合度一起考虑，而不是集中在个体上，这类适合度称为总体适合度（inclusive fitness）。正是总体适合度概念的兴起，才解释了持续存在的利它行为现象——利它者可能牺牲，但是携带相似基因，包括利它行为基因的个体能更好地生存并扩散其基因。

动物社会

在许多物种中，成员之间亲密关系的交流以及适应性的合作关系通过形成称之为“社会(societies)”的永久性社会结构而得到发展。很清楚，这些社会需要高度复杂的机制进行通讯，通讯是将个体需要和行为整合为超结构的能力，是确保社会在世代之间存在的手段。

复杂社会更常见于昆虫和脊椎动物，特别是具有高度发达脑的脊椎动物。在昆虫中，社会稳定性的基础是功能上严格的分工。存在严格的具有不同地位的集团，集团中的每一个成员都展示出受内在基因成分控制的行为，几乎没有发现同一集团内成员之间的任务有什么变化，行为的整合通过群内成员之间的化学通讯进行。在蜜蜂中，多达 10 万个的蜜蜂共同生活于同一个蜂巢中，几乎所有的成员都是雌性，少数几个雄性个体，称为“雄蜂（drone)”，除了在蜂后（queen bee）孵化后与其交配外没有其他作用。除了蜂后和少数几个雄蜂外，蜜蜂的群体是由成千上万个雌性工蜂（workers）组成。群体中有抚养蜂后产卵孵化出的后代的保姆蜂（nurse worker)、有照料蜡质蜂巢并防范捕食者的管家蜂（housekeeper)、有离开蜂巢出外为群体采食的采食工蜂（food gatherer)。虽然工蜂的寿命少于两个月，但它们都经历过这几个“职业”时期。

在脊椎动物社会中，个体的行为比无脊椎动物社会中的成员更独立。具有优势序位，而不是具有不同地位的集团，是脊椎动物社会的特点。序位中的 α 和 β 个体不仅享受对配偶和食物的优先权，而且当有外来危险的时候具有保护自己和低序位成员的责任。

在猴和猿类中，社会结构倾向于复杂并能通过经验而得到修饰。基本社会结构的变异在人类社会中更明显，尽管婚姻关系能影响多数社会的家庭结构。人类社会规范的价值和教导涉及到文化（culture）的发展，文化是代代相传的想法和符号，经常出现在肖像、书籍和艺术作品中。

通讯的作用

通过社会成员之间连续的相互作用，社会得以维持。这些相互作用涉及到将信息在个体之间传递的通讯（communication)。这些信息可能涉及到侵犯性的反应、性的接受状态、附近稀有资源是否存在或更微妙的感情或欲望等。通讯可能使用视觉上的展示、声音、嗅觉或甚至味觉。昆虫中、甚至脊椎动物中的许多行为反应都涉及到能诱发特定行为的化学反应。

例 10

蜜蜂的采食效率部分地取决于“侦察兵”返回蜂巢的能力，以及通过“舞蹈”指示食物资源方向和距离的能力。回巢蜜蜂的摇摆舞（waggle-taggle dance）是由 Karl von Frisch 发现的，这种舞蹈为食物的位置提供了详细的信息。食物的性质由携带蜂蜜返回蜂巢的蜜蜂“告诉”外出的成员。

连续的通讯为社会结构的状态提供了一种检测方法，并使成员能调整行为以保持社会稳定。在蜜蜂中，工蜂感受到蜂巢内温度增加后，便在巢内猛烈煽动翅膀，结果导致温度降低。这种原始的空气调节机制只有当温度状态被成员广泛感知的条件下才能有效。

24.6 通讯模式

激素通过对信号形成的影响或对其结构的修饰而在通讯中发挥作用。

例 11

春天雄性棘鱼能分泌某些激素，使其身体腹部变为鲜红色。在这些激素持续作用下，当雄鱼在浅水区寻找可筑巢的地方时，由于鲜红体色吸引了雌鱼，雄鱼就成了雌鱼的追逐目标。反过来，由于卵充满了身体，雌鱼也受到雄鱼的注意，雄鱼的求偶舞蹈（游泳）确保了雌鱼将卵产在巢内。当雌鱼离开巢时，雄鱼释放出精子，并在附近照料将要孵出的年轻一代。在这种情况下，激素产生了能控制求偶和交配的视觉信号。

通过增强产生拥有重要通讯成分的行为的动机，激素在通讯中发挥了重要作用，可以诱导形成动机和行为释放器的结构。这在性发育的情况下特别明显。随着激素变化，充当求偶释放器的结构出现了，诱发交配活动，并有助于形成抚幼行为。异性之间的性活动依赖于参加者之间连续的信息交换。在人类中，或许在猿类中，展示性准备状态或作为交配伙伴的次级性征包括身体的弯曲状态、乳房的凸起程度和声调，当然，这些变化受性腺所分泌的性激素的影响。

信息素（pheromone）是非常有效的化学通讯方式，被称为社会激素（social hormone）。正如激素在人体内循环对内部功能产生综合性的调节作用，种群内个体之间传递的信息素能产生综合性的行为。

首先发现的信息素之一是某些雌蛾产生的性引诱剂，它能将雄蛾吸引到雌蛾身边。如同所有信息素那样，性引诱剂是数量相对较少、在空气中传播的有机分子，很少数量的性引诱剂量就能产生极端有效的结果。在吉普塞蛾（gypsy moth）中，雌蛾释放的几个分子就能吸引一英里之外的雄蛾。信息素的有效性依赖于目标动物的嗅觉敏感程度。

研究表明，昆虫中的信息素能起到领域标记物、显示危险以及调节社会等级集团的作用。信息素研究中特别有趣的一个例子是为死亡或将要死亡的蚂蚁举行“葬礼”的信息。这种信息动员附近的工蚁将死去的蚂蚁清除出去，这种行为对于保持群体健康和清洁很有用。将这种葬礼信息素分离出来并涂到健康的工蚁身上时，其同伴排斥它并将它拖出蚁山之外。当它返回后，又立即被推出去。几次反复后，它放弃了回去的努力。这个现象反应了昆虫社会中行为高度程序化的本质，几乎没有解释的余地。

24.7 生物决定论和行为

本章所涉及的生物决定论（Biological determinism）是一种假说，它将有机体的特征和行为模式归因于遗传影响。在昆虫和灵长类的社会性集群中，该假说认为基因对行为有很大限制性作用。尽管接受经历和文化有修饰性的影响，但基本的社会互作被认为是遗传结构进化选择的结果。

E. O. Wilson是昆虫社会研究中的著名专家，他提出如果从进化的角度去考察，很容易理解行为（Sociobiology，1975）。根据他的理论，人类社会中传统上被社会学家和政治科学家研究的行为如战争、家庭结构以及市民规范，作为特定基因分化生存的结果，能够得到完整的理解。将生物学（进化）的观点扩展到社会学引起了激烈的争论。由于在个体表达特定先天行为时存在可塑性，对生物决定论持批评态度的观点认为，我们人类社会制度的可塑性（plasticity）、变异性（variability）与对遗传结构的选择所作出的解释相矛盾。

疑难问题解析

24.1 拟人说（anthropomorphism）是用人类的概念和欲望定义事实（reality）的倾向。例如，拟人说将人类的感情、思想和活动状态应用到其他物种。拟人说如何降低了科学研究的价值？

将人类动机曲解为动物的行动，可能不能客观评价动物行为。在评价动物行为之前，必须公开、没有偏见地收集数据，否则就可能忽略产生特定行为的机制。另一个困难在于研究动物行为时形成的道德标准。这不仅不公平，对于诚实地评价所研究的行为也是有害的。此外，拟人说也限制了合理解释非人动物行为的准确性。然而，科学与拟人说相悖的立场并不意味着与动物行为有关的感情或动机与人类行为毫不相干，这一点常被人误解。

24.2 1973 年，诺贝尔生理学和医学奖金由 Konrad Lorenz，Nicolaas Tinbergen 和 Karl von Frisch 分享。这三位研究人员被公认为创立了行为学（ethology），由于出色的工作，他们获得了诺贝尔奖金，这极大地增加了用进化的方法研究行为的有效性。

以前，研究行为的学生被训练成为心理学家而不是生物学家，他们的研究工具是白鼠和条件装置，例如迷宫和魔术盒（Skinner box，里面有杠杆或按钮，老鼠按动它们能得到奖励）。这些心理学研究统称为"行为主义（behaviorism）"，其理论基础是条件化（conditioning）产生并精炼了行为模式的学习理论。这种方法与竞争性的行为学观点有什么不同？

行为学的重点是像 FAP 和行为的本能基础那样的先天倾向，而不是条件化。另外，行为学通常研究野外条件下的各种有机体，不同于行为学派在比较狭小的实验室内的研究。行为学家对从进化的观点——作用于本能行为遗传因素的选择——评价行为更感兴趣。

24.3 疲劳与习惯化有什么不同？

疲劳涉及到感觉以及运动神经部分，神经通路的功能状态受到损害。肌肉连续收缩所引起的疲劳中，乳酸的累积以及燃料（肝糖）的消耗损害了肌肉继续工作的能力，这些变化的关键位置可能在运动神经末梢（motor end plate），也可能发生其他的化学变化阻止了脉冲到达收缩装置。

习惯化是一种非常简单的学习，调节来自于中枢神经系统层次上的行动，而不是通过神经肌肉单元的变化。有机体忽视那些很小的、重复的刺激。作为一般性的规则，习惯化的持续时间比疲劳长得多（长达几天）。习惯化的另一个特征是，报警层次提高后，中枢神经系统克服了习惯化。这种提高的警觉性不改变与疲劳有关的细胞活动，虽然显著增加刺激能诱发某些起源于疲劳的神经通路的活动。

24.4 多种飞翔或游泳的动物移动很远的距离到达特定地点，许多物种的动物还返回原处。什么机制使这些迁徙性的生物找到路？

长距离移动的动物，不管是作为生活中的一次事件还是作为重复发生的、周期性的事件，都涉及到许多本能行为、甚至是学习行为，以达到最终目的。迁徙者可能对在特定时期向不同方向移动的先天"程序"作出反应。在某些情况下，鸟类向一个方向飞行几个星期，然后又转向另一个方向。这种飞行方式是由风的转向协调的，结果能帮助鸟类飞行。这种相对僵硬的行为模式存在的危险是，在盛行风（prevailing wind）中迁徙者的转向可能招致灾难。固定方向的"程序"很可能在迁徙性的海龟和某些鱼类中也起作用。

在某些迁徙性的鸟类中，判断位置的能力可以代替固定的飞行模式。知道地点精确位置的能力称为"图感（map sense）"。有这种能力存在的证据，但是在实验室和野外很难研究。归家的鸽子是非常普及的实验动物，它具有"罗盘感觉（compass sense）"，即具有分辨方向的能力，结果它的行为看起来就像有罗盘定位一样。这种分辨南北方向的主要基础是太阳的相对位置。由于太阳的位置随着时间而变化，罗盘感觉肯定涉及到太阳位置与内部生物钟之间的相互作用。如果把鸽子放入人工光照条件下，它们的内部定时器受昼夜时间转变的影响，那么它们的方向感也发生变化。William T. Keeton 指出，当没有太阳光的时候，涉及到辨别地球磁场方向的备用系统就起作用了。他在某些鸽子身上系上磁铁，在另外一些鸽子上系上铜棒。在晴朗的日子里没观察到任何变化，在阴天时，携带磁铁的鸽子不能区分方向，看起来失去了罗盘感觉，而带铜棒的鸽子则能区分。

夜晚飞行的鸟类可能根据星星区分方向，就像古代人类远航探险根据星辰判别方向一样。

24.5 从遗传学和进化论的观点看，利它的概念产生什么问题？

在发展其自然选择理论的过程中，Charles Darwin 被广泛存在的利它行为所困扰，因为利它者很可能在没有把其遗传印记遗留给下一代的情况下就死了。现代生物学家也同样被这种特点的持续、广泛性所困扰，因为这种特点应该被选择掉。为了没有亲缘关系个体的利益而宁愿采取容易受攻击的姿势，为什么这种行为能传递给后代而不是被淘汰？当然，利它者增加了群体的适合度，这是正确的。但是利它者的繁殖成功率应比种群中自私个体的繁殖成功率低，而且最终消失，有利于自私个体的遗传适合体。利它行为的持续性产生了许多推测性的假说。

24.6 对自然选择一般性的理解是环境挑战个体的表现型，更适应的个体能生存和繁殖，而那些适应性不强的个体产生的后代较少。在某些情况下，不能适应的个体甚至根本不能产生后代（见第 12 章）。作为这种分化繁殖的结果，种群随时间而变化，并在其基因分布中逐渐表现出更成功的个体。所以，自然选择作用于个体，但进化的是种群和物种。

19 世纪 50 年代，爱丁堡大学的 V. C. Wynne-Edwards 提出选择作用于整个群体而不是作用于个体的观点。种群内存在的关系可能产生提供“进化磨房谷物”（grist for the evolutionary mill）的有利或不利条件。Wynne-Edwards 对于限制种群大小从而避免群体饥饿的必要性印象非常深刻。限制种群数量以确保社会稳定的方法之一是弱者所展示出来的、增加强者福利的利它行为。存在等级优势时，从属个体就呆在一边，并抑制其繁殖活动，这样，就有利于在等级序列中的高位个体，它们的适合度可能更高。打斗双方中攻击性不强的个体所展示出的和解姿势也可以被认为是保存可以用在较长时间打斗中的血液和能量的利它行为。群体选择的观念是否能解释群体中利它主义的持续存在性？

群体选择能解释利它现象的概念很有吸引力，但是它不能解释利它现象的持续性。利它行为可能增加群体的生存能力，但是，与通过利它者的存在而增加其适合度的自私个体相比，利它者减少其后代数量的倾向将导致这些个体全部死亡。群体选择理论很清楚地表明了利它对群体所带来的利益，但是并没有解释利它者的繁殖存活度（reproductive viability），而后者是问题的核心。

24.7 在蜜蜂中，工蜂实际上是蜂后的姊妹，这是因为蜂后与大量工蜂都孵化于同一群受精卵。蜂后被给予不同的待遇（食物、栖息位置等），导致了皇族式的发育。工蜂失去了可育能力。蜂后产卵后，经过幼虫和蛹阶段，最后孵化出下一代蜂并由蜂后的姊妹们照料。与誓死保卫其他工蜂所占据的蜂巢一样，照料其他个体的后代是利它行为的好例证。你认为哪种机制能支持蜜蜂中这类利它基因的传播？（提示：雄蜂是单倍体，蜂后是双倍体。）

由于雄性是单倍体，将所有基因都贡献给受精卵，而雌性仅贡献出一半的基因，所有的姊妹后代都有 3/4 共同的基因。因为它们在遗传上关系很近，所拥有的共同基因比其后代还多，照料其姊妹的后代在遗传上更为划算。蜜蜂中存在的利它现象特别清楚地表明了亲缘选择和总体适合度。

24.8 亲缘选择在遗传上有亲缘关系的个体中起作用。互利（reciprocal altruism）涉及到非亲缘个体之间的利它关系，在这种情形下，利它者并不保证其基因的延续。那么，这种利它行为的适应性利益是什么？

从仅仅期望在将来互惠这个适应的意义上能理解无私行为的扩展。许多利它行动是以很小的任务为中心，例如在灵长类中一个动物为另一个动物抓痒。在小群中这样的行为经常见到，群中的亲密关系鼓励了互惠，而且很容易辨认接受恩惠而又不施惠的个体。

在存在相互利它的物种中，互惠肯定能得到保证，否则自私行为将变成更适应的生活类型。存在特定的利它活动本身能在种群内产生激励利它行为的样板，利它行为的遗传成分可能起作用，但是很难测量。

附 加 题

24.9 文化对行为的影响在下面哪些动物中最突出？

(a) 变形虫 (b) 扁虫 (c) 人类 (d) 鸭子 (e) 鲨鱼

24.10　对特定行为的长期进化解释（如适应等）涉及到

(a) 近因　(b) 远因　(c) 没原因　(d) 上述各项均无

24.11　在自然和教化的争辩中，自然强调个人的

(a) 训练　(b) 吃未加工食物的倾向　(c) 基因　(d) 早期影响　(e) 所有各项

24.12　一个信号刺激

(a) 比释放器更普遍　(b) 不如释放器普遍

24.13　Karl von Frisch 首次发现了鹅类的印痕效应。

(a) 对　(b) 错

24.14　某些鸟类中饲喂雏鸟是由雏鸟嘴巴上的释放器引起的。

(a) 对　(b) 错

24.15　人类中从未找到过 FAPs。

(a) 对　(b) 错

24.16　在鲑鱼从海洋中返回到由于迁徙所途径的特定溪流时，涉及到嗅觉印痕。

(a) 对　(b) 错

24.17　蜂后发出的外激素抑制了工蜂的性成熟。

(a) 对　(b) 错

24.18　父母为后代所作出的自我牺牲并不是真正的利它行为。

(a) 对　(b) 错

答　案

24.9	(c)	24.10	(b)
24.11	(c)	24.12	(a)
24.13	(b)	24.14	(a)
24.15	(b)	24.16	(a)
24.17	(a)	24.18	(a)

第VI部分

进化与生态

第25章 进化：过程

从最广义的意义上看，进化指是所有存在的事物处于连续变化的状态。过程是基本的，流动（不断变化）是普遍的。通过研究使事物发生变化的动力能很好理解变化的本质。

例1

地球表面正在逐渐变化。某些地区正在形成新的山脉，某些地区的高地正在被侵蚀。理解侵蚀的作用力能使我们解释老山脉侵蚀的原因。大陆漂移理论对新山脉的构造和结构板块的运动提供了新见解，解释了这些地理版块或大陆块交界区大量的紊乱现象（见《地球科学》第11章，Beiser，Schaum丛书系列）。

正如在生物学中所应用的观点那样，通过其祖系逐渐、持续的修饰，进化使现在存在的各种生命得以维持。这个产生“修饰过的后代”的过程不导致产生最后的进化产物。如同现在和过去发生的那样，进化修饰所有的生物，并将继续在将来发生变化。而且，在进化史中，所有生物都有共性，结果，原生动物和人类同样高度进化，但对于每一个不同的祖系而言，具有不同的、特定的修饰。

25.1 生物体演化概念的简史

没有任何理论比进化论能更好地帮助我们对生物多样性、它们之间的亲缘关系以及关系的远近程度、它们与变化中环境的相互作用的认识。虽然称为“理论”（theory），进化被许多生物学家认为这是事实。虽然生物学界中持续存在某些争论，例如涉及到进化的精确机制问题以及进化速度等，但是对于进化的发生都有共同的见解。

达尔文以前

在古希腊哲学家之间，虽然有机体的进化并不陌生，但却不是流行的观点。在柏拉图（Plato）的唯心论中，物种是固定的，作为原始原型或理想型代表存在。对亚里斯多德（Aristotle）来说，每一个物种都顺应一个复杂性逐渐增加的等级系统。这种自然等级是生活本性的总体简单化。在19世纪前这个观点在自然史研究中非常流行。然而，受希腊思想影响的罗马哲学家Lucretius提出了生命形式逐渐发生变化的想法。

布丰（Georges-Louis Leclerc de Buffon，1707～1788）是第一个提出生物进化概念的现代博物学家，反对像林奈（Carolus Linnaeus，1707～1778）那样的博物学家们的观点，即他们强调物种在自然界中是固定不变的。布丰承认物种的变化性，而且使用了比较解剖学中的发现支持物种变化的观点。Erasmus Darwin（1731～1802）也提出物种是变化的，变化的原因主要是由于个体在其生活史中变化的修饰，这些修饰被传给了后代。查尔斯·达尔文（Charles Darwin）的爷爷的这个观点比拉马克（Lamarck）所提出的进化机制还早。

乔治·居维叶（Georges Cuvier 1769—1832）坚信物种的不变性。然而，他对生物学理论和实践的贡献对于沿进化思路搞研究的人们很有用处。他实际上奠定了对化石进行系统研究的古生物学（paleontology）的基础，并能熟练地利用化石遗迹重建生物界。他发展了动物分类体系，创立了比较解剖学的整个研究体系。他对化石的研究表明，一度生存过的若干物种现今已不存在。他发明了“灾变说”（catastrophism）来解释动物种群的演替，该理论指出周期性发生的灾变毁灭了当时存在的多数生物，然后，剩余的动物产生了新的动物类群。这个理论解释了居维叶所发现的化石中的变异。居维叶不接受每一个新物种都起源于每一次灾变的观点，他宣称新的生命类型可能存在于世界上某个遥远的地方，它们迁移到了发现化石的地区。

在达尔文以前，拉马克（Jean Baptiste Lamarck，1744—1829）可能是进化论最重要的贡献者。像达尔文那样，拉马克带着物种不变的观念开始了他的职业生涯（植物学）。然后，他转向动物学研究，逐渐相信所有的生物都在多样化的过程中进化而来。他的巨著，《动物哲学》（Philosophie zoologique，1809）对动物分类作出了重大贡献，并为进化过程提供了大量证据。最重要的是，该著作提示了进化过程的机制，并为研究个体变异的起源提供了研究方法。

拉马克相信，在任何有机体的生活史中，被使用的部分将变得发达或变大，而没使用的部分将萎缩。这种“用进废退”假说（use-disuse theory）在人类中表现得很清楚，铁匠或其他大量使用肌肉职业者的胳膊发达，不经常使用腿部的人，则其腿部萎缩。拉马克相信，一个个体在其一生中发生的这些变化被传递给下一代，这就是获得性状遗传（inheritance of acquired characters）。以这种方式，有机体在一个世代中的活动将影响将来的长期变化。用拉马克的观点来说，进化由生物需要定型，反应了在处理环境压力时导致成功的内在程序。拉马克学说经常被引用的一个例证是长颈鹿的长脖子，其产生是由于无数代的长颈鹿试图得到高处的树枝，以便更有效地与其他能接近树叶的食草动物竞争。

达尔文和自然选择

由于两个原因，查尔斯·达尔文（1809—1882）与进化的联系最为密切。第一，他收集了大量综合、有说服力的证据，表明了有机体的进化，使生物学家甚至头脑开放的外行不再争辩是否存在进化过程；第二，在他作为博物学家登上猎犬号皇家海军舰艇（HMS Beagle）所进行的 5 年（1831—1836）航海中，他对南美和非洲动物区系的探险考察为他提供了洞察力，发展了引人注目的有关进化机制的理论。这个机制就是自然选择（natural selection），首次在 1858 年的一个科学会议上提出。在 1859 年，他的里程碑式的著作，《物种起源》（The Origin of Species by Means of Natural Selection）在伦敦出版，造成了激烈的辩论，但是也产生了狂热的支持者。

自然选择主要依赖于三个原则。第一，每一代都产生过量（over-production）的后代，数量多于环境资源（食物、水、隐蔽场所和配偶）所能支持的数量；第二，在后代过大的种群中存在可遗传的变异；第三，存在生存竞争（competition），那些能比较好地适应特定环境的变异个体能成功存活，并继续产生具有适应性特征的后代。随着时间的推移，那些能提高适应性或适合度的特征在种群中积累起来，而那些降低适合度的特征减少或消失。正是这最后一方面——适应较好的类型具有较大的繁殖成功率——被定义为自然选择。曾有一段时间自然选择被当成生存竞争，最好的个体才能生存。达尔文的追随者们所提出的这个观点试图用连续大打斗和流血来描绘自然，但是没有考虑合作机制在生存中的重要性。变异类型分化的繁殖成功率是更精确的总结，它也强调随着长时间的推移，持续成功的唯一原则是繁殖成功，即不能成功繁殖的个体在后代中没有体现，不管这些个体本身的生存适合度如何高。所以，只有在考虑了繁殖成功后才能回过头来评价适合度。

达尔文的进化观点在塑造形成过程中，产生影响最大的是他在猎犬号上的旅行中对动物所进行的观察。由于他容易晕船，他特别喜欢有机会呆在陆地上，在那里他研究了动物的存活种和远古时代的动物化石。加拉帕格斯群岛（Galapagos Islands）上鸟类和爬行动物的变异以及它们与厄瓜多尔大陆（Ecuadorian mainland）相似类群之间的关系给他留下非常深刻的印象，他也承认安第斯山脉（Andes mountains）存在的海洋生物的化石与连续环境中的静态物种概念不一致。重新访问许多地方的机会，特别是沿南美海岸的访问机会，使他能长期研究动物和植物的生活。他指出，尽管本质上有很大生育力（fecundity），世代之间的种群数量几乎没有变化，这种现象有助于达尔文承认自然界中存在的选择过程。

达尔文的一个地质学家朋友赖易尔（Charles Lyell）写了一本书（《地质学原理》，The Principles of Geology），其主要论题是作用于地球的自然力在远古时代与现代相同。地质力量的连续性产生了不断变化的环境，例如冰川的前进和倒退、山脉的起伏、河流通过其流动侵蚀陆地等。如果条件随长时间连续变化，那么就有理由想象在不同的环境中存在不同的生命。达尔文既能够观察到地质变化，又能观察到不同时期和不同环境中不同生命存在的化石证据。

返回英格兰后不久，达尔文偶然见到了一个名叫托马斯·马尔萨斯（Thomas R. Malthus）的牧师写的一篇关于人口的论文。这篇写作雄辩的论文的论题是，人口增加的速率远大于食物所能负担的人口数量，特别是，马尔萨斯争辩说，世界人口按照几何基数增长（2，4，8，16，32，……2^n），而可用资源按照算术基数增加（1，2，3，4，5，……n）。最后，人口与食物和其他资源的比例会达到不可管理的程度，将导致为生存而进行的激烈竞争。马尔萨斯说，瘟疫、战争、洪水和类似的灾难能将人口保持在与可用资源相当的水平上。对马尔萨斯来说，上述现象被解释为神对人类的惩罚以保持人口平衡，对于达尔文来说，马尔萨斯的观点播下了后代数量过多将导致生存竞争概念的种子。

饲养动植物的实践也暗示了自然界中存在进行选择过程的可能性。达尔文熟悉畜牧业的成就，通过饲养几代，就会有目的地影响家养动物的特征。既然人类为特定性状而进行人工选择（Artificial selection），那么为什么在自然界中就没有能增强存活和繁殖成功率的性状逐渐累积的相似过程？

25.2 基因库的概念：哈代-温伯格平衡（Hardy-Weinberg Equilibrium）

种群中每一个基因的等位基因的总数是该种群的基因库（gene pool）。每一个个体都携带某些等位基因，个体有生有死，但是总基因库作为种群的连续代表而持续存在。特定等位基因的频率变化是进化的原材料。首先，等位基因的温和变化在种群中不产生可以观察到的变化，但是随着长时间的推移，这种变化在种群特征上产生显著改变。

基因（等位基因）频率的漂移（shift in gene frequency）将产生进化类型，要较好地理解这个缓慢的过程，就要使用实际不发生基因频率漂移的假设种群。通过使用孟德尔的遗传学原理，G. H. Hardy 和 W. Weinberg 确定，在某些条件下，有性生殖的种群中，等位基因频率甚至基因型比例（ratio of genotype）在世代之间保持不变。这些条件包括：

1. 种群很大
2. 突变率（mutation rate）没有变化
3. 交配完全随机，所有等位基因的组合都有相同的繁殖成功率
4. 交配库（mating pool）没有大规模的个体迁入或迁出。

在这样稳定的种群中，基因频率遵循简单的概率法则。例如，如果等位基因 A 在种群中的频率是 p，等位基因 B 的频率是 q，并且该基因没有其他等位基因，那么，$p+q=1$。在第 9 章中，我们明白两个事件同时发生的概率等于第一个事件发生的概率乘以第二个事件发生的频率。等位基因 A 发生的概率等于其基因频率 p，同样，等位基因 B 发生的概率是 q。结果，在特定种群中，具有 AA 纯合子的个体频率等于在受精卵中同时存在两个等位基因 A 的概率，这个概率等于 $p\times p$，或 p^2。通过相似的推理，BB 纯合子的频率是 q^2。由于有两个途径可以形成杂合子 AB（等位基因 A 来源于母亲，等位基因 B 来源于父亲，或反过来），AB 在种群中的频率是 $2pq$（不是 pq）。这三种基因型的频率$=p^2+2pq+q^2=1$。注意这是 $(p+q)^2$ 的二项展开式。如果种群中有 3 个等位基因，每一个基因型的频率可从三

项展开式（$p+q+r)^2$ 中确定，此处的 r 是等位基因 C 的频率。

☞例 2

在哈代-温伯格平衡的种群中，某个基因只有两个等位基因，如果我们知道等位基因 A 的频率是 0.3，就可以确定等位基因 B 的频率。因为 $p+q=1$，所以 $q=1-p=0.7$ 我们还可以确定各种基因型频率，如：

$$AA=p^2=(0.3)(0.3)=0.09$$

$$AB=2pq=2(0.3)(0.7)=0.42$$

$$BB=q^2=(0.7)(0.7)=0.49$$

由于等位基因在世代之间保持稳定，偏离这种稳定将使种群处于自然选择的压力之下。

25.3　自然选择：现代综合理论

达尔文自然选择理论中最薄弱的环节是他忽视了遗传机制。没有充分理解遗传学定律，就不能解释亲生后代不像自己父母的变异，尽管这些变异对于他的理论是很必要的。

1901 年，发现了孟德尔遗传学的基本特征。在随后的 40 年中，伴随着基础遗传学的发展，兴起了一门单独的学科，即群体遗传学（population genetics），其中对于饲养种群基因流动的本质作出重要贡献的是 Sewall Wright、Ernst Mayr、Theodor Dobzhansky 和 L. C. Dunn。群体遗传学、古生物学和生物地理学的发现丰富了达尔文的理论，Julian Huxley 称之为“现代综合进化论”（modern synthesis of evolution）。这个现代综合理论（新达尔文主义）基本上承认，逐渐变化的种群受作用于个体的自然选择的影响。

☞例 3

镰状细胞贫血（sickle-cell anemia）起源于非洲人群，是单基因隐性突变。开始的时候，这种病症在该人群中的数量很少，但是，由于这种变形的细胞不能容纳疟疾的寄生虫细胞，从而使携带这种疾病等位基因的杂合子的个体对于疟疾有一定的免疫能力，结果这个等位基因的频率在现在的人口中有了增加。生殖潜能的加强正是这种等位基因扩散的重要因素。携带两套变异的等位基因的个体限制了该等位基因的扩散，在进化过程中涉及到了对生殖潜能的正、负影响。

25.4　点断平衡说（punctuated equilibrium）

研究进化的人，不管是达尔文时代还是现代，都承认从一个物种过渡到另一个物种、或在诸如爬行动物和哺乳动物这样的主要类群的化石记录中，缺少过渡或联系环节。如果所有种群在其进化过程中能缓慢地变为新的类型，那么就可能在过渡过程中找到连续系列的化石代表。1972 年，美国自然历史博物馆（American Museum of Natural History）的 Niles Eldredge 以及哈佛大学的 Stephen J. Gould 提出了点断平衡的理论，这个理论解释了化石记录中的缺失环节。在点断平衡中，进化是以不规则的、跳跃式的方式发生的，这种变化发生很快，随后是长期的相对稳定。在某些情况下，从老的物种形成了新物种，主要的变化发生于数千年，而不是数百万年。虽然从与进化有关的时间跨度上来说，不能说数千年是间断的，但是它代表了特定物种存在的一部分时间。由于动、植物区系化石的发现是随机挖掘出来的，不可能获得每种类型在短时间内发生剧烈变化的化石记录。

点断平衡的理论引发了激烈的辩论。反对者争辩说，变化发生在如此短的时间尺度上并不改变达尔文的渐变观点，一个谱系中出现的跳跃也不能证明在所有谱系中都发生了相似的跳跃。进一步而言，Eldredge 和 Gould 所提出的相对连续的时期可能并没有发生，因为依靠考察化石记录可能检测不出来在细胞和组织水平上所发生的显著变化。要驳倒点断论者“现今类型的点断是由于过渡状态持续时间相对较短”的观点并不太容易，因此，我们观察现今的物种，是在它们产生固定类型的变化之后。

25.5 分子生物学和进化

自然选择作用于个体表型，决定了特定个体的繁殖成功率。然而，正是选择所偏好的基因型能持续存在，因为基因型能在世代之间传递。基因型的总数组成了种群的基因库，基因库是能发生进化的真实存在，并在特定时间内限定了一个特定种群。DNA 的特点及其变化是现今世界上多样性的基础。

分子生物学为确定 DNA 及其所编码蛋白质的本质提供了工具。突变是进化材料（evolutionary mill）的主要来源，大多数是 DNA 链内发生的基本顺序的改变。进化速率可以根据在特定的时间框架内 DNA 顺序的变化率估算出来，而不同物种之间的亲缘关系可以通过 DNA 的配对情况计算出来。由于蛋白质决定于 DNA，蛋白质结构（氨基酸顺序）的共同性也可以用来确定不同类群后代之间的亲缘关系。对染色体及其化学单位一无所知的人提出的进化观点，常常被分子生物学的发现所证实和强化。

达尔文相信，所有生物的祖先都可以追溯到一类共同的祖先。所有生物中都有一套遗传编码与此概念相吻合。多种生物类型之间基本的亲缘关系也见于其蛋白质的相似性。

☞**例 4**

已经对诸如血红蛋白（hemoglobin）α 链和 β 链以及细胞色素 c 之类的蛋白质进行了大量的研究，以期为生物进化的多样化提供分子探针。猩猩和人类的血红蛋白之间 β 链在氨基酸组成上完全相同，猴子 β 链与人类的差别不到 10 个氨基酸。遗传距离（genetic distance）证实了这些类群由其他数据所暗示的相对亲缘关系的程度。

25.6 基因库的控制（control of gene pools）

哈代-温伯格平衡定律应用于不发生基因频率或基因型比例变化的假设种群。然而，在自然界中，这些特征的变化的确发生。种群中等位基因的变化称为微进化（microevolution）。微进化的一个主要原因是自然选择，是导致种群适应性增加、分化繁殖的达尔文过程（Darwinian process）。以随机形式（非适应性）发生的基因库的改变也可以通过遗传漂变（genetic drift）的方式发生。在小种群中，由于取样失误，特定等位基因或基因型在繁殖上被“忽略”，也可能偶然发生等位基因或基因型的丢失。

☞**例 5**

在包括 5 株 TT、12 株 Tt 和 4 株 tt 基因型豌豆的板块种群中，兔子可能进入这块地，偶然地仅仅吃掉了这 5 株 TT 基因型的豌豆。这种 T 等位基因的丢失可能在许多世代中改变了等位基因的频率，这是微进化的一个例证。这种偶然根除特定基因型的方式在较大种群中根本不可能发生。

遗传漂变的一个特殊例证是建立者效应（founder effect）。在一个较大种群中，如果一小组不具有该种群特征的个体开始形成新的隔离群体，那么这个群体中的个体将代表建立者，而不是原来的种群。在许多小种群中，遗传紊乱（genetic disorder）的频率很高，建立者效应受到了注意。如果一个小岛上的居民全是蓝眼睛，那么以后的人群可能都丢失棕色眼睛的显性等位基因。

基因流动（Gene flow）是产生微进化的另一种状态。在基因流动中，种群等位基因的变化源自于种群的迁入或迁出，从适应的意义上讲，这种变化倾向于中性，除非迁徙有利于适应较差或较好个体的运动。

净突变率（net mutation rate）的变化是种群中发生基因频率随机变化的另一个途径。

由于完全的随机交配是稳定基因频率的主要前提，偏离随机交配可能导致基因频率的变化。交往式交配（assortive mating）是种群基因频率改变的另一个来源，用这种方式交配的个体倾向于显示对配偶的选择。在人类中，社会等级或道德认同感相似的个体比圈外人更容易结偶。在非迁徙性的哺乳动物中，近邻之间更容易发生交配。在较大群体中发生这样的交配能最终导致形成新的变种。

只有自然选择能持续增加种群适合度，因为有害等位基因频率减少，而适应性的等位基因频率增加。由于等位基因通常共同起作用，选择过程可能影响基因的复杂性，并通过其他多种相互依赖的过程表达出来，这类过程，如协同进化（coadaptation），它是几种独立成分纠缠到一起形成新结构的一种情形。

25.7 物种形成

物种（species）包括分享共同基因库的所有个体。这意味着这些个体能互相交配，产生可育后代，但不能与其他物种成员交配并有可育后代。作为各种生命形式在自然界中的存在单元，物种的地位也可通过大体解剖学特征来界定，这些特征使特定类群具有特殊性，可以区别于其他物种。

☞例 6

马和驴属于不同的物种，它们大小不同，其他解剖学特征也有差异。尽管它们能交配并产生后代，但并不具有共同的基因库。公驴与母马杂交形成的后代称为骡（mule），公马与母驴杂交形成的后代称为驴骡（hinny），但是双方的基因库并不混合，因为骡和驴骡都是不育的，代表了生殖上的盲端。所以，马和驴都保持了完整的基因库，这是物种完整性的主要原则。

由于在生殖隔离的基础上，物种是独立的，保持物种独立性的关键在于形成独立可育种群的机制。生殖障碍的一种方式是阻止两个种群相遇的地理界限。相似地，两个岛屿上的栖息者或生活于高山山脉不同坡向的栖息者倾向于保持隔离状态，并最终在其基因库中形成差异，使它们在生殖上不兼容。

在没有地理障碍时，可能有生物学机制来保持种群的独立性。即便是在同一个地区，两个物种可能由于生态需求的不同而保持隔离。对湿度要求的差异使蠕虫居住在地下的不同层次。生殖活动在时间上的差异可以分离开两个很有可能交配的种群：日间活跃的物种几乎不可能与夜行性动物有性上的相互作用。生殖器官的不协调性也是隔离障碍。所有的狗都属于同一个物种，但是丹麦种大狗（Great Dane）不能与吉娃娃（Chihuahua.。译者注：一种产于墨西哥的狗）交配，共同的基因库得以保持是因为这两个品系可以与中间变种如　交配，产生具有丹麦种大狗和吉娃娃基因的后代。但是，经过长时间以后，现今存在的狗的变种很可能进化为彼此之间没有基因流动的独立的物种。

交配经常在早期就不能进行了，因为其他物种的个体不遵循本物种的求偶（courtship）仪式。交配前必定有许多精确的行为，特别是鸟类和哺乳类更是如此，不遵循交配游戏的规则就排除了分享基因的可能性。在许多情况下，不同物种之间的确发生了性的联合（sexual union），但是配子不融合，或胚胎不能发育。这种配子的不亲和性是阻断物种联系的有效障碍。不同物种的个体即便成功地进行了交配，其杂种后代也不可育。所以，保持独立物种存在的生殖障碍是很坚固的。

如果生殖隔离保证了物种的分离状态，那么物种形成（speciation）之路肯定涉及到一个物种从另一个物种的种群中的隔离过程。正如我们所明白的那样，在生殖隔离的情况下，隔离的类群形成了突变和与其母种（mother species）不同的重组后的特征。如果给予充足的时间，这个分离的种群可能形成一个不分享原来共同基因库的新物种。如果隔离类群在地理上与原来较大的种群分开，这个类型的物种形成方式称为异域（allopatric）形成。但是，在原来类群内，亚种群可能形成将其自身与其邻居分开的特征，在原来的分布区继续栖息，不断增加其特征的特殊性。这种形式被称为“同域式物种形成”（sympatric speciation）。先锋种群的数量越小（特别是在异域式物种形成中），形成独立种的机会越大。

当某些共同祖先到达具有大量明显的机会和挑战的环境中的时候，发生特别迅速的物种形成类型。这样的过程称为适应辐射（adaptive radiation），这是从一个共同祖先形成许多物种的过程。像夏威夷那样的群岛提供了许多例证，说明在每一个岛屿上的独特的物种都起源于迁移性的祖先。在一个岛屿上形成的物种可能占据另一个岛屿，并成为新物种。如果这个过程（通常涉及到小的先锋类群）持续下去，可能发生迅速的、分支性的物种形成过程。

25.8 微进化与大进化

大进化（Macroevolution）的重点是在物种水平以上分类类群的产生。虽然物种形成中的许多机制也同样作用于大进化，但是时间跨度要长得多。我们对大进化趋势的了解来自于化石记录。然而，导致种群变化不显著或形成新物种的类群内的变化，可以通过测量种群内的基因频率来研究。已经确认的选择模式包括：

1. 稳定性选择：在稳定性选择中，变化序列中的两端受到的选择不同，结果尽管每个世代中都有连续变异，但是种群倾向于向平均值靠拢。
2. 方向性选择：在方向性选择中，一个极端受到选择的偏爱，结果平均值向受偏好的极端移动。
3. 分化性选择（破裂化选择）：两个或更多的亚型（subtype）受到偏好，种群进化出几个亚类群或形成新种。

分化性选择在微进化或大进化中都起作用，方向性选择相似于被称为“种系变化”（phyletic change）的大进化过程。化石记录所揭示的大进化的基本模式包括：

1. 种系变化（进化，anagenesis）：单系（single lineage）的逐渐变化，最后的后代与其祖先有根本的不同。此种进化可与长期的方向性选择联系到一起。
2. 分支进化（cladogenesis）：是发生分支的大进化趋势，在进化过程中，一个谱系产生两个或更多的谱系（lineage）。从一个谱系产生的小种群可能处于更受选择偏爱的位置，从而形成新类群。Ernst Mayr 强调，分支进化是主要的大进化模式。
3. 适应辐射（Adaptive radiation）：相对突然地形成了许多新类群，它们能迁移到新环境并利用那里的资源。在恐龙灭绝时期，早期哺乳动物的迅速分化是这种极端情况的一个好例证。适应辐射结合了分支发生和种系变化的特征，因为在不稳定的进化期间形成的新谱系可能进行渐进式的过渡。
4. 灭绝（Extinction）：曾经进化出的物种中，大约有 99.9%的物种不存在了。这种多样性的丢失是所有生物进化的特征。变化的环境使昨天适应的物种今天就不适应了，背运的物种走向了灭绝。

疑难问题解析

25.1　为什么对于很多人来说，很难接受进化论的思想？

当应用于生物界时，进化与《创世记》圣经故事中有关物种产生的文字解释相矛盾。在圣经的记载中，每一个物种都由神独立创造出来，在世代繁衍中几乎没有变化。在我们的世代，科学创世论者争辩说，物种的相对不变性仍然是正确的观点，地球的年龄应该是好几百万年，而不是进化生物学家通常所接受的 46 亿年。对于那些信奉正统派基督教的人来说，进化是对宗教信仰的挑战。许多信仰特殊宗教的人很容易地把其宗教观念与进化论的观点协调起来，但是在早期，精神方面的问题的确折磨了许多人。达尔文本人也关心是否他自己对进化论的拥护能影响他妻子对宗教的敏感程度。

第二个问题源自于下面的事实，即进化论把人类从生物世界的中心排除出去，并结束了把“低等”动物与“高等”人类相分离的传统。人类一直被认为是创世过程的目的和最终的履行者。人类仅仅是起源于远古祖先的许多高等类群之一，这个观点对于人的自负可能是一个打击。

某些非科学家的人们提出，相信进化论可能导致共同社会价值的非人化。如果我们仅是高度进化的动物，那么人类生活的圣洁性可能以方便的名义受到忽视。根据对它的批评，进化论可能产生随意的道德思潮。同时，进化论强调持续变化，这对于检查人类自身攻击倾向的传统的稳定性是一个挑战。

科学家一般不接受这些批评，他们认为科学的真理不是指导人类活动的工具，科学的价值在于科学本身。能激发我们行为和概念的生活的庄严，最好从进化的观点加以解释。

25.2　进化的证据来源于许多领域：地质学、生物地理学、比较解剖学、胚胎学、畜牧业以及分子生物学。每一个领域如何支持进化论？

较古老的、达尔文用来支持其理论的证据是地质学的证据。地质变化的缓慢速度，决不会在许多创世论者所认可的6 000年内产生出现今动植物多样性。但是现代地质学的追踪技术确定了一个早期的意识，即地球年龄为几亿年，这个时间跨度足以使现代生命形式从原始祖先中产生出来。除了确定地球的悠久历史之外，地质学也提供了在岩石中的化石记录，能够及时重建植物和动物的演替过程。最古老的岩石层仅含有原核生物，而最近形成的岩层中含有最近演化出的生命类型。由于其骨骼保存得最好，脊椎动物的化石记录最为完整。

在指导达尔文思考中特别有影响力的第二条证据是生物地理学。各个地区植物和动物的分布对于发生变化的后代来说特别有意义。澳大利亚与其他大陆板块分隔时间最长，拥有最为独特的动植物种类，其中完全没有本地的有袋类哺乳动物（译者注：有印刷错误。应为：其中有完全为本地特有的有袋类哺乳动物），如果所有的生物同时形成，就不可能有生物地理学上的差异。

第三条证据来自于比较解剖学，它包括两个主要类型。不同物种之间可比结构的相似性。例如，人类的手臂、猪的前肢、鲸鱼的鳍状肢都包括了相似的骨骼和肌肉。由于这些结构有不同的功能，它们的相似性可能表明来自祖先的结构随时间发生了变化。同源性（homology）应用于这类结构，产生这些独立形式的进化过程称为分歧式进化（divergent evolution）。进化之手也见于相反的后果——在不同的进化线中形成了相似的结构和功能，这种现象称为“趋同进化”（convergent evolution），例如，鱼类和海洋哺乳动物的鳍。这种相似（analogous）结构具有相同的功能，但是在解剖学上有不同的起源。比较研究中用于进化的另一个证据来源是存在痕迹器官（vestigal organ），它们在有机体早期进化中可能起作用，但是后来变成了残迹。当谱系变化时，涉及到功能丢失的进化演替过程很容易解释为什么存在痕迹器官。如果每一种生物都是独创的，那么，解释为什么存在没有功能的痕迹器官要困难得多，例如人类的阑尾（appendix）和尾骨（coccyx）（译者注：已经证明人类的阑尾与免疫有关）。

进化证据的第四条证据来自于不同类型生物胚胎发育的比较。许多有机体的早期胚胎阶段彼此之间非常相似，在后期出现分化。在人类和黑猩猩中，在妊娠的高级阶段之前，胚胎都惊人地相似。如果把人类和兔子相比，在胚胎早期就可以发现明显的差别。胚胎发生方面的相似性被认为是拥有共同血统的证据，这种血统在每种有机体的发育过程中得到了重新体现。曾经有一段时间，从比较胚胎学的角度争论进化问题被 Ernst Haeckel 强调为生物发生律（biogenetic law）：个体发育（ontogeny）概括了种系发生（phylogeny）——个体发育重现了类群（谱系）的发育过程。因为鳃裂在所有哺乳动物胚胎发育中的一个阶段都出现，Haeckel 提出它代表了哺乳动物在早期系统发生中所经历过的鱼类阶段。由于把谱系发生概括在每一种动物的胚胎发育中，现在认为 Haeckel 的观点是极端的。

第五条证据来自种植植物、饲养动物的人们所进行的人工选择（artificial selection）实践。饲养者把偶然、非方向性产生的变异个体方向性地培育出不同品系（品种），给达尔文留下了深刻的印象。

分子生物学通过展示所有生物共同拥有的遗传密码，支持进化的观点。利用 DNA 的相似性，通过确定遗传距离来确认进化上的亲缘关系。免疫亲和性也用来支持亲缘关系的远近程度。对应蛋白质的抗原相似性符合进化格局。把取自 A 动物的一种蛋白质植入到另一种动物体内，激发抗体反应，可以确定这些相似性。如果取自 B 动物的相应蛋白质诱发了相似的反应，那么 A 和 B 具有比较近的亲缘关系。

其他最近的证据是果蝇（*Drosophila*）新种的形成、野兔新种的产生以及细菌对含有抗生素环境敏感程度的改变。

25.3　拉马克将进化解释为获得性状的遗传，这个观点在拉马克世代得到广泛承认，甚至被达尔文所引用。为什么今天受到怀疑？

遗传学研究表明，尽管某些诱导突变的物质能改变基因，但是基因是稳定的，从一代传给下一代，没有改变。由于它们是遗传单位，它们的相对不变性与拉马克的解释直接矛盾。例如，由于决定颈部长短的基因并不对长颈鹿伸长脖子作出反应并进行改变，脖子伸长这个获得性状不能传给下一代。相反，自然选择选定了那些出生时就有能控制长脖子基因的动物，导致了这些基因频率在种群中的增加。

25.4 假定在 650 只兔子样本的种群中，研究者发现了 39 只个体表达了决定短耳朵的隐性基因 s。假设种群中只有两个等位基因决定耳朵的长短，如果种群处于哈代-温伯格平衡中，多少只兔子是长耳朵的纯合子（SS）？多少只是杂合子（Ss）？

因为有 39 只兔子携带有 ss 基因型，纯合子的基因频率 q^2 为：

$q^2=39\div650=0.06$，$q=\sqrt{0.06}=0.24$

由于 $p=1-q=$长耳朵的 S 等位基因频率，

$p=1-0.24=0.76$，$p^2=(0.76)^2=0.58$

由于 SS 纯合子的频率 $p^2=0.58$，长耳朵兔子的数量是：

$(0.58)(650)=337$

杂合子的频率由下式计算：

$2pq=2(0.76)(0.24)=0.36$

杂合子（Ss）兔子的数量为：

$(0.36)(650)=234$

25.5 胡椒蛾（peppered moth，*Biston betularia*）生活于英格兰和部分欧洲大陆。19 世纪早期，几乎所有的个体都色彩鲜明，具有不规则的黑色斑。它们所栖息的树干上都有地衣，蛾子身体上的黑色斑提供了良好的伪装。但是，在 19 世纪末，一个黑色种群的数量增加了，特别是在曼彻斯特周围的工业区更是如此。你如何解释这种颜色的变化？

与 E. B. Ford 和 Nicolaas Tinbergen 一起工作的 H. B. D. Kettlewell（Oxford）指出，在环境污染中，树干变黑了，这些树干上的黑颜色蛾子具有更大的伪装能力。工业革命促进了体色的微进化，而这些体色涉及到单个等位基因频率的改变。Kettlewell 计数了在郊区和工业区被鸟吃掉的蛾子的数量，确认在郊区中黑色蛾子被吃掉的更多，而在工业区，浅体色的蛾子被吃掉的更多。Kettlewell 实际上观察到了正在发生的自然选择过程，并进一步分析了选择过程的机制（鸟类天敌）。由于种群等位基因频率的变化代表了进化，一代生物学家对工业黑变病（industrial melanism）进行了早期研究。

25.6 微进化和大进化的区别是什么？

微进化涉及到等位基因频率小的、逐渐的变化，这些变化通常能最终导致新物种形成。大进化涉及到进化中主要的新趋势的起源，覆盖的时间跨度更长。至少可以确定大进化的三个方面：

1. 形成新的、根本不同的结构如脊椎动物的眼和鸟类的翼
2. 出现多类群的适应辐射，如开花植物或真核生物
3. 出现诸如在白垩纪（Cretaceous Period）发生的恐龙大灭绝

虽然不同于大进化种的突然变化和改变，微进化中的小变化可能表明了有机体与其环境在各个层次上的相互作用。物种在广阔背景中进行的变化称为“种系发生”，新类群的产生和老类群的灭亡是大进化作用的重点。

25.7 自然选择并不促使种群形成单一基因的单个等位基因。每一个等位基因都有一个特征性的表现型，在一个种群中，通常存在几个等位基因，它们都有稳定的比率。这种隐定的表现型多样性称为平衡多态性（balanced polymorphism）。被确认为能促进平衡多态性的一种机制是杂种活力（hybrid vigor），或杂种优势（heterosis），在这种机制中，杂合子比纯合子的硬度大、存活力高。很久以来，人们就知道杂种经常比纯种品系的活力大。杂种小狗通常比近交所产生的小狗更不容易紧张。在美国，杂交玉米的研究明显改善了玉米作物的产量和质量，并使杂交实验的先驱 Henry Wallace 像乘坐直升飞机一样成了美国的副总统。以镰状细胞贫血为例，说明杂交活力如何保持种群中的多态现象。

杂交活力的原因不十分清楚，但是可能与产生有害隐性基因纯合子的可能性减少有关。在世界上疟疾泛滥的地区，如非洲，除了镰刀型等位基因之外，非镰刀型等位基因的频率很高。在这样的种群中，镰刀型和非镰刀型等位基因的纯合子都处于在选择上不利的地位。正常人们很容易感染疟疾，具有镰刀细胞等位基因的纯合子的人们更容易受到贫血、无力的折磨。但是，具有镰刀型细胞等位基因杂合子型的人们，不表达导致疲劳的基因，但是血红蛋白受到影响，从而不利于疟疾寄生虫的生长。所以，杂合子保存了这两种等位基因，使它们在纯合子状态下不被选择压力所淘汰，并在种群中保持平衡多态现象（balanced polymorphism）。

附　加　题

25.8　与他的祖父一样，查尔斯·达尔文终生坚信进化论。

(a) 对　(b) 错

25.9　达尔文发现了许多过渡性的化石种类，并深受鼓舞。

(a) 对　(b) 错

25.10　蛇类中存在的基本的附肢结构造成了物种形成的辩论。

(a) 对　(b) 错

25.11　趋向进化是指没有亲缘关系的个体在占据相似的环境后，不同起源的结构最终形成了相似的结构。

(a) 对　(b) 错

25.12　趋同结构是同源的。

(a) 对　(b) 错

25.13　社会达尔文主义在从社会的意义上强调最适者生存的重要性时，谴责社会福利项目。

(a) 对　(b) 错

25.14　宾夕法尼亚州（Pennsylvania）的 Amish 城人身材矮小的发生率很高，可能表明了建立者效应。

(a) 对　(b) 错

25.15　非洲黑人中镰刀细胞的等位基因频率是 0.05，那么这种疾病的发生频率为 0.0025 (0.25%)。

(a) 对　(b) 错

25.16　前一个问题中杂合子的频率是 0.095 (9.5%)。

(a) 对　(b) 错

25.17　拉马克和华莱士（Wallace）都引用了相同的进化机制。

(a) 对　(b) 错

25.18　所有的狗

(a)都有相同数量的染色体　(b)属于同一个物种

(c)有月经周期　(d)(a)和(b)　(e)(a)和(c)

答　　案

25.8	(b)	25.9	(b)
25.10	(b)	25.11	(a)
25.12	(b)；它们是同功结构	25.13	(a)
25.14	(a)	25.15	(a)
25.16	(a)	25.17	(b)
25.18	(d)		

第26章 生态学

“生态学”（ecology）这个词起源于希腊词根“oikos”，它的意思是“居住场所”，生态学的任务是研究生物的居住场所，是理解生物与其自然环境（无机 abiotic 方面）以及生物之间（生物 biotic 方面）关系的整体途径（holistic approach）。正是生物之间的相互作用为生态学研究提供了基本材料。生态学家也支持合适、负责任的社会活动来保证生命的多样性和丰富性将继续延续下去。

例 1

（1）美国生态学会已经在华盛顿特区设立了一个办公室，以提供能影响对环境立法的信息；（2）哈佛大学的 E. O. Wilson 教授正在领导挽救世界热带雨林的活动；（3）在有关环境的法律程序中，生态学家常充任专家连署人（expert witness）。

26.1 生态系统分析

生态的单位是生态系统（ecosystem），它是在相邻区域内相互作用的一组种群。这个区域（生境，habitat）可以小至一个池塘，大到广阔的撒哈拉沙漠（Sahara Desert）。生态系统内相互作用的各个种群组成了群落，这是生态系统内的生命部分。某些生态学家的注意力完全放在生态系统中的生命有机体上，而另外一些生态学家则研究栖息地限制因素的自然特征以及调节生态系统的方法。

虽然生态系统变化很大，从小池塘、珊瑚礁到一望无际的干旱灌木草原，它们都有共同特征，这些特征使曾经纯描述性的生态学走向了实验科学。这些共同特征如下所述：

1. 能量流动（energy flow）
2. 营养物质循环（nutrient cycling）
3. 种群的数量调节（regulation of population size）

能量流动

通过具有捕食者、被食者以及二者组合的食物链（网），能量在生态系统内的群落之间流动。根据他们与食物链中能量（食物）流动的关系，种群在生态系统中发挥了“职业性”（occupational）的作用：

生产者（producer）：是食物链中的第一组成分，通常包括绿色植物，它们将来自太阳的一些能量转化为自身利用的有机分子并将其贮存在自身组织中（通过光合作用）。

消费者（consumer）：是靠绿色植物和其他动物生存的动物。初级消费者是食草动物（herbivore），靠植物生产者为生；次级消费者依赖于初级消费者为生，而三级、四级消费者位于食物链中更远的位置。

分解者（decomposer）：是细菌、真菌、植物或靠死去有机体为生的动物，它们将生物的有机物质释放到食物链中。

例 2

草地上将要死去的鹿可能被秃鹰或乌鸦之类的腐食者撕成碎片，没有被吃的物质被细菌和真菌分解，结果，群落中的其他生物得到了尸体中没有被吃掉部分的物质。

生态位（niche）是生态系统内的一个职业或功能龛，通常被特定物种所占有。由于能量流动对于维持生态系统很重要，通常按照与食物链的关系对生态位进行分类。所以，在生态系统内对于每一个初级消费者都有一个生态位，食草动物通常依赖初级生产者，并被次级消费者所食。通常对生态位进行更详细的分类，而不是泛泛地分为生产者、消费者等等。

营养物质循环

当能量沿食物链从一个环节向另一个环节流动的时候，其有用部分按照热力学第二定律减少（见第 2 章），每次转化时能量都以热的形式释放出来。在食物链的末端，几乎没有剩余的能量，所以不可能进行循环。另一方面，当物质从食物链的一个组分传递到另一组分的时候，物质并没有丢失——有机分子及其基本单位沿食物链的通路可描述为循环。一般而言，生态学家追踪通过循环的特殊原子，如碳、氮和硫，当这些原子通过食物链进入环境并重新回到群落中时，描绘出这些原子的命运。氮循环和碳循环的资料记载得很多。

在第 13 章中我们研究了氮循环。正如在图 26.1 中所显示的那样，碳循环是由碳的产生（通过光合作用）和氧化来驱动的。碳以大气中 CO_2 的形式进入碳循环，植物在光合作用中将 CO_2 转变为食物。最后，通过呼吸或燃烧，碳被转换为 CO_2，又开始了碳循环。

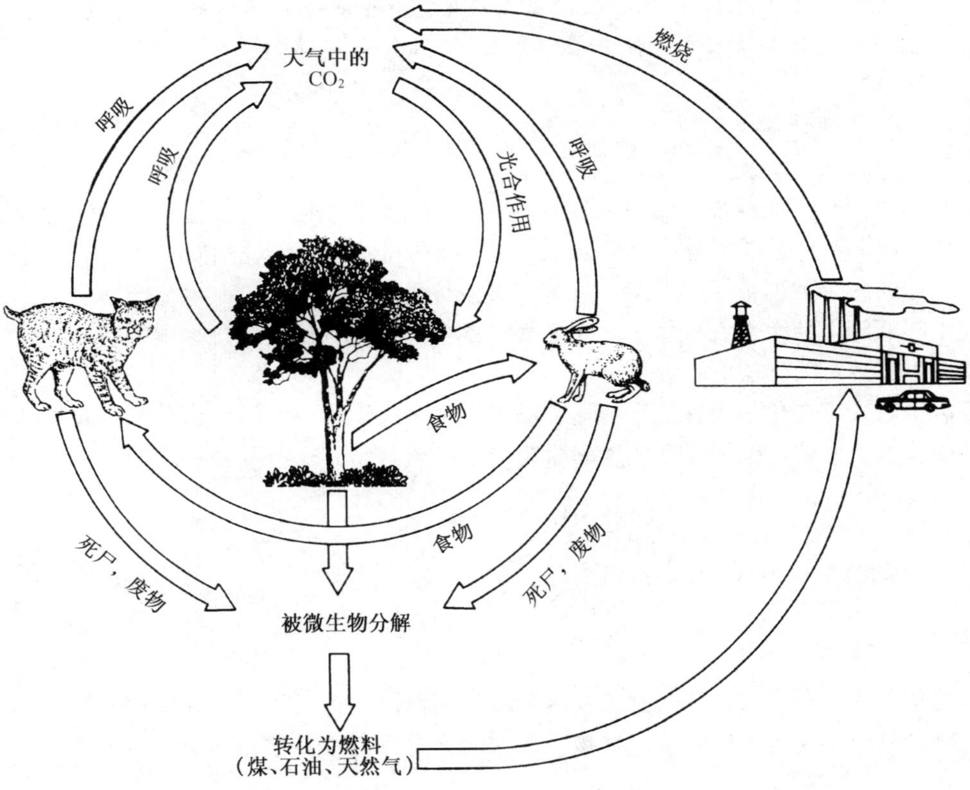

图 26.1

种群调节

正如马尔萨斯和达尔文所熟知的那样，自然种群倾向于指数式增长，而不是通过连续叠加的方式。由于高度的生殖潜能，这样的种群能加倍、再加倍等等。恒定的增长率（生殖潜能）随时间的推移大量增加了种群数量，因为当种群增加时，基数（种群中的个体数量）不断增加，增长率成倍增加。这种情形可以概括为微分方程 $dN/dt=rN$，N 为个体数量，t 为时间，r 为内在增殖率（intrinsic rate of increase）。方程的左边是随时间所发生的个体数量的变化，即增殖率，该值等于内在增殖率乘以种群中的个体数，因为每一个个体都有增加数量的倾向。这种情形产生了在图 26.2 中所见的典型的指数式增长。开始增长缓慢，当增殖率稳定时，数量增加很快。这个坡度可能成为一条垂直的直线，但是这种预测仅仅是假设的情况，因为以这样大的增殖率增加其数量的种群受限制因子的影响。通过增加其死亡率，出生率很快下降甚至变为负值，这样将种群数量保持在稳定的水平。

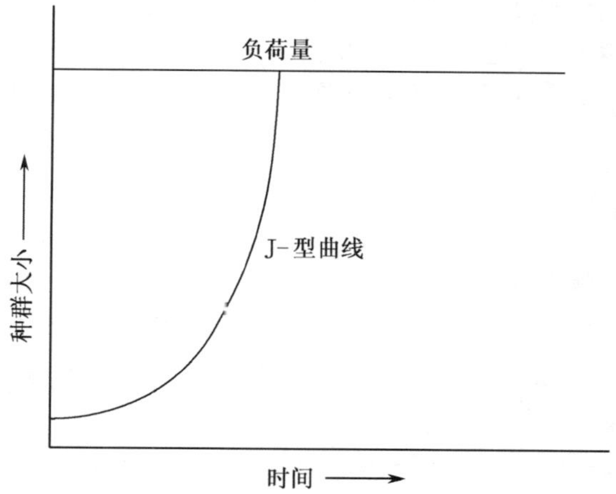

图 26.2

稳定种群数量的特征通过修改前面的公式可表示为：$dN/dt = rN[(K-N)/K]$，此处的 K 是环境负荷量（carrying capacity），或者生境所能维持的种群的最大数量。此处的增长率是（K－N）/K。在图 26.3 中，早期增长缓慢，称为缓滞期（lag phase），然后是非常明显的增长期，即指数期（exponential phase），此期之后是种群数量长期稳定的时期，即稳定期（plateau phase），此期内可能有某些变化，包括个体数量的爆发（overshoot）、围绕平均值的震荡（oscillation）、在数量较少时的稳定、甚至能导致灭绝的种群崩溃。

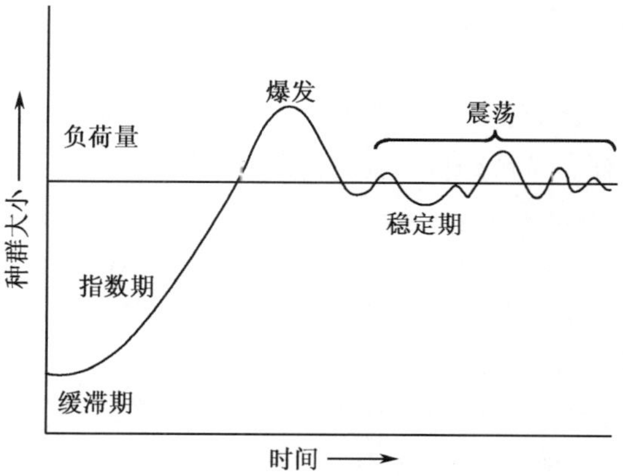

图 26.3

使种群保持在合适水平上的机制包括两种类型：

1. 密度制约机制（Density-dependent mechanisms）：对种群大小很敏感，当种群数量增加时，该机制更有效。
2. 非密度制约机制（Density-independent mechanisms）：起作用时与种群大小无关，对拥挤种群和数量稀少种群都有相似的效应。

种群数量的控制是进化和生态学相重叠的几个领域之一。在各种生境中所进行的野外实验使生态学家能增加对自然选择机制的理解。

26.2 生态系统的类型

从某种意义上讲，海洋、陆地、空气和淡水组成了地球上所有生命进化的大舞台，是一个单一的生态系统——生物圈（biosphere）。生物圈的概念强调了地球上所有生命之间相互作用的统一性。在生物圈内，对主要的生态系统类型进行了划分。对陆地区域的研究多于对海洋或淡水生境的研究，但是这并不反应生境的重要性、内在的利益或复杂程度。

生物群落（biome）是陆地生态系统的类型，它组成了最大的群落单位。地球上重要的生物群落是：

1. 热带雨林（tropical rain forest）：密集的森林、温暖的气候和充沛的降雨。树木很多，但是表面上的高生殖力是假象，因为当地的土壤质量不高。
2. 沙漠（desert）：降水稀少，树木不多。虽然撒哈拉沙漠（Sahara desert）是最有名的沙漠，但是很多沙漠地区都有岩石，不同于大众印象中的概念。
3. 丛林（chaparral）：夏季漫长、炎热、干燥，冬季气候温和多雨，主要的植被类型是小树和灌木。动物体形较小。
4. 稀树干草原（savanna）：热带草原地区，光照强、季节性降雨。

例 3

非洲草原的地势低于沙漠，深根植物占优势，间或有片状分布的灌木和树。在这个理想的放牧区中，各种各样的大型动物（如长颈鹿、斑马和羚羊等）在生态系统中的数量占优势。

5. 温带草原（temperate grassland）：是温带地区的大片区域，一年中的降水量很少，矮草、灌木以及某些一年生的植物数量占优势。小型啮齿动物与大型食肉动物共存，后者则依赖于小型哺乳动物。
6. 泰加林带（taiga，译者注：针叶树林地带）：位于北部的森林区，具有锥形树冠的常绿树种很多。动物包括较小的种类如野兔、老鼠、鼩鼱、山猫，大型动物有熊、鹿以及驼鹿等。一年中的多数时期有雪。
7. 苔原（tundra）：位于更靠北部的发生变化的草原地带。温度极低，有永久性的地下冻土层。夏季短，是生长期，为灌木、灯芯草提供了营养物质，并为其他动物如各种昆虫、鸟类、旅鼠和狐狸提供食物。
8. 温带落叶林（temperate deciduous forest）：到处是生长良好的、冬季落叶的树木，矮树丛、灌木、草与隐花植物（cryptogamic plant）（苔藓和欧龙牙草（liverwort））交互分布。寒冷的冬季与降雨充沛的温暖夏季互相交替。动物种类丰富，从老鼠、花栗鼠、浣熊，到狼和美洲狮。

地球的大部分表面都有水。海洋（盐水）环境组成表面的70%。淡水和海水环境都有丰富的动物种类，极大地影响了人类社会的经济活动。

从生态学的观点看，海洋可以分为大陆架上面的浅海区和大陆架外面的深海区（图26.4）。浅海区在靠近岸边的地方称为沿海区（littoral zone）。由于水流和太阳光的照射，此区域的动植物种类很丰富。沿海区靠近岸边的部分是潮间带，涨潮时水漫过此区，落潮时暴露出来。深海区分为有很多浮游动物的浮游区（Pelagic zone）和较深的区域（abyssal zone）。

26.3 稳定性和生态演替（ecological succession）

某些生态学家把生态系统描述为一个超有机体（supraorganism），具有生长、代谢、活动周期、最终死亡的内在特性。由于生态系统比单个的有机体更开放、结构更松散，这样的观点可能是实际情况的简单化，但是在划分生态系统功能时很有帮助。

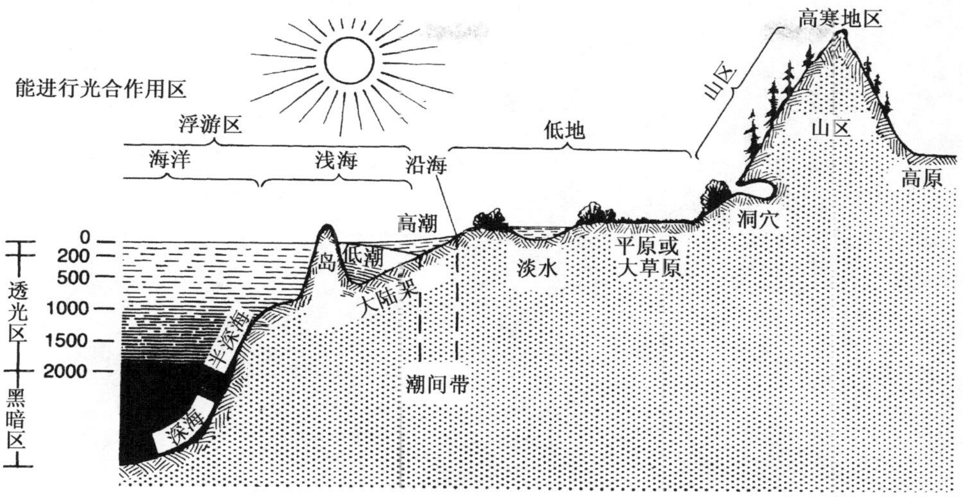

图 26.4 某些常见的生态环境

群落内互相依赖的相互关系被描述为生命网（web of life），它反应了所发生的相互作用的复杂性。

例 4

群落内存在的食物链是不同物种扮演生产者、消费者或分解者的复杂网络。在美国的一个森林中，多达60%的鸟类依赖于各种各样的昆虫生存。所有的鸟类都是同一个营养级（trophic level）的一部分：它们以相同的方式获取食物，与食物链中的其他成员有相同的营养关系。

生态系统的稳定性曾一度与复杂性，特别是食物网（food web）内复杂的相互作用混为一谈。但是，最近更多的野外研究表明，某些简单的生态系统有更强的忍耐性（durability）；然而，如果在一个营养级上只有一个种群，那么该种群的丢失将导致整个生态系统的崩溃。

虽然生态系统展示出某种可塑性并倾向于保持其完整，它们可能不可避免地受到下面因素的破坏：

1. 环境（温度、干旱和洪水）的突然波动能消灭群落中的许多成员。
2. 由于种群调控机制不能起作用，特定种群的数量增加且不能抑制该趋势。
3. 生态系统中关键物质或其他营养物质的丢失。
4. 可导致生境破坏和特定物种灭绝的人类干扰，或在生态系统内不能处理的有毒物质的污染。

就像个体在成熟过程中发生变化一样，生态系统形成新特征，并逐渐以新种群代替原有的群落。生境内群落组成的这种缓慢变化称为“演替”（succession）。当原有的生境发生变化，从而为新的动植物提供机会时，常发生演替，这个过程一直延续到形成顶级群落（climax community）。顶级群落完全适应于环境，并长期保持基本稳定。

26.4 生物量和物种的扩散

生物量（biomass）指生态系统内有机体的重量，常应用于特定的营养级以了解在能量沿食物链流动时所失去的物质。由于生物量在沿食物链流动时的持续丢失，从生物量的角度讲，群落可以认为是金字塔（pyramid）（图 26.5）。在食物（能量）金字塔中，宽阔的底层是生产者，其上是逐渐减少的消费者种群。消费者的末端形成了金字塔的顶部。

环境负荷量（carrying capacity）是指生境所能支持的生命数量的上限，经常表示为能在

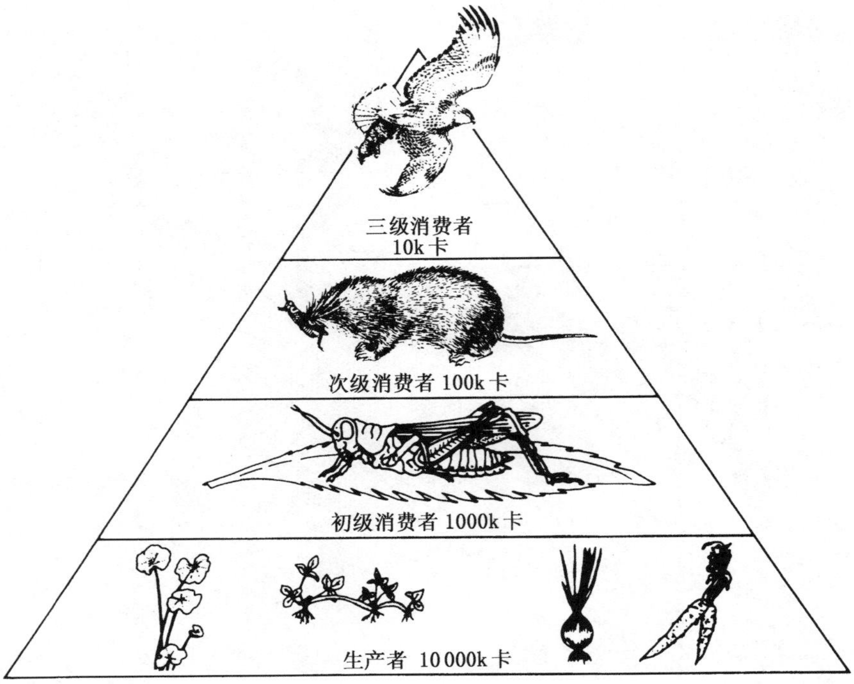

图 26.5　一个典型食物金字塔的能量传递，开始于 100 万千卡的热量

稳定群落内生存的个体数目。对于动物来说，负荷量通常是可得食物资源的函数，对于植物来说，可能是矿物质、CO_2 水平、或是否能获得阳光。当负荷量相对高时，种群密度就大。当负荷量低时，种群倾向于扩散。动植物的环境负荷量高是热带雨林的特征。

种群密度（population density）是生态系统的数量特征；其本质是个体在空间中的扩散(dispersal)。乔治大学的 Eugene P. Odum 引证了三种分布类型：

1. 随机（random）分布：有机体散布于生境中，没有任何格局。
2. 均匀（uniform）分布：有一定的分布格局，如花园中花的分布。
3. 集中（clumping）分布：个体不规则地集群，如野外成群的鸟类。

种群的社会化程度、地形的性质和植物的分布、与其他物种的相互作用和资源的可得性等影响分布格局。扩散（dispersive）因素倾向于使个体分散，而聚集（cohesive）因素使个体集合到一起。

到第一次世界大战以前，生态学家已经证明，由于竞争，没有两个物种能长期占据同一个生态位，这就是生态位规律(niche rule)。20世纪30年代，在一系列精心设计的实验中，俄罗斯生物学家高斯(G.F.Gause)指出，在竞争稀有资源中，一个物种倾向于排除掉另一个竞争性的物种，从而扩展了生态位规律。这个竞争排斥原理(competitive exclusion principle)，或高斯原理(Gause's principle)在许多实验室中得到了充分地证实，强调了生态系统内竞争在物种生存中的作用。但是，20世纪80年代，生态学家意识到自然界中不同物种可能占据同一个生态位并共存。现在，竞争排斥原理依然被认为是正确的，但是正处于重新评价之中。

26.5　生态系统稳定性的破坏

生态系统具有弹性（resiliency），能以不同方式抵抗各种干扰，表明自我稳定控制机制在起作用。通过一系列演替，随时间发生的缓慢变化倾向于导致顶级群落相对长时间的稳定。环境灾难能使稳定的顶级群落陷入混乱，但是许多轻度干扰还是能忍受的。比较年轻的群落比成熟群落更活跃、更有生产力，但是抵抗环境干扰的能力则较小。

生态位的简化和缩小

群落内物种和复杂程度的多样性以及种群之间复杂的相互作用一度被认为能导致生态系统的稳定性。对假想生态系统的计算机模拟，以及富含物种的热带雨林对于自然干扰较小的抵抗力向这个传统的观点提出了挑战。在其功能网（食物链和营养循环）中具有较少分支的简单生态系统，对于环境干扰展现出较大的明显的退化，但很快能恢复，呈现新的稳定的格局。自然环境的变化开始时不能使复杂生态系统表现出明显的崩溃，但建立起长期的反应，最终导致永久性的崩溃。

已经观察到自然环境多样性对群落稳定性所产生的积极影响。在几种因素联合影响如温度、降雨量、风速和风向等时，生态系统似乎更能适应暂时的变化。

人类的干预通常使生态系统内的各方面简单化。在自然界中不同营养级上存在有许多物种，引入农业或建立村庄使营养级上的物种数量减少到一个或完全没有物种。

☞例 5

许多农场主进行单一作物种植。他们清除一块地，种上单一作物如特殊品系的玉米。如果疾病攻击那块玉米地，那么，这个“人工”的生态系统将完全崩溃，因为玉米是此地的初级生产者。使用高度近亲的品系增加了这些作物对天敌的敏感性，并代表了生态系统和农场主高度敏感性的来源。

污染

污染（pollution）通常被定义为引入生态系统的有害物质。虽然污染被认为是人类活动所造成的，在这个活动中，塑料、合成的有毒物质、不能分解的化学材料等被带入生态系统的流通渠道中，但是污染也可能包括形成能使生态系统“打嗝”、“呕吐”甚至死亡的自然过程。火山爆发和森林火灾释放出有毒的灰尘以及其他大气污染物质，它们能严重损坏甚至消灭生态系统。

污染物带来的一个问题，特别是应用有毒的有机物质所带来的问题，就是它们在食物链中浓度变高。湖泊可能仅包括中等水平的杀虫剂 DDT，但是湖泊中微小的无脊椎动物可能将其浓度浓缩 100 倍；以这些无脊椎动物为食的鱼类中，贮存在其体内脂肪中的 DDT 浓度更高。当 DDT 到达以这些鱼类为食的鸟类时，其浓度比湖泊中要高出成千上万倍。

基本金属如铅和汞所造成的生态系统的污染有很多的记载。这些物质消灭了食物链中的捕食者，如三级消费者，不仅包括大型的野生食肉动物，也包括人类。

铅属于重金属，能与蛋白质相互作用，并使蛋白质沉淀。组织（如脑）和细胞（红细胞）对铅的作用很敏感。导致铅中毒的症状有虚弱、肌肉震颤、思维障碍、红细胞运送氧气受阻以及神经受损。

铅由于在汽油中存在而进入流通系统。含铅汽油的燃烧使铅化物进入大气。当今制造的多数汽车都需要使用无铅汽油，铅对大气所造成的污染已经大为减少。过去曾大量使用含铅的油漆，但是现在都不制造了。孩子们在老房子或家中咀嚼油漆可能导致铅中毒。

☞例 6

某些历史学家相信，罗马帝国由于精英们的铅中毒而没落。这个有趣假说的基础是只有富裕的上层家庭能买得起精致的盛水的铅制品或储藏葡萄酒的长颈瓶子。这些制品中都含有大量的铅。铅中毒的许多后果是在很长时间后表现出来，一开始只表现出很微小的作用。

汞也引起历史学家的兴趣。制帽商用来软化毡帽的汞盐能引起神经损伤。由于汞中毒，许多制帽商很可能容易爆怒，并形成了神经紊乱的症状。《艾丽斯奇遇记》（“Alice in Wonderland”）中的一个人物是发神经的制帽商，这个人物就是来自对历史的感悟。近年来，某些怀疑论者对于这些报告的真实性提出了挑战。但是，来自日本水俣湾（Minamata Bay）工业废物的汞盐已经表明能导致许多吃过污染贝类的人们的死亡。

污染通常涉及到将有害物质引入到生态系统，引起生态系统内的波动。富营养化（eutrophication）涉及到太多的“好”东西。河流或湖泊中营养物质过多，刺激了浮游生物或藻类的过量增长。这种开花的种群很快到达了耗尽重要气体和营养的程度，过度增长所带来的“繁荣”产生了毒素，最后由于腐烂物质的作用种群消亡。

虽然富营养化植根于过高的营养水平，由于工厂倒入河流中热物质使水温升高，也能引起富营养化。温度升高加速藻类群落内的活动，产生过度增长。最后的结果与过量营养造成的后果相同。

富营养化也可能涉及到大型植物如野草和荷花的过度增长。在用于娱乐目的的湖泊中，野草的过度增长对于依靠旅游为生或夏季在此地居住的人们能造成经济上的困境。

疑难问题解析

26.1　在理解生命时，生态学观点的优缺点是什么？

生态学最大的优点是它从自然环境而不是人工条件探讨生命。生物学其他分支学科的重点是有机体的特定方面，从而可能失去联系和相互关系的真实性，而这种联系和相互关系对于完整理解生命至关重要。生态学的本质在于研究有机体发育和功能的框架，它将许多学科联系到一起。进化提供了生物学研究的中心结构，仅从种群与其环境相互作用的生态利益这个角度才能完全理解。当用来分析生态系统时，解剖学、系统学、生物化学甚至分子生物学的重点更集中。在更实用的层次上，研究现存的生态系统激发了保护运动，增强了人们的积极性来保持生态系统，保护濒危的动植物物种。

生态学的一个弱点在于它所研究问题的广泛性，它的论题不集中。生态学家个人的兴趣的确集中于群落或自然环境的某一方面，但新手却发现野外研究由于面宽让人气馁。在生态学的描述时期，很容易进行研究。进年来对实验的强调鼓励了野外研究中的分化，但是实验的引进也产生了另一个问题。做实验时，在野外情形下并不容易找到受控制的条件。生态系统可以从积极的途径进行研究，实验仅仅观察诸如能量流动和物种多样性此类的现象，但是建立生态科学的雄心勃勃的企图还需要其他难以控制和分离的干预条件。已经取得了某些成功，特别是生境界限明确时，如岛屿。

26.2　食物链中初级消费者的生物量比生产者的生物量小得多，为什么？

第一营养级植物所捕获的能量不能完整无损地传递到下一营养级，因为每次能量转换都有能量的浪费和熵的增加。此外，植物利用从太阳光中获得的大量能量维持自身并构造其一生中重要的结构。肯定地说，植物中所贮存的热量，不到10%～15%转移到下一营养级的食草动物。

26.3　为什么初级生产者又称为变换器（transducer)？

光合作用的植物，不管是海洋藻类、草原中的草还是玉米地中的玉米，都能将来自太阳的辐射能转变为化学能，以糖、脂肪和蛋白质结合物的形式进行贮存。植物一生中正是利用了这些食物，并传递给食物链中下一个营养级。这些植物可以适当地称为转换器，因为它们不能产生能量但是能转换能量并将其传到生态系统中的其他营养级。

26.4　当种群过度增长时，你认为哪些是控制增长的密度制约机制？

当种群密度增加时，可用食物资源可能被用尽，导致死亡率增加。食物短缺时，终极消费者最容易受影响。其他物资资源，例如隐蔽场所、用来繁殖的领域大小、建筑材料等等，在一定范围内对于保持种群大小也很关键。

在拥挤时，种内竞争和攻击增加，这可能导致能力不强的个体从生境中迁出。在某些哺乳动物种群中，拥挤所带来的压力导致了杀婴行为、内分泌系统的失调（肾上腺，adrenal gland)、不育、甚至同性性活动的增加，所有这些因素都能降低种群的增长率。

当种群密度增加时，传染病也增加了。这可能是由于个体之间接触增加，加快了细菌感染的传播，也可能由于拥挤条件降低了个体的抵抗能力。

在大型食肉动物捕猎的种群中，存在捕食者-被捕食者之间的关系。被捕食者种群数量的增加使捕食者能更容易地捕食猎物。结果，捕食者种群随其食物的增加而增加，这又制止了被捕食者种群数量的进一步增加。

种群水平上的自稳态（homeostasis）主要是由于充当自我调节机制的密度制约因素所致。自然灾难（非密度制约因素）限制了种群大小，但是不直接限制种群密度，因为密度小的种群与密度大的种群一样被地震、火灾和火山爆发等所毁灭。

26.5 我们已经明白在缺少因子时，种群增长可以表达为 $dN/dt=rN$，这个公式产生了指数式的增长曲线。环境负荷量 $(K-N)/K$ 的引入把这个曲线转化为 S 形曲线，这是真实种群的特征。当 N 增加时，在数学上比较种群内所发生的情况。

当 N 很小时，$(K-N)/K$ 几乎等于 1，$dN/dt=rN(K-N)/K$ 基本上可以表示为 $dN/dt=rN$。所以，对于低 N 值来说，几乎没有密度制约因子来限制增长，实际增长曲线就代表了指数曲线。但是，当种群大小增加时，$(K-N)/K$ 变小，坡度减少，这与限制增长的因子数量增加有关系。在种群高密度时，N 值很大，$(K-N)/K$ 接近 0，坡度变平，如同种群处于平衡状态一样。

26.6 种群的繁殖策略可分为两种类型，r-选择策略在方法上基本是浪费的。被选择采取这种繁殖策略的物种有很多体型小的后代，成熟很快，父母不照顾或基本不照顾或训练后代，仅繁殖一次或很少几次。相比较而言，K-选择的物种产生较少体型大的后代，成熟缓慢。亲代育幼强度大，可能涉及到大量的社会发育以保证后代在年幼期和容易受伤害时期的存活，并使后代能承担成年后的责任。繁殖活动通常在一段很长时间的发育，达到成熟时才发生。一旦发育成熟，繁殖能力将延续很长时间。两种繁殖策略并不总是截然分开的。物种经常采取两者之间的策略。如何评述种群的每一种对环境反应所作出的策略？其生长曲线是什么样的？

在 r-选择种群中，有可能在很短的时间内数量增加很多。虽然个体容易受环境波动的影响，作为整体种群能存活，因为即便是少量存活的个体也能为种群迅速恢复到原来的大小提供基础。这种类型的物种增长曲线代表了指数式增长，数量迅速增长，然后急剧下降。在那些明显是 K-选择的物种中，个体的忍耐力更强，但是种群更可能由于环境波动而灭绝，因为在任何时间其繁殖潜能都很低。这些种群数量稳定、且围绕特定水平波动，增长曲线是 S 型。

26.7 生态系统中的有机体以各种方式相互作用，其中常见的一种关系就是捕食者与被捕食者之间的关系。几乎在所有的情形中，捕食者仅出于对营养的需求寻找猎物，偶尔因为运动杀死猎物，例如猫玩弄并杀死鼹鼠。在人类中，为运动而进行的狩猎是很常见的，但是对于稀有的、高度集群（鳄鱼和大象）物种，狩猎使该物种处于绝灭的边缘。

另一类关系涉及到两个物种长期的紧密联系：共生（Symbiosis）。一个物种经常在另一物种体内或体表生活。有三种类型的共生关系，这三种关系的分化是由影响有机体的共生关系决定的。这三种类型的本质是什么？

1. 共栖（commensalism）：一方获利，另一方既不受害，又不获利。很好的一个例证是鲫鱼（remora），它用头顶部的吸盘使自己吸附在鲨鱼的身体下面。由于鲨鱼不停地运动、嘴型宽阔，它为鲫鱼提供运输工具和“面包屑”，而鲫鱼并不增加鲨鱼的利益。
2. 互利共生（mutualism）：两个物种都从中获利的关系。地衣包括紧密缠绕在一起的真菌和绿藻。在裸露的地区如沙漠和冰冻的荒地上，地衣非常显眼。真菌提供了水，并紧密地附着在沙或岩石基质上，而藻类通过自己的光合能力提供了食物。
3. 寄生（parasitism）：这是广泛存在的营养策略，其中的一方损害另一方。获利的一方是寄生虫，另一方是寄主。寄生通常涉及到寄生虫和寄主之间非常紧密的关系。据估计，寄生生活的种类比自由生活的还要多。所有的细菌性疾病都涉及到由致病微生物所引起的寄生性感染。扁虫和蛔虫是从蛙到人类许多脊椎动物的寄生虫。

26.8 红土化作用（laterization）指在热带雨林中，当本地植物被砍伐时，肥沃的土壤转化为坚硬土壤层的过程，所形成的红土不能维持本地植物的生长。曾经有一个时期，巴西广阔的丛林被砍光了，因为人们认为在厚厚的丛林下面是非常肥沃的土壤。但是，下面的土壤证明是贫瘠的，并且与红土化一起，窒息了农业耕作。考虑到植物繁殖的多样性，你如何解释土壤的贫瘠性？砍伐对于土壤有什么作用？

丛林中的土地看起来很肥沃，原因在于下层丛林的表面土壤。当那层表面土壤失去后，它下面土壤中的营养很快就被快速增长的种群所耗尽，这对于农业很不利。同时，降落到土壤中的大雨将可溶性的元素以及矿质化合物从土壤中冲走，造成土壤中矿物质的流失。清除这个地区，不仅产生了贫瘠的土壤层，也造成了降雨量的显著减少，因为大气中的很多水分都是形成于一度很繁荣的丛林。热带雨林条带化所带来的问题正在进行研究。

26.9 浅海区（littoral zone）浅水中的生命可能很多，但是在较深的水域如浮游区和深海区光线不能到达的区域，生命如何存在？

这些深海区的动物种群在很大程度上与光线能到达区域的动物无关，但是与上层的动物种群保持功能上的联系。当植物和动物死亡的时候，分解的物质落到低层，被栖息在深海的生物所利用。海洋不同区域的温度差异使海水作垂直方向的流动，水的这种流动使更多的物质落到了水的低层。

不仅浅水中生物的遗体落到下面，海底的矿物质和有机物质也能被向上的水流带上来，从而支持了不同深度水域中的生命。此外，某些群落生活于海底的裂沟中。某些气体如硫化氢提供了光合作用的化学合成代用物，硫化氢的氧化物和其他富含能量的气体维持了许多奇异的生物。

26.10 DDT 在一般的环境中浓度很低，但在某些地区中为致死浓度。为什么？

像许多有毒物质一样，DDT 倾向于在脂肪中积累。虽然一开始的时候它能扩散到环境中，但生产者把它从普通环境中清除掉并浓缩。由于初级消费者选择性地吃食物，其体内 DDT 的浓度比一般环境中高，积累了浓度更高的 DDT。它们也浓缩有毒物质，当被更高级消费者吃的时候，传递了更高浓度的 DDT。所以，每一个营养级上 DDT 的浓度都比前一个要高，食物链中最高一级的浓度比底层的要高许多。

26.11 空气污染证明是很难处理的，对环境是普遍存在的威胁。大气中最严重的污染物是什么？它们如何影响人类？

一氧化碳是汽车发动机和工业废烟不完全燃烧的产物，能与氧竞争在血红蛋白上的结合部位。在封闭的空间中，这种气体是致死性的，低浓度的毒性可导致头痛、眩晕和视觉模糊。

燃烧的另一种产物是二氧化碳，它的作用变得越来越明显。这种气体产生的数量很大，通常能调节其在大气中含量的植物现在都不能降低它的含量，它开始在大气中累积。虽然二氧化碳目前的浓度没有毒性，但是它能捕捉热量，引起地球表面温度的逐渐增加——温室效应（greenhouse effect）——并产生许多后果，包括极地冰帽的溶解。

氮的各种氧化物是另一类有毒污染物。最严重的是 NO_2，如果一个房间内正在燃烧的香烟头上存在一定浓度的 NO_2，那么对于房间里的任何人都是致命的。

硫的氧化物是呼吸困难、胸痛和过度流泪的元凶。有水的时候，SO_2 和 SO_3 分别形成 H_2SO_3 和 H_2SO_4，它们都是腐蚀性的强酸，也能导致污染地区雕像和艺术瑰宝的腐蚀。包含 H_2SO_3、H_2SO_4 和其他类似腐蚀性酸的酸雨威胁着温带地区森林和其他植物的生存。

微粒物质可能引起人的不舒服，但是不威胁生命。更严重的是太阳光对气体污染物的作用，产生出毒性很大的化学复合物如硝酸过氧化乙酰（peroxyacetylnitrate，PAN），所形成的光化学雾对于有呼吸疾病的人是致命的。

附 加 题

26.12 食物链中每一个营养级上没有被利用或传递的能量以哪种方式释放出来

(a) 物质 (b) 自由能 (c) 热量 (d) 水 (e) 上述都不对

26.13 依靠北极熊生存的爱斯基摩人的总重量

(a) 大于 (b) 等于 (c) 小于北极熊的总重量 (d) 与北极熊的重量无关

26.14 沿食物链流动的物质，其浓度变大。

(a) 对 (b) 错

26.15 臭氧（O_3）是一种有毒物质，但是在大气层的臭氧可以过滤掉紫外线。
(a) 对 (b) 错

26.16 群落从先锋形式的组成向顶级群落成熟物种组成的变化称为演替。
(a) 对 (b) 错

26.17 永久冻土带（permafrost）是草原生物区的特征。
(a) 对 (b) 错

26.18 生态位是生境中的一个实际的自然区域。
(a) 对 (b) 错

26.19 所有沙漠都很炎热。
(a) 对 (b) 错

26.20 哪一个更大？
(a) 迟缓期种群数量的增加 (b) 对数期（指数期）种群数量的增加。

26.21 哪一个更大？
(a) 湖泊藻类中的 DDT 含量 (b) 靠吃同一湖泊鱼类为生的鸟类体中的 DDT 含量

26.22 哪一个更大？
(a) 蝼蛄双亲对后代照顾的程度 (b) 人类双亲对后代的照顾程度

答 案

26.12	(c)	26.13	(c)	26.14	(a)
26.15	(a)	26.16	(a)	26.17	(b)；苔原
26.18	(b)	26.19	(b)	26.20	(b)
26.21	(b)	26.22	(b)		

第27章 生命的起源

包含所有物质的宇宙（cosmos）可能起源于100亿到200亿年前，其中特别的一部分是称为“银河”（milky Way）的银河系。银河系由数百万颗星星组成，尽管它有时被笼统地称为整个宇宙（universe）。位于银河系外三分之一处的太阳是中等大小的星星，与其卫星组成了太阳系（solar system）。普遍流行的观点是宇宙起源（began）于几百亿年前致密物质的爆炸，这就是大撞击（big bang）理论。那次大爆炸的残迹可以用大功率的望远镜来研究，这种望远镜可以捕捉到起源于数百万年前的光。

太阳系可能起源于一团旋转的气体，最终浓缩变成太阳和其他星球。早期的地球是气体状，然后形成重金属（如镍和铅）的内核，包在这个内核外面的是相对较厚的地幔（mantle）和相对较薄的地壳（crust），它们形成了地球。一种理论认为地球本来是冷的，后来在内核物质下陷与合成的压力下温度逐渐升高；放射性也产生了大量的热量。大概在7亿5千万年后，地球冷却下来，形成了现在的地壳，我们就生活在相对较冷的地球上。

我们栖息的银河系并非独一无二，而是类似于其他独立的星系。太阳也不是一颗特别的星球，其位置很平常，大小为中小型。地球比水星大，但是比木星或土星小得多。地球上的条件非常适合于形成我们所熟知的生命形式，可以想象，这样的条件也存在于其他我们不容易观察到的太阳系的其他星球。

关于生命起源的科学理论：地球需要几百亿年才能孕育出生命，并有证据支持这个假设。一个证据来自对其他星系的观察以及对地球姊妹星球的测量，更多的证据是存在于宇宙中、特别是存在于地球上的放射性物质的比例。例如，拉瑟福德勋爵（Lord Rutherford）设计了放射钟（radioactive clock），它能测定出地表中至少200亿年前岩石的年龄。最近的工作通过测定两种放射性铅（^{206}Pb和^{207}Pb），能测定出至少335亿年龄的岩石。所有这些证据的基础都是在放射性物质系列中，一种放射性元素变成另一种放射性元素的衰减率。对海洋的研究也支持地球是古老的观点，如果现在海洋中的盐度除以地球河流中经过校正的盐分沉积率，得到的数字将暗示海洋的年龄至少为几百亿年。这至少支持了地球年龄为几百亿年的数据。

关于地球上生命的起源，有两个独立的观点。“创世论（creationist）”的观点，主要来自于《圣经》中《旧约全书》的第一卷——《创世论》中的记载。这种观点认为地球年龄不超过10 000年，每个物种都产生于6 000年前的、集中出现神的活动中，而且每个物种都永远保持其独特、分离的特征。某些保守的地质学家和工程师在“创世论”的基础上提出了“科学创世论”，这个观点激发了信奉正统派基督教的人改变美国学校课程表的行动，他们要求，在生物学教学中不光讲授进化论，还要讲授“创世论”。但他们的努力没有成功。

与以上两个观点不同的是另一个观点认为，生命作为不断变复杂的物质序列中一个被选择的点，当物质变得充分复杂的时候，就出现了与生命有关的特征。这是机械论的观点。但是，对于人类中与生命相联系的某些附带现象，如爱、良心和道德等等，这种观点无法解释。生物学家支持生命自然起源的学说。

27.1 奥巴林假说（Oparin Hypothesis）

生命起源机械论观点认为，生命各组成部分的性质能最好地解释生命的复杂反应，并认为原因和后果之间的有序变化使生命形式从简单无机物的混合体变成更复杂的有机大分子。1924 年，A. I. Oparin 和他的俄国同事非常清楚地解释了起源于非生命的物理和化学世界的生命是如何进化的，其观点在 1936 年受到广泛关注。

Oparin 假说从地球的起源开始谈起，地球起源于 46 亿年前。早期的空气稀薄，可能包括大量的甲烷、水蒸汽、氨和一些氢气。这样的环境能促进化学合成。当地球冷却时，很多蒸汽冷凝形成原始海洋。在这个冷却时期中，大气的紊乱产生了强烈的闪电和雷雨，这些能量与来自地球内部的热量和来自太阳的紫外线共同形成了大气中各种简单的有机物，这些物质很快被收集在早期海洋中。由于（1）没有生物分解这些物质（2）稀薄空气促进了富含能量分子的合成，海洋吸收了这些分子，一直到海洋呈现出热稀汤的特点（J. B. S. Haldane 的比喻）。由于在数百万年间的冷却中地球产生了激烈的雷雨，新形成的有机物不断补充到海洋里。

下一步对于 Oparin 假说很关键。由于浓度越来越大，海洋中的有机物凝聚成更大的空间或结构复合体——具有放电、吸附和平行运动能力、并在达到一定大小后甚至具备分裂能力的胶体。Oparin 把这种具有结构复合体的特别的胶体称为“团聚体”（coacervate），这些团聚体被周围高度有序的水分子的“笼”形成了小水滴，这样就在团聚体和周围的水之间有了很清楚的分层。小水滴的吸附特性使其逐渐变大，最后可能在团聚体和水之间形成了实际的膜，从而增加了水滴的选择渗透性。

Oparin 实验工作的大部分涉及到对团聚体特性的解释以及在活细胞进化中可能的作用。他相信在活性物质的早期发育阶段中，氨基酸被结合成蛋白质。由于蛋白质能用作催化剂，蛋白质的形成为化学反应的有序性（有机体的新陈代谢）打下了基础。当然，Oparin 没有涉及到有机分子复合体的繁殖问题，因为那时还不知道多（聚）核苷酸的作用。然而，很清楚的是，形成这些携带信息的分子对于生命从简单无机系统逐渐进化的理论很重要。

Oparin 相信，地球早期的条件和简单的无机分子能联合起来形成生物的复杂有机分子。Stanley Miller 为此提供了实验证据。Miller 是芝加哥大学（University of Chicago）诺贝尔桂冠佩带者 Harold Urey 的学生，他设计了一个装置（Tesla 环），能通过放电形成包含甲烷、氨基酸、水蒸汽和氢气的封闭式的系统，这种气体类似于早期地球的大气，对这种气体进行能量刺激的结果很吸引人。产生了各种有机分子，包括酮、乙醛和酸，但更重要的是产生了氨基酸。由于蛋白质对于活细胞的结构和功能都很重要，在类似早期地球空气的条件下产生了氨基酸支持了 Oparin 理论。

地理学家修正了原先对地球早期空气成分的估计。现在相信，一氧化碳、氮和二氧化碳是早期空气的主要组成成分。20 世纪 50 年代的 Miller-Urey 实验使用了模仿这种早期空气的气体，产生了类似的有机分子，这支持了早期转化理论，即无机分子转化为构建生命的有机材料。

Sidnev Fox（迈阿密大学，University of Miami）指出，紫外线能诱导氨基酸形成缩二氨酸，之后，在中等干燥的条件下，氨基酸能聚合成类蛋白（proteinoids）即类蛋白微球体，小的类蛋白包含的氨基酸多达 18 个。这些类蛋白显示出氨基酸的非随机性排列，这是类蛋白随机生长的一个进步。特别令人振奋的是他的新发现，即多磷酸增加了这些聚合体的合成，这显示了在蛋白质合成中 ATP 的作用。Fox 制造出的类蛋白通常呈球形，这些小的球（微球体 microsphere）显示出生活细胞的某些特性，但是离真实的有生命的结构还相差很远。

加洲 Ames 研究中心（Ames Research Center in California）的化学家，Cyril Ponnamperuma扩展了Fox的这个奠基性的工作。1964年，他指出，在氨基酸的热聚合过程中形成了少量的鸟嘌呤，于是他把核苷的合成与类蛋白的合成联系在一起。之后他报道腺嘌呤与核糖是对稀薄空气长期进行电流处理的产物。

并不是所有的生物学家都相信早期生命诞生于原始海洋。某些人提出假说，认为早期生命开始于很久以前很热、很厚的大气中，这种观点的基础是当水很多以及热和其他形式的能量很多的时候，聚合体有分离成单体的倾向。在这种条件下，水解比浓缩更有可能发生。

另一些观点则强调，原始海洋中初次形成了团聚体，团聚体周围的湿土壤（J. B. S. Haldane）和粘土（Bernal）作为介质起到了稳定性的作用。虽然粘土贮存水的能力远大于细沙土，但是氢键使水分子受到粘土颗粒相反电荷的吸引，从而被吸附在粘土上。事实上，这种电荷的吸引力很大，足以使植物不能从粘土中吸取水分。所以，生命能起源于常有暴风雨的海洋中的观点就有一些缺陷了，因为在海洋中很难保持结构和功能的统一。

上述假说，如Oparin的假说，不可避免地产生了一个问题，即为什么生命不继续在水中进化。在很久以前，路易·巴士得（Louis Pasteur）就否定了生命自发产生的假说（spontaneous generation），最近，研究微生物系统的学者也否定了自发产生说，自发产生的不可能性是评价生命独特性的基石。但是，地球在数百亿年前的条件与今天有相当大的差异，稀薄的空气促进了复杂性，今天已经氧化的空气则倾向于降解不稳定的大分子和复杂的结构，这种氧化的大气促进向简单性、而不是向复杂性的漂移。

另一个重要的因素是现在环境中广泛存在的生物，这些生物在永不停止的寻找食物，吞食各种富含能量的东西。既然生物覆盖了全球，那么，形成复杂系统的机会相当渺茫。

27.2 异养和自养

Oparin意识到，早期的生命栖息在富含能产生能量的、可被吸收用作食物的有机分子中，这种摄取已经形成的有机物代表了“异养”（heterotrophic）的习性。然而，在局部地区，扩展种群对生命必需物质的激烈竞争可能导致食物严重的匮乏。我们设定这种被耗尽的营养物质为A，在消耗完营养物质A的情形下，如果出现了能从营养物质B合成A的突变体，那么突变体就能持续生存下去，而其竞争者由于不能适应营养物质A匮乏的状况而将消亡。当B被消耗尽后，能从营养物质C合成B的有机体将有更大的生存能力。通过这种方式，有机体发展形成了复杂的酶体系，能使其自身从比较简单的物质合成所需要的物质，这种营养习性称为“自养”（autotrophy）。根据N. H. Horowitz的说法，营养物质缺乏地区中的有机体能很快进化出一系列的酶促反应，使有机体能摆脱对稀汤中物质的依赖。作为早期生命进化的重要进步，自养的进化与Oparin的早期贡献结合在一起称为“Oparin-Horowitz”理论。

27.3 细胞的起源

团聚体复杂的小滴（droplet）在无形态的水媒介中保持其结构，团聚体周期环境中的物质穿越团聚体的界限，与团聚体进行物质交换。虽然这层界线由有序排列的水分子和其他简单无机物质的分子构成，但是其性质接近细胞的通透性特征，并可能是早期原核细胞的表现形式。团聚体内有机物质的不断增加的复杂性依赖于团聚体小滴外膜的“对外政策”，反过来，因为带进细胞内的物质被运送到细胞表面，外膜也能不断变复杂。

虽然早期细胞的进化对于建立生命进化的机械论观点很重要，但对于从原核细胞到真核细胞转化的大量思考也刺激了许多生物学家的想象。

疑难问题解析

27.1　两种创世论的观点和地球复杂性的缓慢演变能包括地球上生命起源的所有可能性吗？

不能，还有其他可能性。不论是过去的还是现在的生物学家，总有一些人相信生命存在于宇宙的某个地方，来自于宇宙中遥远星球的某些孢子或种子，通过漫长的旅途到达地球（J. B. S. Haldane）。这个观点假定没有起源，而是相信宇宙自身没有开始、永恒不变。

Oparin 的机械论观点的另一种说法是，生命的确从简单的化学物质进化而来，但是涉及到的步骤却并不永远是有序的化学反应，可能发生了对于生命进化重要的、不可能的事件。然而，这个观点并不偏离对自然现象的解释，因为给予充足的时间和物质，不可能的化学反应都有可能发生。

27.2　为什么科学家们反对强制性地在讲授科学的课程中同时讲授创世论？

课堂上所讲授的内容应该在科学研究中被证明是正确、有效的。通过考察其证据，发现创世论，甚至所谓的科学创世论的证据都不是科学的理论。很多不科学的说法都是先假定圣经的内容是正确的，然后再对现象进行解释。这不是根据科学界的规则来进行，所以科学家不能接受其正确性，这并不否定存在超自然创世者的真实可能性，只是在科学的框架内集中这类解释的合适性（appropriateness）的程度。

在课堂上讲授创世论产生的另一个问题是情绪氛围。在与科学家争论中，创世论者常常占上风，但是他们的成功在于呼吁人们注意在道德上什么是正确的，应该如何思考问题。这种做法可能使学生不能正确的剖析真实存在的事物，而这正是科学要解决的问题。务必不能用植根于特定道德标准或宗教解释的内容来限制、束缚科学知识。的确，要有考虑伦理作用甚至神学理论的地方，但是这个地方不能是在讲授科学的课堂上。如果把创世论引进生物学讨论的界限内，很可能在年轻人的脑子中引起混乱，弄不清楚科学和宗教在发现真理过程中到底有什么不同。

许多生物学家对创世论鼓吹者的策略不满。科学创世论新的鼓吹者中有许多是地质学家、工程师和物理学家，事实上没有生物学家。他们扭曲科学中所有理论必要的假设，所提出的进化的过程仅仅是一种假说，并没有证据支持，某些科学家认为这不是公平的辩论。大多数的创世论者都有原教旨主义者的背景，所以他们的想法大量起源于人类的义务以及对圣经的文字解释，而不是对已有证据的分析。从积极的方面讲，创世论者是善辩的，对进化论的挑战是合法的，迫使生物学家重新评价进化的概念、自然选择本身的作用以及在多变环境中有机体变化的可能模式。

27.3　从早期地球大气中形成有机分子的必要条件是有大量的能量。有哪些可能的能源？

由于在地球早期到处是雷雨，所以有充足的电能；很多火山是热能现成的来源；也有许多放射性能量；最后，由于当时没有形成臭氧，到处是紫外线辐射。

27.4　考虑到团聚体的特征，最早期的细胞看起来是什么样的？

首先应该指出，一方面，团聚体、微球体（microspherule）以及其他复杂的胶质集合体之间存在很大差异；另一方面，它们与活细胞之间也有很大差异。尽管 Oparin 指出团聚体能有选择性地把物质吸收到其胶质体内部，甚至在达到一定体积后能分开，但是其数量级仍然低于最原始的活细胞，这些细胞代表了从复杂胶质的一个飞跃。

最早期的细胞可能像今天的细菌：有限制性的膜、覆盖以细胞壁、膜内是有少量细胞器的细胞质、其代谢类型是厌氧的、食性是异养的。随着自养能力的提高，其异养性质可能缓慢地得到了修饰：某些早期细胞（能进行化学合成的细胞（chemosynthesizers））能使用从裂解简单无机分子得到的能量合成富含能量的有机分子。但是最后能广泛分布的其他细胞（光合细菌（photosynthesizers）），能利用来自太阳的能量，并使用氢的化合物（硫化氢和水）和二氧化碳合成富含能量的有机分子。

27.5　病毒是活的吗？

按照在第 3 章中给生命下的定义，病毒不是活的，它们是两种大分子（蛋白质和核酸）的复杂联合体。但是，病毒既不能自我调节，又不能进行新陈代谢。也许最重要的是它们不能独立繁殖。病毒可以在试管中长期保持结晶和惰性状态，它们的能力在于：将病毒核酸注入活细胞后，能使这些细胞产生出新的病毒物质，这些病毒的遗传信息逐渐控制了细胞合成蛋白质的结构，然后执行病毒信息携带的指令。细胞也产生病毒复制所需要的核酸。

在大分子逐渐演变成完整细胞的过程中，人们曾一度认为病毒是中间的联系环节。这个时期许多病毒学家更可能提供的解释是，病毒是更复杂形式、甚至是曾经活过的细胞的退化产物。

存在比病毒更简单的、能代表生活有机体的生命形式。1971 年美国农业部的一个科学家指出，缺少蛋白质外壳的、很少量的环状 RNA 能引起马铃薯类的植物受感染。不久发现，尽管这些裸露的 RNA 很短，但是能引起开花植物的各种疾病。这些裸露的 RNA 的发现者 T. O. Diener 将其称为类病毒（viroids），它们进入细胞并接管部分合成多核苷酸构造的机制还不十分清楚。

包括羊瘙痒症（scrapie）在内的几种神经性疾病，起因于一种能自我复制的蛋白质对中枢神经系统细胞的侵袭，这种蛋白质称为感染性蛋白质（prion）。感染性蛋白质已经从患病组织中分离出来，但是其作用方式和繁殖策略不清楚。

附　加　题

27.6　最近的天文学发现表明，地球早期大气中可能包含

(a) CO_2　(b) CO　(c) 氮　(d) 这三种气体　(e) 没有这三种气体中的任何一种

27.7　团聚体

(a) 有稳定的结构　(b) 具有选择性的通透性　(c) 是复杂的胶质　(d) 能够分裂　(e) 具有各种上述性质

27.8　现在的大气与早期大气的主要区别是，今天的大气包括

(a) CO_2　(b) 氮　(c) 氧　(d) 氦　(e) 不包括上述任何气体

27.9　多数生物学家相信最早的有机体是

(a) 异养型　(b) 自养型　(c) 真核生物　(d) 上述各项　(e) 上述各项都不是

27.10　多数地质学家承认，地球的年龄大概是 46 亿年。

(a) 对　(b) 错

27.11　多数生物存在于地幔内。

(a) 对　(b) 错

27.12　核苷酸碱基可能起源于 HCN 的浓缩。

(a) 对　(b) 错

27.13　Louis Pasteur 证明，在与今天大气相同的条件下生命不可能自发产生。

(a) 对　(b) 错

27.14　Sidney Fox 指出最早的有机体可能是异养型。

(a) 对　(b) 错

27.15　已知最早的化石年龄接近 35 亿年。

(a) 对　(b) 错

27.16　遗传密码的广泛性表明所有有机体都有共同的祖先。

(a) 对　(b) 错

27.17　在 20 世纪 30 年代，Wendell Stanley 分离并结晶了烟草镶嵌病毒。将这些病毒的结晶体注射到烟草植物中，导致烟草镶嵌病毒疾病的大量发生。这表明病毒不是

(a)天然的有机物　(b)活的生命体　(c)烟草镶嵌疾病的介质

(d)天然的蛋白质　(e)上述都不是

27.18　病毒的蛋白质外膜是

(a) 衣壳　(b) 细胞壁　(c) 细胞膜　(d) 中心体　(e) 溶原粒子

答　　案

27.6　(d)　27.7　(e)　27.8　(c)　27.9　(a)

27.10　(a)　27.11　(b)；地壳　27.12　(a)　27.13　(a)
27.14　(b) Horowitz
27.15　(a)　27.16　(a)　27.17　(b)　27.18　(a)

第Ⅶ部分

生物多样性

第28章 原核生物界

原核生物界（Monera）包括原核单细胞生物，它们是拥有核糖体和裸露的环状 DNA（作用相当于染色体）的细菌，这些细菌通常缺少由膜所包围的细胞器例如线粒体、溶酶体、过氧化物酶体、内质网以及真正的细胞核，进行二分裂，而不是有丝分裂，但是可进行遗传重组。在 35 亿年前的岩石层中发现了这些细菌的化石。原核生物可以分为两个亚界：古细菌（Archaebacteria）和真细菌（Eubacteria），其中真细菌更常见、更进化。

28.1 古细菌和真细菌

正如其名字所暗示的那样，古细菌可能是最古老的活细胞，其细胞壁缺少在真细菌细胞壁中所发现的物质——肽聚糖。质膜中的脂类呈分支状，不仅与其他细菌的脂类不同，与其他有机体也有差异。脂类这种不寻常的结构可能与其适应的极端环境有关。自养型使用色素"细菌视紫红质（bacteriorhodopsin）"，而不是使用真细菌所使用的细菌叶绿体（bacteriochlorophyll）。

在分子水平上，古细菌的转移 RNA 和核糖体 RNA 具有其他生物所没有的核苷酸序列，尽管这些 RNA 在结构上比真细菌更接近于真核生物。在这些基本的分子差异和原始细胞器的化学差异基础上，某些微生物学家提出，应该把古细菌单独放入一个门中。。

所有的古细菌都生活于其他种类的细菌所不能存活的极端环境中。这表明这些古老的原核生物在整个生物圈环境条件极端时发生了进化，它们仅仅保持了起源时的结构模式。甲烷菌（methanogens）类群生活在沼泽地中，它们通过厌氧化学合成的途径产生甲烷，这些途径可能适合于早期地球中稀薄的大气。嗜盐（halophilic）古细菌存在于高盐度环境中。以色列死海中到处都是这类细菌，它们利用环境中的高盐度产生富含能量的中间体，如 ATP 或类三核苷酸。嗜热酸（thermoacidophilic）细菌占据了温泉和火山口的生态位，黄石国家公园（Yellowstone National Park）含有硫磺的火山口中充满了这类细菌，它们在高温和低 pH 的条件下繁荣发展。

真细菌的特征很多，其分类依然没有确定。已知的主要类群是紫细菌和绿细菌，都是光合型细菌，它们利用 H_2S 而不是水作为还原物，与其他细菌在使用硫化氢方面的途径和过程不同。蓝细菌（cyanobacteria）进行光合作用的方式与高等植物的方式相似，各种异养的形式也是原核生物界的组成部分。那些革蓝氏染色中呈现阳性的细菌被放入单独类群中，而形状像螺丝锥的螺旋菌（spirochetes），包括能导致梅毒的病原体，其部分特征是在革蓝氏染色中呈现阴性。有些真细菌与古细菌不同，真细菌有鞭毛，尽管这些鞭毛在结构上与真核细胞的鞭毛不同。

细菌和蓝绿藻

原核生物曾一度被分为细菌和蓝绿藻，现在认为蓝绿藻也是细菌，在分类上是一个门，即真细菌中的蓝细菌（Cyanobacteria）。早期把蓝细菌分为藻类的根据是其光合作用的过程与藻类相似，甚至与多细胞植物相似，它们分解水放出氧，体内有叶绿素 a。海洋中的蓝藻门是大气层中氧气的重要来源。然而，用分子探针发现的其他特征表明蓝细菌属于真细菌。

因为自己合成食物，蓝细菌广泛分布，并成为原始环境许多极端地形中的先锋种群。除了蓝或绿的颜色外，蓝细菌的菌落还以其他各种色彩形式存在，这些菌落的大量增殖能使大片水体具有特征性的颜色。

细菌中的侏儒

立克次氏体（rickettsiae）甚至比微小的细菌细胞还小，曾被认为是一个单独的分类单元。微生物学家现在的观点是，它们是细菌，尽管它们并不比病毒大多少。但是它们的确有细胞结构，并能合成蛋白质。洛基山斑疹热（Rocky Mountain fever）是一种疾病，由扁虱传播的斑疹伤寒病原体引起。

衣原体（chlamydiae）是另一类微小的细菌，也有细胞结构，所以被划分为细菌。像立克次氏体那样，衣原体有 DNA 和 RNA（编码、转录并翻译分子信息的完整系统），能独立繁殖，至少在核糖体层次上表现出细胞器的组织结构，并能合成允许建立代谢途径和双酶系统（coupled enzyme systems）。某些类型的衣原体能引起女人生殖道的慢性传染病。

最小的细菌是支原体（mycoplasma），它们缺少细胞壁，是原核生物中独特的一个类群。

细菌的形态

细菌通常呈三种形状：球形、杆状和螺旋状。球菌为圆形或卵圆形，许多真细菌具有这种形状，包括肺炎球菌（pneumococcus）和链球菌（streptococcus）在内。前者能引起细菌性肺炎，后者则能导致脓毒性咽喉炎和风湿热并发症。杆状细菌被认为是杆菌（bacilli），以螺旋状短线形式存在的细菌被称为螺旋菌（spirilla）。能引起梅毒的梅毒螺旋体（Treponema pallidum），属于螺旋菌，是一种纤细的、螺旋状的原核生物。

上述三种形态细菌的细胞分裂方式互不相同。在肺炎球菌中，两个子代细胞以双球菌的形式联在一起，在其他球菌中，多次分裂可形成一长串的细胞。杆菌的螺旋菌分裂后分开。

28.2 细胞器的重要性和起源

早在 20 世纪初，生物学家们注意到各种由膜包围的细胞器与特定细菌之间的相似性，特别引人注意的是叶绿体和充满叶绿素的蓝细菌之间的相同之处。许多生物学家也注意到线粒体和其他自由生活细菌之间的相似性。叶绿体和线粒体都有自身的 DNA，并能独立于细胞的其他结构而自我复制，这个事实支持下面的观点，即叶绿体和线粒体都是独立的细菌，它们侵入到早期的细胞，并在细胞内定居下来。按照这样的推测，入侵的细菌是得益于宿主细胞保护性环境的共生体，并将其“才能”贡献给宿主细胞。如此说来，叶绿体可能是一些蓝细菌，它们在细胞内的早期定居将蓝细菌的光合能力贡献给了宿主细胞。其他原核生物细胞，特别是那些很小的细胞，可能与真核细胞内其他的细胞器特征有关。

Boston 大学的 Lynn Margulis 收集了上述细胞器起源理论，即内共生假说（endosymbiotic（hypothesis））的证据。许多细胞生物学家接受了这个理论，它也刺激了许多实验方法的建立，支持或反对这个观点。

28.3 细菌、生物圈及人类之间的相互作用

细菌是大多数生态系统的分解者，它们不仅分解较大有机体的遗体，而且还释放出可供群落其他成员使用的分子和原子。

☞例 1

非洲草原上死去的大象是碳、氮、磷和其他元素的贮存库。由细菌引起的腐烂不仅分解了大片的肌肉和骨骼，而且将碳、氮、磷、CO_2、NH_3、N_2 和磷的化合物返回到物质循环的过程中，细菌的作用（在某些真菌的协同下）是自然界中碳、氮和磷循环的主要特征。

前几章我们讨论了某些细菌的作用，它们中的某些种类生活于根节中，某些种类自由生活于土壤中，能从大气中固定氮。没有这个过程，土壤中的重要肥料就会被用光，植物的正常生长就会受阻或不能生长。

多数藻青菌的光合能力使它们特别适合于充当淡水、特别是海水中初级生产者的角色。它们可能在 28 亿年前就将好氧生活带入了生物圈。

细菌所进行的各种类型的发酵过程对人类特别有用。酒精、乙酸（醋）和丙酮仅仅是细菌产生的部分产物；使用细菌可以精制纤维、鞣制皮革并制造纺织品；细菌可为我们提供干酪和酸奶酪；大肠杆菌（*Escherichia coli*）是分子生物学中主要的、活的工具。遗传工程也使科学家将人类基因植入细菌中，细菌再增殖、克隆所植入的基因，从而提供大量重要的蛋白质如胰岛素、干扰素以及生长激素。

虽然多数细菌提高了人类社会和生态系统内的生活质量，但是由于能引起许多疾病，细菌也有其不利的方面。细菌能带来的疾病包括麻风病、肺结核、伤寒症和细菌性肺炎。同时，细菌也是在治疗细菌感染中常用的许多抗生素的来源。

在 19 世纪后半叶，法国科学家巴斯德（Louis Pasteur）提出细菌能引起多种疾病，即提出了疾病的种质（细菌）理论（the germ (bacterial) theory）。这个富有洞察力的想法开始被否定了，但是德国医生 Robert Koch 承认了这个想法的重要性，他研究了多种他认为是由细菌所引起的疾病包括炭疽热和肺结核。在研究过程中，他设计了能证明特定细菌（或其他微生物）引起疾病的原则，这套标准就是著名的 Koch 原理（Koch's postulates），如下所述：

1. 所假定的微生物必须永远存在于患病宿主体内；
2. 该微生物必须能从病体内分离出来，并在实验室纯净、无污染的条件（离体）下生长；
3. 纯培养物的样品注射进易感疾病的宿主体内后，必须能产生一定的感染；
4. 携带疾病的那些宿主，必须能在新的培养液中产生所怀疑的微生物。当进行比较时，从第二次宿主身上获得的纯培养物必须与原来培养物相似；

通过仔细应用这套原则，微生物学家发现有大量细菌能引起人类疾病。

直接干扰组织功能，即产生外毒素（exotoxins）（细菌生活时释放的毒素）或内毒素(endotoxins)（入侵者死亡并分解后所释放的毒素），能引起与细菌侵入有关的病理学的变化。在某些病例中，细菌入侵所造成的危害是由于免疫系统反应过度引起的，这种过度反应可以导致昏厥或抵消掉自身的免疫反应。

疑难问题解析

28.1　列出古细菌和真细菌之间的差异。

	古细菌	真细菌
细胞壁	缺少肽聚糖	包括肽聚糖
质膜中的脂质	分叉	直链形
光合色素	噬菌调理素（bacteriorhodopsin）	细菌叶绿素（bacteriochlorophyll）
核糖体	与真核生物相似	不像真核生物
鞭毛	无	常有
生境	一般为极端环境	一般为适中环境

28.2 杆菌中常见到孢子（spore）。从细菌细胞内部延伸出的孢子是内孢子（endospore），其外部覆盖着忍耐力很强、不具通透性的孢子囊。内孢子有足够的、来源于母细胞的物质以保证其存活，并具有形成新细菌的能力。你认为孢子的作用是什么？

内孢子比母细胞硬，它代表了细胞系（cell line）在不利环境中的生存策略。孢子可以休眠多年，能抗热和抗寒、抵抗化学物质侵害以及抗干燥。孢子的形成非常明显地提高了细菌的繁殖潜能。在对于人类的挑战方面，孢子的形成增强了细菌的传染性、毒性和寄生的持久性。甚至用蒸汽和强消毒剂都不能根除孢子。

28.3 你认为细胞结构和功能的哪些事实支持 Lynn Margulis 的内共生理论？

一些证据来源于许多细胞器所具有的原核生物本质。这些细胞器具有自身的遗传蓝图，至少在基体（basal body）、线粒体和叶绿体中如此，其大小与细菌相似，具有参与细胞器蛋白合成的核糖体。缺少细胞膜也与原核生物特征相似，后者具有裸露的 DNA 并缺少核小体（nuclesome）。

另一些证据来源于入侵到真核细胞中、并“做出决定”永久呆在那里的细菌。Margulis 描述了许多例证，但是最生动的是栖居于白蚁（靠吃木头为生）消化道中的原生动物（protozoan）体内能消化纤维素（cellulose）的细菌。

至于叶绿体，该细胞器中叶绿素与蓝细菌叶绿素之间的相似性支持蓝细菌是叶绿体祖先的想法。在线粒体中，覆盖基质内膜的结构和功能与细菌质膜相似。

虽然内共生体假说在整理实验设计上很有吸引力并富有成果，但该假说并没有得到广泛承认。核膜甚至内质网的形成也不能简单地解释为细菌的侵入。尽管许多细菌都有鞭毛作为运动装置，但这些鞭毛的结构与真核生物的鞭毛完全不同：基体比真核生物的小许多、没有真核生物微管（microtubule）典型的 9＋2 结构，更重要的是，其鞭毛的运动方式是旋转而不是摆动。

28.4 Koch 证实特定微生物与疾病有关的原则，看起来很详细、烦琐。确证该过程的四个步骤。

正如在步骤 1 中所描述的那样，假如有某一种疾病，但是没检测到所怀疑、与该疾病有关的微生物，该种微生物显然不导致该疾病；在分离和鉴定所怀疑的微生物时，步骤 2 保证这种微生物是诱导下一步骤中所使用动物感染的唯一变量；步骤 3 在微生物和疾病之间建立了经验性的联系；步骤 4 的双重检查保证了在实验中没有使用另外的微生物。在实验过程中每一个阶段都强调了对微生物的鉴别，这类似于在辩论中，必须把从犯罪现场到法庭之间的每一个证据都以连续链形式保存的情形。

附 加 题

28.5 所有原核生物（moneran）

(a) 都是细菌　(b) 缺少内质网　(c) 具有 DNA 和 RNA

(d) 具有在核膜内没有的、长的环状 DNA　(e) 具有上述各项

28.6 抗生素阻断细菌内的代谢反应，结果细菌停止生长、不能增殖。下面哪些不是抗生素？

(a) 青霉素　(b) 链霉素　(c) 自动霉菌素　(d) 细胞色素 c　(e) 四霉素

28.7 可从细菌中得到许多抗生素，特别是生长时形成树枝状链的放射菌类（actinomycete）。但是，青霉素可从____得到。

(a) 霉菌　(b) 蛔虫　(c) 原生动物　(d) 开花植物　(e) 上述都不对

28.8 细菌可能是

(a) 自由生活的生物　(b) 腐生物　(c) 寄生虫　(d) 固氮者　(e) 上述都对

28.9 最近发现某些细菌的细胞内积累有 20 粒的铁矿石 Fe_3O_4，这使这些细胞能对____作出反应。

(a) 重力　(b) 磁场　(c) 流水　(d) 上述都对　(e) 上述都不对

28.10 哪一个更大？

(a) 支原体　(b) 蓝细菌

28.11　哪一个更复杂?

(a) 病毒　(b) 细菌

28.12　哪一个具有更大的生殖潜力?

(a) 细菌　(b) 人类

28.13　分子状态的氧能杀死专性厌氧生物。

(a) 对　(b) 错

28.14　有氧或无氧时，兼性厌氧生物都能生存。

(a) 对　(b) 错

28.15　甲烷菌是最进化的原核生物。

(a) 对　(b) 错

28.16　所有原核生物的细胞质都被膜分成若干小室。

(a) 对　(b) 错

28.17　如果细菌的世代时间为 20 分钟，那么在 2 小时内就有 64 个细菌。

(a) 对　(b) 错

28.18　肠道细菌如大肠杆菌可以用来作为游泳池或湖泊中粪便污染的指标。

(a) 对　(b) 错

28.19　所有细菌都是异养性的。

(a) 对　(b) 错

28.20　与那些产生非致死性疾病的细菌相比，杀死寄主的病源性细菌是比较不成功的寄生虫。

(a) 对　(b) 错

答　案

28.5 (e)	28.6 (d)	28.7 (a)	28.8 (e)
28.9 (b)	28.10 (b)	28.11 (b)	28.12 (a)
28.13 (a)	28.14 (a)	28.15 (b)	28.16 (b)
28.17 (a)	28.18 (a)	28.19 (b)	28.20 (a)

第29章 原生生物界

原生生物界（Protista）包括真核单细胞物种。某些有机体看起来像动物（原生动物 protozoans），其他物种象植物（藻类原生生物，algal protists），另外一些则展示出真菌的特征。一些分类学家把该类群和简单多细胞物种归为一类，因为它们与其他三个多细胞生物界相比更接近于原生生物界。

原生生物界内的分类并不总是基于进化关系的远近，相反，可能基于更实用的功能特征。就象在原核生物中的那样，分类是经常变化的，不同的生物分类单元内常有不同的分类方法。

原生生物界的进化大概开始于 16 亿年前。原生生物非常复杂，其细胞结构甚至比多细胞生物界的细胞更复杂。它们的系统关系同样也很复杂，迄今为止还没有完全了解。相信由它们产生了真菌、高等植物以及多细胞动物，尽管这些原生生物与今天的原生生物代表有很大的不同。

29.1 原生动物

原生动物是在各种主要生境中发现的异养型有机体。有些自由生活，其他作为寄生虫存在于动物体内。原生动物还表现出共栖（commensalism）和互利共生（mutualism）中存在的共生的生活型（symbiotic lifestyle）。寄生性的原生动物引起人类疾病的广泛传播，并使人身体衰弱。

繁殖方式通常为无性繁殖，但也有复杂的有性生殖。作为“界”，原生动物划分为 5 个门，某些原生动物学家认为有 6 个门。

鞭毛虫纲（Mastigophora）

鞭毛动物（鞭毛虫，zooflagellate）可能是原生动物中最原始的类群，其典型特征是有一条或多条鞭毛，它们是主要运动器官。与细菌中旋转的鞭毛不同，鞭毛动物的鞭毛具有在纤毛和多细胞动物的鞭毛中所发现的典型的 9＋2 型微管亚结构。鞭毛动物通常没有细胞壁，某些物种的细胞体可波动（undulation）。一些生物学家认为，鞭毛类动物是多细胞动物起源的原始类型。

在现存的 2 600 多种鞭毛动物中，大多数为寄生虫。锥体虫（trypanosome）是能引起非洲瞌睡症的鞭毛虫，是鞭毛纲中的一个属，披发虫属（Trichonymph），能消化纤维素，它生活在白蚁消化道内。

肉足虫纲（Sarcodina）

该门包括阿米巴（变形虫）及其近亲。细胞膜外没有细胞壁，但是其中有几个类群有壳，可以抵抗其环境中的磨损性物质。

有孔虫类（foraminifera）是原生动物中数量最多的类群，共有约 40 000 个现存种和灭绝种，它们具有蜗牛状壳，是阿米巴，虫体通过身体变形的方式从一个地方运动到另一个地方。有孔虫生活在海中，从环境中吸取碳酸钙以形成保护性壳。多佛（Dover）白色的悬崖是几十亿年前海底有孔虫的壳积累所形成的，这是需要无数世代的过程。

另一个有壳的类群是放射虫（radiolarian），可能发生于地球早期（前寒武纪，Precambrian），其壳富含硅的化合物，放射虫所形成的岩石比有孔虫形成的更坚硬、持久。海底的深层软泥有许多放射虫的壳，因为硅酸盐比其他化合物更耐压、耐酸。

孢子纲（Sporozoa）

孢子虫都是寄生虫，完全没有动物能力。由于常换寄主，孢子虫的生活史很复杂。这类寄生虫中能够自由生活去运动、捕食（capture prey）、探究新生境的特化结构已经退化或不存在。在寄生虫的进化过程中，运动结构可能消失，但是生殖结构却永远存在。特别是在后生动物中，产生大量的配子、孢子或其他形式的生殖细胞，以防止寄主淘汰寄生虫。防止寄主消化液溶解肠寄生虫的机制包括形成很薄的、抵抗性的外衣或抵抗性的孢子。将在 32 章中探讨这个问题。

由疟原虫（*Plasmodium*）引起的疟疾可能是所有传染病中传播最广泛的疾病。能影响热带地区半数人数的身体健康或导致死亡。疟原虫是疾病的根源，蚊子是将这种孢子虫转换寄主的携带者。

☞**例 1**

疟原虫能引起疟疾，在疟原虫复杂的生活周期中，雌性按蚊（*Anopheles*）是其主要寄主（图 29.1）。当蚊子叮已被疟原虫感染的人时，释放抗凝集素并吸取了人血液中疟原虫的配子体（gametocyte）。在蚊子的消化道内，配子体发育成雌、雄性配子，在胃内授精，并穿破胃壁。合子减数分裂（zygotic meiosis）之后再发生了一系列有丝分裂（mitoses），形成了许多子孢子（sporozoite）。这些子孢子移动到唾液腺（salivary gland）。当蚊子叮人的时候，子孢子又进入人的血液中并进入人的肝脏，在此处进行多次无性增殖。在肝脏中形成了一个新的阶段，即裂殖子（merozoite）。这些裂殖子被带到红细胞内，在红细胞中增殖并使其破裂，引起寒颤和发烧。这些症状是红细胞破裂时释放毒素的结果。某些裂殖子发育形成配子体。

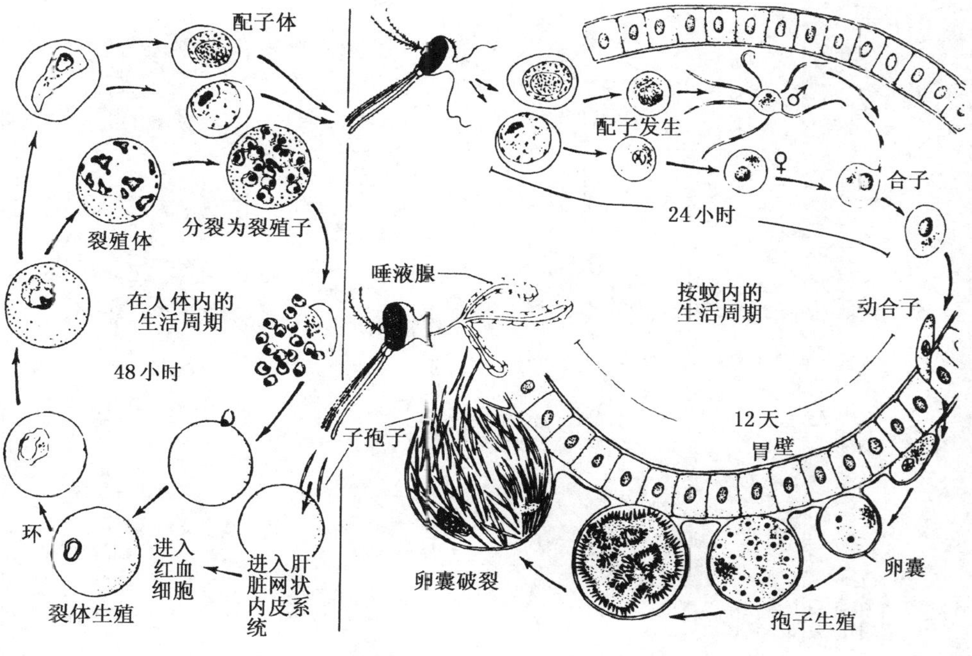

图 29.1　疟原虫生活周期

在这种病例中，雌性按蚊比雄性按蚊带来的危害大，因为只有雌性按蚊靠吸血为生。

控制蚊子是与疟疾做斗争的一种手段，其他措施包括有改善效果的药物，如奎宁（quinine），在所有措施中，最必要而且最难做的事就是研制疫苗。由于疟疾在人类中造成的巨大危害，它已经引起人们强烈关注。疟疾也感染其他灵长类动物、多种啮齿类动物，并感染鸟类和爬行类动物中的代表物种。有几种疟原虫（*Plasmodium*）可引起疟疾。人类中最有毒性的是恶性疟原虫（*P. falciparum*）。在 20 世纪 40 年代，在与这类原生动物斗争中取得了一些成功，但是很快在疟原虫和其蚊子寄主中都产生了抵抗能力，让许多国际项目的领导人都很伤脑筋。

纤毛虫纲（Ciliata）

在所有原生动物中，纤毛虫被认为是进化程度最高的类群。与其他原生动物相比，本门动物所具有的复杂细胞器结构独一无二。在池塘、湖泊和海洋中发现了 7 000 多种纤毛虫，大部分是属于自由生活的类型。纤毛虫中的原始类型、也是最有名的物种属于草履虫属（*Paramecium*，见图 29.2a）。正如动物门的名字所暗示的那样，纤毛虫的表面覆盖着象毛发那样的纤毛，这些纤毛显示出 9＋2 的微管结构。几乎所有的纤毛虫都有小核（micronucleus），它是将要传递的遗传信息的贮存库，也有大核（marconucleus），它包括许多份在小核中所发现的遗传物质。两个草履虫之间遗传物质的交换过程称为“接合（conjugation）”，

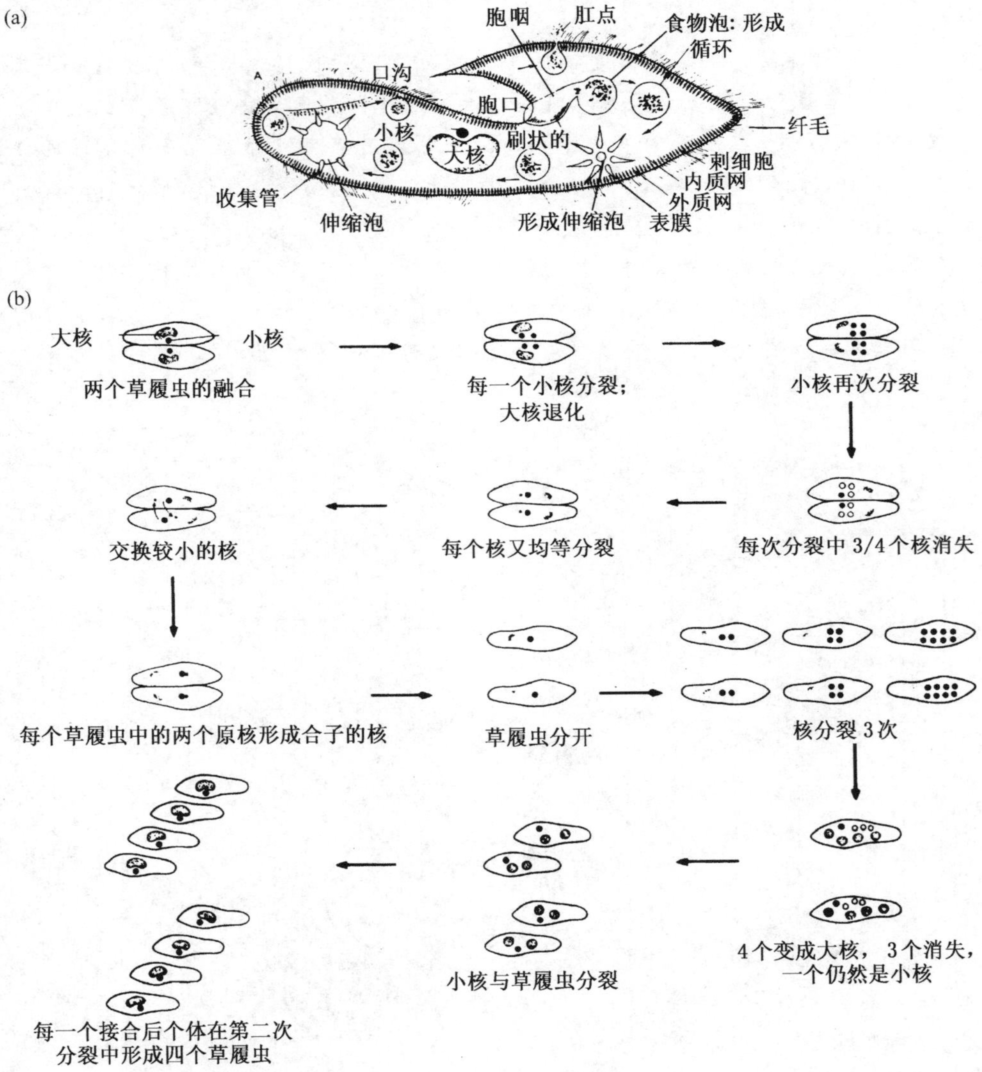

图 29.2　草履虫：(a) 结构；(b) 接合

这个过程涉及到微核（见图 29.2b）。

蛙片虫科（Opalinida）

蛙片虫科形成了原生动物中的一个较小的门类。几乎所有的种类都是属于寄生在非哺乳类脊椎动物肠中的寄生虫。虽然有纤毛，且与纤毛虫有些相似，但它们的结构比纤毛虫简单得多。

蛙片虫科中几乎所有的种类中都有两个或更多的核。然而，核中没有特化。每个核都一样，提示是多核分化中的原始阶段。

29.2 藻类原生生物

2 500 多种类似植物的原生生物被分为 6 个部分，它们曾被称为藻类（algae），这个词现在仅用于早期把藻类当成植物界一部分的分类体系中。该类群的物种有 5 亿年的历史，几乎所有的物种都能进行光合作用，占据了淡水或盐水生境。虽然多数物种是单细胞，但是褐藻和红藻是多细胞生物。尽管如此，这两个类群被认为是原生生物，因为它们不具有高等植物的主要特征。

裸藻门（Euglenophyta）

这个单细胞的原生生物类群数量不多，但是很复杂，因为它包括了许多异养类型。只有某些种类进行光合作用，甚至那些自养生活的种类在一定条件下也能产生异养细胞。裸藻门的叶绿体常用作内共生假说（见第 28 章）的证据。裸藻门的大多数物种的结构复杂。眼虫属（Euglena，图 29.3）是该类群中的原始类型，叶绿体外周有三层膜，包含有叶绿素 a 和叶绿素 b。眼虫通过一对鞭毛[1]（只有一条鞭毛产生运动）到处游动。通过对光敏感的眼点（eyespot），有趋光反应。

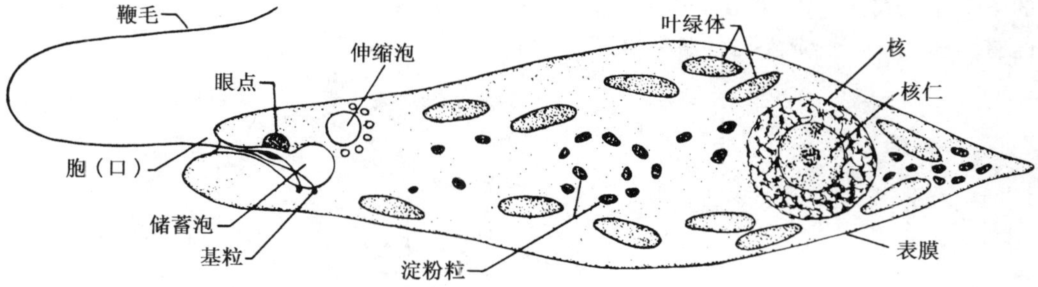

图 29.3 眼虫

甲藻门（Pyrrophyta）

这个类群包括了几乎所有被称为“腰鞭毛虫（dinoflagellate）”的单细胞的海洋类型原生生物。“pyrro”的意思是“火”，许多物种所拥有的红色无疑影响了该门所有物质的名字。腰鞭毛虫都具有相同的红色素，这些鞭毛虫的过度增殖导致了赤潮（red tide），赤潮经常发生于沿海。释放的毒素杀死大量的鱼和多种无脊椎动物。

腰鞭毛虫通常有一对鞭毛，位于厚细胞壁上，沿沟对侧排列。这种排列使鞭毛虫能旋转，这也是腰鞭毛虫名字的来源（希腊词“dinos”的意思是“旋转”）。光合类型体内存在的质体（plastid）中含有叶绿素 a 和叶绿素 c 以及类胡萝卜素（carotenoid）。所形成的淀粉

1）一般教科书都认为眼虫只有一根鞭毛，其他鞭毛虫有 1 根或多根鞭毛。——译者注

是储藏食物的颗粒，细胞壁由纤维素（cellulose）组成。

腰鞭毛虫的减数分裂形式复杂而独特，这种方式可能表现出从原核生物进化到真核生物的染色体变化过程。尽管还没有描绘出这些过程，似乎减数分裂只存在一个阶段，而不是象其他所有生物中存在的两个阶段。

腰鞭毛虫的核膜只有一层，在所有其他真核生物中，双层膜组成了核膜。在有丝分裂中，核膜保持完整，细胞的分裂有点类似于细菌的细胞分裂。大的染色体很容易染色，分裂过程中连续浓缩，但不形成染色质粒（chromatin granule），反而附着在核膜上的特定区域，这种方式类似于细菌染色体的质膜上的附着方式。

腰鞭毛虫这种特性促使某些分类学家建议把其作为原核生物（monera）和原生生物（protista）之间的一个亚界。对核糖体 RNA 的序列分析已经用于分析后生动物（metazoa）之间的进化关系，这种技术最终可以解开腰鞭毛虫合适的进化生态位之谜。

金藻门（Chrysophyta）

本类群的藻类原生生物包括硅藻（diatom，数量最多），金褐藻（golden-brown algae，数量较少）以及相对少量的黄绿藻（yellow-green algae）。某些藻类学家将硅藻放入单独的门——杆状植物门（Bacillariophyta）。本门植物所有物种的质体中都有叶绿素 a 和叶绿素 c，其食物贮存为脂肪、油脂、以及称之为海带多糖（laminarin）的类胡萝卜素。细胞壁含有水化的硅石（hydrated silica）而不是纤维素。硅藻外被双层壳，壳上的小孔提供了内部结构与外部环境之间的通讯途径。

绿藻门（Chlorophyta）

绿藻门已知物种有 7 000 多种，其叶绿体含有叶绿素 a 和叶绿素 b 以及通常在高等植物中发现的类胡萝卜素。绿藻门可能是植物界的祖先。本门多为淡水生活类型，但是也存在于陆地和海洋中。它们是地衣（lichen）的组成成分，这是在寒冷环境中发现的与真菌紧密共生的复合体。衣藻（Chlamydomonas）是绿藻门的典型代表（见图 29.4），其特征是具有复杂的有性和无性生殖阶段，存在单细胞和多细胞阶段。

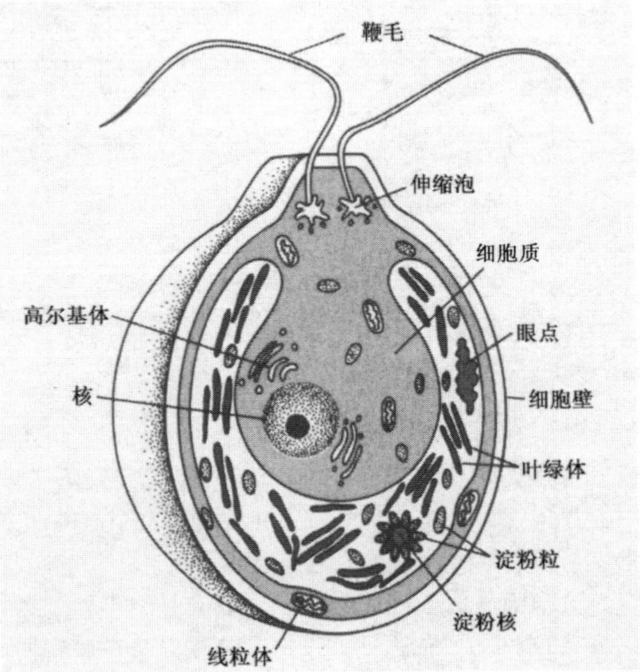

图 29.4　绿藻

褐藻门（Phaeophyta）

褐藻（brown algae）大多为多细胞生物，组成了温带和寒带海洋环境中的海藻种群。像绿藻那样，它们有叶绿素 a 和叶绿素 c、类胡萝卜素和褐藻素（fucoxanthin），也将热量贮存为油脂和海带多糖内。以大型海藻形式存在的褐藻，其体长可达 50 米，繁殖特征具有世代交替现象。

红藻门（Rhodophyta）

红藻是海藻的主要类群，含有叶绿素 a，不含叶绿素 b 或叶绿素 c。其红色是由于存在辅助性的色素——藻红素（phycoerythrin），它属于藻胆素（phycobilin）类。红藻门所有种类都是多细胞有机体，能进行有性生殖。尽管只详细研究了少量物种，但都发现存在世代交替现象。

29.3 似真菌的原生生物（fungilike protist）

本类群的原生生物包括黏菌（slime mold）的两个异养类群。黏菌纲（Myxomycota）是原生质黏菌（plasmodial slime mold，见图 29.5b），富含色素，是呈变形虫状的细胞，“多细胞”聚合体和单细胞之间变化。聚合体阶段称为变形体（plasmodium），它包括大团的细胞质，其内有许多细胞核，所以并不是真正的多细胞。这种细胞形式称为多核细胞（coenocyte）。集胞黏菌纲（Acrosiomycota）是多细胞黏菌（见图 29.5a），与黏菌纲不同的是，其聚合体期实际上是多细胞的，而不是多核细胞。当食物短缺时，单个细胞聚集在一起，但是每一个细胞的膜并不消失，所以能区分每一个细胞。

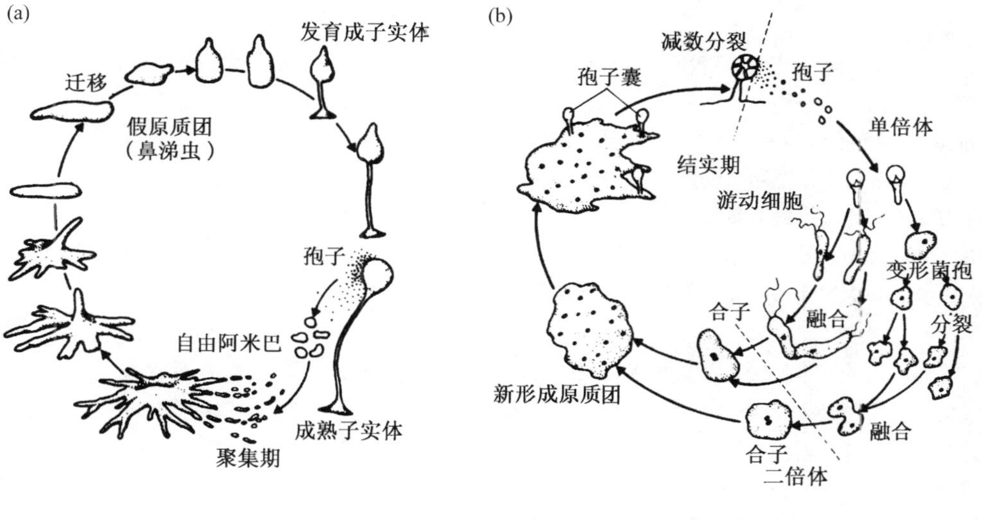

图 29.5 黏菌。(a) 细胞状黏菌的生活周期；(b) 原生质黏菌的生活周期

卵菌纲（Oomycota）包括水霉（water mold）、某些锈菌（rust）和霉菌（mildew），它们在外形上类似于真菌。由于其细胞壁由纤维素而不是几丁质组成（chitin），它们被归类为原生生物。本类群所具有的鞭毛使其区分于真正的真菌，生活史中明显的两种形态以及有卵的繁殖也使其有别于真菌。1848 年导致爱尔兰农场马铃薯枯萎病使经济受损的就是卵菌（oomycete）类。

疑难问题解析

29.1 批评原生生物的细胞比高等植物或动物简单的观点。

实际上，原生生物细胞远比后生植物（Metaphyta，多细胞植物）和后生动物（Metazoa，多细胞动物）的细胞复杂得多。这种情形不应该想不到，因为原生生物中的单个细胞必须执行独立有机体的所有功能，而植物和动物中的细胞则不必涉及到整个有机体的所有功能，因为细胞在功能上可特化。

所有细胞中最复杂的见于原生动物（protozoan），特化的结构可进行摄入和消化食物、运动、水平衡和生殖。纤毛可能是最复杂的细胞器，仅见于原生动物。

在原生生物中所发现的细胞分裂（cell division）的多种类型表明了原生生物细胞的复杂性。通常进行的是有丝分裂，但是这种有丝分裂不同于其他界生物中的有丝分裂，甚至某些藻类原生生物中染色体的复制都表明了其独特性。所有原生生物都能进行无性繁殖，但多数种类也存在有性生殖。遗传物质的交换很常见，通常涉及到与多细胞有机体相似的减数分裂。

29.2 尽管原生生物代表类群起源多样，所有种类有共同特征吗？

共同特点存在于特殊结构（细胞器）、特殊的生境需要以及代谢类型。所有的原生生物都由真核细胞组成，尽管几个物种使用变形虫样的运动形式，原生生物在其生命周期中的某些时期通常都有 9+2 微管结构的鞭毛（或纤毛）。除了不活动的有抵抗作用的孢囊（cyst）外，没有任何物种能存活于完全干旱的环境中。所有潮湿环境中都充满了有活性的原生生物的物种。

在藻类和原生动物中存在着厌氧代谢结构，包括 Krebs 循环和电子传递链的色素和酶。所有原生生物都证明有无性繁殖的类型，但多数物种也存在有性生殖。

29.3 是否有证据说像草履虫那样的纤毛虫比变形虫（amoeba）更进化或高级？

这样的说法不准确。这两个类群都向具有更大适应能力的方向进化，进化持续时间相同，具有同样的机会适应自然选择的压力。每个类群都成功地立足于其生态系统中。

然而，具有纤毛的草履虫更特化，比变形虫的细胞器更多。草履虫永久性的消化道包括了各种细胞器，有长满纤毛的沟状的口沟，它能在口沟的末端产生食物泡（food vacuole），甚至有能排出未消化食物的肛孔（anal pore）。变形虫没有有性重组，草履虫有接合生殖，为其遗传策略增加了重组过程。存在的小核与大核更特化。非常清楚，草履虫的纤毛为其提供了比变形虫的动作更多、更快的运动方式。两类有机体都有躲避行为（离开环境中的有毒物质），但是草履虫反应更快、精确程度更高。

也许最显著的差异是草履虫中存在的刺丝泡（trichocyst），它能将像长矛状的丝放到环境中，具有防卫作用，还可起到锚定作用，将草履虫稳定在其基质中。

29.4 与运动或感知环境变化的机制相比，为什么寄生虫的繁殖结构如此发达？

成功的寄生虫必须存活于寄主身体上或身体内的特定区域。一旦建立了这种寄居关系，寄生虫就不需要漫游或再与其竞争者打交道，但是它必须抵抗寄主的防卫、紧紧附着在寄主身上并借助于从寄主身上获取的营养物质而进行大量繁殖。像扁虫（flatworm）和蛔虫这样的肠道寄生虫，经常失去其消化能力，因为它们靠寄主已经消化的食物为生。同时，对于附着是生存关键的生活环境而言，运动能力是没用的。这样，在适应寄生生活的过程中，寄生虫的身体发生了许多退化。

另一方面，由于寄生虫限制性的生境，性活动受到极大限制。对于许多寄生虫而言，独居排除了选择配偶的可能。一旦发生受精，受精卵的传播也受限制。这也部分地解释了为什么寄生虫中存在如此多的、不能接近性伙伴的雌雄同体（hermaphroditism）的物种。也许最明显的特征是高强度的性活动，这涉及到很庞大的生殖结构、产出大量的卵并存在于中间寄主，且寄生虫的形态也有很大变化等等。朝增加繁殖能力的方向进化是所有成功的、必须与限制其繁殖机会的环境进行竞争的寄生虫的特征。

29.5 团藻类包括了多种有亲缘关系的绿藻，其中有些物种是单细胞，另一些是多细胞，但是这两类有机体的单个细胞极其相似。本类群的单细胞原型是衣滴虫（chlamydomonas）（见图 29.4），它与本类群中更高级的多细胞类型惊人地相似。

在实球藻属（*Pandorina*）中，埋在凝胶状基质中的 4～32 个个体的集合体组成了球状群体，这个群体中所有的细胞都同步进行无性或有性繁殖。在有性繁殖中，雌性配子更大，但没有证据表明有形式上或功能上的特化。

多球藻属（*Pleodorina*）群体包含的细胞比实球藻属多。另外，四个或更小的细胞组成只有营养功能，群体中较大的细胞既有繁殖功能，又有营养功能，所以细胞体积与功能有清晰的特化。

团藻类中最复杂的代表是团藻（Volvox），它是包括成千上万个细胞的球形群体。如同该类群中不太复杂的物种那样，每个细胞的鞭毛长在表面，所以整个群体都能运动。群体细胞由具有通讯作用的很细的细胞质丝（cytoplasmic strand）相连。具有繁殖作用的细胞相对较少，繁殖方式是卵配生殖（oogamous，产生卵）。

团藻类中的每一个成员都是独立存在的属，包括在团藻类中的其他属有盘藻属（Gonium），这是结构和功能都很相似（同配生殖，isogamy）、配子有鞭毛的原始类群，还有空球藻属（Eudorina），其中存在的特化现象使群体中不同部分的细胞相区分。

你为什么认为团藻类很重要？

团藻类中的各属包括了从单细胞到多细胞的植物，多细胞的类型是分化和整合的萌芽。团藻中的特化程度很高，以至于很多分类学家认为它们是多细胞的植物。由于这些特点，许多藻类学家认为该类表现出了从单细胞有机体到多细胞植物进化的过程。这并不是说该类包括了进化过程的每一个环节，其多样化的成员组成仅仅提供了一些例证，可能是进化中的过渡类型。

29.6　为什么红藻比其他藻类生活在更深的海洋中？（提示：蓝光比红光和黄光在水中的穿透力强）

红藻中的色素，特别是藻胆素（藻红素）更能吸收蓝光（红藻的红色是由于吸收蓝光而反射红光）。由于蓝光以及其高能量的短波比红光和黄光的穿透力更强，能到达更深的海洋，红藻在很深的地方也能进行光合作用。在某些温带海洋地区，红藻能在水下 300 米处生长。该门代表种类的色素可能不同，可在不同深度大量生长。毫不奇怪为什么红藻是海藻中数量最多的类群。

29.7　尽管两类黏菌和卵菌纲在外形上更类似于真菌，为什么它们通常被划分为原生生物？

大多数分类学家认为，这三类原生生物与真菌在外形上的相似是由于进化过程中的趋同所引起的，与昆虫翅（上皮）和鸟翅（变形的前肢）之间的关系类似。这种进化关系更精确、更重要的基础是细胞壁的性质。几乎所有真菌的细胞壁是由几丁质组成，而在这三类原生生物中，细胞壁通常由纤维素组成。真菌中除了酵母外，都是多细胞的。黏菌不一定都是多细胞的，变形虫样的黏菌是没有细胞分化的多核体，在细胞性的集胞黏菌中，甚至在聚合在一起的时候，细胞都保持能区分的状态，且都是单倍体，这与在多数真菌中发现的单倍体与双倍体的交替变化有很大不同。在卵菌中，生活史中很著名的是具有带鞭毛的游动孢子，在真菌中，没有带鞭毛的细胞。

有可能存在未定论的分类，但是大量的证据看起来支持将这三类类似于真菌的生物划分为原生生物。

附　加　题

29.8　将 A 栏中的物种与 B 栏中的门类连接起来。

A	B
1. 原始性鞭毛虫	(a) 孢子虫纲
2. 大变形虫	(b) 肉足虫纲
3. 恶性疟原虫	(c) 纤毛虫纲
4. 大草履虫	(d) 鞭毛虫纲
5. 有孔虫	
6. 锥体虫	

29.9　多数原生动物能进行光合作用。

(a) 对　(b) 错

29.10　微管的 9+2 型结构仅见于细菌的纤毛中。

(a) 对　(b) 错

29.11　雄性按蚊能合成抗凝集素，在它吸血时能使被其叮咬生物的血液流动。

(a) 对　(b) 错

29.12　疟疾仅由疟原虫引起。

(a) 对　(b) 错

29.13　蛙片虫科的多数种类是低等脊椎动物肠中的寄生虫。

(a) 对　(b) 错

29.14　接合是典型的无性生殖。

(a) 对　(b) 错

29.15　眼虫总是异养型的。

(a) 对　(b) 错

29.16　腰鞭毛虫总是能运动的。

(a) 对　(b) 错

29.17　褐藻素见于硅藻和褐藻。

(a) 对　(b) 错

29.18　多数绿藻通过有鞭毛的配子繁殖。很有名的例外是

(a) 盘藻属　(b) 衣藻　(c) 水绵属　(d) 团藻　(e) 酵母

29.19　所有进行光合作用的原生生物都有

(a) 海带多糖　(b) 叶绿素 a　(c) 褐藻素　(d) 叶绿素 d　(e) 上述各项

29.20　原生质流动发生于原生质黏菌的集合体时期，这有助于

(a) 物质分布　(b) 移动　(c) 恐吓捕食者　(d) 前述各项

答　案

29.8　1—(d)；2—(b)；3—(a)；4—(c)；5—(b)；6—(d)

29.9　(b)

29.10　(b)

29.11　(b)

29.12　(b)

29.13　(a)

29.14　(b)

29.15　(b)：有时异养型

29.16　(a)

29.17　(a)

29.18　(c)

29.19　(b)

29.20　(a)

第30章 真菌界

根据几个明显特征，真菌被列为独立的界。除酵母之外，真菌都是真核、异养的多细胞或多核生物，通过吸收而不是摄食来获得食物。真菌将消化酶分泌到体外，在体外吸收消化产物。多数真菌具有由几丁质（chitin）构成的细胞壁，几丁质是含有氨基酸的多聚糖（见29章）。真菌缺少鞭毛，运动受限制。

酵母是起源于多细胞祖先的单细胞真菌，霉菌和蘑菇是真菌的其他代表。真菌至少起源于4亿年前。

30.1 真菌的基本结构

真菌包括一团多分支的、称为菌丝（hyphae）的线状结构（见图30.1）。这些菌丝被隔（septum）分成许多单独的细胞，这些细胞分布于菌丝中。多数真菌中的隔是多孔的，允许细胞质从一个“细胞”流动到另一个细胞。在其他类群中，细胞核分布于一团连续的细胞质中，形成多核（coenocytic）结构。整个丝状结构称为“菌丝体”（mycelium）。在寄生性真菌快速生长的菌丝体内，常有特化的、称为“吸器”（haustoria）的菌丝。在寄生于植物的真菌中，这些突起能穿透植物细胞并快速吸收那里所存在的一切营养物。

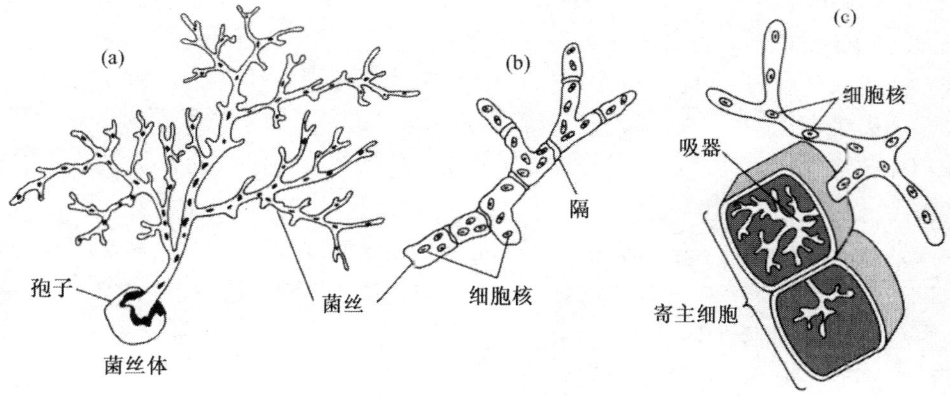

图30.1 真菌结构的主要特征：(a) 菌丝体；(b) 具有多核体细胞的有隔菌丝；(c) 多核菌丝，有穿透寄主细胞的吸器

30.2 真菌分类

真菌约有10万个种，分为4个类群，这些类群大体上与动物界中的主要类群——门相当。

接合菌（*Zygomycota*）[1]占据陆生环境，侵入到土壤中或腐烂的有机物中，通常在延伸到空气中的特化菌丝（孢囊柄，sporangiophore）的顶端产生无性孢子（asexual spore），这些孢子由空气带到新领域。

例 1

根霉（Rhizopus）是生长在面包上的霉菌，菌丝有三种变形（见图 30.2）。匍匐菌丝（stolon）是沿基质（霉菌在其上生长的表面）向前生长的粗菌丝。假根（rhizoid）是扎到面包深层、很细、分支很多、固着在菌丝体（mycelium，译者注：此处为基质 substratum 更合乎逻辑）上的菌丝，由于很细并具有很大的表面积，假根在吸收形成于其表面 上的可溶物质时效率很高。第三种类型的菌丝是孢囊柄，在其顶端有孢子囊（sporangium），每一个孢子囊都能产生成千上万个能产生新菌丝的无性细胞——孢子。每一个孢子囊都能产生大量的孢子，一片面包在几个小时左右就能长满新的菌丝体。

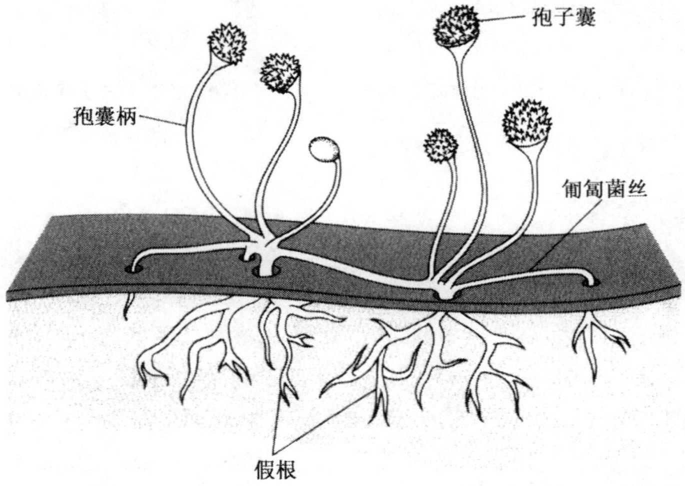

图 30.2

本门真菌被命名为接合菌，原因在于当它处于恶劣环境中时，单倍体配子融合，形成抵抗能力很强的接合孢子（zygospore）。当环境适合时，形成具有坚硬外壳的接合体（zygote），它是双倍体的接合孢子，进行减数分裂，形成新的单倍体菌丝体。在下一节中我们将详细研究这部分。

子囊菌（Ascomycota）包括酵母、某些霉菌、麦角菌（ergot，感染黑麦）、以及青霉菌（*Penicillium*）。装饰热带雨林地表的盘菌（cup fungi）种类繁多复杂、色彩绚丽，也属于子囊菌。菌丝分隔，细胞位于隔中。本类真菌的名字来源于有一个称为子囊（ascus）的繁殖性小囊，此囊在子囊菌的有性生殖期形成。

担子菌（Basidiomycota）（club fungi，珊瑚菌）包括特征显著的蘑菇、羊肚菌和各种马勃菌（puffball），菌丝体也是由隔分成若干小室。

在多数代表种类中，地下大量的菌丝团偶然能垂直长出产生孢子的菌丝体，其中的生殖结构是棒状的，担子菌的名称由此而来。

另一个种类繁多的类群是半知菌（Deuteromycota），它包括尚未发现有性周期的所有类型，即此类真菌只发现有无性繁殖期。

地衣与其他真菌不同，这种藻类或藻青菌与真菌形成的互利共生关系，具有非常重要的生态学意义。一般而言，温带或寒带地区的真菌结构是子囊菌，而热带气候区的真菌可能是担子菌。

1）查不到 Zygomycota，似乎应为 Zygomycete。——译者注

30.3 真菌的繁殖策略

多数真菌在其生活周期中为单倍体。当成长条件充分时，进行无性繁殖，单倍体孢子在孢囊柄顶端的孢子囊里形成。由于菌丝是单倍体，所以对于在孢子囊产生孢子而言，减数分裂并不是必要的。孢子囊裂开时，气流、水或动物将孢子带到其基质能为新菌丝体提供生长机会的地方。

当食物供应不足、或湿度和温度条件不是最理想的时候，通常进行有性生殖。在接合菌中，来自于两个不同交配类型（雄和雌）的特化菌丝相接触，形成了接合桥（conjugation bridge）（见图 30.3）。每一条菌丝的接触部位都形成一个独立产生配子的细胞（接合子囊，gametangium），它们附着在各自的菌丝上。在接合桥中部，雌雄性配子融合形成接合孢子，它通常外被厚而具刺的外壳，与母体菌丝分离，在整个休眠季节保持休眠状态。打破休眠状态时，接合孢子进行减数分裂，其中一个单倍体细胞形成短菌丝，它很快在其端部形成孢子囊，孢子囊内形成的孢子产生新的菌丝体。

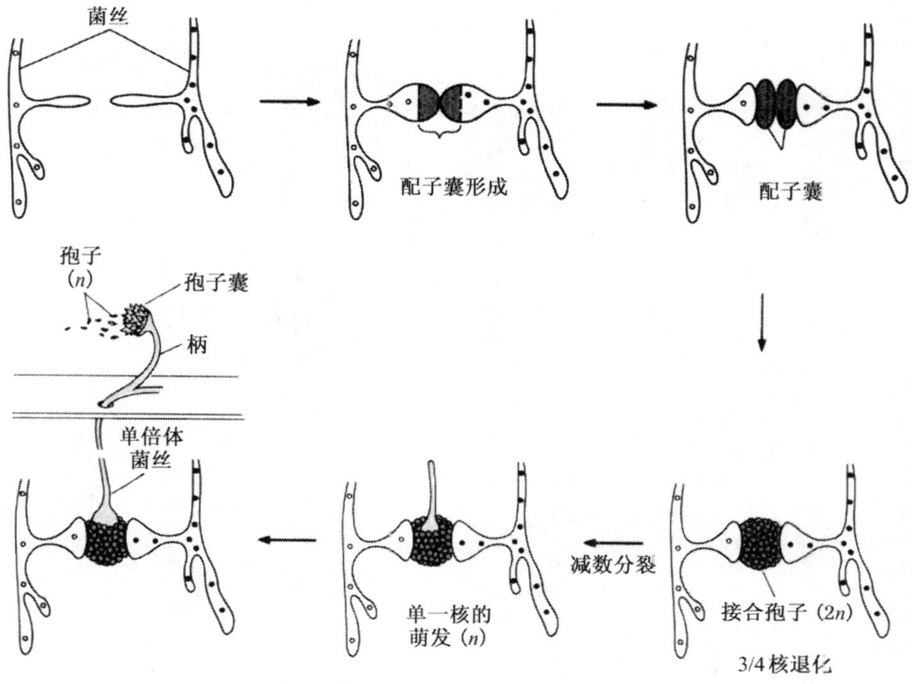

图 30.3 根霉的接合生殖

在子囊菌中，通过形成无性孢子（conida）进行无性生殖，它们通常与分生孢子梗（conidiophore）分离，萌发形成新菌丝体。在有性生殖（见图 30.4）中，雌雄株形成球状的多核体（在雌株中称为产囊体 ascogonium，在雄株中称为造精器 antheridium）。在产囊体和造精器之间形成联合桥（cross bridge），可以使雄核进入到雌性器官中，发育形成双倍体型（包括两个不同的细胞核）的菌丝。这些菌丝与雌雄株单倍体菌丝缠绕在一起，形成杯状子囊果（ascocarp），子囊果中的双倍体部分形成末端双倍体的囊，两个细胞核在囊内进行减数分裂和有丝分裂，形成 8 个单倍体核。此刻每一个囊称为子囊（ascus），每一个单倍体细胞核都包在一个子囊孢子（ascospore）内，这些子囊孢子在子囊破裂时被释放出来，开始其无性或有性生活周期。

酵母虽然是单细胞，也被划为子囊菌，其无性生殖不是形成无性孢子，而是芽殖（budding）。芽殖时，新的较小的细胞从单个母细胞中脱落下来。单个酵母细胞也可以与另外一

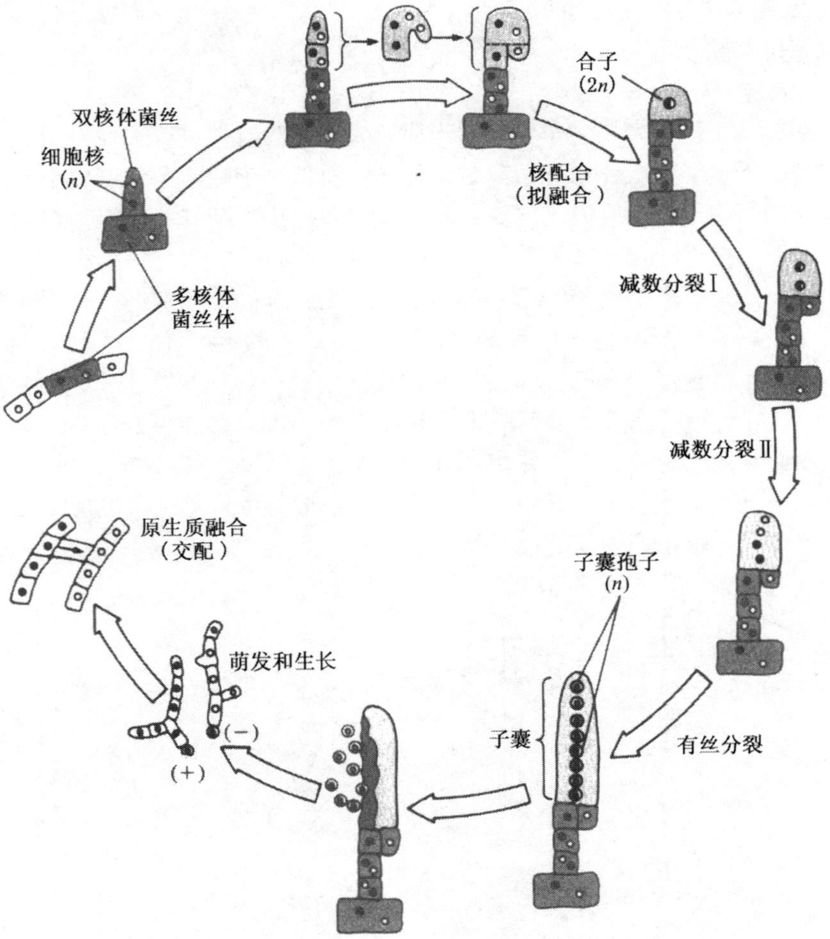

图 30.4　子囊菌的有性生殖

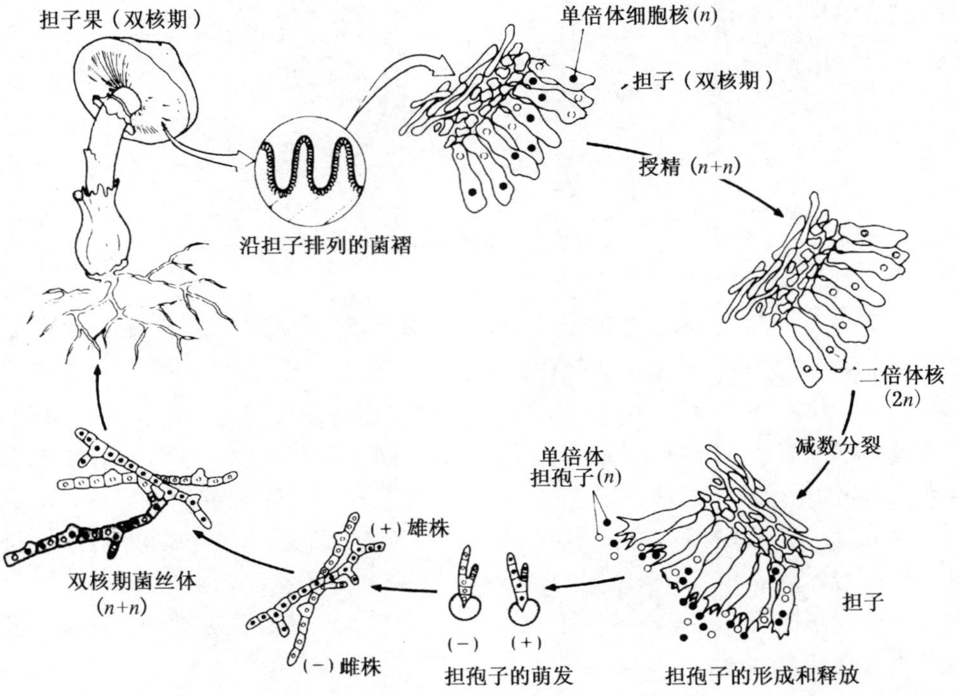

图 30.5　蘑菇的生活周期

个异性交配品系（opposite mating strain）的细胞融合形成双倍体细胞。融合后的细胞核再进行减数分裂，随后通常有一次有丝分裂，形成 8 个子囊孢子。酵母的这种结构与其他子囊菌在有性时期中形成的具有 8 个子囊孢子的子囊相同。

在蘑菇和其他担子菌中，生殖周期中没有单独的无性时期（图 30.5），地下密集的菌丝体层（mycelial layer）形成了紧凑、密集的子实体（fruiting body），我们称之为蘑菇、伞菌（toadstool）或马勃菌。棒状担子（cup-shaped basidia）沿菌褶（gill）排列，或排列于子实体被膜状结构分开的各区中。在担子内，单倍体细胞的融合产生了受精卵（zygote），受精后很快发生减数分裂，每次减数分裂的产物成为担孢子（basidiospore），担孢子离开担子形成新的菌丝体。

半知菌的生活周期中没有表现出有性时期。它们被分为同一个类群，但是可能属于不同种。

在地衣中，包含埋在菌丝团中的藻类细胞的真菌孢子离开地衣，萌发形成藻类和真菌细胞紧密联系在一起的新扩展团。不清楚地衣中是否存在有性生殖。

30.4 真菌对人类的利和弊

与细菌一样，真菌是生态系统内最有效的分解者。它们不仅作用于死去的生物，而且分解粪便，加工那些如不分解就会阻塞陆地环境广大地区的物质。

许多真菌与植物保持紧密的互利关系，它们侵入植物根部，将菌丝深入到土壤中，大量增加植物对水分和营养物质的吸收。通过植物提供的碳水化合物和营养物质，真菌获利更多。真菌与根皮层之间的联系称为菌根（mycorrhizae）。菌根的大量分布增加了多数陆地生态系统中植物的生长密度[1]。

多种真菌能产生抗生素，可提取出来，用于抵抗细菌感染。

☞例 2

产毒青霉菌（Penicillium chrysogenum）是能够合成并分泌抗生素——青霉素（Penicillium）的几种真菌之一。1928 年，亚历山大·佛来明（Alexander Fleming）首次指出，当青霉菌偶尔侵入到有细菌生长的培养皿中的时候，与青霉菌相邻的细菌立刻被杀死。之后，从霉菌中确定并大量提取了青霉素。链霉素是 Wachsman 和 Schatz（streptomycin）在 Rutgers 大学提取出的另一种抗生素。

在制造啤酒、浓啤酒和葡萄酒等含有酒精的饮料时，酵母是主要起发酵作用的生物，在制备软质乳酪（Camembert）和羊乳干酪（Roquefort）这样的乳酪时，霉菌在发酵中的作用很大。

麦角菌（ergot mold）是麦角新碱（ergonovine，ergotrate）和其他几种衍生物的主要来源，用于止血、促使子宫收缩、治疗偏头痛，也用来生产迷幻剂。

☞例 3

丹毒（St. Anthony's fire）是一种疾病，起因于食用了被麦角菌子囊产生的毒素所污染的黑麦面粉。这些毒素导致发热、身体剧烈颤抖并产生幻觉。在中世纪，这种流行病广泛传播，有时候，一次流行导致成千上万人的死亡。20 世纪 60 年代，丹毒在法国蔓延，但是很快得到了控制。

类似于 LSD_{25} 那样产生幻觉的物质（也称为拟精神病药，psychotomimetic agent）可从麦角中得到，能产生与丹毒类似的症状。麦角及其衍生物所产生幻觉的特点导致产生色彩艳丽的梦幻。

真菌生长带来的有害方面包括皮肤病，如癣菌病（ringworm）和脚癣（athlete's foot）。酵母菌对阴道的感染不威胁生命，但是很难治疗（这样的酵母菌不是子囊菌的种类，而是属于半知菌）。真菌对肺的感染有时会导致敏感病人的死亡。

1）译者认为此句不妥。——译者注

寄生于植物的真菌能大规模毁灭生长的庄稼。感染小麦的锈菌（rust）以及大量感染多种植物开花部分的黑粉菌（smut），均属于担子菌的不同种类，都能带来极大危害。另外，多种霉菌储藏在收获后的植物内，能导致蔬菜和水果腐烂。

疑难问题解析

30.1　许多真菌类似于原生动物甚至植物。将真菌独立为门是否正确？

曾经有一个时期，分类学家把现今属于真菌界的种类作为部（division）放入植物界。然而，真菌所具有的基本差异使其区别于植物和原生动物。所有真菌都是异养型的，通过从外界吸收现成有机物来获取食物。虽然许多真菌的确在其细胞壁中储藏纤维素，但是在绝大多数种类中，细胞壁的构成成分是几丁质，非常清楚地区别于植物。与许多植物和某些聚群性原生动物不同，真菌没有具鞭毛的游动孢子（zoospores），也没有能运动的菌丝体细胞。

虽然真菌界的多数种类是多核体，由于将细胞质分成若干小室的隔不完整，结果仍然存在细胞质的连续性，这允许食物能从被吸收的部位迅速运输到快速生长的菌丝部。

30.2　某些分类学家把水霉（Oomycota）分为真菌。本书中我们将其分为原生生物，原因是什么？

把水霉从真菌中分离出去最强有力的理由是其细胞壁中没有几丁质，而几丁质见于除酵母之外所有的真菌种类。此外，水霉生活史中存在双倍体期，而几乎所有真菌都是单倍体。

没有任何真菌具有有鞭毛的游动孢子，而水霉却有这个特征。水霉还产卵，这不是真菌的特征。此外，水霉菌丝中的分隔不明显。

由于上述原因，最好把对马铃薯作物和葡萄园造成巨大危害的水霉认为是原生生物。然而，其多细胞（实际上是多核体）的特征对于这种分类是一种挑战。

30.3　说明下列结构是单倍体、双倍体或双核体：菌丝体、菌丝、接合子囊、接合子、孢子囊、担子、蘑菇的菌褶、匍匐枝、孢囊柄、分生孢子（conidium）、子囊果（不包括囊）和子囊果的囊。

菌丝体	单倍体
菌丝	单倍体
接合子囊	单倍体
接合子	双倍体
孢子囊	单倍体
担子	双倍体
蘑菇的菌褶	双核体
匍匐枝	单倍体
孢囊柄	单倍体
分生孢子	单倍体
子囊果（不包括囊）	单倍体和双核体
子囊果的囊	双倍体

30.4　分生孢子和子囊孢子哪一个对子囊菌在进化中的生存贡献更大？

子囊孢子虽然是单倍体，但它是两个异性菌丝有性融合的结果；分生孢子是无性生殖形成的。由于有性生殖中固有的遗传重组的特性，子囊孢子对子囊菌遗传多样性的影响更大，从而在面临环境压力时，使子囊菌的适合能力（存活能力）更大。

30.5　在双核体中，两个细胞核未融合，位于同一个细胞中。这是融合生殖（syngamy，细胞核或细胞的联合）前在许多真菌的生殖组织中发现的典型结构。如果这两个未融合的细胞核在遗传上是不同的，那么这个细胞就是异核体细胞。如果一个双倍体的细胞核分成两个相同的、未融合的细胞核，那么应该用什么词？

这样形成的细胞可称为同核体（homokaryotic）细胞。

30.6 说出一些与真菌疾病作斗争的途径。

某些真菌，如麦锈菌（wheat rust），有两个中间寄主。当其中一个寄主在经济上很重要，而另一个不重要的时候，毁灭不重要的寄主可以用来阻挡真菌的传播。为了使这个技术更有效，完全毁灭特定物种的所有成员很有必要，但是要做到这一点非常困难。就麦锈菌而言，提倡根除伏牛花（barberry）。

在播种之前使用灭菌的土壤和消毒的种子可以阻止真菌的传播。在已知的昆虫携带真菌疾病的案例中，使用杀虫剂和生物制剂消灭昆虫带菌者是很有效的。

播撒含铜的盐或杀真菌剂是防止真菌在作物中滋生的有效技术。在真菌对人类的感染中，使用像灰黄霉素（griseofulvin）那样强有效的制剂已经治愈了严重感染的病例。由于真菌嗜好温暖、潮湿的条件，保持低温、干燥的环境能阻止真菌生长。

植物遗传学家已经研制出抗性植物品系，但是真菌也已经改变了其遗传组成，并且在进化过程中，再次占上风。

30.7 真菌孢子，无论在起源上是有性的还是无性的，都靠风来传播。多数藻类的游动孢子靠水传播。为什么有这种情况？

真菌孢子无鞭毛，没有运动能力。这种被动的特征要求有相对速度较快的气流来帮助传播。藻类的游动孢子通常有鞭毛，它们可以有效、迅速地在水中运动。此外，多数藻类栖息在湖泊、池塘和海洋之内，而常见真菌通常在陆地上生活。

附 加 题

30.8 藻类和多数真菌之间的主要区别是，藻类具有

(a) 叶绿体 (b) 纤维素细胞壁 (c) 伪足 (d) 具有叶绿体和纤维素细胞壁 (e) 具有吸器

30.9 担子菌（蘑菇）的地上部分是

(a) 双倍体 (b) 自养型 (c) 有性结构 (d) a 和 b (e) a 和 c

30.10 菌丝体包括一团

(a) 菌丝 (b) 伪足 (c) 细胞壁 (d) 孢子囊 (e) 上述都不对

30.11 几丁质结构类似于纤维素，但在每一个—OH 结构中都有一个含—N 的结构。

(a) 对 (b) 错

30.12 菌丝体通常生长缓慢。

(a) 对 (b) 错

30.13 真菌孢子，无论是有性的还是无性的，其外面都有坚硬的外壳并有鲜明的颜色。

(a) 对 (b) 错

30.14 LSD 能抵抗血液中复合胺（serotonin）的作用，这可能解释这种麦角碱衍生物的致幻作用，因为复合胺是已知的神经递质。

(a) 对 (b) 错

30.15 被称为分生孢子的无性孢子体积非常大。

(a) 对 (b) 错

30.16 没有下列____，可制造出未发酵的面包。

(a) 面粉 (b) 水 (c) 盐 (d) 酵母 (e) 蘑菇

答 案

30.8 (d) 30.9 (e) 30.10 (a) 30.11 (a) 30.12 (b) 30.13 (a) 30.14 (a)
30.15 (b) 分生孢子的名字来源于希腊词根，意思是“灰尘”。 30.16 (d)

第31章 植物界

植物是多细胞的，自身可制造养分，并且成功的进入到了陆地环境。它们可能来自于藻类的绿藻门。当植物确定在陆地生活的策略时，活跃的光合作用使其在陆地生存的可能性大大提高。

例 1

在陆地上阳光仅仅穿越空气。所以陆地上阳光的获得比流动和黑暗的湖水和海水中更容易。另一方面，对于光合作用至关重要的物质——二氧化碳，同样在陆地上也比在水中含量更高，更容易被吸收。由于上述原因，植物进入原始陆地有着较高的成功可能。在一个时期内，特别是当绿色植物在陆地环境中的竞争对手很少的时候，得到了一个立足点。从水中向陆地过渡期可能发生在沿海岸线附近。在蒸发作用下，留下了丰富的矿物质沉积。在河岸，淤积的沉淀物（alluvial）为新的植物形式提供了有利的条件。

生命在陆地进行繁殖活动必须有新的形式。在浅水环境中，允许一些植物仍然依靠老的生殖策略，但是当一些植物移往干燥区域时，它们的生殖策略就发生了改变（见第 11 章）。

植物在陆地上也必须保持其相对湿润。

例 2

所有植物体的外层细胞（表皮）完全是一层蜡质的保护物质——角质（cutin）。尽管角质是部分表皮细胞所分泌，这些表皮形成了一个完整的蜡质保护层。抗水的表皮一般在无隐蔽或隐蔽少的地方较厚，例如：叶子的上部表面。

大约在 4 亿年前，今天植物的祖先在陆地环境中不断的扩展。它们侵入到陆地上的许多地方，由于不断地进化，它们适应并在那里生存下来，并且早期以两种完全不同的线路进行演化和进化。一种是苔藓类植物（bryophytes），更多的是近代的（新生代）导管植物（维管植物 tracheophytes）。

31.1 苔藓植物对陆地环境的挑战

现存的苔藓植物（Bryophytes）分为三类：藓类（Mosses）、苔类（Liverworts）和角苔类（Hornworts），其中藓类大约占三分之二。虽然苔藓植物演化出了一些自我保护结构（见图 31.1），但它们还不能完全适应陆地生活。在很大程度上它们需要潮湿的环境进行繁衍后代。尽管它们也有类似高等植物根的结构和装有叶绿素的扁平状鳞片，但这仅仅是高等陆地植物进化的一个阶段。苔藓植物在热带比在寒带和温带更常见。

藓类植物的数量比其他苔藓植物更多。它们缺少高等植物那样的内在支持结构，往往传播的范围非常广阔，在地面上生长非常紧密。像其他的苔藓植物，它们显示出优势的配子体（单倍体）繁殖和依靠的孢子体（双倍体）繁殖（见图 31.1）。大多数的藓类植物是雌雄异体（dioecious）（有分开的繁殖器官），但也有一部分是雌雄同体或称雌雄同株（monoecious）（雌雄繁殖器官在同一原植体（thallus）或称植物体上）。

苔类植物是根据它们的形状而命名的，有很小的类似肝脏形状的叶子。地钱属（*Marchantia*）是一种苔类植物，它显示苔藓植物部分地适应了陆地生存（见第 11 章，

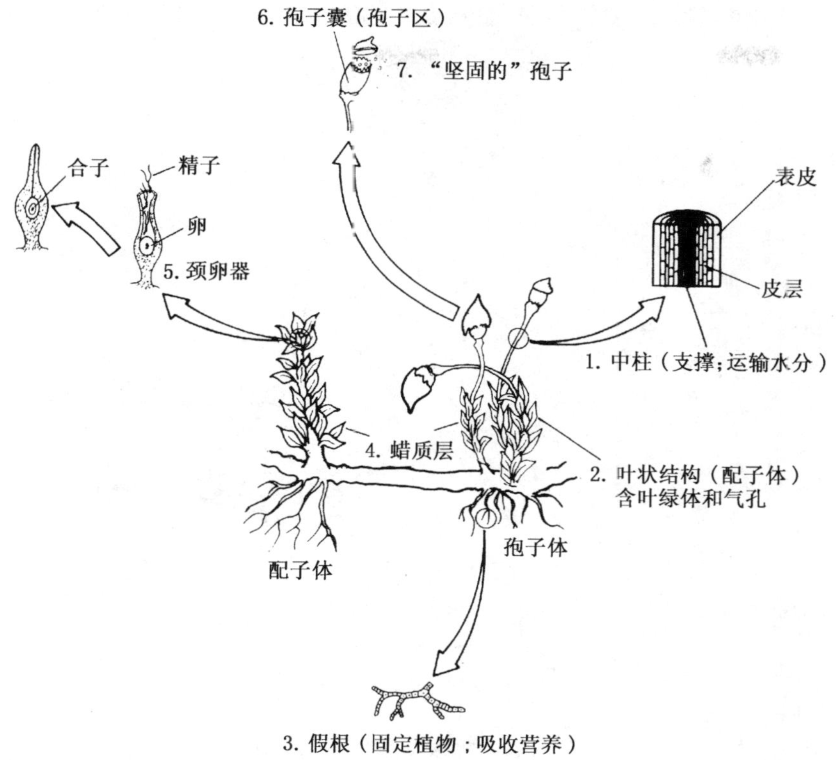

图 31.1 苔藓植物对陆地环境的一些适应

图 11.7）。

☞例 3

地钱属的假根是由单一的毛发状的细胞组成，从带子形的叶状体深入地下来吸收水分。活跃的游动精子必须通过一道水层找到卵子进行结合，所以潮湿的环境对于受精是非常必要的。精子和卵子在保护得很好的囊中结合，这一进步大大超过了藻类。精子在精子囊（antheridia）内形成，而与卵子在颈卵器（archegonia）中结合。

角苔类（Hornworts）是苔藓植物中一个较小的类群，它具有了一些较高等植物的形态，孢子体为角状，配子体为扁平状。

31.2 维管植物

维管植物与苔藓植物不同，它们非常适应陆地环境。与苔类或藓类扁平形状不同，维管植物个体分为不同的部分或器官，并有着专门的结构和功能：如：根（roots）、茎（stems）和叶（leaves）（图 31.2）。在种子植物中，球果（cones）或花（flowers）含有特化的生殖结构。

☞例 4

根是一个广泛的分支纤维系统，使植物固着在土地上。根须不断的延伸，利用新长出的端部从土壤中吸收维持生存所必须的水分和矿物质。专门的根系供给植物地上结构水分进行光合作用。茎为植物向上生长提供了条件，例如高大的树木。维管组织通过茎将从根部吸收的原始物质输送到其他地方，并且将叶子合成的营养向下传送，同时也能为维管植物的站立提供支持。维管植物的叶子能够最大限度的暴露出来接受阳光照射，完成光合作用。

从藻类向维管植物进化过程中的过渡类型可能是草原植物。它们曾经在地球上分布非常广泛，种类繁多，但现今仅有为数不多的种属尚存。它们仅仅有若干维管植物的特性，但又清楚地显现出维管系统的原始性。一些植物学家认为其他类型维管植物是从草原植物演化而来，但也有一些植物学家认为草原植物是从更高等的类型退化而成，如蕨类植物。

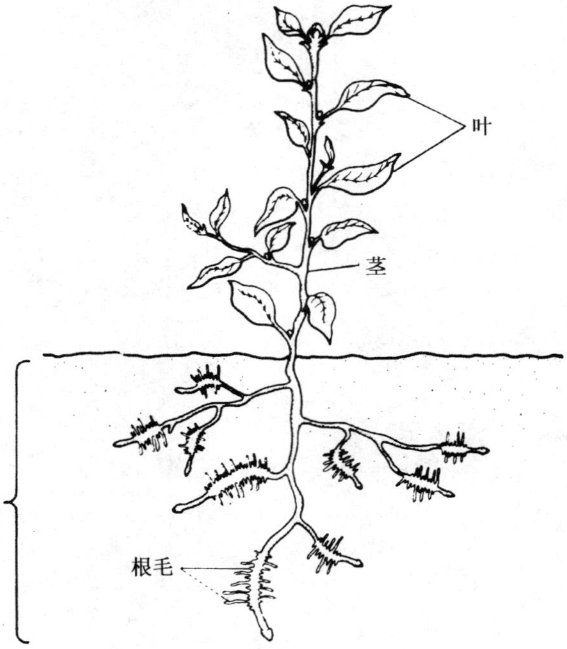

图 31.2　维管植物不同的基本组织

☞例 5

松叶蕨属（*Psilotum*）是现存的热带种类，形态非常简单。已经发现距今 3.5 亿年前的松叶蕨属植物化石。它没有真正的根，下部是根状茎。与地面水平的假根在地表延伸，只有一小部分进入土壤。沿着茎干可以观察到成对的鳞片状假叶。由于维管束的存在，所以标志着它属于维管植物。

石松和木贼

石松，或称石松属植物，属于石松（Lycophyta）亚门。它们有着草原植物的典型特征——配子体繁殖、无法进行光合作用和依靠共生的真菌类提供营养。大约在 3 亿年前它们在沼泽覆盖的地球上是优势种类。从发现的化石看，早期的一些石松属植物的形状很高，像树一样。现今生存的石松属植物仅有 900 多种。它们是热带典型的附生植物（epiphytes），即生长在另一种植物体上，依靠这种方法支撑其自身。

石松属植物有真正的根和真正的叶。对维管植物来说，通常情况下孢子体繁殖占有明显优势。发育成配子体的孢子在称为孢子叶的特殊叶子上形成。

另一类无种子的植物是木贼（sphenophyta）亚门。在远古时代它们非常繁盛，但在今天仅存一个代表属——木贼属（Equisetum）。它们非常矮小，是草本植物，高度很少超过 70 厘米，其茎是一节一节且为中空的。叶子生长在每一个茎节上。孢子囊在主茎的端部，其形状与石松类的孢子叶完全不同，为球状或圆锥状，很像马的尾巴。小配子体能进行光合作用并能产生孢子体。每一个配子体是雌雄同株的，包含有颈卵器和精子器。

真蕨类

真蕨类（Pterophyta）是数量最多和分布最广的无种子植物，超过 1200 种。它们的叶子较大，比石松类或木贼类有更多的维管系统。对于真蕨类的详细的讨论和分析请参见第 11 章和第 13 章。

无种子植物在 3 亿多年前形成地下煤层并留下了大量的遗迹。在那个时代，地球上生长着大面积的森林，这些植物在高压下形成化石燃料——煤，为我们现代的工业所利用。无种子植物组成的森林覆盖着地球广大地域的时期，被地质学家称为石炭纪（Carboniferous Period.）。

31.3 种子植物

在植物界，对陆地环境最为适应的标志是种子植物的出现。在全部种子植物中，不但孢子体具有优势，孢子体也减少了对配子体在颈卵器内结构的依赖。此外，低等植物带有鞭毛的精子被授粉过程所代替。在授粉的过程中，植物可不依赖水而独立完成受精。种子的形成加强了胚的保护，提高了幼小孢子体（胚）对不良环境的抵抗能力；并且由于花粉管的出现，使其受精过程不再需要水为媒介，从而摆脱了对水的依赖。

☞例 6

种子包含一部分孢子体并暂时停止了发育。它被贮存的营养物质所包围，其表面覆盖着能抵抗各种环境胁迫的保护物质（外壳）。种子和胚胎孢子体能在相当一段时间内保持休眠状态，然后在条件适当的时候开始发育（恢复生长）。这种生殖结构的特征使得其在严酷的陆地环境中生存的可能性大大增强。

根据对蕨类植物化石的结构观察，这些化石很像一些具有种子的植物（spermatophytes）。因此推断，种子可能在植物进化的不同时期独立产生。现代的种子植物分为裸子植物（Gymnosperms）和被子植物（Angiosperms）。

裸子植物

裸子植物（来自希腊语"无遮盖的种子"）分为四个门。最早的裸子植物可能出现在不早于 4 亿年前。裸子植物的四个门彼此的特征截然不同，有些植物学家认为应将它们分为单独的一类。一般认为已经灭绝的种子蕨类植物（种子蕨）（pteridosperms）是属于第五个门。很多分类学家认为原来在分类地位上为纲的植物应该变为门，即：苏铁门（Cycadophyta）、银杏门（Ginkgophyta）、买麻藤门（Gnetophyta）和松柏门（Coniferophyta）。

苏铁门植物是非常独特的，恐龙时代（中生代）是它的鼎盛时期。它们可能来源于远古的种子蕨，与今天的棕榈树有着惊人的相似，俗称传奇棕榈（sago palm.）。通常生长在温暖的地区。

银杏门幸存到今天的只有一种，就是银杏树。由于银杏树有较强的抗污染能力，因此常常被用来作为大城市的装饰植物。银杏是雌雄异株，为了进行繁殖，春天雌性银杏树放射出一种非常难闻的气味。

买麻藤门包括生长在热带或沙漠的三个不同的植物种群。买麻藤属（Gnetum）是一种高大粗壮的藤本植物，麻黄属（Ephedra）和千岁兰属（Welwitschia）是一种在沙漠中生活的灌木。

松柏门（针叶类）是最特别的裸子植物，生活在北方比较寒冷的地带。虽然显示出在中生代时期的特性，但在很多森林中仍然延续着它们的优势。

☞例 7

在美国的西海岸有大量著名的红杉树（redwoods）种群。它们能达到 100 米的高度，树干的直径可达 4 米，有些树龄达到了 1500 年。红杉树就是裸子植物，属于红杉属（sequoia）。巨大的美洲杉是属于这个属的另一种。松树、云杉、冷杉和铁杉也是我们非常熟悉的种类，几乎所有的叶片都像针或者扁平的鳞片那样窄。

针叶类最显著的特征是作为繁殖结构的球果（cone）。雌性球果往往比雄性的大。松树是典型的针叶植物，通常雌雄球果在同一树上。松树的生活史与许多的被子植物相类似，详细的论述见第 11 章。

☞例 8

松树球果的每一个鳞片是一片孢子叶，并发育成一个孢子囊（在雌配子体中也称珠心）。雄性球果的孢子囊减数分裂产生很多单倍体的小孢子，变成一个个能够随风漂浮的花粉颗粒。在这些花粉颗粒内部，小孢子核进行有丝分裂产生四个细胞。这四个小孢子细胞组成了整个的雄性配子体（也称雄配子体），然后其中的两个细胞退化，剩余的两个细胞称为退化细胞核和管细胞（核），其功能将在下面进行论述。

每一个雌性球果的孢子囊被一层珠被（integument）包裹着，在其一端有一个珠孔（micropyle）（一个小口）（见图 31.3）。孢子囊内部的四个单倍体大孢子，三个退化。在孢子囊内通过多次的有丝分裂，第四个大孢子发育成雌性配子体（megagametophyte）。然后雌配子体在珠孔端发育成几个颈卵器。每一个颈卵器都会发育成一个卵细胞。孢子囊、雌配子体和表面的珠被组成了一个胚珠（ovule）。

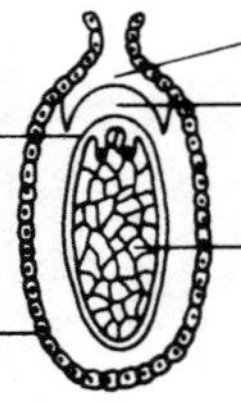

图 31.3

当一个花粉粒经雌配子体珠孔与孢子囊接触时，便发育成一个花粉管，渗透至孢子囊。两个花粉核进入花粉管，并进行核分裂（管细胞与花粉管的生长相互关联，并且不进行分裂）。子核之一再次分裂产生两个精子细胞。当花粉管进入颈卵器时，其中一个精子细胞将使卵子受精。受精卵在雌配子体内发育成胚，仍然在孢子囊中。最后胚珠释放出种子（种子的表皮来自于珠被；贮存的营养物质来源于雌配子体和胚）。

被子植物

开花植物（被子植物）的种子包含在一个子房内，是所有植物中最成功和分布最广泛的一类。它们起源于 1 亿多年前，在中生代的白垩纪，成为新生代或现代陆生植物的优势种类。与此相反，裸子植物的繁殖结构是球果生出胚珠，在球果裸露的鳞片上逐渐发育成未来的种子。被子植物的繁殖结构是花，将未来的种子完全包围起来。雌蕊的纵向部分称为心皮（carpels），即雌蕊是由心皮构成的。心皮也许起源于类似孢子叶的包，后演化成子房、中柱和柱头（见第 11 章）。

有花植物目前生存种类接近 175000 种，有很多通过颜色鲜艳的花瓣和散发的香味使昆虫为其授粉。在所有的陆地环境、池塘和湖水中它们生存非常成功，但在海水中生活的却较少。尽管差不多所有的被子植物是自养生物，但有少数缺少叶绿素仍能生存，如：腐生植物。还有一些演化成寄生植物。

被子植物仅仅能生活一个生长季节的为一年生植物（annuals）。能生活两个生长季节的为二年生植物（biennials）。如；胡萝卜。多年生植物（Perennials）能维持很长的生活周期。

31.4　植物的经济价值

从表面上看，对于人类植物是取之不竭的资源，250000 种被子植物的根、茎、叶甚至花都能够为所有的动物提供食物。

☞例 9

双子叶植物之一的蔷薇科（Rosaceae）有玫瑰、草莓、樱桃和杏树，它几乎包括了大部分水果和观赏植物。紫花苜蓿、豆类、三叶草和豌豆等组成豆科（Leguminosae）植物。寄生在这类植物根中的固氮细菌标明它们对农业有利。该科植物还包括许多种蔬菜和许多发展中国家的多种食品。柑橘是芸香科（Rutaceae）植物的代表。十字花科（Cruciferae）包括芥子、甘蓝、花椰菜和花茎甘蓝；葫芦科植物包括南瓜、西葫芦、黄瓜和香橼等。

许多重要的单子叶植物是禾本科（Graminae）。该科植物约有5000种。本科代表植物有竹子、小麦、水稻、玉米、大麦和牧草，它们也是粮食作物。其他单子叶植物包括菠萝［凤梨科（Bromeliaceae）］和棕榈［棕榈科（Palmales）］。

许多开花粮食作物是草本植物，它们的茎细小且很软。大多数草本植物是一年生，但也有两年生和多年生。

上述植物中包含着许多药用植物，例如：奎宁就是来自金鸡纳植物的树皮；毛地黄来自毛地黄植物。

尽管人工合成织物已大量生产，但天然纤维如亚麻［亚麻科（Linaceae）］、棉花仍然普遍用来制作衣服、织物和软织物。

利用植物的合理布局对大片园林进行绿化设计，包括大片树木、花、灌木等在适当的位置种植，而对样板花可用种在花盆中的花另行安置。木材被用做制造家具和建筑，在美国近十年因石油价格不稳定，使用木材作为替代能源的情况有所恢复。在许多国家，树木被作为惟一的能源（这种情况导致滥砍伐森林，其后果导致土壤荒芜和洪水成灾）。煤是由植物产生的——虽然是来自古代的树木和更原始的导管植物（蕨类）。千万个化工厂利用植物为原料生产出许多产品——塑料、丹宁和橡胶等。（虽然现在能够人工合成许多产品，但橡胶的来源仍就为橡胶树的乳胶汁）。

31.5 绿色革命

追溯到第二次世界大战末期，由洛克菲勒基金（Rockefeller Foundation）支持，Norman Borlaug开始了一系列的遗传研究。该项研究导致多种禾本科粮食作物的产量提高。最后，他的工作在联合国食品和农业组织的支持下得到了推广。特别是不同品种的小麦和水稻，送到被饥饿威胁的发展中国家。在发展中国家耕种这些品种，粮食获得了丰收。这个项目如此之成功，以至称为绿色革命（green revolution）。在亚洲某些地区伴随着绿色革命，粮食产量提高了4倍。

高产作物品种的种植必须应用大量肥料支持。这些肥料一般是以石油为原料合成的。同时还需使用大量的杀虫剂，否则谷物要么在生长期收获后，要么在仓库贮存期被大批昆虫毁坏掉。为了丰收的目的，绿色革命应包括机器、化学和人类资源的总动员（参见31.7疑难问题解析）。

在这些地区仍继续开展小麦、水稻和其他谷物的杂交育种的研究工作，如设在菲律宾的国际水稻研究所、墨西哥的国际玉米和小麦改良中心。

疑难问题解析

31.1 所有植物起源于绿藻门（绿藻）的证据是什么？

所有植物包括绿藻都具有叶绿素a和叶绿素b，它们均含有作为光合作用辅助色素的β-胡萝卜素。在几乎所有的植物中，淀粉是贮存的碳水化合物。与真菌不同，植物体内除含叶绿素外，植物细胞有纤维素构成的细胞壁，虽然在某些植物中的细胞壁中还有其他结构。

在生物化学的相似性方面，它们都有共同的细胞质分裂模式，在细胞有丝分裂末期，细胞质分成两部分时，在分裂细胞中心形成细胞板。像这些基本特征标明它们有相同的起源谱系。还有植物和绿藻的质体均有堆积的基粒。

31.2　所有植物在向陆地环境过渡的过程中，它们的表面向着具有蜡质表皮方向发展，以防水分蒸发。那么，植物的水分以及其他气体是如何与环境进行交换呢？

所有植物的表面分布着星罗棋布、向周围环境开放的小孔。这些小孔总是开放的，以避免干燥带来的危险。苔藓植物的另一个特征，它们具有鞭毛的精子必须游动到颈卵器中的卵子处，因而它们必须生长在潮湿的环境中。

维管植物的皮孔称做气孔（stomata），被周期性开关的保卫细胞所包围。在光合作用活动高峰时，保卫细胞由于贮存糖，而被拉得很紧，使气孔仍维持着开放状态。CO_2 和其他气体进入细胞，而氧（植物需要多余的氧）排出细胞外。在夜间，当光合作用活动停止时，保卫细胞变得松弛，气孔关闭。气孔开与关的易变性是蕨类和种子植物对干燥的地球表面适应的一个重要因素。

31.3　由于苔藓植物缺少维管植物的许多特征，它们在干燥的陆地上是如何生活的呢？

苔藓植物只能生活在相对潮湿的区域，不能生活在陆地的干燥区。它们的身体通常很矮小，以至于该区域内受外来干旱威胁时，可将灾害消弱到最低程度。像其他植物一样，它们具有防止水分丢失的不渗水表皮。然而，散布在表面的小孔是开放的，能够从湿气中吸收水分。在许多苔藓植物中，占支配地位的配子体像海绵一样，既吸收水分，又盘踞于水中。

虽然苔藓植物缺乏真正的根、茎和叶[1]它们有类似维管植物器官的基本结构，具有相同的功能。单细胞的假根像头发一样把配子体固着在土壤中，它们还起着吸收水中物质的作用。

苔藓植物的鳞状叶和欧龙牙草的裂状叶，含有叶绿素，并且是进行光合作用的主要部位，正像在高等植物所见到具有的独立结构。苔藓植物粗大的身体（确切的说是叶状体——译者）对植物体提供支持，而且是贮存食物的部位。孢子体一般表现为向高处生长的趋势，但由于它仍保留着独立向上的结构，或因其寄生在配子体上，故不直接受外界营养和水分缺乏的影响，生活在相对安全的小环境中。

31.4　对比蕨类和裸子植物对陆生环境的适应。

蕨类和裸子植物都是维管植物门（Tracheophyta）的成员。它们是维管植物，具有把从土壤吸收的水分、矿物质向上运输的能力，同时具有把有机物从叶经茎到根的运输功能。当然，对蕨类植物孢子体而言，具有这种运输功能是可能的。自由生活的配子体，只局限在它所适应的陆生环境中，和苔藓植物相同。在裸子植物中，没有自由生活的配子体，配子体寄生在孢子体内而受到保护。裸子植物形成带翅膀的种子，具有坚韧的外包被保卫着种子和内部的食物。裸子植物比蕨类植物有更适应陆地生存的优势。松柏类植物中，针状叶的形成可防止水分过多的丢失，对于干旱栖息地具有独特的适应优势。

31.5　被子植物与裸子植物有何不同？

首先，被子植物的种子进化得更好，是维管植物中最成功的一类。它位于密闭的腔（子房）内。含种子的成熟的子房被称为果实。果实不仅把种子包裹，而且还协助种子扩散。果实或者是被动物携带，或者是被动物吃后将其带到远方，种子被带到远方落下或从动物消化管道中排出来。

被子植物的种子与裸子植物种子略有不同。被子植物从花粉来的一个精子核与卵结合形成合子，另外一个精子核在配子体（胚囊）与两个单倍体核结合形成三倍体的胚乳。胚乳是谷物种子内最主要的食物来源。

在裸子植物中，传粉（花粉传播到雌性生殖结构上）只能靠风。在开花植物中，花粉可以通过风或动物传播。虽然昆虫作为授粉的基本力量已得到证实，但近期研究指出，小鼠和其他小型哺乳动物在授粉过程中也起一定的作用，特别是对热带植物更有意义。

被子植物主要的内部修饰是特化的木质部细胞的发育，导管（vessels）和纤维（fibers），此外还有管胞。导管特别重要，因为它们是较大且有纹孔的柱状细胞，这些细胞末端连接。当它们的内部细胞内容物退化时，他们便集合形成长的导管，导管的形成促进了植物体内水分的通过。另一方面，纤维的功能可独立地起支撑作用。在针叶树中，有单一的木质部分管胞，这表现出更为原始的状况。

31.6　理想的开花植物的花（既含有雄蕊又含有雌蕊）通过雌蕊向上的高度，或者与雌蕊成熟时间错开的机制，防止自花授粉，你猜想在进化过程中为何会形成这样的制约机制？

1）茎藓植物只有茎和叶。——译者注

这样的适应机制可以防止自受精产生的变异性丢失。

31.7　你认为绿色革命有哪些不足？

首先，广泛地单一种植水稻或小麦，易感染植物疾病或虫害。特别是水稻和小麦的矮花病，常常通过亚洲、非洲、广大地区成千上万农民耕作被广泛传播。假如把这些品系丢弃，那么整个地区将失去大部分谷物。

早期令人失望的因素可能是过分扩大种植矮化作物品系。种植这些矮化作物是因其富含碳水化合物，但蛋白质含量相应不高。然而，在大多数贫困地区，蛋白质的不足是对生产最大的挑战。像恶性不良粗皮症（碳水化合物过多而蛋白质缺乏的营养不良症——译者注）一类的疾病，最初是蛋白质缺乏而不是摄入的总热量缺乏引起的。后来的工作提高了蛋白质的含量，特别重要的是增加像赖氨酸类的氨基酸，情况才有好转。

绿色革命的成功依赖于农业机械化和大量合成肥料，以及杀虫剂的准备。机械化使需要发展中国家仍依赖于发达国家的大而强的工业能力。发达国家和发展中国家之间继续存在的依属性，有时会产生紧张甚至于相互威胁的关系，这就需要经常协调他们之间的相互关系。

在 20 世纪 70 年代，石油价格突然升高，利用石油生产的肥料被缩减。虽然许多石油生产领导者与依赖绿色革命的国家建立政治联盟，但关系仍然没有获得很好的调整。合成肥料对生产造成的影响变成了瓶颈效应。

绿色革命的另一个弊端是像危险很大的强杀虫剂 DDT 迅速通过生物圈扩散，造成对人类的特别影响。对人类造成的危害至今还没有完全搞明白，但是对生态系统造成的危险已是相当明显的。一些特殊鸟，如鹗已受到灭绝的威胁，因为 DDT 影响到它们的卵壳形成。当孵化成熟时卵裂开，结果在生殖管道中干扰钙的代谢，影响鸟的发育。DDT 在美国已被禁用，对内部禁止出售。但是，它仍然可被制造用于出口。

绿色革命在增加谷物产量上表明是成功的，但是仅仅是暂时地解决了粮食问题，除非是对人口数量进行控制，以使在粮食供应和更多饥饿的人口生育之间达到平衡。一个稳定的统治政府，对人口控制是一个先决条件。

附　加　题

31.8　充满维管植物细胞壁，使其维持强直的物质是

(a) 丹宁　(b) 几丁质　(c) 木质素　(d) 花蜜　(e) 都不是

31.9　绿藻门和高等植物两者都有下列哪些特征？

(a) 细胞板　(b) 质体中的基粒　(c) 淀粉作为贮存的燃料　(d) 细胞壁中纤维质　(e) 都有

31.10　在____颈卵器呈小沟状。

(a) 藓　(b) 苔　(c) 蕨　(d) 针叶松　(e) 被子植物

31.11　具有鞭毛游动的精子是在哪类植物中发现的？

(a) 蕨　(b) 苔藓　(c) 针叶松　(d) a 和 b　(e) b 和 c

31.12　在地钱胞芽杯中发现的胞芽是活动的

(a) 雄配子　(b) 雌配子　(c) 无性孢子　(d) 花粉粒　(e) 减数分裂的配子体

31.13　假根中含有维管。

(a) 对　(b) 错

31.14　异型孢子由两个不同纲的植物（植物或藻类）产生的孢子，其中一种呈现出雄性配子体，另一种呈现雌性配子体。

(a) 对　(b) 错

31.15　蕨类植物的每一个囊群含有许多个孢蒴。

(a) 对　(b) 错

31.16　银杏是雌雄同株。

(a) 对　(b) 错

31.17　松是软木材，但枫和橡树是硬木材。

(a) 对　(b) 错

31.18 导管和纤维是在裸子植物中发现的木质成分。

(a) 对 (b) 错

31.19 单子叶植物在它们的叶中有平行叶脉，而在双子叶植物的叶中有网状叶脉。

(a) 对 (b) 错

31.20 被子植物次生木质部生长，通常是在双子叶植物中。

(a) 对 (b) 错

31.21 某些花的花瓣中有特性色斑模式，可以吸引昆虫落在花朵上，帮助它们将花粉带到生殖结构上。

(a) 对 (b) 错

31.22 小麦和水稻两者是双子叶植物。

(a) 对 (b) 错

31.23 Norman Borlaug 发明了 DDT。

(a) 对 (b) 错

31.24 当我们观察到从苔藓植物经蕨类植物和裸子植物到被子植物，孢子体的优势越来越增强。

(a) 对 (b) 错

31.25 木质部细胞在它们死后，履行传导水的功能。

(a) 对 (b) 错

31.26 在木质部茎中，由于它们具有导管和在雌性配子体中表现出典型的减数分裂，买麻藤植物（一种裸子植物）被认为像被子植物。

(a) 对 (b) 错

答 案

31.8 (c) 31.9 (e) 31.10 (e) 31.11 (d) 31.12 (c)

31.13 (b) 它们是无维管类

31.14 (a) 31.15 (a) 31.16 (b) 31.17 (a)

31.18 (b) 在被子植物中进化得更好

31.19 (a) 31.20 (a) 31.21 (a)

31.22 (b) 两者都是单子叶禾本

31.23 (b) 31.24 (a) 31.25 (a) 31.26 (a)

第32章 动物界

动物是多细胞的真核生物，其营养特征是以其他生物体为食。许多动物以捕食其他动物为生，称为肉食动物（carnivores），其他以植物为食的动物称为草食动物（herbivores）。

例 1

一只母狮子悄悄地追踪一群高角羚并杀死了其中速度较慢的一只，母狮子就会与其成员共同分享这顿美餐。在这一例子中，狮子是捕食者（predator），而高角羚是被捕者（prey）。高角羚的残骸又被如秃鹫之类的腐食动物（scavengers）吃掉（见第 26 章）。高角羚以草为食，故它是草食动物。

人属于脊索动物门的脊椎动物（vertebrata）亚门。脊椎动物占动物界总数的 5%，但主要是人类。脊索动物以外的其他动物是无脊椎动物（invertebrates）。

32.1 侧生动物亚界：海绵

人们通常将动物界再分成许多群以反映主要谱系的进化关系（见图 32.1）。一般将海绵

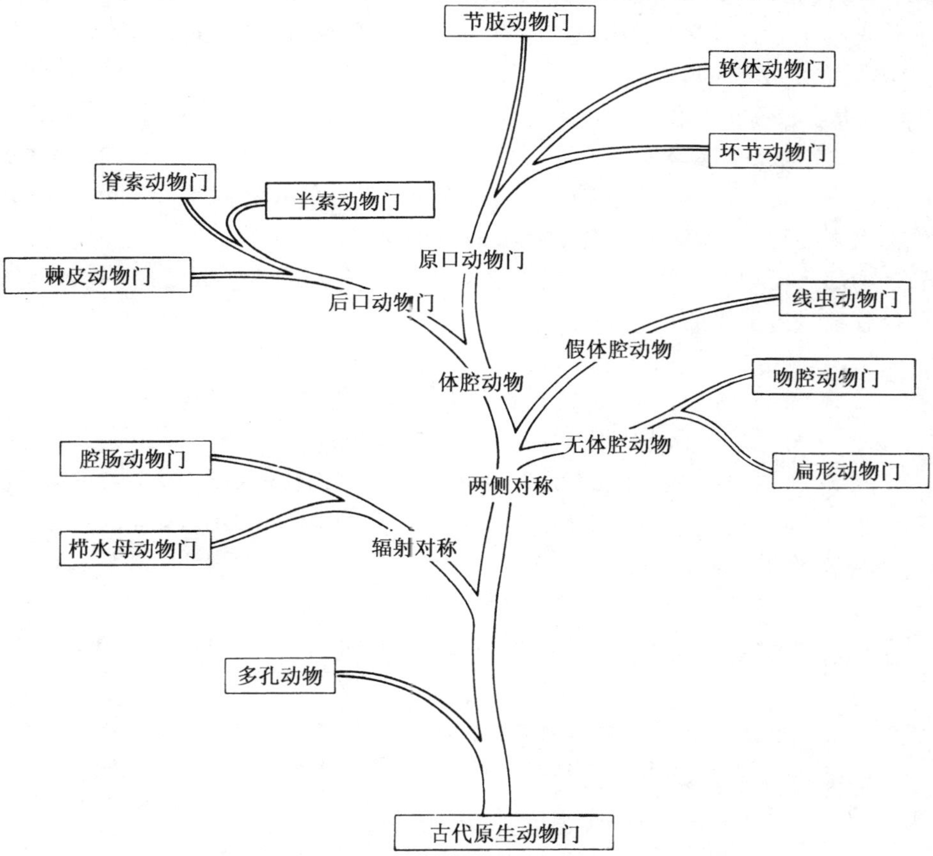

图 32.1　动物界系统发育图

(sponges) 动物分成一个独立的亚界，即所谓的侧生动物亚界（Parazoa），而所有真核动物亚界的动物被认为是由独立的原生生物发育而来。

海绵动物是无柄(永久附着,因此不能运动)的囊装生物,属于多孔动物门(Porifera)。这一门是根据海绵动物身体的结构而命名。海绵动物身体表面有许多圆形孔,水通过这些孔进入到海绵动物体内的内腔即海绵腔(spongocoel)中,最后通过排泄口(excurrent vent)即出水口(osculum)排出。水中的食物颗粒被称为襟细胞的特殊(collar cell 或 choanocytes)的细胞捕获。

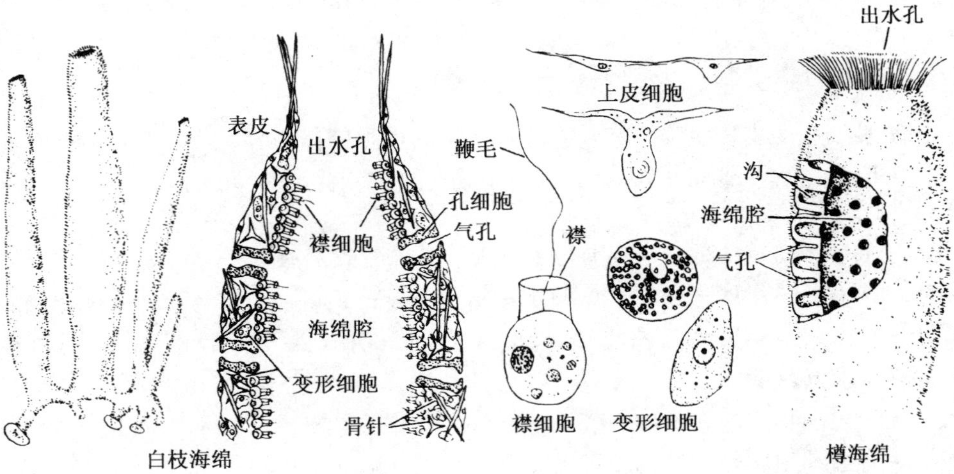

图 32.2　简单海绵的结构图

尽管将海绵动物分类为多细胞动物,与其他动物种类相比,但它们并不完整,功能也没有特化。海绵动物没有组织结构,它们的细胞是结构和功能的基本单位。海绵动物的身体由两层组成——外皮层和主要由襟细胞组成的内层。凝胶状的间隔即中质(mesohyl)将两层分隔开。

绝大多数海绵动物是海洋生物，但少数种类生活在淡水中。海绵的种类超过 10 000 种[1)]，它们在大小和形状上有很大差异。有些颜色呈白亮，可以提高海底的可见度。海绵动物除了可以作为有效的擦拭器外，还可以产生抗生素等化学物质，这种化学物质经修饰可用于癌症的化学疗法。如果将海绵动物过筛可使海绵动物崩溃，然而单个细胞又可以重新结合形成完整的海绵动物。这表明单个细胞具有很高的自主性。

多孔动物门又可以分为四个纲，这是依据沉积在中质中的无机骨针（spicules）刺状支撑结构的特征而进行分类的。

☞ **例 2**

钙质海绵纲（Calcarea）拥有由碳酸钙构成的骨针。寻常海绵纲（Demospongiae）占海绵种类的 90%以上，在它们的骨针中一般有含硅化合物，这些骨针经常与海绵丝（spongin）——结实的胶原质纤维结合在一起。玻璃海绵纲（六放海绵纲）（Hexactinellida）是依据其六个放射型，含有氧化硅的玻璃状的骨针而命名。硬质海绵纲（sclarospongiae）紧密的碳酸钙网状结构上有氧化硅骨针。

32.2　辐射对称动物：刺胞动物门和栉水母动物门

比海绵动物高级的动物按其身体的对称性又可以大致分为两类：辐射和两侧对称。辐射对称动物（Radiata）是辐射对称，口在身体中间，其他器官围绕口成辐射状排列。

辐射动物又分为两个门：刺胞动物门（Cnidaria）即腔肠动物和栉水母动物门（Ctenophora），它们是辐射对称（radial symmetry），细胞分为两层，并有一个作为消化器官

1）常见报道 5000 种。——译者注

的内消化腔（gastrovascular cavity，即原肠（coelenteron））。食物由口进入，未消化掉的食物再由口排出。而海绵动物是滤食动物（filter feeders），腔肠动物和栉水母动物可以消化掉较大的食物颗粒，并将吸收的营养传递给身体的各个部位。

辐射动物具有组织水平上的分化，特化的神经细胞形成神经网，并可能分布到生物体的各个部分。神经原的突触不太明显，刺激可以通过突触向各个方向传导。上皮肌肉细胞（epitheliomuscular）具有收缩性，是由外胚层衍生而来。

刺胞动物门

这一门动物的明显特征，因之而命名为刺胞动物门（cnidocytes），在于触手和躯体的细胞壁上有特化的刺丝囊（nematocyst），刺丝囊呈螺旋管状压缩在一个胶囊中（见图 32.3）。当触手表面受刺激时，刺丝囊还具有抛锚装置的功能。

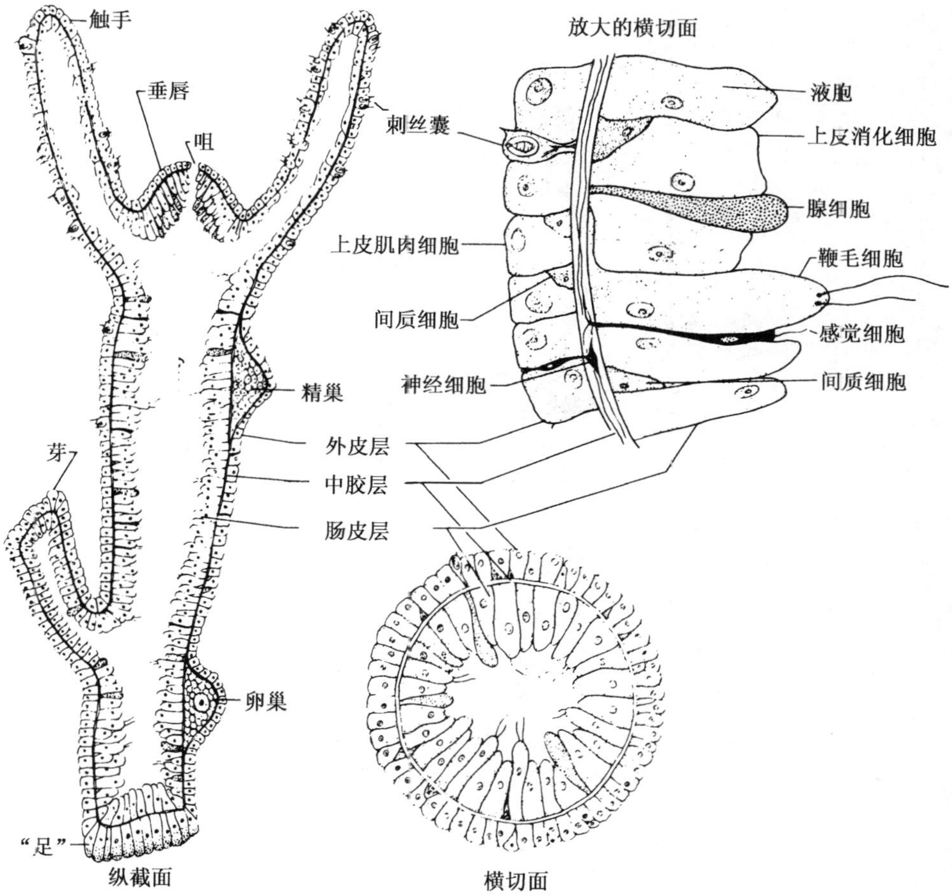

图 32.3 刺胞动物水螅体的平面图（摘自 Storor 等）

刺胞动物有约 10 000 多种，刺胞动物又可以分为三个主要的纲和一个次要的纲：水螅纲（Hydrozoa），钵水母纲（Scyphozoa），珊瑚纲（Anthozoa）（珊瑚和海葵）为三个主要纲，立方水母（Cubozoa）（海蜂）为次要纲。几乎所有的水螅纲的生命周期都是由水螅体（polyp）和水母体（medusa）阶段交替组成（见图 32.4），钵水母主要生活在海洋中，其主要形态是水母体，中胶层（mesoglea）（外胚层和内胚层之间的基质）较厚，有时多孔。珊瑚纲（动物花）是刺胞动物最大而且变化最多的一个纲，只有水螅型，没有水母型。珊瑚纲的动物比较大，呈圆柱状，它们是珊瑚礁的重要组成部分，多生活在暖海中。

☞例 3

许多珊瑚礁是由珊瑚的石灰质骨骼构成。刺胞动物大多是致密群落但也有少数是单个生长，所有的水螅体都可能有水母体阶段。每一代珊瑚体死后，其他珊瑚体就会在其上形成一层新的石灰质（含钙）物质，这些骨骼残骸闪闪发光，形成一些美丽的图案。

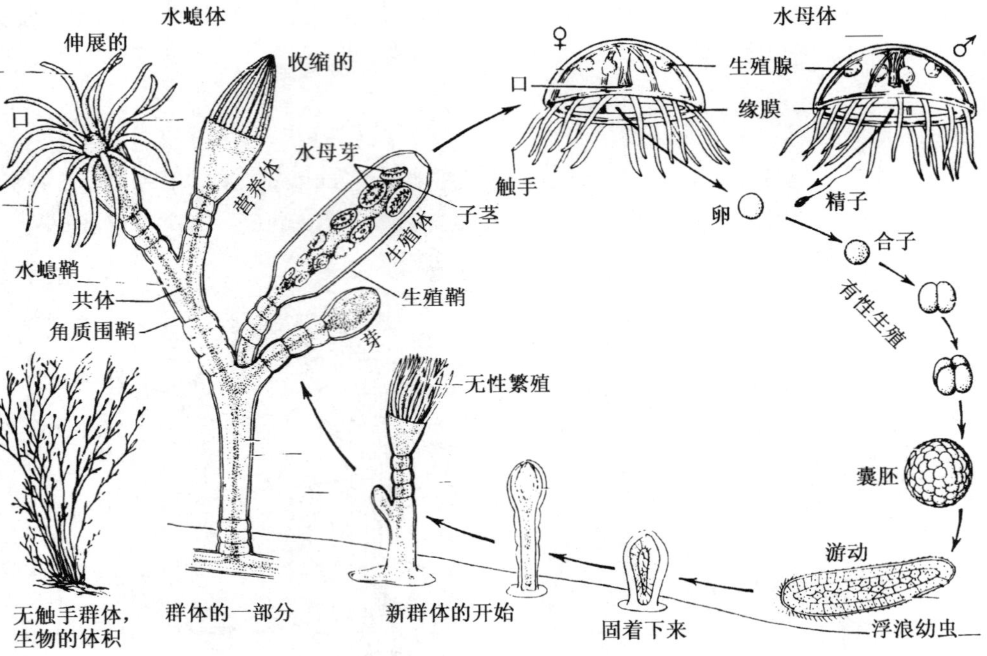

图 32.4　薮枝螅生活史（水螅型和水母型之间交替）
（摘自 Storer 等，由 Wolcott 修改）

在许多珊瑚岩层中，刺胞动物的骨骼仅形成骨架，在珊瑚礁的石灰质间隔中还有其他活的或死的无脊椎动物。藻类作为食物源和食物生产者在珊瑚礁群体中具有重要作用，它可以渗透到刺胞动物的组织中，也可以在珊瑚礁的间隙中自由生长。

珊瑚礁有三种主要类型：

1. 裙苏礁（fringing reefs）：紧靠海岸线
2. 堤礁（barrier reefs）：非常厚，并被较宽的水道与海岸隔开
3. 环礁（atolls）：围绕中心的礁湖形成的环形的珊瑚岛。

栉水母动物门

栉水母动物与刺胞动物相似，都具有辐射对称和双胚层（diploblastic）躯体的特点，然而，栉水母动物没有刺囊，在生命周期中也没有任何体形上的变化（从水螅体到水母体）。在中胶层有可以独自收缩的肌肉细胞。这一门是依据沿躯体通常纵向排列的 8 条融合纤毛板而命名的，这些纤毛板同时拍打促使动物在水中运动。这些海栝桃（Sea walnut）（俗名）通常是在海潮和强水流中被动地运动。栉水母动物大多都会发光，它们靠触手上排列的粘细胞捕捉食物。

32.3　两侧对称动物：后口动物和原口动物

动物界中所有剩余的动物可能都起源于一个共同的祖先形态，首先是两侧对称，即在纵向轴的两侧有相似的形态。两侧动物（Bilateria）一般具有头（head）或前端（anterior end），尾巴（tail）或后端（posterior end）。头首先进化，在距现代较近的进化群体中头部的

感官结构复杂程度明显增加。所有的两侧动物都是三胚层（triploblastic），具有第三个主要的胚芽层，即所谓的中胚层（mesoderm）（见第 11 章）。

所有比辐射动物高级的真核动物在是否具有体腔方面存在着差异。

例 4

扁虫［扁形动物门（Platyhelminthes）］和吻虫［吻腔动物门（Rhynchozoela）］没有体腔，由内胚层围成的消化腔是体内惟一的空腔。这些动物被认为是无体腔（acoelomates）。假体腔动物（Pseudocoelomates）的内胚层和中胚层之间有一个广阔的空腔，其中包括轮虫动物门（Rotifera）和线虫动物门（Nematoda）。体腔动物门（coelomates）具有真体腔——在中胚层内充满体腔液并具有完整的上皮。比线虫更复杂的所有动物都具有真体腔。

在动物界中，依据早期的胚胎发育不同，两侧对称（bilateria）真体腔动物又可分成两个分支（见图 32.1）。后口动物（deuterostomes）（希腊语意指“第二张嘴”）的胚孔发育成肛门，然后再形成口。原口动物（Protostomes）的胚孔形成口，然后才形成肛门。后口动物表现为辐射不定型卵裂，而原口动物趋向于螺旋定型卵裂。后口动物发育模式的主要代表是棘皮动物门和脊索动物门；而原口动物主要包括扁形动物门、线虫动物门、软体动物门、环节动物门和节肢动物门。

原口动物和后口动物在中胚层的起源以及体腔的形成上也存在差异。后口动物的中胚层是由原肠腔中的内胚层形成，原口动物的中胚层是在发育早期由特定的单个细胞形成。而且，后口动物的体腔是由肠腔囊形成，当中胚层细胞膨胀到囊胚腔并进行收缩就形成了一个独立的中胚层“内管”，中间的空腔即为体腔。原口动物的单个中胚层细胞绕肠形成一个完整的细胞环，这个完整的细胞环经内分裂产生体腔。体腔的两种形成方法具有相同的结果。

体腔使得生物体具有许多优势，将肠和其他内部器官与体壁分开，使得躯体的这两部分可以独立运动。这样，体腔内的蠕动不会干扰体壁肌肉运动器官的收缩。体腔中的液体可以作为液体静压骨骼抵抗体壁肌肉细胞收缩以产生运动。最后，体腔膜，如腹膜（peritoneum），形成双层膜保护内部器官。

32.4　无体腔动物

扁形动物门

扁形动物门是最简单的三胚层动物，从复杂性来看，扁形动物是器官水平（organ level）上的复杂性，而刺胞动物和栉水母动物则为组织水平上的复杂性。扁形动物的原始祖先还不清楚，它包括四个纲的 15 000 多种动物。

涡虫纲（Turbellaria）是惟一一个自由生活的扁虫纲。这一纲是依据其在水中靠强健有力的纤毛拍水时产生的运动而命名。它们以活的小生物为食，也可以吃较大的动物。扁虫的消化腔分支并扩展到全身。涡虫纲的动物可以贮存相当多的食物，因此在饥饿状态下可以存活很长时间，没有液体或气体循环器官。

例 5

三肠涡虫是涡虫纲的典型代表，尽管其“同伴”大多是海洋生物，三肠涡虫却生活在淡水中。因为没有循环体系，三肠涡虫扁平而细长，这种体态使得几乎所有细胞都可以与周围环境相接触，从而可以自由地交换气体和溶解在水中的物质。三肠涡虫靠纤毛和肌肉的运动而滑行。

扁形动物门的其他三个纲的生物都是寄生生物，单殖纲（Monogenea）生活周期比较简单，雌雄同体，但自身受精很少发生。吸虫纲（Trematoda）是比较复杂的寄生虫，可能有四种中间寄主，其中至少有一种是软体动物（见图 32.5）。

例 6

中华肝片吸虫（Clonorchis sinensis）是许多亚洲国家主要的寄生虫，成虫寄生于人和其他哺乳动物的肝脏和胆管中。寄主排出的卵必须被淡水蜗牛摄取，经过形态变化后，吸虫以一种高活性的游动尾蚴（cercaria）钻进淡水鱼或甲壳类动物中，并以后囊蚴（metacercaria）形态存在。第二中间寄主一旦被大型肉食动物吃掉，就会将包被的后囊蚴传到肉食动物中去。后囊蚴发育成成虫，完成一个生活周期。

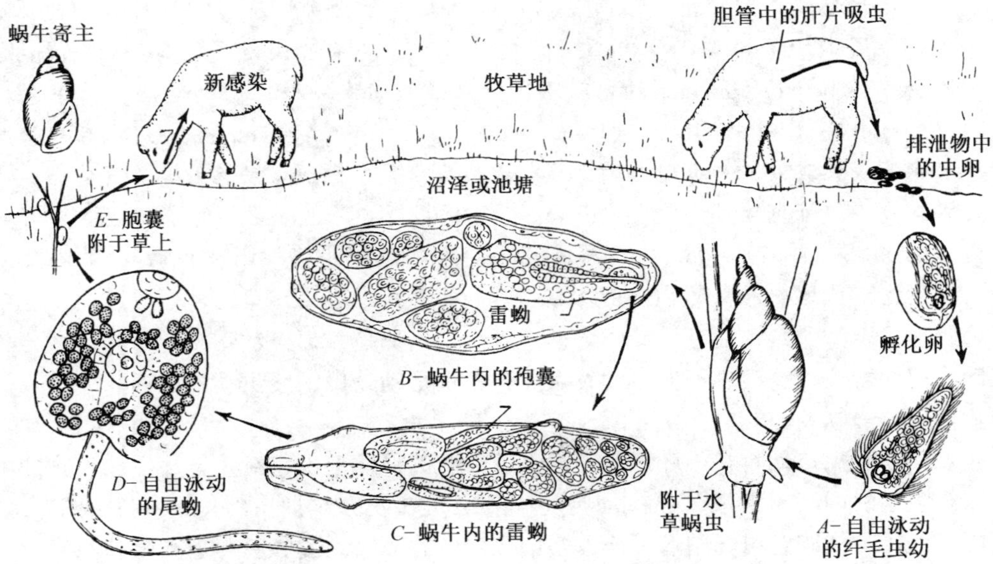

图 32.5　羊肝片吸虫（Fasciola hepatica）生活周期

亚洲已有两百多万人感染了称为血吸虫病的血吸虫（schistosome），这种寄生虫只有两种寄主：人和蜗牛[1]。这种寄生虫病将使人慢性疲劳，对其他疾病抵抗力下降，且萎靡不振。

扁形动物门的第四个纲是绦虫纲（Cestoda），虫体具有头节（scolex），头节上有小钩和环形吸盘，绦虫的成虫大多时间以小钩和吸盘附着在肠内膜上。头节之后是不断重复的片段即节片（proglottids）。每个节片都有雄性和雌性生殖器官以及一些小器官。绦虫没有消化道，也很少有神经系统。长带状的节片很适合绦虫的寄生生活。

吻腔动物与扁形动物较相似，但吻腔动物具有可展开的吻（proboscis），用以捕捉食物，因此称为“吻腔动物”。有时吻尖上有一些小刺，可作为针注射毒液。吻腔动物有肛门和较完整的循环系统，因此要比扁形动物复杂。

32.5　假体腔动物：轮虫动物门和线虫动物门

轮虫动物（Rotifera）和线虫动物（Nematoda）都有假体腔。轮虫动物是多细胞生物，个体较小，甚至比一些大型变形虫还小，因为在基口的周围有一个纤毛冠（corona）而得名。受精卵特定的细胞分裂次数使成虫有固定的细胞数，这引起胚胎学家的极大关注。轮虫动物也可以进行单性生殖，在单性生殖中，非受精卵的二倍体细胞产生一个新个体。有时一些群体只有雌性。有的种类可以产生单倍体的卵子进行单性生殖而成为单倍体的雄性个体，这一过程与蚂蚁、蜜蜂相似。当精子与卵子结合成为合子后，受精卵的壳较厚，对不良环境具有较强的抗性。生活在排水管或泥筒中的轮虫动物，当环境干枯后会变成脱水的、非活性状态，在这种状态下有长期的耐受力，甚至几年后在有水时也可以变成活性状态。

在假体腔动物中，还有一些比较小的门，包括雌雄同体的腹毛动物门（Gastrotricha）和

1）不是蜗牛而应是钉螺。——译者注

具刺的动吻虫动物门（Kinorhyncha），它们都具有外表皮。

就个体来说，线虫动物门是所有动物中最大的门。线虫动物的特征是具有渐尖的尾，自由生活；然而十二指肠虫病、旋毛虫病和象皮病等都是由线虫寄生引起的。

32.6 原口体腔动物

环节动物门（Annelida）、软体动物门（Mollusca）和节肢动物门（Arthropoda）是原口动物的三个主要门，它们具有相同的进化趋势。节肢动物和绝大多数的软体动物都具有一个开放的循环系统，在动脉和静脉之间有一个大血腔（hemocoels）。环节动物具有封闭的循环系统，所有血管（动脉，毛细血管和静脉）都是封闭的，并具有分叉。这三个门中的动物都具有真体腔。

环节动物门

环节动物的身体是由许多体节（metameres）构成，其分节现象在体表很明显，但在其体内也存在分节，是以隔膜的形式将虫体分为几个部分。与环节动物直接有关的分节现象也存在于节肢动物和脊索动物中。

☞例 7

蚯蚓是典型的陆生环节动物，它的整个虫体被分为几个[1]十分相似的节，每节中含有四对外刚毛用于运动。排泄管和排泄孔按节排列，而消化道不分节。

生活在陆地、海洋和淡水中的约 12 000 种环节动物可分为 3 个纲：

- 多毛纲（有许多刚毛）（Polychaeta）：具有刚毛，一般生活在近海岸。雌雄异体，每节上都伸出成对的侧足（parapodia），用作运动器官和呼吸器官。
- 寡毛纲（刚毛较少）（Oligochaeta）：主要生活在陆地上，也有少数生活在海洋和淡水中。雌雄同体，通常是两只虫体交配产生二倍体受精卵。它们生活在潮湿的环境中，因为其虫体只可以与溶解的气体进行气体交换。蚯蚓（Lumbricus）是这一纲的典型代表。
- 蛭纲（Hirudinea）：即是水蛭，个体较小，扁平，虫体逐渐变细，具有前后吸盘，大多寄生在脊椎或无脊椎动物上。它们靠前吸盘附着在活生物体上，并摄取血液和其他体液。雌雄同体。

软体动物门

软体动物门（Mollusca）可分为 7 个纲，这些纲的形态和生活方式具有很大差异，常有壳，但有些在进化过程中失去了石灰质的壳。除双壳纲外，其他所有纲的动物都具有可扩展的、粗糙的齿舌（radula）。蛤和牡蛎沿扁平齿舌有成排的结实牙齿，在齿舌向食物区伸出和收回时，这些牙齿像成排的弓形锯。除软体动物门外，其他动物都不具有齿舌，因此可把它看作软体动物门的共同特征。下面我们来了解一下其中的四个纲：

多板纲（Polyplacophora）意指虫体背侧的壳有许多块（实际为 8 块），以石鳖（chiton）为代表。尽管石鳖是软体动物中比较少见的一类，但推测认为与所有软体动物祖先极其相似。几乎所有的软体动物都具有 3 个主要部分：扁平的肉质足、壳和套膜，内部器官被外套膜包裹在靠足附近的背面（见图 32.6）。具壳软体动物的外套膜隐藏在壳内。位于外套膜和足之间的套膜腔内有腮，腮呈叶片状，由足延伸而成。

腹足纲（Gastropoda）的代表是蜗牛、海螺、蛞蝓（非壳腹足动物），它们是软体动物中个体最大，种类最多的一类，近 75 000 种。壳复杂而华丽，整个动物身体都可以缩进壳

1）据一般书记载，蚯蚓很少有 100 节以下。——译者注

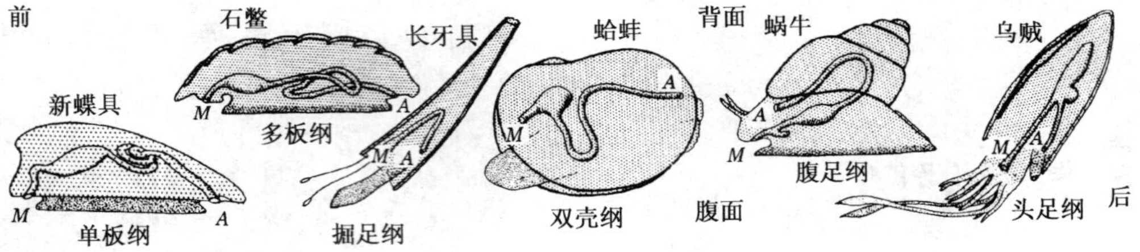

图 32.6 软体动物各纲模式图 M=□，A=肛门

内以保护自己。

双壳纲（Bivalvia）包括贻贝、扇贝和牡蛎，是海鲜食品的主要来源，具有两瓣咬合的壳，两瓣壳在躯体背面咬合。强有力的肌肉——内壳肌（adductors）将两瓣紧紧抱在一起。当内壳肌放松时，楔形足就可以伸出来，双瓣壳可以运动或抓住底层。几乎所有的双壳纲动物都为滤食性动物，鳃较大，既可以用作呼吸器官又可用来摄取食物。雌雄异体；受精卵前期发育在雌性组织中。

头足纲（Cephalopoda）是最特殊最高级的软体动物，大多没有完整的壳。

☞例 8

分室的鹦鹉螺是现存惟一具有完整壳的头足纲软体动物。它与乌贼和章鱼很相似，只是鹦鹉螺有一个非常华丽的长条壳。它们的壳仅使整个动物漂浮在水中，许多动物学家认为这是其他无壳头足纲动物在进化过程必须经历的。

头足纲动物尤其是乌贼具有高度发达的神经系统，运动速度非常快。通常为肉食动物，有许多优点适于捕食，包括其摄像机型的眼能作很好的判断。它是软体动物中仅有的具有封闭型循环系统的动物，有些大型乌贼可达 500kg 重。

节肢动物门

节肢动物门（Arthropoda）是最大的动物门，种类多，分布广，这一门的 5 个纲共有约 1 百万种，许多新种还有待发现。节肢动物具较厚、起保护作用的外骨骼，表皮内含几丁质。与环节动物相似，身体分节，体节上都有不同类型的附肢。

☞例 9

在甲壳纲和昆虫纲中，大多数前部的外附肢变成触角（antennae）（柔软的感官毛），其次是可运动的颚。这类动物被划分为咀嚼式动物（Mandibulates）。蛛形纲和鳖没有触角和颚，相反，成对的外附肢形成肉质尾铗，称为螯肢（chelicerae）。这类节肢动物称为有螯肢亚门（chelicerates）动物，具有四对足。

多数节肢动物具有有灵敏的复眼（compound eyes），复眼是由许多紧密排列的小眼（ommatidia）构成。每个小眼都有各自成像的水晶体和视网膜。节肢动物与环节动物的亲缘关系要比软体动物更近。节肢动物门又可以分为 5 个纲：

- 蛛形纲（Arachnida）：包括蜘蛛、螨、蜱、蝎子等（见图 32.7），都有四对足，大多陆生，通过气管呼吸（见第 20 章）或精致的体内叶状板书肺（book lungs）呼吸。有些对其捕食者施毒。蜘蛛织成网使不小心者落网。编织的网具有种的特异性并由遗传控制。
- 甲壳纲（Crustacea）：主要生活在海洋或淡水中，用鳃呼吸，包括龙虾、小虾、蟹和藤壶（Barnacles）等。头部有两对触角（感官探测器），在一些甲壳类动物中，第二对触角可能用于防卫和获取食物。大型甲壳纲动物如龙虾和小虾属于十足目（decapods），较小的甲壳纲动物组成等足目（isopods），部分海洋和湖泊的浮游生物群体是非常小的桡足亚纲（copepods）动物。

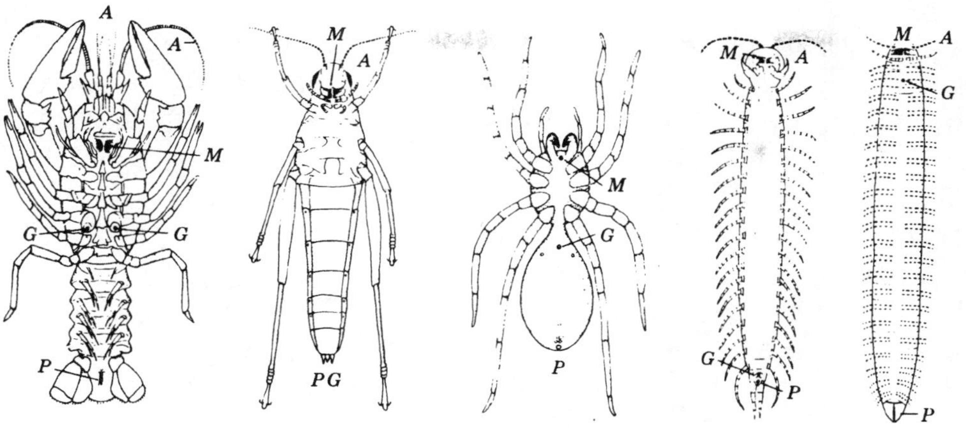

图 32.7　节肢动物门五个主要纲的代表图

- 倍足纲（Diplopoda）：包括大部分的分节千足虫（Millipedes），草食动物，大多陆生。每个体节上有两对足，以提供足够的支撑力。
- 唇足纲（Chilopoda）：包括蜈蚣（centipedes），肉食动物，行动迅速，喜干燥。倍足纲和唇足纲都属于多足超纲（Myriopoda）。
- 昆虫纲（Insecta）：其种类比其他动物种类总和还要多。它们极少生活在海洋中，广泛分布于陆地、淡水和空气中。25 个目以上的昆虫都具有适应性，它们体型小，具有翅膀和灵敏的复眼，变态，有时还有复杂的社会体系。

　　大多昆虫的躯体都可以明显地分为头（head），胸（thorax）和腹（abdomen）三个部分。头部相当复杂，许多独立的部分构成了感官和机械系统。

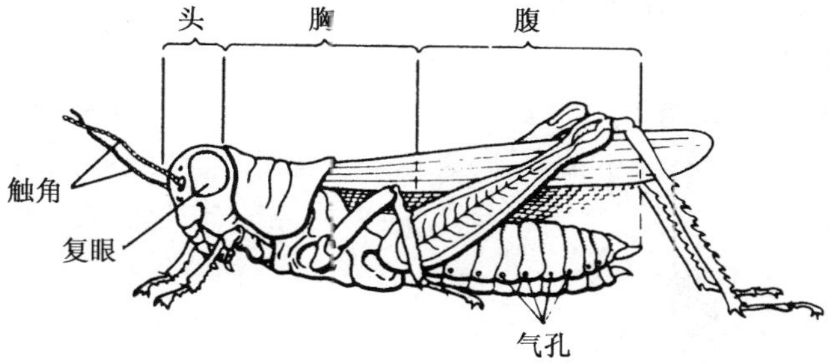

图 32.8　蝗虫驱体的三部分结构

雌雄同体，受精大多发生在交配过程中，雄性昆虫将其阴茎插入到雌性的阴道中进行交配。昆虫在植物传授花粉的过程中起重要作用，但它们也会破坏庄稼，传播疾病。专门研究昆虫的生物学家称为昆虫学家（entomologists）。

32.7　后口体腔动物

后口动物主要包括棘皮动物门（Echinodermata）和脊索动物门（Chordata），它们都具有体腔。

棘皮动物门

棘皮动物门的成虫一般都是次级辐射对称，这些动物的胚胎和幼虫要经过变态过程，这一点与两侧对称的脊索动物相似。棘皮动物门可分为 6 个纲，多为海洋生物并具有相同的基本结构（见图 32.9）。中央盘（central disk）被 5 个辐射臂（radiating arm）包围。每条臂中的放射沟（radial canal）延伸形成管足（tube foot）系统。中心盘上的环管（ring canal）是封闭型水管系（water—vascular system）的中心。水管系具有运动、排泄和呼吸的功能。

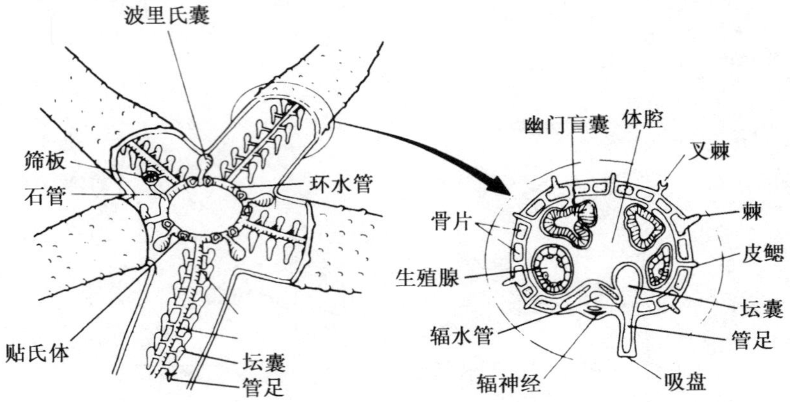

图 32.9　棘皮动物结构图

脊索动物门

脊索动物门可分为两个亚门：尾索动物亚门（Urochordata）（被囊动物）和头索动物亚门（Cephalochordata）（如文昌鱼），尾索动物亚门为底栖生物（Benthic），即生活在海底。这两个亚门的动物与脊椎动物都具有脊索动物的三个基本特征：

1．具有脊索（nolochord），脊索坚固且有收缩性，由纤维组织组成的索状正好位于神经管的前面

2．由外胚层形成的中空脊神经索（nerve cord）

3．咽的鳃裂（gill slits）

脊椎动物亚门的特征是具有骨骼脊椎（skeletal backbone）和头骨（cranium），这两部分将脊髓和头包围起来；头部（cephalization）进化程度高（神经系统前端特化成与专门感觉器官联系的复杂的大脑）；在发育过程中躯干肌肉的分节有时会形成体节（somite）。

脊椎动物可分为 7 个纲，其中 3 个纲为鱼类，其他四个纲被归类为四足动物（Tetrapod）（希腊语意指“四足”），因为它们通常有两对肢。

无颌类（agnatha）动物是指没有颌的鱼类，曾经有相当大数量，现在存活的仅有盲鳗（Hagfish）和八目鳗（Lamprey）。现在的无颌类动物大部分是靠捕食其他鱼类为生，它们先附着在这些鱼类的外表面，然后用齿状的舌头钻进到鱼类的内部器官。软骨鱼纲（Chondrichthyes）像无颌类动物一样，都具有软骨组成的骨骼，这两类动物可能都是由骨性动物祖先进化而来的。现存的软骨鱼纲的动物有鲨鱼、鹞鱼和鳐。尽管鲨鱼是软骨动物，但其颌却令人望而生畏。硬骨鱼类（Osteichthyes）是指具有硬骨的鱼，它们生活在淡水或咸水中。

例 10

鲑有七种，它们是人们最喜爱的食物，也是最喜欢运动的鱼类，最常见的是红鳟鲑（红大马哈鱼）（sockeye salmon）。鲑通常在淡水中繁殖，亲本更偏爱急速流动的小溪。在产卵（spawning）过程中进行体外受精，雌性将卵产在比较浅的小溪水底的“巢”中，雄性再将其精子置于卵子之上。经过一段时间之后，小鲑游向海洋，经过这段艰辛的旅途，仅有很少一部分能够存活。经过若干年后，它们一般会再游回到同一条小溪中产卵。许多种类的鲑产卵后就死亡。

两栖纲（Amphibia）动物如青蛙、蟾蜍和鲵仅是半陆生动物，许多两栖类动物的有性期生活在水中。青蛙的幼虫——像鱼类的蝌蚪（tadpole），经变态后成为靠肺呼吸的成虫。也有许多两栖类动物靠其潮湿的表面膜而不是肺进行呼吸。

爬行纲（Reptilia）动物有粗糙、防水的皮肤，皮肤上有鳞片，以抵抗十分干燥的环境。其他适于陆生生活的特点还有：具有有功能的肺；卵有壳［有壳卵（cleidoic egg）］，胚胎在卵内吸收卵黄中的营养发育成长并沐浴在羊水中，并受到革质壳的保护；体内受精；许多生活特点使得爬行动物能在极端温度和饥饿条件下存活。

在六千五百万年前的中世代，爬行动物是主要的陆生生物，恐龙（希腊语意指“可怕的蜥蜴”）占有相当大的比例。爬行动物曾有20多个目，但现在仅有四、五个目：蜥蜴、蛇、鳄鱼和海龟。

鸟纲（Aves）曾被人们贴切地称为“能飞的蜥蜴”。它们除了可能是由恐龙进化而来，还具有爬行动物的许多特征。

☞例11

鳞状皮肤是鸟和爬行动物的共同特征，在鸟的腿上没有生长羽毛，而是鳞状的皮肤。两类动物的端黄卵非常相似，但鸟的卵易碎，具有革质的壳。相似的含氮产物（鸟酸）是两个纲关系的一个生化线索。

鸟类的身体非常适合飞行。骨骼非常轻，许多骨头是中空的。结实轻巧的鸟嘴代替了爬行动物沉重的牙齿。可能由爬行动物的鳞片进化而来的羽毛为飞行提供了理想的表面。四室的心脏和吸热的生活方式支持了飞行最大程度的物理作用力。

哺乳纲（Mammalia）和昆虫一样都具有陆生生活的绝对优势。哺乳动物有毛，提供了绝缘的机理，尤其是当毛发竖立（piloerection）时更增加了绝缘层的厚度。哺乳动物的心脏分为四室。横隔膜（见第20章）提高了肺的效率。吸热一直在进行。所有的哺乳动物的显著特征是雌性具有通过乳腺分泌营养奶哺乳幼体的能力。最原始的哺乳动物是单孔类动物（Monotreme），它不具有乳头或乳房，但却可以通过腹部的毛发表面分泌奶并由幼体舔食。大多数哺乳动物都有发达的大脑并表现出高度复杂的行为模式，包括玩。哺乳动物可以分为三个亚纲：原兽亚纲（Protheria）、后兽亚纲（Metatheria）和真兽亚纲（Eutheria）。

单孔类动物（原兽亚纲）与生活在澳大利亚的鸭嘴兽和具刺的食蚁兽［针鼹（echidnas）］一样，在形态上更像鸟类，它们产卵，没有牙齿，却有鸟一样的嘴。它们在早期就被从卵里孵出来，这些幼体粘附在母亲的羽毛上。

哺乳动物后兽亚纲包括有袋动物（Marsupial）。它们是澳大利亚主要的哺乳动物，但在美国却主要是负鼠。它们属于哺乳动物是因为它们有牙齿没有鸟嘴，而且可以生育后代。但是幼体出生在其发育早期，然后在雌性身体下边的袋子里完成其胚胎生活。每一个小动物紧紧吸住一个乳头并不断进食。

真兽亚纲是“真正的”或者说是胎盘哺乳动物，是北半球哺乳动物的主要成员。哺乳动物尤其是较大的哺乳动物的显著特征是怀孕时间延长，在这一时期内幼体发育得比单孔动物和有袋动物更加完善。胎盘在子宫中，它是母体与胎儿进行食物、氧气和代谢废物交换的仓库。

胎盘哺乳动物约有12个目，有些目可以生活在海洋和湖泊中。

☞例12

鲸目（Cetacea）包括鲸和海豚。它们的身体呈流线形，适于在海中游泳，厚厚的脂肪可以保护它们抵抗水体的寒冷。前肢的功能如桨，而后肢则完全退化。与其他真兽亚纲动物一样，它们生育后代并将其养育长大。

食肉动物（Carnivora）是哺乳动物变化最大的一个目，从狗、狼和猫到水獭、海豹。几乎所有的食肉动物都是很有能力的掠夺者，正如Tennyson的观点：“牙和爪子的本质都是红的。”啮齿目（Rodentia）是分布广泛的又一目，包括松鼠、海獭和鼠，尤其是鼠，一般生活在所有的居民地区，靠人类制造的废物为生。蝙蝠属于翼手目（Chiroptera），民间小说中传说的蝙蝠对人类的危害都是假的。羊和牛每只脚上都有偶数个脚趾，属于偶蹄目（Artiodactyla），而马、斑马和犀牛属于奇蹄目（Perissodactyla），它们的脚趾数为奇数。两类草食动物中都有与人类关系密切的动物种类。

疑难问题解析

32.1 高级动物最显著的特征可以从其营养模式上来理解，请解释。

动物以活或死的生物为食物，它们必须寻找、杀死并最终消化掉其捕获的猎物，为完成这一营养任务，它们必须十分机灵以发现被捕食的动物或可食植物的出现。那些以活的动物为食的动物必须能跟踪其猎物并战胜它们。这表明动物要有高度发达的感觉器官和神经肌肉器官才能快速准确地奔跑。

绝大多数动物都有复杂的感觉器官，如眼和耳，以接受可靠的信息。动物遍布在所有的环境中，这些器官也需要适应环境的变化。

传递到大脑和神经管的感觉刺激经过迅速加工后发出准确、快速的运动反应。射击、敲打和跳跃运动证明了脊椎动物肌肉反应的复杂程度。对大多数动物家系来说，进化趋向于神经复杂程度的增加和运动能力的提高。头部器官是神经发育提高的一部分，因为大多数比腔肠动物高级的动物都是两侧对称（从前到后有一个纵轴），头部器官集中化也就越容易发生。牙齿和坚硬颌的出现都是征服被捕食动物的工具。

32.2 有哪些动物是由海绵动物进化而来的？

没有。海绵动物是无脊椎动物主要成员的一个分支，它可以分为四个纲，但在其上没有任何进化分支。它们的细胞分离后再重新结合的能力表明除了细胞的差别导致机能的特殊性外没有新物种的形成。

海绵动物可能起源于原生动物的领鞭虫类（Choanoflagellate），这类原生动物的鞭毛周围有一环，这在结构上与海绵动物的襟细胞相似。其他的无脊椎动物可能起源于不同的原生生物祖先。海绵动物是由一个独特的祖先进化而来，却没有再进化成新型动物，因此它们被划分为一个独立的亚界即侧生动物亚界。

32.3 原生动物进化到多细胞动物如海绵动物和真后生动物可能经历什么样的过程？

单细胞聚合成多细胞物质才可能产生多细胞生物，细胞黏菌和许多原生生物都说明了这一模式。另外，细胞聚合成薄片或脊在无脊椎动物胚胎形成的过程中经常发生。然而大多数生物学家都不接受聚合是多细胞生物起源这一观点，因为绝大多数动物的生命都起始于单个细胞的分裂而不是多个独立细胞的聚合。

第二种理论是群体假说（colonial hypothesis）——动物起源于群体单细胞生物。人们大多认为团藻（volvox）是动物界的祖先。其他群体原生动物包括领鞭虫类和变形虫的几个种。更有趣的是一些植物学家最近认为团藻是多细胞的植物。

第三种观点是合胞体假说（syncytial hypothesis）。正如这一假说的名称所指，这一观点强调认为原生生物含有大量的细胞质物质和分散的细胞核，然后由于壁隔的产生将其分割起来，这些物质（即现在的细胞）可能会变得更大、更复杂、更完善。

人们无法确定动物进化的实际过程，因为曾经存在的生物95%都可能已灭绝，不可能知道多细胞生物是如何产生的。

32.4 试比较海绵动物和刺胞动物的摄食行为。

海绵是滤食性动物，水通过海绵体表的孔进入体内。在其躯体内侧排列着襟细胞，襟细胞的鞭毛使水流动。最简单的体型即单沟型（ascon）的体壁薄，内腔（海绵腔）上排列着许多襟细胞，这些就可以增加与水流接触的表面积。食物颗粒被襟细胞过滤出来并被襟细胞吞噬掉，水从进水孔进入再从身体上的出水孔流出。在身体中间区域运动的特殊细胞——变形细胞（amoebocyte）也可以消化食物。有趣的是携带食物进入海绵体内的水在体内总是单向流动。更高级的后生动物也具有相同的单方向消化道。

水螅和其他刺胞动物的消化道有一个开口——口，这是较原始的双向消化道，食物的流进及未消化食物的流出都是经同一个开口。围绕在口周围可伸展的触手在捕获食物和将食物带进口的过程中起重要作用，触手富含多种类型的刺细胞（有刺丝囊），这些细胞可以捕获或毒死被捕的动物。对水螅来说，被捕食物的出现诱导触手甚至体柄（bodystalk）进行快速的索饵运动。潜在食物的特殊分子可能会诱导这种运动，这些分子溶解在水螅周围环境的水体中。许多受伤害的动物体内都会有谷胱甘肽释放出来，诱导出必须的索饵反应。

在刺胞动物的消化腔内，内层细胞的腺细胞释放酶将食物消化掉，这与海绵动物的胞内消化相比是一个明显的进步。刺胞动物可以消化掉大颗粒甚至整个生物体。一旦大分子物质被破坏，与营养有关的变形细胞将小颗粒食物吞噬并最终在胞内完全消化。

32.5　刺胞动物门和栉水母动物门都是辐射对称，而后者却也存在最原始的两侧对称，请问辐射对称可能具有的优势是什么？

辐射对称的生物能够在静止的状态下向四周任何方向运动。刺胞动物的触手伸向四面八方，在其身体上没有左右之分。例如，水螅的防护结构（刺细胞）沿身体四周相同分布，这样就使得水螅更容易保护自己，这对于无柄、漂浮、运动速度较慢的动物来说更为重要，因为它们更容易遭受进攻。还有一个重要优点就是辐射对称还增加了捕获食物的可能性，因为辐射对称的动物要么附着生长，要么运动很慢，都要靠食物向其靠近来进食。

水螅没有水母运动快，但水螅可以向四周运动，并用其触手在水中进行翻筋斗运动。

32.6　扁虫（扁形动物门）和线虫（线虫动物门）的主要区别是什么？

扁虫没有体腔而线虫有一个假体腔，扁虫起源比线虫早，与刺胞动物门相似，扁虫的消化管是单向管，口和肛门区域的作用更专一。有体腔（假体腔）的线虫动物与扁虫不同，而是躯体中空．而且，线虫尤其是寄生虫有结实的表皮起保护作用，而扁虫没有。可以自由运动的扁虫，如三肠涡虫靠其表面纤毛的大幅度摆动而运动，线虫是靠纵向肌肉收缩引起整个身体的摆动而运动。

大多数线虫是雌雄异体，扁虫是雌雄同体。线虫神经系统比扁虫更复杂。

32.7　环节动物的节片与绦虫体上不断重复的单位有何区别？

绦虫的节片除了大小不同外其他是完全一样的。每一个节片（proglottid）都是由绦虫的头节（scolex）衍生而来。老节片被头节处形成的新节片和最近节的节片代替。绦虫节片的这种形成过程包含着一种无性繁殖的类型，节片实际上就是芽殖。充满自身受精卵细胞的节片到达绦虫的尾端后破裂，成活的卵细胞最终进入宿主体内。

环节动物的节片是虫体的一部分，并不参与自身繁殖。肾管和刚毛也具有这种分节结构，但有许多其他结构贯穿虫体的头尾，在每一个节片上并不分节。循环系统和生殖系统就是其中的例子。消化管不分节，是连续的单向管，沿其长度有不同的专化性。环节动物的分节是一种进步，可以促进发育。节肢动物中这种分节表现为形态发育（morphogenetic）的特征。

32.8　担轮幼虫（Trochophore larva）是环节动物门、软体动物门及其他一些门的动物发育的一个典型阶段，有纤毛，可以自由泳动，具有头部倒转的形态。为什么担轮幼虫在分类学上具有重要的价值？

成虫与其原始形态上经常有很大差异，这样就掩盖了真正的自然历史。对早期发育阶段如担轮幼虫进行研究，可能会对这些动物的进化历史及不同门之间的关系研究提供重要线索，而在成虫中可能会没有任何联系。同样，对爬行纲、鸟纲和哺乳纲动物的胚胎暂时出现无功能的腮裂进行研究也具有同样的意义。

32.9　软体动物一般都具有由套膜分泌的壳，然而一些软体动物如绝大多数头足类动物在进化的过程中都具有失去壳的趋势，你认为壳有何优、缺点？

运动迟缓的动物，如蛤蚌和蜗牛很容易受到食肉动物的侵害，壳是防御敌人进攻的保护装置。除了作为盔甲外，壳可以以复杂的样式和颜色伪装软体动物。双壳贝类，如扇贝壳的快速打开和关闭实际上提供了一种运动方式。

壳的不利之处就是作为一个沉重的负担使动物的运动速度减慢。对陆生蜗牛来说，携带壳需要消耗相当大的能量，这也是壳的一个负面影响。然而，许多软体动物即使在没有壳的情况下也不能快速运动。总的来说，壳具有的优点比其缺点多。

头足类动物，如鱿鱼，为了追猎和逃避敌人，它们对快速运动的依赖性提高。这些头足类动物除了有些动物有壳的残余外，一般都没有壳。在海洋环境中，生物的体内有一个吸水管，靠水的喷射推动动物运动。除此之外，鱿鱼还从肛门喷出墨水状物质（由漏斗状结构迫使进入水中）作为掩护。

32.10　大多数生物学家认为节肢动物（尤其是昆虫纲）是所有动物中最成功的动物类型，你对此有何看法？

从数量上来讲，种类多、数目大的动物类群要比那些种类和数目都少的动物类群在存活意义上更成功。现存的动物种类中有80%是节肢动物，仅昆虫纲就有1百万种，只有线虫动物在存活数量上可以与节肢动物相比。

第二，变化多端的节肢动物物种分布于所有可能的地方，表明了进化发展上的成功。节肢动物生长在几乎所有类型的微环境中并分布于全球。昆虫纲和蛛形纲作为陆地的征服者可能超过了哺乳纲。节肢动物有由几丁质组成并具有关节的外骨骼，使昆虫纲可以自由运动以抵抗干燥环境和食肉动物的进攻。繁殖模式包括可伸长的阴茎和体内受精，也为动物适应干燥环境提供了保障。

第三是指生物学上的成功，节肢动物尤其是昆虫纲与植物和其他动物的共进化保证了通过与动植物的相互作用而存活。花通过昆虫授粉就是这种适应性相互作用的众多例子之一。没有任何一种动物能象节肢动物那样充分开发利用人类创造的微环境，如蟑螂和臭虫能充分利用现代社会的富裕与快乐，蜜蜂为人类服务的同时也被养蜂者养殖，蝗虫［直翅目（Orthoptera)］和甲虫［鞘翅目（coleoptera)］吃地里的庄稼，具有破坏作用。

32.11　几丁质外骨骼可能具有什么样的优、缺点？

生物体产生的每一个结构都需要以能量为代价并要将物质资源分配给这些结构，然而，保护性外骨骼具有的优点明显证明代谢资源的少量付出很合理。

第二个问题是外骨骼可能会导致柔韧性的减少。充分的关节数补偿了关节之间骨骼的坚硬，头与胸、胸与腹之间以及在腿的关节处的距离都较远，这样就可以进行大幅度的弯曲。

外骨骼的最大缺点是由节肢动物几丁质外套所形成的臂内生长引起的。许多动物都会进行一系列的蜕皮（molt）现象，坚硬几丁质外壳破裂，柔软的内层几丁质大部分消融，结果使裸露的动物更容易受侵害，然后动物会再次在其身体周围分泌新的几丁质。蜕皮使节肢动物在不断合成几丁质的过程中生长。蜕皮是各种动物完全或部分变态的一部分，这在昆虫尤为常见。

32.12　头足类动物、大多数节肢动物和脊椎动物中趋同进化最明显的例子是什么？

三类动物进化过程中形成非常复杂有效的眼——对光非常敏感、提供外界（ambient）环境肖像的感觉器官。有代表性的是人（脊椎动物）和章鱼（头足类动物）的眼睛，与照相机相似，被称为照相机眼(camera eye)。光从很小的瞳孔进入有聚光镜的暗室，在感光板——视网膜上就会成像。两类动物的眼睛非常相似，这是在它们的独立进化过程中形成的。节肢动物有复眼。在这三类动物中，独立起源的眼睛功能相似且效率非常高。

32.13　脊椎动物和节肢动物的颌是在口周围有关节能运动的装置，它的用途是捕获和开始分解被捕获动物或大的食物颗粒。当用力合上时，颌可能会猛咬，这样颌也具有防御功能，脊椎动物和节肢动物的颌有何区别？

脊椎动物的颌起源于鳃区骨骼的骨头，许多节肢动物的颌是前附肢的变形。脊椎动物的颌有关节相连，可以上下运动，节肢动物的颌只可以侧面运动。

32.14　爬行动物和鸟类有壳卵（cleidoic egg）的卵黄囊、尿囊、羊膜、胞衣和壳有何功能？

卵黄囊：为胚胎发育提供营养，富含热值高的脂肪。

尿囊：气体和含氮废物交换的场所。

羊膜：作为含水缓冲物间隔，胚胎在其中发育可以尽量减少机械震荡并提供充分的水分。

胞衣：包围在胚胎及其活体囊（vital sacs）周围的膜，起保护作用。

壳：卵的革质和易碎的外壳，起保护作用，气体交换的自由通道。

32.15 哺乳动物和爬行动物的主要区别是什么?

绝大多数区别集中在哺乳动物对陆生生活适应性的提高上。哺乳动物吸热，而爬行动物对其体温只能部分调节，这使哺乳动物维持高而相对稳定的代谢活性，不依赖于环境温度的变化。哺乳动物光滑、长毛的皮肤代替了爬行动物的鳞片状皮肤。哺乳动物的毛提供了更有效的绝缘系统。

哺乳动物的心室完全分隔，心脏有四个完整的腔，而爬行动物的心室只是部分分隔。哺乳动物的心脏能更有效地将动脉血和静脉血分开，这是生物体具有高代谢速率的有利特征。哺乳动物的大脑比爬行动物发达，使得哺乳动物具有更复杂的神经反应，如感觉、联想和良好的运动技能。位于身下的腿比较直，便于快速奔跑。哺乳动物有肌肉横隔膜，大幅度提高了空气在肺中流动的效率，这是快速运动生物必不可少的。

主要的区别可能在于哺乳动物的繁殖模式上，哺乳动物不仅是体内受精，而且胚胎和以后尤其胎儿的发育都是在雌性的子宫中。大多数哺乳动物的胎盘是母亲和胎儿代谢废物交换的场所。分娩（parturition）后，母亲乳腺分泌奶液并由乳头流出来哺养婴儿。

附 加 题

32.16 广义上动物分类的原则主要是基于原口动物和后口动物的二歧分支式，除此之外还可以根据下列哪种情况的有无进行分类

(a) 触角 (b) 体腔 (c) 皮肤覆盖物 (d) 变态 (e) 血液色素

32.17 大多数动物是

(a) 二倍体 (b) 三倍体 (c) 异养 (d) a 和 c (e) b 和 c

32.18 海绵的体囊是

(a) 多孔的 (b) 防水的 (c) 由几丁质组成 (d) a 和 c (e) b 和 c

32.19 从 B 中找出与 A 中描述最贴切的选项进行连线。

A	B
1. 多孔动物和刺胞动物具有	(a)双胚层
2. 扁虫动物最显著的特征是具有	(b)三胚层
3. 节肢动物和环节动物是但脊索动物不是	(c)原口动物
4. 棘皮动物门是而软体动物门不是	(d)后口动物
5. 环节动物具有但线虫动物不具有	(e)真体腔
6. 由中胚层围绕的腔是	

32.20 下列哪一门动物的种类多?

(a) 刺胞动物 (b) 软体动物

32.21 下列哪一种的壳较大?

(a) 腹足类动物 (b) 头足类动物

32.22 下列哪一种较大?

(a) 第二次蜕皮后的幼虫 (b) 原始幼虫

32.23 下列哪一种动物具有的足多?

(a) 昆虫 (b) 蜘蛛

32.24 下列哪一种的翅膀对数多?

(a) 鳞翅类（蝴蝶） (b) 双翅类（蝇）

32.25 下列哪一种动物臂多?

(a) 海星 (b) 章鱼

32.26 下列哪一种较长?

(a) 大象的妊娠期 (b) 人的妊娠期

32.27 鱼不具有肺。

(a) 对 (b) 错

32.28 硬骨鱼总是比软骨鱼大。

(a) 对 (b) 错

32.29 叶鳍鱼有肺和鳃，可能是陆生脊椎动物的祖先。

(a) 对　(b) 错

32.30 青蛙可以进行体内受精。

(a) 对　(b) 错

32.31 大约六亿五千年到七亿年前，大量动物灭绝后，哺乳动物开始繁衍扩张。

(a) 对　(b) 错

32.32 水生哺乳动物不会产生乳液。

(a) 对　(b) 错

答　案

32.16 (b)　32.17 (d)　32.18 (a)

32.19 1—(a)[1]；2—(b)；3—(c)；4—(d)；5—(e)；6—(e)

32.20 (b)	32.21 (a)	32.22 (a)	32.23 (b)
32.24 (a)	32.25 (b)	32.26 (a)	32.27 (b)
32.28 (b)	32.29 (a)	32.30 (b)	32.31 (a)
32.32 (b)			

1) 此题题意欠妥。海绵动物不具备二胚层，在动物进化过程中，海绵动物仅具有细胞分化。——译者注

第33章 灵长类动物

今天的灵长类动物直接的祖先可能是一群难以归类的食虫动物，看上云象树上的鼩鼱（依据人类的定义）。人类认为自己所处的哺乳动物的地位是最重要的，因此，这类动物被人类命名为最高级的灵长类动物；假如让家鼠和田鼠去分类生物的话，他们一定把啮齿类动物称为“灵长类”动物。

灵长类动物可能最初生活在树上，四趾的功能相对还未分化，适合于抓住藤和树枝。

例 1

许多哺乳动物，例如鲸，已经把它们原先前肢末端的五趾排布进化为特殊的结构，如鳍状肢；马的五趾后来变成了单趾蹄（实际上蹄是一个趾的指甲）；而灵长类动物保留和继承了原始爬行动物的关节指结构。

在灵长类动物进化过程中，伴随着视觉的改变、由于直立姿势而使盆骨的位置改变、行为变异、最终脑部容量迅速增长；在比较高等的类人猿和人群中，由树栖演变成陆上生活这种趋势标志着他们系统发育的过程。

33.1 灵长类动物的谱系

灵长类动物六千五百万年前就已产生（见图 33.1）。今天的灵长类（哺乳动物纲）由两个亚目组成：原猿猴（Prosimians）（狐猿、眼镜猴等）和类人猿（anthropoids）（猴、猿和人）。在灵长类动物进化早期，原猿猴占统治地位，但是它们的数量现在越来越少了，只在少数地区例如马达加斯加（Madagascar）存在。远古的原猿猴类群可能产生了后来的现代原猿猴和类人猿。

原猿猴由六个家族组成，但是一些动物学家根据它们的原始基本特征，把其中的树鼩鼱（Tupaiidae）家族放在食虫目（Insectivora）中。最著名的现代原猿猴包括狐猿（Lemurs）、眼镜猴（Tarsiers）和懒猴（Lorises）[包括以前的夜猴（bush babies）]。原猿猴同时具有食虫动物和猴的部分特征。

例 2

眼镜猴的大小与一只大家鼠差不多，活动范围接近于大袋鼠。它的头部可以自由转动，因此可以直接看到脑后的区域。眼镜猴大脑的尺寸和鼻子的性状与猴子相似。

随着原猿猴系的分离，其余的系统发育分支为类人猿亚目（Anthropoidea）包括猴、猿和人的谱系。猴最早出现在五千万年前。起先，现代猴从原始灵长类系中分支出来，后来原始（old world）猴进化成单独的谱系。

例 3

现代猴原始居住地是南非，都习惯居住于树上，但是只有一半具有带翻卷的尾巴。它们绝大部分没有捉对的拇指（opposable thumb），而这是后期灵长类动物的特征之一。它们属于超级家族类猴科（Ceboidae)。由于宽鼻孔并且撇到一边，使得它们的鼻子呈扁平状，所以以前把它们命名为阔鼻猴（platyrrhine）（扁平鼻子）。经过对器官研究表明卷尾猴（Capuchin）是现代猴的一个例子。

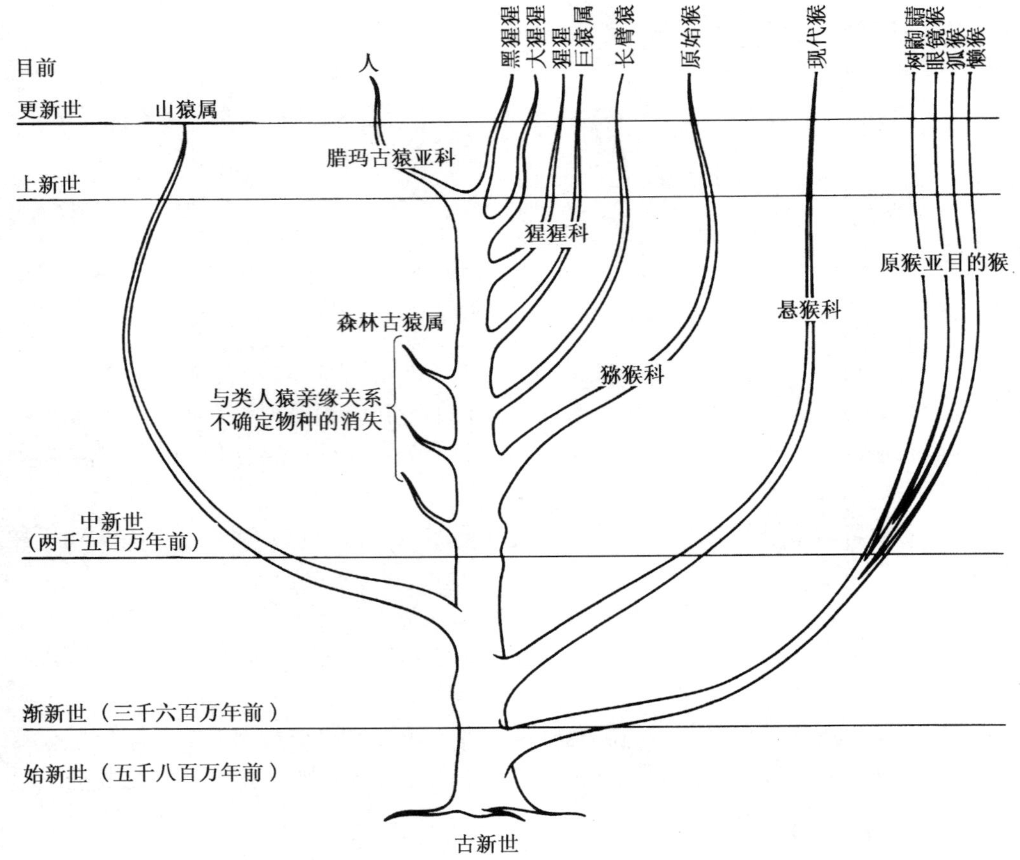

图 33.1　灵长类动物的进化

原始猴是超级家族长尾猴科（Cercopithecoidea）的成员之一。它们的鼻子通常又长又窄，而且鼻孔靠在一起，这个特征使得它们在某个时期被称为狭鼻类（Catarrhines）。它们的尾巴通常比较短，因此从来不把尾巴卷在树枝上晃荡。它们的拇指是能捉对的，只有两个前臼齿，而不是通常的三个。一些灭绝的猿猴族是从它们进化来的，但是它们没有明确的后代谱系。狒狒是这个家族的一个例子。

除去猴外，剩下的谱系被称为类人猿系（hominoid line）。古解剖学家 George Gaylord Simpson 建议将该系放在超级家族类人猿（hominoidea）之下。这个大家族包括①小猿（hylobatidae）、②巨猿（pongidae）和③人［类人猿（hominidae）］。一些分类学家把巨猿（great apes）和小猿（clesser apes）归为一类。长臂猿是小猿的一个例子。巨猿包括猩猩（pongo）、黑猩猩（pan）和大猩猩（gorilla）。黑猩猩由两个种构成，而猩猩和大猩猩存在于一个种中，现代人也组成一个种——智人（homo sapiens）。

原始猴的最早期化石距今三千五百万年。它们被命名为埃及猿（Aegyptopithecus），意思是“晨猿”。由于它们所处的谱系是类人猿系，原始猿被认为是现代猿和人的共同祖先。猿和人之间的分叉发生于一千万年前，最近更多的一些理论认为分叉发生于六百万年前。

☞例 4

通常的习惯是将与人类不同的猿类合并为一个类群，这是通过表型特征的分析来鉴别。但是高级灵长类进化的进化分支观点认为长臂猿（gibbon）一千二百万年前从类人猿系中分离出来，而猩猩（orangutan）是一千万年前分离出来的。这些分离的证据来源于现代猿类不同蛋白质结构的分析。但是这一证据作为这两个类群分离年代的测定依据还未被广泛接受。然而，如果接受这个证据的话，人与大猩猩和黑猩猩（chimpanzees）的关系比后二者与猩猩或长臂猿的关系更近。因此，目前支持这种观点的人还是少数，但有增长的趋势。

建立和追踪类人猿谱系极其困难，不是因为缺乏证据而是由于太多的化石发现使得情况复杂，并且加剧古人类学家之间的争论。在某一时期，一块被称为 Proconsul（Proconsul 的本意是已经灭绝的非洲第三纪中新世的和类人猿有亲缘关系的猿）的化石被认为是猿和人类的共同祖先，而现在一致的意见认为它可能只属于类人猿谱系。

33.2 灵长类动物的特征

灵长类的原猿类首次数目剧增是进入森林后，这些古代原猿在以后的过程中发生了一些变化，使得它们的后代适合树上的生活。

大部分猴和猿灵活的肩关节使得它们可以自由从一个树枝荡到另一个树枝，这种摇摆的运动方式的物种被称为臂猿（brachiation）（拉丁语意为“肩膀”），第一个称呼臂猿的是 Arthur Keith，他认为这种运动方式在丛林环境生活中是非常有用的。另外一个变化是眼睛挪向脸中部，这样更好地接受由两眼获得的图像，并使其深度加强。这一点对在高处生活的灵长类是非常重要的。对几个或一个幼体的仔细、长时间的照看对保证幼体的存活十分必要。即使有些灵长类动物比如人已经不在树上生活，但还是继续在照顾幼体方面花费很多时间。

大部分灵长类动物可以利用它们有力、柔韧的巨大脚趾抓住物体，但是这种能力在二足类动物中逐渐丧失，特别是直立灵长类动物比如人。但是几乎所有的灵长类，特别是那些最新进化的，具有一双捉对拇指的手，可以使它们不仅可以抓住物体，而且可以根据环境的需要作出不同的动作。这种能力，配合大脑皮层的高度发育，赋予猿类，特别是人巨大的生存能力。在直立灵长类动物中，将手从制造工具和繁殖行为等活动中解放出来，从而发展了复杂的群体交流，最终创造了文化。这些社会活动随着类人猿脑体积的增大和脑皮层的复杂化而被进一步加强。在人类中，社会交往能力不断增强，语言和适宜的机体行为随之产生。

33.3 人类及其命运

大量的类人猿生命化石被发现于非洲、欧洲及亚洲。

它们在数百万年前曾经繁盛过，它们以及它们的后代被认为进化成为现代猿和人。这个类群——森林古猿（Dryopithecines）最终分化为几个不同的类别。其中的一个，腊玛古猿（Ramapithecus）生活于一千万年前。由于其具有一些类似类人猿的特征，许多人类学家认为他可能是人类的祖先。而另外一些人类学家认为人和猿的最终分化只发生于五百万年前。因此，腊玛古猿应该是人和猴的共同祖先。

☞**例 5**

腊玛古猿与猿类比较，具有较小但较阔的牙弓，其与人类的牙弓形状相似。人类是依靠手去破碎和撕裂坚硬食物，而大部分猿类只有通过牙齿去完成这些工作。腊玛古猿磨损的牙齿表明它们除了用牙齿撕碎食物还用手。

最早的人类个体较小，与现代人很不相同，被称为南方古猿（Australopithecines），它们被这样称呼是因为它们最早被发现于南非一家采石厂，在 1924 年由 Raymond Dart 发现并鉴别。南方古猿很有趣的一点是，虽然它们很明显已经是一种直立行走的人，但是其大脑并不是特别大。

☞**例 6**

早期的南猿可能生活于三百五十万年前。南猿最有名的一块化石叫幸运之神露西（Lucy），一块保存相当完整的化石，由古人类学家 Danald johanson 1974 年发现于埃塞俄比亚阿法地区并命名。他认为这个与众不同的标本应该有一个不同类别的命名，所以叫阿法南猿（australopithecines afrarensis）。而其他古人类学家认为露西（和原来发现的那个家族的成员）充其量只不过是普通南猿的一个变种。

最近代的南猿比早期的非洲南猿（A. africanus）（或者 A. afarensis）更强壮有力，它们被命名为粗壮南猿（A. robustus）和鲍氏南猿（A. boisei）。绝大多数人类学家认为这样更精巧和体型更小的南猿最终进化为人类和现代人。一种假设认为阿法南猿进化成为能人（Homo habilis），而能人进化为现代人。由于其脑量为 450ml，这些南猿更接近于现代黑猩猩（脑量 400ml），与人类的 1400ml 脑量相差甚远。

人的第一块化石是能人（H. habilis），脑量为 650ml。能人（手巧的人）被发现于南非的 Olduvai Gorge 地区，其身旁有简单的石器。能人生活于二百万年前，与南猿同处于一个年代。

与现代人关系更近的是各种直立人（H. erectus）的典型代表，是从一百五十万年前进化来的，这些直立人一直生活直至距今 250 000 年。

直立人（H. erectus）从现代的含义来说是真正的人的第一个例子。直立人比早期类型的灵长类体型都大，接近于现代人的尺寸。脑量达 1000ml，与现代人的脑量相差不远。

保存的骨骼说明直立人与现代人一样都是跨步行走。不象南猿只发现于非洲，直立人经历了大量的行走过程，因为它们在欧洲和亚洲也有生活者。由于迁移至较冷的北方，在中国和西班牙的直立人的一些群落已经掌握了用火种，使用它加热洞穴和打猎，在打猎中使用火可以驱逐大型动物至泥潭中和其他没有危险的地域，这样可以更容易地猎杀动物。

直立人的遗物中最惊人的发现是精致的石器。这些石头不是简单地沿着一个平面切割而是被刻蚀成一个多面的手斧，并且带着一个柄。这些猿类的石器被人类学家称为旧石器（Acheulian）时代。由于直立人群落是大型动物的狩猎者，这些工具可能主要用于从动物尸体上剥肉。

直立人可能与能人、智人（H. sapiens）部分重合，后者（智人）的进化即是我们人种。爪哇猿人（Java Ape Man）（1891 年由 Eugene Dubois 发现于爪哇），以及在中国中部发现的北京人（Peking Man），现在都被归类于直立人，但是一开始被命名为类人猿直立人（Pithecanthropuserectus），它们是在欧洲和亚洲发现的第一批化石之一。

现代人的化石碎片发现于英国斯旺斯柯姆（Swanscombe）和德国尼安德特（Neander）地区的一些洞穴。尼安德特人（Neanderthal）的标本代表着智人的一个类群，它们存在于 200 000 年前至 35 000 年前。由于具有强大的下颚、大的眉脊、象刀切般后削的前颌等特征，这些现代人有时被认为是愚昧野蛮人，但是它们确实已形成了一种高级的文明，含有葬礼仪式和其他复杂的社会活动。它们制造石器、钻孔工具、原始刀具、矿物颜料。它们也许实际上被我们现代种群吸收，有时被命名为智人，或者已经灭绝。克罗马农人，我们现代人种群的一部分，起源于 35，000 年前的西欧，在 10，000 年前消失。它们在结构上与我们现代人相同。它们的文明水平也与现代人相同。脑部大小与脸部特征也与现代人相同。最令人惊奇的是它们在洞穴里创作的绘画，具有高超的技巧，表现了同情巫术的宗教仪式（见第 1 章）。

今天人类的进化以自我意识和自我导向为特征。复杂的符号文化可以使现代文明引导人类的进化过程，通过控制环境、生育，克服疾病，甚至基因改造去产生预定的结果。同时，文明的不幸结果也随之而来，如对其他种类生物的生存带来意想不到的威胁、核战争的爆发、人类福利的挑战。

33.4　人类与猿类演化关系的错误概念

认为人类起源于与现代猿类相似或等同的动物的说法是不正确的。事实上，人类与猿类由共同的祖先进化而来，这些祖先一点也不象现代猿类具有特定的特征。人类与猿类分离，并走上各自适合的道路已经八百万年了。许多反进化论者认为进化推进了这种观念，即在相对短的一段时间内（数千年），与当代黑猩猩十分相似的猿类演化成了人类。这些观念妨碍并抑制了一种公共的自由的思想，即进化论的价值在于解释了各种生命体之间的多样性。

与上述观念密切相联系的另一个错误的概念：进化总是以直线模式进行的（直向演化）。由一种祖先形式直接通过一系列的后代形式演化成某种高度适应并且相对永久的生命体。进化不断进行，这种线性关系不断发展，在多数情况下，象树枝而不象一棵树。没有高度有价值的特定形式使单线条臻于完善；相反地，连续枝叉不断发生，并且由一系列生命形式很少形成单一不倾斜的世系。以人类为例，类人猿谱系产生了许多不同的种类，它们可以彼此共存于相当长的时期，与此同时，各种类人猿进行着它们的演化路线从而产生了当代类人猿。其他的类人猿开始灭绝了。这些灭绝的形式是类人猿谱系的分支，没有直接遗传为现在的类人猿。在原始进化中，一旦类人猿（人）和猩猩（类人猿）的长时间趋异进化发生后，每一个家族就进行着各自的选择性进化过程。

第三种错误观念是：与人类相关的所有特征要么同时出现，要么至少是同时开始演化发展的。这种说法显然不是事实。这些特征比如说直立行走姿势好像是在其他人类特征出现很久以前就已经确立了。

创世论观点的拥护者长期以来所坚持的第四种观点是：接受人类世代演化与基督教信仰或一般意义上的宗教信仰是不相容的。这种说法是不正确的。它的错误被宗教领袖积极参与者（如蒂尔赫德·查得林神父）用进化理论所阐明，尽管有些原旨教主义者宗派不加批判地接受了圣经上的文字解释。他们也许会与进化的模式产生冲突，但是大多数宗教信仰者能解决他们思想和灵魂上的信仰问题。

疑难问题解析

33.1　灵长类的哪些特征使它们属于脊椎动物亚门？

所有脊椎动物都拥有一个围绕脊髓的脊柱和被头盖骨所环绕的真正复杂的大脑，这种情况适应于现存的所有灵长类动物。脊椎动物也有一条体后的尾巴，所有灵长类具有的尾巴要么是作为一种抓握的结构(在一些史前猿类或猴子身上)，要么显示出其遗传的证据，即：其祖先具有这种尾巴；或者可能仍保存有尾巴的遗迹，比如：以尾椎的形式存在。心脏在腹侧是灵长类与其他脊椎动物都共有的一般特征，但并不是所有脊椎动物亚门动物都有。

33.2　人们对灵长类动物进化过程中“嗅”脑和“视”脑功能具有相对重要性有何看法？

灵长类动物进化中许多显著的特征是与树栖生活相适应的，这些特征包括：灵活的臂关节窝、可卷缠抓握东西的尾巴、与四指可捉对的拇指（这些都是动物本身掌握并操纵环境的特征）；还有长臂变短，专门的爪演变成平的指甲（这些指甲进一步被塑造成长而确切数目的指蹄）。

由于视觉对于树栖生活来说比嗅觉重要得多，因此在灵长类进化过程中发生了一种倾向：嗅觉中心（嗅脑）定位于脑的前部并伸向鼻腔部，而脑的视觉区域（大部分位于脑后部枕骨区域）则不断地扩大、发展，并占据统治地位。

生活着的最原始的灵长类动物是狐猴，通常与正常的老鼠一般大。它们大部分是树栖的，但它们拥有嗅脑，这一点表明，它们与陆栖的前辈食虫目哺乳动物并无多少差异。另一方面，树栖的眼睛猴（最近进化的）不仅有一视脑，并且其眼睛定位在比狐猴眼睛更靠近中部的地方，这种位置的改变使视觉交迭，为这种动物提供了获得深度视觉的能力。

仅有一些猴子和类人猿是树栖的，但他们都有一个视脑。类人猿和特定的人类已经朝着陆栖存在形式演化，但是其大脑却必要地保留了视脑——这一滞后的例子可能发生在生活方式的改变过程中和相应的进化的形态学的改变过程中。在几乎所有的灵长类中，视脑伴随着鼻子的缩短有逐渐加强的趋势，鼻子作为一种探测器官扩大了嗅觉功能，于是灵长类的这种进化趋势是和预测相一致的。

33.3　类人猿和人类的主要区别是什么？

1. 南方古猿早期形式所经历的最早期的不同是：直立行走的姿势和人类有效的双足（即用后肢走路）

的不同。与直立行走的姿势相联系的是头盖骨恰好位于脊柱的正上方。在类人猿中，脊柱紧靠着头盖骨的尾部。在直立的人体中，头盖骨这种位置移动给脑很大支撑，并且使整个身体保持直立的姿势。

2. 对类人猿来说，脚的大趾很长并且与其他的趾能捉对。高等动物人的所有成员的脚趾很小并且与其他趾排成一行。尽管人类的脚不再容易抓握东西，排成一行的五趾为直立行走的动物提供了更好的基础支持。
3. 人类上下颚和牙齿很大程度上退化了，这使鼻子变得更小，嘴唇完全能够活动，使人类更加容易地行使社会功能如说话和接吻。
4. 人类的眉脊比起类人猿来很大程度上说是退化了。扁平的前额被高高的前额所取代，这是与前脑的特殊脑容量相联系的。
5. 区别类人猿和人类最突出的特征是后来人类脑容量的不断增大，通过比较两类动物的代表动物的脑容量很容易获得它们之间的不同。

种类	脑容量（ml）
黑猩猩	400
大猩猩	550
非洲南猿	500
能人	650
直立人	1000
智人	1400

6. 与脑体积不断增大密切相联系的是文化符号的产生，这一点在智人中更明显。准确地使用工具的能力是此种文化的特征之一。

33.4　对智人人种尼安德塔尔亚种（H. sapiens neanderthalensis）和克罗马农（Cro-Magnon）人［智人种智人亚种（H. sapiens sapiens）］进行比较。

这两种类群被归划为现代人类，但是克罗马农人被认为是更接近于现代形式，也许已经演化成现今各种欧洲人种。尼安德特人最早出现在三十万年以前，大约在三万五千年前灭绝。克罗马农人大约生活在三万年至一万年前。

尼安德特人的脸是崎岖不平的，有着相对大的眉脊和十分突出的上下颌。克罗马农人个子比较高，不如尼安德特人壮，脸比较平坦，典型的突出的鼻子，没有眉脊，有鲜明的嘴下巴。由于尼安德特人的前额倾斜，他们经常被错误地认为不如现在的人类聪明，他们的脑也许稍大一些，这两类人群的脑均比直立人（H. erectus）脑明显地大。

两类人群中相对复杂的文明元素还是很明显的，但是克罗马农人更先进一些，尼安德特人制造石器、钻孔的工具、原始的刀叉和矿物染料，有证据表明尼安德特人埋葬穿着节日盛装的死者。克罗马农人用石头和骨头做成工具，并且以石洞的绘画文化而著名。

33.5　克罗马农人文化最有名的作品是高技巧的石洞绘画艺术，它们在 Lascaux（法国）和 Altamira（西班牙）被发现。这些作品经常描绘受伤的动物，并且在石洞深处常会发现这些绘画。这些绘画作品的主题和位置可能蕴含着什么意义呢？

一些人类学家认为这些绘画在洞的深处被发现，它们可能应该是某些巫术仪式的一部分。这种对于受伤动物的描绘也许代表一种巫术的形式，通过此巫术大规模的狩猎行动得以成功。这些画显示出也许不仅是一种创造的冲动，而且表明了一种不断发展的宗教意识。

33.6　现代人类的不断进化是与他们的符号语言的建立相联系的，符号（Symbol）和信号（Sign）之间的区别是什么呢？

信号要比符号更直接，更具体。信号是一种行为或行动，它表明了一种渴望的反应或交流一种特殊的感情。因此，指向一定方向的箭头是一种信号，它直接指向所想采取的特定行动，同样道理，怒吼或高高举起的拳头表明了敌意，信号在某种程度上包含了信息。

符号更加微妙，而且它并不内在地表明符号制作者的意图。符号是代表某种东西的一种抽象的形式，它比信号更加灵活。一种符号结构最好的例子是语言。书面语和口语代表的含义并不是这些话语本身的内在部分。不管一个人面部表情如何，如果他说："我爱你"，这些话在符号上表达了关心和爱意。

符号文化（symbolic culture），即一种建立在符号基础上的复杂思想和行动，它的一项好处是：它能被存储并且能从一代向下一代传递。书本可能包含了不能体现在 DNA 和酶的生物学框架上的概念、信仰和制造配方，这种符号文化给予人类掌握环境的极大力量。这为后出生的个体提供了一项功能，即：他们延长了生命，可以为教育年轻一代而奉献。这成为计算机和工业医药器械发展的基础，使进化能够按人类目标操作进行。更重要的是，符号文化意味着每一代都能抓住过去的成功，并且对于过去的成功赋予新的见解及洞察力。

附 加 题

33.7 灵长类拥有

(a) 一个体腔 (b) 三个基本的胚层 (c) 捉对的拇指 (d) 以上都是 (e) 以上都不是

33.8 所有的灵长类也许是由古代的____演化而来的。

(a) 史前猿类 (b) 环节动物 (c) 原祖猴类 (d) 现代猴类 (e) 腊玛古猿

33.9 许多灵长类没有

(a) 前脑 (b) 小肠 (c) 毛 (d) 尾巴 (e) 无核的红血细胞（红血球）

33.10 灵长类也许兴起在

(a) 10 亿年前 (b) 两亿年前 (c) 六万年前 (d) 200 万年前 (e) 10 万年前

33.11 狒狒是一个____的例子。

(a) 灵长动物 (b) 猴子 (c) 类人猿 (d) a 和 b 都是 (e) a 和 c 都是

33.12 敏锐的视觉对于生活在____的动物是最主要的。

(a) 地面上 (b) 水中 (c) 树上 (d) 密切的人类社会 (e) 以上都不是

33.13 与类人猿关系最远的人类谱系是

(a) 长臂猿 (b) 猩猩 (c) 黑猩猩 (d) 大猩猩 (e) 以上亲源关系均等同

33.14 在类人猿中眉脊是从来不存在的。

(a) 对 (b) 错

33.15 最高级的灵长类具有社会性。

(a) 对 (b) 错

33.16 森林古猿属是类人猿的人类的祖先。

(a) 对 (b) 错

33.17 南猿属比现代人类个子高。

(a) 对 (b) 错

33.18 直立人利用火和工具。

(a) 对 (b) 错

33.19 尼安德特人是直立人的成员。

(a) 对 (b) 错

33.20 所有人类也许是____的后裔。

(a) 非洲兽群 (b) 北美南猿 (c) 北极洲的爱斯基摩 (d) 澳大利亚的祖先 (e) 以上都不是

33.21 人类现代传递知识的最有效的工具是

(a) 基因组 (b) 血统 (c) 语言 (d) 植树 (e) 以上都不是

答 案

33.7	(d)	33.8	(a)	33.9	(d)	33.10	(c)
33.11	(d)	33.12	(c)	33.13	(a)	33.14	(b)
33.15	(b)	33.16	(a)	33.17	(b)	33.18	(a)
33.19	(b)	33.20	(a)	33.21	(c)		

词汇汇编

酸： 提高溶液中氢离子(H^+)浓度的化合物。

顶体： 位于精子顶端富含多种酶的杯状体，可促进精子进入卵子。

肌动蛋白： 构成肌肉细丝状体的蛋白质。肌动蛋白和一种更大的蛋白质肌球蛋白是肌肉具备收缩性的基本结构单位。

凝集作用： 液体中细胞或粒子的聚集。例如当不相容的血细胞类型混合时即发生血细胞凝集。

醛固酮： 肾上腺皮质激素，可刺激肾脏对钠的重吸收，因此可降低尿液中钠的含量。

等位基因： 基因的一种形式，决定着两种或更多种相对性状。

全或无定律： 指事件发生的完全可能性或完全不可能性；通常用于神经冲动的发生或神经冲动发生的溃乏。

肺泡： 肺内一薄壁的小气囊，被毛细血管网包围，是氧气和二氧化碳发生交换的场所。

半膜： 爬行动物、鸟类和哺乳动物特有的一种外胚层膜；胚胎漂浮于充满液体的囊中。

后期： 有丝分裂或减数分裂中染色体从赤道移向纺锤体极的特定阶段。

贫血症： 由于血液中红细胞总量减少或红细胞中血红蛋白含量降低引发的症状。

被子植物： 一种开花植物，其胚珠包在子房中。

花药： 花中产生花粉的器官。

精子器： 可产生精子的卵球形多细胞雄性器官；可在苔藓植物和蕨类植物中见到。

拟人说： 以人类的特征来看待动物的行为。

抗体： 机体内对外源物质(抗原)做出直接反应而合成的一种特殊蛋白质。

反密码子： 转运 RNA 上的三个核苷酸序列，可通过碱基互补配对原则识别信使 RNA 的密码子并与之结合。

抗利尿激素(ADH)： 一种由下丘脑产生的激素，可通过促进肾脏的水分重吸收而抑制尿液的分泌。

抗原： 可引起抗体合成免疫反应的外源性物质。

颈卵器： 可产生卵子的多细胞雌性器官；可见于苔藓植物、蕨类植物和松类植物。

动脉： 离开心脏输送血液、管壁厚且富有弹性的血管。

心房： 心脏的一个腔，接受由静脉流回来的血液，并使其流入下一个腔——心室。

自主性神经系统： 可控制如呼吸和腺体分泌这样不随意性活动的脊椎动物神经系统的一部分。

自养生物： 能够从无机资源合成自身食物的生物体。

植物生长素： 与调节植物生长有关的激素。

轴突： 神经元的一部分，是细胞体延伸的长突起。通常传递从细胞体传来的冲动。

碱： 提高溶液中氢氧根离子(OH^-)浓度的化合物。

生物量： 一个生态系统内有机体总重量。

生物群落： 地球表面的主要类群，以栖息于地球上的植物和动物为其特征，但主要由气候因素决定的。

囊胚： 胚胎发育早期细胞分裂产生的空球体。

玻尔效应： 血液中高二氧化碳水平引起血红蛋白释放更多的氧气。

支气管： 气管两末端分支之一，是空气入肺的通道。

缓冲液： 可抵抗 pH 值改变、含有游离离子的复合物。

卡尔文循环： 光合作用中二氧化碳还原为碳水化合物的过程。

癌症： 恶性肿瘤，以不规则且不可控制的生长为其特征。

毛细血管： 管壁薄的小血管，该血管连接动脉和静脉，并可进行血液和组织间营养物质、氧气和二氧化碳的交换。

碳水化合物： 由碳、氢、氧组成的有机分子，作为细胞能源物质，例如糖、淀粉、纤维素。

催化剂： 可加速化学反应的化学物质，而该物质在反应中不发生改变。

细胞膜： 细胞最外面的细胞质层，主要由磷脂和蛋白质组成。

中枢神经系统： 神经系统的主要类别。由大脑和脊髓构成。

中心粒： 细胞质中成对的小细胞器，与细胞有丝分裂和减数分裂中纺锤体的形成有关。

大脑： 脑部可分为两个半球，半球又进一步分为叶。每个叶由特殊的功能区组成，包括语言、视觉、运动、学习和记忆区。

子宫颈： 子宫的颈部，其开口于阴道。

化学感受器： 能够感受化学刺激的感觉细胞或器官，如味觉和嗅觉。

几丁质： 一种不溶性强聚合物，可形成节肢动物强硬的外骨骼。

叶绿体： 含有叶绿素的质体；当阳光照射到叶绿体，即发生光合作用。

胆固醇： 一种脂类，是人类食物的基本成分。胆固醇除作为一般活动的能量来源和组织的主要成分外，还是胆酸和性激素所必需的物质。

绒毛膜： 可形成包围胚胎外膜的外胚层膜；哺乳动物胎盘的大部分是由绒毛膜构成的。

染色体： 含有遗传单位(基因)的核蛋白结构。

纤毛： 游离于细胞表面短且似刚毛状可摆动的细胞器。

昼夜节律： 行为的每日循环。

卵裂： 受精后发生的细胞分裂，标志着胚胎发育的开始。

阴蒂： 位于阴道开口处最前端可勃起的小体；阴蒂与男性的阴茎是相对应的器官。

克隆： 起源于无性繁殖的单一祖先，具有遗传一致性的细胞和生物种群。

团聚体： 由有机化合物形成的前生物聚合体，该聚合体最终可能导致生物学细胞的形成。

密码子： 信使 RNA 上三个核苷酸序列，该序列可编码单个氨基酸。

体腔： 动物的体腔，位于体壁和内部器官之间的腔。

结肠： 大肠的一部分，具有从未消化的食物中重吸收水分的功能。

化合物： 由分子组成的物质，分子由不同种类原子构成。单个化合物分子是由相同重量比例的相同元素构成的。

缩合作用： 简单小分子结合成更大、更复杂分子的反应，并伴随着一个或更多个水分子的减少。(见水解作用)

条件作用： 根据动物对刺激的反应，它们受到奖励或惩罚时的一种后天学习类型。

锥体： (1) 眼睛视网膜上的光敏感细胞；作用是颜色视觉。(2) 球果非开花植物中产生孢子的结构，如松树。

接合： 某些藻类植物、原生动物和细菌中相似细胞的性结合。

黄体： 由分泌黄体酮激素的卵巢滤泡遗迹形成的哺乳动物腺体结构。

交换： 减数分裂Ⅰ阶段，非姐妹染色单体部分片段互换；这种交换也是遗传的结果。

表皮： 覆盖于植物表皮细胞外表面的腊质层和角质层。

环腺苷酸： (cAMP，环 3′—5′腺嘌呤单核苷酸)—动物、细菌、粘霉菌等生物体中在调节细胞活动方面起重要作用的化学物质。

树突： 从神经元胞体延伸出的丝状短突起。树突将冲动传入胞体。

脱氧核糖核酸(DNA)： 双链螺旋状分子，是染色体的组成成分之一；在其核苷酸特定序列中含有遗传信息。

糖尿病： 一种因胰岛素分泌不足引发的遗传代谢疾病。其细胞不能利用尿中排泄的葡萄糖。

隔膜： 将胸腔和腹腔分隔开的肌肉隔层，起辅助呼吸的功能。

心舒张期： 心脏循环的某一间期房室瓣打开，使心室充血。

双子叶植物： 被子植物二个主要类群中的一种，其特征是具有双子叶。

扩散： 分子通过介质从高浓度区向低浓度区流动的趋势。

消化： 机体通过酶解作用将食物中复杂的大分子分解成小分子和化学物质，以至于这些营养物质分子易被细胞吸收。

双因子杂交： 两个遗传特性不同的个体间的杂交，或者仅是两个不同特性的个体杂交实验者也可认为是双因子杂交。

唐氏先天愚症（先天愚型，21 三体）： 由于额外染色体的存在造成遗传无序（混乱）。患者智能低下。

心电图（ECG）： 心脏电波活动记录。

生态学： 研究生物体及对其起作用的一切相关影响因素的学科。

生态系统： 包含相互作用的生物群体的空间，或多或少具有自身调节能力，如一片田地、一个池塘或者一个小岛。

外胚层： 胚胎的外胚芽层，外胚层将发育成皮肤、毛发、指甲、角质层、脚、与神经系统有关的大脑和眼睛等。

脑电图（EEG）： 大脑电波活动的记录。

射精： 高潮期精液从阴茎中有力地射出。

电子传递系统： 线粒体呼吸色素系统的电子从还原型辅酶（NADH，$FADH_2$）到氧气的传递链。

元素： 组成分子的物质，分子中的原子具有相同的原子序数（质子数目）。

吸能的： 需能的活动或反应。

内分泌腺： 无管道腺体，其分泌物直接进入无空管的血液中。

内胚层： 动物原肠胚的内胚芽层，其发育为消化道内层、肝脏、肺和胰腺。

子宫内膜： 子宫壁的营养内层。

内质网： 细胞质内折叠的复杂的双层结构，作为各种物质运动的内部通道系统。

内骨骼： 内部骨骼，起支撑形态和硬度的作用，是脊椎动物典型的骨骼。

吸热： 伴随着热量或能量的吸收而发生的反应；与其对应的是放热或放能。

能量： 做功的能力或技能。

酶： 反应过程中可催化或加速生化反应而自身不发生变化的一种蛋白质。

会厌： 在咀嚼时，阻止食物进入气管、喉的向下压（开）的瓣膜“阀门”。

肾上腺素： 一种由肾上腺髓质分泌的神经激素，可产生“斗争或逃避”的状态，使机体对紧急情况作出迅速而强烈的反应。

有核红细胞： 骨髓中的具核细胞，直至它发育成红细胞。

红细胞： 红血细胞。

雌激素： 一种由卵泡分泌的雌性激素，可刺激平滑肌和子宫内壁腺层增厚。雌激素还可促使第二性征的形成。

真核生物： 具有核膜的细胞或生物体；具有线粒体、质体、鞭毛和其他细胞器。

富营养化： 江河湖海中由于过量营养物质的刺激致使浮游植物或藻类过度生长。该植物种群很快达到某一密度，在此密度下维持生命的气体和营养物质全部耗尽，这类植物过度生长达到最繁盛阶段（blooms），产生出大量毒素，并作为令人生厌的腐烂的质团死亡。

进化： 进步的变化。

放能： 释放能量的活动或反应。

外分泌腺： 一种腺体，例如唾液腺和汗腺，它们通过直接的导管或开口将其分泌物排出，与内分泌腺相对。

外骨骼： 支撑节肢动物的结构并保护外面的或外部的“骨骼”。

受精： 配子的融合，结果导致染色体数目加倍。

胎儿： 高度发育的人类胚胎，指从怀孕三个月到出生这段时期。
鞭毛： 细胞表面长似鞭毛状能运动的细胞器。
配子： 性生殖细胞；指卵子或精子。
神经节： 位于中枢神经系统外面的神经细胞体丛。
原肠胚形成期： 胚胎发育的一个阶段，此阶段正是囊胚折叠形成原肠胚时期。
基因： 特定的DNA片段，该片段可通过编码多肽或通过调节其他基因的作用来控制特定细胞的功能；是遗传性状的基础。
基因库： 杂种繁殖群体中所有个体全部的基因。
遗传密码： 可代表特定氨基酸的成套三联体核苷酸碱基序列。
基因组： 生物体一套完整的基因。单倍体生物有一个基因组，双倍体有两个基因组。
基因型： 个体的遗传组成。
鳃： 水生生物和某些陆生生物的呼吸器官。鳃能吸收氧气释放二氧化碳。
肾小球： 紧密缠绕的毛细血管球，通过血管球壁过滤流入肾小球囊(鲍氏囊)的血液。
胰高血糖素： 一种由胰腺中胰岛的α细胞分泌的激素；通过刺激肝脏将糖原转变成葡萄糖从而增加血液中葡萄糖的含量。
糖肾上腺皮质激素： 参与血液中葡萄糖-糖原平衡的一组激素。
糖酵解： 在细胞质中葡萄糖进行无氧分解产生中间化合物的过程。
高尔基体： 以堆叠的小泡形式存在的细胞器，其主要功能是贮存、修饰、包装分泌输出物。
性腺： 产生配子的器官，如卵巢或睾丸。
裸子植物： 非开花种子植物。
栖息地： 生物体局部的自然居住地，例如一块光秃秃的岩石、一片潮湿寒冷常绿的森林或热带港湾。
哈迪-温伯格定律： 在计算整个种群具有代表性样品的表现型的频率之后，用于计算一个种群不同等位基因近似频率的数学公式。
血红蛋白： 红细胞中参与携带氧气的主要运输蛋白质。
血友病： 也称为易出血病；因血液中缺少必需的凝血因子，患者出血时难于控制；该病是由于两个性连锁位点上的等位基因之一突变引起的遗传性疾病。
肝门静脉系统： 来自肠的静脉血在进入后腔静脉之前必须先通过的肝脏的血管系统。
杂合子： 具有遗传特征的不同等位基因的个体。
冬眠： 动物的休眠状态，并伴随机体代谢降低。
组织学： 研究生物组织的科学。
组蛋白： 在染色体中与DNA有关的碱性蛋白质。
内环境稳定： 在环境变化的情况下，仍能够维持生理稳定。
同源： 不同物种间身体某一部位有其相关性，即起源于共同的结构和发育，例如鸟类的翅膀与鲸鱼的鳍状肢。
纯合子： 对于具有某种遗传性状的个体，其具有相同成对的等位基因。
激素： 活生物体的某一部位产生的物质，该物质对于功能和行为具有深刻的代谢影响。
水解作用： 通过增加水分子的方法使物质分解或分离成分子的作用。
亲水： 指生物体生活在富含水的环境中。
高血压病： 即为高血压。
甲状腺机能亢进： 由于脑垂体或甲状腺瘤分泌促甲状腺激素(TSH)过量引发的一种状态。也称为突眼性甲状腺肿(Graves' 病)。
菌丝： 真菌中细线或多分支的细丝缠绕的质团。
低血糖： 由于胰岛素分泌过多引发的低血糖症状。
下丘脑： 位于丘脑下部的脑的一部分，控制着许多生理和内分泌活动。

甲状腺机能减退： 甲状腺活动水平低下。因碘不足而引发的甲状腺肿，即脖子膨大。

甲状腺机能衰退（甲状腺肿）： 由于饮食中碘不足引发的以甲状腺肿大为特征的症状。

免疫学： 研究机体形成化学抵抗力过程的学科，即机体对外源物质即抗原如花粉、病毒或细菌产生抗体过程的学科。

植入： 囊胚下移到哺乳动物子宫内膜的过程。

印记： 社会优先选择快速固定法。例如刚孵出的小鹅会成为第一个生物的附属物，它们把第一个生物作为它们的妈妈而跟随。

独立分配定律： 孟德尔总结概括的规律。该规律阐明在有性繁殖过程中，当一对等位基因发生分离时，此分离行为不受第二对等位基因分离的影响。

诱导： 一种类型组织对另一种类型组织发育模式具有的影响。

附着点： 解剖学中，骨骼是肌肉的附着点。

本能： 固定的行动或定型行为；一个有争议且没有确切定义的词，行为研究者一般不能接受该词。

胰岛素： 一种由胰腺朗格式胰岛 β 细胞分泌的激素；促进葡萄糖运输使其通过细胞膜。胰岛素加速葡萄糖转化为糖原。

内含子： 在 DNA 中插入的不编码任何氨基酸的一段核苷酸序列，使 DNA 基因中断。

染色体组型： 个体或物种的细胞分裂中期的一整套染色体组的大小、形状及外观。

肾脏： 脊椎动物特有的器官，是主要的排泄单位。

克雷伯（krebs）循环： 氧化降解糖酵解产物的主要需氧途径，也称为三羧酸（TCA）循环。

学习： 实验心理学中，行为的改变是个人经历改变的结果。

白细胞： 白血细胞。

韧带： 连接两个或更多分散骨或软骨的强韧性纤维组织。

脂类： 一类不溶于水或其他极性溶剂而溶于甲苯、醚类等有机溶剂中的有机化合物。

肝脏： 具有多种重要功能的最大腺体，包括食物的贮存、胆汁盐的产生，将贮存的糖原转变为葡萄糖、氨基酸脱氨基及血红蛋白的降解。

淋巴细胞： 与免疫有关的几种白细胞中的某一种。

溶原化： 病毒在活细菌中不活动的状态。

溶酶体： 富含水解酶的细胞质中的细胞器。

马尔皮基氏管（Malpighian tubules）： 昆虫和蜘蛛的排泄系统。

消瘦： 由于食物数量不足引发的一种疾病，与食物质量不高引发的疾病相对应。该病导致全身瘦弱和肌肉无力。

机械性刺激感受器： 能够感受机械刺激变化的感觉细胞或器官，例如触觉和听觉器官。

减数分裂： 产生配子的一系列细胞分裂过程。

绝经： 女性月经周期永久性终止。

月经周期： 人类和高级灵长类动物雌性生殖道周期性改变的一系列事件。

中胚层： 胚胎的中胚芽层，位于外胚层和内胚层之间，发育成肌肉、结缔组织、骨、循环系统、体腔内层和泌尿生殖系统。

微管： 促进鞭毛和纤毛运动的伸长的且中空的圆锥体结构。

线粒体： 自身折叠的胞质细胞器，称为“细胞动力站”，是克雷伯（krebs）循环活动和细胞色素系统所在位置。线粒体的主要任务是产生供细胞呼吸之用的 ATP。

有丝分裂： 体细胞的细胞分裂过程。

单子叶植物： 以单胚子叶为特征的两类主要被子植物中的一类。

运动单位： 由同一种神经纤维控制的骨骼肌纤维群。

诱变剂： 诱发遗传突变的物质。

菌根： 栖息于较高等植物根部的真菌，不以宿主为食而是协助宿主吸收矿物质。

髓磷质： 包围在某些神经纤维轴突外部的脂蛋白物质，有助于传导电冲动。

肌原纤维： 肌肉纤维的亚单位。

肌球蛋白： 构成粗肌纤维的 100Å 厚的蛋白质。肌球蛋白和更小的肌动蛋白是肌肉收缩的基本结构单位。

自然选择： 由查尔斯·达尔文提出的进化理论，该理论认为只有那些能够更好地适应环境特征的个体才能更好地生存下来。

后肾管： 蚯蚓的排泄器官。

肾单位： 有助于尿液产生的肾功能单位。

神经： 由结缔组织包裹的纤维束，刺激可通过该纤维束从中枢神经系统传递到周围神经系统或副交感神经。

神经冲动： 沿着神经纤维传递的电化学冲动。

神经元： 神经细胞，是神经系统的功能单位。神经细胞由三部分组成：细胞体、树突和轴突。

生态位： 一个生物体的生理、行为或营养特性，这些特性可使生物体在特定栖息地生存；生态位是由特定物种的生理或行为活动决定的。

核苷酸： 由一个磷酸、一个脱氧核糖的五碳糖和两个嘌呤(腺嘌呤或鸟嘌呤)及两个嘧啶(胸腺嘧啶或胞嘧啶)中任一碱基组成的分子。

细胞核： 位于细胞中心附近、圆形或卵圆形的物体，其功能是参与细胞的复制和代谢过程。

杂食动物： 既吃植物又吃动物的生物体。

细胞器： 与机体器官相似的细胞的特殊结构。

渗透作用： 溶剂通过选择性渗透膜的简单运动。

卵巢： 产生卵子的器官。

氧化作用： 被氧化物质失去电子的化学反应。

古生物学： 研究化石的学科。

寄生虫： 从另一个生物体获取自身营养物质的生物体，通常通过与宿主相联系来获得。

副交感神经系统： 帮助调节机体功能的自主性神经系统的一部分。主要起抑制性的作用。

甲状旁腺： 嵌入甲状腺中的四个小腺体，分泌甲状旁腺素(PTH)，对增加血液中钙水平和降低磷酸水平起着重要作用。

蠕动： 由一系列的收缩运动构成的消化过程，该过程中沿着从口到肛门的消化道推动食物前进。

pH 值： 是以氢离子浓度的负对数来定义的。中性溶液 pH 值为 7。pH 值低于 7 表明为酸性溶液，而 pH 值高于 7 时表明为碱性溶液。

吞噬作用： 固体结构的物质如细菌被原生动物或白细胞卷入体内。

韧皮部： 具有运输碳水化合物、氨基酸、寡肽或某些脂类通过植物维管组织的功能。

光周期现象： 某些生物体对日长短变化作出代谢反应的能力。

光合作用： 在光能存在的条件下，由绿色植物或其他自养生物将简单成分合成高能、复杂食物分子的过程。

植物光敏素： 与种子萌发、开花、形态的发生、花色素的合成等相关的光敏感色素。

胞饮作用： 小结构物质被细胞膜卷入胞内。

脑垂体： 称之为“主腺体”(master gland)，控制其他大部分内分泌腺的内分泌腺。脑垂体的分泌是由下丘脑激素控制的。

胎盘： 哺乳动物中，由部分子宫壁和部分外胚层组成的组织，废物和营养物质通过胎盘传递给发育的胚胎。在植物中，胎盘是花中胚珠的附着地。

黄体酮： 由黄体产生的一种雌性激素。黄体酮与雌激素共同调节月经周期并具有维持妊娠的作用。

原核细胞： 细胞器无膜界限的细胞。它的染色体是裸露的 DNA(见真核细胞)。

前列腺素： 脂肪酸激素类的一种，其功能包括收缩子宫肌肉、抑制黄体分泌黄体酮及降低血压。

前列腺： 雄性哺乳动物的腺体，为精子的运输提供液体物质。

蛋白质： 几乎全部由碳、氢、氧、氮组成的一类有机化合物。

齿舌： 某些软体动物中的锯齿状结构，帮助对食物进行机械碾磨和加工。

红血细胞： 血液中的一种有形成分，起运输氧气和二氧化碳的作用。（见红细胞）

反射弧： 不受大脑意识支配的调节身体相对简单运动的两个或三个神经元群。

释放器： 动物行为中，能够诱发某种特定的先天反应的信号，如香味、声音或运动。

阻遏物： 能和相关操纵基因结合并能抑制相关操纵基因活性的蛋白质。

呼吸： 生物体在有氧存在的条件下获得代谢能的氧化代谢过程。

Rh 因子(rhesus factor)： 血细胞抗原的一组，由于它们能引起具有有核红细胞的新生婴儿的血细胞的破裂(溶血)，因而在临床上具有重要作用。

核糖核酸(RNA)： 细胞核和细胞质中存在的单链核酸，除了下述方面外，核糖核酸与脱氧核糖核酸非常相似：五碳糖是核糖而不是脱氧核糖，含氮碱基嘧啶是胞嘧啶和尿嘧啶而不是胸腺嘧啶。

视杆细胞： 含有光敏感色素的眼睛视网膜光感受器。（见视紫红质）

肌节： 从一个 Z 线延伸到下一个 Z 线的单个肌纤维单元。

饱和脂肪酸： 碳链中具有最大数量氢原子(在碳原子中仅靠单链相结合)的脂肪酸。

阴囊： 位于雄性大腿间的外囊，内含睾丸和部分精索。

基因分离定律： 孟德尔第一定律，该定律证明每个性状是由一对颗粒因子(基因)控制的，在配子形成时基因发生分离并且在受精时进行随机组合。

贮精囊： 是精子分泌营养液的男性生殖系统的一部分。

性别连锁： 男性和女性之间遗传差异的遗传特性。

社会： 有组织的生活在一起的生物体。

促生长激素(STH)： 由脑垂体前叶分泌的激素，调节骨骼的生长。

物种形式： 新物种的发育。

物种： 能够产生可生育后代的个体群。物种是生物学分类中被专家认可的分类单元。

脊索： 是穿过保护脊椎的中枢神经系统的一部分，从 31 对脊神经分支到身体的各个部位。是大脑和身体大部分的连接纽带。

孢子： 植物的生殖细胞，一般情况下孢子是一种无性生殖细胞。

孢子叶： 产生孢子的叶。

类固醇： 具有四个相互连接碳环的脂溶性化合物，是许多激素的组成成分。

交感神经系统： 控制代谢活动的自主性神经系统的一部分。交感神经系统主要起刺激作用。

突触： 一个神经元轴突末端与下一个神经元树突或细胞体的连接处。

分类法： 按历史年代和形态学将生物体进行分类的方法。

肌腱： 连接肌肉和骨头的纤维带。

领地： 动物行为中，防御同类物种其他成员入侵的特定区域。

测交： 未知基因型实验生物体与已知纯隐性表现型生物体之间的交配以检测未知基因型。

睾丸： 产生精细胞的雄性生殖腺。

睾丸激素： 影响精子产生、性器官的发育和第二性征的出现等最基本特征的雄性激素。

热力学： 涉及所有能量形式转化的科学的分支。

温度感受器： 感受温度变化的感觉细胞或器官。

甲状腺： 分泌甲状腺激素和降钙素且位于颈部的腺体。甲状腺素控制代谢速率和生长，降钙素降低血液中钙的水平。

甲状腺素： 由甲状腺分泌的调节代谢率和生长发育的激素。

全能性： 细胞（或细胞核）有发育（或调节发育）成任何一种分化细胞的能力；具有完全的遗传能力。

气管： 一般称为气管（windpipe），是连接喉与支气管的管道，吸入的空气通过该管道流动。

不饱和脂肪酸： 碳链中任何碳原子间为双键或三键的脂肪酸。

输尿管： 从肾脏到膀胱运输尿液的管道或通道。

尿道： 从膀胱开始的管道，尿液顺尿道流动并排出体外。

子宫： 子宫（womb）；正位于阴道上部的梨形器官，子宫内含子宫腔和滋养层，在子宫肌肉壁内保护着胎儿的发育。

液泡： 位于细胞质中有膜界限的小泡，主要成分是水、盐、蛋白质、结晶物及色素。

阴道： 性交过程中接收来自阴茎精子的肌肉质的管道，在分娩过程中允许子宫中的胎儿通过。

维生素： 维持生命必需的少量特殊有机物。

白血细胞（白细胞）： 血液中的一种有形成分；它们的主要功能是作为清道夫和免疫因子。

木质部： 植物维管组织中作为运输水分和溶质的连续的向上的通道。

接合孢子： 在某些藻类和真菌中由性融合细胞发育成的厚壁孢子。

杂合子： 由精子和卵子结合形成的细胞。

生物学专业词根

a-, an- [Gk. *an*, not, without, lacking]: anaerobic, abiotic
ad- [L. *ad*, toward, to]: adhesion, adrenaline
amphi- [Gk. *amphi*, two, both, both sides of]: amphibian, Amphineura
ana- [Gk. *ana*, up, up against]: anaphase, anabolic
andro- [Gk. *andros*, man]: androecium, androgen
anti- [Gk. *anti*, against, opposite, opposed to]: antibiotic, antibody
archeo- [Gk. *archaios*, beginning]: archegonium, archenteron, archaic
arthro- [Gk. *arthron*, a joint]: arthropod, arthritis
auto- [Gk. *auto*, self, same]: autoimmune, autotroph, autosome
bi-, bin- [L. *bis*, twice; *bini*, two-by-two]: binary fission, biennial, bicarbonate, bipolar
bio- [Gk. *bios*, life]: biology, biome, biotic
blasto-, -blast [Gk. *blastos*, sprout]: blastoderm, blastula, trophoblast, osteoblast
brachi- [Gk. *bronchion*, arm]: brachiation, brachiopod
broncho- [Gk. *bronchos*, windpipe]: bronchus, bronchiole, bronchitis
carcino- [Gk. *karkin*, a crab, cancer]: carcinogen, carcinoma
cardio- [Gk. *kardia*, heart]: cardiac, myocardium, electrocardiogram
cephalo- [Gk. *kephale*, head]: cephalization, encephalitis, cephalopod
chloro- [Gk. *chloros*, green]: chlorophyll, chloroplast, chlorine
chromo- [Gk. *chroma*, color]: chromosome, chromoplast, chromatin
coelo-, -coel [Gk. *koilos*, hollow, cavity]: coelomates, coelom
com-, con-, cor, co- [L. *cum*, with, together]: coenzyme, conjugation, covalent
cranio- [Gk. *kranios*, L. *cranium*, skull]: cranial
cuti- [L. *cutis*, skin]: cutaneous, cuticle, cutin
cyclo-, -cycle [Gk. *kyklos*, circle, ring]: cyclostome, pericycle
cyto-, -cyte [Gk. *kytos*, vessel or container]: cytoplasm, cytochrome, erythrocyte, leucocyte
de- [L. *de*, deprivation, removal, negation]: decarboxylase, dehydration
derm-, dermato- [Gk. *derma*, skin]: epidermis, ectoderm, endoderm
di- [Gk. *dis*, twice]: dicotyledon, dipole
dia- [Gk. *dia*, through, thorough]: diabetes, dialysis, diaphragm
diplo- [Gk. *diplos*, two-fold]: diploid, diploblastic
eco- [Gk. *oikos*, house, home]: ecology, ecosphere, ecosystem
ecto- [Gk. *ektos*, outside]: ectoderm, ectoplasm
endo- [Gk. *endon*, within]: endocrine, endometrium endoskeleton
epi- [Gk. *epi*, on, upon, over]: epidermis, epiglottis, epithelium
eu- [Gk. *eus*, good; *eu*, well]: eubacterium, eucaryote
ex-, exo-, e- [Gk. *exo*, out, out of, from]: emission, excretion, exergonic, exhale, exoskeleton
extra- [L. *extra*, outside of, beyond]: extracellular, extraembryonic
fer-, -fer [L. *ferre*, to bear]: fertile, conifer, fertilization, rotifer
gam-, gamete- [Gk. *gamos*, marriage]: gamete, isogamete
gastro- [Gk. *gaster*, stomach]: gastric, gastrula, gastrin
gen- [Gk. *gen*, born, produced by; Gk. *genos*, race, kind]: genotype, estrogen, heterogenous
gluco-, glyco- [Gk. *glykys*, sweet]: glucose, glycogen, glycolysis
gyn-, gyno-, gyneco- [Gk. *gyne*, woman]: gynecology, polygyny
hemo-, hemato-, hemia-, -emia [Gk. *haima*, blood]: hematology, hemoglobin, hemophilia, leukemia
hepato- [Gk. *hepar, hepat*, liver]: hepatitis, hepatic
hetero- [Gk. *heteros*, other, different]: heterogeneous, heterozygote
histo- [Gk. *histos*, web of a loom, tissue]: histology, histone, antihistamine
homo-, homeo- [Gk. *homos*, same; Gk. *homios*, similar]: homeostasis, homogeneous, homologous
hydro- [Gk. *hydro*, water]: hydrogen, dehydration, carbohydrate
hyper- [Gk. *hyper*, over, above, more than]:

hypertension, hypertonic
hypo- [Gk. *hypo*, under, below, beneath]: hypotension, hypodermic, hypoglycemia
in-, im- [L. *in*, in]: imprinting, inbreeding, instinct, insulin
inter- [L. *inter*, between, among, together, during]: interaction, intercellular
intra-, intro- [L. *intra*, within]: intracellular, intrauterine, intravenous
-itis [L., Gk. *itis*, inflammation of]: arthritis, bronchitis
leuko-, leuco- [Gk. *leukos*, white]: leucocyte, leukemia, leukoplast
-logue [Gk. *logos*, word, language]: analogue, homologue
-logy [Gk. *logia*, the study of]: biology, embryology
-lysis, lys-, lyso-, -lyze, -lyte [Gk. *lysis*, a loosening, dissolution]: lysogeny, paralysis, analysis, catalysis
macro- [Gk. *makro*, large]: macromolecule, macrophage
mega-, megalo-, -megaly [Gk. *megas*, large, great, powerful]: megaspore, acromegaly
meso-, mes- [Gk. *mesos*, middle, in the middle]: mesentery, mesoderm
meta-, met- [Gk. *meta*, after, beyond]: metabolism, metastasis
micro- [Gk. *mikros*, small]: microbe, micrometer, micropyle
myo- [Gk. *mys*, muscle]: myocardium, myoglobin
neuro- [Gk. *neuron*, nerve]: neuroanatomy, neuroblast
oligo- [Gk. *oligos*, few, little]: oligotrophic, oligopeptide
-oma [Gk. *oma*, tumor, swelling]: carcinoma, glaucoma, hematoma
oo- [Gk. *oion*, egg]: oogenesis, oophyte
-osis [Gk. *osis*, a state of being, condition]: atherosclerosis, cirrhosis
osteo-, oss- [Gk. *osteon*, bone; L. os, ossa, bone]: ossification, osteoblast
para- [Gk. *para*, alongside of, beside, beyond]: paralysis, parasite
patho-, -pathy, -path [Gk. *pathos*, suffering]: pathogen, pathology
peri- [Gk. *peri*, around]: pericardial, peritoneum
phago-, -phage [Gk. *phagein*, to eat]: phagocyte, bacteriophage
plasm-, -plasm, -plast, -plasty [Gk. *plasm*, something molded or formed]: plasma, cytoplasm, chloroplast, angioplasty
-pod [Gk. *pod*, foot]: cephlapod, pseudopod
poly- [Gk. *poly*, many]: polymer, polypeptide
-rrhea [Gk. *rhoia*, flow]: diarrhea, gonorrhea
septi-, sepsis, -septic [Gk. *septicos*, infected]: aseptic, antiseptic
-some, somat- [Gk. *soma*, body; Gk. *somat*, of the body]: chromosome, ribosome
-stat, -stasis, stato- [Gk. *stasis*, stand]: metastasis, thermostat
stoma-, stomata-, -stome [Gk. *stoma*, mouth, opening]: stoma, deuterostome, protostome
sym-, syn- [Gk. *syn*, with, together]: symbiosis, symmetry, synapsis, synchrony
taxo-, -taxis [Gk. *taxis*, to arrange, put in order]: taxonomy, chemotaxis
tomo-, -tome, -tomy [Gk. *tome*, a cutting; Gk. *tomos*, slice]: atom, (can't be cut), microtome, lobotomy, appendectomy
tropho-, -troph, -trophy [Gk. *trophe*, nutrition]: trophoblast, atrophy, autotroph
trop-, tropo-, -tropy, -tropism [Gk. *tropos*, to turn, to run toward]: tropical, entropy
ur-, -uria [Gk. *ouron*, urine]: uracil, urea, ureter, phenylketonuria